新型コロナウイルス感染症について

新型コロナウイルス（COVID-19）の感染症危険
情報について、全世界に発出されていたレベル
1（十分注意してください）は、2023 年 5 月 8 日
に解除されましたが、渡航前に必ず外務省のウェ
ブサイトにて最新情報をご確認ください。

◎外務省 海外安全ホームページ・スペイン危険情報
🔗 www.anzen.mofa.go.jp/info/pcinfection
spothazardinfo_161.html#ad-image-0

出発前に必ずお読みください！
旅のトラブルと安全情報…11、455 ～ 457
緊急時の医療会話…463

旅のキーワード

スペインへ行く前にこれだけ覚えておけば、旅がぐっとスムーズになること間違いなし。

エスタシオン
Estación

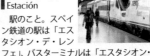

　駅のこと。スペイン鉄道の駅は「エスタシオン・デ・レンフェ」、バスターミナルは「エスタシオン・デ・アウトブセス」という。

セントロ
Centro

　町の中心部。駅やバスターミナルが町外れにある場合は、「Centro」と書かれた標識をたどって行けば、町の中心へといたる。

プラサ
Plaza ／ Plaça

　広場。町の中心となる広場は、プラサ・マヨール Plaza Mayor (大広場) と呼ばれることが多く、人々の憩いの場となっている。

カテドラル
Catedral

　キリスト教における司教座のある教会のことで、大聖堂と訳されることが多い。大きな町には、中心部に必ずカテドラルがある。

メルカード
Mercado

　市場。シエスタ(昼休み)をとるところもあり、特に午前中がにぎわう。スーパーマーケットは「スーベル・メルカード」という。

道と住所について

　スペイン語で道を示す言葉には、英語のStreetにあたる「**カジェ Calle**」、大通りを表す「**アベニーダ Avenida (= Av.)**」、遊歩道の「**パセオ Paseo**」などがあり、通りの一方の側に奇数、反対側に偶数の番地が並んでいる。また住所がs/n (Sin Numeroの略) となっているときは番地はないが、周りに建物が少なく、すぐわかるときに使われる。

本書で用いられる記号・略号

本文中および地図中に出てくる記号で、❶はツーリストインフォメーション（観光案内所）を表します。その他のマークは、以下のとおりです。

アクセス
目的地への行き方
🚃	列　車
🚌	バ　ス
✈	飛行機
🚢	船

住	住所
☎	電話番号
FAX	ファクス番号
URL	ホームページアドレス （http://は省略）
開	開館時間
営	営業時間
休	閉館日、休業日 クリスマスや年末年始などの休みは一部省略。12/25、1/1は商店や美術館などはクローズ、12/24、12/31は午後から休業するところがほとんど
料	入場料金 学生料金で入場するときは国際学生証を提示すること。なお、65歳以上はシニア割引料金を設けている博物館なども多い。年齢の証明にはパスポートを提示のこと
Ⓜ	地下鉄最寄り駅からのアクセス
交	交通機関を使った行き方

世界遺産

P.137/B2

中世の城壁に囲まれた要塞都市
アビラ
Ávila

| 標高 | 1128m |
| 人口 | 約5万5700人 |

アクセス
🚃 マドリードのアトーチャ駅またはチャマルティン駅から約1時間30分〜2時間、毎時1〜2便。
🚌 マドリードの南バスターミナルからJiménez Dorado社のバスで約1時間20分〜1時間45分、1日4〜6便。セゴビアから約1時間、1日2〜4便。

🛈 **観光案内所**
地図 P.143/A1 〜 A2
住 Av. de Madrid 39
☎ 920 350 000
URL www.avilaturismo.com
開 毎日 9:00〜20:00
（11〜3月は〜18:00）
カテドラル近くにも🛈がある。

世界遺産
アビラ旧市街と城壁外の教会群
（1985年登録、2007年拡大）

市内交通
鉄道駅から約100m先にあるHotel Reina Isabel前のバス停から1番のバスに乗れば、城壁を右回りにサン・ビセンテ門〜カテドラル〜ラストロ門に停まる。なお反対方向から3番はラストロ門から右回りにサン・ビセンテ門へ向かう。

観光バスEl Tranvía
城壁の外を約45分かけて回る列車型のミニ観光バス。クアトロ・ポステスで10分ほど停車する。サン・ビセンテ門から発車。料金€6、時刻表は公式サイトで確認を。
URL www.eltranvia.es

城壁
☎ 920 350 000
開 毎日 10:00〜20:00
（7・8月は〜21:00、11〜3月は〜18:00）
休 冬期の月
料 €5、学割€3.50
入場は60分前まで。発券所はアルカサル門、サン・ビセンテ門と城壁の外に出て、橋を渡って北西側へ歩くと、旧市街が一望できるクアトロ・ポステスCuatro Postesがある。アダハ門近くの3ヵ所にある。

城壁に囲まれた市街をクアトロ・ポステス近くから眺める

グレドス山脈の北側に位置するアビラは、夏でも朝タは涼しく、冬ともなれば凍えるほど寒くなる。かつてはこの地がイスラム教徒との戦いの最前線だったために、現在の旧市街全体を囲んで巨大な城壁が造られた。聖テレサ・デ・ヘスが生まれ育った町としても知られ、彼女の名がつけられたイエマス・デ・サンタ・テレサは名物菓子だ。またアビラの牛肉は有名で、チュレトンと呼ばれる巨大なビーフステーキを味わってみたい。

歩き方 Orientation

鉄道駅から旧市街へは徒歩15分ほど。駅前の道Paseo de la Estaciónを真っすぐ道なりに歩けば城壁Las Murallasに着く。バスターミナルは鉄道駅のすぐ北側にある。**サン・ビセンテ門Puerta de San Vicente**は旧市街の入口。カテドラル周辺が繁華街で、西側は閑静な住宅街。西端の**アダハ門Puerta del Puente Adaja**から城壁の外に出て、橋を渡って北西側へ歩くと、旧市街が一望できる**クアトロ・ポステスCuatro Postes**がある。

おもな見どころ Sightseeing

イスラム教徒との戦いを物語る
城壁
Las Murallas
★★★ 地図 P.143/A1

11世紀にイスラム教徒から町を取り戻したアルフォンソ6世の娘婿ライムンド伯爵が、1090年から9年の年月をかけて、防備のために築いた。全長約2.5km、幅約3m、高さは平均12mほど、90の塔をもつ。9つの門のうち、アルカサル門とサン・ビセンテ門に重量感があり、城壁の入口にふさわしい。

城壁の上を歩くことができる

投稿 アビラのバスターミナルには、チケット売り場の横に大型のスーツケースも入るコインロッカーがあります。現金で利用でき、小が€3、大が€5でした。（東京都 すりりん）[23]

142

エンターテインメント　　地図掲載ページ

🎭 **コラール・デ・ラ・モレリア**　Corral de la Morería　王宮周辺　P.56/C1
マドリードで最古の老舗
1956年開店。マドリードで最も格式あるタブラオ。フラメンコの女王、ブランカ・デル・レイの弟子たちが出演する。ドリンクのみと食事付きの席は異なる。人通りの少ない場所にあるので行き帰りともタクシーを利用しよう。
住 Morería 17
☎ 913 658 446
URL www.corraldelamoreria.com
営 ショーは19:30〜、22:15〜（土・日は2:00〜、23:30〜）
料 €49.95（ドリンク付き）
カード A.D.J.M.V.
Ⓜ 5号線と ラ・ラティーナ駅から徒歩7分

ショッピング

🛍 **エル・コルテ・イングレス**　El Corte Inglés　カタルーニャ広場　P.178/A2
スペイン随一のデパート
ファッションやグルメ、電化製品、キッチン用品など何でも揃う。地下のスーパーマーケットは品揃えが豊富で、おみやげ探しにもぴったり。最上階には眺めのよいフエ ストランがあり、休憩や食事にも便利だ。
住 Pl. de Catalunya 14
☎ 933 063 800
営 月〜土 9:00〜21:00
休 日・祝（営業する日もある）
カード A.D.J.M.V.
Ⓜ 1・3号線カタルーニャ駅から徒歩1分

レストラン

🍴 **ラ・パエリア・レアル**　La Paella Real　王宮周辺　P.56/B2
本場のパエリャが食べられる
スペイン人が本当のパエリャと太鼓判を押す、地元客も多く訪れる専門店。バラバラの少し塩分の米がバレンシア流、前菜、パエリャ、飲み物とデザート付きのがセットになったメニュー・デ・ラ・カサは€36。
住 Arrieta 2
☎ 915 420 942
営 13:00〜16:00
19:30〜23:00
休 なし（12/24・25・31の夜）
カード A.D.J.M.V.
Ⓜ 2・5号線オペラ駅から徒歩2分

ホテル　　　ホテルの等級（→ P.451）

🏨 **ビンチ・ソマ**　Vincci Soma　サラマンカ地区　P.62/C2　★★★★
モダンな憩いの空間
ブティックが並ぶゴヤ通りに面しており、ショッピングに便利な立地。北欧風のインテリアでまとめられた客室は、スタイリッシュかつ和める雰囲気だ。キッチン付きの部屋もある。地中海料理を提供するレストランやおしゃれなバーも完備。
住 Goya 79
☎ 914 357 545
URL www.vinccihoteles.com
料 SW€123〜334
カード A.D.J.M.V.
Ⓜ 2・4号線ゴヤ駅から徒歩2分

6

地 図

- Ⓗ　ホテル
- Ⓨ　ユースホステル
- Ⓡ　レストラン
- Ⓑ　バル
- Ⓒ　カフェ
- Ⓢ　ショップ
- Ⓔ　エンターテインメント
- ☎　電話局
- 〒　郵便局
- ⊗　警察署
- 🏥　病院
- Ⓜ　地下鉄駅
- 🚆　カタルーニャ鉄道駅
- 🚌　バスターミナル
- 🚏　バス停

**★★★ 見どころの
おすすめ度**

数ある見どころの重要
度を、編集室でランク
づけ。プラン作りの目
安としてご利用くださ
い。
★★★＝見逃せない観
　　　　光ポイント
★★　＝訪れる価値あり
★　　＝時間が許せば
　　　　行ってみたい

　はみだし情報

　読者投稿

住 住所　☎ 電話番号　FAX ファクス番号
URL ホームページアドレス
e-mail e メールアドレス
営 営業時間　休 休業日
Ⓜ 地下鉄最寄り駅からのアクセス
交 最寄り地からのアクセス
カード 利用可能なクレジットカード
　Ⓐ アメリカン・エキスプレス
　Ⓓ ダイナースクラブ　Ⓙ JCB
　Ⓜ マスターカード　Ⓥ ビザ
料 入場料金、1室当たりの宿泊料金
　Ⓢシングルルーム
　Ⓦダブルまたはツインルーム
　Ⓓドミトリー（ユースホステルなど）
ホテルは1室当たりの税込み料金を掲載
しています。なお、ピーク時は掲載料
金より高騰することがあるのでご注意くだ
さい。
Wi-Fi ホテル内の無線 LAN

■本書の特徴

本書は、スペインを旅行される方を対象に、個人旅
行者が現地でいろいろな旅行を楽しめるように、各
都市のアクセス、ホテル、レストラン、ショッピング、
エンターテインメントなどの情報を掲載しています。
もちろんツアーで旅行される際にも十分活用できるよ
うになっています。

■掲載情報のご利用に当たって

編集部では、できるだけ最新で正確な情報を掲載す
るよう努めていますが、現地の規則や手続きなどが
しばしば変更されたり、またその解釈に見解の相違
が生じることもあります。このような理由に基づく場
合、または弊社に重大な過失がない場合は、本書を
利用して生じた損失や不都合について、弊社は責任
を負いかねますのでご了承ください。また、本書を
お使いいただく際は、掲載されている情報やアドバ
イスがご自身の状況や立場に適しているか、すべて
ご自身の責任でご判断のうえでご利用ください。

■現地取材および調査時期

本書は特に記載のないかぎり、2023 年 3 ～ 6 月の
現地取材および追跡調査をもとに編集されています。
しかしながら、時間の経過とともにデータの変更が生
じることがあります。特にホテルやレストランなどの料
金、交通機関の状況などは、皆さんが実際に旅行され
る時点で変更されている場合もあります。本書のデー
タはひとつの目安としてお考えいただき、最新の情報
は現地で確認されることをおすすめします。

■発行後の情報の更新と訂正

本書発行後に変更された掲載情報や訂正箇所は、『地
球の歩き方』ホームページの本書紹介ページ内に「更
新・訂正情報」として可能なかぎり最新のデータに
更新しています（ホテル、レストラン料金の変更など
は除く）。下記 URL よりご確認いただき、ご旅行の
前にお役立てください。

URL www.arukikata.co.jp/travel-support/

■投稿記事について

投稿記事は、多少主観的になっても原文にできるだ
け忠実に掲載してありますが、データに関しては編集
部で追跡調査を行っています。投稿記事のあとに（東
京都　○○　'23）とあるのは、寄稿者と旅行年度
を表しています。旅行年度のないものは 2020 年以
前の投稿で、2023 年 3 月から 6 月にデータの再確
認を行ったものには、寄稿者データのあとに調査年
度を入れ ['23] としています。

※皆さんの投稿を募集しています（→ P.422）

ジェネラルインフォメーション

スペインの基本情報

▶旅の会話集
→ P.458

国 旗
上から赤・黄・赤の国旗。スペイン語ではロヒグアルダ Rojiguarda、通称「血と金の旗」と呼ばれる。中央の紋章は5つの王国（カスティーリャ、レオン、アラゴン、ナバーラ、グラナダ）を表す。

正式国名
エスパーニャ王国　Reino de España

国 歌
スペイン王行進曲　Marcha Real
18世紀にカルロス3世が採用。曲のみで、正式な歌詞は存在しない。

面 積
約50.6万km²（地中海のバレアレス諸島、大西洋のカナリア諸島、北アフリカのセウタも含む）。日本の約1.3倍。

人 口
約4820万人。日本の約1/3（'23）

首 都
マドリードMadrid。人口約328万人（'22）

元 首
フェリペ6世　Felipe VI

政 体
議会君主制。17の自治州からなり、それぞれ独自の政府をもつ。自治州はさらに全部で50の県に分けられる。

民族構成
イベリア・ケルト系で、現在のスペイン人はカスティーリャ人、ガリシア人、アンダルシア人、カタルーニャ人、バスク人などで構成される。

宗 教
キリスト教（カトリック教徒が圧倒的多数）

言 語
公用語はスペイン語（カスティーリャ語 Castellano）。ほかにカタルーニャ地方ではカタルーニャ語 Catalá、ガリシア地方ではガリシア語 Gallego、バスク地方ではバスク語 Euskera も公用語として併用されている。

通貨と為替レート

▶旅のお金と両替
→ P.432

銀行のATMは24時間サービス。クレジット、デビット、海外専用プリペイドカードを使ってお金を引き出せる（ATMの操作方法→P.433）

通貨単位はユーロ€、補助通貨単位はセント¢。それぞれのスペイン語読みは「エウロ Euro」と「センティモ Céntimo」となる。

€1＝100¢＝156.40円（2023年6月26日現在）。紙幣は5、10、20、50、100、200ユーロ。硬貨は1、2ユーロと1、2、5、10、20、50セント。

1ユーロ　**2ユーロ**　**5ユーロ**

10ユーロ　**20ユーロ**　**50ユーロ**

100ユーロ　**200ユーロ**

1セント　**2セント**　**5セント**　**10セント**　**20セント**　**50セント**

電話のかけ方

▶通信事情
→ P.448

日本からスペインへかける場合　例：123-456-789にかける場合

事業者識別番号	＋	国際電話識別番号	＋	スペインの国番号	＋	相手先の電話番号
0033（NTTコミュニケーションズ） **0061**（ソフトバンク） 携帯電話の場合は不要		**010**※		**34**		**123-456-789**

※携帯電話の場合は010の代わりに「0」を長押しして「＋」を表示させると、国番号からかけられる
※NTTドコモ（携帯電話）は、事前にWORLD CALLの登録が必要

ビザ
観光を目的としてスペインへ入国する場合、滞在期間が 90 日以内なら、ビザは不要。（※）

パスポート
スペインを含むシェンゲン協定加盟国出国時に 3 ヵ月以上の残存有効期間が必要。

▶スペイン入出国→P.436

※ 2024 年より ETIAS 申請が必須となる予定（→ P.18）

マドリードのバラハス空港

2023 年 6 月現在、日本とスペインの間に直行便は運航していない。日本からヨーロッパの主要都市まで飛び、マドリードやバルセロナ行きの飛行機に乗り継ぐのが一般的で、所要 15 〜 20 時間ほど。航空会社によってはマラガやビルバオなど地方の国際空港に乗り継ぐこともできる。またトルコや中東の航空会社など、南回りもよく利用される。

▶スペインへのアクセス→P.434

地形と海流が影響し合うスペインでは、地方によって大きく気候が異なる。北から大きく 3 つに分けると、北部のカンタブリア海沿岸は雨が多く、夏は涼しく冬は温暖な海洋性気候。マドリードを中心とした中央部は、昼夜で気温の差が大きく、夏は暑く冬は寒い大陸性気候。スペイン東部や南部などの地中海沿岸地域は、年間をとおして温暖で乾燥した地中海性気候。旅行に適したシーズンは一般的には 4 〜 10 月。夏（6 〜 8 月）は気温が 40℃前後に上昇することもあるが、湿気が少ないので日陰に入ればしのぎやすい。基本的に日本のほぼ同時期と同じような服装でよい。

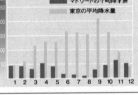

マドリードと東京の気温

マドリードの平均最高気温　マドリードの平均最低気温

東京の平均最高気温　東京の平均最低気温

マドリードと東京の降水量

マドリードの平均降水量　東京の平均降水量

▶旅のシーズン→P.428

夏は町なかの温度計が40℃以上になることも

日本との時差は 8 時間で、日本時間から 8 時間引けばよい。つまり日本の AM7：00 が、スペインでは前日の PM11：00 となる。これがサマータイム実施中は 7 時間の時差になる。

サマータイム実施期間は 3 月の最終日曜 AM2：00（＝ AM3：00）〜 10 月の最終日曜 AM3：00（＝ AM2：00）。
※ 2023 年は 3/26 〜 10/29
　 2024 年は 3/24 〜 10/27

※サマータイムは廃止予定（時期は未定）

スペインから日本へかける場合 例：(03) 1234-5678 にかける場合

国際電話識別番号		日本の国番号		市外局番、携帯電話番号の最初の0を除いた番号		相手先の電話番号
00	＋	**81**	＋	**3**	＋	**1234-5678**

▶スペイン国内通話
市外局番はないので、9 桁の電話番号をそのままダイヤルする。

ビジネスアワー

　以下は一般的な営業時間の目安。店舗によって30分～1時間前後の違いがあるので余裕をもって利用しよう。

銀 行
　月～金曜の 8:30 ～ 14:00。なかには夕方まで営業している銀行もある。

デパート＆ショッピングモール
　10:00 ～ 20:00。日曜・祝日は休みだったり 12:00 頃オープンするところも。

ショップ
　一般的に 10:00 ～ 20:00。14:00 から 17:00 頃まで昼休みする店もある。日曜・祝日は基本的に休みだが、マドリード中心部は営業する店も多い。

レストラン
　昼 13:00 ～ 16:00、夜 20:00 ～ 22:30 頃。都市部を中心に、昼から夜まで休みなしで営業する店も増えている。

祝祭日（おもな祝祭日）

▶ 旅のシーズン
→ P.428

イースター前の聖木・金曜日に行われる山車巡行

　キリスト教にかかわる祝日が多く、年によって異なる移動祝祭日（※印）に注意。国の祝祭日のほかに、自治州や都市ごとのローカルホリデー（★印）がある。

月	日		内容
1月	1/1		元日
	1/6		主顕節
3月	3/19	★	サン・ホセの日（マドリード）
	3/28（'24）	※	聖木曜日（カタルーニャやバレンシア州等を除く）
	3/29（'24）	※	聖金曜日
4月	4/1（'24）	※★	イースターマンデー（カタルーニャやバレンシア州等のみ）
	5/1		メーデー
5月	5/2	★	マドリード自治州の日（マドリード）
	5/15	★	サン・イシドロの日（マドリード）
6月	6/24	★	サン・フアンの日（バルセロナ）
8月	8/15		聖母被昇天祭
9月	9/11	★	カタルーニャ自治州の日（バルセロナ）
	9/24	★	聖母メルセの日（バルセロナ）
10月	10/12		イスパニアデー
11月	11/1		諸聖人の日
	11/9	★	聖母アルムデナの日（マドリード）
12月	12/6		憲法の日
	12/8		無原罪の御宿り
	12/25		クリスマス
	12/26	★	サン・エステバンの日（バルセロナ）

電圧とプラグ

　電圧は 220V で、周波数 50Hz、プラグは C タイプ。日本国内用の電化製品を使用する場合には変圧器とプラグアダプターが必要だが、デジタルカメラ、PC、携帯電話などはプラグアダプターを付けるだけで使えることが多いので、説明書を確認しておこう。

C タイプのプラグと差し込み口

ビデオ方式

　スペインの出力方式(PAL) は、日本(NTSC) と異なるので、一般的な日本の DVD プレーヤーでは再生できない。DVD ソフトはリージョンコードが日本と同じ「2」と表示されていれば、DVD 内蔵パソコンでは通常 PAL 対応なので再生できるが、一般的な DVD プレーヤーでは再生できない（PAL 対応機種なら可）。ブルーレイディスクは、スペインは「リージョン B」で日本の「リージョン A」とは異なるため再生不可。

チップ

　スペインにもチップの習慣はあるが義務というわけではなく、特別なことを頼んだ場合やサービスをしてくれた人に対して感謝の気持ちを表す心づけとして渡すもの。払い過ぎないように注意したい。

タクシー
　おつりの小銭を渡すか、きりのいい金額に切り上げて支払う。

レストラン
　店の格にもよるが、一般には料金の 5 ～ 10%くらいの額を、テーブルでの支払いのときにきりのいい金額に切り上げて渡すか、おつりの小銭を残す。

ホテル
　ベルボーイやルームサービスを頼んだとき €1 程度。

※本項目のデータはスペイン大使館、スペイン観光局、外務省などの資料を基にしています。

飲料水

ほとんどの地域では水道水（硬水）も飲用できるが、水が変わると体調を崩すこともあるので敏感な人はミネラルウオーター（アグア・ミネラル Agua Mineral）を利用したほうが安心。炭酸入り（コン・ガス con gas）と炭酸なし（シン・ガス sin gas）の2種類あり、500㎖入りはスーパーで買うと約¢50、駅の売店などでは €1 程度。

郵 便

▶郵便事情→ P.450

郵便料金

郵便局「コレオス Correos」の営業時間は 8:30 ～ 14:30、15:30 ～ 20:30。小さな局は 14:30 までのところもある。日曜・祝日は休み。切手はたばこ屋「エスタンコ Estanco」でも購入できる。住所と宛名は日本語でもよいが、必ず Japón（日本）、航空便は Por Avión と書こう。通常は約1週間で届く。

日本へのエアメールは、はがき、封書（20g まで）ともに €2.10。

スペインのポストは黄色

税 金

▶免税手続きについて → P.436

スペインではほとんどの商品に付加価値税 IVA が 21％（食料品や医薬品は 10％）かかっており、旅行者は手続きをすれば最大で 13％の税金が戻ってくる。ただし戻ってくるのは買い物で支払った税金。ホテル代や飲食代のぶんは還付されない。

安全とトラブル

▶旅のトラブルと安全対策→ P.455

警察・救急・消防
112

マドリードやバルセロナなどの大都市や観光地で、スリ、置き引き、ひったくりといった窃盗被害が発生している。地下鉄や繁華街の雑踏など、人が密集している所では特に注意が必要。パスポート、多額の現金、カード類などの貴重品は宿泊先の安全な場所に保管し、なるべく持ち歩かないこと。やむを得ず貴重品を持ち歩く場合は、1ヵ所にまとめず、分散して所持するとよい。また深夜や早朝の移動には、タクシー利用がおすすめ。

年齢制限

スペインでは 16 歳未満（州によっては 18 歳未満）の飲酒と喫煙は禁じられている。
レンタカーは会社や車種によって年齢制限があり、クレジットカードの提示を要求される。

度量衡

▶洋服、靴のサイズ → P.454

日本の度量衡と同じで距離はメートル法、重さはグラム、キロ、液体はリットル単位。ただし洋服や靴のサイズ表示は日本と異なるので注意しよう。

その他

町角にある有料のトイレ

生活時間
　スペインでは昼食は 14:00 から、夕食は 21:00 からが一般的で、レストランの営業時間も日本とは2時間ほどずれている。また昼食時間までが午前中であ、いさつも 14:00 頃までは「おはよう＝ブエノス・ディアス Buenos días」と言う。

トイレ
　トイレは「アセオス Aseos」または「セルビシオス Servicios」と呼ばれる。女性は「セニョーラス Señoras」、男性は「カバジェロス Caballeros」。それぞれの頭文字の「S」と「C」だけ表示されている場合もある。公衆トイレは町なかには少ないので、できるだけ美術館やレストランに行った際に済ませておくとよい。

喫煙
　2011 年 1 月に喫煙に関する法律が施行。飲食店の建物内は全面禁煙だが、屋外のテラス席は喫煙できる。

マナー
　スペインではあいさつが大切。店に入ったら店員さんやウエーターに「こんにちは＝オラ Hola」、サービスを受けたら「ありがとう＝グラシアス Gracias」、出るときは「さようなら＝アディオス Adiós」と言おう。これだけで対応してくれる人の態度も変わってくる。

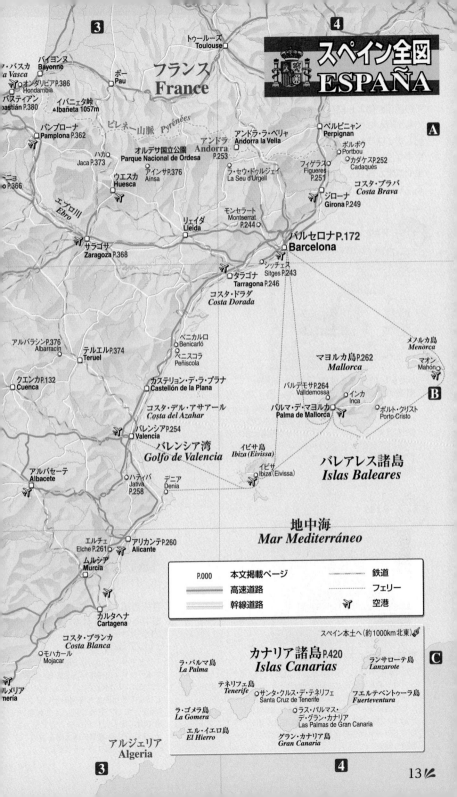

3

トゥールーズ
Toulouse

フランス
France

4

スペイン全図
ESPAÑA

ポー
Pau

バイヨンヌ
Bayonne

・バスカ
a Vasca

オンダリビア P.386
Hondarribia

バスティアン
bastián P.380

イバニェタ峠
Ibañeta 1057m

パンプローナ
Pamplona P.362

ピレネー山脈 Pyrénées

アンドラ・ラ・ベリャ
Andorra la Vella

ペルピニャン
Perpignan

A

ニョ
P.366

ハカ
Jaca P.373

オルデサ国立公園
Parque Nacional de Ordesa

アンドラ
Andorra
P.253

ポルボウ
Portbou

エブロ川
Ebro

ウエスカ
Huesca

アインサ P.376
Ainsa

ラ・セウ・ドゥルジェイ
La Seu d'Urgell

フィゲラス
Figueres
P.251

カダケス P.252
Cadaqués

コスタ・ブラバ
Costa Brava

サラゴサ
Zaragoza P.368

リェイダ
Lleida

モンセラート
Montserrat
P.244

ジローナ
Girona P.249

バルセロナ P.172
Barcelona

アルバラシン P.376
Albarracin

テルエル P.374
Teruel

タラゴナ
Tarragona P.246

シッチェス Sitges P.243

メノルカ島
Menorca

クエンカ P.132
Cuenca

コスタ・ドラダ
Costa Dorada

ベニカルロ
Benicarló

マヨルカ島 P.262
Mallorca

マオン
Mahón

B

ペニスコラ
Peñiscola

バルデモサ P.264
Valldemossa

インカ
Inca

カステリョン・デ・ラ・プラナ
Castellón de la Plana

パルマ・デ・マヨルカ
Palma de Mallorca

ポルト・クリスト
Porto-Cristo

コスタ・デル・アサアール
Costa del Azahar

バレンシア P.254
Valencia

アルバセーテ
Albacete

バレンシア湾
Golfo de Valencia

イビサ島
Ibiza (Eivissa)

バレアレス諸島
Islas Baleares

ハティバ
Jativa
P.258

デニア
Denia

イビサ
Ibiza (Eivissa)

地中海
Mar Mediterráneo

エルチェ
Elche P.261

アリカンテ P.260
Alicante

ムルシア
Murcia

P.000	本文掲載ページ	─── 鉄道
───	高速道路	---- フェリー
───	幹線道路	✈ 空港

スペイン本土へ（約1000km北東）

カルタヘナ
Cartagena

コスタ・ブランカ
Costa Blanca

カナリア諸島 P.420
Islas Canarias

ランサローテ島
Lanzarote

C

モハカール
Mojacar

ラ・パルマ島
La Palma

テネリフェ島
Tenerife

サンタ・クルス・デ・テネリフェ
Santa Cruz de Tenerife

フエルテベントゥーラ島
Fuerteventura

ルメリア
meria

ラ・ゴメラ島
La Gomera

エル・イエロ島
El Hierro

ラス・パルマス・
デ・グラン・カナリア
Las Palmas de Gran Canaria

アルジェリア
Algeria

グラン・カナリア島
Gran Canaria

3

4

スペインのオリエンテーション

　イベリア半島のほぼ80%を占めるスペイン。北はピレネー山脈を隔ててフランスと接し、南は地中海を挟んでアフリカと向かい合う。古くから多くの民族が侵入し盛衰を繰り返してきたが、なかでも800年にわたってイベリア半島の大部分を支配したイスラム教徒は大きな影響を残した。さまざまな民族と文化が錯綜し、また地方によって風土や気候が異なるスペインは、多彩な個性で訪れる人を魅了する。

P.49

赤い大地に風車が建つコンスエグラ

メセタに位置する首都 マドリードと 風車の大地 カスティーリャ・ラ・マンチャ

　スペイン中央部には、メセタと呼ばれる標高約800mの台地が広がっている。その中心に位置するのが1561年に首都に定められたマドリードだ。メセタの南半分は世界有数のブドウの産地として知られるカスティーリャ・ラ・マンチャ。古都トレドや『ドン・キホーテ』の舞台となった風車の町が点在する。

P.135

歴史の舞台となったセゴビアのアルカサル

荒野に息づくスペインの魂 カスティーリャ・イ・レオン／エストレマドゥーラ

　メセタの北半分を占めるのがカスティーリャ・イ・レオン。寒暖の差の激しい大陸性気候で、荒涼とした大地が広がる。かつてカスティーリャ王国があったこの地には、セゴビア、アビラ、ブルゴスなど中世の城塞都市が多い。またエストレマドゥーラは古くから通商路として栄え、ローマ時代の遺跡も残る。

P.169

リゾート客でにぎわう地中海のビーチ

芸術の都 バルセロナと 地中海の光あふれる カタルーニャ／バレンシア／バレアレス

　サグラダ・ファミリア聖堂をはじめとするガウディの建築が街を彩るバルセロナ。またこの地はダリ、ミロ、ピカソなど多くの芸術家たちを生み出してきた。1年をとおして温暖な地中海性気候で、地中海に面したバレンシアやアリカンテ、バレアレス諸島には太陽を求めてヨーロッパ中からリゾート客が訪れる。

フランス

サン・セバスティアン
ス Vasco
ビトリア
オハ
Rioja
ログローニョ
ナバーラ
Navarra
パンプローナ
アンドラ
ウエスカ
ソリア
サラゴサ
リェイダ
ジローナ
カタルーニャ
Catalunya
バルセロナ
アラゴン
Aragón
タラゴナ
ラハラ
テルエル
メノルカ島
クエンカ
カステリョン・デ・ラ・プラナ
マヨルカ島
ティーリャ・
ンチャ
lla La Mancha
バレンシア
バレンシア
Valencia
パルマ・デ・マヨルカ
アルバセーテ
イビサ島
バレアレス諸島 Islas Baleares
アリカンテ
ムルシア
Murcia
ムルシア
アルメリア

自治州界
県界

N
0 ━━━ 100km

P.265

絶景で知られる白い町ロンダ

太陽と闘牛とフラメンコ、イメージどおりのスペインに出合えるアンダルシア

　青い空、光輝く太陽、白壁の家、そして闘牛とフラメンコの故郷。私たちが思い描くスペインのイメージを最もよく表しているのがアンダルシアだ。イスラム文化の影響が色濃く残り、グラナダのアルハンブラ宮殿、コルドバのメスキータ、セビーリャのヒラルダの塔など、イスラム時代のモニュメントも多い。

P.359

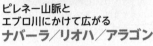

ブドウ畑の中を歩く巡礼者

ピレネー山脈とエブロ川にかけて広がるナバーラ／リオハ／アラゴン

　ワインの産地として知られるナバーラとリオハには、サンティアゴ・デ・コンポステーラへと向かう巡礼路が通っており、またナバーラの州都パンプローナは「牛追い祭り」の町として有名。ピレネー山脈からエブロ川流域にかけて広がるアラゴンは、かつてはアラゴン王国として栄え、州都のサラゴサにはスペインの守護聖母が祀られている。

P.377

ビスケー湾に面したサン・セバスティアン

自然に恵まれた北スペインバスク／カンタブリア／アストゥリアス／ガリシア

　乾燥したイベリア半島にあって、スペイン北部は雨が多く緑が豊か。サン・セバスティアンやサンタンデールは夏の避暑地として、ビルバオやオビエドは工業都市として知られる。またカンタブリア海に沿って西へサンティアゴの巡礼路をたどれば、キリスト教の聖地サンティアゴ・デ・コンポステーラへといたる。

What's New in Spain!
スペイン最旬&注目トピックス

話題のスポットや旅に役立つ情報をご紹介！

▦ Madrid

アルバ公爵家の邸宅、
リリア宮殿が一般公開に

スペイン貴族のなかでも突出して古い家系を誇るアルバ公爵家。そのマドリードでの住まいがリリア宮殿だ。スペイン人建築家ベントゥーラ・ロドリゲスらによって18世紀後半に造られたネオ・クラシック様式の建物で、1936年の戦火で外壁を残して焼失し、その後復元された。マドリードでは王宮に次いで豪華な建物といわれる。スペインでは知らない人がいないアルバ家だが、なかでも2014年に亡くなった18代アルバ女公爵は、独特な風貌と華やかな私生活でしばしばメディアをにぎわせた。

宮殿にある約200室もの部屋のうち、見学できるのは1階と2階の11室。スペイン一の資産家である公爵家の邸宅は、内装がすばらしいのはもちろん、注目すべきはその美術コレクション。ゴヤ作の『白衣のアルバ女公爵』をはじめ、ベラスケス、ルーベンスなど、美術館級の作品を鑑賞できる。また図書館には、コロンブスの署名入り書簡、スペインを統一したカトリック王フェルナンドの遺言書、1605年に出版された『ドン・キホーテ』の初版といったお宝を展示しており、こちらも必見だ。

上／現在もアルバ公爵の住まいとして使われている。宮殿内部は撮影禁止 下／スペイン広場から徒歩5分ほどの場所にある

リリア宮殿　**Palacio de Liria**
map P.60/B〜C2　Princesa 20　☎915 908 454　URL www.palaciodeliria.com　10:15（土・日・祝は9:45）から15〜30分おき（詳細はウェブサイトで要確認）　月曜の午後、1/1・5・6、12/24・25・31　€15、学割と65歳以上€13（オーディオガイド付き）、月曜は無料（要ネット予約）　M 3号線ベントゥーラ・ロドリゲス駅から徒歩1分

マドリード市内に
初の世界遺産が誕生

プラド美術館があるプラド通りとレティーロ公園を含むエリアが、「パセオ・デル・プラドとブエン・レティーロ、芸術と科学の景観」として、2021年7月に世界文化遺産に登録された。（→ P.78）

パセオ・デル・プラドは、18世紀末に造られたヨーロッパの都市で初の並木道。木々や噴水が配され、隣接するレティーロ公園とともに市民の憩いの場として親しまれている。周辺には植物園とシベーレス宮殿、数々の美術館やモニュメントがあり、自然と文化が調和している。

上／プラタナスの並木が美しいプラド通り 下／かつて王室の離宮があったレティーロ公園

高級ショッピングモール
ガレリア・カナレハス
がオープン

かつて銀行や保険会社だった建物を改装して、2021年にオープン（→ P.104）。1階と2階はエルメスやヴィトンをはじめ、世界的な高級ブランドが並ぶショッピングエリア。地下は、ミシュランの星を獲得した有名シェフのレストランやバルが集結するフードフロアになっている。また隣にはスペイン初となる「フォーシーズンズホテル」が開業し、ラグジュアリーな滞在を満喫できる。

上／アールデコの装飾が美しい建物 下／フードフロアではトップシェフの味を楽しめる

Barcelona

写真映えすると大人気！
モコ・ミュージアムがオープン

オランダのアムステルダムにある「モコ・ミュージアム」が、新しい美術館をバルセロナにオープン。中世の邸宅を改装した館内に、バンクシー、カウズ、草間彌生をはじめとするコンテンポラリーアートやグラフィティアートを展示している。写真撮影も自由にできるため、SNSで発信する若い人たちに人気が高い。

上／最上階にあるデジタルアートは写真映えバツグン！　下／カウズの作品が置かれたパティオとショップはチケットがなくても入場可

モコ・ミュージアム　Moco Museum
map P.181/B3　住Montcada 25　☎936 291 858　URLmocomuseum.com　営10:00～20:00（金～日は21:00）　休1/1、12/25
料€17.95、学割€12.95（オンライン購入は€2～5割引）
Ⓜ4号線ジャウマ・プリメ駅から徒歩5分

360度の大パノラマ！
グロリアス・タワー
展望台が登場

フランス人建築家ジャン・ヌーベルが設計し、バルセロナ水道局のオフィスビルとして2005年に完成したトーレ・アグバル。現在はトーレ・グロリアスと名称を変え、2022年に最上階が一般公開された。全面ガラス張りの展望デッキからは、バルセロナの町並みと地中海を見渡すことができる。

上／町のどこからでも見える高さ144.4mの高層ビル　左／展望デッキへは専用のエレベーターで上る　右／サグラダ・ファミリアもすぐ近くに！

グロリアス・タワー展望台 Mirador Torre Glóries
map P.177/B4　住Av. Diaognal 209　☎935 478 982　URL www.miradortorreglories.com　営10:00～21:00（10/15～3/31は9:30～18:30）　休1/1、12/25　料€18、学割と65歳以上€15（オンライン購入は€3割引）　Ⓜ1号線グロリアス駅から徒歩2分

サグラダ・ファミリアに
聖母マリアの塔
が完成

新型コロナの影響で建設が一時中断されたものの、現在は着々と工事が進められているサグラダ・ファミリア聖堂（→ P.212）。教会で2番目に高い聖母マリアの塔が2021年に完成し、「無原罪の御宿りの日」である12月8日、先端に飾られた星のオブジェに明かりが灯された。

上／重さ5.5tの星のオブジェが夜空に輝く　下／聖母マリアの塔の隣には福音者の塔も完成

Transport

鉄道の旅がお得に！
格安高速列車が運行開始

今までRenfe（スペイン鉄道）一択だった列車の旅に、新たな選択肢が加わった。Renfeの高速列車AVEのローコスト便であるAVLO（アブロ）をはじめ、フランス系のOuigo（ウィゴ）、イタリア系のIryo（イリョ）が格安高速列車を運行している。場合によってはマドリード～バルセロナ間を片道€10程度で移動できることも。（→ P.442）

上／Ouigoはすべて2階建ての車両を使用　下／眺めのよい2階席は追加料金がかかる

Art

2023年は
ピカソイヤー

画家パブロ・ピカソの没後50周年にあたる2023年を記念して、スペインとフランスを中心に展覧会が企画されている。スペインではマドリードやバルセロナ、マラガなど、ピカソゆかりの地で展覧会や特別イベントが開催される。詳しくは下記ウェブサイトでチェック。

マラガの生家前にあるピカソの像

URL www.spain.info/picasso-2023/ja/

出発前に知っておきたい!

スペイン旅行術 After コロナの

スペイン、日本ともに、新型コロナの感染防止を目的とした入国制限が撤廃され、コロナ前のように自由な渡航が可能になった。
最新情報を入手したうえで、スペインへ飛び立とう!

コロナ前と変わらずにぎわうバルセロナのレイアール広場

出発前に準備するもの

海外から日本に入国する場合、2023年4月29日より新型コロナウイルス感染症の水際対策が撤廃され、有効なワクチン接種証明書またはPCR検査陰性証明書の提示は不要と

パスポートさえあれば、スペイン旅行が可能に!

なった。スペイン入国時も、観光や短期商用など90日以内の滞在であれば、パスポートを提示するのみ。ただし、感染症が完全に収束したわけではない。万一現地でコロナ陽性となったときのためにも、海外旅行保険には加入しておきたい(→ P.425)。

スペイン入国には 2024年よりETIASが必須に!

EU諸国への入国はETIASが必要となる。導入は2024年の予定

こちらは新型コロナとは関係ないが、日本国民がビザなしでシェンゲン協定加盟国(→ P.436)に入国する際、ETIAS電子認証システムへの申請が必要となる予定。ETIAS(エティアス)とは、すでにアメリカで運用中のESTA(エスタ)と同様の「事前渡航認証システム」で、申請はオンラインで行う。申請してから「渡航認証許可」の通知が届くのに時間を要する場合もあるので、渡航が決まった段階で早めに申請すること。詳細は右記ウェブサイトで確認を。**URL** etias-web.com

マスク着用について

スペインでは、公共交通機関(タクシーや航空機を含む)でのマスク着用義務が2023年2月8日に解除され、町なかでマスクをしている人はほとんど見かけない。一般の人(6歳以上)にマスクの着用が義務づけられているのは、医療機関、薬局、福祉施設のみ。ただし、列車やバスの閉めきった車内で現地の人が大声でおしゃべりしているなど、感染リスクが高そうな状況に遭遇することも。気になる人はマスクを持参しよう。

マドリードのメトロ内。マスクをしている人は1車両に数名いる程度

タッチ決済が一般的に

スペインではもともとクレジットカードを使えるところが多かったが、新型コロナの影響もあり、非接触型カードが一気に普及。タッチ(コンタクトレス)決済に対応しているクレジットカードを持っていれば、暗証番号を入力することなく、コーヒー1杯といった小額でも気軽に支払いができる。レストランやショップでは従来の接触型カードも使えるが、鉄道駅などに設置されている自動券売機はタッチ決済専用が多いので注意したい。

カードにこのマークがあればタッチ決済可能

※ 2023年6月現在の情報です。
渡航の際には必ず最新情報をご確認ください。

物価高＆円安に負けない！

お得に旅するための Tips

世界的にインフレが進んでいる昨今、スペインも例外ではなく、
観光スポットの入場料やレストランでの食事などは値上がり傾向にある。
お得情報をゲットして、コスパよくスペインの旅を満喫しよう。

観光客に人気のカサ・バトリョ。
チケットを購入しておけば窓口に
並ぶ時間も省ける

観光 | Tips 1 人気の観光スポットは オンライン購入がおすすめ

　近年スペインでは、観光客の増加にともない、人数制限を設けるところが増
えている。特に、サグラダ・ファミリア聖堂（→ P.212）、アルハンブラ宮殿
（→ P.272）は事前予約が必須。また公式サイトでチケットを購入すると、窓口
で買うより安くなるところもある。例えば、ガウディ作のカサ・バトリョ（→ P.215）
はオンライン購入なら €3 〜 6 もお得。ただし変更や払い戻しができない場合
もあるので、よく確認してから購入しよう。

Tips 2 ミュージアムは無料公開の日時をチェック！

　美術館や博物館は、特定の日や時間に無料で一般公開しているところが
ある。マドリードでは、プラド美術館（→ P.79）が 18:00 以降（日曜・
祝日は 17:00 以降）、ティッセン・ボルネミッサ美術館（→ P.84）は月曜
が無料。またバルセロナでは、多くのミュージアムが各月の第 1 日曜日は
無料になるほか、ピカソ美術館（→ P.205）は木曜の 16:00 以降が無料
（公式サイトで予約が必要）。ほかにも、土曜の午後や日曜は入場無料の
ところもあるので、日程が合えばぜひ活用したい。

スペインが誇る芸術の殿堂、プラド美術
館も無料で鑑賞できる

食事 | Tips 3 食費を抑えたいなら バルでボカディーリョ

　コロナ以降
に一番値上がりしたと感
じるのが外食代。レスト
ランで食事をすると、ひ
とり最低でも €15 はかか
る。そこで、おすすめな
のが ボカディーリョ
Bocadillo。バゲットに生
ハムやチーズ、オムレツ
などを挟んだスペイン風
サンドイッチで、飲み物
を付けても €10 以内に
収まる。

上／イカリングサンドはこの
ボリュームで €4（ラ・カン
パナ→ P.101）下／カタルー
ニャのソーセージ、ブティ
ファラ入り €4.10（コネサ
→ P.227）

Tips 4 スーパーマーケットを 上手に活用しよう

　旅行者に
とってスー
パーは強い
味方。生ハ
ムとチーズ、
缶詰、果物、
生ハムや
生搾りオレンジ
ジュースで豪華な朝食
パン、ワインなどを買って、ホテルでディナーはいかが？
店によってはデリコーナーがあり、パエリャや総菜を
量り売りしてくれるところも。朝食もホテルのブッフェ
だとひとり €10 〜 20 かかるが、スーパーで調達すれ
ば安上がりだ。

買い物 | Tips 5 デパートでお得に ショッピング

　スペイン最大のデパー
トチェーン「エル・コルテ・イング
レス」（→ P.42）は、おみやげ探し
の定番スポット。旅行者はサービス
カウンターでパスポートを提示すると、
「10% リワードカード」を無料で作ってもらえる。買い
物の際にこのカードを提示すれば、購入金額の 10%
がポイントとしてカードにチャージされ、次回の買い物
に使えるという仕組みだ（ただし食料品は除く）。高級
ブランド品も扱っているので、うまく利用すればかなり
お得になる。

10% REWARD CARD

「10% リワード
カード」は発行日
から 5 日間有効

交通 | Tips 6 長距離移動は 列車 or バス、それとも 飛行機？

　旅行費用のなかで大きな
金額を占める移動費。一般
的には、バス＜列車＜飛行
機の順に高くなる。しかし、
近年では格安高速列車
（→ P.17、442）や格安航空
会社（→ P.445）が登場し、
その法則が崩れつつある。料金と所要時間を考慮しな
がら検討しよう。列車と飛行機は、直前になるほど値
上がりすることが多いので、旅程が決まったら早めに
手配したい。

2022 年に運行を開始した
格安高速列車の Iryo

スペイングルメを極める！ GASTRÓNOMO ESPAÑOL

気軽につまめるタパスから、地方ごとに特色のある郷土料理やワイン、昔ながらの素朴なお菓子まで、"おいしいスペイン"教えます！

テーマ1

スペイン人の社交場
バルを使いこなす

`Bar`

スペイン人の暮らしに欠かせないバルは、旅行者にとっても便利な存在。上手に利用すれば、旅がいっそう楽しくなること間違いなし！

バルってどんなところ？
スペインではバーカウンターのある飲食店をバルBarと呼び、お酒を飲むだけでなく、カフェ、食堂、ときには地域の人々の社交場と、さまざまな役割をもつ。また近年、レストランと変わらない本格的な料理を小さめのポーションでタパスとして提供するガストロバルも増えている。

バルの時間帯別利用法

朝
8:00～10:30

開店時間は店によって異なるが、だいたい8:00～9:00頃。出勤前に軽い朝食を取る人々でにぎわう。定番メニューは、ミルクコーヒーCafecon LecheにクロワッサンCroissantや菓子パンBolleria、バタートーストTostada con Mantequillaのほか、揚げ菓子のチュロスChurrosとホットチョコレートChocolateなど。オレンジジュースZumo de Naranjaとパン、ミルクコーヒーが付いた朝食セットを用意している店もある。

軽食
10:30～13:00

11:00頃に食べるおやつをオンセ、またはメリエンダ・メディア・マニャーナという。スペインでは昼食の時間が遅いので、仕事の合間に間食を取る人が多い。どこでも数種類のタパスTapasやボカディーリョBocadillo(パンにハム、チーズ、オムレツなどを挟んだサンドイッチ)を揃えているから、これで軽い昼食を済ませることも可能。ボカディーリョや飲み物をテイクアウトしたいときは「パラ・リェバールPara llevar」と言う。

昼
13:00～16:00

ランチタイムになると、外に日替わりの定食メニューMenu del Diaが張り出される。スペイン人が午前の仕事を終え、昼食に出かけるのは14:00頃から。1日のメインの食事なので、ビールやワインを飲みながら、前菜からデザートまで1時間程度かけてゆっくりと楽しむ。手軽に済ませたい場合は、肉や魚のメインに、ポテトフライ、サラダなどをひと皿に盛り合わせたワンプレートランチ、Plato Combinadoを注文するとよい。

夕方～夜
16:00～24:00

16:00以降はカフェでほっとひと息。キッチンを閉めるところもあるが、チーズやチョリソなどの乾き物はいつでも大丈夫。ボカディーリョも作ってもらえる。仕事が終わる18:00頃からは、メリエンダと呼ばれるおやつの時間。会社帰りや夕食前の散歩の途中にバルに立ち寄り、タパスをつまみながら軽く飲む人も多い。またサッカーの試合がある日は、仲間と一緒にテレビ観戦する人々で、バルが閉まる深夜までにぎわう。

一般的なバルはこうなっている

ボカディーリョ（スペイン風サンドイッチ）やラシオン（一品料理）のメニュー。飲み物のメニューは置いてないことも多い

コーヒーマシン

生ビールの注ぎ口

壁にはウイスキーやリキュールの瓶がずらりと並ぶ

ガラスケースの中にタパスが並んでいるので、注文するときは指させば OK

カウンターであれば、椅子に座っても立ったままでも料金は同じ。椅子がないバルもある

使用したペーパーナプキンなどは床に捨てる。ゴミが多いバルほど流行っている証といわれる。ただし最近ではきれいな店も増えている

カウンターでの注文の仕方

❶ まずは軽くあいさつ

スペインでは店に出入りするとき、店の人にあいさつするのがマナー。『オラ！』は1日中使える便利な言葉。

こんにちは！
¡Hola!
オラ！

❷ 飲み物を注文する

お酒が飲めない人は、コーラなどのソフトドリンク、ミネラルウオーター（アグア）、ジュース（スモ）などを。

ビールを1杯ください
Una cerveza, por favor.
ウナ・セルベッサ、ポルファボール

❸ タパスを注文する

カウンターにタパスが並んでいる場合は、指さしで注文すると簡単。飲み物やタパスのメニューがないバルも多い。

これをください
Esto, por favor.
エスト、ポルファボール

（値段を聞くときは）これはいくらですか？
¿Cuanto cuesta esto?
クアント・クエスタ・エスト？

❹ 支払いをする

食べ終わったらお会計。基本的にあと払いだが、急いでいるときなどは、飲み物や食べ物と引き替えに支払ってもOK。

お会計をお願いします
La cuenta, por favor.
ラ・クエンタ、ポルファボール

知っておきたいバルのあれこれ

✓席によって料金が異なる

カウンター（バーラBarra）、テーブル席（メサMesa）、外のテラス席（テラッサTeraza）があり、テラス席は店内より料金が少し高くなることが多い。

✓トイレに行きたいときにも便利

ただしコーヒーなど何か注文するのがマナー。トイレは地下にあることが多く、通常は男性用（Señor/Caballero）と女性用（Señora/Dama）に分かれている。もし鍵がかかっている場合は、店の人に鍵を貸してもらう。

✓店内での喫煙は禁止

たばこを吸いたいときは、店の外やテラス席で。

✓貴重品は体から離さない

バッグを椅子の下に置いたり、背もたれにかけるのはNG。ひざの上など目の届く場所に置こう。

✓チップについて

基本的には不要だが、何か特別なことを頼んだり、気持ちのいいサービスを受けたときには、おつりの端数程度を。

バルで役立つスペイン語

どのタパスがおすすめですか？
¿Qué tapas me puede recomendar?
ケ・タパス・メ・プエデ・レコメンダール？

イベリコ豚の生ハムをひと皿ください
Una ración de jamón ibérico, por favor.
ウナ・ラシオン・デ・ハモン・イベリコ、ポルファボール

サングリアをグラスで注文できますか？
¿Se Puede pedir una copa de sangria?
セ・プエデ・ペディール・ウナ・コパ・デ・サングリア？

おいしいタパスが揃ってるよ！

1人前をシェアします
Una ración para compartir.
ウナ・ラシオン・パラ・コンパルティール

とてもおいしかったです
Estaba muy rico.
エスタバ・ムイ・リコ

｢Tapas｣ タパスメニューカタログ

魚介のタパス Mariscos

プルポ・ガリェーゴ
Pulpo Gallego
軟らかくゆでたタコに、オリーブ油とパプリカを振りかけたもの。プルポ・ア・フェイラともいう。

カラマレス・フリートス
Calamares Fritos
イカリングのフライ。揚げたてにレモンを搾って食べる。カラマレス・ロマーナとも呼ばれる。

ガンバス・ア・ラ・プランチャ
Gambas a la Plancha
エビを殻付きのまま、塩を振りかけて鉄板で焼いたもの。塩ゆでしたものはガンバス・コシーダという。

ボケロネス・エン・ビナグレ
Boquerones en Vinagre
カタクチイワシの酢漬け。ほどよい酸味がワインやビールと合い、さっぱりと食が進む一品。

ガンバス・アル・アヒーリョ
Gambas al Ajillo
小エビのニンニク風味オイル煮。唐辛子が入ったピリ辛オイルにパンを浸して食べると美味。

サルピコン・デ・マリスコス
Salpicón de Mariscos
魚介、トマト、タマネギ、ピーマンなどを細かく刻み、オリーブ油と酢であえたシーフードサラダ。

メヒリョーネス
Mejillones
ムール貝。蒸したものは「ア・ラ・バポール」、漁師風は「マリネーラ」、マリネは「エスカベッチェ」など。

チョピートス・フリートス
Chopitos Fritos
ホタルイカのフライ。ジューシーなイカと、サクサクした衣がマッチし、ビールにもよく合う。

ナバッハス・ア・ラ・プランチャ
Navajas a la Plancha
マテ貝をガーリックオイルでソテーしたもの。レモンを搾って食べる。白ワインと相性が抜群。

野菜のタパス Verduras

ピミエントス・デ・パドロン
Pimientos de Padrón
北西部ガリシア地方の町パドロンが産地として知られる、シシトウのようなピーマンを素揚げしたもの。

チャンピニョン・ア・ラ・プランチャ
Champiñón a la Plancha
マッシュルームの鉄板焼き。シンプルな料理だが、肉厚のマッシュルームがジューシーで美味。

エンサラディーリャ・ルサ
Ensaladilla Rusa
ロシア風味のポテトサラダ。ポテト、ニンジン、グリーンピースなどがマヨネーズであえてある。

パタタス・ブラバス
Patatas Bravas
角切りにしたジャガイモを素揚げし、ブラバソース（トマトベースのピリ辛ソース）をかけたもの。

パタタス・アリオリ
Patatas Alioli
ゆでて軟らかくなったジャガイモにアリオリソース（ニンニク風味のマヨネーズ）をからめたもの。

ボンバ
Bomba
丸めた肉団子を包むようにして揚げた大きなポテトコロッケで、トマトソースなどをかけて食べる。

タパスの注文の仕方

タパTapa（複数形はタパス）は小皿。大皿はラシオンRación、その半量はメディアラシオンMediaraciónという（半量は出さない店もある）。大皿だと量が多いうえに値段が高くなるので注意。ピンチョス（パンに具を載せて楊枝で刺したフィンガータパス）を出すバルは、店員に注文する形式のところもあるが、自分で皿に取るセルフサービス方式の場合は、最後に自己申告または残った楊枝の数で会計をする。

肉のタパス Jamón y Carne

ハモン・セラーノ
Jamón Serrano
生ハム。どんぐりの実を食べて育った黒豚から作られるハモン・イベリコ・ベジョータは最高級品。

アルボンディガス
Albóndigas
肉団子のトマトソース煮込み。作り置きしてあるものを小皿に分け、温め直して出してくれる。

チョリソ
Chorizo
豚肉のソーセージ。パプリカなどの香辛料を加えてあるが、メキシコ産のものと違って辛くない。

その他のタパス Otras Tapas

トルティーリャ・エスパニョーラ
Tortilla Española
卵にジャガイモを混ぜて焼いたスペインオムレツ。ほうれん草やエビなどが入ったオムレツもある。

クロケッタ
Croqueta
ホワイトソースに生ハム、タラ、鶏肉などの具を混ぜ、パン粉を付けて揚げたクリームコロッケ。

ヒルダ
Gilda
酢漬けにした青トウガラシ、アンチョビ、オリーブを楊枝に刺した、バスク地方発祥のピンチョスの原型。

ドリンク類 Bebidas

セルベッサ
Cerveza
ビール。細長いグラスに入ったトゥーボ Tubo、その半分くらいの量のカーニャ Caña、ジョッキで出てくるハーラ Jarra がある。カーニャは生ビールの意にもなるが、正しくはセルベッサ・デ・バリール Cerveza de Barril。

ワイン
Vino
赤はティント tinto、白はブランコ Blanco、ロゼはロサード Rosado（詳細は→ P.28）。

セルベッサ・クラーラ
Cerveza Clara
ビールを甘味のついた炭酸水で割ったもので、単にクラーラともいう。レモン味の炭酸水で割ったものはセルベッサ・コン・リモン。

ベルムー
Vermú
ワインに薬草を漬けたベルモット。赤と白がある。食前酒に。

モスト
Mosto
発酵前のブドウの果汁。ノンアルコールはモスト・シン・アルコール。

サングリア
Sangria
赤ワインにオレンジやレモン、バナナなどのフルーツを加えた甘い果実酒。

ティント・デ・ベラーノ
Tinto de Verano
「夏の赤ワイン」の意。赤ワインを炭酸飲料で割ったもの。さわやかなロ当たりが夏にぴったり。

カリモチョ
Calimocho
赤ワインのコーラ割り。バスク地方が発祥で、Kalimotxoともつづる。

コーヒーの種類 Café

カフェ・ソロ
Café Solo
ブラックコーヒー。小さなカップでサービスされるのが普通。これをお湯で割るとアメリカーノ（アメリカン）になる。

カフェ・コルタード
Café Cortado
カフェ・ソロにミルクを少し入れたもの。食後などに頼むことが多く、カフェ・ソロと同じカップでサービスされる。

カフェ・コン・レチェ
Café con Leche
カフェ・ソロに温めたミルクをたっぷり入れたもので、カフェオレと同じ。大きなカップで出される。

カフェ・コン・イエロ
Café con Hielo
アイスコーヒー。カフェ・ソロと一緒に氷の入ったグラスが出てくるので、熱いうちに砂糖を混ぜ、グラスにあける。

テーマ 2

スペインを食べ尽くそう！

レストラン入門

地方によって気候や風土が異なるスペインでは、料理もバラエティに富んでいる。本場でしか味わえない郷土色豊かな料理を、土地のワインとともに心ゆくまで堪能しよう。

おいしいスペイン料理を召し上がれ！

Check!　どこで食べる？

- **レスタウランテ Restaurante**　本格的な食事を提供するレストラン。昼食(13:00〜16:00頃)と夕食(20:00〜22:30頃)のみ営業しているところが多い。シーフードがメインの店はマリスケリア Marisquería、グリル料理が得意な店はアサドール Asador と名乗るところもある。
- **バル Bar／セルベセリア(ビアホール) Cervecería**　お酒を提供するだけでなく、カフェや食堂としての役割をもつ。1日中営業しており、作り置きのタパス(小皿料理)やボカディーリョ(サンドイッチ)はいつでも食べられる。詳細は→P.20
- **メソン Mesón／ボデガ Bodega／タベルナ Taberna**　居酒屋的な要素が強い。本格的な料理を出す店もあれば、簡単なつまみだけ提供する店などさまざま。夜のみ営業するところもある。

Menu catalogue　レストランメニューカタログ

メニューの手引き→ P.464

 スープ & 前菜 Sopa y Entradas

ガスパチョ
Gazpacho

アンダルシアの夏を代表する、トマトベースの冷たいスープ。夏バテに効果があるといわれる。

アホ・ブランコ
Ajo Blanco

アーモンドとニンニクをすりつぶして作る冷たいスープ。「白いガスパチョ」とも呼ばれる。

ソパ・カステリャーナ
Sopa Castellana

ニンニク、パンや卵が入ったカスティーリャ風スープ。ソパ・デ・アホ(ニンニクスープ)ともいう。

エンサラーダ・ミクスタ
Ensalada Mixta

レタス、トマト、オリーブなどが入ったミクスサラダ。オリーブ油と酢を好みでかけて食べる。

メロン・コン・ハモン
Melón con Jamón

甘いメロンと、生ハムの塩味が絶妙。さっぱりとしているので、食欲がないときにもおすすめ。

エスカリバーダ
Escalivada

ピーマン、ナス、長ネギなどを焼き、オリーブ油に漬け込んだ、カタルーニャ風野菜のマリネ。

コチニーリョ・アサード
Cochinillo Asado

生後 15 〜 20 日の子豚をオーブンで焼いた、セゴビアの名物料理。皮はパリパリ、肉は軟らかくジューシー。

コルデーロ・アサード
Cordero Asado

こんがりと焼かれた子羊のロースト。まだ草をはんでいない子羊を使うため、臭みがなく食べやすい。

チュレトン
Chuletón

骨付き肉のステーキ。子牛はテルネーラ、ヒレ肉はソロミーリョ、リブロースはエントレコットという。

カリョス
Callos

牛の胃袋を、生ハムやチョリソなどと一緒に軟らかくなるまで煮込んだ、マドリードの伝統料理。

ラボ・デ・トロ
Rabo de Toro

コルドバ名物、牛テールの煮込み。ハチミツに漬け込んでから、ドライフルーツと一緒に煮込む。

ブティファラ
Butifarra

カタルーニャ地方特産のソーセージ。「白」と血液を混ぜた「黒」がある。白インゲン豆が添えられることが多い。

バカラオ・アル・ピル・ピル
Bacalao al Pil Pil

バカラオ（干しダラ）をニンニクと唐辛子を入れたオリーブ油で煮込んだ、バスク地方の伝統料理。

サルスエラ
Zarzuela

何種類もの魚介類を煮込んだ、カタルーニャ版ブイヤベース。サルスエラとはオペレッタ（歌劇）のこと。

ペスカードス・フリートス
Pescados Fritos

アンダルシア地方名物、魚のフライ。イカやタコ、小エビのから揚げを盛り合わせたものもある。

メルルーサ・エン・サルサ・ベルデ
Merluza en Salsa Verde

メルルーサ（タラの一種）のグリーンソース煮。ニンニクとパセリで作ったソースで白身魚を煮込んだバスク料理。

チピロネス・エン・ス・ティンタ
Chipirones en su Tinta

ヤリイカを墨で煮込んだ、バスク地方の伝統料理。つけ合わせとして白いご飯が付くのが一般的。

サルディーナス・アサーダス
Sardinas Asadas

イワシの塩焼き。水揚げされたばかりの新鮮なイワシに粗塩を振り、炭火で焼いた味は格別。

スペイングルメ レストラン

パエリャ Paella

パエリャ・ミクスタ
Paella Mixta

鶏肉や豚肉、エビ、イカ、ムール貝、野菜などが入った、具だくさんのミックス・パエリャ。

パエリャ・デ・マリスコス
Paella de Mariscos

数種類のエビのほか、イカ、アサリ、ムール貝などが入った、魚介が盛りだくさんのパエリャ。

パエリャ・バレンシアーナ
Paella Valenciana

パエリャ発祥の地、バレンシア地方のパエリャ。鶏肉（またはウサギ肉）とインゲン豆が入っている。

アロス・ネグロ
Arroz Negro

イカ墨を炊き込んだ、真っ黒なパエリャ。アリオリ（ニンニク風味のマヨネーズ）を添えて食べる。

アロス・カルドッソ
Arroz Caldoso

たっぷりのスープで米と魚介を煮込んだ、スペイン風リゾット。写真はオマールエビのカルドッソ。

フィデウア
Fideua

お米の代わりに、フィデオという細いパスタを使ったパエリャ。カタルーニャ地方の名物料理。

レストラン利用法

店頭のメニューをチェック

まずは店の人にあいさつを

料理とともに、その土地のワインを楽しみたい

▶ワインについて→ P.28

1. 入店まで

　スペインの食事時間は、昼食（アルムエルソ／コミーダ）が14:00頃から、また夕食（セナ）は21:00頃からと、日本に比べると遅い。レストランの営業時間も日本とは異なるので注意しよう。高級レストランや人気レストランへ行く場合は、事前に予約しておいたほうがいい。言葉に自信がなかったら、名前と人数、希望する日時を紙に書いて、ホテルのコンシェルジュに頼むと簡単だ。高級店では服装もそれなりに。男性は襟付きシャツに長ズボンと革靴、女性はワンピースなど少しドレスアップして。

2. 席に着く

　レストランに入ったら「Buenas tardes（こんにちは）」「Buenas noches（こんばんは）」などとあいさつを。予約をしている場合は名前を告げる。案内係またはカマレロ（給仕）が席に案内してくれるので、勝手に座らないように。席に着くと、メニューCartaを持ってきてくれる。高級店の場合は、食前酒を楽しみながらメニューを吟味するのもいい。

3. 飲み物を注文する

　"Para beber（お飲み物は？）"と聞かれたら、ワインVino、ビールCerveza、ミネラルウオーターAgua mineralなど、好みのものを注文しよう。ワインは赤Tinto、白Blanco、ロゼRosadoなどがあり、銘柄のセレクトに迷ったらウエーターに相談するか、ハウスワインVino de la Casaを頼むとよい。なお、高級店ではソムリエかウエーターが様子を見てワインをサービスしてくれるので、客同士で注ぎ合うのは避けよう。

4. 料理を選ぶ

　第1皿Primer Platoにスープ、野菜料理、卵・米料理などから1品、第2

デザート Postre

フラン
Flan
プリン。スペインでは定番のデザート。フラン・コン・ナタは生クリームが添えられたもの。

エラード
Helado
アイスクリーム。タルタ・エラードはアイスクリームのケーキ、ソルベッテはシャーベット。

マンサーナ・アサーダ
Manzana Asada
焼きリンゴ。ほかにフルータ・デ・ティエンポ（季節のフルーツ）もポピュラーなデザート。

マセドニア
Macedonia
フルーツのシロップあえ。マセドニアとは、バルカン半島に位置する国、マケドニアのこと。

アロス・コン・レチェ
Arroz con Leche
ライスプディング。お米を牛乳と砂糖で煮込んだもの。シナモンや黒蜜を振りかけて食べる。

クレマ・カタラナ
Crema Catalana
カタルーニャ地方を代表するデザート。冷たいカスタードクリームとパリパリのカラメルが好相性。

皿Segundo Platoに肉か魚料理を注文するのが一般的。最初に注文を取りにきたときに、第1皿と第2皿を一緒にオーダーする。しかしスペイン料理は概して量が多く、全部食べきれないこともある。そんなときは、第1皿にサラダなどを取ってふたりでシェアすることもできる（ただし高級レストランでは原則どおり、ひとりにつき1品注文すること）。

メニューが読めなかったり、何を頼んだらよいかわからないときは、Menú del Día、Menú de la Casaなどのセットメニューを注文すると簡単だ。たいてい第1皿、第2皿とも数種類の料理から選べるようになっており、パン、デザート、飲み物も料金に含まれる。また創作スペイン料理を出すおしゃれなレストランでは、懐石のように少しずつ料理が出てくるMenú Degustación（テイスティングメニュー）が用意されていることもある。

メニュー選びに迷ったら店の人に相談してみよう

5. デザートとコーヒー

食事が終わると、デザートPostreについて聞かれる。Menú（定食）の場合は料金に含まれており、プリン、アイスクリーム、果物などから好きなものを選べるようになっている。もしおなかがいっぱいなら、デザートをパスしてコーヒーに進んでかまわない。食後はエスプレッソSoloが一般的だが、ブラックが苦手ならミルクが少し入ったコルタードCortadoなどを。

コーヒーは食事の最後に注文する
▶コーヒーの種類→ P.23

6. 支払い

ウエーターに"La cuenta, por favor（お勘定をお願いします）"と頼む。小皿に勘定書が載せられてくるので、確認してお金を置く。おつりが戻ってきたら、チップを残して席を立つ。カードで支払う場合も、チップは現金で。高級店なら合計額の5〜10%、庶民的な店ではおつりの小銭程度で十分だ。ただし、チップはあくまでも感謝の意味で渡すものだから、サービスが悪かったときにまで渡す必要はない。

サービスに満足したらチップを

テーマ 3
スペインの大地が育んだ
ワインを楽しむ

Vino

ブドウの栽培面積は世界1位、生産量はイタリア、フランスに次ぐ3位と、世界屈指のワイン国として知られるスペイン。ときには造り手との交流も楽しみながら、ワインを極める旅はいかが？

スペインには
おいしいワインが
いっぱい！

Tips
スペインワインを知ろう

　約3000年の歴史があるスペインのワイン造り。その発展のきっかけは、19世紀後半にフランスで害虫が大発生し、ブドウ園が壊滅状態になったこと。その際に多くのワイン生産者がスペインのリオハ地方へ移り、高度な醸造技術を伝えた。また近年、ワイナリーの熱心な取り組みで品質が飛躍的に向上し、世界的に注目を集めている。

ワインの格づけ

スペインではさまざまな厳しい規制措置があり、品質呼称局によって厳密に管理されている。

高級ワイン	ピノ・デ・パゴ Vino de Pago	単一ブドウ畑限定ワイン。他とは際立って異なるブドウ畑から生産される。個性的で高品質な、いわばカリスマワイン。
	デーオーセーアーン DOCa	特選原産地呼称ワイン。DOよりさらに厳しい基準で管理されたワインで、リオハとプリオラートのみが承認されている。
	デーオー DO	原産地呼称ワイン。原産地統制委員会が設置された地域で栽培された認可品種を原料とし、基準を満たした上質のワイン。
日常用ワイン	ベーセーイーヘー VCIG	地域名称付き高級ワイン。2003年に設定された新カテゴリーで、特定の地域で収穫されたブドウを原料とするワイン。
	ピノ・デ・ティエラ Vino de Tierra	上記4つよりランクが下がるカントリーワイン。2006年に制定されたビニェードス・デ・エスパーニャも含んでいる。
	ピノ・デ・メサ Vino de Mesa	日常的に飲まれるテーブルワイン。格づけのないブドウ畑で生産されたワインや、異なる地方のワインをブレンドしたもの。

熟成度による分類

DO 以上のワインは熟成度によって右記のように分類され、ラベルにカテゴリーが明記されている。

芳醇	グラン・レセルバ Gran Reserva	トータルで5年以上（白とロゼは4年以上）熟成。カバの場合は、30ヵ月以上経てボトル替えをしていないもの。長い熟成によって深みとコクがあるワイン。
	レセルバ Reserva	3年以上（白とロゼは2年以上）熟成。重厚な味と香りが比較的リーズナブルな値段で楽しめる。カバの場合は、15ヵ月以上経たもの。
フレッシュ	クリアンサ Crianza	2年以上（白とロゼは18ヵ月以上）熟成。成熟したコクよりも若々しさを求める人に。
	ホベン Joven	1年か2年ものの樽熟成なしのフレッシュなワイン。シン・クリアンサSin Crianzaとも呼ぶ。

覚えておきたいワイン用語 & ミニ会話

赤：Tinto ティント
白：Blanco ブランコ
ロゼ：Rosado ロサード
ブドウの収穫年：Cosecha コセチャ
辛口の：Seco セコ
やや甘口の：Semiseco セミセコ
甘口の：Dulce ドゥルセ

グラスワイン：Copa de vino
コパ・デ・ビノ
ボトルワイン：Botella de vino
ボテリャ・デ・ビノ
ハーフボトル：Media botella
メディア・ボテリャ
ハウスワイン：Vino de la casa
ビノ・デ・ラ・カサ

この土地のワインはありますか？
¿Tienen vino de esta región?
ティエネン・ビノ・デ・エスタ・レヒオン？

おすすめのワインはどれですか？
¿Qué vino recomendaría?
ケ・ビノ・レコメンダリア？

ワインのおもな産地と種類

スペイン全土で多彩なワインが造られているが、なかでも近年注目を集めている産地と、おすすめのワイン（価格は参考）を紹介しよう。

Madrid★

1 リオハ
Rioja

エブロ川上流に位置する、スペイン最古のワイン産地。リオハといえば赤ワイン。最高級品質のDOCαを国内で最初に獲得し、スペインでも最高の味わいをもつワインは、世界的に高く評価されている。

Viña Tondonia Tinto Reserva 2006（€25）

2 ナバーラ
Navarra

リオハの東、ピレネー山麓からエブロ川流域にかけて。フルーティなロゼワインが有名だったが、近年はガルナッチャ種主体の高品質な赤ワインが多く造られ、国内外で高い評価を得る産地に成長。

El Terroir 2013（€18.50）

3 リベラ・デル・ドゥエロ
Ribera del Duero

ドゥエロ川上流域に広がる、リオハと並ぶスペイン屈指のワイン産地。「スペインのロマネ・コンティ」と呼ばれるベガ・シシリア社の「ウニコ」をはじめ、世界的に有名な赤ワインを産出している。

Tinto Valbuena 5º 2008（€100）

4 ルエダ
Rueda

リベラ・デル・ドゥエロの西側に位置し、ベルデホと呼ばれる白ブドウから造る白ワインの産地。寒暖差が激しく乾燥した気候で、フレッシュでフルーティなものから樽熟成による深みあるものまで多様。

José Pariente Verdejo 2017（€9）

5 リアス・バイシャス
Rias Baixas

スペイン北西部、ガリシア地方の大西洋沿岸で造られる。スペインで最も上質な白ワインの産地として知られ、すっきりと軽い辛口でフルーティな口当たりは、特にシーフードと相性がよい。

Albariño Do Ferreiro 2017（€13.50）

6 ペネデス
Penedés

バルセロナの南。フランスのシャンパンと同じ製法で造られる発泡性ワイン、カバCavaが有名。また、さわやかな酸味の白ワイン、地中海らしい赤ワインも造られ、ビオ（オーガニック）生産者も増えている産地。

Recaredo Terrers 2013（€19）

7 マドリード
Madrid

近年特に注目を浴びている産地で、1990年に原産地呼称が制定された。なかでも、西部のグレドス山脈で造られるガルナッチャ種の繊細な赤ワインが、国内外で高い評価を得ている。

La Bruja de Rozas 2016（€12.50）

8 ビエルソ
Bierzo

カミノ・デ・サンティアゴの巡礼路上にあり、ガリシア州とは山ひとつで隣り合う、1989年に制定された産地。近年、メンシアと呼ばれる黒ブドウから造られる赤ワインが高評価され、熱い注目を集める。

Pétalos del Bierzo 2016（€14.50）

9 プリオラート
Priorat

エブロ川下流に位置する山間の小さな産地。急斜面の古木から品格や個性ある赤ワインが造られ、1980年代に世界から注目されたエリア。また北部の冷涼地からパワフルすぎずエレガントな赤ワインも増えている。

Salanques 2015（€30）

10 マンチュエラ
Manchuela

地中海沿岸、バレンシア州と隣り合い、内陸ラ・マンチャ東端の産地。隣接産地のウティエル・レケナとともに、ボバルと呼ばれる黒ブドウから造られる新しいスタイルの高品質ワインが注目されている。

Clos Lojen 2017（€7）

11 ヘレス
Jerez

アンダルシア南部、ヘレス・デ・ラ・フロンテーラを中心とした地域で造られるシェリー酒。辛口のフィノやアモンティリャードは食前・食中酒として、また甘口タイプはデザートワインとして楽しめる。

Lustau Palo Cortado Península（€18）

気候や地形、土壌などによって、その土地ならではのワインが造られる

スペイングルメ ワイン スイーツ

Bodega

ワインのふるさとを訪ねて

スペインではワイナリーのことをボデガBodegaと呼ぶ。
観光客向けに見学ツアーを行っているところもあり、
酒蔵を見学しながら製造方法を学んだり、ワインの試飲も楽しめる。

VISITAS

スパークリングワインが有名 ペネデス Penedès

P.29 右上図 6

バルセロナの南西に広がるペネ
デス地区は、シャンパンと同じ製法
で造られる発泡性ワイン「カバ
Cava」の産地として知られる。その
中心に位置するサン・サドゥルニ・
ダノイアの町には数多くのボデガ
があるが、なかでも世界的に高い評価
を得ているのが、1924年の創業よ
り家族経営を貫く「レカレド」。自社
の畑で生産した無農薬のブドウを原
料に、添加物をほとんど使わずてい
ねいに長期熟成させたその味は、
カバの最高峰とも評される。このほ
か、「フレシネ」や「コドルニウ」
など大手ワイナリーでも見学ツアー
を行っている。

❶畑を見学できるツアーもある ❷単一畑のチャレッロ100%で造られる「トゥル・ダン・モタ」 ❸地下セラーで最短でも4年、長いものだと10年寝かせる ❹バイオダイナミック農法でブドウ本来の味わいを引き出す ❺オリを抜くのもすべて手作業

レカレド Recaredo
🏠 Carrer de Tamarit 10, Sant Sadurní d'Anoia ☎ 938 910 214 URL www.recaredo.com ボデガ見学は2名より、要予約。
10:00、11:00、12:00、15:00、16:00の1日5回(土・日は10:00、11:00、12:00) €20〜 バルセロナのサンツ駅またはカタルーニャ広場駅から近郊線R-4のSant Vicenç de Calders行きに乗り約45分、St. Sadurní d'Anoia駅下車、徒歩5分

シェリー酒の甘い香りが漂う ヘレス・デ・ラ・フロンテーラ Jerez de la Frontera

P.29 右上図 ⑪

シェリー酒は世界3大酒精強化ワインのひとつで、
スペイン語ではヘレスと呼ばれる。世界的に有名な「ゴ
ンサレス・ビアス」や「サンデマン」の見学ツアー
(→ P.321)は、これを目当てにこの町を訪れる観光
客がいるほど人気が高い。またシェリー酒の一種、マ
ンサニージャの産地として知られるサンルーカル・デ・
バラメダのボデガ
(→ P.325)も、時間があ
ればぜひ訪れてみたい。

左/ゴンサレス・ビアス社
の見学ツアー 右/樽を積
み重ねた、ソレラという独
特の方法で熟成される

スペインを代表するワイン産地 リオハ Rioja

P.29 右上図 ❶

スペインのなかでも最高品質のワインを産出するこ
とで知られるリオハ地方。その中心都市ログローニョ
の周辺には、一面のブドウ畑が広がり、500以上の
ボデガが点在している。市内にある「フランコ・エス
パニョーラス」や、フランク・O・ゲーリーによる奇抜
な建築で知られる「マルケス・デ・リスカル」などが、
見学ツアーを行っている。
(→ P.366側注、P.367は
みだし情報)

左/見学ツアーの最後に試
飲を楽しむ 右/マルケス・
デ・リスカルはリオハを代
表するボデガのひとつ

素朴で懐かしい味わい *Dulces*

スイーツ図鑑

バターの代わりにラードやオリーブオイルを使用し、アーモンドを使ったお菓子が多いのが特徴。クリスマスやイースターなどキリスト教の行事に欠かせないお菓子もある。

チュロス
Churros
小麦粉で作った生地を星形に絞って油で揚げたもの。太いものはポラス Porras と呼ばれることもある。チョコラテ Chocolate（ホットチョコ）に浸して食べるのが定番。

> パルメラはスペイン語で「ヤシ」

パルメラ
Palmera
ヤシの葉のような形をした、パイ生地の焼き菓子。特大サイズやチョコでコーティングしたものも。

マサパン
Mazapan
アーモンドの粉と砂糖などを練り合わせて焼いた、トレド名物のお菓子（→P.124）。クリスマスによく食べられる。

> クリスマスの定番菓子

トゥロン
Turón
ハチミツ、砂糖、卵白、アーモンドなどが原料のヌガー。チョコやドライフルーツを使ったものなどさまざまなバリエーションがある。

ポルボロン
Polvorón
小麦粉、砂糖、アーモンド、ラードで作るアンダルシア地方発祥のクリスマス菓子。口に入れるとホロホロとほどける。

タルタ・デ・サンティアゴ
Tarta de Santiago
サンティアゴ・デ・コンポステーラ（→ P.403）名物のアーモンドケーキ。表面に粉砂糖を振って十字架を描くのが特徴。

パナジェッツ
Panellets
アーモンドの粉で作った生地を丸め、松の実をまぶして焼く。カタルーニャ地方で11月1日の諸聖人の日に食べる習慣がある。

> フランスではガトー・バスク

パステル・バスコ
Pastel Vasco
アーモンド入りの生地にカスタードクリームやジャムを挟んで焼いたもの。フランスと国境を接するバスク地方のお菓子。

ロスコン・デ・レイエス
Roscón de Reyes
クリスマスシーズンを締めくくる1月6日の主顕節に家族みんなで食べる。中に入っている陶器の人形を当てた人は、その日だけ王様になれるというルールがある。

トリハス
Torrijas
セマナ・サンタ（聖週間）によく食べられるスペイン版フレンチトースト。バターではなく、オイルで揚げ焼きするのが特徴。

スペインにはない？　バスクチーズケーキ

日本でもコンビニで「バスチー」として売られるなど、いたるところで目にするようになったバスクチーズケーキ。実はこれ、サン・セバスティアンのバル「ラ・ビニャ」（→P.384）で提供されているもの。表面を黒く焦がし、中はとろ〜りクリーミーな食感が特徴で、スペインでもほかでは食べられない。ちなみにスペイン人でも知っている人は少なく、現地で"バスクチーズケーキ"と言ってもほぼ通じない。

これがバスチーの元祖！「ラ・ビニャ」のチーズケーキ

スペインの情熱を体感！

フラメンコ

スペインを代表する民俗舞踊、フラメンコ。
魂の叫びがほとばしるような歌と情熱的な踊り、
そしてギターが一体となった舞台を体験してみよう。

Flamenco

ロマ族のフラメンコが観られるグラナダの洞窟タブラオ

フラメンコの歴史

　今私たちがフラメンコと呼んでいる音楽・舞踊がいつ、どこで生まれたのか、正確なことはわかっていない。確かなのは、それがスペイン南部アンダルシア生まれであること。フェニキア、ローマ、西ゴート、ユダヤ、アラブ……さまざまな民族がやってきたアンダルシア。その歴史や文化の影響はフラメンコにも見られる。特に約500年間にわ

たってアンダルシアの地を支配したアラブの影響は大きく、かけ声の「オレー」は「アラー」に由来するともいわれる。
　フラメンコの誕生に重要な役割を果たしたのは、15世紀にアンダルシアにやってきたロマ族たち。インド起源とされる放浪の民、ロマ族がこの地にあった歌や踊りを彼ら流にアレンジしたものが、フラメンコのもとになったといわれている。そうしたロマ族を中心とした

庶民が仲間うちでの楽しみのために行っていた歌や踊りに、一般の人やスペインを旅する外国人たちが興味をもち、フラメンコを楽しむ「カフェ・カンタンテ」という酒場が現れたのが19世紀中頃のこと。これが現在タブラオと呼ばれるフラメンコのライブハウスへと発展し、また劇場での公演も行われるようになり、フラメンコの形は次第に現在のように整えられていった。

マドリードのタブラオ「トレロ」（→P.92）にて

フラメンコの楽しみ方

フラメンコというと踊りのイメージが強いが、最も重要なのはカンテ（歌）。これにバイレ（踊り）とギターが加わり、三位一体となった舞台を楽しもう。

POINT 1 ◆ 演奏者の構成

カンテ Cante（歌）

歌い手はカンタオール。独特なしゃがれ声で、演歌のようにこぶしを回すのが特徴。ロマ族的な要素が強いカンテ・ヒターノ、アンダルシアの民謡色が強いカンテ・アンダルス、荘厳で深みのあるカンテ・ホンドなどに分けられる。

ギターラ Guitarra（ギター）

当初フラメンコは手拍子で伴奏されていたが、19世紀になって、アンダルシアで民衆に親しまれていたギターが取り入れられた。弦をひとまとめにかき鳴らすラスゲアードは、フラメンコ独特の技法。奏者はトカオールと呼ばれる。

バイレ Baile（踊り）

女性の踊り手はバイラオーラ、男性はバイラオール。伝統的に、女性は曲線的で腕や上体の動きを大切にし、男性は直線的で激しい足の動きが特徴といわれてきたが、最近は女性も激しく床を打ち鳴らすなど、境界は曖昧になっている。

ハレオに挑戦！

ハレオとは、舞台を盛り上げるかけ声のこと。踊り手がキメポーズを取ったときにかけてみよう。

¡Olé! オレ…すばらしい！　　¡Bien! ビエン…いいぞ！
¡Vamos! バモ…さあ！　　¡Guapa(o)！グアパ(ポ)…いい女！（いい男）

POINT 2 ◆ テクニックと衣装

パルマ Palma	サパテアード Zapateado	ファルダ Falda	マントン Mantón
手拍子のこと。高い音や低い音でアクセントをつける。指を鳴らすピートスという打ち方もある。	フラメンコのリズムの基本となる足さばき。打ち方や強弱を使い分け、音色の違いを生み出す。	スカート。足の動きを見せるために持ち上げたり、ひるがえらせたりする。軽快な足さばきにも注目。	ショール。両手で回してダイナミックさを出すほか、体に巻きつけるなど衣装としても使われる。

フラメンコ鑑賞のHow to

1 ◆ どこで観られる？

旅行者でも気軽に楽しめるのが、タブラオと呼ばれるライブハウス。マドリードやバルセロナ、フラメンコの本場アンダルシア地方に多い。食事をしながら観る店、ショーの前に食事を取る店、ドリンクのみの店とさまざま。

2 ◆ 予約は必要？

人気のタブラオは満席になることもあるので、事前予約がおすすめ。ウェブサイトから予約できる店も多い。

3 ◆ ドレスコードは？

特にないが、食事もできるレストラン形式のタブラオへ行く場合は、多少おしゃれしたほうがベター。

食事をしながらショーを楽しむ

4 ◆ 鑑賞中のマナーは？

写真や動画撮影を禁止している店もあるので確認を。また拍手は曲の終わりにするのが一般的。リズムがたいへん重要なだけに、フィナーレなどで舞台から誘われないかぎり、曲の途中の手拍子は控えよう。

劇場公演もチェック！

観光客がほとんどのタブラオと違って、地元ファンも多いのが劇場公演。歌やギターだけの公演もたくさんある。また、毎年2月末に開催されるヘレス・デ・ラ・フロンテーラの

ギターのソロ演奏もある

フラメンコ・フェスティバル（2024年は2月23日～3月9日）や、偶数年の9月に約1ヵ月にわたってセビーリャで開催される世界最大のフラメンコの祭典ビエナル・デ・フラメンコ（URL www.labienal.com）は、世界中からフラメンコファンが集まる。

闘牛

生と死を賭けた熱いドラマ

スペインの国技であり、祭りには欠かせない闘牛。
豊穣を祈願して神に牡牛をささげた儀式が起源といわれ、
闘牛士が死力と技を尽くして牛に向かうさまは、
しばしば芸術にも例えられる。

闘牛場とシーズン

　スペインには 500 以上もの常設闘牛場があり、その規模や闘牛の開催回数により 1 級から 3 級までに格づけされている。公式シーズンは、3 月中旬のバレンシアの火祭りから、10 月中旬のサラゴサのピラール祭まで。マドリードのラス・ベンタス闘牛場（→P.93）やセビーリャのマエストランサ闘牛場（→P.309）では、基本的に毎週日曜に行われる。また、各地の祭りに合わせて組まれる特別興行では、期間中は毎日闘牛が行われ、有名闘牛士も出演する。

闘牛カレンダー

3月中旬	▶ バレンシアの火祭り（→P.257）
4月下旬〜5月上旬	▶ セビーリャの春祭り（→P.314）
5月下旬	▶ コルドバの春祭り
5月中旬	▶ マドリードのサン・イシドロ祭
6月上旬	▶ グラナダのフェリア
7月中旬	▶ パンプローナのサン・フェルミン祭（→P.365）
8月中旬	▶ マラガのフェリア
10月中旬	▶ サラゴサのピラール祭（→P.372）

闘牛観戦のポイント

スケジュールを知るには？

　それぞれの闘牛場の公式サイトや URL www.mundotoro.com でチェックを。なおバルセロナを含むカタルーニャ州では、2012 年より闘牛が廃止された。

闘牛の開始時間は？

　日没の 2 時間前が基本。17：00 から 19：00 の間に始まり、約 3 時間で終わる。なお、開始時間に遅れて中に入れてもらえず、あきらめて帰る人がいるが、これは演技中はダメというだけで、区切りのいいところで入場を再開するから焦らず待とう。

あると便利な物は？

　細かい技を観るには双眼鏡があると便利。またソル席は日差しが強いので、帽子やサングラス、日焼け止めを忘れずに。

飲食はできる？

　スナック程度なら OK。売店ではミネラルウオーターやヒマワリの種などのスナックが売られている。

観戦中のマナーは？

　写真撮影は OK だが、牛は光に敏感なため、フラッシュの使用は禁止。

闘牛の流れと見どころ

❶ 闘牛士たちの入場

アレーナに光と影が相半ばする頃、ファンファーレが高らかに鳴り響き、闘牛の開始を告げる。パソドブレのリズムに合わせて、マタドール、ピカドール、バンデリーリョの順に入場、祭司と観客にあいさつをする。出演者は 3 つのチームに分かれ、それぞれ 2 回ずつ演技を行う。

❷ 牛の登場

トランペットとタンバリンが鳴り、誰もいないアレーナに牛が登場。助手たちがカポーテ（表がピンク、裏が黄色の襟付きマント）を振り、牛を誘う。牛はカポーテめがけて突進し、その間に闘牛士は牛のスピード、癖、性質、目や脚に欠陥がないかなどを素早く観察する。

❸ ピカドールの場

ピカドール（槍方）が馬に乗って登場。牛が馬の右脇腹をめがけて突進するように仕向け、ぶつかる寸前に牛の首根を槍でつく。適度に牛の力を奪い、頭部を下げ闘牛士が仕留めやすくするためだが、つきどころが悪いと、牛は神経を傷め突進の能力と気力をそがれてしまう。

Corrida de Toros

チケットと座席の種類

　チケットは闘牛場の窓口のほか、代理店のサイトなどを通してインターネットでも購入できる。通常は当日でも購入可能だが、祭りの期間中や人気闘牛士が出演する場合は前売りを入手しておいたほうが確実。座席は、ソル Sol（日なた）とソンブラ Sombra（日陰）、その中間のソル・イ・ソンブラ Sol y Sombra があり、ソンブラのほうが値段が高い。さらにアレーナに近い順に、テンディド（1階）、グラダ（2階）、アンダナーダ（3階）に分かれている。チケットを買うときは「ソル、テンディド」「ソンブラ、グラダ」というように、日なたか日陰か、そして何階かを指定する。料金はソルの3階席で€15、最も高いソンブラの1階席で€150程度。おすすめはソル・イ・ソンブラの1階席。€50程度で十分に楽しめる。

西　東

	アンダナーダ	
	グラダ	
	テンディド	
Sol y Sombra		
アンダナーダ席 グラダ席 テンディド	闘技場 アレーナ 日陰 Sombra 日なた Sol	テンディド グラダ席 アンダナーダ席
	Sol y Sombra	
	テンディド	
	グラダ	
	アンダナーダ	

4 バンデリーリョの場

バンデリーリョ（銛旗士）が紙飾りの付いた短銛を牛の背に打ち、槍傷でダメージを受けた牛に活をいれる。2本ずつ3回、計6本。華やかな場面だが、徒歩の銛旗士が牛の角にかぶさるような形になるので、一瞬の気の迷いや、わずかな判断の誤りで命取りになることもある。

5 ムレータの場

マタドール（闘牛士）が登場。約15分後に牛を仕留めるまで、ムレータ（赤色の杖布）と剣を使って演技をする。闘牛士のリードで牛が舞い、二者のリズムがひとつになると、観客は「オレー」のかけ声を発する。楽隊がパソドブレを奏で、闘牛場全体が興奮に包まれる。

6 真実の瞬間（仕留め）

牛の肩甲骨の間わずか5cmの急所に剣を突き刺す。このとき、剣の位置がずれて牛が吐血したり、何度も突き刺すことは闘牛の美学に反する。牛を苦しませず一瞬にとどめを刺すことが見事とされ、優れた技を見せたマタドールには、観客は白いハンカチを振って喝采を送る。

地元サポーターとの
交流も楽しい

世界一攻撃的なサッカーで熱くなれ！

リーガ・エスパニョーラ 観戦ガイド
Liga Española

スター選手たちが集うレベルの高さと攻撃的なスタイルが魅力のリーガ・エスパニョーラ。郷土愛が強いスペインではサポーターたちの応援も熱い。ぜひスタジアムで本場のサッカーを体感してみよう！

熱狂的なサポーターが多いバルセロナのカンプ・ノウ・スタジアム
Photo/Getty Images

Step 1 ▶ 試合の日時をチェック

シーズンは年によって多少異なるが、だいたい8月下旬から翌年の5月下旬まで。1部リーグは20チームからなり、総当たりのホーム＆アウェイで戦われる。通常のリーグ戦は土曜か日曜に行われ、詳しい日時は試合の2週間ほど前に決定する。またコパ・デル・レイ（国王杯）やUEFAチャンピオンズリーグなどのカップ戦は、火曜や水曜に開催されることが多い。詳細はリーガ・エスパニョーラ（URL www.laliga.es）や各クラブの公式サイトで告知されるので、よく確認しておこう。

スタジアム近くのバルで試合前に1杯飲んで気勢を上げるサポーター。たいていは友好的な人たちだが、危険を感じたら近づかないように

Step 2 ▶ チケットを入手する

各クラブによって販売方法は異なり、公式サイトからオンラインで購入できるところもある。現地ではスタジアムのタキージャ Taquilla（チケット窓口）などで購入する。料金は€20～170くらい。通常の試合であれば売り切れることはほとんどなく、試合前に直接スタジアムに行けば当日券が手に入ると考えていい。しかし、レアル・マドリード対FCバルセロナなど人気チーム同士の試合やダービー戦、優勝がかかった試合は事前に売り切れてしまうことが多いので、日本の代理店や手配業者に依頼したほうがよい。

インターネットで事前にチケットを購入する場合、リーグ戦は日曜、カップ戦は水曜になっているが、これはあくまで予定。リーグ戦は土曜に変更されることもあるので、試合を観戦するなら土曜の午前中には現地に到着できるようスケジュールを組むこと。

サンティアゴ・ベルナベウのチケット窓口

Step 3 ▶ 応援グッズをゲット！

クラブのユニホームやマフラーを身につければ、気分もいっそう盛り上がる。スタジアムのショップは試合前は混雑するので、できれば事前に訪れてゆっくり品定めしたい。なおアウェイチームの応援グッズは、トラブルのもとになるので、避けたほうが無難。

エンブレム入りのキーホルダー

上／防寒にも役立つニット帽 中／定番アイテムのマフラー 下／スタジアム周辺ではマフラーなど応援グッズが売られている

年配の人や子供連れ、カップルも多い

Step 4 ▶ いざ、スタジアムへ

　試合当日は交通が混雑したり、席を見つけるのに時間がかかることもあるため、時間に余裕をもって出かけよう。スタジアム内では飲み物とスナック程度しか売っていないので、食事はあらかじめ済ませておくか、サンドイッチなどを持参するとよい。スタジアム周辺ではスリにも注意。荷物は小銭とカメラ程度にして、身軽な格好で観戦しよう。

レアル・マドリードと FC バルセロナが対決する伝統の一戦「クラシコ」
©NurPhoto/Getty Images

Let's Go! **2大人気クラブのスタジアムへ行こう!**

がんばれ！はアニモ！だよ

　実力、人気ともにリーガ・エスパニョーラを代表するのが、レアル・マドリードと FC バルセロナ。スタジアムツアーやオフィシャルショップもあり、試合のない日でも楽しめるので、ファンなら一度は足を運んでみたい。

スター選手たちが集う ● レアル・マドリード
サンティアゴ・ベルナベウ・スタジアム Estadio Santiago Bernabéu
選手の顔ぶれの豪華さや、個人技を重視したサッカーの楽しさは、世界の名門クラブのなかでもひときわ群を抜く。収容人数約7万5000人。
DATA → P.94

バルサファン憧れの聖地 ● FC バルセロナ
カンプ・ノウ・スタジアム Estadi Camp Nou
華麗かつ攻撃的なサッカースタイルで、世界中に多くのファンをもつ。約9万8000人を収容するスタジアムは、ヨーロッパ最大規模を誇る。
DATA → P.222

はみだし 「地球の歩き方」ウェブサイトでは、欧州サッカーチケットの取り方の情報を発信している。
URL www.arukikata.co.jp/web/article/item/3001068/

Fiesta
2018

スペインで最も華やかな祭りとして知られる
セビーリャの春祭り

季節を彩る華やかな祭り
フィエスタを体験！

スペインでは年間をとおして、魅力的な祭りが開催される。キリスト教に根ざした宗教行事と、季節の訪れを祝う祝祭行事が一緒になったものが多く、荘厳なものから陽気なものまでさまざま。タイミングが合えば、地元の人と一緒に祭りを体験してみたい。

Check!
バレンシアの火祭り、セビーリャの春祭り、パンプローナのサン・フェルミン祭（牛追い祭り）は特に有名で、「スペイン3大祭り」と称されることが多い。

---

1 月20日
太鼓祭り
La Tamborrada

サン・セバスティアン
（→ P.380）

午前中は大勢の子供が参加して町中を練り歩く。夕方からの大々的なパレードも見もの。

1日中、町に太鼓の音が鳴り響く

2 月8～13日 ('24) ※
カーニバル
Carnaval

スペイン全土

キリスト教の行事のひとつで、四旬節の断食前に行われる謝肉祭。山車や仮装した人々がパレードする。スペイン各地で行われるが、カディス（→ P.322）やテネリフェ島サンタ・クルス・デ・テネリフェ（→ P.421）のカーニバルは特に有名だ。

春の訪れを告げる陽気な祭り

---

3 月15～19日
サン・ホセの火祭り
Las Fallas de San José

バレンシア（→ P.257）

町の人々が1年かけて作ったファリャ（張り子の人形）を街灯に飾り、最終日の深夜にすべてを焼き払う。祭りの期間中は爆竹ショーや花火、聖母像への献花パレードなどが行われる。

ファリャと呼ばれる風刺人形

24～31日 ('24) ※
セマナ・サンタ（聖週間）
Semana Santa

スペイン全土

復活祭前の1週間。聖木曜と聖金曜には、キリストや聖母マリアの像を載せた山車や神輿が町を巡回し、キリストの受難・死・復活を再現する。特にセビーリャ（→ P.314）、クエンカ（→ P.132）、マラガ（→ P.328）などが盛大。

キリストの死を追体験する
聖行列

---

4 月14～20日 ('24) ※
セビーリャの春祭り
Feria de Abril

セビーリャ（→ P.314）

正装した男性が、華やかな民俗衣装を着た女性たちを馬や馬車に乗せてパレードする。会場には数百ものテント小屋が並び、人々は明け方まで飲んで歌って踊る。

カセータと呼ばれるテントで
踊りを楽しむ

22～24日 ('23) ※
ムーア人とキリスト教徒の祭り
Fiesta de Moros y Cristianos

アルコイ Alcoi/Alcoy

バレンシア州アリカンテ県の町アルコイに、16世紀から伝わる祭り。イスラム教徒に勝利した戦いを記念し、町の人々がムーア人（モーロ人）とキリスト教徒に扮し、中央広場に築かれた城塞を巡って戦いを再現する。

ムーア人に扮した男たちが
町を闊歩する

5 月2～14日（'23）※
パティオ祭り
Festival de Los Patios

コルドバ（→ P.295）

鉢植えの花や観葉植物で飾られたパティオの美しさを競う。期間中はフラメンコの公演も開催される。

色鮮やかな花々が町にあふれる

11～15日
サン・イシドロ祭
Fiesta de San Isidro

マドリード（→ P.52）

15日はマドリードの守護聖人、サン・イシドロの祝日。聖人を祀るサン・イシドロ

マドリードの伝統衣装を身につけて踊る

教会にお参りし、ピクニックや踊りを楽しむ。また、ロスキージャというお菓子を食べる習慣がある。

5 月30日（'24）※
聖体祭
Corpus Christi

スペイン全土

キリスト復活の日から数えて9週目の木曜日。スペイン・カトリック教会の総本山があるトレド（→ P.120）、グラナダ（→ P.268）、シッチェ

タペストリーや花々で飾られたトレドの町

ス（→ P.243）では特に盛大に行われる。

6 月20～24日
サン・フアンの火祭り
Hogueras de San Juan

アリカンテ（→ P.260）

連日パレードや花火が開催され、6月24日の夜に町の各所に置かれた風刺人形に火がつけられる。

夏の到来を火を燃やして祝う

7 月6～14日
サン・フェルミン祭
Fiesta de San Fermín

パンプローナ（→ P.365）

「牛追い祭り」として知られる、400年以上続く歴史ある祭り。有名なエンシエロ（牛追い）や闘牛のほか、さまざまなイベントが行われる。

牛追いは祭りのメインイベント

24～25日
聖ヤコブ祭
Fiesta de Santiago Apóstol

サンティアゴ・デ・コンポステーラ（→ P.403）

ガリシア地方の守護聖人サンティアゴを称える祭り。バグパイ

聖ヤコブに捧げられる花火が夜空を彩る

プの演奏や踊りなどさまざまなプログラムが催され、24日の夜には盛大な花火とカテドラルをスクリーンにして光と音のショーが繰り広げられる。

8 月12～19日（'23）※
フェリア・デ・マラガ
Feria de Málaga

マラガ（→ P.328）

イスラム教徒からマラガが解放された日に合わせて行われる夏祭り。町中が音楽とフラメンコであふれ、闘牛や花火も開催される。

スペインらしさを味わえる陽気な祭り

30日（'23）※
ラ・トマティーナ
La Tomatina

ブニョール（→ P.257）

8月の最終水曜日に行われる、世界的に有名なトマト祭り。トラックに山積みのトマトが用意され、世界中か

ら集まった1万人以上の参加者が互いにトマトをぶつけ合う。

道路も人々もトマトで真っ赤に染まる

9 月21日前後
リオハの収穫祭
Fiesta de la Vendimia Riojana

ログローニョ（→ P.367）

伝統衣装を身につけた男女によるブドウの足踏み、牛追いや闘牛、郷土料理祭など、イベントが盛りだくさん。

リオハ地方の民俗舞踊も披露される

24日前後
メルセ祭
Fiesta de la Mercé

バルセロナ（→ P.172）

バルセロナの守護聖母メルセの日を祝う、バルセロナ最大の祭り。24日には「人間の塔」がサン・ジャウマ広場で披露され、ヒガンテス（巨大人形）が町を練り歩く。

カタルーニャ地方に伝わる「人間の塔」

10 月12日前後
ピラール祭
Fiesta del Pilar

サラゴサ（→ P.372）

スペインの守護聖母ピラールを祝う祭り。ハイライトは12日の献花式とガラスの十字架行列。宗教行事のほか、民俗舞踊ホタのコンクールも行われる。

賛美歌を歌いながら歩くガラスの十字架行列

28・29日（'23）※
サフラン祭り
Fiesta de la Rosa del Azafrán

コンスエグラ（→ P.128）

この地方の特産物であるサフランの収穫祭。めしべ取りのコンテストや民俗舞踊が開催される。

風車の丘で寸劇や舞踊が行われる

スペインはお買い物天国！
おみやげコレクション

有名ブランドから、カラフルな陶磁器、職人技が光る伝統工芸品、アートな雑貨、スーパーで買えるプチプラみやげまで、スペインではショッピングが楽しい！

スペインブランド＆ファッション小物

ロエベのアイコンバッグ「アマソナ」

クマをかたどったシルバーのリング

トウス Tous

バルセロナ発のブランドで、クマをモチーフにした愛らしいアクセサリーが人気。バッグも扱う。
バルセロナ ▶ P.233

ルポ Lupo

扇形のバッグ「アバニコ」で有名なバッグブランド。独創的なデザインが特徴。
バルセロナ ▶ P.232

ホアキン・ベラオ Joaquin Berao

独特なフォルムで知られる、スペインを代表するジュエリーブランド。
マドリード ▶ P.107

ロエベ Loewe

スペイン王室をはじめ世界のセレブが愛用する、革製品の老舗ブランド。
マドリード ▶ P.106 ／バルセロナ ▶ P.232
セビーリャ ▶ P.315 （はみだし情報）

ナノス Nanos

スペイン王室ご愛用の子供服ブランド。上質な素材を使いデザインも上品。
マドリード ▶ P.105

プリティ・バレリーナ Pretty Ballerinas

セレブが愛用したことで有名に。バレエシューズの品揃えが充実。
バルセロナ ▶ P.233

帽子

コルドベスと呼ばれるアンダルシアスタイルの帽子（右）とバスク地方の老舗ブランド「Elósegui（エロセギ）」のベレー帽（左）。「ラ・ファボリータ」（→ P.105）にて。

カンペール Camper

遊び心のあるデザインと履き心地のよさで、世界中にファンをもつ。
マドリード ▶ P.106 ／バルセロナ ▶ P.232

エスパドリーユ

ピレネー地方発祥といわれる靴で、スペイン語でアルパルガタス。「カサ・エルナンス」（→ P.106）、「ラ・マヌアル・アルパルガテラ」（→ P.233）など老舗店もある。

カルミナ Carmina

熟練した職人がグッドイヤー製法で作り上げる革靴は一生もの。
マドリード ▶ P.106

手袋

スペインの革製品は昔から質がよいことで知られる。「グアンテ・バラデ」（→ P.105）は、100年以上続く革手袋の専門店。

陶磁器

職人が手作業で作る
ポーセリン人形

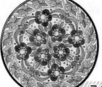

リヤドロ Lladró

バレンシア州発祥の磁気
メーカー。精巧なつくりの美
しい人形で有名。

マドリード▶ P.108
バルセロナ▶ P.234
バレンシア▶ P.256

スペイン各地の陶器

産地によって模様や色合いが
異なる。絵皿などは飾るだけで
なく、食器としても使用できる。

工芸品

サルガデロス
Salgadelos

白磁に青の配色が特
徴的な、ガリシア地
方の高級磁器メー
カー。デパートやみ
やげ物店で販売。

ダマスキナード

トレドの伝統工芸品であ
る象眼細工（→ P.124）。
ネックレスやピアスなど
に加工したものも。

タラセア

イスラム教徒から伝
わった寄木細工。
グラナダには専門
店もある（→ P.274
はみだし情報）。

ギター

スペインはクラシックギター
の本場。「ホセ・ラミレス」
（→ P.108）は世界中
の演奏家が愛用す
る名門。

ミュージアム&
アートグッズ

ピカソの絵柄のデ
ミタスカップでコー
ヒーを。（ピカソ美
術館→ P.205）

フランドルの画家ヒエロ
ニムス・ボスの絵をプリ
ントしたスカーフ。
（プラド美術館→ P.79）

カガネル

カタルーニャ地方でクリスマスに
飾る縁起物。「カガネル・プントコ
ム」（→ P.235）は品揃えが豊富。

フラメンコグッズ

ボトルにかぶせるとアート
な花瓶に。（ティッセン・ボ
ルネミッサ美術館→ P.84）

独創的でカラフルな絵柄に気分も
上がる！（ミロ美術館→ P.208）

アバニコと呼ば
れる扇子

カスタネット

フラメンコグッズを買える店

マティ▶ P.107
フラメンコ舞踊博物館 ▶ P.309
フラメンコ・イ・マス ▶ P.315

フラメンコシューズ

サグラダ・ファミリア聖堂（→ P.212）
のショップで売られている絵タイル。

おみやげコレクション

プチプラみやげの宝庫
スーパーマーケットへGO!

SUPERMERCADO

現地の味を再現できる食材や調味料、お手軽なつまみにもなる缶詰、
旅行中のおやつにもぴったりなスナックやお菓子など、スーパーは宝の山!

🛒 食材

€0.76

€8.95

€1.75

€2.45

サフラン
めしべを乾燥させた貴重な香辛料。パエリャのほかスープやシチューに Ⓐ

パエリャの素
米と具材があれば簡単にパエリャが作れる。シーフード用 Ⓐ

フィデオ
フェデウア(パスタのパエリャ)用に。極細タイプはスープやサラダにも使える Ⓑ

アロス・ボンバ
短粒種でスープの吸水率がよく、パエリャ作りに最適とされる高級米 Ⓐ

€1.75

オリーブのパテ
パンに塗ってワインのおともに。チーズと合わせてもおいしい Ⓐ

€1.95

カップ焼きそば
スペインでも焼きそばは人気。チキン味やカレー味もある Ⓑ

🛒 缶詰

€1.65

€4.11

ムール貝のエスカベチェ
肉厚のムール貝がぎっしり。ピリ辛味でお酒のつまみにぴったり Ⓐ

マテ貝の塩ゆで
スペイン語でナバハス(ナイフの意味)。ニンニクオイルでソテーしても美味 Ⓐ

€3.35

€2.50

ビンチョウマグロ
高級魚ボニート・デル・ノルテ。そのまま食べてもサラダに入れても◎ Ⓐ

€1.59

イカの墨煮
バスク地方の名物。ソースはパンにつけて、またはバターライスを添えて Ⓐ

アストゥリアス風ファバダ
豆とソーセージを煮込んだシチューはスペインのおふくろの味 Ⓐ

ここでGET! 大手デパート & スーパーマーケット

Ⓐ エル・コルテ・イングレス
El Corte Inglés

スペインの主要都市に支店を構える、国内最大のデパートチェーン。通常は地下または1階にスーパーがあり、品揃えも充実している。店舗によっては総菜コーナーのほか、上質な食材を取り揃えたグルメコーナーがある。
マドリード▶ P.104
バルセロナ▶ P.230

Ⓑ メルカドーナ
Mercadona

自社ブランド製品「HACENDADO」が充実しており、質のわりに低価格。生ハムをその場でカットしてくれるコーナーや、店内で焼き上げるベーカリーも人気。
マドリード(セントロ・コメルシアル・アーベーセー内)▶ P.104
バルセロナ▶ P.230

※料金は2023年3月現在。価格変更や品切れの場合もありますのでご注意ください。

🛒 お菓子 & スナック

パルメリータス
「源氏パイ」のもとになったハート型のパイ菓子、パルメラのミニ版 Ⓐ
€1.37

€1.70

トリュフチョコ
口溶けなめらか。たっぷり入っててコスパも◎。冬期のみの販売 Ⓑ

€2.09

板チョコ
スペインの大手チョコレートメーカー、バロール社のノンシュガーチョコ Ⓐ

€2.95

メンブリージョ
マルメロ（西洋カリン）の固形ジャム。スペインではチーズと一緒に食べる Ⓐ

€1.45

クアハーダの素
ヨーグルトとチーズを合わせて固めたような、スペインの定番デザート Ⓑ

€2.85

チュッパチャプス
スペイン生まれの棒付きキャンディ。ロゴはダリがデザイン Ⓐ

€1.30

ポテトチップス
ハモン・セラーノ（生ハム）風味。食べ始めると止まらなくなる！ Ⓑ

🛒 ドリンク

€2.34

コラカオ
スペインの国民的ドリンク。お湯に溶かすだけでホットチョコが作れる Ⓐ

€0.60

ハーブティー
リラックス効果があるマンサニーリャ（カモミール）のティーバッグ Ⓐ

👉 レジでの支払い方法

① 自分でカゴから商品を取り出してベルトコンベアの上に載せたら、前後の人の商品と間違われないよう仕切り板を置く。

② 順番がきたら店員さんに「オラ！」とあいさつ。クレジットカードは端末に差し込んで暗証番号を入力するかタッチ決済で。

③ 支払後、商品を自分で袋に詰める。レジ袋（€0.50程度）が欲しい場合は「ウナ・ボルサ・ポル・ファボール」と言う。

👉 果物&野菜の量り方

※売り場に計量機が置かれていたらセルフサービス方式

① 欲しい分だけビニール袋に入れ、計量機に載せる。

② 商品が入っているカゴや値札に記載されている番号を押す。

③ 出てきたシールをビニール袋に貼ってレジで精算する。

こちらもCHECK！ スペインの味をお持ち帰り **グルメセレクション**

大切な人や自分へのおみやげに、ちょっといいものを。専門店で探してみよう。

カカオ・サンパカのチョコレート
スペイン王室御用達。希少品種のカカオやスパイスを使ったものなど、珍しいチョコも。
マドリード▶ P.109
バルセロナ▶ P.236

トゥロン
クリスマスに欠かせないヌガー菓子。
「カサ・ミラ」（→ P.109）や「ビセンス」（→ P.236）で。

ワイン
品質とコスパのよさで知られるスペインワイン。数あるなかからお気に入りを探そう。詳細は→ P.28

オリーブオイル
スペインのオリーブオイル生産量は世界の約半分を占める。オリーブオイルを配合したコスメも人気。

一度は泊まりたい！
憧れのパラドール

スペイン全土に 98 ヵ所あるパラドールは、中世の古城や修道院などの歴史的建築物を改装した国営ホテル。なかでもおすすめの 5 軒を紹介しよう。宿泊客でなくてもレストランやカフェは利用できるので、食事やお茶に立ち寄るのもいい。

パラドールについて → P.452

Parador

著名画家が描いた風景が広がる
トレド ✿ Toledo

三方をタホ川に囲まれ、丘の上に中世の町並みが広がる城塞都市トレド。テラスから見る旧市街の風景は、16 世紀の画家エル・グレコが描いた絵とほとんど変わらない。町の明かりがともり始める夕景もすばらしいので、朝夕に眺望を堪能したい。

DATA → P.124

①パラドールのテラスからトレド旧市街を望む　②レストランでは郷土料理が楽しめる　③高台に建つカスティーリャ様式の建物。屋外プールもある

アルハンブラで千夜一夜の夢をみる
グラナダ ✿ Granada

アルハンブラ宮殿の敷地内にあり、庭からはヘネラリフェ宮殿も望める。建物は 15 世紀末、グラナダをイスラム教徒から奪回したカトリック両王が、モスクを改装して修道院にしたもの。夜は静寂に包まれ、人が少ない早朝はのんびり散歩も楽しめる。

DATA → P.282

①宿泊客専用のパティオでのんびりくつろぎたい　②広さやインテリアは客室によってさまざま　③緑豊かな庭園に建つルネッサンス様式の建物

アラブの香りが漂う中世の城
カルモナ ✥ Carmona

残酷王と呼ばれたペドロ1世が、この地にあった要塞を自分の居城としてイスラム風に改築。噴水のあるパティオや重厚なレストランなど、随所に歴史を感じられる。グラナダ侵攻の際にはカトリック両王が、また天正遣欧少年使節や支倉常長の一行もこの城に滞在した。

DATA → P.319

① 城が建つ丘の麓には屋外プールもある ② テラスからアンダルシアの平原を望む ③ すべての客室から雄大な景色が楽しめる

古城のテラスからフランスを望む
オンダリビア ✥ Hondarribia

フランスとの国境の町、オンダリビアの旧市街の中心に建つ。かつては町を守る城塞だっただけに見晴らしがすばらしく、特にテラス席からの眺めは宿泊者の特権。無数の小舟が浮かぶ川の対岸に、フランス側のアンダイエの町並みが一望できる。

DATA → P.387

① テラスから見るビダソア川とアンダイエの町 ② 気品漂うスイートルーム ③ 厚い壁に囲まれた雰囲気のあるカフェ

聖地に建つ15世紀の王立病院
サンティアゴ・デ・コンポステーラ ✥ Santiago de Compostela

カトリック両王により、巡礼者のための救護院として建設された。「巡礼の道」の終着地、カテドラル前のオブラドイロ広場に面して建つ。荘厳な外観、美しい回廊、エレガントなサロンや客室は、5つ星にふさわしい風格を備えている。 **DATA → P.407**

① 歴史を感じさせる重厚な内装 ② 客室は4つの中庭を囲むように配置されている ③ オブラドイロ広場を眺めながら朝食を ④ パラドール前のカフェテラスからカテドラルを望む

悠久の歴史と美しい自然に触れる
スペインの世界遺産
Patrimonio de la Humanidad

先史時代の洞窟壁画から、古代ローマの遺跡、キリスト教やイスラム文化の影響を受けた建造物、さらにはガウディの作品や自然豊かな国立公園まで、スペインは世界遺産の宝庫。その登録数はイタリアに次いで世界第2位を誇る。「地球の宝物」というべき世界遺産を訪ね、スペインの奥深い魅力に触れてみよう。

マドリードのレティーロ公園は、2021年に登録されたスペインで最も新しい世界遺産

世界遺産とは？
未来に引き継いでいくべき人類共通の宝物のこと。1972年のユネスコ総会で採択された世界遺産条約に基づき登録される。
●日本ユネスコ協会連盟のサイト
URL www.unesco.or.jp/contents/isan
※上図内の数字は、P.46〜48の①〜㊾に対応
※㉟はイギリス領

★★★★ マドリード
カスティーリャ・ラ・マンチャ
Madrid / Castilla La Mancha

❶ パセオ・デル・プラドとブエン・レティーロ、芸術と科学の景観
190haの広大なエリアにヨーロッパ初の並木道や21の重要文化財がある → P.78

❷ マドリードのエル・エスコリアル修道院とその遺跡
フランスとの戦いの勝利を記念してフェリペ2世が建造した壮大な修道院 → P.117

❸ 古都トレド
古くから政治・経済・文化の中心として栄え、歴史的建造物が数多く残る → P.120

❹ 歴史的城塞都市クエンカ
ふたつの川に挟まれ、背後に奇岩が連なる絶壁の上に築かれた要塞都市 → P.132

❺ アルカラ・デ・エナーレスの大学と歴史地区
15世紀創設の大学と文豪セルバンテスが生まれたことで知られる学園都市 → P.118

❻ アランフエスの文化的景観
王家の別荘として建てられた豪奢な王宮の周りに緑豊かな庭園が広がる → P.126

❼ アルマデン水銀鉱山跡
スロヴェニアのイドリア鉱山とともに登録された、世界最大の水銀鉱山跡

上／画家エル・グレコが描いたとおりの中世の町並みが残るトレド
中／スペイン黄金時代を象徴するエル・エスコリアル修道院の図書館
下／奇岩の町クエンカには不思議な風景が広がる

カスティーリャ・イ・レオン
エストレマドゥーラ
Castilla y León / Extremadura

セゴビアのローマ水道橋はイベリア半島最大規模を誇る

⑧ ブルゴスの大聖堂
完成に3世紀を要し、国内で3番目の規模を誇るゴシック様式の大聖堂 → P.149

⑨ アビラ旧市街と城壁外の教会群
全長約2.5kmの城壁が旧市街を取り囲み、数多くの教会が点在する → P.142

⑩ セゴビア旧市街とローマ水道橋
スペイン史上重要な舞台となったアルカサルと古代の水道橋で知られる → P.138

⑪ カセレス旧市街
レコンキスタ後に交易で栄え、貴族たちが建てたゴシック様式の館が残る → P.164

ヨーロッパに現存する中世の城壁のなかでも保存状態がよいアビラ

左／城壁のなかに中世の館がひしめき合うカセレスの旧市街
下／プラテレスコ様式の装飾が美しいサラマンカ大学のファサード

⑫ サラマンカ旧市街
スペイン最古の大学や新旧ふたつの大聖堂、修道院などがある学問の町 → P.156

⑬ サンタ・マリア・デ・グアダルーペ修道院
人口約2000人の町にある「全スペイン語圏の守護聖母」を祀る修道院 → P.161

⑭ メリダの遺跡群
古代ローマの植民都市として築かれ、円形劇場をはじめ多くの遺跡が残る → P.166

⑮ ラス・メドゥラス
レオン県ポンフェラーダ近郊に残る、ローマ帝国による1～3世紀の鉱石採掘地跡

⑯ サン・ミジャン・ユソとサン・ミジャン・スソの修道院群
ナバーラ地方の守護聖人サン・ミジャンを祀る、10～11世紀建造の修道院

⑰ アタプエルカの考古遺跡
ブルゴスの東約15km、アタプエルカ村に残る80万年前の原人の住居跡

⑱ シエガ・ベルデの先史時代の岩絵遺跡群
ポルトガルのコア渓谷とスペインのアゲダ川流域にある、先史時代の岩壁画

バルセロナ／カタルーニャ
バレンシア　バレアレス
Barcelona / Catalunya / Valencia / Baleares

⑲ アントニ・ガウディの作品群
グエル公園やカサ・ミラなど、7つの建物が世界遺産に登録されている → P.211

⑳ ポブレー修道院
タラゴナの北約13kmにある、12世紀に造られたカタルーニャ初のシトー会修道院

㉑ バレンシアのラ・ロンハ・デ・ラ・セダ
バレンシアが経済的に大きく発展した15世紀後半に建てられた絹の商品取引所 → P.256

㉒ バルセロナのカタルーニャ音楽堂とサン・パウ病院
ガウディと同時代を生きた建築家ドメネク・イ・ムンタネールの代表作 → P.218

㉓ イベリア半島の地中海入江の岩壁画
レバンテ地方の地中海沿岸に残る、ヨーロッパで最大規模の先史時代末期の岩絵

㉔ イビサ、生物多様性と文化
さまざまな民族の支配を受けてきたイビサ島では、独特の景観や文化が形作られた

㉕ タラゴナの遺跡群
古代ローマ時代にはイベリア半島最大の都市として栄え、当時の建造物が今も残る → P.246

㉖ エルチェのヤシ園
イスラム教徒の統治下に整備され、樹齢300年以上のナツメヤシが植えられている → P.261

㉗ ボイ渓谷のカタルーニャ風ロマネスク様式教会群
ピレネー山脈のボイ渓谷に点在する、ロマネスク様式の9つの教会

㉘ トラムンタナ山脈の文化的景観
マヨルカ島の山岳地帯には、荒れた土地を農地へと変えた独自の景観が見られる → P.262

左上／建設途中ながら、世界遺産に登録されているサグラダ・ファミリア聖堂
左下／現在もコンサートホールとして使用されているカタルーニャ音楽堂
右／かつてのバレンシアの経済力の大きさをしのばせるラ・ロンハ・デ・ラ・セダ

アンダルシア
Andalucía

㉙ グラナダのアルハンブラ、ヘネラリフェとアルバイシン
イスラム芸術の粋を集めた宮殿と別荘、グラナダ最古の町並みが残る城塞都市 → P.268

㉚ コルドバ歴史地区
イスラム文化の中心地として栄えた町に、巨大なモスクや旧ユダヤ人街が残る → P.286

㉛ セビーリャの大聖堂、アルカサルとインディアス古文書館
モスクの跡地に建てられた大聖堂はスペインいちの規模を誇る → P.302

㉜ ドニャーナ国立公園
貴重な野生動物の宝庫となっている、スペイン最大の自然保護区 → P.325

㉝ ウベダとバエサのルネッサンス様式の記念碑的建造物群
レコンキスタの象徴となる美しい町並みを伝えるふたつの都市 → P.298/300

㉞ アンテケラのドルメン遺跡
古代人が崇めたふたつの岩山と、先史時代を代表する巨石建造物からなる

㉟ ジブラルタルのゴーハム洞窟群
岩山の洞窟に 12 万年以上前のネアンデルタール人の生活跡が残る → P.356

㊱ カリフ都市メディナ・アサアラ
コルドバ郊外に残る、11 世紀に築かれたイスラム時代の宮殿都市 → P.291

左上／イスラム教徒の居住区だったアルバイシンからアルハンブラ宮殿を望む　左下／キリスト教国の王によって改築されたセビリアのアルカサル　右上／ローマ時代の橋やスペイン最大規模のモスクが残るコルドバの旧市街

ナバーラ　アラゴン
Navarra / Aragón

㊲ アラゴン州のムデハル様式建造物
サラゴサとテルエルにはイスラムの影響を受けた教会や塔が残る → P.368/374

ムデハルの町と呼ばれるテルエルのカテドラル

㊳ ピレネー山脈のペルデュ山
石灰石からなる標高 3352m の山。氷河によって浸食された渓谷では伝統的な農牧畜が行われている（フランスと共有）

カナリア諸島 Canarias

㊻ ガラナホイ国立公園
温暖なラ・ゴメラ島にあり、ここに生息する植物の半分以上は島の固有種

㊼ サン・クリストバル・デ・ラ・ラグーナ
テネリフェ島の北部に位置し、ラテンアメリカの植民都市のモデルとなった → P.421

㊽ テイデ国立公園
テネリフェ島にそびえる火山、テイデ山を中心に貴重な固有種が生育する → P.421

㊾ リスコ・カイドとグラン・カナリア島の聖なる山々の文化的景観
先史時代の洞窟住居、貯水池や穀物倉庫など土着文化の名残が見られる → P.421

美しい町並みが保存されているサン・クリストバル・デ・ラ・ラグーナ

バスク　カンタブリア　アストゥリアス　ガリシア
País Vasco / Cantabria / Asturias / Galicia

㊴ オビエド歴史地区とアストゥリアス王国の建造物群
スペイン王国の原点となった町に、ロマネスク初期の聖堂などが建つ → P.400

㊵ アルタミラ洞窟と北スペインの旧石器時代の洞窟画
有名なアルタミラの壁画のほかに、17 ヵ所が追加登録されている → P.399

㊶ サンティアゴ・デ・コンポステーラ旧市街
イエスの 12 使徒のひとり聖ヤコブの墓があると伝わるキリスト教の聖地 → P.403

㊷ サンティアゴ・デ・コンポステーラの巡礼路
ピレネー山脈を越えサンティアゴへといたる路で、1000 年以上の歴史をもつ → P.408

㊸ ルーゴのローマ城壁群
3 世紀に築かれた長さ 2km を超える城壁が、現在も町を見守っている → P.412

㊹ ビスカヤ橋
19 世紀末にエッフェルの弟子によって建設された、世界最古の運搬橋 → P.390

㊺ ヘラクレスの塔
大西洋を一望する丘にローマ時代に建造され、現在も灯台として機能している → P.416

上／聖地へと続くサンティアゴ・デ・コンポステーラの巡礼路　中／アルタミラ洞窟内の「大広間」に描かれた動物の絵　下／ビスカヤ橋にはゴンドラが吊り下げられ、164m の距離を約 2 分で渡る

バルセロナ ★
★ マドリード

マドリード
Madrid
カスティーリャ・ラ・マンチャ
Castilla La Mancha

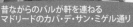
昔ながらのバルが軒を連ねる
マドリードのカバ・デ・サン・ミゲル通り

★ Madrid
★ Castilla La Mancha

イベリア半島のほぼ中央に位置する、スペインの首都マドリード。歴史と生活のぬくもりを感じさせる旧市街、政治・経済の中心としてダイナミックに躍動する新市街を併せもつ、活気あふれる都市だ。そして、数多くの美術館や博物館を有する観光都市でもある。またマドリードから南に下ると、『ドン・キホーテ』の舞台となったカスティーリャ・ラ・マンチャの平原が広がる。目につくものといえば、赤茶けた土地とブドウ畑、そして羊の群れだけ。この見渡すかぎり荒野の続くラ・マンチャの大地を眺めていると、いつの間にかわれわれ自身がドン・キホーテとなり、果てしない旅を続けているような気がしてくる。

気候

昼夜の気温差が大きい大陸性気候。夏は焼けつくように暑く、冬はグアダラマ山脈から冷たい風が吹きつける。年間をとおして雨は少ないが、特にラ・マンチャはスペイン語で「乾いた土地」を意味するだけあって、真夏はとても乾燥する。

おもな祭りとイベント

悪魔の祭り La Endiablada
アルモナシッド・デル・マルケサド
（クエンカ県） ・・・・・・・・・・・・・・・ 2/1 〜 3
URL www.laendiablada.com
クエンカ宗教音楽祭（聖週間）
Semana de Música Religiosa
クエンカ ・・・・・・・・・・・・・・・・・・ 4/1 〜 9 ※
URL www.smrcuenca.es
オリーブ祭り Fiesta del Olivo
モラ（トレド県）・・・・・・・・・・・・ 4/29 〜 5/1 ※
URL www.mora.es
サン・イシドロ祭 Fiesta de San Isidro
マドリード ・・・・・・・・・・・・・・・・ 5/11 〜 15
聖体祭 Corpus Christi
トレドなど ・・・・・・・・・・・・・・・ 5/30 ※ ('24)
アルマグロ古典演劇祭
Festival de Teatro Clásico de Almagro
アルマグロ ・・・・・・・・・・・・・・ 6/29 〜 7/23 ※
URL www.festivaldealmagro.com
牛追い祭り
Fiestas en Honor del Cristo de Los Remedios
サン・セバスティアン・デ・ロス・レイェス
（マドリード） ・・・・・・・・・・・・・・・・ 8/28 ※
URL www.ssreyes.org
サフラン祭り Fiesta de la Rosa del Azafrán
コンスエグラ ・・・・・・・・・・・・・・ 10/28・29 ※

※を付した日程は毎年変わります。上記で年度の記載のないものは 2023 年の日程です。変更されることもあるので、事前にご確認ください。

周遊のヒント

マドリードを中心に鉄道やバスの路線が延びており、ほとんどの町はマドリードからの日帰りも可能。ただしラ・マンチャは交通の便が悪く、各町をつなぐバスも 1 日数便しかないので、できればレンタカーの利用が便利だ。

料理と名産品

マドリードでは、コシード・マドリレーニョ（野菜とヒヨコ豆、チョリソなどを土鍋で煮込んだもの）や、カリョス（もつ煮込み）など、煮込み料理がよく食べられる。ラ・マンチャ地方では、ピスト・マンチェゴ（野菜のごった煮）、ケソ・マンチェゴ（羊乳のチーズ）が有名。またペルディス・ア・ラ・トレダーナは山ウズラを煮込んだトレドの名物料理、マサパンはアーモンドの粉と砂糖を練って作ったトレド銘菓だ。

工芸品では、トレドの象嵌細工や、トレド近くのタラベラ・デ・ラ・レイナで作られるタラベラ焼、アルマグロに古くから伝わる手編みレースなどが知られている。

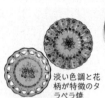

淡い色調と花柄が特徴のタラベラ焼

冬に食べると体が温まるコシード・マドリレーニョ

マサパンはイスラムから伝わったお菓子

トレドの郷土料理、ペルディス・ア・ラ・トレダーナ

マドリード／カスティーリャ・ラ・マンチャ

イントロダクション

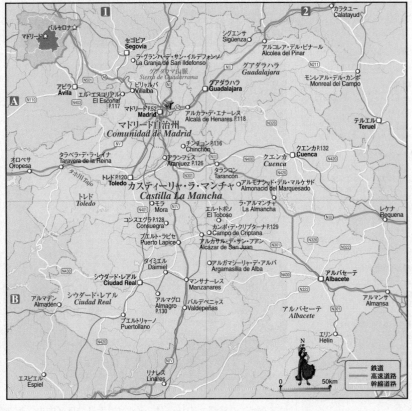

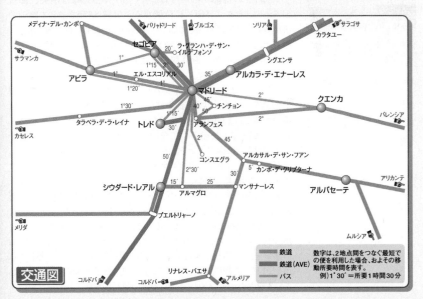

交通図

鉄道	
鉄道（AVE）	
バス	

数字は、2地点間をつなぐ最短での便を利用した場合、およその移動所要時間を表す。
例）1°30´＝所要1時間30分

マドリード

✤ Madrid

map P.51/A1

標高	655m
人口	約328万人

アクセス

🚄 バルセロナ・サンツ駅から高速列車で約2時間30分～3時間10分、毎時1～2便、急行で約9時間、1日1便。

🚌 バルセロナの北バスターミナルからAlsa社のバスで7時間30分～8時間。アベニーダ・デ・アメリカ・バスターミナル、南バスターミナル、バラハス空港行きがあり、計1日20便程度。

✈ バルセロナから約1時間、ほぼ1時間おきに運航。

❶観光案内所

●マヨール広場
map P.57/B3
🏠 Pl. Mayor 27
☎ 915 787 810
URL www.esmadrid.com
🕐 毎日 9:30 ～ 20:30
Ⓜ 1/2/3号線ソル駅から徒歩5分
マドリード市営の❶。地図やパンフレットの配布や観光情報の提供を行うほか、ギフトショップ（→P.107）を併設している。

スタッフが親切に対応してくれる

世界遺産

パセオ・デル・プラドとブエン・レティーロ、芸術と科学の景観
（2021年登録）→P.78

2021年に改修工事が完了し、より美しく整備されたスペイン広場

スペインの首都マドリードは、イベリア半島のほぼ中央、海抜655mのメセタ（高原）に位置する。気候は1年を通じて晴天の日が多く、空気は乾燥しており、寒暖の差の激しい内陸性気候だ。赤茶けたカスティーリャの大地を走り抜けてマドリードに到着すると、街路樹など緑の多い近代的な街並みが、まるでオアシスのように感じられることだろう。

マドリードは、9世紀後半にムハンマド1世によってイスラム征服地の北を守る砦として建設された、マジュリートという名の小さな集落だった。11世紀後半にはカスティーリャ王国のアルフォンソ6世によりキリスト教徒の手に奪回されたが、歴史の表舞台に姿を現すのはさらに後のことである。1561年にフェリペ2世はこの地に宮廷を移し、マドリードは全世界に広大な領地をもつハプスブルク朝スペイン帝国の中心となった。

長い歴史をもつスペインのなかで、マドリードは比較的新しい街といえる。ここでの最大の楽しみはやはり、スペイン絵画の殿堂プラド美術館をはじめ、すばらしい芸術作品の数々を鑑賞することだろう。また、マヨール広場やプエルタ・デル・ソルあたりの明るい喧騒と庶民的なにぎわいは、この街独特のもの。日が暮れたら下町のバルに繰り出し、スペイン人に交じってタペオ（バルのはしご）を楽しむのもマドリードならではの過ごし方だ。

マドリードのオリエンテーション

外へ外へと拡張し続けるグラン・マドリード（首都圏）。しかし都市の機能は、アトーチャ駅とチャマルティン駅を含む南北約8km、東西約5kmの範囲に集中している。そして観光客がおもに見て回るのは、さらにその中の「セントロCentro」と呼ばれる旧市街を中心とした地域に限られる。街を歩くならプエルタ・デル・ソルPuerta del Sol（現地では「ソル」と略して呼ばれることが多い）から出発するとよい。ここが旧市街の中心で、東に行くとプラド美術館、西に進むと王宮。この位置関係を頭に入れておくとわかりやすい。

エリア1 ▶ プエルタ・デル・ソルと王宮周辺　➡P.74　map P.56〜57

いつも大勢の人々でにぎわう、旧市街の中心。北側のグラン・ビアにかけてはデパートや商店が並ぶ繁華街、南側はバル＆レストラン街になっている。またソルから王宮にかけては、マヨール広場を中心に、ハプスブルク朝時代の面影を残す古い街並みが続く。

観光の拠点となるプエルタ・デル・ソル

エリア3 ▶ スペイン広場とグラン・ビア周辺　➡P.87　map P.60〜61

ドン・キホーテ像のあるスペイン広場から東に延びるのが、大通りグラン・ビア。その北側の地下鉄トリブナル駅からチュエカ駅にかけては、若者に人気の繁華街。またスペイン広場から北西に延びるプリンセサ通りの先には、広大な敷地をもつ大学都市が広がる。

旧市街の目抜き通りグラン・ビア

エリア2 ▶ プラド美術館とアトーチャ駅周辺　➡P.78　map P.58〜59

ソルから東へ延びるアルカラ通りと、マドリードの玄関口アトーチャ駅に囲まれたこの地域には、3大美術館のほか、小さな美術館や博物館が点在する。また市民の憩いの場であるレティーロ公園や王立植物園もあり、文化と自然が調和するエリアとなっている。

緑が豊かなレティーロ公園

エリア4 ▶ サラマンカ地区周辺　➡P.90　map P.62〜63

マドリードの街を南北に走る大動脈、カステリャーナ通りの東側に広がる地域がサラマンカ地区。19世紀に上流階級の住宅地として拡張されたエリアだけに、端正な建物が並び、有名ブランド店やブティックが軒を連ねる高級ショッピング街となっている。

高級ブランド店が並ぶセラーノ通り

53

マドリードの歴史をたどる

16世紀以降、スペインの首都として栄えてきたマドリード。ハプスブルク朝時代に築かれた旧市街を中心に、その歴史をたどるコース。にぎやかな下町情緒も楽しみたい。

09:30 プエルタ・デル・ソル ➡P.75

1 自治政府庁が建つマドリードの中心地。市民の待ち合わせ場所としてもよく利用される。
徒歩約5分

10:00 デスカルサス・レアレス修道院 ➡P.75

2 16世紀に創建された修道院。絵画やタペストリーなど、貴重な芸術品を数多く所蔵する。
徒歩約10分

11:30 マヨール広場 ➡P.76

3 マドリードを代表する広場。周辺にはレストランやバルも多く、いつもにぎわっている。
徒歩約5分

12:30 サン・イシドロ教会 ➡P.76

4 マドリードの守護聖人、聖イシドロを祀る。1993年までは大聖堂として使われていた。
徒歩約5分

13:00 ボティンで昼食 ➡P.95

5 作家ヘミングウェイが常連だったことでも知られる、子豚の丸焼きが名物のレストラン。
徒歩約15分

15:00 王宮 ➡P.77

6 18世紀に完成した歴代スペイン国王の居城。内部には豪華絢爛な世界が広がる。
徒歩約15分

17:00 スペイン広場 ➡P.88

7 中央にはドン・キホーテやセルバンテスの像があり、記念写真のスポットとして人気。

アートと自然に触れる

マドリード最大の楽しみは、すばらしい芸術作品に出合えること。なかでも3大美術館はぜひとも訪れたい。また絵画鑑賞に疲れたら、公園や植物園で自然に触れてみよう。

10:00 プラド美術館 ➡P.79

1 エル・グレコ、ベラスケス、ゴヤをはじめ、世界的にも有名なコレクションを展示。

12:00 カフェで休憩

2 広い館内を歩き回ったあとは、プラド美術館の中にあるカフェテリアでひと休み。
徒歩約5分

12:30 レティーロ公園 ➡P.83

3 池やバラ園もある、市民の憩いの場。絵画鑑賞のあとは、緑のなかで散歩を楽しもう。
徒歩約10分

13:00 ティッセン・ボルネミッサ美術館 ➡P.84

4 プラド美術館の斜め向かい。イタリアの中世美術から現代アートまで、見応え十分。

14:00 レストランで昼食

5 美術館の敷地にあるガーデンレストランで、ゆったりとランチメニューを楽しもう。
徒歩約10分

16:00 王立植物園 ➡P.83はみだし情報

6 広い園内には3万種以上の植物が植えられている。美術館巡りの合間に散策したい。
徒歩約10分

17:00 ソフィア王妃芸術センター ➡P.86

7 20世紀以降の現代アートを集めた美術館。なかでもピカソの『ゲルニカ』は必見。

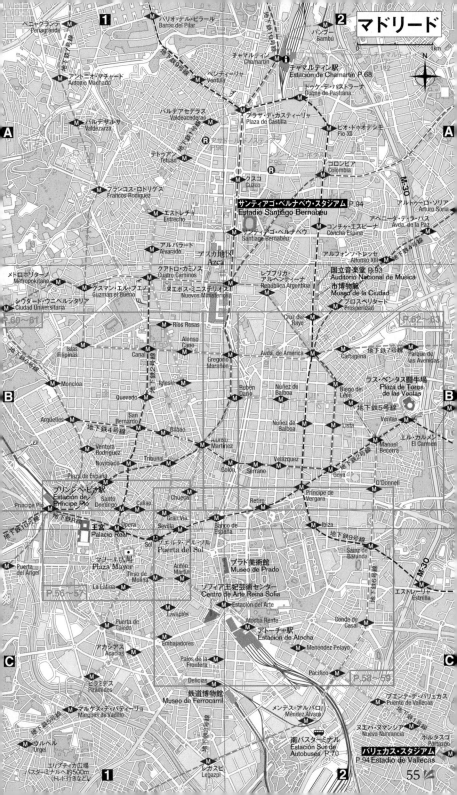

マドリード

1km

ペニャグランデ
Peñagrande

バリオ・デル・ピラール
Barrio del Pilar

バンブー
Bambú

アントニオ・マチャード
Antonio Machado

ベンティーリャ
Ventilla

チャマルティン
Chamartín

チャマルティン駅
Estación de Chamartín P.68

ドゥケ・デ・パストラーナ
Duque de Pastrana

バルデアセデラス
Valdeacederas

プラザ・デ・カスティーリャ
Plaza de Castilla

ピオ・ドゥオデシモ
Pío XII

バルデサルサ
Valdezarza

テトゥアン
Tetuán

クスコ
Cuzco

コロンビア
Colombia

アルトゥーロ・ソリア
Arturo Soria

フランコス・ロドリゲス
Francos Rodríguez

エストレチョ
Estrecho

サンティアゴ・ベルナベウ・スタジアム P.94
Estadio Santiago Bernabeu

アベニーダ・デ・ラ・パス
Avda. de la Paz

メトロポリターノ
Metropolitano

アルバラード
Alvarado

アスカ地区
Azca

サンティアゴ・ベルナベウ
Santiago Bernabéu

コンチャ・エスピーナ
Concha Espina

シウダード・ウニベルシタリア
Ciudad Universitaria

クアトロ・カミノス
Cuatro Caminos

アルフォンソ・トレッセ
Alfonso XIII

グスマン・エル・ブエノ
Guzmán el Bueno

ヌエボス・ミニステリオス
Nuevos Ministerios

レプブリカ・アルヘンティーナ
República Argentina

国立音楽堂 P.93
Auditorio Nacional de Música

市博物館
Museo de la Ciudad

プロスペリダード
Prosperidad

リオス・ロサス
Ríos Rosas

クルス・デル・ラヨ
Cruz del Rayo

イスラス・フィリピナス
Islas Filipinas

アロンソ・カノ
Alonso Cano

アベニーダ・デ・アメリカ
Avda. de América

カルタヘナ
Cartagena

パルケ・デ・ラス・アベニーダス
Parque de las Avenidas

モンクロア
Moncloa

カナル
Canal

グレゴリオ・マラニョン
Gregorio Marañón

ラス・ベンタス闘牛場
Plaza de Toros de las Ventas

ケベド
Quevedo

イグレシア
Iglesia

ルベン・ダリオ
Rubén Darío

ヌニェス・デ・バルボア
Núñez de Balboa

ディエゴ・デ・レオン
Diego de León

アルグエリェス
Argüelles

サン・ベルナルド
San Bernardo

ビルバオ
Bilbao

アロンソ・マルティネス
Alonso Martínez

ヌニェス・デ・バルボア
Núñez de Balboa

リスタ
Lista

ベンタス
Ventas

エル・カルメン
El Carmen

ベントゥーラ・ロドリゲス
Ventura Rodríguez

トリブナル
Tribunal

ベラスケス
Velázquez

マヌエル・ベセーラ
Manuel Becerra

ノビシアド
Noviciado

コロン
Colón

セラーノ
Serrano

ゴヤ
Goya

オドンネル
O'Donnell

プラザ・デ・エスパーニャ
Plaza de España

チュエカ
Chueca

レティーロ
Retiro

プリンシペ・デ・ベルガラ
Príncipe de Vergara

プリンシペ・ピオ駅
Estación de Príncipe Pío

サント・ドミンゴ
Santo Domingo

カリャオ
Callao

プリンシペ・ピオ
Príncipe Pío

グラン・ビア
Gran Vía

イビサ
Ibiza

オペラ
Ópera

セビーリャ
Sevilla

バンコ・デ・エスパーニャ
Banco de España

サインス・デ・バランダ
Sainz de Baranda

王宮
Palacio Real

プエルタ・デル・アンヘル
Puerta del Ángel

ソル
Sol

プエルタ・デル・ソル
Puerta del Sol

マヨール広場
Plaza Mayor

アントン・マルティン
Antón Martín

プラド美術館
Museo de Prado

ティルソ・デ・モリーナ
Tirso de Molina

ソフィア王妃芸術センター
Centro de Arte Reina Sofía

エストレーリャ
Estrella

ラ・ラティーナ
La Latina

ラバピエス
Lavapiés

芸術センター駅
Estación de Arte

プエルタ・デ・トレド
Puerta de Toledo

アトーチャ駅
Estación de Atocha

コンデ・デ・カサル
Conde de Casal

アカシアス
Acacias

エンバハドーレス
Embajadores

パロス・デ・ラ・フロンテーラ
Palos de la Frontera

アトーチャ・レンフェ
Atocha Renfe

メネンデス・ペラヨ
Menéndez Pelayo

ピラミデス
Pirámides

デリシアス
Delicias

パシフィコ
Pacífico

マルケス・デ・バディーリョ
Marqués de Vadillo

鉄道博物館
Museo de Ferrocarril

フエンテ・デ・バリェカス
Puente de Vallecas

ウルヘル
Urgel

メンデス・アルバロ
Méndez Álvaro

ヌエバ・ヌマンシア
Nueva Numancia

ポルタスゴ
Portazgo

エリプティカ広場
バスターミナルへ約500m
（トレド行きなど）

レガスピ
Legazpi

南バスターミナル
Estación Sur de Autobuses P.70

バリェカス・スタジアム
P.94 Estadio de Vallecas

55

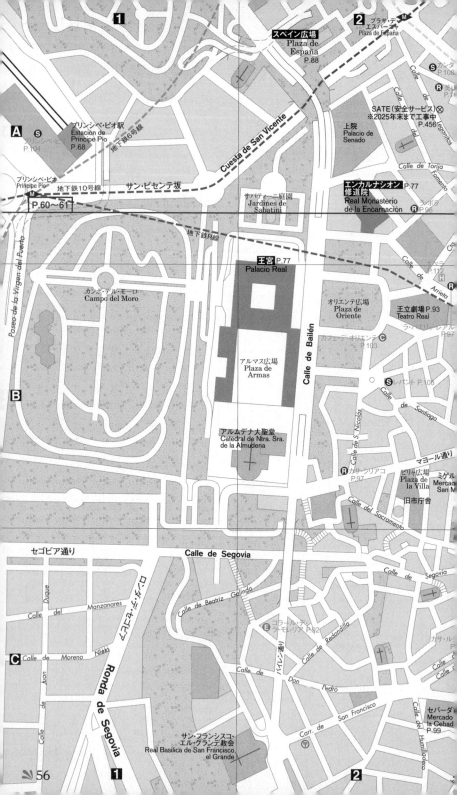

スペイン広場
Plaza de
España P.88

S カータ P.108
美し P.1

プリンシペ・ピオ駅
Estación de
Príncipe Pío P.68

地下鉄6号線

Cuesta de San Vicente

SATE (安全サービス) ⊗
※2025年末まで工事中 P.456

上院
Palacio de
Senado

Calle de los Leganitos

A S
P.104

Calle de Torija

プリンシペ・ピオ
Príncipe Pío
M

地下鉄10号線

P.60～61

サン・ビセンテ坂

Calle de Fomento

エンカルナシオン P.77
修道院
Real Monasterio
de la Encarnación R P.96

ランボラ

サバティーニ庭園
Jardines de
Sabatini

地下鉄R線

Paseo de la Virgen del Puerto

王宮 P.77
Palacio Real

Calle de Arrieta

ジ P.112
H
R

カンポ・デル・モーロ
Campo del Moro

オリエンテ広場
Plaza de
Oriente

王立劇場 P.93
Teatro Real

ラ・ロ・レアル P.97

Calle de Bailén

カフェ・デ・オリエンテ C
P.103

アルマス広場
Plaza de
Armas

Calle de Santiago

B

S レバント P.105

アルムデナ大聖堂
Catedral de Ntra. Sra.
de la Almudena

Calle de S. Nicolás

マヨール通り

R カサ・シリアコ P.97

ビリャ広場
Plaza de
la Villa

ミゲル
Mercado
San M

旧市庁舎

Calle del Sacramento

セゴビア通り

Calle de Segovia

Calle de Segovia

Duque de

Calle del

Manzanares

Calle de Beatriz Galindo

Calle de

Calle de Moreno Nieto

Ronda de Segovia

Calle de Juan

Calle de

コラール・デ・
ラ・モレリア P.92

Calle de Redondilla

バイレン通り

Don

Pedro

Calle de San Francisco

カサ・ルシ

Calle de

Calle de Humilladero

セバーダ
Mercado
la Cebad
P.99

サン・フランシスコ・
エル・グランデ教会
Real Basílica de San Francisco
el Grande

Carr. de San Francisco

56

1

2

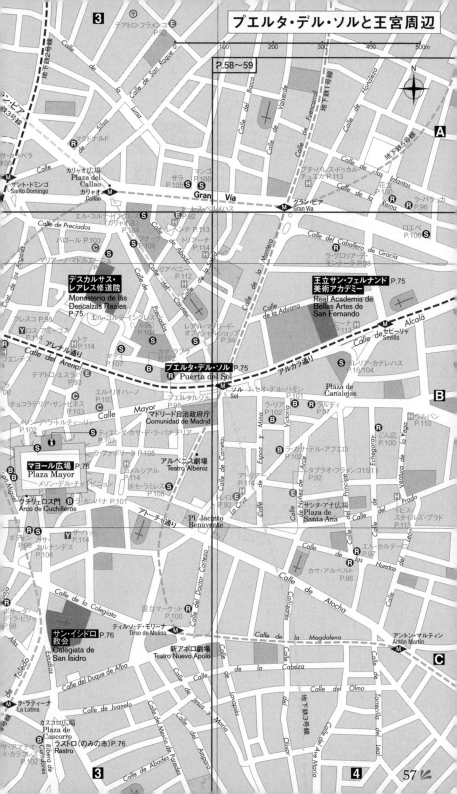

チュエカ
Chueca M

Calle de Augusto Figueroa　Calle de Prim

Calle de Recoletos　Calle del Conde de Serrano

サン・アントン市場
Mercado de San Antón P.99

Calle de San Marcos

ブエナビスタ宮殿
Palacio de Buenavista

カサ・デ・アメリカ
Casa de América

Calle de Columela

文化省
Ministerio de Cultura

グラン・ビア
Gran Via M

グラン・ビア
Gran Via

Calle del Caballero de Gracia

バンコ・デ・ハーレス広場
Banco de España

Plaza de Cibeles

アルカラ門
Puerta de Alcalá

レティーロ
Retiro M

A

王立サン・フェルナンド美術アカデミー P.75
Real Academia de Bellas Artes de San Fernando

Calle de Alcalá

シベーレス宮殿
Palacio de Cibeles
(市役所本部) P.89

独立広場
Plaza de la Independencia

アルカラ通り

セビーリャ
Sevilla M

空港バス乗り場
スペイン銀行
Banco de España

海事博物館 P.83
Museo Naval

国立装飾美術館 P.83
Museo Nacional de Artes Decorativ

プエルタ・デル・ソル P.75
Puerta del Sol

ソル
Sol M

サン・ヘロニモ通り

サルスエラ国立劇場 P.93
Teatro Nacional de la Zarzuela

Calle de Montalbán

Calle de J. del Mena

Calle de A. Maura

Paseo de Argen

Carrera de San Jerónimo

国会議事堂
Palacio del Congreso

ティッセン・ボルネミッサ美術館 P.84
Museo de Thyssen Bornemisza

カソン・デル・ブエン・レティーロ
Casón del Buen Retiro

カノバス・デル・カスティーリョ広場
Plaza de Cánovas del Castillo

Ritz H

Calle de Felipe IV

フラド美術館新館
Museo Nacional del Prado

フラド美術館 P.79
Museo Nacional del Prado

Paseo del Marqués de Po

Calle de Espalter

Huertas
SATE(安全サービス) P.456

アントン・マルティン
Antón Martín M

B

Calle del Olmo

市場

Calle de Santa María

Calle de Atocha

王立植物園 P.83
Real Jardín Botánico

P.56〜57

ラバピエス
Plaza de Lavapiés M

王立音楽院
Real Conservatorio de Música

エスタシオン・デル・アルテ
Estación del Arte

Calle de Claudio Moyano

農林水産省
Ministerio de Agricultura

ラ・コラーラ劇場
Teatro de la Corrala

エンベラドール・カルロス5世広場
Plaza del Emperador Carlos V

NHK

ソフィア王妃芸術センター P.86
Museo Nacional Centro de Arte Reina Sofía

国立人類学博物館
Museo Nacional de Antropol

市場

Calle del Doctor Fourquet

空港バス発着所
Atocha Renfe M

アトーチャ・レンフェ
Atocha Renfe

C

エンバハドーレス
Embajadores M

Ronda de Atocha

Ronda de Valencia

Calle de la Cabeza

アトーチャ駅
Estación de Atocha P.69

エンバハドーレス広場
Glorieta de Embajadores

Calle de Sebastián Elcano

地下鉄3号線

プエルタ・デ・アトーチャ
Puerta de Atocha

アトーチャ・セルカニ
Atocha Cercanías

Calle de Bernardino Obregón

Paseo de Santa María de la Cabeza

Calle de Palos de la Frontera

Calle del Salitre

パロス・デ・ラ・フロンテーラ
Palos de la Frontera M

サンタ・マリア・デ・ラ・カベッサ広場
Glorieta de Santa María de la Cabeza

Calle de las Canarias

Calle del Ferrocarril

デリシアス
Delicias

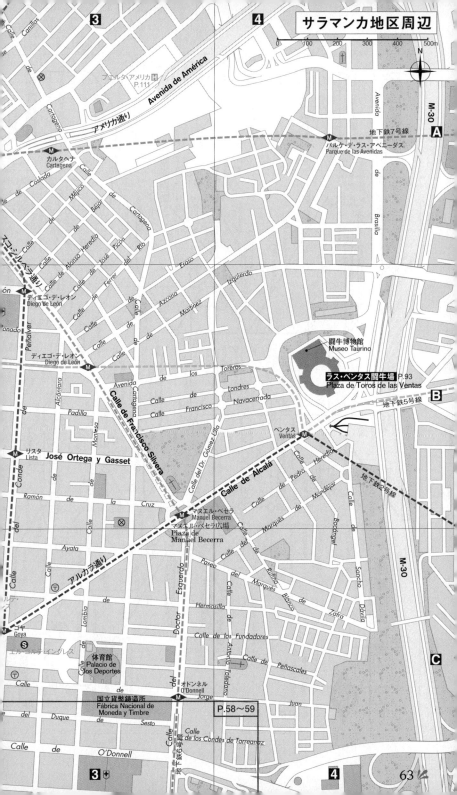

0 100 200 300 400 500m

3 **4**

プエルタ・アメリカ H P.111
Avenida de América
アメリカ通り

M-30

A

地下鉄7号線

M カルタヘナ
Cartagena

M パルケ・デ・ラス・アベニーダス
Parque de las Avenidas

Calle de Coslada

Calle de Cartagena

Calle de Méjico

Calle de Béjar

Calle de Alonso Heredia

Calle de José

Calle de Ferrer

Calle de Picón

スエビージャ通り

Calle del Río

Eraso

Azcona

Martínez

Izquierdo

闘牛博物館
Museo Taurino

M ディエゴ・デ・レオン
Diego de León

ディエゴ・デ・レオン
Diego de León

Calle de Francisco Silvela

Peñalver

Alcántara

Montesa

Padilla

Avenida de Cartagena

Calle de los Toreros

Calle de Londres

Navacerrada

Calle Francisco

ラス・ベンタス闘牛場 P.93
Plaza de Toros de las Ventas

B

地下鉄5号線

M ベンタス
Ventas

M リスタ
Lista

José Ortega y Gasset

Ramón

Ayala

Conde

de

Calle del Dr. Gómez Ulla

Cruz

Calle de Alcalá

Calle de Pedro Heredia

Calle de Mondéjar

地下鉄2号線

M-30

M マヌエル・ベセラ
Manuel Becerra

マヌエル・ベセラ広場
Plaza de
Manuel Becerra

アルカラ通り

Doctor Esquerdo

Paseo

Calle del Marqués

Calle de Rufino Blanco

Zafra

Sancha

Dávila

C

M ゴヤ
Goya

S エル・コルテ・イングレス

体育館
Palacio de
los Deportes

Hermosilla

Calle de los Fundadores

Calle de Antonio Toledano

Calle de Peñascales

Ayala

Colombia

Calle del Duque

Sesto

M オドンネル
O'Donnell

Jorge

国立貨幣鋳造所
Fábrica Nacional de
Moneda y Timbre

P.58〜59

Calle Juan

Calle de los Condes de Torreanaz

Calle O'Donnell

3 **4**

63

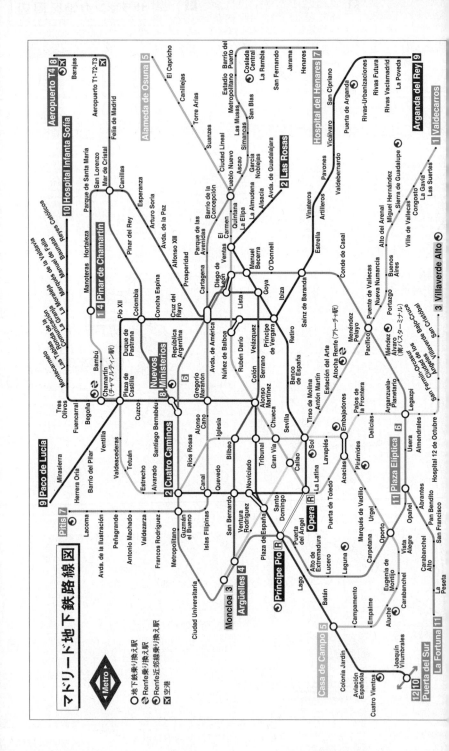

マドリード地下鉄路線図

マドリードRenfe近郊線路線図
Cercanías Madrid（セルカニアス マドリード）

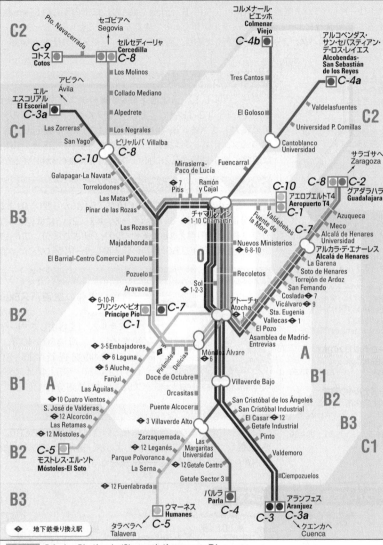

地下鉄路線図／Renfe近郊線路線図

C-1	Príncipe Pío /Atocha/Chamartín/Aeropuerto T4
C-2	Guadalajara/Alcalá de Henares/Atocha/Chamartín
C-3	Aranjuez/Atocha/Chamartín
C-3a	Aranjuez/Atocha/Chamartín/Villalba/El Escorial
C-4	Parla/Atocha/Chamartín/Cantoblanco Universidad
C-4a	Cantoblanco Universidad/Alcobendas-San Sebastián de los Reyes
C-4b	Cantoblanco Universidad/Colmenar Viejo
C-5	Móstoles-El Soto/Atocha/Humanes
C-7	Alcalá de Henares/Atocha/Chamartín/Príncipe Pío
C-8	Guadalajara/Alcalá de Henares/Atocha/Chamartín/Villalba Villalba/Cercedilla
C-9	Cercedilla/Cotos
C-10	Villalba/Príncipe Pío/Atocha/Chamartín/Aeropuerto T4

※2023年6月現在、工事のためチャマルティン駅～アトーチャ駅間のC3、C-3a、C-4、C-4a、C-4bは運休中。工事終了は2023年12月の予定。

空港から市内へのアクセス

マドリード・バラハス空港Aeropuerto de Barajas（MAD）は市内から約15km北東にある。航空会社によって発着ターミナルが異なるので確認を。ターミナル1、2、3とターミナル4の間に無料バスが3分間隔で運行しており、所要約10分。　※入国の仕方→P.436

おもな航空会社の発着ターミナル
●ターミナル1
アエロフロート・ロシア航空、エア・ヨーロッパ（シェンゲン協定加盟国以外の国際線）、ターキッシュエアラインズ、エジプト航空、イージージェット、エア・チャイナ、大韓航空、ライアンエアー
●ターミナル2
アリタリア航空、エア・ヨーロッパ（国内線とシェンゲン協定加盟国の国際線）、エールフランス、KLMオランダ航空、スイスインターナショナルエアラインズ、ポルトガル航空、ルフトハンザ・ドイツ航空
●ターミナル4
エア・ノストルム、ブリティッシュ・エアウェイズ、エミレーツ航空、イベリア航空、フィンエアー、ブエリング航空、カタール航空
URL www.aena.esで確認を。

ターミナル1、2の施設
❶観光案内所
開 毎日　　　9:30 ～ 20:30

ターミナル4の施設
❶観光案内所（ホール10）
開 毎日　　　9:30 ～ 20:30
● Renfe 営業所
開 毎日　　　5:30 ～翌 0:30

地下鉄 ✛ Metro

ターミナル1、2、3は**地下鉄8号線**のアエロプエルトAeropuerto T1-T2-T3駅に、またターミナル4はアエロプエルトT4駅に接続している。6:00頃から翌1:30頃まで運行しており、終点のヌエボス・ミニステリオス駅まで所要20～25分。市内へは通常の地下鉄料金€2に加え、空港追加料金€3が必要となる。

スペイン鉄道（Renfe）近郊線 ✛ Renfe Cercanías

ターミナル4から近郊線C-1、C10が、5:46から翌0:01までほぼ30分間隔で運行している（ターミナル1、2、3には停まらないので注意）。乗り換えなしでチャマルティン駅まで16分、アトーチャ駅まで30分。料金€2.60(最初の購入時にカード代€0.50が必要)。

バ ス ✛ Autobús

バスの乗車券は運転手から購入する

黄色い車体の**空港バスExprés Aeropuerto**が、ターミナル4からターミナル2、1を経由してアトーチャ駅まで行く。所要30～40分、料金€5。24時間運行で15～20分おき（23:50～翌5:40はシベーレス広場止まりで35分おき）。

タクシー ✛ Taxi

マドリード市内まで、空港から乗る場合は一律料金で€30。所要時間は、行き先や道路事情にもよるが、通常20～30分。また、市内から空港へ行く場合も一律€30となる。

バラハス空港 ↔ 市内アクセスマップ

Renfe近郊線

チャマルティン Chamartín

地下鉄8号線

コロンビア Colombia 地下鉄L9と接続

マール・デ・クリスタル Mar de Cristal 地下鉄L4と接続

T4　T4S

アエロプエルト Aeropuerto T4

ヌエボス・ミニステリオス Nuevos Ministerios

ヌエボス・ミニステリオス Nuevos Ministerios 地下鉄L6、10と接続

バラハス Barajas

レコレートス Recoletos

アベニーダ・デ・アメリカ・バスターミナル

フェリア・デ・マドリード Felia de Madrid

バラハス空港

ソル Sol

アベニーダ・デ・アメリカ 地下鉄L4、6、7、9と接続

市バス200番

アエロプエルト Aeropuerto T1-T2-T3

T3　T2

シベーレス広場 Pl. de Cibeles

空港バス

T1

アトーチャ Atocha

オドンネル O' Donnell

Exprés Aeropuerto

Ⓡ Renfe近郊線駅　Ⓜ 地下鉄駅

はみだし 市バスは、ターミナル1、2、3から200番、ターミナル4から204番がアベニーダ・デ・アメリカ・バスターミナル（→ P.70）まで運行。いずれも6:00から23:00頃まで10～20分おき、所要20～30分、料金€1.50。

マドリード

空港から市内へのアクセス

マドリード・バラハス空港

ターミナル2 T2
ターミナル3 T3
ターミナル1 T1
ターミナル4S T4S
ターミナル4S
地下連絡シャトル列車
ターミナル間連絡シャトルバス
アエロプエルト Aeropuerto T1-T2-T3駅
M-14
マドリード市内
T4 ターミナル4
アエロプエルト Aeropuerto T4駅
Av. Logroño
バラハス Barajas駅
M-12
マドリード市内

- Ⓜ 地下鉄駅
- Ⓡ Renfe近郊線駅
- 空港バス停留所
- Ⓟ 駐車場
- ⓘ インフォメーション
- 両替所
- 荷物預かり
- レンタカー
- タクシー乗り場

バラハス空港 ターミナル1, 2, 3

T2
Dゲート
荷物検査所
空港 ⓘ
T3
Eゲート
観光 ⓘ
アエロプエルト Aeropuerto T1-T2-T3駅(地下1階)
Cゲート 荷物検査所
警察
T1
免税手続きカウンター
空港 ⓘ
Bゲート
チェックインカウンター
荷物検査所
Ⓟ

1階 Planta 1 出発フロア

T2
空港・観光 ⓘ
T3
荷物受取所
チェックインカウンター
荷物検査所
Aゲート
T1
税関
荷物受取所
観光
空港 ⓘ
税関
荷物受取所
Ⓟ

地上階 Planta 0 到着フロア

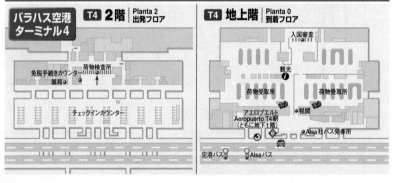

バラハス空港 ターミナル4

T4 2階 Planta 2 出発フロア

免税手続きカウンター
薬局
荷物検査所
チェックインカウンター

T4 地上階 Planta 0 到着フロア

入国審査
観光 ⓘ
荷物受取所
荷物受取所
税関
アエロプエルト Aeropuerto T4駅(ともに地下1階)
Alsa社バス発券所
空港バス Alsaバス

はみだし マドリード・バラハス空港のT4の地下1階にあるRenfe営業所では、スペイン鉄道の切符が購入できる。市内の駅の窓口よりすいているので、鉄道を利用する予定の人はここで切符を買っておくと便利だ。

マドリードの駅

スペイン鉄道Renfeの主要ターミナル駅は、街の北側に位置するチャマルティン駅、西側に位置するプリンシペ・ピオ駅、南側に位置するアトーチャ駅の3つ。行き先によって発着する駅が異なるので、あらかじめよく確認しておこう。このほか市内各所に、近郊線セルカニアスCercaníasの停車する駅がある。

チャマルティン駅 ⊹ Estación de Chamartín

ホームは地上階にある

正式名称はマドリード・チャマルティン-クララ・カンポアモール駅 Madrid Chamartín - Clara Campoamor。近郊線のほか、バレンシアや北部行きの高速列車や特急列車などが発着する。構内にはカフェや売店などがあるほか、正面玄関を出て道路を渡った別棟の建物内にレンタカー会社のオフィスがある。

チャマルティン駅からアトーチャ駅やソルSol 駅へ行く場合は、メトロよりもセルカニアスを利用したほうが速い。アトーチャ駅へはC-1、C-2、C-7、C-10で13分。ソル駅へはC-3、C-4で9分。ただし乗り場や路線がわかりにくいので、よく確認すること。

チャマルティン駅
map P.55/A2
＜M＞1/10 号線チャマルティン駅と接続
窓口でのチケット販売は、当日乗車が毎日6:45 ～ 21:45、前売りは毎日7:00 ～ 20:00。

※チャマルティン駅には改札がないが、セルカニアスに乗車する際にはホームに設置されている自動検札機に切符をタッチして有効化すること。

プリンシペ・ピオ駅 ⊹ Estación de Príncipe Pío

19世紀末の駅舎を改装。近郊線C-1、C-7、C-10のほか、アビラやサラマンカ行きの列車が発着する。構内にはプリンシペ・ピオ・ショッピングセンター（→P.104）を併設。

プリンシペ・ピオ駅
map P.56/A1
＜M＞6/10/R 号線プリンシペ・ピオ駅と接続
チケット販売は自動券売機のみ。

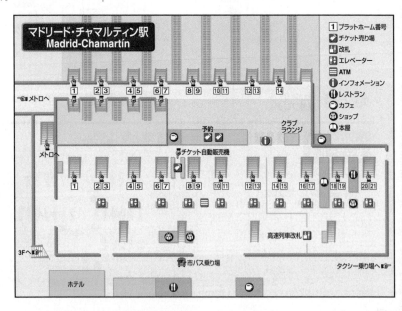

マドリード・チャマルティン駅
Madrid-Chamartín

1 プラットホーム番号
チケット売り場
改札
エレベーター
ATM
インフォメーション
レストラン
カフェ
ショップ
本屋

メトロへ
メトロへ
予約
チケット自動販売機
クラブラウンジ
高速列車改札
3Fへ
市バス乗り場
タクシー乗り場へ
ホテル

※マドリード近郊線のハブとして強化するため、チャマルティン駅の改装工事が行われており、本書の構内図とは異なることもあるので注意。工事終了は2023 年 12 月予定。

アトーチャ駅 ✛ Estación de Atocha

　隣接するふたつの駅からなり、地下鉄アトーチャ・レンフェ駅の改札を出るとアトーチャ・セルカニアス駅、さらにその奥にプエルタ・デ・アトーチャ駅がある。それぞれに切符売り場や改札も異なるので注意すること。街の中心プエルタ・デル・ソルへは、近郊線セルカニアスのC-3またはC-4号線に乗り、ソルSol駅まで3分。

▶アトーチャ・セルカニアス駅 Atocha Cercanías

　近郊線セルカニアスのほか、一部の地方列車や長距離列車が乗り入れている。改札はすべて自動になっているので、ユーレイルパスなどを使用する場合は窓口でパスを見せて通行用の磁気チケットをもらうこと。

セルカニアス駅にはおもに近郊線が発着

▶プエルタ・デ・アトーチャ駅 Puerta de Atocha

　バルセロナやサラゴサ、アンダルシア方面行きの高速列車、トレド行きAvantのほか、Altariaなど中長距離列車の乗り場がある。

待合室には熱帯植物が植えられている

　改札は1階と2階の2ヵ所にあり、列車によって入口が異なるので電光掲示板で確認しよう。また列車に乗る前に荷物のX線検査があるので、時間には余裕をもつようにしたい。

アトーチャ駅
map P.58/C2
<M>1号線アトーチャ・レンフェ駅と接続
窓口でのチケット販売は、当日乗車券が毎日6:15〜22:30、前売りは毎日7:15〜20:00。

駅での注意
アトーチャ駅やチャマルティン駅では、旅行者を狙ったスリや置き引きが発生している。特に、声をかけてくる人物には警戒を。注意を引きつけておいて、その隙に仲間が荷物を奪うという手口も多い。また切符を買うときなどは、荷物から目を離さないように気をつけよう。

投稿 2023年6月現在、チャマルティン駅とアトーチャ駅は改装工事を行っているせいか、どちらの駅にもコインロッカーや荷物預かりがありませんでした。スーツケースなど大きな荷物は宿泊ホテルで預かってもらうのがおすすめです。（東京都 イブ '23）

マドリードの駅

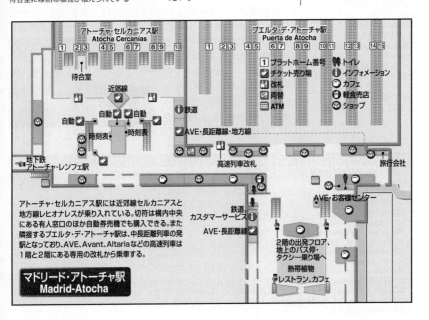

アトーチャ・セルカニアス駅には近郊線セルカニアスと地方線レヒオナレスが乗り入れている。切符は構内中央にある有人窓口のほか自動券売機でも購入できる。また隣接するプエルタ・デ・アトーチャ駅は、中長距離列車の発駅となっており、AVE、Avant、Altariaなどの高速列車は1階と2階にある専用の改札から乗車する。

マドリード・アトーチャ駅
Madrid-Atocha

マドリードのバスターミナル

　市内には長距離バスや近郊バスが発着するターミナルがいくつかある。バス会社や行き先によって乗り場が異なるので注意しよう。

アベニーダ・デ・アメリカ・バスターミナル
`map` P.62/A2
🏠 Av. de América 9-A
☎ 917 376 257
Ⓜ 4/6/7/9号線アベニーダ・デ・アメリカ駅から徒歩5分
● Alsa社
`URL` www.alsa.es
バルセロナ、サラゴサ、パンプローナ、ビルバオ、サン・セバスティアン行きなど。

エリプティカ広場バスターミナル
`map` P.55/C1外
🏠 Pl. Eliptica 3
Ⓜ 6/11号線プラザ・エリプティカ駅と連絡

モンクロア・バスターミナル
`map` P.60/B1
Ⓜ 3/6号線モンクロア駅と連絡

南バスターミナル
`map` P.55/C2
🏠 Méndez Álvaro 83
☎ 914 684 200
`URL` estacionsurmadrid.avanzagrupo.com
Ⓜ 6号線またはRenfe近郊線メンデス・アルバロ駅から徒歩1分
● 荷物預かり所
🕐 毎日　6:30～23:30

アベニーダ・デ・アメリカ・バスターミナル ✣ Intercambiador de Av. de América

　バラハス空港行きの市バスや近郊バスのほか、アルサAlsa社の長距離バスが乗り入れており、おもにスペイン北部へのバスが発着。コインロッカーあり。地下鉄アベニーダ・デ・アメリカ駅とは地下の連絡通路でつながっている。

ターミナルは地下にある

エリプティカ広場バスターミナル ✣ Intercambiador de Plaza Eliptica

　トレド行きをはじめ、近郊へのバスが発着。地下鉄Plaza Elíptica駅と直結しており、切符売り場は地下鉄駅と同じ地下3階、バス乗り場は地下1階にある。

モンクロア・バスターミナル ✣ Intercambiador de Moncloa

　地下鉄Moncloa駅に隣接した地下にあり、Avanza社のセゴビア行きバスなどが発着している。

南バスターミナル ✣ Estación Sur de Autobuses

　近距離バスや長距離バスのほか国際バスも発着する、市内最大のバスターミナル。1階がバス乗り場、2階がチケット売り場になっている。多数のバス会社が乗り入れているので、インフォメーションで行き先を伝え、何番の窓口や乗り場へ行けばいいかを確認しよう。ターミナル内にはカフェや売店、荷物預かりもある。

バス会社ごとに窓口が並ぶ

南バスターミナルに発着するおもなバス会社	
会社名／ウェブサイト	**おもな行き先**
アルサ　Alsa `URL` www.alsa.es	バルセロナ、レオン、バリャドリード、アリカンテ、グラナダ、オビエド、ア・コルーニャ、リスボン行きなど
サマール　Samar `URL` www.samar.es	アランフェス、コンスエグラ、テルエル、グアダルーペ、ハエン、ウベダ行きなど
アイサ　Aisa `URL` www.aisa-grupo.com	アランフェス、コンスエグラ、カンポ・デ・クリプターナ、アルマグロ行きなど
ヒメネス・ドラード　Jimenez Dorado `URL` www.jimenezdorado.com	アビラ行きなど
アバンサ　Avanza `URL` www.avanzabus.com	クエンカ、サラマンカ、サモーラ、カセレス、バレンシア行きなど
インテルブス　Interbus `URL` www.interbus.es	コンスエグラ、アルヘシラス、アンテケーラ、マラガ、トレモリーノス、フエンヒローラ、エステボナ行きなど
ソシブス・セコールブス　Socibus-Secorbus `URL` www.socibus.es	コルドバ、セビーリャ、カディス、ヘレス・デ・ラ・フロンテーラ行きなど

マドリードの市内交通

マドリード

地下鉄が市内を網羅しており、移動はほぼこれでまかなえる。市バスやタクシーも組み合わせると、さらに行動の範囲が広がる。

地下鉄（メトロ） ÷ Metro

12の路線とオペラ駅〜プリンシペ・ピオ駅をつなぐR線、メトロ・リヘロと呼ばれる路面電車の路線が3つある。また市内はAゾーン、近郊はBゾーンに分かれており、通常の観光ならAゾーンでOK。

メトロの表示

マドリードの地下鉄
URL www.metromadrid.es

地下鉄路線図
→ P.64

地下鉄の運行時間
6:00 〜翌 1:30 頃
（金・土〜翌 2:30 頃）

地下鉄の乗り方

1 切符を買う

切符の種類と料金

ビリェーテ・センシーリョ Billete Sencillo
1 回乗車券。料金は 5 駅まで €1.50、以降ひと駅ごとに €0.10 追加、10 駅以降は €2。

ディエス・ビアッヘス 10 Viajes
地下鉄と市バスに 10 回乗車できる回数券。「メトロブス Metrobús」ともいう。料金は €12.20。
※上記の切符は「タルヘタ・ムルティ Tarjeta Multi」というカードにチャージして使用する。カード代 €2.50（返金不可）で 10 年間有効。なおこのカードは同時に 3 人まで使用可能で、ひとりが改札を通ったあと次の人にカードを手渡せば OK。

ツーリストパス
Abono Turístico
地下鉄、市バス、Renfe 近郊線などに乗り放題のパス。市内のみのゾーンA と近郊の町を含むゾーンT があり、ゾーン A は
1 日 €8.40、2 日 €14.20、
3 日 €18.40、4 日 €22.60、
5 日 €26.80、7 日 €35.40。

タルヘタ・ムルティ（上）と
ツーリストパス（下）

券売機の使い方

1. タルヘタ・ムルティを持っていない場合は「Get card」を選ぶ。持っている場合は「Insert your card」を選びカードを差し込む。

2. 切符の種類（1 回乗車券、10 回券、空港など）を選ぶ。マドリード市内はゾーン A だが、ゾーンをまたがる場合はさらに「Combined Ticket」を選ぶ。

3. お金を投入する。クレジットカード（VISA、Mastercard）も使用可。

2 改札からホームへ

緑の矢印が点灯している改札機へ。機械の上部にある読み取り部にタルヘタ・ムルティまたはツーリストパスをタッチし、回転バーを押して中に入る。構内には路線番号と終点の駅名が表示してあるので、目的地を確認してホームへ進もう。

3 乗車する

電車のドアは手動と自動があり、手動の場合はドア中央部のノブを上げるか、脇のボタンを押すとドアが開く。閉まるときは自動。車内では次の駅名を知らせるアナウンスがあるほか、新しい車両ではドアの上に次の駅をランプで知らせる表示がある。

乗り降りの際はスリにも注意

4 乗り換え

電車を降りたら、次に乗る路線と行き先の表示をたどって行けばいい。間違えて改札を出てしまったら、もう一度切符を買い直さなければならないので注意すること。

5 出口へ

目的地に着いたら、サリーダ Salida（出口）の表示に従って進もう。通常は 2ヵ所以上の出口がある。改札では切符を出す必要はなく、柵を押して外に出る。ただしまれに検札があり、切符がないと罰金を取られるので、目的地まで正しく購入しよう。

乗り換えと出口の表示。上から3番目の「セルカニアス」はスペイン鉄道近郊線

地下鉄のラッシュアワーは、日本と同じ朝夕に加えて、昼食を家で取る人々が帰宅する 13:00 〜 15:00 頃。混んでいる車両に乗るときは、バッグを手で押さえるなどして、十分に注意しよう。

バスの料金

市内は€1.50均一。地下鉄のゾーンAと共通の回数券「ディエス・ビアッヘス10 Viajes」は10回分で€12.20。回数券は車内では買えないので、あらかじめ用意しておこう。

地下鉄と共通のタルヘタ・ムルティは改札機にタッチ

タクシーの料金

マドリード市内のタクシー料金は、時間帯によって以下の2体系がある。

●料金1 (Tarifa1)
月曜から金曜の7:00〜21:00は基本料金€2.50、以後1kmごとに€1.30追加。

●料金2 (Tarifa2)
月曜から金曜の21:00〜7:00と、土・日曜、祝日の終日は基本料金€3.15、以後1kmごとに€1.50追加。

●追加料金
鉄道駅とバスターミナルから乗る場合は€3。

空車なら緑のランプが点灯する

Renfe近郊線路線図
→ P.65

Renfe近郊線の料金

ゾーン1/2	€1.70
ゾーン3	€1.85
ゾーン4	€2.60
ゾーン5	€3.40
ゾーン6	€4.05
ゾーン7	€5.50
ゾーン緑	€8.70

近郊線のチケットは、購入時にカード代€0.50が加算される。このカードはチャージすれば何度でも使用できるので捨てないでとっておこう。ただし、マドリード以外の近郊線では新たにカードを購入する必要がある。

バス ✤ Autobús

マドリード市交通公社（EMT）が運営するバス路線が、市内ほぼ全域を網羅している。約160の路線があり、運行時間は6：00頃から23：30頃まで。またノクトゥルノNocturnoという夜間の路

乗車は前のドアから

線もある。地下鉄に比べると路線が複雑なのでつい敬遠しがちだが、慣れるととても便利だ。

バス停には、路線ごとにルートや運行スケジュールなどが表示されているので、よく確認してから乗ろう。バスが来たら手を挙げて合図する。前乗り、後ろ降りで、切符は運転手から買う。紙幣だとおつりがないことがあるので、小銭を用意しておこう。地下鉄と共通の回数券「ディエス・ビアッヘス10 Viajes」は、運転席の後ろにある改札機にタッチする。降りるときは、車内にある「STOP」と書かれたボタンを押す。行きと帰りでルートが異なる場合もあるので注意。

タクシー ✤ Taxi

大きな荷物がある場合や、深夜の移動にはタクシーが便利。駅や主要広場などにあるタクシー乗り場のほか、流しのタクシーをひろうこともできる。空車はフロントガラスに「リブレLibre」のカードを出して

白の車体に赤の斜線が目印

おり、屋根の上の緑のライトが点灯する。

ドアは日本と違って手動なので、開閉は自分で行う。運転手は英語が通じない場合が多いので、あらかじめ目的地を書いた紙などを用意しておくとよい。タクシーが走り出したら、メーターが正常に動いているかをチェックしよう。なかにはメーターを操作したり、わざと遠回りする悪質な運転手もいる。チップは義務ではないが、荷物を運ぶのを手伝ってもらった場合などは、おつりの小銭や€1程度を渡すとよいだろう。

Renfe 近郊線 ✤ Renfe Cercanías

セルカニアスは都市から郊外に延びている近郊線で、マドリードではアトーチャ駅とチャマルティン駅を中心に9路線が運行されている。両駅間の移動はもちろん、エル・エスコリアル、アルカラ・デ・エナーレ

おもに通勤の足として使われている

ス、アランフェスなどマドリード郊外へ行くときに利用できる。料金はゾーン制で、駅の自動券売機でチケットを購入する。

マドリード

観光バス

●マドリード・シティツアー　Madrid City Tour

　市内を循環する2階建てのツーリストバスで、チケットの有効時間内であれば何度でも乗り降り自由。おもに旧市街を周遊する「ヒストリック」、新市街を巡る「モダン」のルートがあり、いずれも1時間30分ほどかけて1周する。日本語の音声ガイド付きなので、街の概略をつかむのにも便利だ。プラド美術館、スペイン広場、王宮、サンティアゴ・ベルナベウ・スタジアムなど約40ヵ所にバス停があるので、途中下車しながら効率よく観光することができる。料金は1日券€25、2日券€30（15歳以下と65歳以上は1日券€11、2日券€15）。チケットはプラド美術館脇のバス乗り場近くにあるインフォメーションブースのほか、乗車の際に購入できる。

マドリード・シティツアー
URL madrid.city-tour.com

旧市街をウオーキングツアーで観光もできる
現地ガイドが旧市街の主要スポットを案内してくれる無料のウオーキングツアーがある。予約は不要で、ツアー開始時間に集合場所へ行くだけ。途中バルでの休憩も含め所要約2時間30分～3時間。ツアーの最後にはガイドさんに€5～10のチップを渡そう。
● Sandemans New Madrid
マヨール広場から出発。ガイドさんが持っている赤い傘が目印。ツアーは英語とスペイン語で1日3～5回催行。
URL www.neweuropetours.eu

オープンエアの2階建てバスなので眺めもいい

●日本語ツアー

　[みゅう] マドリードが、日本人向けにさまざまなツアーを催行している。プラド美術館やレイナ・ソフィア美術館を訪れるプライベートツアーは、貸し切りの日本語ガイドが解説しながら案内してくれるので、名画を見逃すこともなくじっくりと観賞できる。このほかフラメンコショー、専用車で行くユニークなプライベートツアーなども人気。

[みゅう]マドリード
URL www.myushop.net

●各国語ツアー

　旅行会社のフリアJuliá が、マドリード市内や近郊の町を訪れるバスツアーを催行している。通常はスペイン語と英語を話すガイドが同行する。予約は直接ウェブサイトで申し込めるほか、ホテルのロビーなどにパンフレットが置かれており、フロントに頼むと予約を代行してくれる。

フリア
URL www.juliatravel.com

マドリードの市内交通

フリアのツアー例

コース名	催行日	料金	内容・備考
マドリード王宮	毎日	€39～	チケット売り場の列に並ぶことなく入場し、英語のガイド付きで王宮内を見学できる。所要1時間30分。
トレド1日	毎日	€82～	スペインのエッセンスが詰まった古都、トレドをたっぷり満喫できるツアー。別料金でランチも付けられる。所要8時間。
トレド半日（午前）	日を除く毎日	€55～	迷路のような旧市街を歩いてカテドラルへ。聖堂内ではエル・グレコの絵画も鑑賞できる。フリータイムあり。所要5時間。
セゴビア	水・金・日	€55～	ローマの水道橋から旧市街を歩きながら、カテドラルやアルカサルなどを見学。所要5時間。11～3月は水・日のみ催行。
アビラとセゴビア	毎日	€79～	ふたつの古都を訪れ、アビラでは城壁、セゴビアではアルカサルに入場。別料金でランチも付けられる。所要9時間。
エル・エスコリアル	水・金・土・日	€64～	スペイン黄金時代を象徴する修道院を見学後、戦没者の谷に立ち寄る。所要5時間30分。11～3月は水・金・日の催行。

上記ツアーは1/1と12/25は運休。内容や料金などは変更されることがあるので現地でご確認ください。

プエルタ・デル・ソルと王宮周辺
Puerta del Sol ～ Palacio

プエルタ・デル・ソルから王宮にかけての一帯は、マドリードで最も古くから開けた地域、つまりこの街の原点といえる。特にマヨール広場周辺はアウストリア地区と呼ばれ、狭い路地が続く風情ある街並みは、古きよきマドリードを彷彿とさせてくれる。

町歩きのスタートは
プエルタ・デル・ソルから

ビリャ広場に面して建つ市庁舎

ライトアップされた夜のマヨール
広場も趣がある

歩き方 ✛ Orientation

マドリードの街歩きは旧市街の中心、**プエルタ・デル・ソル Puerta del Sol**（地元ではソルと略すことが多い）からスタートしよう。ここから西に延びるマヨールMayor通りを進んで左に折れれば、四方を建物に囲まれた**マヨール広場Pl. Mayor**に出る。この広場の北側に❶があるので、情報を仕入れておこう。

広場の南側の階段を下り、トレドToledo通りを真っすぐ行くと、左側に**サン・イシドロ教会Colegiata de San Isidro**が見えてくる。17世紀前半にイエズス会のために建てられた教会で、19世紀後半から1993年までマドリードの大聖堂だった。ここからエストゥディオスEstudios通りを進むと、のみの市が開かれる**カスコロ広場Pl. de Cascorro**。日曜と祝日の午前中、この周辺には露店がぎっしりと並び、買い物客でごった返す。マヨール通りに戻りさらに西へ進むと、市庁舎が建つ**ビリャ広場Pl. de la Villa**に出る。

さて今度は、ソルから西に延びるもう1本の通り、アレナルArenal通りを歩いてみよう。19世紀半ばに完成したオペラハウスの**王立劇場Teatro Real**を過ぎると、カスティーリャ王国の歴代国王の像やフェリペ4世の騎馬像がある**オリエンテ広場Pl. de Oriente**に出る。この広場の西側に建つのが**王宮 Palacio Real**だ。公式行事のためや迎賓館として使われているが、こうした特別の場合以外は一般に公開されている。

王宮見学のあとは、オリエンテ広場にあるカフェで疲れた足を休めるのもいい。堂々たる王宮を眺めながら、あらためてかつての王族たちの贅沢な暮らしぶりを想像してみては。ちなみに、現国王フェリペ6世とレティシア王妃の一家は、郊外のもっとこぢんまりしたサルスエラ宮に住んでいる。

はみだし スペインでは大晦日の夜、24:00 の時報とともに 12 粒のブドウを食べる習慣がある。各町の中央広場はブドウを手に新年を祝う群衆でにぎわうが、特にマドリードのプエルタ・デル・ソルは有名。

おもな見どころ ÷ Sightseeing

「太陽の門」という名の広場　★★★　map P.57/B3

プエルタ・デル・ソル
Puerta del Sol

　各地方へ向かう国道の起点となっており、時計台のあるマドリード自治政府庁前の歩道に、ゼロkm地点を示すプレートがはめ込まれている。東側にはマドリードの紋章になっている熊とイチゴノキの像があり、マドリっ子たちの待ち合わせ場所としていつも人でいっぱい。ここから南東に位置する**サンタ・アナ広場Pl. de Santa Anaにかけては、**安くておいしいタパスを食べさせるバルやレストランがひしめき合っていて、昼も夜も楽しめる。

周辺にはバル街もあり夜遅くまでにぎわう

王家の美術品を所蔵する　★★　map P.57/B3

デスカルサス・レアレス修道院
Monasterio de las Descalzas Reales

　カルロス5世の娘ファナの命により、16世紀に創立された女子修道院。彼女をはじめ、多くの王侯貴族の子女がここで暮らした。頑強な外観からは想像しがたいが、内部は華やかな宗教世界が広がる。特に17世紀のフレスコ画で飾られた大階段は見事。またルーベンスの下絵によるタペストリー、ハプスブルク家一族の肖像画、スルバラン、リベーラ、ティツィアーノ、ブリューゲルの作品もある。

フレスコ画がすばらしい大階段

スペイン絵画の宝庫　★　map P.57/B4

王立サン・フェルナンド美術アカデミー
Real Academia de Bellas Artes de San Fernando

　1744年に設立された王立美術アカデミー内にあり、建物は18世紀の銀行家の邸宅を改築したもの。1000点近い作品を収蔵し、特に16〜19世紀のスペイン絵画が充実している。ムリーリョ、リベーラのほか、スルバランの『白衣の修道士』の連作、ゴヤの『鰯の埋葬』や『自画像』などは必見だ。

ゴヤの代表作『鰯の埋葬』

マドリードのシンボルである熊とイチゴノキの像

プエルタ・デル・ソル
〈M〉1/2/3号線ソル駅からすぐ

ゼロkm地点を示すプレート。ここが首都から地方へ延びる道路の起点となっている

デスカルサス・レアレス修道院
🏠Pl. de las Descalzas, s/n
☎914 548 800
URLwww.patrimonionacional.es
🕐火〜土　　10:00 〜 14:00
　　　　　　16:00 〜 18:30
　　日・祝　10:00 〜 15:00
※入場は閉館1時間前まで
見学はスペイン語のガイドツアーで所要約1時間
🚫月、1/1・6、聖週間の水〜土、12/24・25・31
💰€6
〈M〉1/2/3号線ソル駅から徒歩5分

王立サン・フェルナンド美術アカデミー
🏠Alcalá 13
☎915 240 864
URLwww.realacademiabellasartessanfernando.com
🕐火〜日　　10:00 〜 15:00
🚫月、1/1・6、5/1・30、8月、11/9、12/24・25・31
💰€8、学割と65歳以上€4、18歳以下は無料
〈M〉1/2/3号線ソル駅から徒歩2分

はみだし デスカルサス・レアレス修道院は一度に見学できる人数が限られており、観光客の多いシーズンは入場できないこともある。事前に公式サイトから予約しておこう。

マヨール広場
マヨール広場

フェリペ3世の騎馬像とスペイン王家の紋章

<M>1/2/3号線ソル駅から徒歩5分

サン・イシドロ教会
🏠Toledo 37
☎913 692 310
🕐夏期
　毎日　　　7:30 〜 13:00
　　　　　　19:00 〜 21:00
　冬期
　毎日　　　7:30 〜 14:00
　　　　　　17:00 〜 21:00
※ミサの間は見学不可
💰無料
<M>5号線ラ・ラティーナ駅から徒歩3分

下町情緒あふれる旧市街の中心　　　　★★★　map P.57/B3
マヨール広場
Plaza Mayor

フェリペ3世が建築家フアン・ゴメス・デ・モラに命じ、1619年に完成させた風格ある広場。過去3回の火災のたびに改装が重ねられ、現在の形になったのは1953年のこと。その昔、家々のバルコニーからは、華やかな王家の

広場ではさまざまなイベントも行われる

儀式、闘牛、種々の祭りから宗教裁判の焚刑まで眺められたという。北面中央にある建物にはスペイン王家の紋章が刻まれ、その下にあるバルコニーは王家が催し物を見学するための観覧席だった。現在はレストランやカフェに囲まれ、市民や観光客の憩いの場となっている。

マドリードの守護聖人を祀る　　　　★★　map P.57/C3
サン・イシドロ教会
Colegiata de San Isidro

聖フランシスコ・ザビエルを祀るスペイン初のイエズス教会として、17世紀初めに建てられた。18世紀後半にイエズス会が追放されたあとは聖イシドロを祀る教会となり、1885年から1993年までマドリードの大聖堂として使われていた。イシドロは12世紀の農民で、井戸に落ちた子供を生き返らせたり、岩の間から湧き水を噴き出させたりと、生涯数多くの奇跡をもたらし、死後は雨乞いの神・治癒の神として祀られた。祭壇に置かれている棺の中には、腐敗していないという聖イシドロの遺骸が納められている。

地元の人々がミサに訪れる

TOPICS
日曜の朝はのみの市、ラストロへ

毎週日曜と祝日に開かれる**ラストロ Rastro**（map P.57/C3）は、15世紀から続くという歴史あるのみの市。カスコロ広場から南へ延びる坂道 Ribera de Curtidores を中心に、洋服、アクセサリー、日用品、アンティークなどの露店がぎっしりと並び、大勢の人々でにぎわう。骨董品ともクズとも見分けがつかない品々が、堂々と並べられていて、見て歩くだけでも楽しい。

朝9:00頃から店開きするが、冬は始まりが遅く店が増え始めるのは10:30頃から。最もにぎわうのは12:00前後。14:00過ぎには店仕舞いする。なおラストロにはスリが多いので、貴重品には十分に注意しよう。

露店をのぞくだけでも楽しい

はみだし　マヨール広場南西のクチリェロス門を出た所にある**カバ・デ・サン・ミゲル Cava de San Miguel** 通りは、メソンと呼ばれる居酒屋が並び、特に週末の夜は飲んで陽気におしゃべりする人々でにぎわう。

モーロ人の要塞があった丘の上に建つ　★★★　map P.56/B2

王宮
Palacio Real

フランスのヴェルサイユ宮殿で生まれ育ったブルボン王朝第1代の国王フェリペ5世は、1734年のクリスマスに焼失したハプスブルク王家の宮殿跡に、フランス・イタリア風の王宮建設を命じる。イタリアの建築家シュバラからサケッティ、サバティーニなどに受け継がれ、1764年に完成した。

天井画が美しい大階段

150m四方の建物の中には、2700を数える部屋があり、現在も公式行事に使われている。王宮内に入り大階段を上ると「護衛の間Salón de Alabarderos」があり、「列柱の間Salón de Columnas」、ヴェルサイユ宮殿の鏡の間をまねて造られた「玉座の間Salón del Trono」と続く。カルロス3世の居室だった3つ続きの部屋は「ガスパリーニの間Salón de Gasparini」と呼ばれ、2番目の部屋にはゴヤの描いたカルロス4世とマリア・ルイサ妃の肖像画がある。このほか、部屋中が焼き物で飾られた「磁器の間Gabinete de Porcelana」、かつては壁が黄色の絹で覆われていた「黄色の間Saleta Amarilla」、150人収容できるという「饗宴の食堂Comedor de Gala」など、その豪華さに思わずため息が出てしまう。

王宮の向かいに建つ**アルムデナ大聖堂Catedral de Nuestra Señora de la Almudena**も見逃さないように。また王宮前の広場からは、王宮とマンサナーレス川に挟まれた**カンポ・デル・モーロCampo del Moro**と呼ばれる庭が一望できる。

「血の奇跡」で知られる　★★　map P.56/A2

エンカルナシオン修道院
Real Monasterio de la Encarnación

1611年にフェリペ3世の妃マルガリータ・デ・アウストリアが創建。王家の女性が修道尼となって暮らしていたため、歴代の国王から絵画や彫刻などが贈られ、なかでも17世紀マドリード派絵画のコレクションは見事だ。納骨堂には1500点もの聖遺物が展示されているが、特に注目すべきは3世紀の殉教者、聖パンタレオンの血。この凝血は年に一度液化するといわれており、毎年7月27日に起きる奇跡を見るため人々が集まる。

現在の建物は18世紀に再建されたもの

王宮
🏠Pl. de Oriente, s/n
☎914 548 700
URLwww.patrimonionacional.es
📅月～土　　10:00 ～ 19:00
　（10 ～ 3月は～ 18:00）
　日　　　　10:00 ～ 16:00
※入場は閉館1時間前まで。
館内での写真撮影は禁止。
🚫1/1・6、5/1、12/24・25・31、このほか公式行事が行われるときも休館
💴€13、学割€6（ガイド付きは別途€4）
〈M〉2/5/R号線オペラ駅から徒歩5分

アルマス広場に面した王宮正面

国王が着替えをしたといわれる「磁器の間」

エンカルナシオン修道院
🏠Pl. de la Encarnación 1
☎914 548 800
URLwww.patrimonionacional.es
📅火～土　　10:00 ～ 14:00
　　　　　　16:00 ～ 18:30
　日・祝　　10:00 ～ 15:00
※入場は閉館1時間前まで。
見学はスペイン語のガイドツアーで所要約45分
🚫月、1/1・6、聖週間の水～土、12/24・25・31
💴€6
　水・木の16:00以降は無料
〈M〉2/5/R号線オペラ駅から徒歩5分

マドリード　エリア1 ▼ プエルタ・デル・ソルと王宮周辺

はみだし　王宮前の広場で毎月第1水曜の12:00から約40分間、約400人の歩兵隊と騎馬隊による衛兵交代の儀式が見学できる（7～9月、公式行事開催時、悪天候の場合を除く）。

プラド美術館とアトーチャ駅周辺
Museo Nacional del Prado ～ Estación de Atocha

かつて貴族やブルジョワの集う華やかな街だったプラド通り周辺には、プラド美術館、ティッセン・ボルネミッサ美術館、ソフィア王妃芸術センターの3大美術館をはじめ、数多くの博物館が点在する。公園や植物園の緑に囲まれた、芸術の香り漂うエリアだ。

市役所本部になっているシベーレス宮殿

緑の木陰が涼しげなプラド通り

マドリードの世界遺産
プラド通りからレティーロ公園にかけてのエリアが「パセオ・デル・プラドとブエン・レティーロ、芸術と科学の景観」として2021年に世界遺産に登録された。190haの広大なエリアに、王立植物園やシベーレス宮殿、アルカラ門など21の重要文化財がある。

独立広場にあるアルカラ門

歩き方 ÷ Orientation

　市内観光を**プラド美術館Museo Nacional del Prado**から始めたい人は、プエルタ・デル・ソルからサン・ヘロニモSan Jerónimo通りを下っていけばよい。途中、左側にいかめしい国会議事堂を見ながら進むと、**カノバス・デル・カスティーリョ広場Pl. de Cánovas del Castillo**にたどり着く。広場の中央には海の神ネプチューンの噴水があり、プラド通りPaseo del Pradoの東側に見える立派な建物が目指すプラド美術館だ。また、広場の北西角には**ティッセン・ボルネミッサ美術館Museo de Thyssen Bornemisza**がある。

　カノバス・デル・カスティーリョ広場からプラド通りを北へ行くと、**シベーレス広場Pl. de Cibeles**に出る。中央には、2頭のライオンに引かれた大地の女神シベーレスの噴水が勢いよく水を噴き出している。広場の南東角にそびえる壮麗な建物は、現在市役所本部として使われている**シベーレス宮殿Palacio de Cibeles**。ここからアルカラAlcalá通りを東へ進むと、18世紀後半にサバティーニによって設計された**アルカラ門Puerta de Alcalá**が堂々とした姿を現す。当時はここが、アルカラ・デ・エナーレスへと通じるマドリードの街外れだった。

　プラド美術館の東側には、緑豊かな**レティーロ公園Parque del Retiro**が広がっている。ボートに乗れる池やバラ園などもあり、絵画鑑賞に疲れた人にとって休憩にうってつけの場所だ。

　プラド美術館の南側には**王立植物園Real Jardín Botánico**の入口があり、プラド通りを南へ行くと**アトーチャ駅Estación de Atocha**へと続く。アトーチャ駅の正面には、ピカソの『ゲルニカ』を展示する**ソフィア王妃芸術センターMuseo Nacional Centro de Arte Reina Sofia**がある。

おもな見どころ ÷ Sightseeing

スペイン絵画の殿堂　　　　　　　　　　　★★★ `map` P.58/B2

プラド美術館
Museo Nacional del Prado

隣接する教会の回廊を移築したヘロニモス館

　スペイン王室の美術コレクション約300点を中心として、1819年に開館。現在では3万点以上の絵画や彫刻を所蔵する、ヨーロッパでも屈指の美術館だ。18世紀スペインを代表する建築家、フアン・デ・ビリャヌエバによる新古典様式の建物は、重厚さのなかにも端正な気品が漂っている。

　おもに12～19世紀のスペイン、イタリア、フランス、フランドル絵画を展示しており、なかでもエル・グレコ、ベラスケス、ゴヤの3大巨匠は必見。またティツィアーノ、ヒエロニムス・ボス、ルーベンスの作品も充実している。旧館のビリャヌエバ館ほか、新館のヘロニモス館もあり、常設展示作品は約1400点に及ぶ。じっくり鑑賞するには、最低でも半日はみておきたい。

プラド美術館
🏠 Paseo del Prado, s/n
☎ 913 302 800
URL www.museodelprado.es
⏰ 月～土　　10:00 ～ 20:00
　 日・祝　　10:00 ～ 19:00
※入場は閉館30分前まで
1/6、12/24・31は～14:00
🚫 1/1、5/1、12/25
💴 €15、65歳以上€7.50、18歳以下と学割無料、日本語オーディオガイドは別途€5
　18:00以降（日・祝は17:00以降）は無料
Ⓜ 2号線バンコ・デ・エスパーニャ駅または1号線エスタシオン・デル・アルテ駅から徒歩8分

ベラスケスの像が迎えてくれる美術館正面

プラド美術館 見学の手引き

1. チケット売り場と入口
　チケット売り場は美術館北側にあり、当日券、前売り券、共通券パセオ・デル・アルテ（→はみだし情報）は購入窓口が異なる。入口は3ヵ所にあるが、個人の来館者は北側のヘロニモス門またはビリャヌエバ館1階のゴヤ門から入場し、手荷物のX線検査とセキュリティチェックを受ける。ペットボトルの持ち込みは不可。大きな荷物は入口のクロークに預けよう。

2. 館内の回り方
　入館したら、まずインフォメーションで館内図を手に入れよう。音声ガイドは€5で借りられて、日本語もある。先に本館のビリャヌエバ館、そのあと新館のヘロニモス館を回ると効率的。ミュージアムショップで鑑賞ガイドを購入し、お目当ての作品をじっくりと鑑賞するのもいい。館内での写真撮影は不可なので、カメラバッグごとクロークに預けよう。

3. ミュージアムショップ
　アート関係の本、絵はがきやポスターのほか、Tシャツや文房具などオリジナル商品も充実している。ここでしか手に入らないグッズをおみやげにしよう。

ボッシュの絵柄がプリントされたTシャツ

4. カフェ&レストラン
　広い館内を歩き回って疲れたら、ここで休憩しよう。飲み物やスナックが注文できるほか、ランチタイムにはセルフサービス式のレストランになる。

はみだし　プラド美術館、ティッセン・ボルネミッサ美術館、ソフィア王妃芸術センターに入場できる共通券、パセオ・デル・アルテは €32。購入はそれぞれの美術館の窓口で。購入してから1年間有効。

79

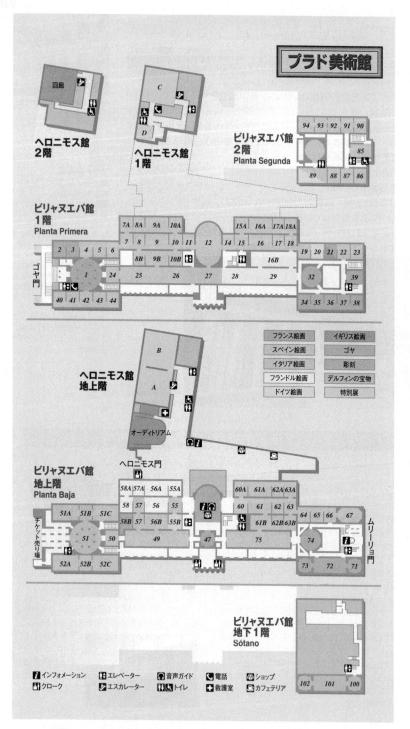

プラド美術館

ヘロニモス館 2階
回廊

ヘロニモス館 1階
C
D

ビリャヌエバ館 2階
Planta Segunda

| 94 | 93 | 92 | 91 | 90 |
85
| 89 | 88 | 87 | 86 |

ビリャヌエバ館 1階
Planta Primera

ゴヤ門

7A	8A	9A	10A		15A	16A	17A	18A
7	8	9	10	11	12	14	15	16	17	18
2	3	4	5	6	8B	9B	10B			16B		19	20	21	22	23
I	24	25	26	27	28	29	32	39
40	41	42	43	44			34	35	36	37	38

ヘロニモス館 地上階
B
A
オーディトリアム

フランス絵画	イギリス絵画
スペイン絵画	ゴヤ
イタリア絵画	彫刻
フランドル絵画	デルフィンの宝物
ドイツ絵画	特別展

ビリャヌエバ館 地上階
Planta Baja

チケット売り場

ヘロニモス門

58A	57A	56A	55A		60A	61A	62A	63A
58	57	56	55		60	61	62	63
51A	51B	51C	58B	57	56B	55B		61B	62B	63B	64	65	66	67
51	50	49	47	75	74	ムリーリョ門
52A	52B	52C				73	72	71

ビリャヌエバ館 地下1階
Sótano

| 102 | 101 | 100 |

🛈 インフォメーション　📶 エレベーター　🎧 音声ガイド　📞 電話　🏠 ショップ
🏷 クローク　🚶 エスカレーター　🚻 トイレ　➕ 救護室　☕ カフェテリア

投稿　プラド美術館は平日の18:00以降は無料になりますが、18:00少し前に行ったら長蛇の列で30分ほど並びました。18:30頃ならほとんど待つことなく入場できるようです。（東京都　イブ）['23]

プラド美術館ガイド

ビリャヌエバ館 地上階 Planta Baja

『十字架降架
El Descendimiento』
ロヒール・ファン・デル・ウェイデン

初期ネーデルラント派を代表する画家。三連祭壇画の中央にあたる作品で、並行に横たわるキリストと聖母マリアがドラマチックな視覚的効果を生み出している。

『快楽の園
El Jardín de las Delicias』
ヒエロニムス・ボス

3枚のパネルからなる祭壇画で、独創的な作風で知られるボスの代表作。画面いっぱいに描かれた球体の世界は、天地創造を表現しているといわれる。

『死の勝利
El Triunfo del la Muerte』
ピーテル・ブリューゲル（父）

「死の前には何人も平等である」というテーマを表現した作品。ブリューゲルはフランドルの日常風景を多く描き、「農民ブリューゲル」と呼ばれた。

```
スペイン絵画   ドイツ絵画   イタリア絵画
フランドル絵画   彫刻   特別展
```

```
58A 57A 56A 55A            60A 61A 62A 63A
51A 51B 51C   58 56 55   60 61 62 63   64 65 66   67
           58B 57 56B 55B  61B 62B 63B
   51   50   49      47   75      74
52A 52B 52C                  73 72 71
```

チケット売り場 ／ ムリーリョ門

- ℹ インフォメーション
- 🧥 クローク
- 🛗 エレベーター
- 🎧 音声ガイド
- 🚻 トイレ
- 🛍 ショップ

『聖母被昇天 El Tránsito de la Virgen』
アンドレア・マンテーニャ

イタリア・ルネサンスを代表する画家のひとり。11人の弟子たちに囲まれて横たわる聖母を、明快な構図と写実的な描写によって描いた作品。

『受胎告知 La Anunciación』
フラ・アンジェリコ

ドミニコ会士だった作者が、ドミニコ修道院のために制作した祭壇画。画面左には「楽園追放」、中央に「天使による聖母マリアへの受胎告知」が表現されている。

注：作品の配置換えや貸し出しなどにより、展示場所が本書のとおりでないことがあります。

『羊飼いの礼拝 La Adoración de los Pastores』
エル・グレコ

　トレドで半生を送ったギリシア生まれの画家。過剰なほど細くデフォルメされた人体や独特な光の表現方法により、神秘的で深い精神性を感じさせる宗教画を作り出した。

『ラス・メニーナス Las Meninas』
ベラスケス

　セビーリャに生まれ、宮廷画家として活躍したベラスケスの最高傑作。画面中央に立つ王女と女官たち、左側に絵筆を持つ画家自身が、奥の鏡に映るフェリペ４世と王妃の視点から描かれている。

『無原罪のお宿り La Inmaculada』
ムリーリョ

　「スペインのラファエロ」と呼ばれるセビーリャ生まれの画家。17世紀に広がった聖母マリア信仰を絵画に表現し、可憐なマリア像は大衆の人気を呼んだ。

フランス絵画	スペイン絵画	イタリア絵画	フランドル絵画
ドイツ絵画	イギリス絵画	ゴヤ	彫刻

〔フロアマップ：7A 8A 9A 10A　15A 16A 17A 18A　9 10 11 12 14 15 16 17 18　2 3 4 5 6 7 8B 9B 10B 16B 19 20 21 22 23　ゴヤ門 1 24 25 26 27 28 29 32 39　40 41 42 43 44 34 35 36 37 38〕

🛗エレベーター　🚻トイレ　📞電話

『弟子の足を洗うキリスト El Lavatorio』
ティントレット

　ティツィアーノの工房で学び、ヴェネチア派の流れを受け継ぐ画家。画面右に弟子の足を洗うキリスト、その頭上には「最後の晩餐」の場面が描かれている。

『三美神 Las Tres Gracias』
ルーベンス

　フランドル地方で活躍したバロック絵画の巨匠。フェリペ４世はその作品を多数収集し、プラド美術館のルーベンス・コレクションは世界最高の質と量を誇る。

『着衣のマハ La Maja Vestida』（上）
『裸のマハ La Maja Desnuda』（下）
ゴヤ

　当時は禁じられていた裸婦像を描き、物議を醸した作品。モデルは宰相ゴドイの愛人とされる。宮廷画家として活躍したゴヤは、晩年は人間の内面を深く追求し、近代の幕開けともいえる作品を描いた。

休日はマドリード市民でにぎわう ★★ `map P.59/B3`

レティーロ公園
Parque del Retiro

池ではボート遊びも楽しめる

プラド美術館を訪れたあと、ひと息入れるのにもってこいの場所。かつてここにはフェリペ2世の小さな館があり、フェリペ4世時代には宮殿と庭園が造られたが、対フランス独立戦争時に一部の建物を残し焼失してしまった。その後王家からマドリード市に譲渡され、現在は緑多い市民の憩いの場となっている。140haに及ぶ公園内にはアルフォンソ12世の記念像が立ち、展覧会場として利用されるベラスケス宮殿やガラスの宮殿、春には美しい花を咲かせるバラ園などがある。

貴族の邸宅を改装した ★ `map P.58/A2`

国立装飾美術館
Museo Nacional de Artes Decorativas

18世紀のバレンシア陶器が美しい台所

エントランスホールに入ると、吹き抜けの豪奢な空間が広がる。1階から5階までの広いスペースに、家具や陶磁器、スペイン各地の美術工芸品がところ狭しと展示されている。各時代の様式で再現された貴族の部屋やドールハウス、クリスマスに飾られるベレン人形、バレンシア陶器で飾られた台所なども見事だ。

大航海時代と海戦の歴史をたどる ★ `map P.58/A2`

海事博物館
Museo Naval

広い館内に膨大なコレクションを展示

1792年に創設された、スペイン海軍付属の博物館。新大陸発見から大航海時代、1751年のレパントの海戦、1805年のトラファルガー海戦、さらには近代まで、それぞれの年代別に船の模型が絵画や資料などとともに展示されている。かつての海軍大国スペインの歴史を知るうえで重要な博物館だ。なかでも13室に展示されている「フアン・デ・ラ・コサの地図Mapa de Juan de la Cosa」は、新大陸が描かれた最古の地図として有名。

芝生の上でのんびりくつろぐ

レティーロ公園
〈Ⓜ〉2号線レティーロ駅から
徒歩2分

休日には風船売りや大道芸人も
出てにぎやか

国立装飾美術館
🏠 Montalbán 12
☎ 915 326 499
🌐 www.mecd.gob.es/mnartes
decorativas
🕐 火～土　9:30～15:00
（9～6月の木は17:00～
20:00も開館）
　日・祝　10:00～15:00
🚫 月、1/1・6、5/1、12/24・
25・31
💰 €3、学割 €1.50
　日、木の17:00～20:00、土
は14:00～15:00は無料
〈Ⓜ〉2号線バンコ・デ・エス
パーニャ駅から徒歩5分

海事博物館
🏠 Paseo del Prado 3
☎ 915 238 516
🌐 www.armada.mde.es/
museonaval
🕐 火～日　10:00～19:00
（8月は～15:00）
🚫 月、1/1・6、12/24・25・31
💰 €3、日本語オーディオガイド
€2
〈Ⓜ〉2号線バンコ・デ・エス
パーニャから徒歩2分

はみだし　王立植物園：3万種以上の植物があり、四季折々の姿を楽しめる。`map P.58/B2` 🌐 www.rjb.csic.es
🕐 10:00～20:30（4・9月～19:30、3・10月～18:30、11～2月～17:30）🚫 1/1、12/25 💰 €4、学割 €2

世界有数の個人コレクション　★★★　map P.58/A1

ティッセン・ボルネミッサ美術館
Museo de Thyssen Bornemisza

**ティッセン・ボルネミッサ
美術館**
🏛 Paseo del Prado 8
☎ 917 911 370
URL www.museothyssen.org
🕐 月　　　12:00 ～ 16:00
　火～日　10:00 ～ 19:00
　（土は～ 21:00）
※入場は閉館1時間前まで
12/24・31は～15:00
🚫 1/1、5/1、12/25
💴 €13、学割と65歳以上€9
　月は無料
<M>2号線バンコ・デ・エス
パーニャ駅から徒歩5分

18世紀後半に建てられた新古典
様式の建物

ビリャエルモサ宮殿を改装した館内に、ティッセン・ボルネミッサ男爵が親子2代にわたって収集した膨大なコレクションが公開されている。地上階はピカソ、ミロ、ダリをはじめとする

自然光が差し込む明るい館内

19～20世紀のモダンアート。1階は17世紀オランダ絵画からセザンヌ、ルノアール、ゴッホといった印象派まで。そして2階では中世から18世紀までのイタリア、スペイン、フランス絵画などを観ることができる。また2004年には、男爵の妻カルメンのコレクションを展示する新館もオープン。西洋美術の流れを一度に鑑賞できる質、量ともに第一級の美術館だ。またミュージアムショップも充実しており、併設しているガーデンレストランではカフェから本格的な食事まで楽しめる。

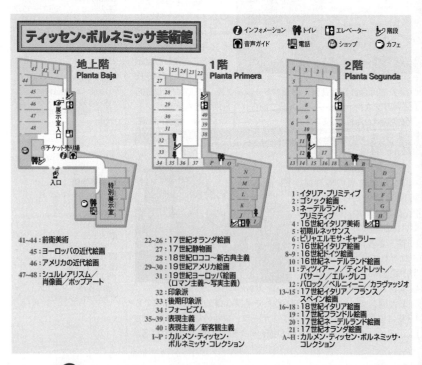

ティッセン・ボルネミッサ美術館

🛈 インフォメーション　🚻 トイレ　🛗 エレベーター　🪜 階段
🎧 音声ガイド　📞 電話　🛍 ショップ　☕ カフェ

地上階
Planta Baja

1階
Planta Primera

2階
Planta Segunda

41～44：前衛美術
45：ヨーロッパの近代絵画
46：アメリカの近代絵画
47～48：シュルレアリスム／
　　　　肖像画／ポップアート

22～26：17世紀オランダ絵画
27：17世紀静物画
28：18世紀ロココ～新古典主義
29～30：19世紀アメリカ絵画
31：19世紀ヨーロッパ絵画
　　（ロマン主義～写実主義）
32：印象派
33：後期印象派
34：フォービズム
35～39：表現主義
40：表現主義／新客観主義
I～P：カルメン・ティッセン・
　　　ボルネミッサ・コレクション

1：イタリア・プリミティブ
2：ゴシック絵画
3：ネーデルランド・
　　プリミティブ
4：15世紀イタリア美術
5：初期ルネッサンス
6：ビリャエルモサ・ギャラリー
7：16世紀イタリア絵画
8～9：16世紀ドイツ絵画
10：16世紀ネーデルランド絵画
11：ティツィアーノ／ティントレット／
　　バサーノ／エル・グレコ
12：バロック／ベルニーニ／カラヴァッジオ
13～15：17世紀イタリア／フランス／
　　　　スペイン絵画
16～18：18世紀イタリア絵画
19：17世紀フランドル絵画
20：17世紀ネーデルランド絵画
21：17世紀オランダ絵画
A～H：カルメン・ティッセン・ボルネミッサ・
　　　コレクション

はみだし　ティッセン・ボルネミッサ美術館内を効率よく見学するには、まずエレベーターで2階（日本式の3階）へ直行するのがおすすめ。2階、1階、地上階の順に回ると、中世から現代まで年代を追って鑑賞できる。

ティッセン・ボルネミッサ美術館ガイド

2階　Planta Segunda

15～17世紀の作品を中心に展示。3室では初期ネーデルランドの画家クリストゥスによる『枯れ木の聖母La Virgen del Álbol Seco』、5室ではホルバインの『英国王ヘンリー8世の肖像Retrato de Enrique VIII de Inglaterra』、フィレンツェで活躍したギルランダイオによる『ジョヴァンナ・トルナブオーニの肖像Retrato de Giovannna Tornabuoni』は見逃せない。このほか、11室のエル・グレコ『受胎告知Anuciación』、14室のスルバラン『聖女カシルダSanta Casilda』、15室のムリーリョ『聖母子とビテルボの聖女ロサLa Virgen y el Niño con Santa Rosa de Viterbo』など、スペイン絵画も堪能できる。

『枯れ木の聖母』

『ジョヴァンナ・トルナブオーニの肖像』

1階　Planta Primera

17世紀から20世紀初頭までの絵画を展示。なかでも32～34室の印象派、後期印象派、フォービズムの作品群が充実している。代表的なものは、マネ『乗馬服の婦人Amazona de Frente』、ルノアール『庭で日傘をさす女Mujer con Sombrilla en un Jardín』、ドガ『緑の服の踊り子Bailarina Verde』、ゴッホ『オーヴェルの風景"Les Vessenots" en Auvers』、ドラン『ワーテルロー橋El Puente de Waterloo』など。

『オーヴェルの風景』

『緑の服の踊り子』

地上階　Planta Baja

キュビズム、シュルレアリスム、ポップアートなど、20世紀の作品を展示。ピカソが42歳のときに描いた『鏡を持つアルルカンArlequín con Espejo』、非現実の世界を独自の手法で表現したダリの傑作『目を覚ます1秒前、ザクロの実の周りを1匹の蜜蜂が飛び回ったために見た夢Sueño Causado por el Vuelo de Una Abeja Alrededor de una Granada un Segundo Antes del Despertar』は必見だ。

ピカソの『鏡を持つアルルカン』の前には、鑑賞者の姿が絶えない

注：作品の配置換えや貸し出しなどにより、展示場所が本書のとおりでないことがあります。

ソフィア王妃芸術センター
Museo Nacional Centro de Arte Reina Sofía

18世紀の病院をモダンに改装

おもに20世紀の現代アートを所蔵する美術館。2階と4階が常設展示で、広い空間を贅沢に使った館内にピカソ、ダリ、ミロ、タピエスをはじめとする現代美術の巨匠たちの作品が集められている。また3階では、さまざまな趣向を凝らした企画展が行われる。

有名なピカソの『ゲルニカGuernica』は、2階の206室に展示されている。市民戦争が始まった翌年の1937年4月26日、バスク地方の小さな町ゲルニカ（→P.392）がドイツ軍機ユンカースによって爆撃された。人口約6000人のうち598人の死者、1500余人の負傷者を出した惨事を知ったピカソは、同年のパリ万博のために依頼されていた作品のテーマにゲルニカを取り上げ、制作に打ち込んだ。それは戦争への怒りと、生命の尊重を全世界にアピールしている。

ソフィア王妃芸術センター
🏠 Santa Isabel 52
☎ 917 741 000
URL www.museoreinasofia.es
🕐 水〜月　　10:00〜21:00
　（日は〜14:00）
※入場は閉館30分前まで
🚫 火、1/1・6、5/1・15、11/9、12/24・25・31
💰 €12、学割と65歳以上は無料
　月と水〜土の19:00以降、日の12:30〜14:30、4/18、5/18、10/12は無料
〈M〉1号線エスタシオン・デル・アルテ駅から徒歩1分

戦争の悲惨さを描いたピカソの大作『ゲルニカ』

ソフィア王妃芸術センター

🛗 エレベーター　階段　🚻♿ トイレ
※展示作品の配置は頻繁に変わるのでご注意ください

2階
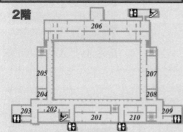

206
205　207
204　208
203　202　209
201　210

201：進歩主義／デカダン派
202：シュルレアリスム
203：スペインの新文化
204：地球アート
205：ダリ／オスカー・ドミンゲス
206：ゲルニカと1930年代
207：新抽象絵画
208：フアン・グリスなど
209：ノウセンティスムと新芸術
210：キュビスム

4階
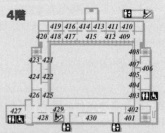

419 416 414 413 411 410
420 418 417 415 412 409
423 421　　　408
　　　　407 406
424 422　　405
426 425　　403
427　429　402
428　430　401

（おもなテーマ）
401：第2次世界大戦後のヨーロッパ芸術
402：フランコ政権下の芸術
406：1950年代のスペイン芸術
408：抽象芸術
409：北アメリカ
424：ニューリアリズム
428：1960年代のスペイン

スペイン広場とグラン・ビア周辺

Pl. de España 〜 Gran Vía

20世紀初頭にパリやニューヨークを模倣して造られた大通り、グラン・ビア。その西側の終点が高層ビルに囲まれたスペイン広場だ。通りには商店、ホテル、レストラン、映画館などが建ち並び、マドリードを代表する繁華街として昼も夜もにぎわっている。

グラン・ビアとアルカラ通りの合流地点

歩き方 ✦ Orientation

　王宮前のバイレンBailén通りを北上すると、ドン・キホーテの像で有名な**スペイン広場Pl. de España**に出る。ここから北西に延びるプリンセサPrincesa通りを上っていくと、近代的なビルが建ち並ぶ若者の街となる。この通りはモンクロアMoncloaまで続き、その奥に広大な**大学都市Ciudad Universitaria**が広がっているため、このあたりには学生のためのクラブやカフェも多い。

　スペイン広場の北西、小高い丘の上には、エジプト政府から贈られた紀元前4世紀の**デボッド神殿Templo del Debod**が建つ。その北側には広大な**オエステ公園Parque del Oeste**が広がっており、一角に**カサ・デ・カンポCasa de Campo**の見晴らし台に通じるロープウエイの乗り場がある。

　さて、今度はスペイン広場から**グラン・ビアGran Vía**を歩いてみることにしよう。グラン・ビアの歴史は意外に新しい。20世紀初め、それまでの古い小さな通りがつぶされて、文字どおりの大通りが開通した。それは首都の顔にふさわしい、他のヨーロッパ諸国に劣らぬ近代的な大通りが求められてのことだった。

　わずかに傾斜のある通りを南東へ500mほど行くと、**カリャオ広場Pl. del Callao**に出る。ここはグラン・ビアがちょうど「く」の字に折れる所で、周りには映画館やデパートがあり、この繁華街で最も人の集まる場所だ。さらに東へ進むと、通りは緩い下り坂となり、最後は**アルカラAlcalá通り**に合流する。ウインドーショッピングを楽しみながらでも、グラン・ビアを全部歩くのに30分もかからない。また、地下鉄グラン・ビア駅のある広場から北へ延びる**フエンカラルFuencarral通り**とその1本東側の**オルタレッサHortaleza通り**は、若者向けのショッピングストリートになっている。

エジプトから移築されたデボッド神殿

人気ショップやホテルが並ぶグラン・ビア

若者向けのブティックが多いフエンカラル通り

スペイン広場

＜Ⓜ＞3/10号線プラサ・デ・エスパーニャ駅からすぐ

ドン・キホーテ（左）とサンチョ・パンサ（右）の像

セラルボ美術館

🏠 Ventura Rodríguez 17
☎ 915 473 646
URL www.mecd.gob.es/mcerralbo
開 火～土　　9:30～15:00
（木は17:00～20:00も開館）
　　日・祝　　10:00～15:00
休 月、1/1・6、5/1、12/24・25・31
料 €3、学割 €1.50
　木の17:00～20:00、日、4/18、5/18、10/12、12/6は無料
＜Ⓜ＞3/10号線プラサ・デ・エスパーニャ駅から徒歩3分

ゴヤのパンテオン

🏠 Glorieta de San Antonio de la Florida 5
☎ 915 420 722
開 火～日　　9:30～19:00
（6/15～9/15は～20:00）
休 月、1/1・6、5/1、12/24・25・31
料 無料
＜Ⓜ＞6/10/R号線プリンシペ・ピオ駅から徒歩7分

おもな見どころ ❖ Sightseeing

記念撮影スポットとして人気　　★★★　map P.60/C2

スペイン広場
Plaza de España

1930年にセルバンテスを記念して造られた広場。中央にはセルバンテス像が、ドン・キホーテとサンチョ・パンサ像を見下ろすように立っている。像

広場中央にセルバンテスのモニュメントが立つ

の背後に建っているのはスペインビルEdificio España。その西側には、1948年の完成当時ヨーロッパ一の高さを誇ったマドリード・タワービルTorre de Madridがそびえる。

芸術的価値の高い邸宅美術館　　★★　map P.60/C2

セラルボ美術館
Museo Cerralbo

第17代セラルボ侯爵が暮らしていた邸宅に、歴史家・芸術愛好家でもあった侯爵の個人コレクションを展示している。エル・グレコやスルバランの絵画、彫刻、家具、陶磁器、ガラス製品、時計、甲冑や武器など5万点以上を所蔵しており、見応えがあ

19世紀の建物も一見の価値あり

る。マドリードで最も美しい階段のひとつといわれる主階段をはじめ、豪華な内装や調度品もすばらしい。

画家ゴヤの墓がある　　★★　map P.60/C1

ゴヤのパンテオン
Panteón de Goya

正式名はサン・アントニオ・デ・ラ・フロリダ聖堂Ermita de San Antonio de la Florida。この小さな礼拝堂の名を高めているのは、1798年にゴヤによって描かれた天井画『サン・アントニオの奇跡』による。祭壇下にあるのが首のないゴヤの墓。骨相学研

ふたつ並ぶ聖堂のうち南側がゴヤの霊廟

究のため首を盗まれてしまったという。6月13日、未婚女性や縫い子の守護聖人であるサン・アントニオの祭りの日、恋人のいない娘たちが待ち針を手にお参りにやってくる。

はみだし シベーレス宮殿（市庁舎）の2階には、ソファや無料のトイレ、マドリードのみやげ物を扱うショップがあり、人も少なくゆっくりできる。観光途中に立ち寄ってみよう。

マドリードを象徴するスポット ★ map P.58/A2

シベーレス宮殿
Palacio de Cibeles

シベーレス宮殿と噴水

シベーレス広場の南東にそびえる、かつて中央郵便局として使われていた壮麗な建物。現在は市役所本部がおかれ、またカルチャーセンター「CentroCentro」としてさまざまな展示を無料で行うほか、カフェなどを併設する展望台もあり絶景が楽しめる。宮殿前の広場には18世紀にカルロス3世が命じて造らせたシベーレスの噴水があり、レアル・マドリードが優勝したときにファンが集まる場所としても有名だ。

ブルジョワ階級の生活ぶりが感じられる ★ map P.61/C4

ロマン主義美術館
Museo del Romanticismo

舞踏会が行われたサロンは豪華な装飾

ベガ・インクラン侯爵をはじめとする個人収集家からの寄贈品を集めた美術館。ブルジョワ階級の豪華な邸宅を利用しており、18世紀末に建てられた新古典主義の宮殿を19世紀に改装。当時の王侯貴族たちが愛用した家具調度品があり、食堂やサロンは当時の文化人が集った様子が体感できる。礼拝堂にはゴヤの作品が展示されている。

マドリードのオアシス ★ map P.60/C1 外

カサ・デ・カンポ
Casa de Campo

カサ・デ・カンポからマドリードの街並みを望む

オエステ川を挟んで市西部に広がる、マドリード最大の公園。かつては王家の領地だった場所で1747haの広さ。公園の展望台へは**テレフェリコTeleférico**と呼ばれるロープウエイで行ける。約2.5kmの距離を10分ほどで結んでおり、広大なカサ・デ・カンポの風景やマドリード市街を一望することができる。

敷地の南東にあるラゴ池は、特に夏の間は夕涼みに訪れるマドリード市民でにぎわう。また公園の西側には、パンダをはじめ多様な動物がいる**動物園Zoológico**や最新アトラクションが人気の**遊園地Parque de Atracciones**もある。

シベーレス宮殿
🏠Pl. Cibeles 1
☎914 800 008
URL www.centrocentro.org
●展望台
開火～日　　10:30～14:00
　　　　　　16:00～19:30
休月、1/1・6、5/1、12/24・25・31
料€3

ロマン主義美術館
🏠San Mateo 13
☎914 481 045
URL www.mecd.gob.es/mromanticismo
開火～土　　9:30～20:30
（11～4月は～18:30）
　日・祝　　10:00～15:00
休月、1/1・6、5/1、11/9、12/24・25・31
料€3、学割€1.50
土の14:00以降、日、4/18、5/18、10/12、12/6は無料
Ⓜ1/10号線トリブナル駅から徒歩5分

カサ・デ・カンポ行きのロープウエイ乗り場
map P.60/B1
☎914 068 810
URL teleferico.emtmadrid.es
開12:00～日没頃まで。季節によって異なるのでウェブサイトで確認を。平日は昼休み（14:45～16:00）がある。冬期は年末年始を除き土・日・祝のみ運行
料€4.50、往復€6
Ⓜ3/4/6号線アルグエリェス駅から徒歩5分

動物園
map 地図外
☎911 547 479
URL www.zoomadrid.com
開毎日　　11:00～18:00
（夏期～20:00、冬期～17:00）
料€25.50、3～7歳€20.75
※オンライン購入割引あり
Ⓜ10号線Batán駅から徒歩15～20分。またはプリンシペ・ピオ駅前からバス33番で約20分、終点下車

遊園地
map 地図外
☎912 000 795
URL www.parquedeatracciones.es
開季節により異なるのでウェブサイトで確認を。冬期は土・日・祝のみ営業
料乗り放題券€39.50、身長100～140cmで€31.50
※オンライン購入割引あり
Ⓜ10号線Batán駅から徒歩5分。またはプリンシペ・ピオ駅からバス33番で約15分

マドリード

エリア3 ▼ スペイン広場とグラン・ビア周辺

サラマンカ地区周辺
Salamanca

レティーロ公園の北側に広がる、碁盤の目状に区画整備された地域がサラマンカ地区。19世紀に上流階級の高級住宅地として造られ、現在は有名ブランド店が並ぶマドリードで最もおしゃれなエリアだ。博物館や官公庁も多く、アカデミックな雰囲気が漂う。

高級ブティックが立ち並ぶ
セラーノ通り

コロンブスの像が立つコロン広場

オフィスビルがそびえるチャマルティン駅周辺

歩き方 ÷ Orientation

シベーレス広場から北に延びるのがレコレートス通りPaseo de Recoletos。この緑の多い通りを5分ほど歩くと、右側に500万点以上の蔵書を誇る**国立図書館Biblioteca Nacional**が見えてくる。この建物の完成は、コロンブスのアメリカ大陸到達400周年を記念した1892年。同じ建物のセラーノ通りに面した側が、**国立考古学博物館Museo Arqueológico Nacional**になっている。

レコレートス通りとゴヤGoya通りの交差点にあるのが、コロンブスの塔が建つ**コロン広場Pl. de Colón**。その東側は「発見の庭」と呼ばれる公園風の広場になっており、アメリカ大陸発見の記念碑がある。また広場の滝のカーテンの下には文化施設があり、劇場や展示会場が備わっている。この界隈のカフェテリアは、アカデミックな雰囲気を漂わせ、小説を読みふけったり、熱心に書き物をする人が多く目につくのもうなずける。

コロン広場から北へ続く大通りは、カステリャーナ通りPaseo de la Castellanaと名前を変え、マドリードの街を南北に縦断する。北上すると、スペイン経済の心臓部であるアスカ地区、レアル・マドリードの本拠地**サンティアゴ・ベルナベウ・スタジアムEstadio Santiago Bernabéu**、さらにマドリードの北の玄関口である**チャマルティン駅Estación de Chamartín**へとつながっている。

カステリャーナ通りと並行して走るセラーノSerrano通りは、高級ブランド店が軒を連ねる、マドリード随一のショッピングストリート。またセラーノ通りと交差するゴヤGoya通りやホセ・オルテガ・イ・ガセットJosé Ortega y Gasset通りにも、おしゃれなブティックが多い。

おもな見どころ ⁘ Sightseeing

スペインの歴史を学ぶ ★★ map P.62/C1

国立考古学博物館
Museo Arqueológico Nacional

貴重な歴史的遺産を展示する

　スペインの歴史、文化を知るうえでぜひ訪れてみたい場所のひとつ。門を入ってすぐ左側の地下室には、有名なアルタミラ洞窟（→P.399）が再現されている。館内では40以上の部屋に、スペイン国内で出土した有史前から19世紀までの遺物が並ぶ。なかでも紀元前5世紀のものといわれる『エルチェの貴婦人』は有名。これらの展示物を見れば、スペインがいかに多くの外国文化との交流をとおして、独自の文化を築いたかが理解できる。

画家のアトリエを改装した ★★ map P.62/A1

ソローリャ美術館
Museo Sorolla

　スペイン外光派の画家ホアキン・ソローリャ（1863～1923年）の作品が、生前住んでいた住居に展示されている。『バレンシアの漁婦Pescadoras Valencianas』や『ばら色のローブLa Bata Rosa』など、あたたかい色合いの絵には人間や自然に対する画家の愛情が感じられる。19世紀の邸宅内部やアトリエも一見の価値あり。噴水がある前庭には色とりどりの花が咲き乱れ、木陰でタイルのベンチに座って疲れた足を休めるのに最適だ。

バレンシアの海岸を描いた作品

ブルジョワの暮らしをしのばせる ★ map P.62/A2

ラサロ・ガルディアーノ美術館
Museo Lázaro Galdiano

　実業家で文筆家でもあったホセ・ラサロ・ガルディアーノの美術コレクションが、彼の邸宅だった建物に展示されている。エル・グレコやゴヤ、ボッシュなどの絵画、陶器、武具、タペストリー、装飾品のほか、豪華な建物を見るだけでも価値がある。

閑静な住宅街に建つ

国立考古学博物館
🏠 Serrano 13
☎ 915 777 912
URL www.man.es
開 火～土　　9:30 ～ 20:00
　　日・祝　　9:30 ～ 15:00
休 1/1・6、5/1、12/24・25・31
料 €3、学割€1.50
　土の14:00以降、日の午前、4/18、5/18、10/12、12/6は無料
Ⓜ 4号線セラーノ駅から徒歩3分

『エルチェの貴婦人』

ソローリャ美術館
🏠 General Martínez Campos 37
☎ 913 101 584
URL www.mecd.gob.es/msorolla
開 火～土　　9:30 ～ 20:00
　　日・祝　　10:00 ～ 15:00
休 月、1/1・6、5/1、11/9、12/24・25・31
料 €3、学割€1.50
　土の14:00以降、日、4/18、5/18、10/12、12/6は無料
Ⓜ 7/10号線グレゴリオ・マラニョン駅から徒歩3分

ラサロ・ガルディアーノ美術館
🏠 Serrano 122
☎ 915 616 084
URL www.flg.es
開 火～日　　9:30 ～ 15:00
休 月、1/1・6、聖木・金曜日、5/2、12/8・24・31
料 €7、学割€4
Ⓜ 7/10号線グレゴリオ・マラニョン駅から徒歩5分

エンターテインメント ✦ Entertainment

　スペインの首都にふさわしく、コンサートやオペラ、ダンス、演劇など質の高い芸術を手頃な料金で楽しめる。こうした催し物の情報は、マドリード市観光局のサイト（URL www.esmadrid.com）や情報サイト「ギア・デル・オシオ Guía del Ocio」（URL guiadelocio.es）などでも得られる。またフラメンコを観賞する場合、人気のタブラオは満席のことも多いので、事前の予約がおすすめ。夜遅く外出する際には、貴重品は持ち歩かない、タクシーを利用するなど、治安面にも注意しよう。

フラメンコ

コラール・デ・ラ・モレリア　Corral de la Morería　【王宮周辺】 map P.56/C2

マドリードで一番の老舗

　1956年開店、マドリードで最も格式のあるタブラオ。フラメンコの女王、ブランカ・デル・レイの弟子たちが出演する。ドリンクのみと食事付きの席は異なる。人通りの少ない場所にあるので行き帰りともにタクシーを利用しよう。

住Morería 17　☎913 658 446
URL www.corraldelamoreria.com
営ショーは 19:30 ～、22:15 ～（金・土は 20:00 ～、23:30 ～）
休無休　料€49.95（ドリンク付き）、食事代は別途
カード A D J M V
Ⓜ 5号線ラ・ラティーナ駅から徒歩7分

トーレス・ベルメハス　Torres Bermejas　【グラン・ビア周辺】 map P.57/A3

アラブ風の内装が特徴

　グラン・ビアから脇道を入った所にあり、夜でも比較的人通りが多いので安心。グラナダのアルハンブラ宮殿をイメージした内装がエキゾチックだ。ベテラン歌手がレギュラーで出演することもあって、人気の高いタブラオだ。

住Mesonero Romanos 11
☎915 323 322
URL torresbermejas.com
営ショーは 17:00 ～、19:00 ～、21:00 ～（夏期の土・日は 15:00 ～もあり）
休無休　料ドリンク付き €35、食事付き €50 ～ 80
カード A D J M V
Ⓜ 3/5号線カリャオ駅から徒歩1分

タブラオ・フラメンコ 1911　Tablao Flamenco 1911　【ソル周辺】 map P.57/B4

フラメンコの歴史に残る名店

　1911年の開業以来、有名人も多く訪れていた伝説のタブラオが再オープン。外観とステージのタイル画が印象的だ。ほぼ毎週出演者が替わり、コンクールで優勝した経験をもつベテランも登場。席の場所によって料金が異なる。

住Pl. de Santa Ana 15
☎914 915 056
URL tablaoflamenco1911.com
営ショーは 18:00 ～、19:30 ～、21:00 ～、23:30 ～　休無休
料ドリンク付き €39 ～ 49（タパスメニューは別途 €15 ～）
カード A D J M V
Ⓜ 1/2/3号線ソル駅から徒歩5分

トレロ（エッセンシャル・フラメンコ）　Torero（Essential Flamenco）　【ソル周辺】 map P.57/B4

立地のよさも魅力的

　地下の洞窟のような空間で行われるショーは、舞台と客席が近く迫力がある。踊り手と歌手、ギタリストともに実力派が出演し、見応え十分。1階のバルスペースでドリンクを楽しんだあとにショーを観るので、早めに入店しよう。

住La Cruz 26
☎915 231 129
URL essentialflamenco.com
営ショーは 18:00 ～、19:30 ～、21:00 ～
休無休　料ドリンク付き €35 ～ 50
カード M V
Ⓜ 1/2/3号線ソル駅から徒歩3分

テアトロ・フラメンコ　Teatro Flamenco　【グラン・ビア周辺】 map P.57/A3

気軽にショーが楽しめる

　劇場を改装して2017年にオープンした、フラメンコ専用のシアター。どの席からも舞台が見やすいように設計されており、客席と舞台が近いので臨場感がある。華やかにショーアップされた本格的なフラメンコが楽しめる。

住Pez 10
☎911 592 005
URL teatroflamencomadrid.com
営ショーは 18:00 ～、20:00 ～
休無休
料ドリンク付き €39
カード M V
Ⓜ 3/5号線カリャオ駅から徒歩5分

投稿　「トーレス・ベルメハス」は事前予約制で、当日飛び込みでは入場をお断りされました。その後ホテルのフロントの人に電話で予約してもらい、無事に入場できました。（神奈川県　つとむ　'23）

王立劇場　Teatro Real

王宮周辺　map P.56/B2

華やかなオペラの殿堂

1850年に完成した歌劇場。オペラのほか、バレエやクラシックコンサートが行われる。チケットの料金は€10〜200程度。劇場内のカフェは、チケットがなくても利用可能で、大画面テレビでオペラが楽しめる。8月は休み。

- Pl. Isabel II
- ☎902 244 848
- URL www.teatroreal.es
- 営チケット窓口は月〜金10:00〜18:30。公演日の土は12:00〜開演まで、日・祝は開演2時間前から
- M 2/5/R号線オペラ駅から徒歩1分

サルスエラ国立劇場　Teatro Nacional de la Zarzuela

ソル周辺　map P.58/A1

サルスエラが行われる

王立劇場とともにマドリードを代表する、由緒ある劇場。サルスエラと呼ばれるスペイン風のオペレッタのほか、スペイン国立舞踊団の公演やコンサートが行われる。料金は€5〜50程度。7月中旬〜8月末は休み。

- Jovellanos 4
- ☎910 505 282
- URL teatrodelazarzuela.mcu.es
- 営チケット窓口は月〜金10:00〜20:00、土・日・祝14:30〜20:00
- M 2号線セビーリャ駅から徒歩3分

国立音楽堂　Auditorio Nacional de Música

市北東部　map P.55/B2

モダンな音楽ホール

1988年に完成した、近代的な設備をもつホール。スペイン国立管弦楽・合唱団の定期公演が行われるほか、世界一流のオーケストラの演奏が1年中楽しめる。開演1時間前から余ったチケットが割引料金で売り出される。

- Príncipe de Vergara 146
- ☎913 370 307
- URL www.auditorionacional.mcu.es
- 営チケット窓口は月16:00〜18:00、火〜金10:00〜17:00、土11:00〜13:00
- M 9号線クルス・デル・ラヨ駅から徒歩3分

テアトロ・エスラバ　Teatro Eslava

ソル周辺　map P.57/B3

マドリードを代表するクラブ

地元の人にはかつての「ジョイ・エスラバ」という名で親しまれている。劇場を改装した内装は一見の価値あり。金・土曜20:00からフラメンコ界の大御所クリスティーナ・オジョス振り付けのミュージカルショーも開催される。

- Arenal 11
- ☎915 750 627
- URL teatroeslava.com
- 営毎日0:30〜5:30（金・土は〜6:00）
- M 1/2/3号線ソル駅から徒歩3分

劇場＆コンサートホール　ディスコ＆クラブ

TOPICS

マドリードで闘牛を観戦する

1931年に完成したマドリードの**ラス・ベンタス闘牛場 Plaza de Toros de Las Ventas**は、スペインにある約500の常設闘牛場のなかでも第1級に格付けされている。シーズン中はほぼ毎週日曜に、またサン・イシドロ祭が開催される5月には毎日興行が行われる。チケットはウェブサイトのほか闘牛場の窓口で購入できる。人気闘牛士が出演するときは売り切れてしまうこともあるので、早めに手配しておこう。料金は席によって€15〜160程度。
※闘牛観戦については→ P.34

●ラス・ベンタス闘牛場
- map P.63/B4
- Alcalá 237
- URL www.las-ventas.com
- M 2/5号線ラス・ベンタス駅から徒歩2分

左／新ムデハル様式の風格ある外観
右／直径60mのアレーナをもち、収容人数は2万3798人

CLOSE UP!

マドリードでサッカー観戦

2023-24年シーズンは、レアル・マドリード、アトレティコ・デ・マドリードなど4チームが1部リーグでプレイしている。シーズン中はいずれかのチームの試合が毎週マドリードで行われる。

収容人数約8万人を誇る巨大スタジアム

サンティアゴ・ベルナベウ・スタジアム
Estadio Santiago Bernabéu

スペイン1部リーグで最多優勝記録をもつ名門クラブ、**レアル・マドリード Real Madrid**の本拠地。チケットはクラブの公式サイトから購入できるほか、売れ残っている場合のみ試合当日の11:00からスタジアム窓口で販売される。スタジアムの東側にオフィシャルショップ（月〜土曜10:00〜20:00、日曜10:30〜19:30）、また南側にピッチを一望できるレストラン「Real Café Bernabéu」（2023年6月現在休業中）がある。

map P.55/A2　Paseo de la Castellana 104
URL www.realmadrid.com/ja
<M> 10号線サンティアゴ・ベルナベウ駅から徒歩1分

スタジアムツアーに参加しよう!

チケットはゲート7にある10番窓口で。普段は見られないスタジアム内部や、クラブの歴史がつまったミュージアムを見学できる。

月〜土9:30〜19:00、日・祝10:00〜18:30　※入場は閉館1時間前まで。試合日はキックオフの5時間前まで　1/1、12/25　€25、14歳以下€18

ツアーではベンチに座ることもできる

ワンダ・メトロポリターノ・スタジアム
Estadio Wanda Metropolitano

マドリードではレアル・マドリードと人気を2分する名門クラブ、**アトレティコ・デ・マドリード Atlético de Madrid**の本拠地。チケットは試合の15日ほど前から公式サイトと電話で売り出される。残ったチケットはスタジアム窓口で、試合が日曜の場合は試合前日（10:00〜14:00）と当日（11:00〜試合開始）、試合が土曜の場合は当日のみ販売。通常の試合ならまず売り切れることはない。

2017年に完成した近代的なスタジアム

map 地図外　Av. de Luís Aragones, s/n
URL www.atleticodemadrid.com
<M> 7号線エスタディオ・オリンピコ駅から徒歩5分

バリェカス・スタジアム
Estadio de Vallecas

レアル、アトレティコに続くマドリード第3のクラブ、**ラーヨ・バジェカーノ Rayo Vallecano**の本拠地。2023-24年シーズンは1部リーグでプレイしている。チケットは試合の1週間ほど前からスタジアム窓口で販売（月〜金曜17:30〜20:30、試合当日は11:00〜試合開始）。

map P.55/C2　Rayo Vallecano de Madrid 2
URL www.rayovallecano.es
<M> 1号線ポルタスゴ駅から徒歩1分

ムニシパル・デ・ブタルケ・スタジアム
Estadio Municipal de Butarque

マドリード郊外にある、**CDレガネス Clubo Deportivo Leganés**の本拠地。長らく3部リーグに所属していたが、2016-17年シーズンに初の1部リーグ昇格を果たした。2023-24シーズンは2部でプレイ。チケットは試合の1週間ほど前から公式サイトで、試合2時間前よりスタジアムのチケット売り場で販売する。

map 地図外　Arquitectura, s/n, Leganés
URL www.cdleganes.com　アトーチャ駅などからRenfe近郊線C-5に乗り15分、サルサケマーダZarzaquemada駅で下車。"Centro Comercial"と書かれた出口を出て徒歩15分

コリセウム・アルフォンソ・ペレス・スタジアム
Estadio Coliseum Alfonso Pérez

1983年に創設されたマドリード郊外のクラブ、**ヘタフェ Getafe**の本拠地。2023-2024年シーズンは1部でプレイしている。チケットは試合の1週間ほど前からスタジアム窓口で販売（月〜金曜10:00〜13:00、17:00〜20:00、試合当日は11:00〜試合開始）。

map 地図外　Av. Teresa de Calcuta, s/n　916 959 771
URL www.getafecf.com　アトーチャ駅などからRenfe近郊線C-4に乗り16分、Getafe Centro駅で下車。隣接するGetafe Central駅で地下鉄12号線に乗り換え、3つ目のロス・エスパルタレス Los Espartales駅で下車後、徒歩約5分

マドリード頑張れ!

はみだし　レアル・マドリードの**オフィシャルショップ**は、プエルタ・デル・ソルの近く（map P.57/B3　Carmen 3　毎日11:00〜21:00）やバラハス空港内T4にもある。

レストラン ✦ Restaurant

スペインの首都だけあって新鮮な食材が各地から集められ、北はガリシア、バスク、南はアンダルシア、東はパエリャの本場バレンシア地方まで、バラエティに富んだ料理が味わえる。マドリードの伝統料理は、肉や野菜を土鍋で煮込んだコシード・マドリレーニョ Cocido Madrileño、子豚の丸焼きコチニーリョ・アサード Cochinillo Asado、カスティーリャ風スープのソパ・カステリャーナ Sopa Castellana（別名ソパ・デ・アホ Sopa de Ajo）、臓物の煮込みカリョス Callos など。なお 8 月は夏休みを取る店もある。

🍴 ボティン
Botín ┃ マヨール広場周辺 ┃ map P.57/C3

子豚の丸焼きで有名な、世界最古のレストラン

1725 年創業、世界で最も古いレストランとしてギネスブックに認定されている。昔の貯蔵庫を改装した地下の席は雰囲気満点だ。ヘミングウェイが通ったことでも知られ、代表作『日はまた昇る』にも登場する。子豚の丸焼きは 1 人前 €27.15。これにニンニクスープ（夏はガスパチョ）、デザート、パン、飲み物が付いたセットメニューは €52.60。

🏠Cuchilleros 17　☎913 663 026　🕐13:00 ～ 16:00、20:00 ～ 23:30
🈺 無休　カードAⒹJMV　Ⓜ1/2/3 号線ソル駅から徒歩 10 分

🍴 メソン・シンコ・ホタス
Mesón Cinco Jotas ┃ チャマルティン ┃ map P.55/A2

ブランド生ハム会社の直営店

生ハムの最高級ランク「シンコ・ホタス」という店名のとおり、品質は保証付き。イベリコ豚の生ハムは 50g で €22、豚ロースやソーセージなどの盛り合わせ Mixta de Ibéricos は €28。イベリコ豚のおいしさを堪能できる。

🏠Padre Damián 42
☎913 503 173
🕐12:30 ～ 24:00
🈺12/24・31 の午後
カードAMV
Ⓜ10 号線クスコ駅から徒歩 6 分

🍴 カサ・ルシオ
Casa Lucio ┃ マヨール広場周辺 ┃ map P.56/C2

予約必須の人気店で伝統料理を味わう

古くからのレストランが並ぶ、カバ・バッハ通りにある。世界のVIP も大勢訪れる、マドリードでは有名な店。落ち着いた雰囲気の店内で、カスティーリャ料理とバスク料理を堪能できる。おすすめはマドリードの郷土料理、牛の胃袋の煮込み Callos a la Madrileña で €18。夕食の予算 €40 ～。人気店なので早めの予約が望ましい。

🏠Cava Baja 35　☎913 653 252　🕐13:00 ～ 16:00、20:30 ～ 23:45
🈺8月、1/1、12/24・25・31の夜　カードADJMV
Ⓜ5号線ラ・ラティーナ駅から徒歩3分

ラ・ボラ　La Bola　王宮周辺　map P.56/A2

マドリードの郷土料理コシードが評判の店

創業 1870 年、クラシックな店内が歴史を感じさせる。マドリードでコシードといえばまずこの店の名前が挙がる有名店で、1 日に 200 食も売れるという。ひとり分ずつ小さな土鍋で煮込まれたコシード・マドリレーニョ（€24）は、まず最初に煮汁であるスープ、そのあとガルバンソ豆や腸詰めの入った具を食べる。子羊のローストなど、カスティーリャ料理も揃う。

🏠 Bola 5　☎ 915 476 930　🕐 13:30 〜 16:00、20:30 〜 23:00
🚫 日の夜（7・8月は土の夜、日）、12/24 の夜　カード MV
〈M〉2/5/R 号線オペラ駅から徒歩 3 分

カサ・ミンゴ　Casa Mingo　プリンシペ・ピオ駅周辺　map P.60/C1

リンゴ酒と一緒にチキンを

創業 1888 年。ローストチキン Pollo Asado とシードラ（リンゴ酒）で有名な、北部アストゥリアス風の居酒屋。酒樽が並ぶ店内も趣がある。ローストチキンは €12.75。シードラはウエーターに注いでもらおう。華麗な技を披露してくれる。

🏠 Paseo de la Florida 34
☎ 915 477 918
🕐 11:00 〜 24:00
🚫 1/1、12/25
カード JMV
〈M〉6/10/R 号線プリンシペ・ピオ駅から徒歩 5 分

アサドール・ドノスティアラ　Asador Donostiarra　市北部　map P.55/A1

連日満員のバスク料理店

420 名収容の広い店内はいつも常連客で大にぎわい。レアル・マドリード専用の部屋もあり、選手もよく訪れる。料理はどれもボリューム満点。各種料理を少量多皿で出すデグスタシオンコースは €63 〜 77 の 4 種類から選べる。

🏠 Infanta Mercedes 79
☎ 915 790 871
🕐 13:30 〜 16:00
　 20:30 〜 24:00
🚫 日の夜、12/24・31
カード ADJMV
〈M〉1 号線バルデアセデラス駅から徒歩 5 分

ラ・バラッカ　La Barraca　グラン・ビア周辺　map P.57/A4

バレンシア風の店内でパエリャを堪能する

マドリードでは有名なパエリャ専門店。店内はバレンシア地方の民家バラッカを模した造りで、色とりどりの陶器で飾られている。シーフード・パエリャ（€24）ほか、インゲン豆と鶏肉が入ったバレンシア風パエリャ（€19）、イカ墨のパエリャ（€21）など、全 17 種類の米料理が揃う。パエリャの注文は 2 人前から。日本語メニューあり。要予約。

🏠 Reina 29　☎ 915 327 154　🕐 13:30 〜 16:15、19:30 〜 23:15
🚫 12/24 の夜　カード ADJMV　〈M〉1/5 号線グラン・ビア駅から徒歩 5 分

はみだし　マヨール広場（map P.57/B3）周辺には昼食にコシード・マドリレーニョを €15 程度の手頃な値段で出しているレストランがあるので、歩きながら店を探してみるのもいいだろう。

エル・カルデーロ　El Caldero　ソル周辺　map P.57/C4

スペイン南東部ムルシア地方の料理

地中海に面し、新鮮な魚介や野菜、米の産地として知られるムルシア地方まで毎週食材を買い付けに行く。魚介のパエリャ€20（注文は2人前から）のほか、マグロの燻製モハマやカラスミなどを盛り合

わせた前菜、三脚に鍋をつるして魚介スープで米を煮るムルシアの漁師料理アロス・カルデーロ€16などがおすすめ。

🏠Huertas 15　☎914 295 044　🕐13:00〜16:30、20:00〜24:00（土は〜翌0:30）
🏠日・月の夜　カードA D J M V　Ⓜ1号線アントン・マルティン駅から徒歩3分

ラルディ　Lhardy　ソル周辺　map P.57/B4

1839年創業の有名店

国王や王族、高名な政治家や文化人も通ったマドリード屈指の名門店。レストランへは店舗の右脇から2階へ。創業当時の姿を残す優雅な店内で、コシード・マドリレーニョやカリョスなど伝統料理を堪能できる。予算€60〜。

🏠San Jerónimo 8
☎915 213 385
🕐13:00〜24:00（日は〜16:00）
　ショップは月〜土9:00〜23:00、
　日10:00〜16:00
🏠無休
カードA D J M V
Ⓜ1/2/3号線ソル駅から徒歩2分

ラ・パエリャ・レアル　La Paella Real　王宮周辺　map P.56/B2

本場のパエリャが食べられる

スペイン人が本当のパエリャと太鼓判を押す、地元客も多く訪れる専門店。パラパラの少し硬めの米がバレンシア流。前菜、パエリャ、飲み物とデザートかコーヒーがセットになったメヌー・デ・ラ・カサは€36。

🏠Arrieta 2
☎915 420 942
URLwww.lapaellareal.es
🕐13:00〜16:00
　19:30〜21:30
🏠日の夜、12/24・25・31の夜
カードA J M V
Ⓜ2/5/R号線オペラ駅から徒歩2分

カサ・シリアコ　Casa Ciriaco　王宮周辺　map P.56/B2

予約必須の人気店で伝統料理を味わう

1887年創業、スペイン国王一家も通う家庭料理のレストラン。壁にはこの店を訪れた有名人の写真が飾られ、内装は創業当時のまま。オーナー自らがキッチンに入って、伝統の味を守り続けている。おすすめ

料理は、鶏肉を卵の黄身とアーモンド、サフラン入りのソースで3時間ほど煮込んだGallina en Pepitoria€18.20のほか、モツ煮込みCallos a la Madrileña€19.30など。

🏠Mayor 84　☎915 480 620　🕐13:00〜23:00　🏠1/1、8月、12/24・25
カードM V　Ⓜ2/5/R号線オペラ駅から徒歩7分

ポサーダ・デ・ラ・ビリャ　Posada de la Villa　ソル周辺　map P.57/C3

老舗で味わう伝統料理

17世紀のポサーダ（旅籠）を改装しており、1階中央にある石窯には「1642」の年号が刻まれている。この石窯でじっくり焼き上げた子羊のロースト Cordero Asado（2人前€27.50）が名物。立ち飲みのバルも併設している。

🏠Cava Baja 9
☎913 661 860
🕐13:00～16:00
　20:00～24:00
🚫日の夜、8月
カード D J M V
Ⓜ5号線ラ・ラティーナ駅から徒歩5分

カサ・アルベルト　Casa Alberto　ソル周辺　map P.57/C4

文豪ゆかりの老舗タベルナ

かつてセルバンテスが暮らし、『ドン・キホーテ後編』を執筆した建物があった場所に1827年に創業。ラボ・デ・トロ（牛テールの煮込み）、マドリード風タラが名物。バルでは自家製ベルモットとともにタパスを楽しめる。

🏠Huertas 18
☎914 299 356
🕐13:30～16:00
　20:00～23:00
　（バルは12:00～23:00）
🚫日の夜、月、12/24・25・31
カード A D M V
Ⓜ1/2/3号線ソル駅から徒歩7分

プエルタルソル　Puertalsol　ソル周辺　map P.57/B3

眺めのよいテラス席が人気

デパート「エル・コルテ・イングレス」3号館の最上階にあり、プエルタ・デル・ソルが見下ろせる。有名シェフが手がけており、料理も本格的。テラス席でドリンクだけ楽しむことも可能（21:00以降はミニマムチャージ€10）。

🏠Puerta del Sol 10
☎914 873 685
🕐13:00～翌0:30
　（金・土は～翌1:30）
🚫1/1、12/25
カード A D J M V
Ⓜ1/2/3 ソル駅から徒歩1分

フレスコ　Fresc Co　ソル周辺　map P.57/B3

サラダバーが食べ放題

スペインの主要都市に支店をもち、マドリードにはもう1店舗ある。約30種類のサラダ、スープ、パスタ、ピザ、デザートが食べ放題。飲み物込みで平日の昼€10、夜と土・日曜は€13。セルフサービスなので言葉の心配がないのもうれしい。

🏠Las Fuentes 12
☎916 855 773
🕐12:00～23:30
🚫1/1、12/25
カード A D J M V
Ⓜ1/2/3号線ソル駅から徒歩5分

ラ・グロリア・デ・モンテーラ　La Gloria de Montera　グラン・ビア周辺　map P.57/A4

モダン感覚のスペイン料理

雰囲気、味、値段ともに満足できる人気レストラン。高級感があるわりに値段は手頃で、魚介のパエリャ€13.80（注文は2人前から）。車エビの天ぷら、タイ風レッドカレーなどの創作メニューも。セットメニューは€19.60～。

🏠Caballero de Gracia 10
☎915 234 407
🕐13:00～16:00（土・日は～16:30）
　20:00～23:00
　（金・土は20:30～23:30）
🚫1/1、12/25
カード A J M V
Ⓜ1/5号線グラン・ビア駅から徒歩1分

カルボン・ネグロ　Carbón Negro　サラマンカ地区　map P.62/B2

炭火焼き料理がおすすめ

モダンな店内の中央にオープンキッチンが設けられ、カウンター席もある。新鮮な野菜や肉のグリルのほか、魚介類のメニューも豊富。バルのスペースは終日営業しており、タパスやワインが楽しめるほか、カフェ利用もできる。

🏠Juan Bravo 37
☎910 885 860
🕐13:00～16:00
　20:00～23:00
　（バルは13:00～24:00）
🚫無休
カード A D J M V
Ⓜ5号線ヌニェス・バルボア駅から徒歩6分

CLOSE UP!

マドリードで
市場グルメを楽しむ

食べ歩きが楽しいわ♪

マドリードで大人気なのが、市場、フードコート、バルがひとつになったグルメ市場。
買ったものをその場で食べられて、いろいろな味を少しずつ楽しめるのが魅力。

スペイングルメが勢揃い！
サン・ミゲル市場 Mercado de San Miguel

100年以上の歴史をもつ市場をリニューアルし、スペインで最初にオープンしたグルメ市場。マドリードの有名店をはじめ、厳選された約35店舗が出店しており、タパスからパエリャ、スイーツまで幅広く楽しめる。

1916年建造の歴史ある市場

ベルムー€1.50とカナッペ€1（1個）

生ハムは量り売りも可

map P.56/B2　Pl. de San Miguel, s/n　☎915 424 936　URL mercadodesanmiguel.es
⏰10:00〜24:00（金〜土〜翌1:00）　無休　Ⓜ1/2/3号線ソル駅から徒歩5分

高級グルメをお手頃価格で
サン・アントン市場 Mercado de San Antón

3階がフードコートになっており、定番タパスのほか、カナリア諸島の料理や寿司なども。1階はスーパー、2階は高品質な食材を扱う生鮮食品売り場、4階にはレストランとテラス席もある。

グアバとチーズのフライ€2（1個）

吹き抜けのおしゃれな空間

map P.61/C4　Augusto Figueroa 24　☎913 300 730　URL www.mercadosananton.com
⏰スーパー9:30〜21:30、フードコート12:00〜24:00、レストラン13:00〜翌1:00　無休（スーパーのみ日・祝）　Ⓜ5号線チュエカ駅から徒歩3分

ゴージャスな空間と味を楽しむ
プラテア Platea

劇場だった建物を改装し、フードコートのほか、ミシュラン星付きシェフがプロデュースするレストランやラウンジバーも併設。週末にはコンサートやショーなどさまざまなイベントも行われる。

オリーブのピンチョス各€1〜2

席数が多くゆったり食事が楽しめる

map P.62/C1　Goya 5-7　☎919 930 057　URL www.plateamadrid.com
⏰12:00〜翌0:30（木〜土〜翌2:30）　無休　Ⓜ4号線セラーノ駅から徒歩1分

1875年から続く歴史ある市場
セバーダ市場 Mercado de la Cebada

昔ながらの庶民的な市場が、毎週土曜11:00〜18:00と第1日曜11:00〜17:00のみ、立ち食いバルに変身。新鮮なシーフードを手頃に楽しめるとあって、穴場の人気スポットとなっている。

map P.56/C2　Pl. de la Cebada, s/n　☎913 666 966
URL mercadodelacebada.com　⏰月〜金9:00〜14:00、17:00〜20:00、土9:00〜18:00　日・祝（第1日曜は11:00〜17:00営業）　Ⓜ5号線ラ・ラティーナ駅から徒歩1分

エビやムール貝など1皿€5〜10

はみだし　**サン・イルデフォンソ市場 Mercado de San Ildefonso** は、規模は小さいが地元客に人気があり、特に週末の夜はにぎわう。map P.61/C3　Fuencaral 57　毎日13:00〜24:00（金〜土〜翌1:00）

美山　Miyama　グラン・ビア周辺　map P.56/A2

在住日本人も絶賛

マドリードの日本料理店のなかでも高評価を得ている店。伝統的な和食と創作料理をうまくメニューに取り入れていて、美山風創作寿司€32、刺身7種盛り合わせ€55など、盛りつけも見事だ。サラマンカ地区（map P.62/A1）にもある。

🏠Flor Baja 5
☎915 401 386
🕐13:00 ～ 16:30
　20:00 ～翌0:30
🚫月・日、年末年始の夜
カード A D J M V
Ⓜ 3/10号線プラサ・デ・エスパーニャ駅から徒歩5分

Shuwa 酒和　Shuwa Shuwa　サレーサス地区　map P.61/C4

日本酒の魅力を発信する

スペイン初の日本酒バーとしてオープン。日本各地から厳選された約70銘柄が揃うほか、日本酒カクテル、おつまみメニューや寿司も味わえる。スペイン人利き酒師が常駐し、日本酒を広めるためのイベントなども開催している。

🏠Conde de Xiquena 12
☎911 385 460
🕐19:30 ～ 24:00
　（金・土は～翌0:30）
🚫日・祝
カード A J M V
Ⓜ 4/5/10号線アロンソ・マルティネス駅から徒歩5分

どん底　Donzoko　ソル周辺　map P.57/B4

日本食レストランの老舗

マドリードにおける日本食レストランの草分け的存在で、スペイン人にもファンが多い。豚肉の生姜焼き€10.50、幕の内弁当€13.50など、家庭的なメニューと手頃な料金がうれしい。日本人の板前さんが握る寿司も食べられる。

🏠Echegaray 3
☎914 295 720
🕐13:00 ～ 16:45
　20:00 ～ 23:45
🚫昼の夜、1/1、12/24・31
カード A J M V
Ⓜ 2号線セビーリャ駅から徒歩3分

花友　Janatomo　グラン・ビア周辺　map P.57/A4

中華のメニューも充実

板前さんが日本人で、台湾人の女性がホールを担当。手打ちうどんやラーメン、丼、寿司などメニューが豊富だ。牛ロース、イベリコ豚の焼肉セット（250g）€42。ラーメンは€10.50 ～ 14。
※2024年5月現在、閉店。

🏠Reina 27
☎915 215 566
🕐14:00 ～ 16:00
　20:30 ～ 24:00
🚫月・火、聖週間、8月、12/24・31
カード A J M V
Ⓜ 1/5号線グラン・ビア駅から徒歩5分

かぐら　Kagura　マヨール広場周辺　map P.57/B3

本格的な和風ラーメン屋

日本人が経営するラーメン専門店。製麺機による自家製の麺で作った本格的な豚骨みそラーメンが人気で、麺の量によって小€7.40、中€9.60、大€11.80とサイズが選べる。4～9月には季節限定の冷やしラーメンも味わえる。

🏠Las Fuentes 1
☎915 483 606
🕐13:00 ～ 16:00
　20:30 ～ 23:30
🚫1/1、12/25、12/24・31の夜
カード J M V
Ⓜ 2/5/R号線オペラ駅から徒歩3分

TOPICS

アジアの味が集結! 屋台マーケット

ポップな内装が目を引く「Yatai Market」は、スペイン人の若者に人気のフードコート。ラーメンや焼きそば、寿司、中国・韓国・タイ・ベトナム料理など、アジアのストリートフードを気軽に楽しむことができる。テイクアウトも可。

map P.57/C3
🏠Doctor Cortezo 10
🕐毎日 13:00 ～ 23:00
Ⓜ 1号線ティルソ・デ・モリーナ駅から徒歩1分

バル

マドリード

レストラン

ムセオ・デル・ハモン　Museo del Jamón　ソル周辺　map P.57/B4

「ハムの博物館」という名のバルで生ハムを

スペインが誇る生ハムを気軽に味わってみたいならこの店へ。天井からたくさんのハムがぶら下がっていて、その中央が立ち飲みのバルになっている。ハモン・セラーノ €7.50、最高級のハモン・イベリコ

は €21。店内にはパック詰めの生ハムやサンドイッチも売られていて、テイクアウトも可能。また2階のレストランでは定食が €11 〜 27 で食べられる。

🏠San Jerónimo 6　☎ 915 210 346　🕐9:00 〜 24:00（レストランは 13:00 〜 23:00）　休 無休　カード D J M V　Ⓜ 1/2/3 号線ソル駅から徒歩 3 分

ラ・カンパナ　La Campana　マヨール広場周辺　map P.57/B3

ボカディーリョの有名店

マヨール広場周辺にはマドリード名物のボカディーリョ・デ・カラマレス（イカフライのサンドイッチ）を出す店が多いが、いちばん人気がこの店。€4 でおなかいっぱいになれる。満席のときはテイクアウトして広場で食べよう。

🏠Botoneras 6
☎913 642 984
🕐10:00 〜 23:00
（金・土は〜 23:30）
カード M V
Ⓜ 1/2/3 号線ソル駅から徒歩 6 分

エル・ブリリャンテ　El Brillante　アトーチャ駅周辺　map P.58/B2

昔ながらのバルレストラン

アトーチャ駅の正面で 1952 年から営業を続ける、マドリード市民に愛される店。名物のボカディーリョ・デ・カラマレス €7（ミニサイズ €4）はテイクアウト可。一品料理も豊富で、列車に乗る前の腹ごしらえに便利だ。

🏠Pl. del Emperador Carlos V 8
☎915 282 630
🕐7:30 〜 23:30
（金・土は〜 24:00）
休 無休
カード A J M V
Ⓜ 1 号線エスタシオン・デ・アルテ駅から徒歩 1 分

アソテア・デル・シルクロ・デ・ベリャス・アルテス　Azotea del Círculo de Bellas Artes　グラン・ビア周辺　map P.58/A1

360 度のパノラマが楽しめる

芸術協会の建物にある、マドリードの街が一望できるルーフトップバー。1階の入口で €5 の入場料を支払い、エレベーターで屋上へ。夏のサンセットタイムは入場するのに 30 分ほど並ぶこともあるので、時間には余裕をもって。

🏠Marqués de Casa Riera 2
☎ 915 301 761
🕐10:00 〜翌 1:00
（金・土は〜翌 1:30）
休 無休
カード D J M V
Ⓜ 2号線セビーリャ駅から徒歩2分

サラ・デ・デスピエセ　Sala de Despiece　チャンベリ　map P.61/A3

前衛的なタパスを味わう

「解体の部屋」という店名のユニークなバル。食材と調理法にこだわった料理が評判を呼び、連日満席の人気店に。32 席の小さな店なので、開店と同時に行くか予約を。予約の場合はひとり最低 €35 の料理を注文すること。ワインも充実している。

🏠Ponzano 11
☎916 354 681
🕐13:30 〜 16:00
（金〜日は 13:00 〜 17:30）
20:00 〜翌 0:30
休 無休
カード A D J M V
Ⓜ 7 号線アロンソ・カーノ駅から徒歩 1 分

CLOSE UP!

バルのはしごを楽しもう♪
名物タパスを食べ歩き

昔ながらのバルやメソン（居酒屋）が多いマドリードの旧市街。
下町風情に浸りながら、店自慢のタパスを味わってみよう！

メソン・デル・チャンピニョン
Mesón del Champiñón

メソンが建ち並ぶカバ・デ・サン・ミゲル通りにある、マッシュルームの鉄板焼きが名物の有名店。生ハムやコロッケなどポピュラーなつまみも揃う。夜はオルガン演奏で盛り上がる。

肉厚でジューシー♪

◎ 名物タパス ◎
チャンピニョン・ア・ラ・プランチャ
Champiñón a la Plancha
カウンター€6.90
テーブル席€7.90

map P.57/B3 🏠 Cava de San Miguel 17 ☎ 915 596 790
🕐 月～土11:00～翌2:00、日12:00～翌1:30
カード A J M V ⟨Ⓜ⟩ 1/2/3号線ソル駅から徒歩5分

メソン・デ・ラ・トルティーリャ
Mesón de la Tortilla

店名にもなっているトルティーリャ（スペイン風オムレツ）が看板メニュー。注文を受けてから焼き始め、オープンキッチンではオムレツをひっくり返す見事な技を見ることができる。

焼きたてのふわっふわ

◎ 名物タパス ◎
トルティーリャ
Tortilla
サイズにより€5.50～9.50

map P.57/B3 🏠 Cava de San Miguel 15 ☎ 915 471 008
🕐 毎日19:30～翌1:30（土・日・祝は13:00～17:00も営業）
カード M V ⟨Ⓜ⟩ 1/2/3号線ソル駅から徒歩5分

カサ・ラブラ Casa Labra

スペイン社会労働党が誕生した場所として知られる、1860年創業のバル。立ち食い専門で、店の外までお客さんがあふれることも。タパスはレジで、飲み物はカウンターで注文する。

シンプルながら絶品！

◎ 名物タパス ◎
バカラオ（タラ）のフリッター
Tajada de Bacalao
€1.90とコロッケ（下）€1.30

map P.57/B3 🏠 Tetuán 12 ☎ 915 310 081
🕐 月～土11:00～15:30、18:00～23:00、日11:30～15:00
カード A J M V ⟨Ⓜ⟩ 1/2/3号線ソル駅から徒歩1分

ラ・カサ・デル・アブエロ
La Casa del Abuelo

1906年創業の老舗。アヒージョはエビのうま味が溶け出したオイルにパンを浸して、特製の甘口ワイン、エル・アブエロとともに味わおう。ガンバス・ガバルディーナ（エビのフリッター）も人気。

ニンニクオイルが美味

◎ 名物タパス ◎
ガンバス・アル・アヒージョ
Gambas al Ajillo
€10.90

map P.57/B4 🏠 Victoria 12 ☎ 910 000 133
🕐 毎日12:00～24:00（金・土は～翌1:00）カード D J M V
⟨Ⓜ⟩ 1/2/3号線ソル駅から徒歩5分

ラ・リア La Ria

ガリシア地方ビーゴ湾から直送されるムール貝は、ピリ辛ソースのピカンテ、レモン風味などさまざまな味が選べる。杯のような器で飲むガリシア産白ワイン、リベイロとの相性もぴったり。

肉厚でぷりっぷり！

◎ 名物タパス ◎
メヒリョネス
Mejillones
各€6.10（テラス席€6.60）

map P.57/B4 🏠 Pasaje de Mathéu 1 ☎ 915 215 155
🕐 毎日11:30～15:30、19:30～23:30 カード D J M V
⟨Ⓜ⟩ 1/2/3号線ソル駅から徒歩2分

カサ・アマデオ・ロス・カラコレス
Casa Amadeo Los Caracoles

カスコロ広場にある下町風情満載のバル。ラストロ（→P.76）が開かれる日曜は特に混み合う。パプリカやチョリソが入ったソースでじっくりと煮込んだカタツムリは、見た目と違いあっさり味。

map P.57/C3
🏠 Pl. de Cascorro 18
☎ 913 659 439
🕐 毎日10:00～翌0:30
カード D J M V
⟨Ⓜ⟩ 5号線ラ・ラティーナ駅から徒歩1分

ちょっぴりピリ辛味

◎ 名物タパス ◎
カラコレス
Caracoles
€13
（ハーフサイズ€8）

マドリード

レストラン

カフェ

チョコラテリア・サン・ヒネス
Chocolateria San Ginés　マヨール広場周辺　map P.57/B3

チュロスとチョコラーテひと筋の老舗

　1894年の創業以来マドリっ子たちに愛されてきた、おいしいチュロス（揚げ菓子）とチョコラーテ（ホットチョコレート）を出す老舗カフェ。カリカリのチュロスを、どろっとしたチョコラーテに浸して食べるのがスペイン流だ。チュロス6本（または少し太めのポラス2本）とチョコラーテのセットで€5.50。

🏠Pasadizo de San Ginés 5　☎ 913 656 546
🕐24時間（月・火は8:00～23:30）　🏖無休　カード D J M V
Ⓜ 1/2/3号線ソル駅から徒歩3分

バロール
Valor　グラン・ビア周辺　map P.57/A3

地元客に人気の甘味どころ

　スペインの有名チョコレートメーカーが経営するカフェ。カカオ100%のチョコラーテは見た目ほど甘くなく、カリカリのチュロスとの取り合わせが絶品。セットで€5.50。チョコレートフォンデュ€19.60もある。

🏠Postigo de San Martín 7
☎915 229 288
🕐月～木　8:00～22:30
　金・土　9:00～翌1:00
　日　　　9:00～24:00
🏖1/1、12/25
カード J M V
Ⓜ 3/5号線カリャオ駅から徒歩1分

エル・リオハーノ
El Riojano　ソル周辺　map P.57/B3

由緒正しい老舗カフェ

　スペイン王妃マリア・クリスティーナの菓子職人が1855年に創業。伝統的な焼き菓子のほか、菓子パンやケーキなどを販売している。店舗の奥にカフェテリアを併設し、スイーツを食べながら優雅なひとときを過ごせる。

🏠Mayor 10
☎ 913 664 482
🕐9:00～20:00
🏖無休
カード M V
Ⓜ 1/2/3号線ソル駅から徒歩1分

カフェ・デ・オリエンテ
Café de Oriente　王宮周辺　map P.56/B2

テラス席でひと休み

　オリエンテ広場に面したエレガントなカフェ。夏期にはテラス席が出て、王宮を眺めながらくつろぐことができる。建物は16世紀の修道院の跡地にあり、地下は修道院の台所と酒蔵を改装したレストランになっている。

🏠Pl. de Oriente 2
☎915 413 974
🕐12:00～24:00
　（金・土は～翌1:00）
カード A D J M V
Ⓜ 2/5/R号線オペラ駅から徒歩5分

マヨルカ
Mallorca　サラマンカ地区　map P.62/C1

スペイン王室御用達

　1931年創業、東京にも支店をもつ高級デリカテッセン＆パティスリー。ショーケースに並ぶタパスやサンドイッチはテイクアウトできるほか、店内のカフェでゆっくり味わうこともできる。野菜たっぷりのミニプレートセットは€14。

🏠Serrano 6
☎ 915 771 859
🕐9:00～21:00
🏖無休
カード A D M V
Ⓜ 2号線レティーロ駅から徒歩3分

はみだし　1888年創業の「**カフェ・ヒホン Cafe Gijón**」は、ヘミングウェイをはじめ多くの文化人が集ったことで知られる老舗カフェ。map P.62/C1　🏠 Paseo de Recoletos 21　🕐 毎日9:00～翌1:00

ショッピング ✦ Shopping

マドリードのショッピング街は、高級ブランド店が並ぶセラーノ Serrano 通りやホセ・オルテガ・イ・ガセット José Ortega y Gasset 通りを中心としたサラマンカ地区。また、地下鉄グラン・ビア駅から北へ延びるフエンカラル Fuencarral 通りやオルタレッサ Hortaleza 通りには、若者向けのおしゃれな店が多い。基本的に日曜は休みだが、市内中心部では日曜に営業する店もある。バーゲン Rebaja のシーズンは通常、7月上旬〜8月下旬と12月下旬〜2月末。

デパート

エル・コルテ・イングレス　El Corte Inglés
ソル周辺　map P.57/B3

旅行者にとって利用価値大

スペイン唯一の百貨店チェーンで、化粧品、ファッション、電化製品、キッチン用品など何でも揃う。特に地下1階のスーパーマーケットは、品揃えが豊富で、みやげ物探しに便利。また、カリャオ店（map P.57/A3）とセラーノ通り店（map P.62/C1）の最上階にある「グルメエクスペリエンス」は、こだわりのグルメ食材が揃うほか、地元客に人気のフードコートになっている。
※セラーノ通り店は2024年5月現在、閉店。

街の中心にあるソル店

🏠Preciados 3　☎913 798 000　🕐月〜土 10:00〜22:00、日・祝 11:00〜21:00　🚫1/1・6、5/1、12/25
カード A D J M V　＜Ｍ＞1/2/3号線ソル駅から徒歩1分

カリャオ店のフードコート

高級食材が揃う「グルメエクスペリエンス」

ショッピングモール

セントロ・コメルシアル・アーベーセー　Centro Comercial ABC
サラマンカ地区　map P.62/B1

個性的な店が勢揃い

かつての新聞社のビルを改装したショッピングモール。5階建てのフロアにファッションや雑貨、スーパー「メルカドーナ」など、多彩な店が並ぶ。カフェやレストランもあり、ショッピングの合間にひと休みするのもおすすめ。

🏠Serrano 61
☎915 775 031
🕐月〜土 10:00〜21:00
（スーパーは 9:00〜21:30）
🚫日・祝
カード 店によって異なる
＜Ｍ＞5/9号線ヌニェス・デ・バルボア駅から徒歩5分

ガレリア・カナレハス　Galería Canalejas
ソル周辺　map P.57/B4

高級ブランド店が集結

銀行などがあった歴史的建造物を改装。1階にはエルメス、ルイ・ヴィトン、カルティエなどのブティック、地下はミシュランの星付きシェフが手がけるレストラン、バルやカフェなどが集まるフードホールになっている。（→P.16）

🏠Pl. de Canalejas 1
☎911 085 606
🕐10:30〜20:00（日は12:00〜）
フードホールは 12:00〜24:00
（金・土は〜翌1:00）
🚫1/1、12/25
カード 店によって異なる
＜Ｍ＞2号線セビーリャ駅から徒歩1分

プリンシペ・ピオ　Príncipe Pío
プリンシペ・ピオ駅周辺 map P.56/A1

鉄道駅を改装した大型店

1990年代初頭まで北ターミナルとして使われていた駅舎がショッピングセンターに生まれ変わった。建物の一部は Renfe 近郊線のプリンシペ・ピオ駅になっている。若者向けの衣料品の店が多く、フードコートで食事もできる。

🏠Paseo de la Florida 2
☎917 580 040
🕐月〜土 10:00〜22:00
日・祝 11:00〜22:00
🚫1/1、12/25
カード 店によって異なる
＜Ｍ＞6/10/R号線プリンシペ・ピオ駅から徒歩1分

はみだし　「エル・コルテ・イングレス」では外国人旅行者向けに「10%リワードカード」を発行している。買い物の際にこのカードを提示すると購入額の10%がポイントとして加算され、次の買い物にポイントを利用できる。

マドリード

ショッピング

▼ファッション

アドルフォ・ドミンゲス
Adolfo Domínguez ／ サラマンカ地区 map P.62/C1

スペインを代表するブランド

洗練された都会的なデザインが人気。マドリードには約10店舗あるなかで旗艦店がここ。地下はメンズ、1階はバッグやアクセサリー、2階はレディス、3階はセカンドラインのU Chicaと子供服、4階はカフェになっている。

🏠Serrano 5
☎914 362 600
🕙月～土 10:00 ～ 21:00
　日・祝 12:00 ～ 20:00
🚫1/1・6、12/25
カード A D J M V
Ⓜ 2号線レティーロ駅から徒歩5分

ザラ
Zara ／ グラン・ビア map P.57/A3

日本でもおなじみの人気店

世界中に支店をもつカジュアルブランド。流行のデザインが、リーズナブルな値段で手に入るのがうれしい。マドリードだけでも10店舗以上あるが、ここグラン・ビア店は最大級。最上階はメンズ専門のフロアになっている。

🏠Gran Vía 34
☎915 211 283
🕙毎日 10:00 ～ 22:00
🚫1/1・6、12/25
カード A D J M V
Ⓜ 3/5号線カリャオ駅から徒歩2分

ラ・イントルサ
La Intrusa ／ チュエカ地区 map P.61/C3

気の利いたアイテムを探すなら

フエンカラル通り近くにある、マドリードで活躍するデザイナーたちの作品を集めたショールーム兼ショップ。広い店内に、ウエアやアクセサリー、雑貨など、ほかではあまり見かけないユニークな商品がぎっしりと並ぶ。

🏠Alta de San Pablo 33
☎914 457 170
🕙月～土 11:00 ～ 21:00
🚫日、1/1、5/1、12/25
カード A D J M V
Ⓜ 1/10号線トリブナル駅から徒歩3分

▼子供服

ナノス
Nanos ／ サラマンカ地区 map P.62/C2

王室御用達の子供服ブランド

新生児から16歳までの子供服を扱う。上質な素材にこだわっており、肌触りも抜群。品のあるエレガントなデザインは、スペイン王女姉妹をはじめ、欧州セレブキッズに愛用されている。プレゼントにもおすすめの品が揃う。

🏠Hermosilla 21
☎915 764 447
🕙10:30 ～ 20:30
🚫日・祝
カード A D J M V
Ⓜ 4号線セラーノ駅から徒歩3分

▼帽子

ラ・ファボリータ
La Favorita ／ マヨール広場 map P.57/B3

一生ものの帽子を手に入れる

1894年の創業当時から変わらない店内は、まるで時間が止まったかのよう。ソンブレロと呼ばれる広つば帽は伝統の製法で手作りされている。ハンチング帽やバスクのベレー帽などメンズ、レディスともに豊富なデザインが揃う。

🏠Pl. Mayor 25
☎913 665 877
🕙月～金 9:30 ～ 13:30
　　　　　15:00 ～ 20:00
　　土 10:00 ～ 14:00
🚫日・祝
カード M V
Ⓜ 1/2/3号線ソル駅から徒歩5分

▼手袋

グアンテ・バラデ
Guante Varadé ／ サラマンカ地区 map P.62/B1

上質な革手袋を探すなら

1902年創業の手袋専門店。男性用・女性用ともに、デザインやカラーバリエーションが豊富。上質な革を使って熟練の職人が仕上げた手袋は、お手入れ次第で長く使用することができるので、お気に入りの品を見つけたい。

🏠Serrano 54
☎915 756 741
🕙10:00 ～ 20:30
🚫日・祝
カード A D J M V
Ⓜ 4号線セラーノ駅から徒歩5分

はみだし　地下鉄グラン・ビア駅からカリャオ駅の間には、「**ザラ**」（→ P.105）や「**マンゴ**」（map P.57/A3）をはじめ、人気のファストファッションブランドが集まっている。

カンペール
Camper | サラマンカ地区 | map P.62/C1

マヨルカ生まれの靴ブランド
　若者向けのカジュアル靴が中心で、流行を取り入れたデザインは日本でも人気がある。おしゃれなだけでなく、履き心地も抜群だ。最新モデルが揃うほか、サンダルやミュールなど日本未入荷のモデルもあるのでチェックしたい。

🏠Serrano 24
☎915 782 560
🕐月～土 10:00 ～ 21:00
　日・祝 12:00 ～ 20:00
🚫1/1・6、5/1、12/25
カード A D J M V
Ⓜ 4号線セラーノ駅から徒歩3分

カサ・エルナンス
Casa Hernanz | マヨール広場周辺 | map P.57/C3

スペイン人愛用の夏の履き物
　アルパルガタ（仏語でエスパドリーユ）の老舗。ジュート麻とキャンバス布でできた伝統的なサンダルは通気性がよく、歩き心地もよい。お気に入りのデザインとサイズを伝えれば試着できる。午後は混み合うので午前中がおすすめ。

🏠Toledo 18
☎913 665 450
🕐月～金　9:00～13:30
　　　　16:30～20:00
　土　　10:00～14:00
🚫日・祝
カード J M V
Ⓜ 1/2/3号線ソル駅から徒歩8分

ロエベ
Loewe | サラマンカ地区 | map P.62/C1

1846年創業の高級ブランド
　セラーノ通りの1等地にある、ロエベのフラッグシップ店。ロエベの全スタイルを網羅し、日本語を話すスタッフも常駐している。マドリードにはこのほかグラン・ビア店（map P.57/A4）など数店舗がある。

🏠Serrano 34
☎915 776 056
🕐月～土 10:00 ～ 20:00
　（冬期は 11:00 ～）
　日・祝 11:00 ～ 19:00
　（冬期は 12:00 ～）
🚫1/1・6、12/25
カード A D J M V
Ⓜ 4号線セラーノ駅から徒歩1分

カルミナ
Carmina | サラマンカ地区 | map P.62/B1

1866年創業の高級靴ブランド
　靴の生産地として知られるマヨルカ島で、オーダーメイドの靴を作る工房としてスタート。品質とデザイン性の高さ、履きやすさには定評がある。メンズ、レディスともにラインナップが豊富。バルセロナにも支店がある。

🏠Claudio Coello 73
☎915 764 090
🕐月～土 10:00 ～ 20:30
🚫日・祝
カード A D J M V
Ⓜ 4号線セラーノ駅から徒歩3分

マラババ
Malababa | サレーサス地区 | map P.61/C4

洗練されたレザーアイテム
　1997年にマドリードで設立されたブランドで、独特の風合いと色使いの革製品が人気。バッグや靴のほか、ベルトやディテールにこだわったジュエリーも扱う。スペイン王室レティシア妃が愛用していることでも知られる。

🏠Santa Teresa 5
☎911 123 536
🕐月～土10:30～20:30
🚫日・祝、1/1、5/1、12/24・25
カード M V
Ⓜ 4/5/10号線アロンソ・マルティネス駅から徒歩2分

レパント
Lepanto | 王宮周辺 | map P.56/B2

コートやバッグがお買い得
　1968年創業。王宮の近くにある、日本語が通じる免税店。1階はコートやジャケットなどのレザーウエア、地階にはバッグと財布などの小物類が豊富に揃う。カンペールやルポなど特にスペインのブランドに力を入れている。

🏠Pl. de Ramales 2
☎915 417 427
🕐月～土 10:00 ～ 13:30
　　　　15:00 ～ 19:30
　日・祝 10:00 ～ 13:30
🚫1/1、12/25
カード A D J M V
Ⓜ 2/5/R号線オペラ駅から徒歩3分

けんがくだし　クリスマス前は、特に夕方はショッピングエリアが混雑する。地下鉄の本数も減ってとても混み合うので、余裕をもって行動したほうがいいだろう。なお、ほとんどの店は 12/25 と 1/1 は休みとなる。

▼アクセサリー

ホアキン・ベラオ　Joaquín Berao
サラマンカ地区 map P.62/C2

アート感覚のアクセサリー

　数々の賞に輝き、世界的に有名なスペイン生まれのジュエリーデザイナー、ホアキン・ベラオ。自然界からインスピレーションを得た、独創的なデザインのシルバージュエリーが人気。最近はダイヤやカラーストーンも手がける。

住Lagasca 44
☎915 772 828
営月～土 10:00 ～ 20:30
休日、1/1・6、12/25
カード A D J M V
M 4号線セラーノ駅から徒歩2分

ウノ・デ・シンクエンタ　Uno de 50
サラマンカ地区 map P.62/C1

存在感あるデザインが特徴

　シンプルな装いにマッチする個性的なアクセサリーが揃う。日本語で「50分の1」を意味するブランド名は、創業当初に同じデザインのものを50点しか作っていなかったことに由来する。今でも一部商品は世界に50点だけ。

住Serrano 42
☎915 769 878
営月～土 10:00 ～ 21:00
　　日　　12:00 ～ 20:00
休1/1・6、12/25
カード A D J M V
M 4号線セラーノ駅から徒歩1分

▼フラメンコ用品

マティ　Maty
ソル周辺 map P.57/B3

フラメンコ衣装が充実

　フラメンコドレスや靴、ショール、髪飾り、イヤリング、練習用のスカートまで、フラメンコに関するものなら何でも揃う。フラメンコ衣装はオーダーも可能。民俗衣装、バレエ用品、仮装衣装なども扱っている。

住Maestro Victoria 2
☎915 313 291
営月～土 10:00 ～ 13:45
　　　　 16:30 ～ 20:00
（土の午前は 10:00 ～ 14:00）
休日・祝
カード A D J M V
M 1/2/3 号線ソル駅から徒歩3分

▼インテリア&雑貨

ザラ・ホーム　Zara Home
サラマンカ地区 map P.62/C1

ハイセンスなインテリア雑貨

　スペインの大手衣料ブランド「ザラ」が国内外で展開するインテリアショップ。キッチンやテーブル用品、ベッドカバー、ホームウエアなどが揃う。カラフルな小物の雑貨がかわいらしく、値段も手頃感がある。

住Hermosilla 18
☎915 776 445
営月～土 10:00 ～ 21:30
　　日　　12:00 ～ 21:00
休1/1・6、5/1、12/25
カード A D J M V
M 4号線セラーノ駅から徒歩3分

レアル・ファブリカ　Real Fábrica
プラド美術館周辺 map P.58/B1

スペイン生まれの生活雑貨

　昔から愛用されてきたスペイン製品を集めたセレクトショップ。ホーローのキッチン用品、エスパルトというイネ科の植物を編んだ籠など、手作りのぬくもりを感じられるものばかり。レトロなパッケージがかわいい食品も扱う。

住Cervantes 9
☎911 252 021
営月～土 11:00 ～ 21:00
　　日　　11:00 ～ 15:00
　　　　 16:00 ～ 20:00
休1/1・6、5/1、12/25
カード A J M V
M 1号線アントン・マルティン駅から徒歩5分

ティエンダ・カサ・デ・ラ・パナデリア　Tienda Casa de la Panadería
マヨール広場 map P.57/B3

観光局運営のギフトショップ

　マヨール広場にある観光案内所（→ P.52）に併設されている、のみの市のようなかわいらしいショップ。地元の老舗店やアーティストが手がけた、マドリードならではのアイテムが揃う。オリジナルデザインの雑貨やTシャツはおみやげにぴったり。

住Pl. Mayor 27
☎915 787 810
営9:30 ～ 20:30
休無休
カード M V
M 1/2/3 号線ソル駅から徒歩5分

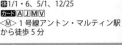

リヤドロ
Lladró | サラマンカ地区 map P.62/B1

スペインが誇る磁器人形

バレンシア出身のリヤドロ3兄弟によって生み出された、芸術品ともいえるポーセリン人形。職人が手作業で制作した商品が並び、広々とした店内はまるで美術館のようになっている。直営店だけに品揃えは豊富。

住Serrano 76
☎914 355 112
営月～土 10:00 ～ 20:00
休日・祝
カード ADJMV
〈M〉4号線セラーノ駅から徒歩8分

カサ・タラベラ
Casa Talavera | グラン・ビア周辺 map P.57/A3

こだわりの陶器を探すなら

1904年に創業、マドリードで最も古い陶器の店。ほかではなかなか手に入らない、店主こだわりの焼き物が集められている。安くて手頃なおみやげをという雰囲気はなく、どちらかというとコレクター向け。

住Isabel la Católica 2
☎915 473 417
営月～金 10:00 ～ 14:00
　　　 17:00 ～ 20:00
　土 　 10:00 ～ 13:30
休日・祝、8月中旬～下旬、12/24 ～ 31
カード MV
〈M〉2号線サント・ドミンゴ駅から徒歩1分

カンタロ
Cántaro | グラン・ビア周辺 map P.56/A2

スペイン中の陶器が揃う

有名なタラベラ焼やマニセス焼をはじめ、スペイン中から集められた陶器がところ狭しと並ぶ。地下にはアンティークの壺のコレクションもある。日本への郵送も可能。本書を見せると商品代金を10%割引してくれる。

住Flor Baja 8
☎915 479 514
営月～金 10:30 ～ 14:00
　　　 17:00 ～ 20:30
　土 　 11:00 ～ 14:00
休日・祝、8月の第2週～8月末
カード JMV
〈M〉3/10号線プラサ・デ・エスパーニャ駅から徒歩3分

アルテスティーロ
Artestilo | プラド美術館周辺 map P.58/B1

便利な立地のみやげ物店

プラド美術館の向かいにある。特に高級磁器メーカーとして知られる「サルガデロス」や「リヤドロ」の品揃えが充実している。トレドの象眼細工をはじめとした伝統工芸品、マホリカの真珠、お手頃価格の陶器も揃う。

住Paseo del Prado 12
☎914 296 646
営月～土 10:00 ～ 20:30
休日・祝
カード ADJMV
〈M〉2号線バンコ・デ・エスパーニャ駅から徒歩2分

フナック
Fnac | グラン・ビア周辺 map P.57/A3

本とAVのデパート

AV部門にはスクリーン、CD部門には試聴できる機械があり、納得して購入できるシステムがうれしい。書籍コーナーは地図やガイドブックも充実している。1階には各種チケットを購入できるプレイガイドがある。

住Preciados 28
☎902 100 632
営月～土 10:00 ～ 21:30
　日・祝 12:00 ～ 21:00
休1/1・6、5/1、12/25
カード AMV
〈M〉3/5号線カリャオ駅から徒歩1分

ホセ・ラミレス
José Ramírez | ソル周辺 map P.57/B3

自社工房をもつギターの老舗

1882年創業、昔ながらの方法で1本ずつギターを手作りしている。初心者用の手頃なものからプロ用のものまでさまざまで値段は€180～2万程度。店の奥には自慢のコレクションが陳列してあるので、興味のある人は見せてもらおう。

住La Paz 8
☎680 122 262
営月～金 10:00 ～ 14:00
　　　 16:30 ～ 20:00
　土 　 10:00 ～ 14:00
休日・祝、8月中旬～下旬
カード AJMV
〈M〉1/2/3号線ソル駅から徒歩5分

スイーツ

🍬 カサ・ミラ　　　Casa Mira　　ソル周辺　map P.58/A1

トゥロンで有名な老舗菓子店

　1842年創業、古めかしい店構えと美しく飾られたウインドーに道行く人も思わず足を止める。スペインのクリスマスに欠かせないトゥロン（ヌガー）は、ヘーゼルナッツやフルーツ入りなど10種類ほどあり、量り売りで300g€17.50。

🏠San Jerónimo 30
☎914 298 895
🕐月～土 10:00～14:00
　　　　17:00～20:30
　日・祝 10:30～14:30
　　　　17:30～20:30
📅7・8月、6・9月の日・祝、1/1、12/25
カード A D J M V
Ⓜ 1/2/3号線ソル駅から徒歩3分

🍫 カカオ・サンパカ　　Cacao Sampaka　サレーサス地区　map P.61/C4

王室御用達のショコラトリー

　原料にこだわり、職人が手作りする。ボンボンから板チョコまで種類が豊富で、パッケージも高級感があるので、おみやげにぴったりだ。東京と大阪、神戸にも支店があるが、日本より種類が多く、安く購入できるのがうれしい。

🏠Orellana 4
☎913 195 840
🕐月～土 10:00～21:00
　（11～3月は11:00～20:00）
📅日・祝、8月
カード A D J M V
Ⓜ 4/5/10号線アロンソ・マルティネス駅から徒歩3分

ワイン

🍷 マリアーノ・マドルエーニョ　Mariano Madrueño　グラン・ビア周辺　map P.57/A3

1895年創業のワイン専門店

　品揃えが豊富で、安いものでは€5前後、€15～20も出せばいいワインが手に入る。英語も通じるので、店の人に相談して好みの1本を探してみよう。なお、買い物の際に本書を提示すれば、ささやかなプレゼントがもらえる。

🏠Postigo de San Martín 6
☎915 211 955
🕐月～土 10:00～14:00、17:30～20:30（土の午前は11:00～14:15）
📅日・祝、6/15～9/15の土の午後、8月の約20日間
カード M V
Ⓜ 3/5号線カリャオ駅から徒歩2分

オリーブオイル

🫒 パトリモニオ・コムナル・オリバレロ　Patrimonio Comunal Olivarero　チュエカ地区周辺　map P.61/C4

高品質のスペイン産オイル

　スペインのオリーブオイル保護財団が経営するショップ。店内はこぢんまりとしているが、品揃えはマドリード随一。オリーブの主要産地であるアンダルシア産のものを中心に、えりすぐりのオイルが集められている。

🏠Mejia Lequerica 1
☎ 913 080 505
🕐月～金 10:00～14:00
　　　　17:00～20:00
　土　　 10:00～14:00
📅日・祝、8月の午後、12/24・31
カード M V
Ⓜ 4/10号線アロンソ・マルティネス駅から徒歩3分

TOPICS

マドリード郊外のアウトレットモール

　マドリードの北西約20kmにあるラス・ロサス・ビレッジは、世界の有名ブランドが集結する、スペインでも有数のアウトレットモール。ロエベやアドルフォ・ドミンゲスといったスペインを代表するブランドのほか、ヴェルサーチ、バーバリー、カルバンクラインなど100店舗以上が並ぶ。なかには最大60%オフというお値打ち品もあるので、ブランド品を安く手に入れたいという人は要チェックだ。

●ラス・ロサス・ビレッジ Las Rozas Village
🏠Juan Ramón Jiménez 3,
　328230 Las Rozas, Madrid
☎916 404 900
🌐www.lasrozasvillage.com
🕐10:00～21:00（土は～22:00）
📅1/1・6、12/25

🚇地下鉄3/6号線モンクロア駅地下のバスターミナルから625、628、629番のバスで約40分。ラス・ロサス・ビレッジLas Rozas Village／ヘロン・シティHeron City 下車。月～金曜は20分おき、土曜はほぼ30分おきに運行。タクシーならマドリードから片道€40ほど。

カフェやレストランなどもある

ホテル ✣ Hotel

4つ星以上の高級ホテルはプラド通り、カステリャーナ通り、プリンセサ通り、市北部の副都心などに点在している。一方、3つ星以下のホテルや経済的な宿は旧市街に多い。特にプエルタ・デル・ソル～マヨール広場周辺とグラン・ビア周辺には、オスタルやペンシオンが密集しており、ひとつの建物に複数の宿が入っているところもある。旧市街に宿を取れば、観光にはもちろん食事や夜の散策にも便利だが、あまり治安がよくない場所もあるので注意したい。

▼5つ星

ウェスティン・パレス Westin Palace

プラド美術館周辺 [map] P.58/A1

伝統と格式を誇る豪華ホテル

★★★★★

アルフォンソ13世の命により建設された、1912年創業のクラシックホテル。マドリードを代表するホテルのひとつで、各国の著名人にも愛されてきた。宮殿を思わせる白亜の外観が印象的だ。また、ステンドグラスのドームに覆われたラウンジ、ヘミングウェイがお気に入りだった格調高いバーも必見。ラウンジではアフタヌーンティーや食事が楽しめる。

[住]Pl. de las Cortes 7　☎913 608 000　[FAX]913 608 100
[URL]www.marriott.com
[料]ⓈⓌ€306～521　[カード][A][D][J][M][V]　[客室数]467
[Wi-Fi]有料（公共エリアは無料）
[M] 2号線バンコ・デ・エスパーニャ駅から徒歩6分

ウルバン Urban

ソル周辺 [map] P.57/B4

洗練されたアーバンホテル

★★★★★

プエルタ・デル・ソルとプラド美術館の中間にあり便利な立地。ロビーや客室には、古代エジプトの彫像やアジアの仏像などの美術品が飾られている。地中海料理のレストランやバー、夏期のみオープンする屋上テラスもある。

[住]San Jerónimo 34
☎917 877 770　[FAX]917 877 799
[URL]www.hotelurban.com
[料]ⓈⓌ€196～393
[カード][A][D][J][M][V]
[客室数]96
[Wi-Fi]無料
[M] 2号線セビーリャ駅から徒歩3分

ハイアット・リージェンシー・エスペリア・マドリード Hyatt Regency Hesperia Madrid

サラマンカ地区周辺 [map] P.62/A1

モダンと伝統が調和

★★★★★

吹き抜けのロビーは、天井から自然光が差し込み、開放的な雰囲気。それとは対照的に、客室はアールデコ調の落ち着いたインテリアでまとめられている。ホテル内にはミシュランの2つ星レストラン「サンセローニ」がある。

[住]Paseo de la Castellana 57
☎912 108 800　[FAX]912 108 899
[URL]www.hyatt.com
[料]ⓈⓌ€206～441
[カード][A][D][J][M][V]
[客室数]169　[Wi-Fi]無料
[M] 7/10号線グレゴリオ・マラニョン駅から徒歩1分

インターコンチネンタル・マドリード InterContinental Madrid

サラマンカ地区周辺 [map] P.62/A1

サービスには定評がある

★★★★★

18世紀の宮殿をイメージしたロビーは優雅な雰囲気。客室のインテリアも上品で、ゆったりとしたスペースでくつろげる。レストラン、フィットネスセンター、スパのほか、ビジネス客向けの設備やサービスも充実している。

[住]Paseo de la Castellana 49
☎917 007 300
[URL]madrid.intercontinental.com
[料]ⓈⓌ€252～506
[カード][A][D][J][M][V]
[客室数]302　[Wi-Fi]無料
[M] 7/10号線グレゴリオ・マラニョン駅から徒歩3分
日本の予約先☎0120-455-655

はみだし 夏期、年末年始や聖週間、国際会議が開催される時期などは、ホテルの料金が高騰して本書掲載の宿泊費より高くなる場合もあるので、予約を入れる前に確認しておこう。

▼5つ星

ビリャ・レアル Villa Real
プラド美術館周辺 map P.58/A1

アートな空間でくつろぐ
★★★★★

オーナーは美術品の収集家としても知られ、館内にはローマ時代のモザイクなどが飾られている。客室は、寝室とリビングが段差で仕切られたジュニアスイート風の造り。宿泊客は「ウルバン」(→P.110)のプールやジムが利用できる。

[住]Pl. de las Cortes 10
☎914 203 767 [FAX]914 202 547
[URL]www.hotelvillareal.com
[料]ⓈⓌ€131～393
[カード][A][D][J][M][V]
[客室数]115 [Wi-Fi]無料
[M] 2号線バンコ・デ・エスパーニャ駅から徒歩6分

メリア・マドリード・プリンセサ Meliá Madrid Princesa
スペイン広場周辺 map P.60/C2

グループ客の利用も多い
★★★★★

スペイン全土にチェーンを展開し、マドリードには18軒のホテルをもつソル・メリアグループの経営。客室はスタンダードでも35㎡とゆったり。地下には屋内プールや本格的スパサロンを備えたフィットネスクラブがある。

[住]Princesa 27
☎915 418 200
[URL]www.melia.com
[料]ⓈⓌ€156～384
[カード][A][D][J][M][V]
[客室数]274 [Wi-Fi]無料
[M] 3号線ベントゥーラ・ロドリゲス駅から徒歩1分

プリンセサ・プラサ Princesa Plaza
スペイン広場周辺 map P.60/B2

インテリアがユニーク
★★★★★

プリンセサ通りにある大型ホテル。客室にはプラド美術館所蔵の作品をモチーフにした絵画が飾られている。プール、サウナ、ジャクージなどフィットネスクラブの設備も充実。隣にはデパートのエル・コルテ・イングレスがある。

[住]Princesa 40
☎915 422 100 [FAX]915 427 328
[URL]www.princesaplaza.com
[料]ⓈⓌ€115～336
[カード][A][D][J][M][V]
[客室数]275 [Wi-Fi]無料
[M] 3/4/6号線アルグエリェス駅から徒歩3分

プエルタ・アメリカ Puerta América
市北東部 map P.63/A3

世界の有名建築家が競演
★★★★★

ユニークな外観はフランスの建築家ジャン・ヌーヴェルによるもの。また館内や客室のデザインはフロアごとに、ノーマン・フォスター、磯崎新、ハビエル・マリスカルなど、世界トップの建築家とデザイナーが担当している。

[住]Av. de América 41
☎917 445 400 [FAX]917 445 409
[URL]www.hotelpuertamerica.com
[料]ⓈⓌ€150～450
[カード][A][D][J][M][V]
[客室数]315 [Wi-Fi]無料
[M] 7号線カルタヘナ駅から徒歩5分

▼4つ星

オンリー・ユー・ホテル・アトーチャ Only You Hotel Atocha
アトーチャ駅周辺 map P.58/C2

快適に過ごせる駅近ホテル
★★★★

アトーチャ駅のすぐ脇にあり、鉄道や空港バスを利用する際にも便利。館内や客室はレトロモダンな内装で、雰囲気のよいレストランやカフェ、スパもある。外を眺めながら最上階のレストランで取る朝食は、内容も充実している。

[住]Paseo de la Infanta Isabel 13
☎914 097 876
[URL]www.onlyyouhotels.com
[料]ⓈⓌ€145～405
[カード][A][D][M][V]
[客室数]204 [Wi-Fi]無料
[M] 1号線アトーチャ・レンフェ駅から徒歩1分

ラディソン・ブルー・マドリード・プラド Radisson Blu Madrid Prado
プラド美術館周辺 map P.58/B1

おしゃれなブティックホテル
★★★★

20世紀初頭のアパートを、モダンクラシックをコンセプトに改装。スペインの著名女性デザイナーが内装を手がけ、くつろげる空間に仕上がっている。屋内プールやスパを備え、夜はロビーがしゃれたバルに様変わりする。

[住]Moratín 52
☎915 242 626 [FAX]913 697 371
[URL]www.radissonhotels.com
[料]ⓈⓌ€166～416
[カード][A][D][J][M][V]
[客室数]54 [Wi-Fi]無料
[M] 1号線エスタシオン・デル・アルテ駅から徒歩6分

ビンチ・ソマ　Vincci Soma
サラマンカ地区　[map] P.62/C2

モダンな憩いの空間　★★★★

　ブティックが並ぶゴヤ通りに面しており、ショッピングに便利な立地。北欧風のインテリアでまとめられた客室は、スタイリッシュながら和める雰囲気だ。キッチン付きの部屋もある。地中海料理を提供するレストランやおしゃれなバーも完備。

[住]Goya 79
☎914 357 545
[URL]www.vinccihoteles.com
[料]ⓈⓌ€123 ～ 334
[カード][A][D][J][M][V]
[客室数]177　[Wi-Fi]無料
[M] 2/4 号線ゴヤ駅から徒歩 2 分

リアベニー　Liabeny
ソル周辺　[map] P.57/B3

便利な立地の大規模ホテル　★★★★

　地下鉄ソル駅とカリャオ駅の中間にあり、観光はもちろん、食事やショッピングにも便利。旧市街のホテルとしては部屋数が多く、客室の造りもゆったりとしている。設備とロケーションのわりには料金もリーズナブルだ。

[住]Salud 3
☎ 915 319 000　[FAX]913 327 421
[URL]www.liabeny.es
[料]ⓈⓌ€115 ～ 320
[カード][A][D][M][V]
[客室数]220　[Wi-Fi]無料
[M] 1/2/3 号線ソル駅から徒歩 2 分

ラディソン・レッド・マドリード　Radisson RED Madrid
アトーチャ駅周辺　[map] P.58/B2

美術館巡りに便利な立地　★★★★

　アトーチャ通りに面して建つ、近代的なホテル。アトーチャ駅に近く、プラド美術館やソフィア王妃芸術センターへも歩いて行ける。オリエンタルなデザインを取り入れた客室はモダンで明るい。レストラン、ジムあり。

[住]Atocha 123
☎912 984 800　[FAX]912 984 850
[URL]www.radissonhotels.com
[料]ⓈⓌ€110 ～ 313
[カード][M][V]
[客室数]260　[Wi-Fi]無料
[M] 1号線エスタシオン・デル・アルテ駅から徒歩2分

チャマルティン・ジ・ワン　Chamartín The One
チャマルティン駅周辺　[map] P.55/A2

ターミナル駅に隣接　★★★★

　マドリード空港からは近郊線で 16 分、チャマルティン駅に隣接したホテル。列車で着いてすぐチェックインできるほか、セゴビア、アビラなどへ日帰りで行くのに便利だ。レストランではモダンな地中海料理を味わえる。

[住]Agustín de Foxeá s/n
☎913 344 900
[URL]www.hotelchamartintheone.com
[料]ⓈⓌ€85 ～ 195
[カード][A][J][M][V]
[客室数]378　[Wi-Fi]無料
[M] 1/10 号線チャマルティン駅から徒歩 1 分

オペラ　Ópera
王宮周辺　[map] P.56/B2

王立劇場の向かいにある　★★★★

　ソルや王宮の近くにあり、観光に便利な立地。客室は落ち着いた雰囲気で、機能的な造り。1 階にある「カフェ・オペラ」では毎晩ディナータイムに、音楽学校の生徒によるオペラやサルスエラの上演が楽しめる。

[住]Cuesta de Santo Domingo 2
☎915 412 800　[FAX]915 416 923
[URL]www.hotelopera.com
[料]Ⓢ€77 ～ 174　Ⓦ€90 ～ 255
[カード][A][D][J][M][V]
[客室数]79　[Wi-Fi]無料
[M] 2/5/R 号線オペラ駅から徒歩 1 分

NH アトーチャ　NH Atocha
アトーチャ駅周辺　[map] P.58/B2

アトーチャ駅の向かいにある　★★★★

　マドリード市内に 23 軒のホテルをもつ NH グループのひとつ。白を基調とした客室は、明るく機能的な造りで、バルコニーからアトーチャ駅が見える部屋もある。プラド美術館やソフィア王妃芸術センターも徒歩圏内だ。

[住]Paseo Infanta Isabel 9
☎915 399 400
[URL]www.nh-hotels.com
[料]ⓈⓌ€109 ～ 263
[カード][A][D][J][M][V]
[客室数]68　[Wi-Fi]無料
[M] 1 号線アトーチャ・レンフェ駅から徒歩 2 分

▼3つ星

レヒーナ　Regina

ソル周辺　map P.57/B4

ロケーションのよさが魅力　★★★

　プエルタ・デル・ソルから徒歩3分。プラド美術館へも歩いて行け、また近くにはレストランやバルが多いので便利だ。ヨーロピアンスタイルの歴史あるホテルで、ゆったりとくつろげるサロンや、レストラン、カフェもある。

[住]Alcalá 19
☎&[FAX]915 214 725
[URL]www.hotelreginamadrid.com
[料]ⓈⓌ€77～267
[カード][A][D][M][V]
[客室数]183　[Wi-Fi]無料
[M] 2号線セビーリャ駅から徒歩1分

イビス・スタイルズ・プラド　Ibis Styles Prado

ソル周辺　map P.57/B4

遊び心のあるデザイン　★★★

　客室やレストランのインテリアはワインをテーマにしており、モダンでおしゃれ。客室はコンパクトだが、機能的で使いやすい。バルが集まるサンタ・アナ広場まで徒歩1分、プラド美術館へは徒歩約5分と、どこへ行くにも便利。

[住]Prado 11
☎ 913 690 234
[URL]all.accor.com
[料]ⓈⓌ€94～400
[カード][A][D][J][M][V]
[客室数]48　[Wi-Fi]無料
[M] 1号線アントン・マルティン駅から徒歩5分

プチ・パレス・ドゥカル・チュエカ　Petit Palace Ducal Chueca

グラン・ビア周辺　map P.57/A4

モダンなプチホテル　★★★

　スペイン各地にチェーン展開しているハイテック・グループの経営。19世紀の建物を改装し、スタンダードのほか、ビジネス、ファミリータイプの部屋がある。黒を基調にした館内はおしゃれな雰囲気で、防音設備も完備。

[住]Hortaleza 3
☎915 211 043
[URL]www.petitpalace.com
[料]ⓈⓌ€102～222
[カード][A][D][M][V]
[客室数]58　[Wi-Fi]無料
[M] 1/5号線グラン・ビア駅から徒歩2分

レヘンテ　Regente

グラン・ビア周辺　map P.57/A3

手頃な料金が魅力　★★★

　グラン・ビアから脇道を入った所に入口がある。客室は木目を生かした内装で、青や黄色など明るい色のファブリックでまとめられている。窓は二重ガラスなので、グラン・ビアに面した部屋でも静かに過ごせる。

[住]Mesoneros Romanos 9
☎915 212 941　[FAX]915 323 014
[URL]www.hotelregente.com
[料]Ⓢ€74～210　Ⓦ€83～220
[カード][A][D][J][M][V]
[客室数]150　[Wi-Fi]無料
[M] 3/5号線カリャオ駅から徒歩3分

B&B フエンカラル 52　B&B Fuencarral 52

チュエカ地区　map P.61/C3

ショッピング街に位置する　★★★

　ブティックが並ぶフエンカラル通りに面し、入口ドアは呼び鈴を鳴らして開けてもらうシステム。パンとフルーツの朝食付きで、最上階にあるドリンクバーは24時間無料で利用できる。すぐ近くにアパートタイプのホテルも経営。

[住]Fuencarral 52
☎ 912 787 962
[URL]www.hotel-bb.es
[料]Ⓢ€79～240　Ⓦ€93～266
[カード][M][V]
[客室数]44　[Wi-Fi]無料
[M] 1/10号線トリブナル駅から徒歩3分

▼2つ星

メディオディーア　Mediodia

アトーチャ駅周辺　map P.58/B2

鉄道を利用するのに便利な立地　★★

　南方面への列車が発着するアトーチャ駅のすぐ正面に建つ白亜のホテル。1914年に建てられ、内部のロビーはクラシックな趣だ。大通りに面しているので、静かに過ごしたい人は、予約の際に内側の部屋を希望したほうがよい。

[住]Pl. del Emperador Carlos V 8
☎ 915 273 060　[FAX]915 307 008
[URL]www.mediodiahotel.com
[料]Ⓢ €66～231　Ⓦ €78～267
[カード][A][M][V]
[客室数]168　[Wi-Fi]無料
[M] 1号線エスタシオン・デル・アルテ駅から徒歩1分

▼リーズナブルな宿

ラス・フエンテス Hostal Las Fuentes
★★ ソル周辺 [map] P.57/B3

王立劇場の近くにあり、王宮へも歩いてすぐ。フロントは24時間対応で、全室にエアコン、テレビ、セーフティボックス、ドライヤーを完備。防音設備もあるので静かに過ごせる。

[住]Las Fuentes 10-1° dcha. ☎682 001 902
[URL]www.hostallasfuentes.com
[料]Ⓢ€53～121 Ⓦ€57～131 [カード][M][V]
[客室数]23 [Wi-Fi]無料 [M] 2/5/R 号線オペラ駅から徒歩2分

コメルシアル Hostal Comercial
★ ソル周辺 [map] P.57/B3

親切な一家が経営する、アットホームな宿。客室は改装されていてきれい。昔から日本人客に人気があり、長期滞在する人も多い。安全には気を配っており、貴重品も預かってもらえる。

[住]Esparteros 12-2° ☎915 226 630 [FAX]915 216 756
[URL]www.hostalcomercialmadrid.com
[料]ⓈⓌ€59～127、バス共同€53～111
[カード][J][M][V] [客室数]11 [Wi-Fi]無料
[M] 1/2/3 号線ソル駅から徒歩3分

トリアーナ Hostal Triana
★★★ グラン・ビア周辺 [map] P.57/A3

客室はバス、テレビ、冷暖房完備で、花柄のカーテンやベッドカバーがかわいらしい。レセプションは2階にあり、英語も通じる。同じ建物の4階には、「アカプルコ」というオスタルもある。

[住]Salud 13, 1° ☎915 326 812
[FAX]915 229 729 [URL]www.hostaltriana.com
[料]Ⓢ€49～89 Ⓦ€69～98 [カード][M][V] [客室数]40
[Wi-Fi]無料 [M] 1/5 号線グラン・ビア駅から徒歩3分

アドリアーノ Hostal Adriano
★★ ソル周辺 [map] P.57/B4

客室の大きさやインテリアは部屋ごとに異なり、それぞれ個性的。トリプルルームもある。スタッフも親切で、女性ひとりでも安心して宿泊できる。近くには同系列の Hostal Adría Santa Ana がある。

[住]Cruz 26-4° ☎915 211 339
[URL]hostaladriano.com
[料]ⓈⓌ€74～159
[カード][M][V] [客室数]22 [Wi-Fi]無料
[M] 1/2/3 号線ソル駅から徒歩3分

ベナマール Hostal Benamar
★ チュエカ地区 [map] P.61/C4

グラン・ビアから徒歩約10分の立地で便利。各部屋はシャワー＆トイレ、冷暖房やテレビを完備している。受付は2階（日本式の3階）。周囲は閑静な住宅街なので、落ち着いて過ごせる。

[住]San Mateo 20, 2° y3° ☎&[FAX]913 080 092
[URL]www.hostalbenamar.es
[料]Ⓢ€68～78 Ⓦ€99～111
[カード][D][J][M][V] [客室数]30 [Wi-Fi]無料
[M] 1/10 号線トリブナル駅から徒歩2分

バレーラ Hostal Barrera
★★ アトーチャ駅周辺 [map] P.58/B1

家族で経営する、アットホームなオスタル。客室はバス、テレビ、冷暖房、セーフティボックス付きで、インテリアもかわいらしい。女主人は英語が通じる。周辺にはバルやレストランが多い。

[住]Atocha 96-2° ☎915 275 381 [FAX]915 273 950
[URL]www.hostalbarrera.es
[料]ⓈⓌ€89～126 [カード][M][V] [客室数]14
[Wi-Fi]無料 [M] 1号線アントン・マルティン駅から徒歩5分

モーリョ Pensión Mollo
★ アトーチャ駅周辺 [map] P.58/B1

親日家の一家が経営するペンシオン。4階（日本式の5階）にありエレベーターがないのは少しつらいが、ご主人がとても親切で、部屋も清潔。テレビ、エアコン、セーフティボックス付き。

[住]Atocha 104, 4° ☎915 287 176
[URL]www.pensionmollo.es
[料]Ⓢ€60～65、バス共同€47～52 Ⓦ€75～80
[カード][J][M][V] [客室数]9 [Wi-Fi]無料
[M] 1号線アントン・マルティン駅から徒歩5分

▼ホステル

ザ・ハット The Hat
マヨール広場周辺 [map] P.57/C3

マヨール広場近くの路地にある若者客に人気の高い宿で、観光やバル巡りに便利。スタイリッシュな造りの内装がおしゃれ。朝食は€3でビュッフェ形式。キッチンや冷蔵庫も使える。

[住]Imperial 9 ☎917 728 572
[URL]thehatmadrid.com
[料]Ⓓ€29～42 Ⓦ€77～128
[カード][A][M][V] [ベッド数]86 [Wi-Fi]無料
[M]1/2/3号線ソル駅から徒歩10分

ロス・アミーゴス Los Amigos Backpackers' Hostel
ソル周辺 [map] P.57/B3

ソルから王宮へ続くアレナル通りに面している。旧市街の中心にあり、どこへ行くにも便利。共同のキッチンやリビングもある。朝食付き。すぐ近くにもう1軒のホステルを経営している。

[住]Arenal 26-4° Izq ☎915 592 472
[URL]www.losamigoshostel.es
[料]Ⓓ€23～38 Ⓦ€55～66
[カード][J][M][V] [ベッド数]60 [Wi-Fi]無料
[M] 2/5/R 号線オペラ駅から徒歩2分

トク TOC Hostel & Suites
ソル周辺 [map] P.57/B3

歴史的建造物を改装した、スタイリッシュなホステル。キッチン、ビリヤードを無料で楽しめるゲームルーム、カクテルを飲みながらくつろげるバーもある。朝食は€8。

[住]Pl. Celenque 3 ☎915 321 304
[URL]tochostels.com
[料]Ⓓ€17～ ⓈⓌ€70～
[カード][A][M][V] [ベッド数]112 [Wi-Fi]無料
[M] 1/2/3 号線ソル駅から徒歩2分

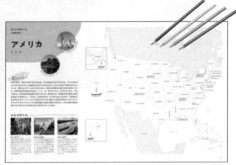

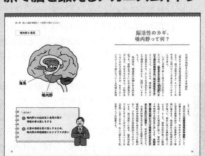

アニス酒とニンニクの里

チンチョン ✥ Chinchón

map P.51/A1

標 高	**753m**
人 口	**約5200人**

アクセス

🚌 マドリードのLa Veloz社（URL laveloz.es）のバス停（map P.59/C4）から、337番のValdelaguna行きで45〜55分。月〜金は30分おき、土・日・祝と8月はほぼ1時間おきに運行する。

ⓘ 観光案内所

🏠Pl. Mayor 6（入口は8番地）
☎918 935 323
URLwww.ciudad-chinchon.com
🕐毎日　　　10:00〜14:00
　　　　　　16:00〜18:00

チンチョン特産のアニス酒

独特の香りをもつリキュールで、食後に飲むと消化を助けるといわれる。パン屋で売られているアニス酒入りのパンやお菓子も試してみよう。

聖母被昇天教会

🏠Don Florencio 3
☎918 941 105
🕐7〜9月
　　月〜土　　19:15〜20:45
　　日　　　　11:30〜12:45
　10〜6月
　　月〜土　　18:15〜19:45
　　日　　　　10:30〜12:45
💰 無料

チンチョンのホテル

パラドール・デ・チンチョン
Parador de Chinchón
★★★★
🏠Huertos 1
☎918 940 836
FAX918 940 908
URLwww.parador.es
💰ⓈⓌ€110〜200
カード ADJMV
客室数38 WiFi無料

17世紀の修道院を改装

バルコニー付きの建物で囲まれたマヨール広場

　マドリードから南東へ約45km。オリーブの木がポツリ、ポツリと点在する風景のなかを走っていくと、緩やかな丘の連なりの向こうに小さな集落が現れる。アニス酒とニンニクの産地として知られるチンチョンの村だ。週末の午後は、ドライブがてら食事や散歩に訪れるマドリード市民でにぎわう。

歩き方 ✥ Orientation

　マドリードからバスを利用する場合は街道沿いのバス停「チンチョン・コンベントChinchón-Convento」で下車。ここからHuertos通りを5分ほど歩くとマヨール広場Pl. Mayorに着く。周囲を囲むのは、まるで西部劇に出てきそうなバルコニー付きの木造の家々。白壁の建物に、柱と手すりの緑が目に鮮やかだ。そして広場を底にしたすり鉢状に、白い家並みが上へ上へと積み重なっている。

　ところでこのマヨール広場だが、年に何度か仮設の闘牛場に早変わりする。

広場を見下ろすレストランでのんびり食事を楽しみたい

普段はのどかなチンチョンも、このときばかりは大にぎわい。チンチョン興行を楽しみにしているファンも多く、広場を囲むレストランのバルコニーも観客スタンドと化す。

　広場の上には、**聖母被昇天教会Ig. Ntra. Sra. de la Asunción**がどっしりとした姿を見せている。16〜17世紀に建てられたルネッサンス様式の教会で、ゴヤの作といわれる『聖母被昇天』がある。運よくミサの時間に当たれば、目にすることができるかもしれない。また町外れにある14世紀の**城Castillo**は、内部には入れないが、城の前からどこまでも続くオリーブ畑を見渡すことができる。

投稿　チンチョンの「**メソン・クエバス・デ・ビノ Mesón Cuevas de Vino**」は歴史と格式のあるレストラン。セットメニューが安くておいしい。🏠 Benito Hortelano 13　☎ 918 940 206（京都府　中村有伽）['23]

壮大な修道院が建つ避暑地

エル・エスコリアル

✣ El Escorial

世界遺産

グアダラマ山脈を背に荘厳な修道院がそびえる

町の正式名はサン・ロレンソ・デル・エスコリアルSan Lorenzo del Escorial。グアダラマ山脈の麓に位置し、マドリード市民の別荘も多い。1557年8月10日の聖ロレンソの日にサン・キンティンの戦いでフランス軍を破ったフェリペ2世は、その勝利を記念してこの地に修道院を建設した。

map P.51/A1

標 高	1032m
人 口	約1万5800人

アクセス

🚃 マドリード・アトーチャ駅、チャマルティン駅などから近郊線C-3、C-8で約1時間、€4.05、毎時1〜2便運行。

🚌 マドリードのモンクロア・バスターミナルの11番乗り場から661番、664番のバスで約1時間、月〜金は10分〜1時間おき、土・日・祝は30分〜1時間おきに運行。

🛈 観光案内所

🏠 Grimaldi 4
☎918 905 313
URL www.sanlorenzoturismo.es
🕐 月〜土　　10:00〜14:00
　　　　　　15:00〜18:00
　 日・祝　　10:00〜14:00
休 1/1、12/25

世界遺産

エル・エスコリアル修道院とその遺跡
（1984年登録）

༄ おもな見どころ ✣ Sightseeing

スペイン帝国の黄金時代を象徴する　　　　　★★★

エル・エスコリアル修道院
Monasterio de El Escorial

世界遺産

フアン・バウティスタ・デ・トレドにより1563年に建設が始められ、彼の死後は弟子のフアン・デ・エレーラに受け継がれた。完成は1584年。幅161m、奥行き206mの巨大な建物は、王宮や霊廟を兼ねており、順路に従って見学する。

エレーラ様式の外観

美術館Museoにはエル・グレコの大作『聖マウリシオの殉教』が展示されている。また「戦闘の間」は壁に描かれたフレスコ画が見事だ。ハプスブルク家の宮殿Palacioではフェリペ2世の書斎や寝室が見学できるが、人柄を反映してか簡素な造りになっている。さらに、歴代国王の棺が納められた霊廟Panteón、高さ30mの

祭壇飾りをもつ礼拝堂Basílica、スペインやイタリアの宗教画が展示されている修道院Monasterio、4万冊以上の貴重な蔵書を保存する図書館Bibliotecaなど、スペインを代表する建造物だけあって見どころも多い。

天井のフレスコ画が見事な図書館

エル・エスコリアル修道院

🏠 Av. Don Juan de Borbón y Battenberg, s/n
☎918 905 902
URL www.patrimonionacional.es
🕐 火〜日　　10:00〜19:00
　（10〜3月は〜18:00）
休 月、1/1・6、9/10、12/24・25・31
料 €12、学割€6
　（ガイド付きは別途€4）
※チケット販売は閉館1時間前まで。スペイン語または英語のガイド付き見学は30分〜1時間間隔で催行しており、所要約45分。

アルカラ・デ・エナーレス ♣ Alcalá de Henares

Alcalá de Henares
★

`map P.51/A1`

標高	587m
人口	約19万3800人

アクセス

🚄 マドリード・アトーチャ駅、チャマルティン駅などから近郊線C-2、C-7で約40～55分、€3.40、5～10分おきに運行。

ℹ 観光案内所

`map P.118`
🏠Capilla del Oider
☎918 892 694
🌐www.turismoalcala.es
圏月～金	10:00～14:00
	16:00～19:00
土	10:00～19:00
日	10:00～15:00

世界遺産

アルカラ・デ・エナーレスの大学と歴史地区
（1998年登録）

沿道に観光名所があるマヨール通り

花々が美しいセルバンテス広場

　アルカラ大学は1499年に創立された、世界でも有数の歴史をもつ大学のひとつ。16世紀には大学都市として講堂、学生寮、印刷所などが建設され、文化が花開いた。また『ドン・キホーテ』の作者セルバンテスが生まれた町としても知られる。町の歴史はさらに古く、レコンキスタ以前、町の名はアラブの言葉でアル・カラ・ナハールといった。アル・カラとは城壁の意で、現在もマドリード門付近にアラブ様式の城壁が残されている。

歩き方 ♣ Orientation

　町の中心は文豪の像が立つ**セルバンテス広場Pl. de Cervantes**。駅から南へ徒歩10分ほどで、ℹはこの一角にある。広場の東側には旧大学の建物群があり、1553年に造られた**サン・イルデフォンソ学院 Colegio Mayor de San Ildefonso**のファサードはプラテレスコ様式の傑作として名高い。

　柱廊が印象的な**マヨール Mayor通り**は、商店街になっており、セルバンテスが生まれた**アンテサナ病院 Hospital de Antezana** や**セルバンテスの家 Museo Casa Natal de Cervantes**がある。スペインで最も中世の雰囲気を残す通りとしても知られ、映画やドラマの撮影地としても有名だ。

アルカラ・デ・エナーレス

N
0　　300m

マドリードへ

アルカラ・デ・エナーレス駅
Renfe

Paseo de la Estación

Av. de Daganzo

市立公園
Parque
Municipal

Pl. de la
Cruz Verde

Vía Complutense

大学

Camarrilla

Vía Complutense

サン・ベルナルド修道院
Convento de
San Bernardo

大司教館
Palacio
Arzobispal

Talamanca

Santiago

Libreros

Mayor

サン・イルデフォンソ学院
Colegio Mayor de San Ildefonso

セルバンテスの家
Museo Casa
Natal de Cervantes

Pl. de las
25 Villas

Cardenal Cisneros

マドリード門
Puerta de Madrid

Escritorios

マエストラル大聖堂
Iglesia Magistral-Catedral

大学

セルバンテス広場
Pl. de Cervantes

市庁舎
オイドール監堂
Capilla del Oider

アンテサナ病院
Hospital de
Antezana

Trinidad

大学

オステリア・デル・エストゥディアンテ
パラドール・デ・アルカラ・デ・エナーレス

はみだし マドリードからアルカラ・デ・エナーレスまで、**セルバンテス列車 Tren de Cervantes** という名の観光列車が運行している。アトーチャ駅 10:35 発、車内でセルバンテスの時代を再現した寸劇を楽しみながら♪

おもな見どころ ✣ Sightseeing

現在は大学本部がおかれている ★★★ map P.118

サン・イルデフォンソ学院（アルカラ大学）
Colegio Mayor de San Ildefonso（Universidad de Alcalá）

1499年にシスネロス枢機卿によって創設された旧アルカラ大学。スペイン文学界で最も権威のあるセルバンテス文学賞が国王から授与される大講堂や、ムデハル様式とプラテレスコ様式の折衷サン・イルデフォンソ聖堂など、見どころが多い。大学は1837年にマドリードに移転したが、1977年に再開校された。

プラテレスコ様式のファサード

現存するスペイン最古の病院 ★★ map P.118

アンテサナ病院
Hospital de Antezana

1483年に土地の貴族によって、貧しい人のための施療院として創設された。セルバンテスの父親が外科医として勤務しており、セルバンテスは1547年にここで生まれた。白壁と柱廊に囲まれたパティオは、中世のたたずまいを今に伝えている。

パティオと一部の部屋が見学可能

文豪が生まれた時代を再現 ★★ map P.118

セルバンテスの家
Museo Casa Natal de Cervantes

16世紀の家屋に、当時の家具や陶器などが飾られ、セルバンテスが幼少期を送った家の雰囲気を再現している。1階には台所と書斎、2階には居間や寝室があり、かつての生活がしのばれて興味深い。また、各国語に翻訳されたセルバンテスの出版物も展示されている。

家の前にはドン・キホーテとサンチョ・パンサの像がある

10月の祭典
毎年10月の第2～3週に、メルカード・セルバンティーノMercado Cervantinoという祭りが開催される。市街にチーズや腸詰めなどを売る露店が並び、ドン・キホーテとサンチョ・パンサに扮した芸人が町を練り歩く。

サン・イルデフォンソ学院
[住]Pl. de San Diego, s/n
☎918 854 122
[開]火～金は11:00、13:00、16:00、18:00、土・日・祝は11:00～13:00と16:00～18:00の1時間おき
[料]€6、学割€4
見学はガイド付きで所要約45分。

アンテサナ病院
[住]Mayor 46
☎918 819 447
[開]火～金は13:30、16:00、土・日・祝は11:30～13:30、16:00～18:00の1時間おき
[休]月
[料]€3
見学はガイド付きで所要約30分。

セルバンテスの家
[住]Mayor 48
☎918 899 654
[開]火～金　10:00～18:00
土・日・祝　10:00～19:00
※入場は閉館30分前まで
[休]月、1/1、12/24・25・31
[料]無料

レストラン＆ホテル ✣ Restaurant & Hotel

手頃なホテルやオスタルもあり、ここに宿を取ってマドリードに通うこともできる。

🍴 オステリア・デル・エストゥディアンテ
Hosteria del Estudiante
map P.118

大学の中庭に面したパラドール付属のレストラン。16世紀を思わせる重厚な店内で、郷土料理と地元のワインを堪能できる。カフェだけの利用も可。

[住]Colegios 3　☎ 918 880 330
[営]13:30～15:30、20:30～22:30（カフェは11:00～24:00）
[休]日の夜、月・火　[カード][A][D][J][M][V]

パラドール・デ・アルカラ・デ・エナーレス
Parador de Alcalá de Henares
★★★★ map P.118

17世紀の学校兼修道院を改装。伝統的な建物とモダンな設備が見事に調和している。季節限定の屋外プールやスパ、スタイリッシュなレストランもある。

[住]Colegios 8　☎ 918 880 330　[FAX]918 880 527
[URL]www.parador.es　[料]ⓈⓌ€110～200
[カード][A][D][J][M][V]　[客室数]128　[WiFi]無料

アルカラ・デ・エナーレスへ。ガイド付きで市内を観光したあとは自由行動、帰りはアルカラ駅18:35発。4月中旬～7月上旬と9月中旬～12月上旬の毎週土曜運行、料金€22（7～11歳€16）。予約はRenfe窓口で。

画家エル・グレコが愛した古都

トレド

✦ Toledo

標 高	**529m**
人 口	約8万5100人

アクセス

🚄 マドリード・アトーチャ駅から高速列車Avantで約30分、€13.90、毎時1便。

🚌 マドリードのエリプティカ広場バスターミナル(→P.70)からAlsa社のバスで1時間〜1時間45分、€6.18、毎時2〜3便運行。

❶観光案内所

●市庁舎内
map P.121/B2
🏠Pl. del Ayuntamiento, s/n
☎925 254 030
URL turismo.toledo.es
開日〜金　　10:00〜15:30
　　土　　　10:00〜18:00
休1/1・6、12/24・25・31
●ビサグラ新門
map P.121/A2
🏠Paseo de Merchán, s/n
☎925 211 005
開月〜土　　10:00〜18:00
　日・祝　　10:00〜14:00
休1/1、12/25

世界遺産

古都トレド
(1986年登録)

トレドの観光バス

乗り降り自由の2階建てバスCity Sighseeing Busは、市内10ヵ所にバス停があり、約1時間かけて一周する。チケットは24時間有効で€20〜。また列車型ミニバスのTrain Visionは、旧市街やタホ川沿いを走り、展望台で一時停車する。所要45分、料金€5.50。運行時間は季節によって変わるので要確認。

町を一周するトレインビジョンは観光客に人気

タホ川対岸の展望台から市街を一望できる

　三方をタホ川に囲まれ、ギリシア生まれの画家エル・グレコが後半生を送った頃のたたずまいを今も残す町。1561年に首都がマドリードに移るまで、政治・経済の重要な拠点として繁栄し、「16世紀で歩みを止めた町」といわれる。560年に西ゴート王国の首都となったトレドは、711年から約400年にわたってイスラム教徒の支配下におかれた。1085年のアルフォンソ6世の再征服後も、1492年にカトリック両王によって追放されるまで、この地の経済を握っていたユダヤ人とともに多くのイスラム教徒が居残ったという。そのためキリスト、ユダヤ、イスラムの3つの文化なくして、この町は語れない。

歩き方 ✦ Orientation

　町の東側の鉄道駅から中心部へ徒歩20〜30分。駅を出たら横断歩道を渡り、右方向へ歩いていくとすぐに分かれ道に出る。向かって左の道を進むと、トレドの入口に当たる13世紀に造られた**アルカンタラ橋Puente de Alcántara**に着く。この橋付近から眺める町の風景はとても印象的だ。橋を渡って坂道を上り、町の中心**ソコドベール広場Pl. de Zocodover**へ。市バスを利用するなら、駅前のバス停から、駅を背にして右方向へ行く5、5D、6.1、6.2番のバスに乗る。このバスはバスターミナルに立ち寄ったあと、**ビサグラ新門Puerta Nueva de Bisagra**から旧市街に入り、ソコドベール広場が終点。

道に迷ったらカテドラルを目指して歩こう

　カテドラルCatedralへは、ソコドベール広場から南西に延びている繁華街、Comercio通りからHombre de Palo通りへと進む。

けんたし　町まで歩く場合、旧市街の北西側にあるエスカレーターを使うと便利。鉄道駅からは、アルカンタラ橋を渡り城壁に沿って右方向へ進めば乗り場がある。バスターミナルからは道路に引かれたピンクのラインをたどる。

途中にはトレドの伝統工芸品であるダマスキナード（→P.124）などを扱うみやげ物屋が並び、ぶらぶらとウインドーショッピングを楽しむのもいい。またタホ川の南側にあるパラドールからの眺めは、エル・グレコが描いたトレドの風景そのまま。宿泊客でなくてもテラスでお茶が楽しめるので訪れてみたい。タクシーが便利だが、バスならアルカサル前から1時間おきに発車する7.1番に乗り、パラドールの少し手前にある停留所で降ろしてもらおう。

おもな見どころ ✤ Sightseeing

グレコの絵画が充実している ★★　**map P.121/A2**

サンタ・クルス美術館
Museo de Santa Cruz

　トレドの大司教だった枢機卿メンドーサの遺志を受け継ぎ、イサベル女王が完成させた病人と孤児のための慈善施設が、美術館として利用されている。エル・グレコの傑作『無原罪のお宿りInmaculada』や『聖母被昇天La Asunción』のほか、フランドルのタペストリーや考古学関連の出土品などが展示されている。

サンタ・クルス美術館
🏠Miguel de Cervantes 3
☎925 221 402
開月～土　　　10:00～18:00
　日　　　　　9:00～15:00
休1/1・6・23、5/1、12/24・25・31
料€4、学割€2

プラテレスコ様式のファサード

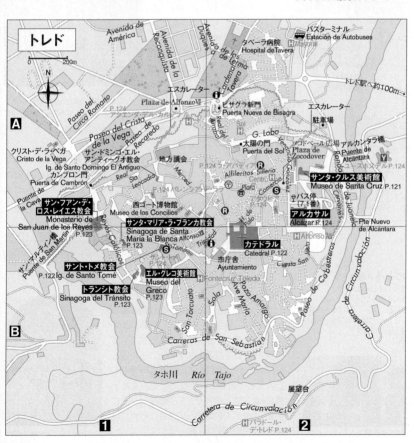

カテドラル（大聖堂）
Catedral

　フェルナンド3世の命によって1226年に建設が始められ、1493年に完成したスペイン・ゴシック様式の大聖堂。その後、時代に応じて増改築され、オリジナルの部分は少なくなったが、その芸術性の高さは各時代のアーティストたちによって維持されてきた。

　本堂に入って左奥には宝物室がある。16世紀初頭のエンリケ・アルファによる、総重量200kgに及ぶ金、銀、宝石などで細工された高さ3mの聖体顕示台が置かれ、その一部にはコロンブスがアメリカから持ち帰った金が使われているという。

上／免罪の門があるファサード
下／バロック様式の傑作トランスパレンテ

　本堂中央にある聖歌隊席には、アロンソ・ベルゲーテによってグラナダ戦争の場面が細かく彫られている。内陣の祭壇裏にはナルシソ・トメ作のトランスパレンテがあり、後方から差し込む光で天使や聖母像はひときわ鮮やかに見える。また聖具室には、『聖衣剥奪El Expolio』をはじめとするエル・グレコの宗教画や、ゴヤ、ティツィアーノ、ヴァン・ダイクなどの作品が飾られている。

カテドラル
🏠Cardenal Cisneros 1
☎925 222 241
URL www.catedralprimada.es
🕐月〜土　　　10:00〜18:30
　　日・祝　　14:00〜18:30
休 1/1、12/25
料€10、塔を含むと€12.50
チケットは入口の向かいにある売店で購入する。販売は閉館30分前まで。日・祝の午前はミサが行われる。

見どころが満載の聖堂内部

カテドラル

サンイルデフォンソ礼拝堂
Capilla de San Ildefonso
サンティアゴ礼拝堂
Capilla de Santiago
参事会室
Sala Capitular
トランスパレンテ
Transparente
聖具室
Sacristia
内陣
Capilla Mayor
時計の門
Puerta del Reloj
ライオンの門
Puerta de los Leones
聖歌隊席
Coro
入口←
回廊
Claustro
宝物室
Sala del Tesoro
免罪の門
Puerta del Perdón

サント・トメ教会
Iglesia de Santo Tomé

　14世紀のムデハル様式の塔をもつこの教会は、エル・グレコの傑作『オルガス伯爵の埋葬Entierro del Conde de Orgaz』を所蔵することで有名。画面の下部は、聖アウグスティヌスと聖ステファヌスが地上に下りて伯爵の遺骸を埋葬しているところを表したもので、その周囲の人物は当時実在した人たちであるといわれている。また上部には、雲上のキリストと聖母マリアに伯爵の魂が天使によってささげられている場面が描かれている。

グレコ作『オルガス伯爵の埋葬』

サント・トメ教会
🏠Pl. del Conde 4
☎925 256 098
🕐毎日　　　　10:00〜18:45
　（11〜3月は〜17:45）
休 1/1、12/25
料€3

教会の礼拝堂

画家が暮らした様子を再現　★★　map P.121/B1

エル・グレコ美術館
Museo del Greco

　エル・グレコが住んでいた住居付近の廃墟を、1906年にベガ・インクラン侯爵が買い取って修復。16～17世紀の家具や調度品を置き、アトリエや書斎を再現している。建物の一部は美術館になっており、エル・グレコの傑作『トレドの景観と地図Vista y Plano de Toledo』や、晩年に描かれた十二使徒の連作などを展示している。

邸宅内にエル・グレコの作品を展示

現在はユダヤ博物館になっている　★★　map P.121/B1

トランジト教会（セファルディ博物館）
Sinagoga del Tránsito (Museo Sefardí)

　ペドロ1世の財務官を務めたサムエル・ハ・レビによって14世紀に建てられた、ムデハル様式のユダヤ教会。上部には小さなアーチが集まってできた54の窓が配置され、装飾帯にはイスラエルの神、ペドロ1世、サムエル・ハ・レビをたたえる聖句が刻まれている。

旧ユダヤ人街の中心に建つ

トレドに残る最古のユダヤ教会　★★　map P.121/B1

サンタ・マリア・ラ・ブランカ教会
Sinagoga de Santa María la Blanca

　かつてトレドのユダヤ人街には10ものユダヤ教会があったというが、現存するのはトランジト教会とここのみ。1405年にキリスト教会となり、現在の名前に改められた。後陣は16世紀に改修されているものの、イスラム様式の内部は当時の面影をとどめている。

馬蹄形アーチの
装飾が美しい

内部の彫刻が見事な　★★　map P.121/A1

サン・フアン・デ・ロス・レイエス教会
Monasterio de San Juan de los Reyes

　1476年のトロの戦いでポルトガル軍に勝利したことを記念して、カトリック両王が建立。ゴシックとムデハル様式をミックスしたイサベル様式で、内部の彫刻がすばらしい。修道院の回廊は1階はゴシック、2階はプラテレスコ、そして格天井はムデハルと、さまざまな様式が調和している。

イサベル様式の教会内部

エル・グレコ美術館
🏠Paseo del Tránsito, s/n
☎925 990 982
🕐火～土　　　9:30～19:30
　（11～2月は～18:00）
　日・祝　　　10:00～15:00
休月、1/1・6、5/1、12/24・25・31
料€3（トランジト教会との共通券€5）
　土の14:00以降、日は無料

トランジト教会
🏠Samuel Levi, s/n
☎925 223 665
🕐火～土　　　9:30～19:30
　（11～2月は～18:00）
　日・祝　　　10:00～15:00
休月、1/1・6、5/1、12/24・25・31
料€3（エル・グレコ美術館との共通券€5）
　土の14:00以降、日は無料

サンタ・マリア・ラ・ブランカ教会
🏠Reyes Católicos 4
☎925 227 257
🕐毎日　　　　10:00～18:45
　（11～3月は～17:45）
休1/1、12/25
料€4

サン・フアン・デ・ロス・レイエス教会
🏠Reyes Católicos 17
☎925 223 802
🕐毎日　　　　10:00～18:45
　（11～3月は～17:45）
休1/1、12/25
料€4

カスティーリャ・ラ・マンチャ

トレド

軍事博物館

📍 La Union, s/n
☎ 925 238 800
🕐 火～日　10:00～16:30
休 月、1/1・6、5/1、12/24・25・31
料 €5、学割€2.50
日、3/29、4/18、5/18、10/12、12/6は無料

軍事博物館の入口

町の頂にそびえる城　★　map P.121/A2
アルカサル（軍事博物館）
Alcázar (Museo del Ejército)

　11世紀にトレドを再征服したアルフォンソ6世がこの地に要塞を築いたのが始まりで、13～16世紀にかけて大幅に改築され、その後幾たびかの破壊と修復を経て現在の姿になった。1936年の市民戦争では、モスカルド大佐率いるフランコ軍が72日間にわたって籠城した。現在は軍事博物館になっており、地下にはフランコ軍の家族がたてこもった跡がある。

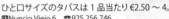

🍴 レストラン＆ホテル ✦ Restaurant & Hotel 🔑

飲食店はソコドベール広場の近くに点在している。ホテルは旧市街に多いが、週末は混むので早めに予約しよう。

🍴 パレンシア・デ・ララ
Palencia de Lara
map P.121/A2

　州の料理コンクールで優勝の実力をもつ、エレガントな人気レストラン。バルもあり、ひと口サイズのタパスは1品当たり€2.50～4。
📍 Nuncio Viejo 6　☎ 925 256 746
🕐 13:00～16:00、20:00～23:00
休 日の夜、月、1/1・6、12/25　カード A M V

🍴 パラドール・デ・トレド
Parador de Toledo
★★★★　map P.121/B2

　駅からタクシーで約10分。テラスからはトレドの町が一望できる。食事に訪れるのもいい。宿泊は町側の部屋を予約したい。（→ P.44）
📍 Cerro del Emperador, s/n　☎ 925 221 850
FAX 925 225 166　URL www.parador.es
カード A D J M V　客室数78　WiFi 無料

🍴 ラ・アバディア
La Abadia
map P.121/A2

　地下の隠れ家風レストラン＆ビアホール。昼と夜のセットメニューは€23。夕食にはトレド風ペルディス（野ウズラ）の郷土料理€16.50など。ワインやビールの種類も充実。
📍 Pl. de San Nicolás 3　☎ 925 671 457　🕐 月～金 9:00～24:00、土・日 11:00～翌 1:00　休 無休　カード A J M V

🍴 アシエンダ・デル・カルデナル
Hacienda del Cardenal
★★★　map P.121/A1

　18世紀に建てられた司教の邸宅を改装。手頃な料金ながらまるでパラドールのような趣。レストランも有名で、名物料理は子豚の丸焼き。
📍 Paseo de Recaredo 24　☎ 925 224 900　FAX 925 222 991
URL www.haciendadelcardenal.com
カード A D J M V　客室数27　WiFi 無料

はみだし　「Albergue San Servando」は古城を改装したユースホステルでプールもある。予約 ☎ 925 221 676（月～金曜のスペイン時間 9:00～14:00）　map P.121/A2　料 D €16～20（30歳以上 €19～24）

カテドラルの見学ポイント

スペインのどんな小さな村にでも必ずある、といわれるのがバル、そして教会だ。それもそのはず、人口の圧倒的多数がカトリック、祝祭日のほとんどがキリスト教に由来するというお国柄だ。スペイン建築、美術の宝庫とも呼ばれるカテドラル。大きな建物内をわけもわからず回っただけ……などということにならないために、その見学のポイントをまとめてみた。

●カテドラルとは

一般に教会の名で総称される建物は、その大きさと重要度によって**カテドラル Catedral（大聖堂）**、**イグレシア Iglesia（教会）**、**エルミータ Ermita（礼拝堂）**に大別される。エルミータが人里離れたごく小さなものであるのに対して、カテドラルは都市部におかれたいわば教会の親玉だ。司教座聖堂という正式名が示すとおり、高位聖職者が司る教会の総本部に当たる。

スペイン最大の規模を誇るセビーリャの大聖堂

●その構造は？

真上から眺めることなど通常できないカテドラルだが、実はキリスト教のシンボルである十字架の形をしている。人の形にも見える足の部分は**ナベ Nave（身廊）**、手は**クルセロ Crucero（翼廊）**、頭は**カベセラ Cabezera（後陣）**とそれぞれ呼ばれている。

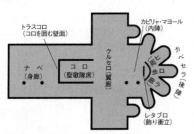

トラスコロ
（コロを囲む壁面）

カピリャ・マヨール
（内陣）

クルセロ（翼廊）

ナベ
（身廊）

コロ
（聖歌隊席）

カベセラ（後陣）

周歩廊

レタブロ
（飾り衝立）

●実際に入ってみよう

まず、特に創意工夫が凝らされるカテドラルの顔、**ファチャード Fachado（ファサード）**。装飾のこまやかさや美しさには思わず目を奪われることだろう。小さな扉を押すと、そこには外の喧騒とは裏腹に、厳粛な空気が広がっている。浮かれ

気分の観光客も、ここでは要注意。異教徒だからとひるむことはないが、ミサの行われる場所では束の間の静けさを共有したいもの。薄暗い身廊の先には、**コロ Coro（聖歌隊席）**が見える。音楽が王侯貴族の専有物だった時代、貧しく信仰あつい民衆たちが美しい調べに酔いしれる唯一の場所だったのかもしれない。

豪華絢爛なトレド大聖堂のコロ

後陣へ進むと、祭壇が置かれた**カピリャ・マヨール Capilla Mayor（内陣）**に突き当たる。その背後にそびえるのが**レタブロ Retablo（飾り衝立）**。聖書などを題材にした彫刻や絵画の豪華さには思わずため息がもれる。視線をそのまま下ろすと、地下に秘密めいた空間がある。建物によってはここに**クリプタ Cripta（地下礼拝堂）**や、偉人や殉教者の眠る**セプルクロ Sepulcro（聖体安置所）**が設けられている。内陣の裏側にあるのが**ヒロラ Girola** と呼ばれる通路。また翼廊には、**サクリスティア Sacristía（聖具室）**や**美術館 Museo** などがあるかもしれない。カテドラル秘蔵の美術品にお目にかかれるのがここだ。ゴシック様式のカテドラルであれば、高い壁に**ロセトン Rosetón（バラ窓）**がひときわ美しさを放つ。

レオンのカテドラルを彩るバラ窓

●訪ねてみたいカテドラル

スペイン・カトリックの総本山がおかれたトレド、13の礼拝堂が特徴的なブルゴス、スペイン随一のステンドグラスを誇るレオンが特に名高い。また、キリスト教の聖地サンティアゴ・デ・コンポステーラでは、バロック様式の尖塔が巡礼者を迎えてくれる。スペイン最大規模のセビーリャでは、コロンブスの墓参りも欠かせない。これ以外では、調和の取れた新旧ふたつの大聖堂があるサラマンカも訪れてみたい。

緑豊かな王家の保養地

アランフェス

世界遺産

✢ Aranjuez

map P.51/A1

標高	489m
人口	約5万9000人

アクセス

🚃 マドリード・アトーチャ駅、チャマルティン駅などから近郊線C-3で45分〜1時間、€4.05、毎時2〜3便運行。

🚌 マドリードの南バスターミナルから423番のバスで約50分、月〜金は毎時2〜4便、土・日・祝は毎時1〜2便。

ℹ️ 観光案内所

map P.126
🏠 Pl. de San Antonio 9
☎ 918 910 427
🔗 www.aranjuez.es
🕐 月〜金　10:00〜14:00
　　　　　16:00〜18:00
　土・日　10:00〜18:00
🚫 1/1・6、12/24・25・31

世界遺産

アランフェスの文化的景観
（2001年登録）

イチゴ列車Tren de la Fresa

1851年にスペインで2番目に鉄道が敷かれたマドリード〜アランフェス間を、当時の蒸気機関車がシーズン限定の観光列車として走っている（一般の車両が使われることもある）。4月下旬〜11月上旬（7・8月は運休）の毎週土・日曜運行。料金はツアーの内容により€27.05〜。詳細はRenfe窓口またはウェブサイトで。

車内でイチゴが配られる

チキトレンChiquitren

ミニ列車型の観光バスが50分かけて町をひと巡りする。王宮前広場を12:00（夏期は11:00）から30分〜1時間おきに発車。料金€6.50。詳しいスケジュールは下記サイトまたは現地で確認を。
🔗 www.turismoenaranjuez.es

町の中心に堂々とした姿を見せる王宮

　荒地が多いカスティーリャ地方の中で、珍しく沃野にあるアランフェス。その豊かな環境のため、古くから王家の保養地として使われた。タホ川のほとりに贅のかぎりを尽くして建てられた王宮は、当時の華やかな王家の生活を象徴している。また、木々で覆われた王子の庭園はとてもロマンティックで、ホアキン・ロドリーゴの名曲『アランフェス協奏曲』のメロディが静かに流れてくるようだ。

歩き方 ✢ Orientation

　駅を背にして右へ、Toledo通りに出たら左へ曲がり並木道を歩くこと約10分で**王宮Palacio Real**に着く。一方、マドリードからのバスはInfantas通りの16番地に到着。ℹ️は王宮裏のサンティアゴ・ルシニョール広場Pl. de Santiago Rusiñolの南、**サン・アントニオ広場Pl. de San Antonio**にある。

　サンティアゴ・ルシニョール広場から延びているReina通りの北側には**王子の庭園Jardín del Príncipe**が広がっている。広大な敷地内を歩いて回るのは大変なので、列車型の観光バス、チキトレンを利用するのもいい。

アランフェス

マドリードへ
王家の小舟博物館
Museo de Falúas Reales
Río Tajo
農夫の家
Casa del Labrador
島の庭園
Jardín de la Isla
タホ川
王子の庭園
Jardín del Príncipe
Carretera de Madrid
Carretera de Cádiz
サンティアゴ・ルシニョール広場
Plaza de Santiago Rusiñol
王宮
Palacio Real
エル・ラナ・ベルデ
Reina
サン・アントニオ広場
Toledo Plaza de San Antonio
Infantas
Príncipe
ハルディン・デ・アランフェス
アランフェス駅
Renfe
Avenida de San Antonio
バス停

はみだし　タホ川を遊覧するボートツアーが週末と祝日のみ運航、料金 €9.99 〜。催行日や運航時間は季節によって異なるので、公式サイトで要確認。🔗 www.elcuriosity.com

おもな見どころ ✣ Sightseeing

ハプスブルク家の別荘だった ★★★ [map] P.126

王宮
Palacio Real

王家の春と秋の別荘として16世紀にフェリペ2世が建築を命じ、代々の王を経て、18世紀の後半カルロス3世の時代に完成した。数ある部屋のなかでも、オリジナリティにあふれているのが**磁器の間Salón de Porcelana**。部屋全体が極彩色の人物、動物、植物の磁器で覆われている。また**アラブの間（喫煙の間）Salón Árabe**は、アルハンブラ宮殿の「二姉妹の間」をコピーしたもので、鍾乳石飾りがすばらしい。このほか、ロココ風の家具やタペストリーがある**玉座の部屋Salón del Trono**、フランシスコ・バイユー作のフレスコ画で覆われた**礼拝堂Capilla**などが見もの。

シャンデリアや家具も豪華

優雅な王族の暮らしをしのばせる ★ [map] P.126

王家の小舟博物館
Museo de Falúas Reales

かつての船着場の近くにあり、タホ川での舟遊びに使われた王家の小舟が展示されている。なかでも、ヴェネチア伯爵から贈られたという、木彫りに金が施されたフェリペ5世のゴンドラは見事だ。

フェリペ5世のゴンドラ

ネオ・クラシック様式の華麗な館 ★ [map] P.126

農夫の家
Casa del Labrador

18世紀末にカルロス4世が狩りや保養の目的で建てさせたもの。スペイン各地の風景を描いた刺繍で覆われたマリア・ルイサ王妃の部屋Salón de María Luisa、プラチナの部屋Gabinete de Platinoは、この離宮の贅沢な性格をよく表している。

王宮
[住]Pl. de Parejas, s/n
☎918 911 344
[URL]www.patrimonionacional.es
[開]火〜日　10:00〜19:00
（10〜3月は〜18:00）
※入場は閉館1時間前まで
[休]月、1/1・6、5/1・30、9/8、12/24・25・31
[料]€9、学割€4（王家の小舟博物館を含む）、ガイド付きは別途€4

プラタナスの木々に覆われた王子の庭園

王家の小舟博物館
[住]Jardín del Príncipe, s/n
☎918 912 453
[開][休]王宮と同じ
[料]王宮と同じ（王宮の発券所で購入したほうがよいが、博物館にある自販機でもクレジットカードで購入できる）

農夫の家
[住]Pl. Jardines Histórico Art 1
☎918 911 344
[開]火〜日　10:00〜19:00
（10〜3月は〜17:00）
[休]月
[料]€5
※見学はガイド付きで所要約40分。1時間〜1時間30分おきに催行されるが、1回につき定員は10人までなので王宮の発券所で事前購入しておいたほうがよい。農夫の家ではクレジットカード支払いのみ対応の自販機で入場券が買える。

庭園内にある豪華な建物

レストラン＆ホテル ✣ Restaurant & Hotel

レストランは王宮の近くに点在している。ホテルは少ないので週末に宿泊する場合は早めの予約を。

🍴エル・ラナ・ベルデ
El Rana Verde
[map] P.126

タホ川のほとりにある、眺めのよいレストラン。川が見えるテラス席もあり、食事の予算はひとり€15〜25。

[住]La Reina 1　☎918 911 325
[営]火・水 10:00〜20:00、木〜日 10:00〜24:00
[休]月、1/1・6、12/24　[カード][M][V]

ハルディン・デ・アランフェス
Hotel Jardín de Aranjuez
★★★ [map] P.126

大通りに面して建つ小さなホテル。バスタブ付きの部屋もあり、快適に過ごせる。

[住]Av. del Príncipe 26　☎918 754 207
[URL]www.hoteljardindearanjuez.com
[料]ⓈⓌ€53〜115　[カード][M][V]　[客室数]24　[WiFi]無料

マドリードから足を延ばして ラ・マンチャの風車の村へ

赤茶けた大地に白い風車が並ぶ

Consuegra
コンスエグラ

コンスエグラは、ブドウ畑の広がる平原から突き出た丘の麓にある、人口8000人ほどの小さな町。11基の風車と城が、丘の尾根に沿ってきれいに並んでいる。丘の上からは地平線が見えるほど見晴らしがよく、夏なら吹き抜ける風が気持ちいい。使われなくなって久しい風車だが、これが活躍していた時代に思いをはせてみよう。周囲の風景は、たぶん当時とそれほど変わっていないに違いない。赤い大地と、緑のブドウ畑。時間があったら丘を下りて、ブドウ畑の間の道を歩いてみるとよい。振り返ると、風車の並ぶ丘はうずくまるドラゴンの背のように見える。ちょっと異様な眺めで、なるほど、ドン・キホーテが風車を巨人と思ったのもうなずける。

風車の丘から町を見下ろす

マドリードからのバスは川沿いのバスターミナルに停まり、ℹもすぐ近くにある。川と反対方向へ歩いていくとスペイン広場 Pl. de España に出るので、ここから丘の上に見える風車を目指そう。町に最も近い2基の風車にℹと売店があり、そのうち売店の風車は内部を見学できる。コンスエグラはサフラン産地としても有名で、毎年10月下旬にはサフラン祭りが開催される。

コンスエグラの中心部スペイン広場

[map] P.51/B1

アクセス
🚌 マドリードの南バスターミナルから Samar 社のバスで約2時間40分〜3時間、1日1〜2便。トレドからは Samar 社のバスで約1時間、1日1〜4便。

ℹ観光案内所
☎925 475 731
[URL]www.consuegra.es
[開] 毎日 9:00 〜 14:00
15:30 〜 18:00
(6〜9月の午後 16:30 〜 19:00)

コンスエグラのホテル
ラ・ビーダ・デ・アンテス
Hotel La Vida de Antes ★★★
[住]Colón 2 ☎925 482 133
[URL]www.lavidadeantes.com
[料] Ⓢ €79 〜 105 Ⓦ €99 〜 115
[カード][J][M][V] [客室数] 9 [Wi-Fi]無料
バス停から徒歩5分。古い民家を改装したプチホテル。部屋から家越しに風車が見える。

コンスエグラのレストラン
エル・アルファール
Restaurante El Alfar
[住]Rosa del Azafrán 8
☎925 481 807
[営]12:00 〜 17:00 (金・土 12:30 〜)
[休] 火 [カード][M][V]
19世紀の陶器工場を改装した郷土料理のレストラン。庭が広く味も雰囲気も町一番だが、場所がわかりにくいのでℹか地図で確認しよう。昼定食は€14.50。

広大な赤土の大地に広がるブドウ畑、青い空をバックに並ぶ白い風車。
こんなスペインらしい風景に出合いに、
『ドン・キホーテ』の舞台となったラ・マンチャ地方を訪ねてみよう。

ドン・キホーテの舞台となった村

[map] P.51/B2

Campo de Criptana

カンポ・デ・クリプターナ

風車の内部が見学できる

唯一、列車で行ける風車のある村、カンポ・デ・クリプターナ。丘の上に今も残る10基の風車の白が、青い空にアクセントを与えて美しい。そんな風景のなかにたたずんでいると、時間さえも忘れてしまいそうだ。ドン・キホーテはこの風車群を巨人ブリアレオと見間違え、槍を小脇に、愛馬ロシナンテにまたがって突進したという。彼をはね飛ばした風車は、今では心臓部ともいえる歯車をクサリで留められ、何の用も足さぬまま町をただ見下ろしている。

小さなカンポ・デ・クリプターナ駅を出たら、駅前の道を左方向に歩いていこう。いつしか道は緩やかに傾斜し、だんだん家が込み入ってくると道はふたつ3つと分かれてくる。風車の標識に従って上へ上へと歩いていけば、やがて家並みの間から風車が顔を出してくれる。駅から徒歩20分ほどだ。

ラ・マンチャに風車が出現したのは16世紀中頃だという。この時代において風車は科学技術の粋だった。風車にはそれぞれに名前がつけられており、そのうちのインファンテ Infante は、中へ入って粉ひきの仕組みを見学することができる。また、町から上がってくると一番手前のポヤトス Poyatos 内にⓘがある。

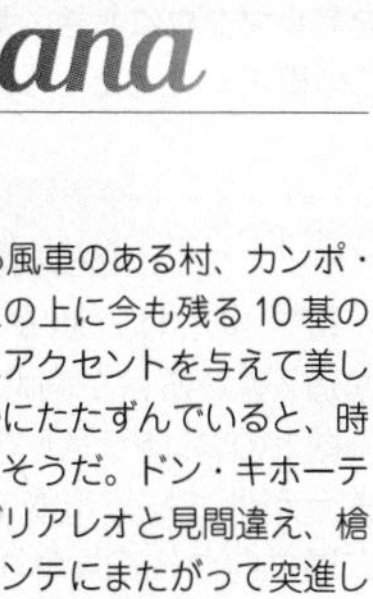

スペイン広場に立つドン・キホーテ像

アクセス

🚆マドリード・アトーチャ駅からアルバセーテ Albacete 行きの中距離列車（MD）で約2時間、1日2～3便。ひとつ手前のアルカサル・デ・サン・フアン Alcázar de San Juan 駅へは列車が1日10便程度あるので、そこからの約8kmはタクシー（1時間の待ち時間を含め往復€25程度）を利用するという方法もある。

ⓘ観光案内所

☎926 562 231
[URL] www.campodecriptana.es
[開] 火～土 10:00～14:00
17:00～19:00
（10～4月の午後16:30～19:00）
日・月 10:00～14:00
[休] 冬期の月

カンポ・デ・クリプターナのホテル

エゴス
Hostal Egos ★★
[住] García León 51 ☎926 564 304
[料] Ⓢ Ⓦ €50～90
[カード] [M][V] [客室数] 10 [Wi-Fi] 無料
鉄道駅から北西へ徒歩20分ほど。併設のレストランは人気が高い。

アルマグロ ✦ Almagro

map P.51/B1

標高	646m
人口	約9000人

アクセス

🚆 マドリード・アトーチャ駅から直通で2時間20分、1日1便。またはシウダード・レアルまで約50分～1時間、アルカサル・デ・サン・フアン行き（1日5便）に乗り換え約15分。
🚌 マドリードの南バスターミナルからAisa社のプエルトリャーノ行きに乗り、2時間40分、1日1便。

ℹ️ 観光案内所

map P.130
🏠 Pl. Mayor 1
☎ 926 860 717
URL www.turismoalmagro.com
🕐 火～土 　10:00～14:00
　　　　　 16:00～19:00
　　日・祝 10:00～14:00
休 月

住民の憩いの場でもあるマヨール広場

　スペインいち美しい広場は、サラマンカのマヨール広場だといわれる。では「田舎の広場では?」というと、ラ・マンチャの旧都アルマグロのマヨール広場を挙げる人が多い。レコンキスタの時代はその攻防戦の基地であり、アンダルシアへ去ったイスラム教徒のあとに再植民したカラトゥラーバ騎士団は、統治する地域の首都をアルマグロにおき、騎士団長たちの本拠地とした。その足跡は、この町のいたるところに残っている。

歩 き 方 ✦ Orientation

　町の中心は、駅から徒歩約15分の**マヨール広場Pl. Mayor**。木造2層の露台が南北2辺に長く連なり、緑に統一された窓枠が白い壁とのコントラストで美しく映える。この広場では昔、闘牛や槍試合が催され、市が立ち、芝居が演じられたという。1階部分は広場に向かって開かれたアーケードになっており、アルマグロの特産品であるレースや陶器を並べたみやげ物屋が並んでいる。ちょっと変わったものではナスのつぼ漬け。ゆでたナスを酢と油に漬けて軽く発酵させたもので、ワインにぴったり。ケソ・マンチェゴというチーズとともに、一度は試してみたいラ・マンチャの味だ。

アルマグロ

N　0 100m

アルマグロ駅
Renfe
闘牛場
Plaza de Toros

Paseo de la Estación
Carretera de San Pedro
Ronda de Santo Domingo
サン・バルトロメ
劇場博物館
Museo Nacional del Teatro
San Agustín
Encomienda Tercia
Don Diego
Ronda de Calatrava
Museo plaza Toros
マヨール広場
Pl. Mayor
ℹ️
Madre de Dios
野天劇場
Corral de Comedias
M. de Carnicerías
M. de Hermanas Dominicas
マドリード行きバス停
Ronda de San Francisco
Rastro de San Juan
Ronda de San Juan
パラドール・デ・アルマグロ

マヨール広場には特産の籠やレースを売る店もある

はみだし **劇場博物館**：演劇に関する資料が展示され、18世紀から現在にいたるまでの歴史をたどることができる。
map P.130　URL museoteatro.mcu.es（開館時間はウェブサイトで要確認）料 €3

おもな見どころ ✣ Sightseeing

古典劇が行われる ★★ [map] P.130

野天劇場
Corral de Comedias

17世紀に建てられた、現在も使われているものとしてはヨーロッパ最古の劇場。桟敷席、婦人席、平土間席などに分かれた客席もさることながら、舞台、楽屋、そして軒につるされたランプにいたるまで、当時の様子をよく伝えている。毎年7月には国際古典劇フェスティバルの会場となる。

白壁と暗紅色が調和する

野天劇場
[住]Pl. Mayor 18
☎926 882 458
[URL]www.corraldecomedias.com
[開]夏期 月～金 10:00～14:00
17:00～18:30
土・日 10:00～12:30
17:00～20:00
冬期 毎日 10:00～14:00
16:00～19:00
※季節によって細かく設定されているので要確認
[料]€4

ホテル ✣ Hotel

全部で10軒ほどの宿泊施設がある。予算に余裕があれば、パラドールがおすすめ。

パラドール・デ・アルマグロ
Parador de Almagro
★★★★ [map] P.130

16 世紀の修道院を改装。バルはかつての酒蔵庫で、巨大なワイン樽が置かれている。

[住]Ronda de San Francisco 31 ☎ 926 860 100
[FAX]926 860 150 [URL]www.parador.es [料]ⓈⓌ€105 ～ 225
[カード][A][D][J][M][V] [客室数]54 [Wi-Fi]無料

サン・バルトロメ
Hostal San Bartolomé
★ [map] P.130

住宅街の一角に位置するこぢんまりとしたオスタル。内部の壁は色とりどりで、かわいらしいパティオもある。

[住]San Bartolomé 12 ☎ 661 526 570
[URL]www.hostalsanbartolome.com [料]Ⓢ€30 ～ 45
Ⓦ€40 ～ 55 [カード][M][V] [客室数]14 [Wi-Fi]無料

TOPICS

ドン・キホーテの舞台、ラ・マンチャ

スペインの作家、セルバンテスが『ドン・キホーテ』を発表したのは 1605 年のこと。以後 400 年にわたり世界中で翻訳され、現在も読み継がれている不朽の名作だ。騎士道物語を読み過ぎて物語の世界と現実の区別がつかなくなった主人公ドン・キホーテが、やせ馬ロシナンテにまたがり、サンチョ・パンサを従士として、世の不正を正す遍歴の旅に出る。その舞台の中心となったのがラ・マンチャ地方だ。ドン・キホーテが風車を巨人と間違え戦いを挑んだカンポ・デ・クリプターナ(→ P.129)をはじめ、ゆかりの村々が点在している。交通の便はよくないが、タクシーやレンタカーで巡ってみるのもおもしろい。

ドン・キホーテとドゥルシネアの像が立つエル・トボソ

●エル・トボソ El Toboso
ドン・キホーテの思い姫、ドゥルシネアが住んでいた村。彼女のモデルとされる旧家の娘アナ・サルコの家が、ドゥルシネアの家 Casa-Museo de Dulcinea として公開されている。

●プエルト・ラピセ Puerto Lápice
セルバンテスが泊まった旅籠が残っており、現在はレストラン兼みやげ物店、「ベンタ・デル・キホーテ Venta del Quijote」になっている。当時のレシピをもとに作られたラ・マンチャの郷土料理を楽しめる。

バスツアーで立ち寄ることも多い「ベンタ・デル・キホーテ」

●アルガマシーリャ・デ・アルバ Argamasilla de Alba
ドン・キホーテの生まれ故郷とされる町。セルバンテスが投獄生活を送った牢獄、セルバンテスの洞窟がメドラノの家 Casa de Medrano に残っている。

奇岩に囲まれた要塞都市

クエンカ

✢ Cuenca

世界遺産

map P.51/A2

| 標高 | 1001m |
| 人口 | 約5万4900人 |

アクセス

🚄 マドリード・アトーチャ駅またはチャマルティン駅から約1時間、毎時1～2便。バレンシアのホアキン・ソローリャ駅から約1時間、1日10便程度。

🚌 マドリードの南バスターミナルからAvanza社のバスで2時間～2時間30分、1～2時間おきに運行。

❶観光案内所

●マヨール広場
map P.132
🏠Pl. Mayor 1
☎969 241 051
URL turismo.cuenca.es
🕐毎日　9:00～21:00
イスパニダード広場にも❶がある。

世界遺産

歴史的城塞都市クエンカ
（1996年登録）

傾斜地に旧市街の家並みが広がる

　大地を河川が浸食してできた巨大な断崖の上に、クエンカの町はある。見上げればまさしく絶壁の上の要塞都市。中世においてはいかなる敵の侵入をも許さない防御力を誇っていた。見渡せば背後の山々にも奇岩が連なり、その不思議な景観から「魔法にかけられた町」と呼ばれる。また、セマナ・サンタ（聖週間）の行列がスペインでも有数の華麗さを誇ることでも有名だ。

歩き方 ✢ Orientation

クエンカ

　鉄道駅はふたつあり、AVEやAlviaなど高速列車が停車するフェルナンド・ソベル駅は町から南へ約4kmの場所に位置する。1番の市バスに乗ると、バスターミナルの前を経由して旧市街の中心、**マヨール広場Pl. Mayor**まで行ける。またイスパニダード広場に停車する2番の市バスは、マヨール広場を通り旧市街の上まで行く。いずれの市バスも30分間隔で運行。

　クエンカ駅から歩く場合は、Ramón y Cajal通りからLas Torres通りを北へ進むと、ウエカル川に架かる橋に出る。この先の岩の台地の上が旧市街。橋を渡ったら階段を上ってカラフルな家が並んでいるAlfonso VIII通りを進むか、または右に折れて川沿いの道を歩くのも楽しい。いずれも途中は急な坂道だ。

　マヨール広場に建つ**カテドラルCatedral**に向かって右側の道は、急坂となって、**宙づりの家Casas Colgadas**に続いている。前を通り過ぎ、その先の遊歩橋まで行ってみると、なるほど宙づりの家だと納得できる。橋を渡った先には、修道院を改装したパラドールがある。

132

はみだし イスパニダード広場に面したSan Francisco通りにはバルがずらりと並んでいる。€1.50前後でビールとタパス1品が食べられる手頃なバルが多い。

おもな見どころ ✣ Sightseeing

旧市街の中心にそびえる ★★ map P.132

カテドラル（大聖堂）
Catedral

13世紀に建てられたゴシック様式の大聖堂だが、内部の装飾にはルネッサンス様式も見られる。聖堂内は周歩廊が二重になっており、トリフォリウム（三連窓）や、アロンソ・ベルゲーテによって彫刻が施されたプラテレスコ様式の扉などがある。

クエンカで最も有名な建物 ★★ map P.132

宙づりの家
Casas Colgadas

14世紀に王家の別荘として建てられ、18世紀中頃までは市庁舎として使われていた。現在は**スペイン抽象美術館Museo de Arte Abstracto**として、20世紀後半のスペイン現代画家の作品を展示している。また、窓の外に見える奇岩の風景もまるでひとつの作品のようだ。

「不安定な家」とも呼ばれる

ビジュアルな展示が楽しい ★ map P.132

科学博物館
Museo de las Ciencias

古代から現代への時間の流れを表現した「タイムマシン」のほか、科学に関するさまざまな事柄やカスティーリャ・ラ・マンチャについて、パネルや映像を駆使して解説。プラネタリウムも併設しており、子供から大人まで楽しめる。

ファサードは20世紀に再建された

カテドラル
[住]Pl. Mayor, s/n
☎649 693 600
[URL]www.catedralcuenca.es
[開]7〜10月
毎日 10:00〜19:30
11〜6月
日〜金 10:00〜17:30
(4〜6月は〜18:30)
土・祝 10:00〜19:00
[休]1/1、12/25
[料]€5.50、学割と65歳以上€4.50

スペイン抽象美術館
[住]Canónigos 3
☎969 212 983
[URL]www.march.es
[開]火〜土 11:00〜14:00
16:00〜18:00
(土は〜20:00)
日 11:00〜14:30
[休]月、1/1・6、聖金曜日、9/18〜21、12/24・25・31
[料]無料

科学博物館
[住]Pl. de la Merced 1
[URL]museocienciasclm.es
[開]火〜土 10:00〜14:00
16:00〜19:00
日 10:00〜14:00
[休]月、1/1・6、聖木・金曜日、9/19〜21
[料]€5、学割無料

レストラン&ホテル ✣ Restaurant & Hotel

ホテルは新市街に多い。駅から旧市街へと続くRamón y Cajal通りにはオスタルが数軒ある。

🍴カサス・コルガーダス
Casas Colgadas
map P.132

宙づりの家の中にある高級レストラン。絶景を眺めながら、クエンカ出身のシェフによる芸術的な創作料理を楽しめる。コースメニューは €95。

[住]Canónigos 3 ☎ 644 009 795
[営]日・火 13:30〜14:15、水〜土 13:30〜14:15、20:30〜21:15 [休]月 [カード][A][D][J][M][V]

🔑パラドール・デ・クエンカ
Parador de Cuenca
★★★★ map P.132

16世紀に建てられた旧サン・パブロ修道院を改装。ウエカル川を見下ろす断崖の上に建っており、窓から宙づりの家が見える部屋もある。

[住]Subida a San Pablo, s/n ☎ 969 232 320 [FAX]969 232 534
[URL]www.parador.es [料]ⓈⓌ€120〜350
[カード][A][D][J][M][V] [客室数]63 [Wi-Fi]無料

🔑ポサーダ・デ・サン・ホセ
Hostal Posada de San José
★★ map P.132

18世紀の建物を改装したチャーミングなホテル。カフェとレストランは眺めがすばらしく、宿泊客でなくても利用できる。

[住]Julián Romero 4 ☎ 969 211 300
[URL]www.posadasanjose.com [料]ⓈⓌ€75〜149
[カード][A][D][M][V] [客室数]21 [Wi-Fi]無料

🔑ラモン・イ・カハル
Hotel RC Ramón y Cajal
★★ map P.132

駅とバスターミナルから徒歩約3分。周辺にはスーパーやレストランもあって便利だ。ミニキッチンや冷蔵庫付きの客室もある。

[住]Ramón y Cajal 49 ☎ 969 234 100
[URL]www.hotelramonycajal.com [料]Ⓢ€35〜55 Ⓦ€55〜75
[カード][A][M][V] [客室数]30 [Wi-Fi]無料

[はみだし] クエンカの町並みがアニメ映画『テイルズ オブ ヴェスペリア〜 The First Strike 〜』、テレビアニメ『ソ・ラ・ノ・ヲ・ト』の2作品でモデルになったことにより、一時期は日本人観光客が増えたそうだ。

スペインの建築様式まとめ

ヨーロッパでは時代によってさまざまな建築様式があるが、基本的な知識があれば、実際に訪れたときに興味もわきやすい。またスペイン独自の建築スタイルもあり、比較してみるのもおもしろい。

●アストゥリアス様式（8〜10世紀）

スペイン北部に建国されたアストゥリアス王国で、西ゴート王国の美術様式を受け継ぎ発展させたのが、アストゥリアス建築。オビエド近郊に残る教会には、石造りの骨組みや半円アーチなど、ロマネスク手法の先取りが見られる。（→ P.402）

オビエド郊外のサン・ミゲル・デ・リーリョ教会

●モサラベ様式（9〜10世紀）

モサラベとは、キリスト教徒でありながら、文化的にはアラブ化したスペイン人のこと。イスラム風の馬蹄形アーチや植物文様などが、ロマネスク彫刻や写本といったキリスト教美術に取り入れられた。

●ロマネスク様式（10〜12世紀）

フランス、北イタリアで始まった中世ヨーロッパの宗教美術。スペインではカタルーニャ地方や北スペインを中心に広まり、特にサンティアゴ・デ・コンポステーラに向かう巡礼路（→ P.408）の道筋に建造物が多い。半円アーチを多用し、分厚い壁に小さな窓を設けていることが特徴。スペインではフランスやイタリアの影響を強く受けつつ、ムデハル様式が融合するなど、独自のロマネスク美術が形成された。

サント・ドミンゴ・デ・シロス修道院の回廊

●ゴシック様式（12〜15世紀）

フランス北部に発し、中世後半の西ヨーロッパ全般に広まった建築・美術様式。尖頭アーチや交差リブなどの新技術により、天井を高くし窓を広く取ることが可能となり、ステンドグラスの発展につながった。スペインでは、トレド、ブルゴス、レオンの3大カテドラルがその代表とされる。

ゴシックの最高傑作、ブルゴスのカテドラル

●ムデハル様式（12〜16世紀）

ムデハルとは、レコンキスタ後も自分たちの信仰や習慣を維持しながらスペインに残ったイスラム教徒のこと。イスラムの高度な技術をもつ彼らは、建築、金銀細工、彫刻業などに従事し、イスラム文化と中世キリスト教文化との融合がなされた。スペイン独自のこの様式は、ガウディなど後の建築家にも大きな影響を与えた。（→ P.375）

●イサベル様式（15世紀末〜16世紀初め）

ゴシック様式とムデハル様式が融合したもの。バリャドリードのサン・パブロ教会（→ P.145）や国立彫刻美術館（→ P.146）に見られるように、過剰装飾を特徴とする。

●プラテレスコ様式（16世紀）

ゴシックの建造物にイタリア発祥のルネッサンス装飾を取り入れた、スペイン・ルネッサンス建築様式。その名称は、繊細で過剰な装飾が銀細工（プラテリーア）を思わせることに由来する。代表作はサラマンカ大学（→ P.158）、アルカラ・デ・エナーレスのサン・イルデフォンソ学院（→ P.119）など。

サラマンカ大学正門の装飾

●チュリゲラ様式（17世紀後半〜18世紀）

ねじり柱や彫刻を多用する、スペイン・バロック末期の建築様式。建築家や彫刻家を数多く輩出したチュリゲラ一族によって確立された。過剰なまでの装飾が特徴で、サラマンカのサン・エステバン修道院（→ P.158）の祭壇衝立はその代表作。

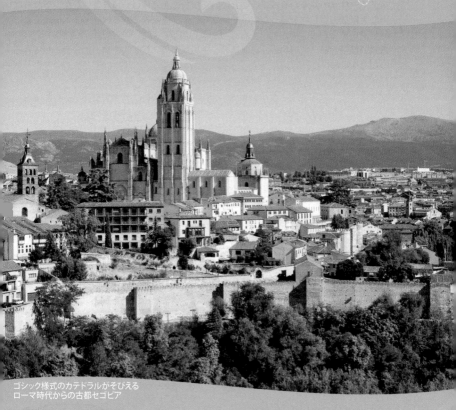

カスティーリャ・イ・レオン
Castilla y León
エストレマドゥーラ
Extremadura

バルセロナ ★
★ マドリード

ゴシック様式のカテドラルがそびえる
ローマ時代からの古都セゴビア

135

　「ピレネーを越えるとアフリカだ」と言ったのはナポレオンだったが、そのナポレオンの言葉を裏づけるような風景が広がるのが、カスティーリャ・イ・レオンとエストレマドゥーラ地方だ。スペインが生んだ偉大な詩人アントニオ・マチャードは、カスティーリャの荒涼たる風景をもとにいくつものすばらしい詩を書いたが、それらは単に大自然の厳しさを詠っただけではなく、そこに生きているスペイン人の魂にまで触れているという。確かに、人ひとりいない広漠としたメセタの大地を眺めるとき、情熱や陽気といった形容詞とは無縁の、生のままのスペインを見いだすことができるのかもしれない。

気　候

　マドリードと同様に、夏と冬の気温差が大きい大陸性気候。カスティーリャ・イ・レオンの北部は標高約1000mに位置し、冬の寒さはさらに厳しく、雪が降る地域もある。エストレマドゥーラはラ・マンチャと同じ南メセタに分類され、夏は暑く乾燥する。

周遊のヒント

　比較的鉄道網が発達しているが、バスを組み合わせるとさらに便利。ローマ時代に鉱物資源をスペイン北部からセビーリャまで運ぶために造られた「銀の道」(→ P.155) に沿って、レオン、サモーラ、サラマンカ、カセレス、メリダ、サフラのルートをたどるのもおもしろい。

おもな祭りとイベント

サンタ・アゲタ祭
Fiestas de Santa Agueda
サマラマラ（セゴビア郊外）…… 2/4 〜 6 ※
闘牛カーニバル
Fiestas Tradicionales Carnaval del Toro
シウダード・ロドリゴ
（サラマンカ県）……………… 2/17 〜 21 ※
URL www.carnavaldeltoro.es
聖週間 Semana Santa
サモーラなど ………… 3/24 〜 31 ※ ('24)
火渡り祭　Paso del Fuego
サン・ペドロ・マンリケ（ソリア県）… 6/23・24
メリダ古典演劇祭
Festival de Mérida Teatro Romano
メリダ ……………………… 7/1 〜 8/27 ※
URL www.festivaldemerida.es
サン・フロイラン祭
Fiesta de San Froilán
レオン …………………… 9/24 〜 10/5 ※
バリャドリード国際映画祭
Festival Internacional de Cine
バリャドリード …………… 10/21 〜 28 ※
URL www.seminci.es

※を付した日程は毎年変わります。上記で年度の記
　載のないものは2023年の日程です。変更される
　こともあるので、事前にご確認ください。

料理と名産品

　厳しい風土のなかで生活するため、コシード（煮込み）やソパ・カステリャーナ（ニンニクスープ）など、体の温まる料理が多い。またスタミナを蓄えるために、コルデーロ・アサード（子羊のロースト）などの肉料理が好んで食べられる。特に、セゴビア名物のコチニーリョ・アサード（子豚の丸焼き）、グレドス山地で育ったアビラ牛のステーキ、ブルゴス産のモルシーリャ（豚の血入りの腸詰め）は有名。また良質な赤ワインの産地でもあり、特にリベラ・デル・ドゥエロやルエダが知られている。

ボリューム満点
のコルデーロ・
アサード

子豚を丸焼きにした
コチニーリョ・アサーダ

世界的に有名な
リベラ・デル・ドゥ
エロの「ペガ・
シシリア」

ニンニクのスープ、ソパ・
カステリャーナ

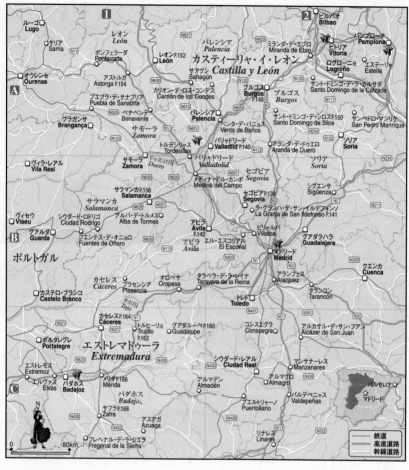

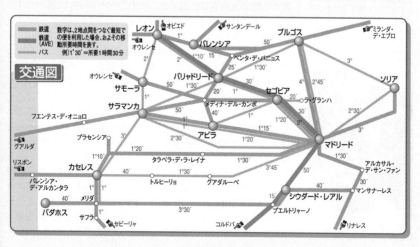

交通図

カスティーリャ・イ・レオン／エストレマドゥーラ

イントロダクション

ローマ時代の水道橋が残る古都

セゴビア

✦ Segovia

標高	1002m
人口	約5万800人

アクセス

🚆 マドリード・チャマルティン駅発の普通列車でセゴビア駅まで約2時間、1日2〜5便。高速列車AvantやAlviaを利用する場合はチャマルティン駅から約30分、毎時1〜2便、セゴビアAV（ギオマール）駅に到着する。

🚌 マドリードのモンクロア・バスターミナルからAvanza社のバスで1時間20分、平日は15〜30分おき、土・日・祝は30分〜1時間おきに運行。アビラから約1時間、1日2〜4便。

🛈 観光案内所

●アソゲホ広場
map P.139/B2
🏠 Pl. del Azoguejo 1
☎ 921 466 720
URL www.turismodesegovia.com
🕐 月〜土　　　10:00〜18:30
　　日・祝　　　10:00〜17:00
マヨール広場にも🛈がある。

世界遺産

セゴビア旧市街とローマ水道橋
（1985 年登録）

セゴビアの名物料理

生後間もない子豚をまるごとオーブンで焼き上げるコチニーリョ・アサードCochinillo Asado。皮はパリッと香ばしく、肉は軟らかくジューシーだ。この料理を売り物にしている店は多い。

簡単に切り分けられるほど肉が軟らかいコチニーリョ・アサード

旧市街の北西側からアルカサルを見上げる

　マドリードから北西へ95km、標高1002mの高地に位置する城塞都市。15世紀にはカスティーリャ王国の中心地として、歴史のなかで重要な役割を果たした。カスティーリャ地方にはいたるところに古城や廃墟が残っているが、セゴビアにはディズニー映画『白雪姫』の城のモデルになったといわれるアルカサルがあり、スペイン特有の重々しさのなかにもエレガントな香りを漂わせている。またここでのもうひとつの見どころは、ローマ人が築いた巨大な水道橋。母国イタリアを遠く離れたこの地に、今なお彼らの残した足跡が息づいているのには驚くばかりだ。

歩き方 ✦ Orientation

　セゴビアには鉄道駅がふたつある。AvantやAlviaの高速列車が停まるセゴビアAV駅（正式名はギオマールGuiomar駅）は、町から約5km南東に位置する。セゴビアAV駅から11番のバスが**ローマ水道橋Acueducto Romano**まで、12番がバスターミナルまで、それぞれ列車の到着に合わせて毎時1〜2便運行しており、所要15分ほど。在来線が停まるもうひとつのセゴビア駅は、町から約2km南にあり、8番がローマ水道橋を経由して**マヨール広場Pl. Mayor**の手前まで行く。6番はバスターミナル前を経て、Paseo del Salónが終点。ここからマヨール広場へは徒歩2分ほどだ。

　町の南にあるバスターミナルからローマ水道橋へは歩いて約8分。橋のたもとには🛈があり、**アソゲホ広場Pl. del Azoguejo**は多くの地元の人や観光客が行き交う。ここから北西側が城壁に囲まれた歴史地区。アソゲホ広場からカテドラルへいたるCervantes通りとJuan Bravo通りはレストランやカフェの多い商店街で、みやげ物店も並んでいる。ゴシック様式の美しい姿が目を引く**カテドラルCatedral**の前は、🛈もあるマヨール広場。そこからさらに、Marqués del Arco通りとそれに続くDaoiz通りを真っすぐ進めば、切り立った断崖の上に建つ**アルカサルAlcásar**に着く。

はみだし　マドリードからバスの往復切符を購入した場合、復路はオープンチケットのため、セゴビアのバスターミナルの窓口で時間を指定したチケットを発行してもらわないとバスに乗車できないので注意。

カスティーリャ・イ・レオン

セゴビア

おもな見どころ ✦ Sightseeing

ローマ人の技術の高さを物語る ★★★ map P.139/B2

ローマ水道橋
Acueducto Romano

世界遺産

スペイン最大の規模を誇る

15km以上離れたアセベダ川の水を町まで引くため、紀元1世紀前後に建造された。全長は728mに及び、最も高い所はアソゲホ広場付近で約28mに達する。アーチの数は計166個。驚くことに、この水道橋を築いている各石の間には接合材が一切使われておらず、1884年まで水は上部を通ってセゴビアの町に供給されていた。1928年からは同じ所に水道管が設置され、間接的ではあるが、今もその役目を果たしている。

ローマ水道橋
🏠Pl. Azoguejo, s/n
🕐見学自由

水道橋近くのアソゲホ広場のバス停

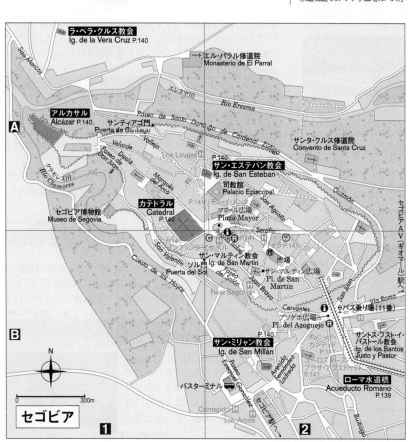

ラ・ベラ・クルス教会
Ig. de la Vera Cruz P.140

エル・パラル修道院
Monasterio de El Parral

サン・マルコス

Río Eresma

エレスマ川

Paseo de Santa Domingo de Cardenal Zúñiga

アルカサル
Alcázar P.140

A

サンティアゴ門
Puerta de Santiago

サンタ・クルス修道院
Convento de Santa Cruz

Velarde

Vallejo

Los Linajes H P.140

サン・エステバン教会
Ig. de San Esteban

Paseo de Don Juan

Marqués del Arco

司教館
Palacio Episcopal

Guzmán

Río Clamores

カテドラル
Catedral P.140

Plaza Mayor
マヨール広場

San Agustín

セゴビア AV（ギオマール駅へ→

セゴビア博物館
Museo de Segovia

P.141

Serafín

H

San Valentín

サン・マルティン教会
Ig. de San Martín

ソル門 市場
Puerta del Sol

サン・マルティン広場
Pl. de San Martín

Juan Bravo

Cuesta de los Hoyos

Real Segovia

Cervantes

バス乗り場（11番）

Via Roma

B

N

サン・ミリャン教会
Ig. de San Millán

アソゲホ広場
Pl. del Azoguejo P.140

サントス・フスト・イ・パストール教会
Ig. de los Santos Justo y Pastor

Avenida Fernández Ladreda

バスターミナル

P.141

ローマ水道橋
Acueducto Romano P.139

0 300m

Corregidor H
Los Arcos

Buitrago

セゴビア

1 2

マヨール広場から見たカテドラル

カテドラル
🏠Marqués del Arco 1
☎921 462 205
URLwww.catedralsegovia.es
🕐毎日　　　　　9:00 ～ 21:30
　（11 ～ 3 月は～ 18:30）
💰€4、塔はガイド付き €7

アルカサル
🏠Pl. Reina Victoria Eugenia, s/n
☎921 460 759
URLwww.alcazardesegovia.com
🕐毎日　　　　　10:00 ～ 20:00
　（11 ～ 3 月は～ 18:00）
💰1/1・6、5/2、6/9、12/25
💰€7、学割€5（塔込みは€10、学割€8）

壮麗な格天井をもつ

ラ・ベラ・クルス教会
🏠Ctra. de Zamarramala, s/n
☎921 431 475
🕐水～日　　　10:30 ～ 13:30
　　　　　　　16:00 ～ 19:00
🏠月・火
💰€2.50、学割€1.25

サン・エステバン教会
🏠Pl. San Esteban 14
🕐外観のみ

アーチ窓をもつ美しい塔

サン・ミリャン教会
🏠Av. Acueducto, s/n
🕐ミサの時間のみ

スペイン最後のゴシック建築　　　　　★★★　map P.139/A1
カテドラル（大聖堂）
Catedral

　1525年に建設が始まり、1768年に完成した。ゴシック様式の大聖堂としてはスペインで最も新しく、その優雅な姿から「カテドラルの貴婦人」と呼ばれる。高さ88m、内部は奥行き105m、幅50m。付属の美術館には幼児の墓がある。これは乳母の手からすべり落ちて死んだエンリケ2世の子、ペドロのもので、乳母もその後を追って城から身を投げたという。

映画『白雪姫』の城のモデルとなった　　　★★★　map P.139/A1
アルカサル
Alcázar

　ローマ時代の要塞があった場所に13世紀初めに城が築かれ、以降数世紀にわたり歴代の王たちによって増改築された。1474年、エンリケ4世の訃報を聞いたイサベル・ラ・カトリカは、この城でカ

アルカサルの入口

スティーリャ王国の女王として即位することを宣言した。また1570年には、フェリペ2世がアナ・デ・アウストゥリアと「王座の間」で結婚式を挙げた。1862年の火災で城の大部分が焼け落ちたが、その後再建されている。

カスティーリャの荒野に建つ　　　　　★★　map P.139/A1
ラ・ベラ・クルス教会
Iglesia de la Vera Cruz

　　　　　スペインでは珍しい12角形の教会。13世紀にテンプル騎士団によって建てられた。礼拝堂には、騎士たちの武器が置かれていたという石の机や、キリストが磔刑に処された十字架の聖遺物がある。
中世の姿をそのまま残す

空高くそびえる鐘楼が美しい　　　　　★　map P.139/A2
サン・エステバン教会
Iglesia de San Esteban

　13世紀に建てられた後期ロマネスク様式の教会で、回廊や柱頭は当時の姿をとどめている。6層に積み上げられた高さ53mの塔は、スペインに数ある鐘楼のなかでも「塔の女王」と呼ばれる。

ロマネスク初期の傑作　　　　　★　map P.139/B2
サン・ミリャン教会
Iglesia de San Millán

　アラゴン王アルフォンソ1世によって12世紀に建てられた。美しい柱頭をもつ外部の回廊は、ロマネスク様式の傑作だ。以前あったモサラベ寺院から残された塔は、その後改装されている。

回廊の柱頭が見事

はみだし　アルカサルの入場券は、宮殿と塔に上れる券が個別に販売されている。塔は 150 段くらいの階段を上るので、足が悪い人や体力に自信のない人は宮殿のみの見学にしておいたほうが無難だ。

近郊の見どころ ✦ Excursion

緑豊かな王室の避暑地　　　　　　　　　　★★　map P.137/B2

ラ・グランハ・デ・サン・イルデフォンソ

La Granja de San Ildefonso

　セゴビアの町から南東へ約11km。グアダラマ山脈の麓に、フェリペ5世が1731年に建てた**王宮Palacios Reales**がある。彼はフランスの太陽王ルイ14世の孫で、故郷を懐かしんで「小ヴェルサイユ」と呼ばれるこの宮殿の建築を命じたといわれる。ロココ様式の壮麗な宮殿が深い森と水の中にうまく調和しており、噴水や彫刻が配された庭園も美しい。また町には18世紀に創設された**王立ガラス工場Real Fábrica de Cristales**があり、工房やアンティークガラスのコレクションが見学できる。

シャンデリアはラ・グランハの王立ガラス工場で作られたもの

ラ・グランハへの行き方
🚌 セゴビアのバスターミナルからAvanza社のバスで約20分、1日8～14便。

王宮
🏠Pl. de España 15
☎921 470 019
URL www.patrimonionacional.es
🕐火～日　　10:00～19:00
　（10～3月は～18:00）
🚫月、1/1・6
💰€9、学割€4
　（森、庭園と共通）

レストラン&ホテル ✦ Restaurant & Hotel

レストランは旧市街に点在している。経済的なホテルは旧市街のほか、バスターミナル周辺にもある。

🍴メソン・デ・カンディド
Mesón de Cándido
map P.139/B2

　1884年創業、水道橋のすぐ脇にある、子豚の丸焼きで有名な老舗。15世紀の建物を改装した店内で、伝統的なカスティーリャ料理を堪能できる。了豚の丸焼きは€28。
🏠Pl. del Azoguejo 5 ☎921 428 103
🕐13:30～23:30　🚫無休
カード A D J M V

🍴エル・シティオ
El Sitio
map P.139/B2

　バルが多く建ち並ぶ通りのなかでも、地元客に人気のあるバル&レストラン。子豚の丸焼きなどセゴビア料理を楽しめる。ワインと豊富なメニューから選べるタパスで€3.20～。昼定食€13。
🏠Infanta Isabel 9 ☎921 460 996
🕐9:00～翌2:00（金は～翌3:00、土・日・祝は12:00～）
🚫無休　カード J M V（バルは不可）

🍴リモン・イ・メンタ
Limón y Menta
map P.139/B2

　マヨール広場の入口角にあるパティスリー。ショーケースにはセゴビアの郷土菓子ポンチェをはじめ、さまざまな伝統菓子が並ぶ。カフェも併設しているので、町歩きの途中に立ち寄ってみたい。
🏠Isabel la Católica 2 ☎921 462 141
🕐9:00～20:30（土は～21:30、日は～21:00）
🚫無休　カード M V

🛏ユーロスターズ・プラサ・アクエドゥクト
Hotel Eurostars Plaza Acueducto
★★★★　map P.139/B2

　ローマ水道橋、各鉄道駅からのバス停に近いという絶好の立地。客室はフローリングの床に暖色系のインテリアで居心地がよい。水道橋が見える部屋もある。
🏠Av. Padre Claret 2-4 ☎921 413 403　FAX921 436 999
URL www.eurostarshotels.com 💰Ⓢ Ⓦ€89～220
カード A D J M V　客室数72　Wi-Fi無料

🛏インファンタ・イサベル
Hotel Infanta Isabel
★★★　map P.139/B2

　マヨール広場に面したホテル。19世紀の建物を改装しており、部屋や公共スペースはクラシックな雰囲気だ。広さによって3タイプあり、カテドラルが見える部屋もある。
🏠Pl. Mayor 12 ☎921 461 300　FAX921 462 217
URL www.recordishotels.com 💰Ⓢ Ⓦ€59～179
カード A D J M V　客室数37　Wi-Fi無料

🛏ナトゥラ
Hostería Natura
★　map P.139/B2

　マヨール広場から近い、家族経営でアットホームなオスタル。部屋ごとにデザインが異なる客室は冷暖房、ハイドロマッサージシャワー付き。内部は清潔で、バルコニー付きの部屋もある。
🏠Colón 5 y 7 ☎921 466 710　FAX921 466 711
URL www.hosterianatura.com 💰Ⓢ Ⓦ€43～170
カード J M V　客室数16　Wi-Fi無料

 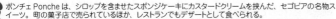

ポンチェPoncheは、シロップを含ませたスポンジケーキにカスタードクリームを挟んだ、セゴビアの名物スイーツ。町の菓子店で売られているほか、レストランでもデザートとして食べられる。

中世の城壁に囲まれた要塞都市

アビラ

標高	1128m
人口	約5万7700人

アクセス

🚃 マドリード・アトーチャ駅またはチャマルティン駅から約1時間30分～2時間、毎時1～2便。

🚌 マドリードの南バスターミナルからJiménez Dorado社のバスで約1時間20分～1時間45分、1日4～6便。セゴビアから約1時間、1日2～4便。

❶観光案内所

map P.143/A1 ～ A2
🏠 Av. de Madrid 39
☎ 920 350 000
URL www.avilaturismo.com
開 毎日　　　　　9:00～20:00
　（11～3月は～18:00）
カテドラル近くにも❶がある。

世界遺産

アビラ旧市街と城壁外の教会群
（1985年登録、2007年拡大）

市内交通

鉄道駅から約100m先にあるHotel Reina Isabel前のバス停から1番のバスに乗れば、城壁を右回りにサン・ビセンテ門～カテドラル～ラストロ門に停まる。なお駅へ向かう1番はラストロ門から右回りにサン・ビセンテ門へ向かう。

観光バスEl Tranvía

城壁の外を約45分かけて回る列車型のミニ観光バス。クアトロ・ポステスで10分ほど停車する。サン・ビセンテ門前から発車、料金€6。時刻表は公式サイトで確認を。
URL www.eltranvia.es

城壁

☎ 920 350 000
開 毎日　　　　　10:00～20:00
　（7・8月は～21:00、11～3月は～18:00）
休 冬期の月
料 €5、学割€3.50
入場は45分前まで。発券所はアルカサル門、カテドラル近くの❶、アダハ橋門近くの3ヵ所にある。

城壁に囲まれた市街をクアトロ・ポステス近くから眺める

　グレドス山脈の北側に位置するアビラは、夏でも朝夕は涼しく、冬ともなれば凍えるほど寒くなる。かつてはこの地がイスラム教徒との戦いの最前線だったために、現在の旧市街全体を囲んで巨大な城壁が造られた。聖女テレサ・デ・ヘススが生まれ育った町としても知られ、彼女の名がつけられたイエマス・デ・サンタ・テレサは名物菓子だ。またアビラの牛肉は有名で、チュレトンと呼ばれる巨大なビーフステーキを味わってみたい。

歩き方 ✛ Orientation

　鉄道駅から旧市街へは徒歩15分ほど。駅前の道Paseo de la Estaciónを真っすぐ道なりに歩けば**城壁Las Murallas**に着く。バスターミナルは鉄道駅のすぐ北側にある。**サン・ビセンテ門Puerta de San Vicente**は旧市街の入口。カテドラル周辺が繁華街で、西側は閑静な住宅街だ。西端の**アダハ橋門Puerta del Puente Adaja**から城壁の外に出て、橋を渡って北西側へ歩くと、旧市街が一望できる**クアトロ・ポステスCuatro Postes**がある。

おもな見どころ ✛ Sightseeing

イスラム教徒との戦いを物語る　　　★★★　map P.143/A1

城 壁
Las Murallas

　11世紀にイスラム教徒から町を取り戻したアルフォンソ6世の娘婿ライムンド伯爵が、1090年から9年の年月をかけて、防備のために築いた。全長約2.5km、幅約3m、高さは平均12mほど、90の塔をもつ。9つの門のうち、アルカサル門とサン・ビセンテ門は重量感があり、城壁の入口にふさわしい。

城壁の上を歩くことができる

カテドラル（大聖堂）
Catedral

かつては砦の役割もあった ★★★ map P.143/A1

12～14世紀のロマネスクからゴシックへの過渡期に建てられた大聖堂。後方にシモロと呼ばれる塔をおき、砦の防御態勢を敷いている。内陣にはペドロ・ベルゲーテによるキリストの生涯を描いた祭壇屏があり、その背後にはスペインにトスカーナ式ルネッサンスを導いた彫刻家バスコ・デ・サルサの代表作、アビラの司教アロンソ・デ・マドリガル（別名エル・トスタード）の墓碑が置かれている。また聖堂内の一部には赤い斑点入りの

砂岩が使われていて、これはとても珍しい。付属の美術館には数々の美術品が所蔵されているが、なかでもフアン・デ・アルファによる聖体顕示台は見事だ。

城壁の上から見たカテドラル

サンタ・テレサ修道院
Convento de Santa Teresa

聖女の生家跡に建てられた ★★ map P.143/A1

テレサ・デ・ヘスス（1515～82年）は、カルメル修道会の改革を進め、宗教に関する多くの書物を著し、後により厳しい戒律をもつ「裸足のカルメル会」を設立した。1622年に聖者のひとりに

加わる。この修道院はテレサの生家跡に建てられ、祭壇には彼女が抱きしめながら息を引き取ったといわれる十字架が置かれているほか、聖女にまつわる品々を展示する**美術館**がある。

正面はバロック様式

カテドラル
🏠Pl. de la Catedral 8
☎920 211 641
🌐www.catedraldeavila.com
🕐4～10月
　月～土　　10:00～20:00
　日・祝　　12:00～20:00
　11～3月
　月～金　　10:00～18:00
　土　　　　10:00～19:00
　日・祝　　10:00～18:00
💰€8、学割€6.50

城壁近くにあるサンタ・テレサ像

サンタ・テレサ修道院
🏠Pl. de la Santa 2
☎920 211 030
🕐毎日　　　9:30～13:30
　　　　　　15:30～20:00
💰無料
●美術館
🕐4～10月
　火～日　　10:00～14:00
　　　　　　16:00～19:00
　11～3月
　火～日　　10:00～13:30
　　　　　　15:30～17:30
🚫月
💰€2

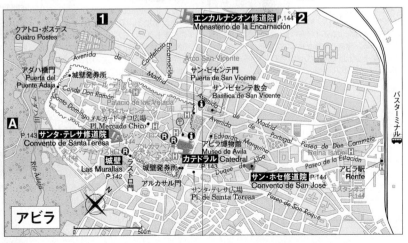

アビラ

クアトロ・ポステス
Cuatro Postes

アダハ橋門
Puerta del
Puente Adaja

城壁発券所

サンタ・テレサ修道院 P.143
Convento de Santa Teresa

城壁
Las Murallas P.142

城壁発券所

アルカサル門

サンタ・テレサ広場
Pl. de Santa Teresa

エンカルナシオン修道院 P.144
Monasterio de la Encarnación

サン・ビセンテ門
Puerta de San Vicente

サン・ビセンテ教会
Basilica de San Vicente

メルカード・チコ広場
Pl.Mercado Chico

アビラ博物館 P.144
Museo de Ávila

カテドラル Catedral
P.143

サン・ホセ修道院 P.144
Convento de San José

アビラ駅
Renfe

バスターミナル

500m

はみだし　十字架が立つ展望台のクアトロ・ポステスへ行くには、中型車両を利用した7番バスに乗るとよい。平日のみ毎時1～2便あり、駅前通りから旧市街を抜けて、クアトロ・ポステスまで運行している。

143

エンカルナシオン修道院
[住]Paseo la Encarnación 1
☎920 211 212
[開]月～金　9:30～13:00
16:00～18:00
土・日・祝　10:00～13:00
16:00～18:00
（5～9月は毎日～19:00）
[休]1/1、12/25
[料]€2

サン・ホセ修道院
[住]Las Madres 2
☎920 222 127
[開]毎日　10:00～13:30
16:00～19:00
（11～3月は～18:00）
[料]€1.40

テレサが修道生活を送った　★★　[map] P.143/A1

エンカルナシオン修道院
Monasterio de la Encarnación

テレサが修道女となった19歳から27年間暮らしたカルメル会修道院。ここで必見なのは、テレサが履いていたサンダル。厳寒のアビラの冬でも靴下を履かずにこのサンダルだけで過ごし、「裸足のカルメル会」の名の由来になった。

聖女ゆかりの品を展示する　★　[map] P.143/A2

サン・ホセ修道院
Convento de San José

別名ラス・マドレスLas Madres。1562年にテレサが最初に設立した修道院。博物館にはテレサが枕として使っていた木の棒、遺体が納められていた柩などの遺品を展示している。なお聖女の墓はサラマンカ郊外のアルバ・デ・トルメスAlba de Tormesにある。

城壁の外にある

レストラン＆ホテル ✢ Restaurant & Hotel

飲食店、ホテルともに城壁内の旧市街に集まっている。歩いて行ける範囲内にあるので便利だ。

🍴アルカラベア
Alcaravea
[map] P.143/A1

地元の人も訪れる、アビラの人気店。カテドラル前の広場にあり、観光の途中に立ち寄るのに便利だ。アビラ牛の骨付き肉、チュレトン・デ・テルネーラ（€22）はボリューム満点。

[住]Pl. de la Catedral 15　☎987 071 378
[営]13:00～16:00、21:00～23:30
[休]日の午後、月　[カード][A][M][V]

🍴メソン・デル・ラストロ
Mesón del Rastro
[map] P.143/A1

郷土料理が食べられるラストロ門近くの名門店。14:00を過ぎると満席になるので早めに入ろう。開店と同時ならすいている。アビラ牛のステーキセットは€40。バルも併設している。

[住]Rastro 1　☎920 211 218
[営]13:00～17:00、21:00～23:00　[休]火、冬期の夜
[カード][A][J][M][V]

🍴トレス・シグロス
Tres Siglos
[map] P.143/A1

カスティーリャ風の内装が落ち着いた店内で、リーズナブルに食事ができる。前菜やメインが10種類以上の料理から選べるセットメニューは€14～28で、飲み物とデザート付き。

[住]Comuneros de Castilla 11　☎920 228 772
[営]12:00～16:00、20:00～23:00　[休]無休
[カード][A][J][M][V]

🔑パラドール・デ・アビラ
Parador de Avila
★★★★　[map] P.143/A1

城壁に沿って建つ16世紀の邸宅を改装。客室は黄色やグリーンなど柔らかな色調でコーディネートされており、ゆったりとくつろげる。

[住]Marqués Canales de Chozas 2　☎920 211 340
[FAX]920 226 166　[URL]www.parador.es
[料]ⓈⓌ€95～290　[カード][A][D][J][M][V]
[客室数]61　[Wi-Fi]無料

🔑ラス・カンセラス
Hotel Las Cancelas
★★　[map] P.143/A1

カテドラル正面に向かって右側の路地を入る。15世紀の旅籠を改装しており、石の壁や太い木の梁がその面影を残す。1階のパティオを利用したレストランも定評がある。

[住]Cruz Vieja 6　☎920 212 249
[URL]www.lascancelas.com　[料]Ⓢ€79～135　Ⓦ€86～144
[カード][A][D][M][V]　[客室数]14　[Wi-Fi]無料

🔑ル・ビンテージ
Hostal Le Vintage
★★　[map] P.143/A1

旧市街の中心、メルカード・チコ広場のすぐ近くにあるオスタル。こぢんまりとした客室は清潔でテレビ付き。暖房も完備しているので、寒い冬でも暖かく過ごせる。

[住]Comuneros de Castilla 3　☎920 251 475
[料]Ⓢ€34～99　Ⓦ€38～105
[カード][A][M][V]　[客室数]17　[Wi-Fi]無料

[はみだし] アビラ駅の駅舎の2階にオスタル「**エスタシオン Estación**」がある。部屋は簡素だが、列車で着いてすぐチェックインできるので便利だ。[map] P.143/A2　☎920 250 093　[URL]www.hostallaestacionavila.com

かつてのカスティーリャ王国の首都

バリャドリード

+ Valladolid

広場の奥にはカテドラルが建つ

map P.137/A2

標高	691m
人口	約29万5600人

アクセス

🚄 マドリード・チャマルティン駅から約1時間、セゴビアから30〜40分、ブルゴスから40分〜約2時間、いずれも毎時1〜2便。

🚌 マドリードの南バスターミナルからAlsa社のバスで約2時間、1〜2時間おき。セゴビアから約2時間、1〜2時間おき、ブルゴスから約2時間、1日3〜4便。

🛈 観光案内所

map P.146/A2
🏠 Acera de Recoletos, s/n
☎ 983 219 310
URL www.info.valladolid.es
🕐 月〜土　　　　9:30〜14:00
　　　　　　　　16:00〜19:00
（聖週間、7/1〜9/15の午後は17:00〜20:00）
　　日　　　　　9:30〜15:00
🚫 1/1、12/25

観光バス Bus Turístico

2階建て観光バスが市内9ヵ所を50分かけて回る。🛈の向かいから出発。週末のみの運行で、金曜17:00、18:00、土・日曜12:00、13:00、17:00、18:00（4〜9月は金〜日曜19:00もあり）。チケットは1日有効で€10。

サン・パブロ教会

🏠 Pl. de San Pablo 4
🕐 ミサの時間のみ（月〜土8:00、13:15、19:30、日・祝9:30、11:30、12:30、13:30、19:30）

　スペイン史上、数々の偉大な人物とゆかりの深い町。スペイン統一を果たしたカトリック両王が婚礼の儀を執り行ったのがここバリャドリード。またフランスの「太陽王」ルイ14世の母ドニャ・アナが生まれ、新大陸に到達したコロンブスはこの町で亡くなった。12世紀以降、カスティーリャ王国の宮廷がしばしばおかれ、16〜17世紀にはスペイン帝国の首都でもあった。そのため貴族の館や教会も多く、また学問の都として活気にあふれている。

歩き方 + Orientation

　鉄道駅、バスターミナルともに町の南に位置する。駅前から続くAcera de Recoletos通りを歩いていくと、**ソリーリャ広場Pl. de Zorrilla**の手前に🛈がある。この通りの界隈にはオスタルや中級ホテルが点在しているので、先にその日の宿を決めてもよい。

　バリャドリードは路地が入り組んだ造りの町なので、歩き始める前に🛈で地図を手に入れておこう。ソリーリャ広場からSantiago通りを北に進むと、町の中心**マヨール広場Pl. Mayor**に出る。バリャドリードで最も重要なモニュメント、**国立彫刻美術館Museo Nacional de Escultura**へはさらに徒歩15分ほど。

おもな見どころ + Sightseeing

イサベル様式の傑作　　　　　　　★★★　map P.146/A1

サン・パブロ教会
Iglesia de San Pablo

　サン・パブロ広場に面したファサードは、イサベル様式を代表する建造物で、下半分はシモン・デ・コロニアの作とされている。イサベル様式は、フランボワイヤン・ゴシックとムデハル様式が融合して、15世紀末に生まれた。上半分はさらに後の時代に造られたもので、天使像や紋章の浮き彫りが施されている。

サン・パブロ教会は町を代表する建築物のひとつ

国立彫刻美術館

住 Cadenas de San Gregorio 1
☎ 983 250 375
URL museoescultura.mcu.es
開 火～土　　10:00～14:00
　　　　　　　16:00～19:30
　　日・祝　　10:00～14:00
休 月、1/1・6、5/1、9/8、
12/24・25・31
料 €3（セルバンテスの家との
共通券€5）
　　土の午後と日の午前は無料

カテドラル

住 Arribas 1
☎ 983 304 362
開 火～金　　10:00 ～ 13:30
　　　　　　　16:30 ～ 19:30
　　土・日・祝 10:00 ～ 14:00
休 月
料 無料、美術館 €3

南側から見たカテドラル

建物自体も価値がある　　　　　　　　　★★★　map P.146/A1

国立彫刻美術館
Museo Nacional de Escultura

　15世紀に神学校として建てられたイサベル様式の建物に、スペイン・リアリズムを代表する数々の傑作が展示されている。特に、カスティーリャ派の創始者フアン・デ・フニの『キリストの埋葬Entierro de Cristo』をはじめ、アロンソ・ベルゲーテやグレゴリオ・フェルナンデスなどの作品は必見だ。

『キリストの埋葬』

さまざまな様式が混在する　　　　　　　★★　map P.146/A1

カテドラル（大聖堂）
Catedral

　16世紀末、フェリペ2世の主任建築技師フアン・デ・エレーラの最高傑作になるはずだったが、工事は4分の1で中止、未完のままとなった。18世紀になってアルベルト・デ・チュリゲラの構想により、ようやくファサードが完成。フアン・デ・フニの傑作、木彫りの主祭壇は、躍動感ある曲線と固い直線の調和が絶妙だ。現在はカテドラルの一部となっている中世のサンタ・マリア・ラ・マヨール教会内に司教区・大聖堂美術館がある。

カテドラル内の美術館

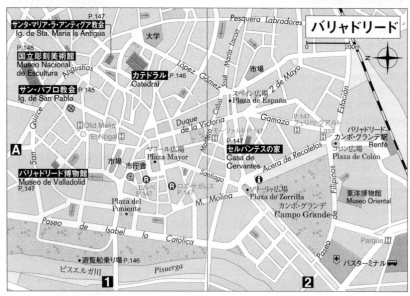

バリャドリード

サンタ・マリア・ラ・アンティグア教会　P.147
Ig. de Sta. Maria la Antigua

国立彫刻美術館　P.146
Museo Nacional de Escultura

カテドラル　P.146
Catedral

サン・パブロ教会　P.145
Ig. de San Pablo

バリャドリード博物館
Museo de Valladolid
P.147

セルバンテスの家　P.147
Casa de Cervantes

大学

市場

スペイン広場
Plaza de España

バリャドリード駅
Estación

バリャドリード
カンポ・グランデ駅
Renfe

コロン広場
Plaza de Colón

マヨール広場
Plaza Mayor

市場

市庁舎

Plaza del Poniente

ソリーリャ広場
Plaza de Zorrilla

カンポ・グランデ
Campo Grande

東洋博物館
Museo Oriental

Paseo de Isabel la Católica

遊覧船乗り場 P.146

ピスエルガ川
Pisuerga

バスターミナル

A　**1**　**2**

はみだし ピスエルガ川の遊覧船（map P.146/A1）は、7本の橋が架かる全13kmほどの行程を1時間15分かけて巡る。10～6月は土・日・祝13:00と18:00、7～9月は月～金20:00、土・日・祝11:30、

「ロマネスクの宝石」と呼ばれる ★ [map] P.146/A1

サンタ・マリア・ラ・アンティグア教会
Iglesia de Santa Maria La Antigua

11世紀にバリャドリードを創建したアンスーレス伯爵家の礼拝堂として、ローマ時代の遺跡の上に建設された。14世紀にゴシック様式に建て替えられたが、北側の回廊と塔は最も古い12世紀のロマネスク様式を留めている。

塔の美しさは有名

サンタ・マリア・ラ・アンティグア教会
[住]Arzobispo Gandasegui, s/n
☎696 727 569
[開]ミサの時間のみ

17世紀の生活がしのばれる ★ [map] P.146/A2

セルバンテスの家
Casa de Cervantes

セルバンテスの書斎

『ドン・キホーテ』の作者セルバンテスが56歳から約4年間暮らした家。17世紀の家具や調度品の多くはセルバンテスが実際に使っていたものだ。書斎には自筆の手紙の複写なども展示されている。

セルバンテスの家
[住]Rastro, s/n
☎983 308 810
[開]火～土　9:30～15:00
日・祝　10:00～15:00
[休]月、1/1・6、5/1、9/8、12/24・25・31
[料]€3（国立彫刻美術館との共通券€5）
日は無料

幅広いコレクションを所蔵 ★ [map] P.146/A1

バリャドリード博物館
Museo de Valladolid

16世紀に建てられたイタリア・ルネッサンス風の富豪ファビオ・ネリの館を改装。バリャドリード近郊で発掘された先史時代の鉄器具、ローマの遺物のほか、中世の絵画、タペストリー、陶器、家具などが展示されている。隣り合うクリーム色の建物は、同時代のバルベルデ侯爵の館だ。

バリャドリード博物館
[住]Pl. de Fabio Neli, s/n
☎983 351 389
[開]火～土　10:00～14:00
16:00～19:00
（7～9月の午後は17:00～20:00）
日・祝　10:00～14:00
[休]月、1/1・6、5/13、9/8、12/24・25・31
[料]€1、学割無料

レストラン＆ホテル ✣ Restaurant & Hotel

レストランやバルはマヨール広場の周辺で探すとよいだろう。ホテルは市街に多数点在している。

🍴エルベ
Herbe
[map] P.146/A1

四つ角に面してバルが、その隣にレストランがある。定食はイカの墨煮がおすすめで、料金は€16.50（土・日・祝は€19.70）。

[住]Correos 6　☎983 330 076
[営]13:00～16:00、20:00～23:30（バルは10:00～24:00）
[休]月　[カード][M][V]

🔑フェリペ・クアルト
Hotel Felipe IV
★★★★ [map] P.146/A2

鉄道駅に近い近代的なホテル。客室は明るく快適で、バスタブが大きいのがうれしい。カフェやレストラン、ジムも完備している。

[住]Gamazo 16　☎983 307 000
[URL]www.hfelipeiv.com　[料]ⓈⓌ€75～180
[カード][A][D][J][M][V]　[客室数]127　[Wi-Fi]無料

🍴ロス・サガレス
Los Zagales
[map] P.146/A1

地元客でにぎわうバル＆レストラン。ユニークな創作タパスから、一品料理、セットメニューまでメニューが充実している。

[住]Pasión 13　☎983 351 525
[営]13:00～16:00、20:00～23:30（バルは11:00～24:00）
[休]無休　[カード][M][V]

🔑モーツァルト
Hotel Mozart
★★★ [map] P.146/A2

鉄道駅から徒歩約15分、18世紀の建物を利用したホテル。町の中心部にあり、観光や食事にも便利だ。1階にカフェを併設。

[住]Menéndez Pelayo 7　☎983 297 777
[URL]www.hotelmozart.net　[料]ⓈⓌ€63～142
[カード][A][M][V]　[客室数]42　[Wi-Fi]無料

↘ 13:00、18:00、20:00の出航（要確認）。料金€13、12歳未満と65歳以上は€9。別料金で飲食も楽しめる。
☎660 689 611　[URL]www.leyendadelpisuerga.com

中世の英雄エル・シッドゆかりの町

ブルゴス

map P.137/A2

標高	860m
人口	約17万3400人

アクセス

🚄 マドリード・チャマルティン駅から約2時間～3時間30分、1日4～6便。

🚌 マドリードのアベニーダ・デ・アメリカ・バスターミナルからAlsa社のバスで約2時間45分～3時間、1～2時間おき。バリャドリードから約1時間30分～2時間、1日4～5便。ビルバオから約1時間45分～3時間15分、1日4～7便。

ℹ️ 観光案内所

map P.149/A1
🏠 Nuño Rasura 7
☎ 947 288 874
URL turismo.aytoburgos.es
🕐 7～9月
　　毎日　　　　9:00～20:00
　　10～6月
　　毎日　　　10:00～14:00
　　　　　　　16:00～19:30
🚫 1/1・6、12/25
アロンソ・マルティネス広場にもℹ️がある。

世界遺産

ブルゴスの大聖堂
（1984年登録）

観光バスTren Turístico

歩くには遠いウエルガス修道院やサン・エステバン門経由で展望台（地図外）へも行けて便利。ふたつのルートがあり、いずれもサン・フェルナンド王広場から出発、所要40分。運行本数は季節や曜日で異なる。詳しい時刻表と乗車券（€5.50、夜は€6.50）はℹ️で。

トレン・トゥリスティコで町をひと巡り

サンタ・マリア広場から見たカテドラルのファサード

　アルランソン川のほとりに広がる中世スペインの城下町。もともとレオン王国の一伯領だったこの地方は、10世紀半ばにフェルナンド・ゴンサレスにより独立。ブルゴスはこの独立カスティーリャ伯領の首都となる。11世紀にはフェルナンド1世のもとカスティーリャ王国に発展し、この時代にブルゴスは最盛期を迎えた。

　最大の見どころは、完成までに3世紀を要したという大聖堂。ゴシック建築の傑作で、トレド、セビーリャと並ぶスペイン3大カテドラルのひとつだ。またレコンキスタの英雄であるエル・シッド（→はみだし情報）の出生地であり、彼にちなんだモニュメントも多い。

歩き方 ✛ Orientation

　ブルゴス駅（正式名はブルゴス・ロサ・マンサーノBurgos Rosa Manzano駅）は町の中心から北東約5kmの所にある。駅からはバス23番が30分おきにスペイン広場まで運行しており、所要約20分。タクシーは€8～10程度。

　まずは**カテドラルCatedral**のある**サンタ・マリア広場Pl. de Santa María**を目指そう。スペイン広場から徒歩15分、バスターミナルからは5分くらい。ℹ️はカテドラルのすぐ南側にある。カテドラルの裏は上り坂になっており、古い家並みを眺めながら上っていくとアラブ風の城門、サン・エステバン門Arco de San Estebanにたどり着く。さらにここから**ブルゴス城Castillo de Burgos**に続く山道があり、15分ほど歩くと小高い頂上に達する。ここからブルゴスの町が一望できる。

　アルランソン川の北岸は遊歩道になっており、川沿いには**サンタ・マリア門Arco de Santa María**とエル・シッドの像が立つ。時間があれば中心部から西へ約1.5kmの**ウエルガス修道院Monasterio de las Huelgas**へも足を延ばしてみよう。

はみだし　エル・シッド El Cid（1043～99年）は、本名をロドリゴ・ディアス・デ・ビバールといい、ブルゴス近郊のビバール市で生まれた。カスティーリャ王サンチョ2世の臣下として頭角を現すが、サンチョに続く後継者である↗

おもな見どころ ✦ Sightseeing

スペイン3大ゴシック大聖堂のひとつ　★★★　map P.149/A1

カテドラル（大聖堂）
Catedral

世界遺産

　1221年に着工、フランス・ドイツゴシックの影響を受けて16世紀に完成した大聖堂。セビーリャ、トレドのカテドラルに次いで、スペイン第3の規模を誇る。正面の塔はドイツ出身のフアン・デ・コロニアの作品。内部装飾も時代を経た数々の芸術家の手によるもので、13ある礼拝堂それぞれに特徴があって興味深い。特に一番奥にある元帥の礼拝堂Capilla de Condestableは、プラテレスコ様式の傑作だ。この礼拝堂奥の聖具室にある「マグダレナのマリア」は、レオナルド・ダ・ヴィンチ作ではないかといわれているが、実際はジャン・ビトロ・リッチの作。54mの高さをもつ八角形の尖塔は、16世紀完成のプラテレスコ様式。この真下にはエル・シッドとその妻ヒメナの墓がある。

プラテレスコ様式の装飾が見事

カテドラル
🏠 Pl. Santa María, s/n
☎ 947 204 712
🔗 catedraldeburgos.es
🕐 3/19～10/31
　　毎日　　　　9:30～18:30
　　11/1～3/18
　　毎日　　　　10:00～18:00
※入場は閉館1時間前まで
💰 €10、学割€5

ステンドグラスが
美しい回廊

カスティーリャ・イ・レオン

ブルゴス

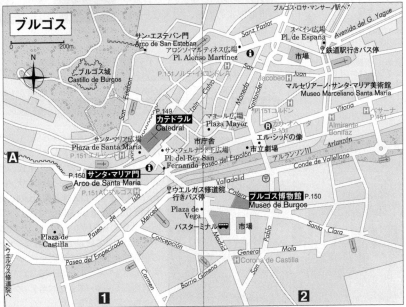

ブルゴス

アルフォンソ6世にうとまれ、カスティーリャを追放される。にもかかわらず生涯同王に忠誠を誓い、各地でイスラム教徒と戦い数々の戦果を残し、ついにはバレンシアの領主となった。

サンタ・マリア門

📍Pl. Rey San Fernando 9
☎947 288 868
🕐火～土　　　11:00～14:00
　　　　　　　17:00～21:00
　日　　　　　11:00～14:00
休月・祝
料無料

ブルゴス博物館

📍Miranda 13
☎947 265 875
URLwww.museodeburgos.com
🕐火～土　　　10:00～14:00
　　　　　　　17:00～20:00
（10～6月の午後は16:00～19:00）
　日・祝　　　10:00～14:00
休月、1/1・6、6/11・29、
11/1、12/24・25・31
料€1.20、土・日は無料

ウエルガス修道院

📍Pl. Compás, s/n
☎947 206 045
🕐火～土　　　10:00～14:00
　　　　　　　16:00～18:30
　日・祝　　　10:30～15:00
※入場は閉館1時間前まで
休月、1/1・6、聖金曜日、
6/12・29、12/24・25・31
料€6、学割€5

サント・ドミンゴ・デ・シロスへの行き方

ブルゴスからのバスは、月～木 17:30、金 18:30、土 14:00発の便と、シロス月～金 8:10発の1日1便ずつ（日・祝は運休）、所要約1時間30分。タクシーは片道€70、往復€80くらい。シロスにはホテルもあり宿泊可。

ひなびた村の中心に
修道院が建つ

旧市街への入口　　　　　　　　★★　map P.149/A1

サンタ・マリア門
Arco de Santa María

門を抜けて旧市街へ

14世紀に造られた、城下町へ入る門のひとつ。16世紀にカルロス5世を迎えるために改築され、現在見られる6人の英雄像が加わった。上からマリア像、天使像、そして6人の英雄のうち上段中央はカルロス5世、右側がエル・シッドの像。

ルネッサンス様式の館を改装　　　★　map P.149/A2

ブルゴス博物館
Museo de Burgos

旧石器時代から近世にいたる考古学的出土品を、ジオラマやビデオ、パネルなどを駆使して解説。スペイン語のみだが、ビジュアル的にわかりやすいので、歴史が好きな人は必見。キリスト教絵画や彫刻、現代美術のセクションもある。

王家の霊廟がある　　　　　★　map P.149/A1 外

ウエルガス修道院
Monasterio de Las Huelgas

1180年にアルフォンソ8世によって創設され、シトー派の修道女によって運営された。ロマネスク、ムデハル、ゴシックなどの各様式が取り入れられた内部装飾が見事だ。イスラム教徒との戦いを題材とした絵画や中世の王家の衣装、宝石などが展示されている。

多様な建築様式が見られる

近郊の見どころ✦Excursion

グレゴリオ聖歌で有名な修道院がある　　★★　map P.137/A2

サント・ドミンゴ・デ・シロス
Santo Domingo de Silos

ブルゴスから南南東へ約59km、山々に囲まれた小さな村。スペインで最も美しいといわれるロマネスク様式の回廊とグレゴリオ聖歌で知られる、**サント・ドミンゴ・デ・シロス修道院Abadía de Santo Domingo de Silos**がある。アッバース朝の第2代カリフ、アル・マンスールによって破壊された西ゴート族の僧院を、11世紀に修道士ドミンゴが再建したもので、19世紀末にはフランス南西部からやってきたベネディクト会士たちの避難所となった。

重い屋根を支えているのが信じられないほど繊細な柱の列に、青空を射るように立つ1本の糸杉が美しい。回廊の角に施された彫刻、特に『トマの不信 El Resucitado y Tomás』と『巡礼姿のキリスト Camino de Emaus』は必見。

教会では毎日ミサが行われ、修道士たちによるグレゴリオ聖歌を聴くことができる。CDにもなっているが、ぜひ教会の中に響き渡る歌声を体験したいものだ。

上／静謐な空気が流れる修道院の回廊
下／回廊のレリーフ『トマの不信』

サント・ドミンゴ・デ・シロス修道院
[住]Santo Domingo 1
☎947 390 049
[URL]www.abadiadesilos.es
●回廊
[開] 火〜土 10:00〜13:00
16:30〜18:00
日・祝 12:00〜13:00
16:00〜18:00
[休] 月、1/1・6、8/15、12/25
[料]€4、学割 €3
●ミサ
月〜土は 6:00、7:30、9:00、13:45、19:00、21:40 の6回。日・祝は 6:00、8:00、9:15、11:00、13:45、19:00、21:40 の7回。

レストラン&ホテル ✣ Restaurant & Hotel

名物料理はオリャ・ポドリーダOlla Podrida（肉野菜の煮込み）やチャンファイナChanfaina（臓物の煮込み）。ホテルは町全体に点在。

🍴カサ・オヘーダ
Casa Ojeda
[map] P.149/A2

1912年創業の老舗レストラン。1階はタパスや定食メニューなどが食べられる気軽なカフェ。ケーキもおいしい。2階は郷土料理のレストランで予算 €30。

[住]Victoria 5 ☎947 209 052
[営]13:30〜16:00、20:30〜23:00（カフェは 9:00〜23:00）
[休] 月、日の夜 [カード][A][D][J][M]

🔑コルドン
Hotel Cordón
★★★ [map] P.149/A2

カトリック両王がコロンブスと面会したコルドン館の近くに位置する、ビジネスタイプのホテル。周囲にレストランやバルがあって便利。1階のフロントは木製で趣のある雰囲気だ。

[住]La Puebla 6 ☎947 265 000 [FAX]947 200 269
[URL]www.hotelcordon.com [料]Ⓢ€44〜90 Ⓦ€49〜109
[カード][A][D][J][M][V] [客室数]35 [Wi-Fi]無料

🔑AC ブルゴス
AC Burgos
★★★★ [map] P.149/A1

旧市街に位置し、カテドラルまで徒歩3分ほど。外観はクラシックだが、内部は改装されており近代的。吹き抜けのロビーやレストラン、客室のインテリアはモノトーンで統一されている。

[住]Paseo de la Audiencia 7 ☎947 257 966
[FAX]947 257 967 [URL]www.marriott.co.jp [料]ⓈⓌ€79〜198
[カード][A][D][M][V] [客室数]70 [Wi-Fi]無料

🔑ノルテ・イ・ロンドレス
Hotel Norte y Londres
★★ [map] P.149/A2

1904年創業の老舗ホテル。旧市街にあり[i]のすぐ近く。館内はクラシックな雰囲気で、部屋もゆったりしている。3〜4人部屋もある。

[住]Pl. de Alonso Martínez 10 ☎947 264 125
[FAX]947 277 375 [URL]www.hotelnorteylondres.com
[料]ⓈⓌ€51〜140
[カード][A][M][V] [客室数]50 [Wi-Fi]無料

🔑エル・シッド
Hotel del Cid
★★★ [map] P.149/A1

サンタ・マリア広場に面した最高の立地。窓からカテドラルが見える部屋や、キッチン付きの部屋もある。15世紀の印刷館を改装したレストラン「メソン・デル・シッド」も有名。

[住]Pl. de Santa María 8 ☎947 208 715
[FAX]947 269 460 [URL]www.eurostarshotels.com
[料]ⓈⓌ€65〜180 [カード][A][D][J][M][V] [客室数]49 [Wi-Fi]無料

🔑ベサーナ
Hostal Bezana
★★ [map] P.149/A2

サンタ・マリア門から川沿いに東方向へ歩いて1kmほど、ガセット橋の近くにあるオスタル。部屋はやや狭いが、ソファの並ぶ共同空間があり、ゆっくり過ごせる。

[住]Puente Gasset 4-1° ☎&[FAX]947 205 916
[URL]www.hostalbezana.es [料]Ⓢ€30〜55
Ⓦ€40〜65 [カード][M][V] [客室数]16 [Wi-Fi]無料

サンティアゴ巡礼路の要所だった古都

レオン ❖ León

map P.137/A1

標 高	823m
人 口	約12万900人

アクセス

🚄 マドリード・チャマルティン駅から約2～3時間、1日7～8便。バリャドリードから約1～2時間、1日12便。オビエドから約2～3時間、1日5便。

🚌 マドリードの南バスターミナルからAlsa社のバスで3時間45分～4時間30分、1～2時間おき。バリャドリードから約2時間、1日8～10便。オビエドから1時間45分、1～2時間おき。

❶観光案内所

●カテドラル前
map P.153/A2
🏠Pl. de Regla 2
☎987 237 082
URLwww.turismocastillaleon.com
📅月～土　　　　9:30～14:00
　　　　　　　　16:00～19:00
　　(7/1～9/15は17:00～20:00)
　　日　　　　　9:30～17:00
📵1/1、12/25

旧市街の中心に位置するマヨール広場

10～12世紀にかけて栄えた旧レオン王国の首都。後にレオン王国はカスティーリャ王国に併合され、統合スペインの母体となった。ベルネスガ川のほとりに開けたこの町は、現在はこの地方の商工業の中心地としてにぎわっている。また、中世にはサンティアゴ巡礼路の要所であったため、ロマネスク様式のサン・イシドロ教会、ゴシック様式のカテドラル、ルネッサンス様式のサン・マルコス修道院など、重要なモニュメントも多い。

歩き方 ❖ Orientation

旧市街は10世紀の城壁に囲まれた一帯。ベルネスガ川の東側に教会や邸宅跡などが残っている。その中心にそびえるのが、スペインで最も美しいといわれるステンドグラスをもつ**カテドラルCatedral**だ。鉄道駅、バスターミナルからはベルネスガ川を渡り、真っすぐ歩くこと約15分。このほか、これを見ずしてスペイン・ロマネスクは語れないといわれる**サン・イシドロ教会Basílica San Isidoro**、現在はパラドール（→P.154）になっている**サン・マルコス修道院Monasterio de San Marcos**が、レオンの3大モニュメントだ。パラドールは宿泊客でなくても、教会への入場とバルやレストランの利用が可能なので、ぜひ立ち寄ってみよう。

おもな見どころ ❖ Sightseeing

内部が見学できるカサ・デ・ロス・ボティーネス

カサ・デ・ロス・ボティーネス
🏠Pl. de San Marcelo 5
☎987 353 247
URLwww.casabotines.es
📅月・木・金・日
　　　　　　10:00 ～ 19:00
　　水　　　15:00 ～ 19:00
　　土　　　10:00 ～ 20:00
📵火
💶€8、ガイド付き €12

ガウディが設計した　　　　　　　★★　map P.153/A2
カサ・デ・ロス・ボティーネス
Casa de los Botines

建物の四隅にそびえる尖塔が、いかにもガウディの作だと思わせる。カタルーニャ以外の地方でガウディの作品に出会うことはまれだが、その少ない作品のなかのひとつ。長い間銀行として使われていたが、現在は歴史的建造物として一般公開されている。

はみだし レオンでは毎年9月中旬から下旬に、サン・フロイラン祭 Fiesta de San Froilán が開催される。旧市街に腸詰めやチーズなど郷土食材の屋台が並び、特設会場ではレオンの伝統舞踊が上演される。

華麗なステンドグラスは必見　★★★　map P.153/A2

カテドラル（大聖堂）
Catedral

　13世紀半ばから14世紀末にかけて建造されたゴシック様式の大聖堂。内部を彩る100枚以上のステンドグラスは、太陽の動きによって色合いが刻々と変化し、その一つひとつの細工の見事さには思わずため息がもれるほど。これを見るためだけにも、レオンを訪れる価値はある。付属の美術館には、フアン・デ・フニ作のキリスト像ほか、貴重な美術品や書物が集められている。

内部の豪華な装飾は見応えがある

ロマネスク美術の傑作がある　★★★　map P.153/A2

サン・イシドロ教会
Basílica San Isidoro

　セビーリャの大司教イシドロにささげられた教会。11世紀末に着工、その後増改築され、ゴシックやルネッサンスなど各様式が混在している。レオン王国の一族が眠るパンテオン（王家の霊廟）は、「ロマネスク美術のシスティーナ礼拝堂」とも呼ばれ、天井に描かれたフレスコ画がすばらしい。また宝物室には、聖イシドロの遺骨を納めた聖遺物箱や、有名なドニャ・ウラーカの聖杯が納められている。

正面の装飾は緻密だ

カテドラル
Pl. de Regla, s/n
☎987 875 770
URLwww.catedraldeleon.org
5～9月
　月～土　9:30～13:30
　　　　16:00～20:00
　日・祝　9:30～11:30
　　　　15:00～20:00
10～4月
　月～土　9:30～13:30
　　　　16:00～19:00
　日・祝　9:30～11:30
　　　　13:00～15:00
€7、美術館 €5

サン・イシドロ教会
Pl. de San Isidoro 4
☎987 876 161
URLwww.museosanisidorode
leon.com
火～土　10:00～14:00
　　　　17:00～20:00
日・祝　10:00～14:00
（10/16～4月上旬の午後は
16:00～19:00）
月、1/1・6、12/25
€5、ガイド付き €7

Feve の鉄道路線はレオン市街の約2km区間と駅舎が改装工事中のため、2023年6月現在、レオン・マタリャナ駅は窓口での発券と代行バスの発着のみ機能している。鉄道再開は未定。

近郊の見どころ ✣ Excursion

ガウディファンなら足を延ばしたい　★★　[map] P.137/A1

アストルガ
Astorga

レオンから西へ約50km、サンティアゴ巡礼路上にある人口1万1000人ほどの町。ここはガウディ設計の**司教館Palacio Episcopal**があることで知られる。まるで城のように見える斬新なデザインのためか、教会側とかなり意見が衝突し、ガウディは途中で制作をやめてしまった。その後ほかの建築家に受け継がれて完成はしたものの、肝心の司教は恥ずかしがって結局住まなかったとか。ステンドグラスから天井のアーチにいたるまで、ガウディらしい才気が感じられる。

現在は巡礼博物館として公開されている

アストルガへの行き方
🚌レオンのバスターミナルから約50分、ほぼ1時間おきに運行。

司教館（巡礼博物館）
[住]Pl. Eduardo de Castro 15
☎987 616 882
[URL]www.palaciodegaudi.es
[開]5～10月
毎日　10:00～14:00
16:00～20:00
11～4月
毎日　10:30～14:00
16:00～18:30
[休]1/1・6、12/25
[料]€6

レストラン＆ホテル ✣ Restaurant & Hotel

旧市街を中心に20軒以上のホテルが点在している。予算に余裕があればパラドールがおすすめ。

🍴コシナンドス
Cocinandos
[map] P.153/A1

ミシュランの1つ星を獲得している、レオンを代表するレストラン。前菜からデザートまで全9品が楽しめる週替わりメニューは€77。
[住]Pl. de San Marcos 5　☎987 071 378
[営]13:45～15:15、21:15～22:45
[休]月・日　[カード][A][D][M][V]

🍴ル・プチ・レオン
Le Petit León
[map] P.153/A2

旧市街の飲食店が集中しているエリアにあり、内装はおしゃれな雰囲気だ。郷土料理のメニューが中心で、夕食の予算は€20程度。
[住]Pozo 2　☎987 075 507
[営]9:00～24:00　[休]無休
[カード][M][V]

🍴エル・ティソン
El Tizón
[map] P.153/A2

サン・マルティン広場に面した老舗。生ハムを盛り合わせたタブラ・デ・エンブティドス€18をはじめ、レオンの郷土料理が揃う。
[住]Comuneros de Castilla 11　☎987 256 049
[営]12:00～16:00、20:00～24:00（バルは11:00～24:00）
[休]無休　[カード][D][M][V]

🔑パラドール・デ・レオン
Parador de León
★★★★★　[map] P.153/A1

かつては巡礼者を保護するための修道院だった。プラテレスコ様式のファサードが見事。付属の教会や回廊は当時のまま残されている。
[住]Pl. de San Marcos 7　☎987 237 300　[FAX]987 233 458
[URL]www.parador.es　[料]ⓈⓌ€175～390
[カード][A][D][J][M][V]　[客室数]184　[WiFi]無料

🔑リオソル
Hotel Riosol
★★★　[map] P.153/A1

鉄道駅とバスターミナルから近く旧市街へも歩いて行ける、便利な立地の大型ホテル。ゆったりとした客室で快適に過ごせる。
[住]Av. de Palencia 3　☎987 216 650　[FAX]987 216 997
[URL]www.eurostarshotels.com　[料]ⓈⓌ€47～150
[カード][A][D][M][V]　[客室数]126　[WiFi]無料

🔑オレハス
Hostal Orejas
★★　[map] P.153/A1

鉄道駅から約500m、レセプションは2階にある。客室は清潔で、中級ホテル並みの設備をもつ。周辺にはスーパーやバルも多く便利。
[住]Villafranca 8　☎987 252 909
[URL]www.hostal-orejas.es　[料]Ⓢ€38～65　Ⓦ€40～75
[カード][A][M][V]　[客室数]49　[WiFi]無料

[はみだし] 旧市街のマヨール広場とサン・マルティン広場周辺は、**バリオ・ウメド Barrio Húmedo**と呼ばれ、バルが密集する地域。飲み物を注文すると、店それぞれに自慢のタパスが無料で付いてくる。

カスティーリャ・イ・レオン

レオン

ローマの交易路「銀の道」をたどる

　北はカンタブリア海に面した港町ヒホンから、南はアンダルシアのセビーリャまで、全長800km以上に及ぶ銀の道。イベリア半島を南北に走るこの旧街道は、古代ローマ時代に築かれた交易路だった。レオンは銀の道とサンティアゴ巡礼路（→ P.408）が交差する地点に位置し、交通の要衝として栄えた古都だ。

　銀の道は有史以前には、羊飼いたちが草を踏みならした道だったと考えられる。古代ローマ帝国がイベリア半島に進出すると、兵士たちの移動にこの道が使われた。そして地下資源や農産物をローマ本国に輸送するため、敷石の舗装道を建設する。ローマへの水上輸送は、グアダルキビル川沿いにあるセビーリャが利用された。ローマ帝国の撤退後も、西ゴート人やイスラム教徒にこの交易路が利用され、レコンキスタ後も街道として物資の輸送に使われた。

　スペイン北部では銀が採掘されていたので、この主要鉱産物にちなんで「ビア・デ・ラ・プラタ Vía de la Plata（銀の道）」と呼ばれるようになった。金や銀の鉱物のほか、オリーブや小麦、チーズ、ワインといった農産物も輸送された。そして銀の道を通じた交易によって、街道沿いの町や村がそれぞれ発展を遂げていく。

　銀の道沿いには観光名所にもなっている古都が点在し、世界遺産に登録されているだけでも、北からオビエド、サラマンカ、カセレス、メリダ、そしてセビーリャまで、見どころでいっぱいだ。

鉱山の町として発展してきたオビエド

　各都市には歴史的な町並みが残っていて、教会や修道院といった宗教施設は見応えがあり、ローマ劇場跡や城塞が見学できる町もある。

　北と南では気候が違うので、移動するにつれて周囲の風景もしだいに変わってくる。また各地で特産物を利用した郷土料理が味わえ、ワインもおいしい。修道院や邸宅跡を利用した国営ホテルのパラドールも各都市にあるので、宿泊したりレストランを利用したりするのもいいだろう。

　現在、旧街道をなぞるように国道が通り、バスが運行しているので旅もしやすい。ヒホン〜オビエド〜レオン間、およびカセレス〜メリダ〜サフラ〜セビーリャ間は鉄道での移動も可能だ。かつての交易路に思いをはせながら、歴史をたどる旅を楽しみたい。

今も数多くのローマ遺跡が残るメリダの町

銀の道の終着点、セビーリャのグアダルキビル川

銀の道 Vía de la Plata

ヒホン Gijón
オビエド Oviedo
ガウディ建築
レオン León
トゥナ Tuna
Portugal
サモーラ Zamora
サラマンカ Salamanca
マドリード Madrid ★
コウノトリ
ローマ闘技場
星の門
カセレス Cáceres
メリダ Mérida
サフラ Zafra
ヒラルダの塔
セビーリャ Sevilla

スペイン最古の大学がある学生の町

サラマンカ

✣ Salamanca

世界遺産

Salamanca ★

map P.137/B1

map P.137/B1

標 高	800m
人 口	約14万2400人

アクセス

🚄 マドリード・チャマルティン駅またはプリンシペ・ピオ駅から1時間40分～3時間、1日8～10便。

🚌 マドリードの南バスターミナルからAvanza社のバスで約2時間30分～3時間、毎時1～2便運行。カセレスから約3時間～3時間45分、1日4～5便。

🛈観光案内所
●マヨール広場
map P.157/A2 ～ B2
🏠Pl. Mayor 32
☎923 218 342
🔗www.salamanca.es
🕐月～金　　　9:00～19:00
　　土　　　10:00～19:00
　　日・祝　　10:00～14:00

世界遺産
サラマンカ旧市街
（1988 年登録）

トルメス川の南側からローマ橋とカテドラルを望む

　古代ローマ人によって築かれ、「銀の道」（→P.155）の中継地として栄えた歴史ある町。1218年にはスペイン最古のサラマンカ大学が創設され、ボローニャ、パリ、オックスフォードと並ぶヨーロッパ有数の大学都市として発展してきた。由緒ある建造物が数多く残る一方、世界中から留学生が集まる町は活気にあふれ、週末ともなれば明け方まで学生たちの歌声がやまない。学生時代を謳歌するトゥナ（学生の楽隊）の似合う若者の町だ。

歩き方 ✣ Orientation

　鉄道駅から中心部の**マヨール広場Pl. Mayor**へは、駅前の道を渡ってバス停から1番のバスに乗り、**グラン・ビアGran Vía**を通って市場の南にある小広場で下車すれば、🛈のあるマヨール広場に近い。駅へ行くときはグラン・ビアから1番に乗車する。町の北西にあるバスターミナルからマヨール広場へは4番に乗ってグラン・ビアで下車。バスターミナルへ行くときは市場の西側で4番に乗車する。旧市街は一方通行が多く、上下線でバス停が異なるので注意。マヨール広場から南西に延びる**マヨール通りRúa Mayor**が旧市街の目抜き通りだ。**貝の家Casa de las Conchas**

マヨール広場にはバルが並ぶ

観光客に人気のトレン・トゥリスティコ

を通り過ぎてアナヤ広場に到着。この広場は西側に**サラマンカ大学Universidad de Salamanca**、南側は**新旧カテドラルCatedral Nueva/Vieja**が建つ。さらに南へ歩いて見えてくるのはトルメス川。ローマ橋を渡った対岸からは、カテドラルの尖塔がよく見える。

歴史的建造物に囲まれたアナヤ広場

はみだし　旧市街を一巡する列車型の観光バス、トレン・トゥリスティコ Tren Turístico がアナヤ広場から 30 分おきに運行している。所要約 30 分、料金 €5。

おもな見どころ ✤ Sightseeing

スペイン随一の建築美を誇る　★★★　map P.157/B2

マヨール広場
Plaza Mayor

　王位継承戦争に協力したサラマンカに感謝し、フェリペ5世が18世紀に建造。チュリゲラ様式を広めたチュリゲラ兄弟の末弟アルベルトとその弟子が手がけ、調和の取れたその姿は、スペインで最も美しい広場といわれる。北側の時計台がある建物は市庁舎。南側の建物の壁には、フェリペ5世の胸像のレリーフが飾られている。

夜も市民が集いにぎやか

マヨール広場
🕐 見学自由

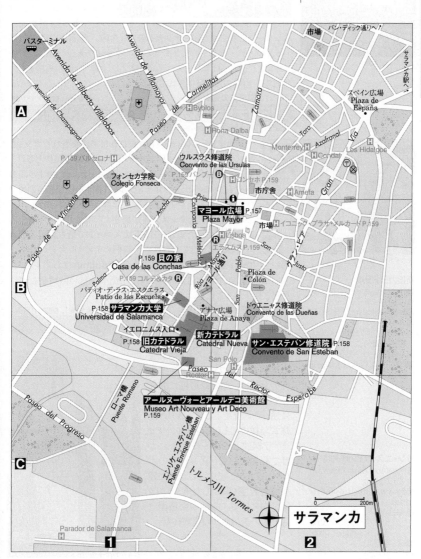

サラマンカ

サラマンカ大学

住 Libreros, s/n
☎ 923 294 400
圃 4/1〜10/15
　　月〜土　　10:00〜20:00
　　日・祝　　10:00〜14:00
　　10/16〜3/31
　　月〜土　　10:00〜19:00
　　日・祝　　10:00〜14:00
料 €10、学割€5

大学内の図書館

ヨーロッパで3番目に古い　　　　　★★★　map P.157/B1

サラマンカ大学
Universidad de Salamanca

中庭を囲んで講義室が並ぶ

　1534年に造られた正面入口は、プラテレスコ様式の傑作。3段に分かれた彫刻の下段はカトリック両王のレリーフ、中段はカルロス5世、カトリック両王そして国家の紋章、上段はローマ法王と僧侶たちのレリーフに囲まれたビーナスとヘラクレス像。正面入口前の広場パティオ・デ・ラス・エスクエラスに立つ像はフライ・ルイス・デ・レオン（1527〜91年）。スペインの高名な学者で、彼が教鞭を執った教室が当時のまま保存されている。

スペイン美術史の見本　　　　　★★★　map P.157/B1

新旧カテドラル（大聖堂）
Catedral Nueva/Catedral Vieja

旧カテドラルの屋根上

　新カテドラルは16〜18世紀にかけて建築されたゴシック様式。正面ファサードはプラテレスコ様式の傑作とされる彫刻が見もの。旧カテドラルへの入口は、新カテドラルの側廊右側にある。旧カテドラルは12世紀に建造されたロマネスク様式。イタリア人画家ニコラス・フロレンティーノによる祭壇画とフレスコ画が見事だ。また旧カテドラル内陣の屋根に当たるガーリョ塔はスペインで最も調和の取れた美しい塔として知られる。新旧カテドラル両方の身廊上部や屋上を巡るツアーの**イエロニムスIeronimus**はおすすめだ。入口は一度外に出て、旧カテドラルの南側へ。狭い階段を上って、身廊を見下ろすと圧巻。

新旧カテドラル

住 Pl. de Anaya, s/n
☎ 923 217 476
URL catedralsalamanca.org
圃 4〜9月
　　毎日　　10:00〜20:00
　　10〜3月
　　毎日　　10:00〜18:00
料 €10、イエロニムスは別途
　　€4

チュリゲラ様式の傑作　　　　　★★★　map P.157/B2

サン・エステバン修道院
Convento de San Esteban

　1618年に完成したドミニコ会の修道院。コロンブスは航海研究のために、この修道院に滞在しながらサラマンカ大学天文学部に通った。またここはチュリゲラ様式発祥の地としても有名。チュリゲラ様式とは17〜18世紀にかけて発達したスペイン独自のバロック様式で、その名は優れた建築家を数多く輩出したチュリゲラ家に由来する。教会の祭壇衝立は一家の長男ホセの代表作だ。

彫刻が見事な正面のファサード

サン・エステバン修道院

住 Pl. del Concillo de Trento, s/n
☎ 923 215 000
URL www.conventosaneste
ban.es
圃 毎日　　10:00〜14:00
　　　　　16:00〜20:00
　　（11〜3月は〜18:00）
料 €4、学割€3
休 1/1、12/25

はみだし サラマンカ大学のファサードにはカエルの彫刻があり、それを見つけた者は大学に合格するという言い伝えがある。市内のみやげ物屋にはこれをモチーフにしたカエルの置物が売られている。

ホタテ貝の模様で飾られた ★★ map P.157/B1

貝の家

Casa de las Conchas

　15世紀後半に建てられたゴシック様式の建物で、約400ものホタテ貝の装飾が外壁に取り付けられている。ホタテ貝は、サンティアゴ巡礼のシンボル。かつてこの家は、巡礼者を守る騎士団の建物だった。現在、内部は図書館になっている。

ホタテ貝の装飾で覆われた外壁

19世紀の建物も美しい ★★ map P.157/B1

アールヌーヴォーとアールデコ美術館

Museo Art Nouveau y Art Deco

　20世紀初めに建てられた、実業家ミゲル・デ・リスの邸宅を美術館として公開。ステンドグラスが美しい館内にガラス工芸、家具、宝石、人形など19世紀末の貴重な作品が展示されている。特にアールヌーヴォー運動の指導者エミール・ガレや、アールデコを代表する工芸家ルネ・ラリックの展示室は必見。

貝の家
🏠 Compañia 2
☎ 923 269 317
🕐 月～金　　9:00 ～ 21:00
　土・日・祝 10:00 ～ 14:00
　　　　　　16:00 ～ 19:00
🎫 無料

アールヌーヴォーとアールデコ美術館
🏠 Gibraltar 14
☎ 923 121 425
URL www.museocasalis.org
🕐 4 ～ 10月
　日～金　11:00 ～ 19:00
　土　　　11:00 ～ 20:00
　11 ～ 3月
　月～金　11:00 ～ 17:00
　土　　　11:00 ～ 20:00
　日　　　11:00 ～ 15:00
🚫 1/1、12/25
🎫 €5、学割 €3

 レストラン&ホテル ✦ Restaurant & Hotel

学生の町だけあって経済的な宿が多い。特にマヨール広場の南側、Mayor通り周辺に見つかる。

🍴 コルテ&カタ

Corte & Cata
map P.157/B1

　この店にはコンテストでの優勝経験もある生ハム切り師が常駐している。最上級のハモン・イベリコ・ベジョータ €27（半皿 €16）。

🏠 Libreros 2　☎ 923 055 342
🕐 13:00 ～ 16:00、20:30 ～ 24:00（バルは 9:30 ～ 24:00）
🚫 月・火　カード MV

🍴 エラスムス

Erasmus Bruin Café
map P.157/B2

　各国からの学生が集まる、カフェ&レストラン。タパス付きコーヒーが €1.50、朝食 €5.50 ～、定食 €17。ビールの種類も豊富。さまざまなイベントも開催し、ユースホステルも経営。

🏠 Meléndez 7　☎ 923 265 742　URL www.erasmuscafe.com
🕐 12:00 ～翌 1:00　🚫 無休　カード MV

🍴 バンブー

Bambú
map P.157/B2

　マヨール広場西側の地下にある、おしゃれなバル&レストラン。ワインの種類も多く、タパスも豊富。ワインとタパスで €2.40 ～など。レストランもアラカルトで 1 品 €10 ～と手頃。

🏠 Prior 4　☎ 923 260 092　🕐 13:00 ～ 16:00、20:00 ～ 22:00（バルは 9:00 ～ 24:00）　🚫 無休　カード MV

🏨 イコニック・プラサ・メルカード

Hotel Ikonik Plaza Mercado
★★★　map P.157/B2

　旧市街の中心部マヨール広場に近く、市場に面して観光と交通に便利な立地。部屋はモノトーンでスタイリッシュだ。屋上にもテラスもある。

🏠 Pl. del Mercado 16　☎ 923 272 250
URL www.eurostarshotels.com
カード A M V　客室数 38　Wi-Fi 無料
🎫 Ⓢ Ⓦ €55 ～ 180

🏨 コンセホ

Hostal Concejo
★★　map P.157/A2

　マヨール広場の近くに位置する、こぢんまりとしたオスタル。部屋は清潔で、バスタブ付きの浴室も広々としてゆったりと過ごせる。

🏠 Pl. de la Libertad 1　☎ 692 087 521
URL www.hostalconcejo.com　🎫 Ⓢ Ⓦ €32 ～ 120
カード J M V　客室数 18　Wi-Fi 無料

🏨 バルセロナ

Hostal Barcelona
★★　map P.157/A1

　バスターミナルから徒歩約10 分、マヨール広場との中間に位置する。室内は簡素だが清潔で、バス、テレビ付き。すぐ隣にバルを併設。

🏠 Paseo de San Vicente 20　☎ 923 264 528
URL www.hostalbarcelona.es
🎫 Ⓢ €35 ～ 110　Ⓦ €40 ～ 120　カード M V
客室数 36　Wi-Fi 無料

 はみだし　飲み物（コーヒーを含む）を頼むとカウンターに並んでいるタパスが無料で選べるバルやカフェが多い。特にバン・ディック Van Dyck 通り（map P.157/A2 外）には 50 以上のバルがあり、豚肉のタパスが有名。

map P.137/C1

標高	640m
人口	約1800人

アクセス

🚌 マドリードの南バスターミナルからSamar社のバスで3時間45分、1日2〜4便。カセレスからはトルヒーリョを経由して約2時間30分、月〜金は1日2便、日1便、土・祝は運休。

❶観光案内所

map P.160
🏠 Pl. de Sta. María, s/n
☎ 927 154 128
🕐 毎日　　10:00〜14:00
　　　　　16:00〜20:00

世界遺産

サンタ・マリア・デ・グアダルーペ王立修道院
（1993年登録）

山々に囲まれたグアダルーペの町

グアダルーペ

Pl. de Gil Cordero
Plazuela de la Pasión
Pasión
Real
Nueva
パラドール・デ・グアダルーペ
モナステリオ
サンタ・マリア・デ・グアダルーペ王立修道院
Real Monasterio de Santa Maria de Guadalupe
Pl. Juan Carlos I
Alfonso XI
チョロ・ゴルド門
Cruz
Llana
H. Hospital
イスパニダッド
Avenida Conde de Barcelona
Posada del Rincón
サンタ・マリア広場
Plaza de Santa María
Gregorio López
バス停
市庁舎
セビリャ・ドス
セビーリャ門
Sevilla
トレス・カーニャス噴水
150m
N

サンタ・マリア広場に面して修道院が建つ

　エストレマドゥーラ州にある人口1800人ほどの小さな町。エストレマドゥーラとは「ドゥエロ川のかなた」という意味。国土の大半を占拠したイスラム教徒と対決したキリスト教徒にとって、戦線をドゥエロ川のかなたに押し戻すことは長年の悲願だった。レコンキスタの最終段階で最も勇ましく戦ったエストレマドゥーラ人は、国土回復後、余勢を駆って新大陸へと向かい、コンキスタドーレス（征服者）となる。メキシコを征服したエルナン・コルテスもこの地方出身だ。そして征服者たちの信仰上の拠点となったのが、「全スペイン語圏の守護聖母」が祀られているグアダルーペであった。

歩き方 ✣ Orientation

　グアダルーペは、オリーブ林が広がる山々に囲まれた小さな町。マドリードやカセレスからのバスが到着するコンデ・デ・バルセロナ通りAv. Conde de Barcelonaから最大の見どころ、**サンタ・マリア・デ・グアダルーペ王立修道院**Real Monasterio de Santa Maria de Guadalupeへは徒歩約3分。修道院前の**サンタ・マリア広場**Pl. de Sta. Maríaに❶があるほか、レストランやみやげ物屋も並んでいる。また、サンタ・マリア広場からセビーリャ門へ進み、トレス・カーニャス噴水の所で左に折れると、細い通りに木造の軒廊が付いた家々が並んでいる。軒廊には花々が咲き乱れ、特にアジサイの咲く6月頃が美しい。

修道院の周辺にはみやげ物屋も並ぶ

はみだし　グアダルーペからカセレスへはMirat社がバスを運行。月〜金曜は6:35、8:15発の2便、土曜は運休、日曜は16:45発の1便。変更もあるので❶かバスターミナルで確認を。

おもな見どころ ✣ Sightseeing

新大陸のキリスト教化のシンボル ★★★ map P.160

サンタ・マリア・デ・グアダルーペ王立修道院

Real Monasterio de Santa Maria de Guadalupe

世界遺産

「スペインのヴァチカン」とも呼ばれる、聖母マリア信仰の中心地。14世紀初め、ひとりの羊飼いがグアダルーペ川のほとりで聖母マリアのお告げを受けその場所を掘ってみると、聖ルカが彫ったとされる木彫りの聖母像が見つかった。1340年、聖母像に加護を祈願した直後にサラードの戦いでイスラム軍を撃破したアルフォンソ11世は、聖母マリアに感謝し修道院の建設を開始した。

その後、修道院は聖母マリア崇拝の中心地となり、コロンブスがカリブ海の島をグアダルーペの聖母に奉納してからは新大陸のキリスト教化の象徴とし、先住民たちを連れてきて最初のキリスト教徒に改宗させた。毎年10月12日の「イスパニアの日」には、聖母像を戴いた行列が町を練り歩く。

修道院見学は、**参事会室Sala Capitular**から始まる。ここでは修道士たちが制作した写本が見もの。参事会室の奥には14～15世紀に造られた**ムデハル式回廊Claustro Mudéjar**があり、中庭にムデハル・ゴシック様式の聖堂が建つ。また回廊の周りにあるふたつの展示室では、見事な刺繍を施したマントや祭壇飾り、エル・グレコやゴヤの絵画、ミケランジェロの作とされる彫刻などを観ることができる。聖母像が祀られている**教会Iglesia**を抜けると、バロック様式の装飾が美しい**聖具室Sacristía**に出る。壁一面を覆う、ヒエロニムス会修道士たちの姿や聖ヒエロニムスの生涯を描いた一連の絵画は、スルバランによるものだ。さらに聖母像のマントや冠を展示する**聖遺物室Relicario**に続いて、**カマリンCamarín**と呼ばれる小聖堂へ。豪華な装飾が施されたこの部屋は、玉座の控えの間に当たり、聖母像を間近に拝することができる。巡礼者たちはここで、聖母像のマントに付いた円形の浮き彫りに接吻をささげる。

きらびやかな黄金の祭壇

サンタ・マリア・デ・グアダルーペ王立修道院
[住]Pl. de Santa María, s/n
☎927 367 000
[URL]www.monasterioguadalupe.com
[開]毎日 9:30～12:50 15:30～17:50
[料]€5
見学はガイド付きで所要約1時間。教会のミサは入場無料。月～金12:00、20:00。土・日・祝11:00、12:00、13:00、20:00。

ムデハル様式の回廊

レストラン&ホテル ✣ Restaurant & Hotel

コンデ・デ・バルセロナ通りや修道院周辺に、パラドールをはじめ15軒ほどの宿がある。

セレソ・ドス

Mesón Cerezo II

map P.160

サンタ・マリア広場に面した店で、経営者の奥さんが日本人。郷土料理のメニューが揃っている。

[住]Pl. de Sta. María 33 ☎927 154 177
[営]9:00～23:00
[休]無休 [カード][M][V]

パラドール・デ・グアダルーペ

Parador de Guadalupe

★★★★★ map P.160

15世紀に建てられた、修道院付属の建物を改装。部屋のテラスからは修道院が眺められる。

[住]Marqués de la Romana 12 ☎927 367 075
[FAX]927 367 076 [URL]www.parador.es [料]Ⓢ Ⓦ€95～190
[カード][A][D][J][M][V] [客室数]41 [WiFi]無料

レアル・モナステリオ

Hospedería del Real Monasterio

★★ map P.160

修道院の宿坊をホテルに改装。歴史を感じさせる建物がすばらしい。中庭がレストランになっている。

[住]Pl. Juan Carlos I, s/n ☎927 367 000
[URL]www.hospederiaguadalupe.es
[料]Ⓢ Ⓦ€86～102 [カード][M][V] [客室数]47 [WiFi]無料

イスパニダッド

Hotel Hispanidad

★ map P.160

バス停のすぐ向かいにあって便利。部屋はこぢんまりとしていて清潔。1階にはレストランがある。

[住]Av. Conde de Barcelona 1 ☎927 154 210
[FAX]927 154 211 [料]Ⓢ Ⓦ€57～77
[カード][M][V] [客室数]35 [WiFi]無料

はみだし レアル・モナステリオの宿泊客は、一般の観光客は入れない内部のパティオ（中庭）を通って修道院へ行くことができる。ホテル内レストランの利用者もパティオを通ることが可能。

トルヒーリョ

✦ Trujillo

map P.137/C1

標高	564m
人口	約8700人

アクセス

🚌 マドリードの南バスターミナルからAvanza社のバスで3時間10分〜4時間、1日4〜8便。カセレスから約40分、1日7〜10便。グアダルーペから約1時間30分、日〜金1〜2便、土・祝は運休。

🛈 観光案内所

map P.162
🏠 Pl. Mayor, s/n
☎ 927 322 677
🔗 www.trujillo.es
🕐 毎日　　　　10:00〜13:30
　　　　　　　16:00〜19:00
（夏期の午後は17:00〜20:00）
🚫 1/1・6、12/24・25・31

教会や邸宅跡に囲まれたマヨール広場

　オリーブの木がまばらに茂る、荒涼としたエストレマドゥーラ地方の大地の真ん中、小高い丘の上にトルヒーリョの町はある。ここは16世紀、多くのコンキスタドーレス（征服者たち）や冒険家を輩出したことで知られる。ペルーを征服したフランシスコ・ピサロ、アマゾン川を探検したフランシスコ・デ・オレリャナもトルヒーリョの出身。今も数多く残る貴族の邸宅は、この町の出身者が新大陸で築いた富によって建てられたものだ。

歩き方 ✦ Orientation

観光馬車

マヨール広場から出発し、旧市街のおもな見どころを所要40分で回る。定員4人で€30、予約は🛈で。

　町の南側にあるバスターミナルに着いたら、まずは**マヨール広場Pl. Mayor**を目指そう。バスターミナルを出たら左へ、郵便局と公園の間の道を上り、狭い通りをたどること約10分で到着する。褐色の建物に囲まれたこの広場が町の中心。ゴシック様式の**サン・マルティン教会Iglesia de San Martín**を背にして立っているのは、ピサロの騎馬像だ。広場の周囲には16、17世紀に建てられた邸宅が並ぶ。なかでも南側にある**コンキスタ侯爵邸Palacio del Marqués de la Conquista**は、ピサロの弟エルナンド・ピサロが建造したもので、上部には一家の紋章が付けられている。

トルヒーリョ
0　　　300m

アラブ城
Castillo Árabe

ピサロ博物館
Casa Museo de Pizarro

サンタ・マリア教会
Ig. de Santa María

サンティアゴ教会
Ig. de Santiago

サン・マルティン教会
Ig. de San Martín

針の塔

サン・カルロス公爵邸

ユーロスターズ・サンタ・マルタ

ピサロの騎馬像

マヨール広場
Plaza Mayor

オレリャナ・ピサロ邸

コンキスタ侯爵邸
Palacio del Marqués de la Conquista

Santo Domingo Estudio

エル・シエテ・デ・シリェリアス

S. Miguel

市庁舎

バスターミナルへ

パラドール・デ・トルヒーリョ

アラブ城から見た市街

はみだし　カセレス〜トルヒーリョ〜グアダルーペ間のバスは Mirat 社が運行している（→ P.160 はみだし情報）。本数が少ないので事前に🛈やバスターミナルで時刻表を確認しておこう。

エストレマドゥーラ

トルヒーリョ

おもな見どころ ❖ Sightseeing

町の頂にそびえる　★　map P.162

アラブ城
Castillo Árabe

キリスト教徒の攻撃に備えるため、イスラム教徒によって築かれた。城門の馬蹄形アーチがアラブの名残を示している。現在、見

張り塔の内部は教会になっており、小窓に町の守護聖人である「勝利の聖女」が祀られている。城壁の上からは、町の全景とエストレマドゥーラの荒涼とした大地が見渡せる。

花崗岩を積み上げた城壁

町の歴史を見守ってきた　★　map P.162

サンタ・マリア教会
Iglesia de Santa María

トルヒーリョの名士たちが眠る、13世紀ゴシック様式の教会。祭壇画はフェルナンド・ガリェゴ作とされている。上部聖歌隊席にあるふたつの石造りの椅子は、カトリック両王も座ったという由緒あるもの。内部を見学したら、塔に上って町を見下ろしてみよう。

町が生んだ英雄を記念する　★　map P.162

ピサロ博物館
Casa Museo de Pizarro

ピサロの父、ゴンサーロ・ピサロの館だった建物を改装。1階には居間、台所、寝室など16世紀の騎士の暮らしが再現されている。2階はピサロに関する展示。新大陸に到達したあとインカ帝国を征服し、ついには彼の協力者アルマグロとの対立によって殺害されるまでが、さまざまな資料によって紹介されている。

アラブ城
住Pl. del Castillo 1
開毎日　10:00 〜 14:00
　　　　17:00 〜 20:00
　（10 〜 5 月の午後は 16:00 〜 19:00）
料€1.50、学割€1

サンタ・マリア教会
住Santa María 17
開月〜土　10:00 〜 14:00
　　　　　17:00 〜 20:00
　（10 〜 3 月の午後は 16:30 〜 19:30）
　　日　　10:00 〜 12:30
　　　　　17:00 〜 19:00
料€1.50

ゴシック様式の祭壇画が置かれた教会内部

ピサロ博物館
住Calleja del Castillo 1
開毎日　10:00 〜 14:00
　　　　17:30 〜 20:00
　（10 〜 6 月の午後は 16:00 〜 19:30）
料€1.50

レストラン&ホテル ❖ Restaurant & Hotel

パラドールからオスタルまで25軒ほどの宿があり、マヨール広場周辺に点在している。

エル・シエテ・デ・シリェリアス
El 7 de Sillerias
map P.162
バルの奥にあるレストラン。早めの入店が無難。

住Silleria 7　☎927 321 856
営13:00 〜 16:30、20:00 〜 23:00（バルは 9:00 〜翌 1:00）
休冬期の月・火　カードAMV

パラドール・デ・トルヒーリョ
Parador de Trujillo
★★★★　map P.162 外
16 世紀に建てられたサンタ・クララ尼僧院を改装。

住Santa Beatriz de Silva 1　☎927 321 350　FAX927 321 366
URLwww.parador.es　料S W€90 〜 210
カードADJMV　客室数50　WiFi無料

ユーロスターズ・サンタ・マルタ
Hotel Eurostars Santa Marta
★★★★　map P.162
貴族の館を改装した歴史建築物。設備は近代的。

住Ballesteros 6　☎927 659 190　FAX927 323 165
URLwww.eurostarshotels.com　料S W€79〜210
カードADMV　客室数50　WiFi無料

ウエソ
Hostal Hueso
★　map P.162
旧市街にある家族経営のオスタル。バルも併設。

住Arquillo 4　☎&FAX927 322 820
URLwww.hostalhueso.com　料S€33〜56　W€48〜69
カードV　客室数10　WiFi無料

レコンキスタの名残をとどめる中世の町

カセレス

✥ Cáceres

Cáceres ★

map P.137/C1

標 高	439m
人 口	約9万5500人

アクセス

🚄 マドリード・アトーチャ駅から約3時間～4時間20分、1日5～7便。メリダから約40分、1日3～6便。

🚌 マドリードの南バスターミナルからAvanza社のバスで約4～5時間、1日3～7便。サラマンカから約3時間～3時間45分、1日4～5便。セビーリャから3時間15分～4時間、1日4便。

❶ 観光案内所

map P.164
🏠 Pl. Mayor 1
☎ 927 111 222
URL www.turismocaceres.org
🕐 5～9月

毎日	10:00～14:00
	17:30～20:30
10～4月	
毎日	10:00～14:00
	16:30～19:30

世界遺産
カセレス旧市街
(1986年登録)

夕暮れ時のマヨール広場

ローマ人によって築かれたこの町は、8世紀に侵入してきたイスラム教徒に支配され、カスリスと呼ばれた。レコンキスタ（キリスト教勢力による国土回復運動）の時代に築かれた城壁の内側にはゴシック様式の貴族の邸宅が多く残され、まるで時間が止まってしまったかのように、訪れる人を中世の世界へと誘い込む。その美しさは「エストレマドゥーラの宝石」と呼ばれるにふさわしい。

歩き方 ✥ Orientation

町の南西にある鉄道駅から町の中心へは徒歩30分ほど。バスターミナルも近くにあり、駅前のロータリーを渡ると右下に見えるのがそれ。市バスを利用するなら、駅を出て左へ行くと右側にガソリンスタンドがあり、その近くのバス停から東方向へ行く1番のバスに乗り約10分、Pl. Obispo Galarzaで下車。ここから❶のあるマヨール広場Pl.

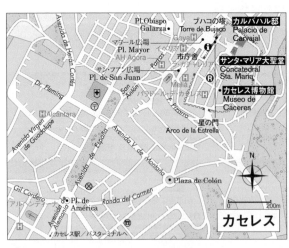

星の門を通って旧市街へ

Mayorへは80mほどだ。マヨール広場から階段を少し上った**星の門Arco de la Estrella**が旧市街への入口。またこの門のすぐ北側には**ブハコの塔Torre de Bujaco**があり、塔を上って城壁から町を見下ろすことができる。旧市街はのんびり一周しても1時間ほど。石畳の路地を歩きながら、中世の町のたたずまいをじっくり味わいたい。

おもな見どころ ✣ Sightseeing

旧市街の中心に位置する ★ [map] P.164

サンタ・マリア大聖堂
Concatedral Santa María

レコンキスタ完了後の13世紀、城壁内に最初に建設された教会。その後崩壊し、15〜16世紀に再建され、現在の姿となった。ゴシック様式の内部やプラテレスコ様式の祭壇衝立が見事だ。大聖堂が建つサンタ・マリア広場は、長い間市場として使われ、貴族の結婚式の会場にもなっていた。

貴族の暮らしをしのばせる ★ [map] P.164

カルバハル邸
Palacio de Carvajal

サンタ・マリア教会の北側にある15〜16世紀に建てられた貴族の館。内部と庭を見学できる。ベンチやトイレもあるのでひと休みするのに便利。城壁に囲まれていた時代のカセレスのジオラマや、地域の文化や歴史に関する映像も見られる。

モーロ人の宮殿の跡地に建つ ★ [map] P.164

カセレス博物館
Museo de Cáceres

18世紀に建てられた「風見鶏の館」を博物館として利用。1階は青銅器時代やローマ時代などの発掘品、2階はこの地方の民芸品や伝統衣装を展示。地下には11世紀のアラブ式の貯水槽Aljibeがある。また別館には20世紀のスペイン絵画が展示されている。

コウノトリの巣で飾られたサンタ・マリア大聖堂

サンタ・マリア大聖堂
[住]Pl. Santa María, s/n
☎660 799 194
[URL]concatedralcaceres.com
[開]月〜土 10:00〜21:00
（10〜2月は〜19:00、3・4月は〜20:00）
日 10:00〜12:30
14:00〜18:30
[料]€5

カルバハル邸
[住]Amargura 1
☎927 255 597
[開]月〜金 8:00〜21:15
土 10:00〜14:00
17:00〜20:00
日・祝 10:00〜14:00
[料]無料

カセレス博物館
[住]Pl. de las Veletas 1
☎927 010 877
[開]火〜土 9:30〜14:30
（土は10:00〜）
16:00〜20:00
日・祝 10:00〜15:00
[休]月、1/1・6、5/1、12/25・31
[料]€1.20

エストレマドゥーラ

カセレス

レストラン＆ホテル ✣ Restaurant & Hotel

レストランはマヨール広場隣のサン・フアン広場に多い。ホテルは市内に約30軒ある。

🍴ラ・カチャレリア
La Cacharrería
[map] P.164

創作料理とタパスが人気のレストラン。地元のワインも豊富に揃っている。タパスは1品€3〜。

[住]Orellana 1 ☎615 212 750
[営]14:00〜15:30、20:30〜24:00
[休]火・水 [カード][M][V]

パラドール・デ・カセレス
Parador de Cáceres
★★★★ [map] P.164

14世紀に建てられた旧トーレオルガス邸を改装。石造りの建物は中世そのままの趣。

[住]Ancha 6 ☎927 211 759 [FAX]927 211 729
[URL]www.parador.es [料]ⓈⓌ€120〜280
[カード][A][D][J][M][V] [客室数]39 [Wi-Fi]無料

イベリア
Hotel Iberia
★★★★ [map] P.164

マヨール広場のすぐ近く。17世紀の邸宅を改装しており、クラシックなサロンもある。朝食込み。

[住]Pintores 2 ☎927 247 634 [FAX]927 248 200
[URL]www.iberiahotel.com [料]Ⓢ€55〜140 Ⓦ€65〜150
[カード][M][V] [客室数]37 [Wi-Fi]無料

アルヘンティーナ
Hostal Argentina
★ [map] P.164

新市街に位置する経済的なオスタル。部屋は簡素だが清潔。1階はバルになっている。

[住]Argentina 11 ☎927 222 854
[URL]www.hostalargentina.net [料]Ⓢ€33〜40 Ⓦ€40〜60
[カード][M][V] [客室数]17 [Wi-Fi]無料

はみだし **ブハコの塔**：イスラム時代に造られた塔で、16〜18世紀は時計塔だった。☎927 246 789
[開]10:00〜14:00、17:30〜20:30（10〜4月の午後は16:30〜19:30） [休]火 [料]€2.50

map P.137/C1

標高	218m
人口	約5万9300人

アクセス

🚄 マドリード・アトーチャ駅から4時間10分～7時間15分、1日6～8便。カセレスから約40分、1日3～6便。セビーリャから3時間20分、1日1便。

🚌 マドリードの南バスターミナルからAvanza社のバスで約4～5時間、1日3～4便。セビーリャから2時間10分～3時間、1日2便。サラマンカから約4～5時間、1日5便。

❶観光案内所

●サンタ・エウラリア通り
map P.167
🏠 Santa Eulalia 62
☎924 380 191
URL www.turismomerida.org
🕐4～9月
　　毎日　　　9:00～20:45
　　10～3月
　　毎日　　　9:00～18:30
🔒1/1、12/25
ローマ劇場の入口付近にも❶がある。

世界遺産

メリダの遺跡群
（1993年登録）

円形劇場とローマ劇場

🏠 Pl. Margarita Xirgu, s/n
☎924 004 908
🕐4～9月
　　毎日　　9:00～21:00
　　10～3月
　　毎日　　9:00～18:30
🔒1/1、12/24・25・31
💶€12、学生€6

現在も古典演劇祭の会場として使われているローマ劇場

　メリダは紀元前25年にローマ帝国の属州ルシタニアの州都として建設され、トレドとリスボン、そしてセビーリャとヒホンをつなぐ「銀の道」（→P.155）の要衝として繁栄した。また3世紀には教会が建設され、イベリア半島へのキリスト教伝播に貢献した。「小ローマ」と呼ばれるだけにローマ時代の遺跡が数多く残り、毎年6月末から8月末にかけて古典演劇祭が開催される。

歩き方 ✤ Orientation

　町の中心はカフェが並ぶ**スペイン広場Pl. de España**。鉄道駅からは歩いて15分ほど。バスターミナルはグアディアナ川の西側にあり、近くの停留所から市バス6番に乗れば**アルカサバAlcazaba**まで行ける。❶は商店街になっているサンタ・エウラリアSanta Eulalia通りにある。町なかには、**円形劇場Anfiteatro**や**ローマ劇場Teatro Romano**をはじめ、ローマ時代の遺跡が点在する。紀元前から続く町並みを徒歩で巡り、古代へと思いをはせてみよう。

おもな見どころ ✤ Sightseeing

ローマ帝国の偉功を伝える　　　　　　　★★★　　map P.167

円形劇場とローマ劇場
Anfiteatro y Teatro Romano

　紀元前8年に建設された円形劇場は、収容人数1万4000人という壮大なもの。剣闘士の闘いや戦車競技、模擬海戦などが行われた。隣にあるローマ劇場は、紀元前24年にアウグストゥス帝の娘婿アグリッパによって築かれた。舞台の後方に32本の大理石の柱を神殿風に配し、その前に6000人を収容する客席が半円形に設けられている。

階段席の一部が今も残る円形劇場

はみだし　円形劇場とローマ劇場、アルカサバ、円形劇場の住居跡、ローマ競技場、サンタ・エウラリア教会など、ローマ時代の全遺跡を見学できる共通券は€15（学生€7.50）。それぞれのチケット売り場で購入できる。

ローマ遺跡の上に建つ　★★★　map P.167

国立ローマ博物館
Museo Nacional de Arte Romano

メリダで発掘されたコイン、彫刻、宝飾品、陶器、ガラスなど、ローマ時代の遺物が展示されている。特にモザイクのコレクションは見事だ。地下にはローマ時代の家や墓の発掘現場がある。

モダンな博物館の外観

グアディアナ川に架かる　★★　map P.167

ローマ橋
Puente Romano

紀元前25年頃に造られた全長792mの橋。現在も歩行者専用橋として使われている。たもとには、ローマ橋を防御する要塞としてモーロ人によって9世紀に築かれた**アルカサバAlcazaba**がある。

国立ローマ博物館
🏠 José Ramón Mélida, s/n
☎ 924 311 690
URL museoarteromano.mcu.es
🕐 火～土　　　9:30～20:00
　　（10～3月は～18:30）
　　日・祝　　　10:00～15:00
🚫 月、1/1・6、12/24・25・31
💴 €3、学生と65歳以上 €1.50

ローマ橋
🕐 見学自由

橋を渡って2000年の歴史を感じてみよう

🍴 **レストラン&ホテル** ÷ **Restaurant & Hotel** 🗝

レストランは円形劇場につながるJosé Ramón Mérida通りに多い。ホテルは全部で20軒ほど。

ラ・エストレメーニャ
La Extremeña
map P.167

ディアナ神殿の近くにある人気店。郷土料理のメニューが揃っており、予算ひとり €15 程度。

🏠 Berzocana 10　☎ 686 241 460
🕐 12:00～16:00、20:00～23:00
🚫 火、日・月の夜　カード M V

パラドール・デ・メリダ
Parador de Mérida
★★★★　map P.167

サンティアゴ騎士団の館を、18世紀に修道院として改装した建物。礼拝堂やパティオ、プールもある。

🏠 Pl. de la Constitución 3　☎ 924 313 800　FAX 924 319 208
URL www.parador.es　料 S W €95～200
カード A D J M V　客室数 82　Wi-Fi 無料

パウラ・フィルムズ・コレクション
Hotel Paula Films Collection
★★　map P.167

鉄道駅から徒歩5分。映画をテーマにしたユニークなホテル。飲み物やスナックの自販機もある。

🏠 Camilo José Cela 10　☎ 924 309 961
料 S €45～130　W €55～130
カード J M V　客室数 30　Wi-Fi 無料

ラ・フロール・デ・アルアンダルス
Hostal La Flor de Al-Andalus
★　map P.167

鉄道駅から徒歩2分。家族経営のオスタルで、近くにスーパーやバルもあって便利。年末年始は休業。

🏠 Av. Extremadura 6　☎ 924 313 356　FAX 924 319 942
URL hostallaflordeal-andalus.com　料 S €30～60
W €38～77　カード M V　客室数 18　Wi-Fi 無料

メリダ

ミラグロス水道橋
Acueducto de los Milagros

サン・ラサロ水道橋
Acueducto de San Lazaro

サンタ・エウラリア教会
Basilica Santa Eulalia

メリダ駅
Renfe

パウマ・フィルムズ・コレクション
ラ・フロール・デ・アルアンダルス

国立ローマ博物館
Museo Nacional de
Arte Romano

ローマ競技場
Circo Romano

円形劇場の住居跡
Casa del Anfiteatro

Bueno H

ルシタニア橋
Puente de Lusitania

市場

市庁舎

ラ・エストレメーニャ

スペイン広場
Plaza de España

ディアナ神殿
Templo de Diana

円形劇場
Anfiteatro

Nova Roma

ローマ橋
Puente Romano

アルカサバ
Alcazaba

ローマ劇場
Teatro Romano

バスターミナル

エストレマドゥーラ

メリダ

「小セビーリャ」と呼ばれる白い町

サフラ ✣ Zafra

[map] P.137/C1

標高 508m
人口 約1万6700人

アクセス

🚃 メリダから約1時間、1日2～3便。セビーリャから約2時間30分、1日2便。
🚌 メリダからAlsa社のバスで約1時間～1時間30分、1日4～6便。セビーリャから約2時間、1日5～7便。

ℹ観光案内所

[map] P.168
[住] Pl. de España 8b
☎924 551 036
[URL] zafra.es
[開] 月～金 10:00～14:00
17:30～19:30
土・日・祝 10:00～14:00

カンデラリア教会

[住] Tetuán, s/n
☎924 550 128
[開] 月～土 10:00～13:30
17:00～19:00
（7～9月の午後は18:30～20:30）
日・祝 11:15～12:45
[料] 無料

サフラのホテル

パラドール・デ・サフラ
Parador de Zafra
★★★★
[住] Pl. Corazón de María 7
☎924 554 540
[FAX] 924 551 018
[URL] www.parador.es
[料] ⓈⓌ€85～150
[カード] [A][D][J][M][V] [客室数] 51
[Wi-Fi] 無料
古城アルカサル内部にある。

ビクトリア
Hotel Victoria
★★
[住] Pl. de Espana 8
☎924 554 382
[FAX] 924 555 223
[URL] www.hotelvictoriazafra.com
[料] Ⓢ€25～50 Ⓦ€40～80
[カード] [M][V] [客室数] 18
[Wi-Fi] 無料
スペイン広場に面して便利。

白壁の家々に囲まれたプラサ・グランデ（大広場）

アンダルシア地方に近づいてきたのがはっきりとわかる、白壁がまぶしい、色とりどりの花で飾られたサフラ。ケルト人によって築かれたエストレマドゥーラ地方でかなり古いの町のひとつで、ローマ時代には「銀の道」（→P.155）の中継地として栄えた。

歩き方 ✣ Orientation

鉄道駅とバスターミナルはいずれも旧市街の外れにあり、ℹのある**スペイン広場Pl. de España**まで徒歩15～20分。小さな町なので、1時間も歩けばだいたい様子がつかめる。旧市街の中心にある、ヤシの木が植わる**大広場Pl. Grande**とそれに続く**小広場Pl. Chica**が何ともかわいらしくて印象的だ。町最大のモニュメントは、メキシコの征服者エルナン・コルテスも滞在したという**アルカサルAlcázar**。フェリア侯爵によって15世紀に建てられたもので、現在はパラドールになっている。また、ゴシック・ルネッサンス様式の**カンデラリア教会Parroquia de la Candelaria**には、スルバランの聖画（内部中央の右側）が飾られており、一見に値する。

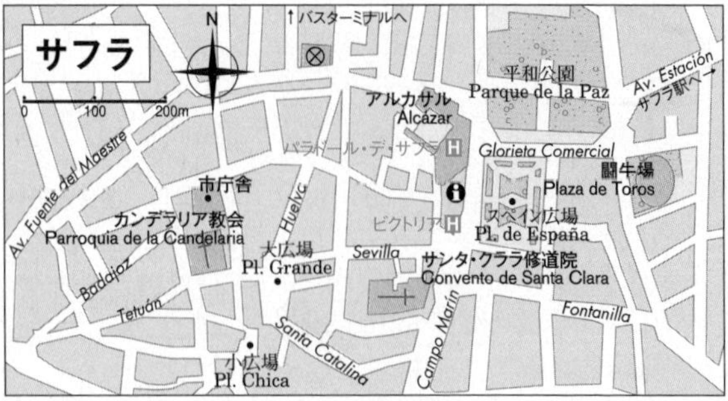

バルセロナ／カタルーニャ
Barcelona/Catalunya
バレンシア／バレアレス
Valencia/Baleares

バルセロナ ★
★ マドリード

バルセロナの守護聖人を祀る
ゴシック様式のカテドラル

バルセロナを都とするカタルーニャ地方は、スペインのなかでも独自の歴史と文化を育んできた地域だ。地中海交易で栄えた中世には、バレンシア王国やマヨルカ島を征服し、カタルーニャ語を普及させた。また、ウエルタと呼ばれる肥沃な土地が広がるバレンシア地方は、オレンジと米の産地として有名。東には海岸線に沿って美しいビーチが続き、地中海に浮かぶバレアレス諸島とともに、スペイン有数のリゾート地となっている。

気 候

1年をとおして温暖で、降水量の少ない地中海性気候。特にバレアレス諸島は、晴天の日が年間300日以上と恵まれた気候のため、夏のバカンス客だけでなく冬の避寒客も多い。カタルーニャ北部のピレネー地方は標高が上がるため、夏は涼しく、冬はスキーも可能。

周遊のヒント

バルセロナからタラゴナ、バレンシア、アリカンテをつなぐ地中海沿いのルートは、幹線だけあって列車の本数も多く、高速列車ユーロメッドも走っている。バカンス気分を満喫したいならバレアレス諸島へ。飛行機のほかフェリーや高速船も利用できる。

おもな祭りとイベント

サン・アントニオ・アバット祭
Fiesta de San Antonio Abad
ラ・プエブラ（マヨルカ島）…1/20 ～ 22 ※
国際クラシックカーラリー
Rallye Internacional de Coches de Epoca
シッチェス ………………… 3/11・12 ※
マグダレナのマリア祭 Fiestas de la Magdalena
カステリョン・デ・ラ・プラナ 3/11 ～ 19 ※
URL www.castellonturismo.com
サン・ホセの火祭り Las Fallas de San José
バレンシア ……………………… 3/15 ～ 19
URL www.fallas.com
ムーア人とキリスト教徒の祭り
Fiestas de Moros y Cristianos
アルコイ（アリカンテ県）…… 4/22 ～ 24 ※
URL www.alcoyturismo.com
聖体祭 Corpus Christi
シッチェス ………………… 5/30 ※（'24)
サン・フアンの火祭り Hogueras de San Juan
アリカンテ ……………………… 6/20 ～ 24
URL www.hogueras.es
エルチェの宗教劇祭 Misterio de Elche
エルチェ ………………… 8/11 ～ 14 ※
URL www.misteridelx.com
トマト祭り La Tomatina
ブニョール（バレンシア郊外）…… 8/30 ※
URL tomatina.es
メルセ祭 Fiesta de Nuestra Señora de la Mercè
バレンシア ……………………… 9/24 前後
カタルーニャ国際映画祭
Festival Internacional de Cine
シッチェス ………………… 10/5 ～ 10 ※
URL sitgesfilmfestival.com

※を付した日程は毎年変わります。上記で年度の記載のないものは2023年の日程です。変更されることもあるので、事前にご確認ください。

料理と名産品

カタルーニャ地方では、豊富な海と山の幸をふんだんに使い、味つけもどことなくフランス風。代表料理は、魚介をトマトベースのソースで煮込んだサルスエラ。またスペイン料理として有名なパエリャは、米どころバレンシアが本場。米の代わりにパスタを使ったパエリャ、フィデウアもこの地方の名物料理だ。

またバレンシア周辺は、世界的に有名なリヤドロや、スペイン3大窯元のひとつであるマニセス焼をはじめ、陶磁器の生産地として知られる。

インゲン豆と鶏肉が入った
バレンシア風パエリャ

芸術品のような
リヤドロの磁器
人形

カタルーニャ地方の郷土料理、
サルスエラ

バルセロナ／カタルーニャ／バレンシア／バレアレス　イントロダクション

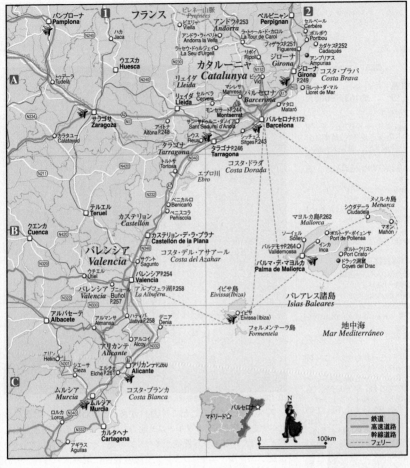

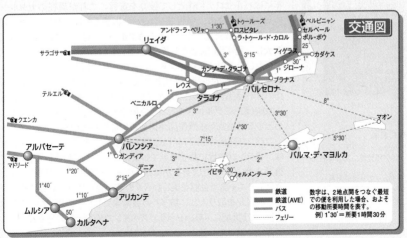

交通図

独自の文化をもつカタルーニャの都

バルセロナ

map P.171/A2

標高	4m
人口	約163万6000人

アクセス

🚄 マドリード・アトーチャ駅から高速列車で約2時間30分〜3時間10分、毎時1〜2便。マドリード・チャマルティン駅から急行で約9時間20分、1日1便。

🚌 マドリードのアベニーダ・デ・アメリカのバスターミナルからAlsa社のバスで約8時間、1日7〜8便。

✈ マドリードから1時間10分、ほぼ1時間おきに運航。

ⓘ 観光案内所

●カタルーニャ広場
map P.178/A2
🏠 Pl. de Catalunya 17-S
☎ 932 853 834
URL www.barcelonaturisme.com
🕐 毎日　　　8:30 〜 20:30
🚫 12/25
〈M〉1/3 号線カタルーニャ駅から徒歩1分
カタルーニャ広場の地下にある市営のⓘ。ホテル予約（当日のみ）、各種イベントチケットの販売も行っている。このほか空港や北バスターミナル内などにも市営のⓘがある。

入口は広場の南側にある

世界遺産

アントニ・ガウディの作品群
（1984年登録、2005年拡大）

カタルーニャ音楽堂とサン・パウ病院
（1997年登録）

2021年に「聖母マリアの塔」が完成したサグラダ・ファミリア聖堂

　スペインには地方ごとに「国」があるといわれるが、ここバルセロナを州都とするカタルーニャ地方もまた、独自の歴史と文化を育んできた。イスラム教徒がイベリア半島の大半を支配していた9世紀、カタルーニャはフランク王国の版図に組み入れられ、986年にはバルセロナ伯国として独立を宣言。これが現在のカタルーニャの起源である。中世ヨーロッパの影響を受けながら、またイスラムの進んだ文化を取り入れたカタルーニャは、勢力を地中海に拡大し、約4世紀にわたる黄金時代を迎えた。

　しかしその後のスペイン統一により衰退、1714年にはスペイン継承戦争の敗北を機に自治権を失ってしまう。再び発展が始まったのは19世紀半ばのこと。カタルーニャ・ルネッサンスと呼ばれるこの時代、モデルニスモという芸術運動が起こり、ガウディをはじめとする建築家たちの作品が街並みに彩りを添えた。

　フランコ死後の1977年に念願の自治権を獲得したカタルーニャは、フランコ時代に禁止されていたカタルーニャ語を公用語として復活させた。今では街なかにカタルーニャ語の標識が掲げられ、カタルーニャ語で会話を楽しむ人々の姿が見られる。昔から自由に新しい文化を取り入れ、数多くの芸術家たちを生み出したバルセロナは、21世紀に入りいっそう、スペインで最も活気のある都市として躍進を続けている。

はみだし　バルセロナのⓘではピカソゆかりの場所やグルメスポットを巡るウオーキングツアーを催行している。詳細は上記のウェブサイトで。現地でも申し込めるが、事前にオンラインで予約すると5%割引きになる。

バルセロナのオリエンテーション

ヨーロッパの街や村にはたいていヘソとなる広場があるものだが、ここバルセロナではカタルーニャ広場 Pl. de Catalunyaがそれに当たる。広場の南東には旧市街の古い街並みが広がり、その南西側にはモンジュイックの丘がそびえる。また広場の北には19世紀末に拡張されたアシャンプラ地区があり、それを包み込むようにして新市街が広がっている。旧市街は徒歩で回れるが、そのほかのエリアは見どころが点在しているので、地下鉄や市バス、ツーリストバスなどを利用するといい。

エリア1 ▶ ランブラス通りと旧市街
➡ P.198 map P.178〜179

カタルーニャ広場から港まで続くのが、旧市街の目抜き通りランブラス。プラタナスが植えられた遊歩道は、いつも市民や観光客でにぎわっている。また旧市街の東側にはシウタデリャ公園があり、その南にはバルセロネータと呼ばれる海浜地区が広がっている。

滞在中に一度は歩くランブラス通り

エリア3 ▶ モンジュイック
➡ P.206
map P.182〜183

市の南にそびえるモンジュイックの丘は、1929年の万博会場、また1992年にはバルセロナ・オリンピックのメイン会場となったエリア。広大な緑地帯に美術館やスポーツ施設が点在し、また丘の頂にあるモンジュイック城からはバルセロナの街が一望できる。

モンジュイック城から街を見下ろす

エリア2 ▶ ゴシック地区
➡ P.202
map P.180〜181

ランブラス通りの東側に広がる、旧市街の核となる地域がゴシック地区。バルセロナで最も古いエリアで、カテドラルやピカソ美術館など見どころも多い。中世の街並みを今に伝えるとともに、最近は再開発が進み、おしゃれなスポットに生まれ変わりつつある。

趣のある中世の建物が数多く残る

エリア4 ▶ アシャンプラ地区と新市街北西部
➡ P.209 map P.184〜187

アシャンプラ地区は、19世紀以降の都市計画によって拡張されたエリア。カタルーニャ広場から北西に延びるグラシア通りには、ガウディをはじめとするモデルニスモの建物が並ぶ。また、新市街北西部にはオフィスビルが建ち並び、サンツ駅やカンプ・ノウ・スタジアムなどがある。

ブランド店が並ぶグラシア通り

カタルーニャ自治州が運営する❶では、バルセロナ以外の町の情報も入手できる。map P.184/B2
🏠 Pg. de Gràcia 107　☎ 932 388 091　🕐 月〜土 10:00〜20:00、日・祝 10:00〜14:30

173

必見スポットを1日で制覇

バルセロナに来たら、ぜひとも訪れておきたい代表的な名所を見学するルート。芸術美あふれる建築物から、中心街の歴史地区まで回り、食事やナイトライフも充実した内容だ。

09:00 サグラダ・ファミリア聖堂 →P.212

1 「生誕のファサード」を正面から撮影するなら午前中がベスト。チケットは必ず事前購入を。

地下鉄と徒歩で約40分

12:00 グエル公園 →P.214

2 人数制限があり希望の時間に入れないことがあるので、チケットはネット購入が必須。

徒歩と地下鉄で約30分

14:00 昼食

3 カサ・ミラと同じ建物に入っているカフェ・デ・ラ・ペドレラ（→P.229）へ。

徒歩約1分

15:00 カサ・ミラ →P.215

4 波打つような曲線が特徴的なガウディ設計の建物で、屋上からの景色もよい。

地下鉄と徒歩で約20分

17:00 カテドラル →P.203

5 旧市街の中心にそびえる大聖堂。歴史的建造物が並ぶゴシック地区も散策してみよう。

徒歩約10分

19:30 フラメンコ鑑賞

6 気軽にフラメンコが楽しめるレイアール広場のロス・タラントス（→P.220）へ。

徒歩約1分

20:00 夕食

7 レイアール広場の人気店ラス・キンザ・ニッツ（→P.224）でディナーを。

モデルニスモの建築物を巡る

バルセロナでは19世紀末、ガウディやモンタネールなどの建築家によって、モデルニスモと呼ばれる芸術様式が花開いた。代表的な名所を見学して、建築美を堪能したい。

09:00 カサ・バトリョ →P.215

1 グラシア通りに建ち、隣はモデルニスモの建築家プッチ作のカサ・アマトリェール。

地下鉄と徒歩で約15分

11:30 カタルーニャ音楽堂 →P.218

2 モデルニスモ建築を代表する音楽ホールで、内部は宝石を散りばめたように美しい。

徒歩約15分

13:00 昼食

3 モンタネールが設計したレストラン、フォンダ・エスパーニャ（→P.223）へ。

徒歩約2分

14:30 グエル邸 →P.216

4 ガウディ初期の傑作として知られる建物で、ランブラス通りの近くにある。

地下鉄と徒歩で約30分

16:00 サン・パウ病院 →P.219

5 芸術には人を癒やす力がある、というモンタネールの信念で建設された代表作。

地下鉄と徒歩で約20分

18:00 夕食

6 グラシア通り（→P.209）周辺のバルでタパスを注文して、早めの夕食を済まそう。

地下鉄と徒歩で約15分

20:00 サグラダ・ファミリア聖堂 →P.212

7 夜のライトアップを眺める。季節によって時間が異なるので要確認。

モデルルート 3
市内の アートスポットを満喫

スペインを代表する芸術家たちの作品を中心に、美術館を回ってじっくり鑑賞する。途中、街が一望できるモンジュイック城へ。夕食は芸術家も訪れた老舗レストランにて。

10:00 ピカソ美術館 ➡ P.205

1 青春時代をバルセロナで過ごしたピカソの、貴重な初期の作品を多数展示する。

徒歩約 1 分

11:30 サンタ・マリア・ダル・マル教会 ➡ P.204

2 教会が建つボルン地区にはしゃれたブティックも多いので、散策を楽しみたい。

徒歩約 10 分

13:00 昼食

3 若き日のピカソをはじめ多くの芸術家が集ったクアトラ・ガッツ（→ P.223）へ。

地下鉄と徒歩などで約 30 分

15:00 カタルーニャ美術館 ➡ P.207

4 中世から近代まで膨大な作品を所蔵する、バルセロナを代表する美術館のひとつ。

徒歩約 20 分

16:30 ミロ美術館 ➡ P.208

5 バルセロナ出身の著名画家ミロの作品を鑑賞し、自由奔放な世界に触れてみよう。

徒歩とゴンドラで約 20 分

18:30 モンジュイック城 ➡ P.208

6 美術館巡りの合間に、丘の頂に建つ要塞跡へ。ここから眺める市街や地中海は絶景！

バスと地下鉄などで約 40 分

20:00 夕食

7 バルセロナ最古のレストラン、カン・クジェレタス（→ P.225）でスペイン伝統料理を。

モデルルート 4
バルセロナ近郊への 日帰りトリップ

バルセロナから北西へ約 50km、カタルーニャ地方の守護聖母が祀られている聖地モンセラート（→ P.244）へ。帰路はガウディの代表作コロニア・グエル教会に立ち寄る。

09:30 スペイン広場

1 9:36 発のカタルーニャ鉄道に乗って約 1 時間、ロープウエイまたは登山鉄道に乗り換える。

列車などで約 1 時間 30 分

11:00 修道院付属の教会堂 ➡ P.244

2 教会堂の見学は人数制限があり予約が必須。日程が確定したら早めに手配を。

徒歩すぐ

11:30 マリア像に参拝 ➡ P.245

3 教会堂に祀られている黒いマリア像は、願いを叶えてくれるとして参拝客に人気（要予約）。

徒歩約 3 分

12:00 昼食

4 展望台にセルフサービス形式のカフェテリアがある。日曜・祝日は先にミサへ。

徒歩約 3 分

13:00 ミサに参列 ➡ P.245

5 ミサでは、14 世紀から続く少年合唱隊の美しい歌声を聴くことができる（要予約）。

列車と徒歩で約 2 時間

16:00 コロニア・グエル教会 ➡ P.217

6 ガウディの最高傑作ともいわれる小さな礼拝堂。週末は 15:00 までなので注意したい。

列車で約 20 分

18:00 スペイン広場

7 バルセロナに戻ったら、観光やショッピングなど好みに応じて市内を回ろう。

175

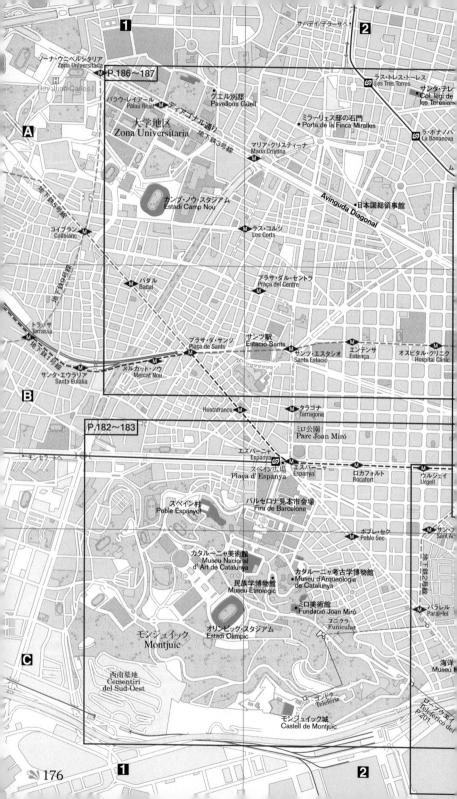

サバデイ/テラーサヘ

ソーナ・ウニベルシタリア
Zona Universitaria

Rey Juan Carlos I

←P.186～187

ラス・トレス・トーレス
Les Tres Torres

サンタ・テレ
Col.legi de
les Teresian

パラウ・レイアール
Palau Reial
ディアゴナル通り

グエル別邸
Pavellons Güell

ミラーリェス邸の石門
Porta de la Finca Miralles

ラ・ボナノバ
La Bonanova

A

大学地区
Zona Universitaria
地下鉄3号線

マリア・クリスティーナ
Maria Cristina

カンプ・ノウ・スタジアム
Estadi Camp Nou

Avinguda Diagonal

日本国総領事館

コイブラン
Collblanc

ラス・コルツ
Les Corts

バダル
Badal

プラサ・ダル・セントラ
Praça del Centre

トラッサ
Torrassa
地下鉄5号線

プラサ・ダ・サンツ
Plaça de Sants

サンツ駅
Estació Sants

サンツ・エスタシオ
Sants Estació

エンテンサ
Entença

オスピタル・クリニク
Hospital Clinic

サンタ・エウラリア
Santa Eulàlia

メルカット・ノウ
Mercat Nou

B

Hostafrancs

タラゴナ
Tarragona

←トーモンセラートへ

P.182～183

ミロ公園
Parc Joan Miró

エスパーニャ
Espanya

スペイン広場
Plaça d'Espanya

エスパーニャ
Espanya

ロカフォルト
Rocafort

ウルジェイ
Urgell

スペイン村
Poble Espanyol

バルセロナ見本市会場
Fira de Barcelona

ポブレ・セク
Poble Sec

サンタ
Sant Ar

カタルーニャ美術館
Museu Nacional
d'Art de Catalunya

カタルーニャ考古学博物館
Museu d'Arqueologia
de Catalunya

民族学博物館
Museu Etnologic

ミロ美術館
Fundació Joan Miró

パラレル
Paral·lel

モンジュイック
Montjuïc

オリンピック・スタジアム
Estadi Olimpic

フニクラ
Funicular

海洋
Museu

C

西南墓地
Cementiri
del Sud-Oest

テレフェリック
Teleféric

テレフェリイ
Teleférico del
P.20

モンジュイック城
Castell de Montjuïc

P.210
ティビダボ遊園地へ↑
アベニーダ・ティビダボ
Av. Tibidabo

3

ハルセロナ近郊路線図P.242

ハウロ・デル
プチェット庭園
Jardins del
Turó del Putget

バイカルカ
Vallcarca

グエル公園 P.214
Park Güell

アル・プジェット
El Putget

ガウディの家博物館
Casa-Museu Gaudí

P.242
カルメル要塞
Bunkers del Carmel

パドウア
Padua

A

レセップス
Lesseps

ギナルド公園
Pare del Guinardó

プラサ・モリーナ
Pl. Molina

ジェルバン
Sant Gervasi

カサ・ビセンス
Casa Vicens

P.184～185

フォンタナ
Fontana

アルフォンス・デシモ
Alfons X

ギナルド・オスピタル・
デ・サン・パウ
Guinardó-Hospital
de Sant Pau

グラシア
Gràcia

サン・パウ病院
Hospital de Sant Pau

ジョアニック
Joanic

サン・パウ・ドス・デ・マッチ
Sant Pau-Dos de Maig

地下鉄5号線

カム・デ・ラルパ
Camp de l'Arpa

ディアゴナル
Diagonal

ベルダグル
Verdaguer

サグラダ・ファミリア
Sagrada Família

カサ・ミラ
Casa Milà

ディアゴナル通り

サグラダ・
ファミリア聖堂
Basílica de la
Sagrada Família

B

プロベンサ
Provença

Avinguda Diagonal

地下鉄2号線

クロット
Clot

アントニ・タピエス美術館
Fundació Antoni Tàpies

パセジ・ダ・グラシア
Passeig de Gràcia

エンガンツ
Encants

カサ・バトリョ
Casa Batlló

シローナ
Girona

ベルシタット
ersitat

パセジ・ダ・グラシア
Passeig de Gràcia

モヌメンタル
Monumental

テトゥアン
Tetuan

モヌメンタル闘牛場
Plaça de Toros Monumental

カタルーニャ
Catalunya

ウルキナオナ
Urquinaona

グロリアス
Glòries

P.231
グロリアス・
ショッピングモール

カタルーニャ
Catalunya

カタルーニャ広場
Plaça de Catalunya

グロリアス・タワー展望台
Mirador Torre Glòries
P.17

P.180～181

アルク・ダ・トリオンフ
Arc de Triomf

北バスターミナル
Estació d'Autobusos Nord

ュセップ
de
セップ

ラス・ランブラス
Las Ramblas

カテドラル
Catedral

マリーナ
Marina

リセウ
Liceu

ジャウマ・プリメ
Jaume I

サン・ジャウマ広場
i de Sant Jaume

ピカソ美術館
Museu Picasso

シウタデリャ公園
Parc de la Ciutadella

ボガティ
Bogatell

レイアール広場
Plaça Reial

地下鉄4号線

リャクナ
Llacuna

ホブレノウ
Poblenou

ドラサナス
Drassanes

フランサ駅
Estació de França

バルセロネータ
Barceloneta

動物園
Zoològic

C

カタルーニャ歴史博物館
Museu d' Història de Catalunya

シウタデリャ/
ビラ・オリンピカ
Ciutadella/
Vila Olímpica

バルセロネータ
Barceloneta

オリンピック村
Vila Olímpica

チリンギート・エスクリバ
P.224

ボガテイ海岸
Playa del Bogatell

3

4

ウルジェイ
Urgell

グラン・ビア・ダ・ラス・
コルツ・カタラナス
Gran Via de les Corts Catalanes

パセジ・ダ・グラシア
Passeig de Gràcia

Gran

1

2

ウニベルシタット
Universitat

オルタナティブ・クリエイティブ・ユースホーム P.242

P.231

バルセロナ現代
文化センター
Centre de
Cultura
Contemporània de
Barcelona

カイシャ・バンク P.193（両替）

カタルーニャ広場
Plaça de
Catalunya

カタルーニャ
Catalunya

空港バス発着所

ウルキナ
Urquinao

A

サン・アントニ
Sant Antoni

サン・アントニ市場
Mercat de St. Antoni
P.237

バルセロナ
現代美術館
Museu d'Art
Contemporani
de Barcelona
P.199

ピアリス P.232

ロッカー・バルセロナ
（コインロッカー）
P.193

カタルーニャ音楽堂
Palau de la Música Catalar
P.218/22

サン・ジュセップ市場
Mercat de Sant Josep

ラバル地区
El Raval

リセウ
Liceu

ミロのモザイク

サンタ・カタリーナ
Santa Cat

カテドラル P.203
Catedral

ゴシック地区
Barri Gòtic

ジャウマ
Jaume I

リセウ劇場 P.221
Gran Teatre del Liceu

サン・パウ・ダル・カンプ教会
Sant Pau del Camp

サン・ジャウマ広場
Pl. de Sant Jaume

パラレル
Paral·lel

ビクトリア劇場
Teatro Victoria

レイアール広場 P.199
Pl. Reial

B

アポロ劇場
Teatro Apolo

クエル邸 P.216
Palau Güell

市場

ドラサナス
Drassanes

ろう人形館
Museu de Cera

海洋博物館
Museu Marítim
P.200

Passeig de Colom

カタルー
歴史博
Museu d'Histò
de Catal

プラザ・デル・アルマダ
Pl. de l'Armada

コロンブスの塔 P.199
Monument a Colom

カタル・ビンチ

遊覧船（ゴロンドリーナ号）乗り場 P.200

フェリー乗り場
Estació Marítima

ポルト・ベイ
Port Vell

ロープウェイ
Teleférico del Puerto
P.201

トーレ・ダ・ジャウマ・プリメ
Torre de Jaume I

マレマグナム
Maremagnum

水族館
L' Aquarium
P.200

C

Eurostars Grand Marina

P.182～183

ワールド・トレード・センター
World Trade Center

トーレ・ダ・サン・セバスティア
Torre de St. Sebastià

N

0   200m

1

2

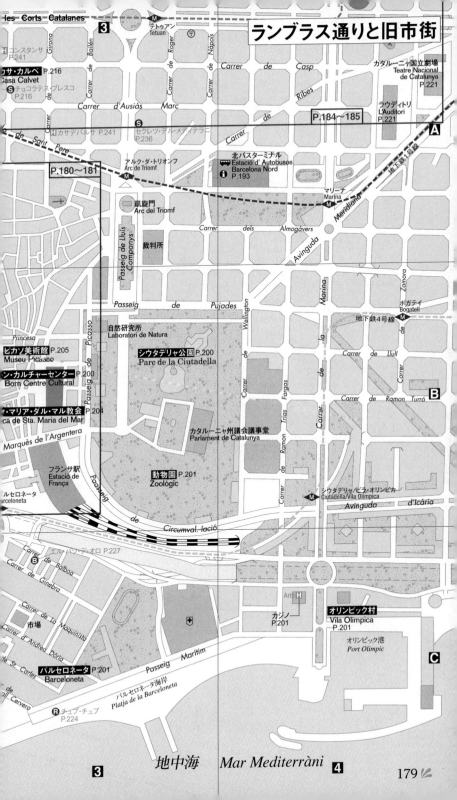

les Corts Catalanes

コンスタンサ P.241

テトゥアン
Tetuan

カサ・カルベ P.216
Casa Calvet

チョコラテス・ブレスコ P.216

カタルーニャ国立劇場
Teatre Nacional de Catalunya P.221

Carrer de Casp

Ribes

ラウディトリ
L'Auditori P.221

Carrer d'Ausiàs Marc

カサデバルサ P.241

セクレツ・デル・メディテラニ P.236

P.184~185

Carrer de Sant Pere

P.180~181

アルク・ダ・トリオンフ
Arc de Triomf

北バスターミナル
Estació d' Autobusos
Barcelona Nord P.193

マリーナ
Marina

地下鉄1号線

凱旋門
Arc del Triomf

裁判所

Passeig de Lluís Companys

Carrer dels Almogàvers

Avinguda

Meridiana

Passeig de Pujades

自然研究所
Laboratori de Natura

Princesa

ピカソ美術館 P.205
Museu Picasso

ン・カルチャーセンター P.200
Born Centre Cultural

・マリア・ダル・マル教会 P.204
ca de Sta. Maria del Mar

シウタデリャ公園 P.200
Parc de la Ciutadella

Carrer de Wellington

la Marina

ボガテイ
Bogatell

地下鉄4号線

Carrer de Llull

Carrer de Ramon Turró

B

Marquès de l'Argentera

カタルーニャ州議会議事堂
Parlament de Catalunya

Carrer de Ramon Trias Fargas

Carrer de Zamora

フランサ駅
Estació de França

動物園 P.201
Zoològic

ルセロネータ
arceloneta

Passeig de Circumval. lació

シウタデリャ/ビラ・オリンピカ
Ciutadella/Vila Olímpica

Avinguda d'Icària

Carrer de Bolboa

エル パティオ デ オロ P.227

Carrer de Ginebra

Carrer de La Maquinista

市場

Carrer d'Andreu Dòria

Carrer de St. Carles

バルセロネータ P.201
Barceloneta

Arts

カジノ P.201

オリンピック村
Vila Olímpica P.201

オリンピック港
Port Olímpic

C

Passeig Marítim

バルセロネータ海岸
Platja de la Barceloneta

チュブ・チュブ P.224

地中海 Mar Mediterràni

3

4

A

カサ・カンベール H
ラチナタ P.240
Angels S P.235
Carrer dels

Carrer del Pintor Fortuny
Carrer d'En Xuclà
ベレン教会
Betlem

Carrer de Santa 2 Anna
ピセンス P.236 S
バルフォア P.232 S

Las Ramblas

シタディネス P.241 H
ティエンダ・パラウ・モバ S P.235

Carrer del Duc
Avinguda del Portal de l'Àngel
カタルーニャ

Carrer del Bon
Carrer de la Canuda

旧サンタ・クレウ病院
Antic Hospital de
la Santa Creu

文化協会 ⓘ

Carrer de Portaferrissa

Carrer dels Capellans
Carrer dels Arcs

ピカソの

サン・ジュセップ市場
Mercat de Sant Josep
P.237

Carrer d'En Roca

ラ・バリリ・レサ P.229 S
ペティショル S P.229

Carrer del Pi

Plaça Nova
Avi

カテドラ
Catedr.
P.203

ロメア劇場
Teatre Romea

Carrer de Comerç
Carrer de Junta
Carrer de Hospital

エスクリバ P.236 S

Carrer del Cardenal Casañas

ピ広場 B
Plaça del Pi

オリオリキオ P.235 S C カエルバン P.220

シューズ博物館
Museu del Calçat

サン・アグスティ教会
St. Agustí

Carrer de Pau
Sant

ミロのモザイク
M リセウ Liceu
オペラ・ランブラス P.241

サン・ジュセップ・
オリオール広場
Plaça de
Sant J.Oriol

サンタ・マリア・
デル・ピ教会
Sta. Maria del Pi

Carrer de Banys Nous

自治政府庁
Palau de la
Generalitat

B

リセウ劇場
Gran Teatre
del Liceu P.221
P.229

フォンダ
エスパーニャ
P.223 R

Carrer de Espanya P.239 H

カングジェラテラス P.225 R

コタア P.233 R

Carrer de la Boqueria

Call

サン・ジャウマ広場
Plaça de Sant Jaume
P.204

Carrer de la Unió

カニュエテ P.226 B
オリエンテ・アティラム P.241 H

ランブラス通り
地下鉄3号線

Carrer Nou de la Rambla

ゴルドベス
P.220

クエル邸 P.216
Palau Güell

Carrer de Ferran

ラ・マヌアル・アルパルガテラ P.233
ラス・キンゼ・ニッツ P.224 R

レイアール広場 P.199
Plaça Reial

Carrer de la Lleona

市庁舎
Ajuntament

Carrer de N'Arai de Cervantes

Carrer d'Atault

ロス・タラントス P.220 E
ジャンボリー P.221

Carrer de l'Arc del Teatre

ムーグ E P.221

アート・エスクデジェルス P.234
Escudellers
ロス・カラコレス P.223 R S

ラバエクスプレス
(コインランドリー) P.193

Carrer d'En Rull

Carrer de N'Aviño
アビニョ通り

Carrer d'En Carassa

Carrer d'En
Carrer del Regomir
Gig

C

サンタ・モニカ・アートセンター
Centre d'Art Santa Mònica

M ドラサナス
Drassanes

ろう人形館
Museu de Cera

Carrer de Guàrdia
Carrer de Lancaster

Carrer de Pau
Nou de Sant Francesc
Carrer dels Codols
Carrer d'En Serra

メルセ教会
La Mercé
Mercé

Ample

海洋博物館
Museu Marítim
P.200

コロンブスの塔へ
Carrer de Josep Anselm Clavé

Passeig de Colom

コロン通り

1
2

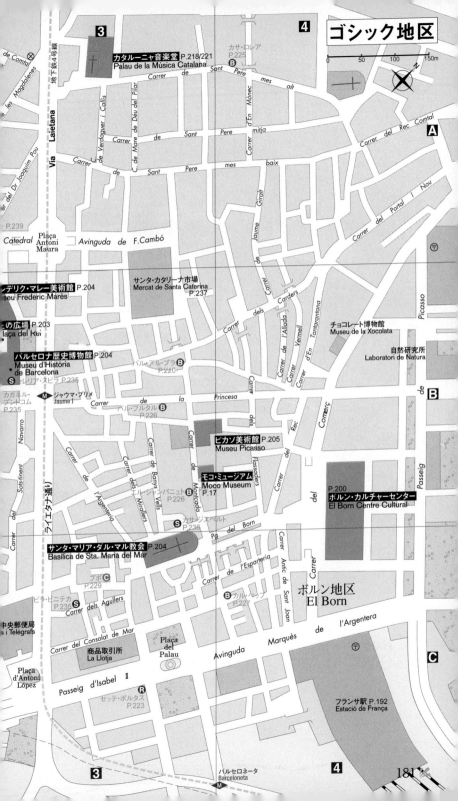

3 カタルーニャ音楽堂 P.218/221
Palau de la Música Catalana

カサ・ロレア P.225

Carrer mes alt
Carrer d'En Mònec
Via Laietana
地下鉄4号線

Carrer de Verdaguer i Callís
C. de Mare de Déu del Pilar
de Sant Pere mitjà
Carrer de Sant Pere mes baix

Carrer del Rec Comtal **A**

Carrer del Portal Nou
Giralt

de Comtal
de les Magdalenes
Carrer del Dr. Joaquim Pou

P.239

Catedral
Plaça Antoni Maura
Avinguda de F.Cambó

サンタ・カタリーナ市場
Mercat de Santa Caterina P.237

ンデリク・マレー美術館 P.204
seu Frederic Marès

チョコレート博物館
Museu de la Xocolata

自然研究所
Laboratori de Natura

Picasso

王の広場 P.203
laça del Rei

バルセロナ歴史博物館 P.204
Museu d'Història de Barcelona
サレリア・スビラ P.235

カガネル・プントコム P.235

ジャウマ・プリメ
Jaume I

ペル・プルタル **B** P.226

ピカソ美術館 P.205
Museu Picasso

モコ・ミュージアム
Moco Museum P.17

エル・ジャンパニェ ル P.226

B
Comerç
Passeig
Princesa
de la
Flassaders
Montcada
Carrer dels Mirallers
Carrer de Banys Vells
l'Argenteria

P.200
ボルン・カルチャーセンター
El Born Centre Cultural

オサジスペルト **S** P.236

サンタ・マリア・ダル・マル教会 P.204
Basílica de Sta. Maria del Mar

デポ **C** P.229

ビラ・ビニテカ **S** P.235
Carrer dels Agullers

カル・ペップ **B** P.227

ボルン地区
El Born

Carrer de l'Espartería
Carrer de Sant Joan

中央郵便局
s i Telègrafs

商品取引所
La Llotja

Plaça del Palau

Avinguda Marquès de l'Argentera

フランサ駅 P.192
Estació de França

C

Plaça d'Antoni López

Passeig d'Isabel II

セッテ・ポルタス **R** P.223

Navarro
Sots-tinent
ライエタナ通り

3 バルセロネータ
Barceloneta

4

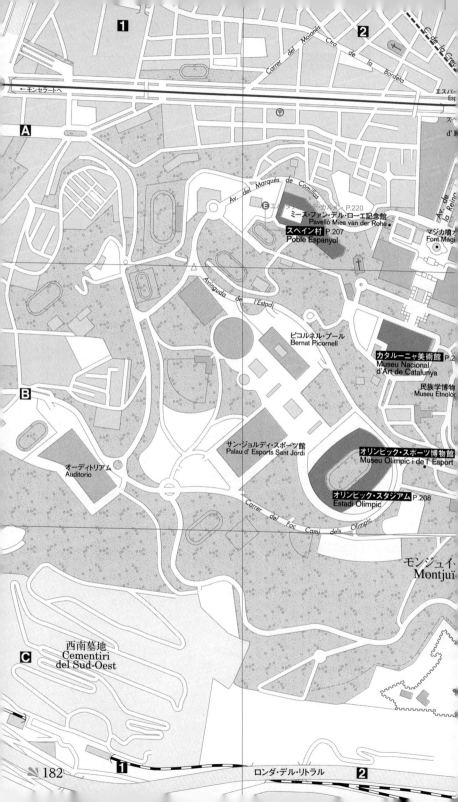

Carrer del Morares

Ctra. de la Bordeta

C. de la Cre

← モンセラートへ

エスパ
Esp

A

ズ
d'

Av. del Marquès de Comillas

エリアス・ラ・カルバト P.220
ミース・ファン・デル・ローエ記念館
Pavelló Mies van der Rohe

マジカ噴オ
Font Magi

スペイン村 P.207
Poble Espanyol

Avinguda de l'Estadi

ピコルネル・プール
Bernat Picornell

カタルーニャ美術館 P.2
Museu Nacional
d'Art de Catalunya

B

民族学博物
Museu Etnolo

サン・ジョルディ・スポーツ館
Palau d'Esports Sant Jordi

オリンピック・スポーツ博物館
Museu Olímpic i de l'Esport

オーディトリアム
Auditorio

オリンピック・スタジアム P.208
Estadi Olímpic

Carrer del Foc Camí dels Olímpic

モンジュイ
Montjuï

C

西南墓地
Cementiri
del Sud-Oest

1

ロンダ・デル・リトラル

2

P.186～187

P.182～183

市場

Carrer dels Madrazo

サン・ジェルバシ
Sant Gervasi

プラサ・モリーナ
Plaça Molina

カサ・ビセンス
Casa Vicens P.216

フォンタナ
Fontana

リウレ劇場
Teatre Lliure

Carrer de l' Avenir

Carrer de Tuset

Laforja

Marià

Cubí

グラシア
Gràcia

Travessera

Gràcia

ヴィア・アウグスタ通り
Via Augusta

ディアゴナル通り
Carrer de Casanova

Carrer de Muntaner

Carrer de Aribau

Carrer de

Paris

Còrsega

レジーナ劇場
Teatre Regina

カサ・コステル P.238

Carrer del Rosselló

カンペール P.232

Pl. de Joan Carlos I

カサ・コマラ
Casa Comalat

ジェネレーター P.242

P.219

地下鉄5号線

天ぷら屋 P.228

とうふカタラン P.228

Carrer d' Aribau

リヤドロ P.234

カサ・デ・ラ・プンジャス
Casa de les P.238

らぁ麺

プロベンサ
Provença

Carrer del Provença

トゥス P.233

ディアゴナル
Diagonal

カフェ・デ・ラ・ペドレラ P.229

カサ・ミラ
Casa Milà P.215

ニノット市場
Mercat del Ninot P.237

Carrer de Mallorca

ルボ P.232

カサ・トマス
Casa Thomas

セルベセリア・カタラナ

Rambla de Catalunya

Passeig de Gràcia

モミュメント P.238

Carrer de València

ナダス・シングス P.234

カスタニェール P.233

ミレナ・イ・ロラ P.231

Plaça del Doctor Letamendi

ラ・パスティセリア・バルセロナ P.229

パセジ・ダ・グラシア
Passeig de Gràcia

カサ・バトリョ P.215
Casa Batlló

市場

クラム P.240

ブランチ・アンド・ケイク P.229

ビニトゥス P.226

カサ・アマトリェール
Casa Amatller P.219

アントニ・タピエス美術館
Fundació Antoni Tàpies P.210

カカオ・サンパカ P.236

ロエベ P.232

カサ・リェオ・イ・モレラ P.218
Casa Lleó i Morera

アドルフォ・ドミンゲス P.231

Carrer de Muntaner

Carrer de

Diputació

バルセロナ大学
Universitat Central

カルデロン P.239

アベニーダ・パラセ P.240

ザラ・ホーム P.233

ユニクロ P.233

Bruc

メルカドーナ P.230

グラン・ビア・ダ・ラス・コルツ・カタラナス
Gran Via de les Corts Catalan

ウニベルシタット
Universitat

地下鉄1号線

トゥ H P.241

オルタナティブ・クリエイティブ・ユースホーム P.242

パセジ・ダ・グラシア
Passeig de Gràcia

ザラ P.231

コンスタンサ H P.241

ゴヤ劇場
Teatre Goya

エル・トリアングル P.230

カタルーニャ広場
Plaça de Catalunya

空港バス発着所

カタルーニャ
Catalunya

ウルキナオナ
Urquinaona

カサ・カルベ
Casa Calvet

チョコラテス・ブ P.216

Carrer de Casp

アシャンプラ地区

3　**4**

アルグエス公園
Parc de les Algües

地下鉄4号線

アルフォンス・デシモ
Alfons X

市場

A

P.219 サン・パウ病院
Hospital de
Sant Pau

ジョアニック
Joanic

Travessera de Gràcia

Carrer de Sant Antoni Maria Claret

サン・パウ-ドス・デ・マッチ
Sant Pau-Dos de Maig

地下鉄5号線

B

セルコテル・
ロゼリョン
P.238

サグラダ・ファミリア
Sagrada Familia

サグラダ・ファミリア聖堂 P.212
Basilica de la Sagrada Familia

市場

ベルダゲル
Verdaguer

地下鉄2号線

エンカンツ
Encants

ラ・ウオッシュ P.193
(コインランドリー)

Passeig de Sant Joan

サン・ジョアン通り

Aragó

モヌメンタル
Monumental

C

テトゥアン広場
aça de Tetuan

ラス・グロリアス・
カタラナス広場
Plaça de los
Glòries Catalanes

モヌメンタル闘牛場
Plaça de Toros Monumental

1ベルト博士の
ニュメント

テトゥアン
Tetuan

P.178〜179

デザイン博物館 P.210
Museu del Disseny de Barcelona

エンカンツの
P.234 のみの市

グロリアス Glòries

カタルーニャ国立劇場
Teatre Nacional de
Catalunya P.221

3　**4**

ラウディトリ
L'Auditori
P.221

185

ペドラルベス宮殿
Palau Reial de Pedralbes

↑ペドラルベス修道院へ

P.216 グエル別邸
Pavellons Güell

Passeig

de

Manuel

ペドラルベス公園
Parc de Pedralbes

C. de Jimenez i Iglesias

Girona

C. de Fernando Primo de Rivera

Av. de Pedralbes

C. de Pedró i Pons

パラウ・レイアール
Palau Reial

A

C. de Pau Gargallo

地下鉄3号線

C. del Doctor Ferran

ミラーリェス邸の
Porta de la Finca Mi

Pl. de
Pius XII

大学地区
Zona Universitària

C. de Baldiri Reixac

Carrer del Doctor

ソフィア・バルセロナ
P.238 **XIII**

マリア・クリスティーナ
Maria Cristina

レイナ・マリア・
クリスティーナ広場
Plaça de la Reina
Maria Cristina

ラス・コルツ墓地
Cementiri de les Corts

Joan

Avinguda

de

del Maternitat

Gran Via de Carles III

エル・コルテ
イングレス

Hilton Barc

FC バルセロナ博物館
Museu del F.C.Barcelona

市場

カンプ・ノウ・スタジアム P.222
Estadi Camp Nou

S

B

Travessera

de

Les

Corts

ラス・コルツ
Les Corts

グラン・ビア・カルロス3世

Callleo

de

Vallespir

Av

de

Madrid

Joan Güell

Rambla del Brasil

de

Calleo

de

Bell

lloc

C

de

Sants

バダル
Badal

プラサ・ダル・セントラ
Praça del Centre

Guitard

C.

de

Sugranyes

de

Vallespir

de

Comtes

defs

C.

C

市場

プラサ・ダ・サンツ
Plaça de Sants

C. Sant Antoni

バルセロナサンツ P.233 **H**

サンツ・
バスターミナル P.193

サンツ・エスタシオ
Sants Estacio

サンツ駅
Estació Sants P.192

地下鉄1号線

メルカット・ノウ
Mercat Nou

de

Sants

スペイン工業公園
Parc Espanya Industrial

Carrer

3

クララ博物館
Museu Clara

市場

サンタ・テレサ学院 P.216
Col.legi de les Teresianes

ラス・トレス・トーレス
Les Tres Torres

0　　　　　200m

A

Ronda del General Mitre

ロンダ・デル・ジェネ

ラ・ボナノバ
La Bonanova

アウグスタ通り Via Augusta

自動車博物館
Museu Automovil

ムンタネール
Muntaner

ディアゴナル通り

P.184〜185

ポエタ・エドゥアルド・マルキーナ庭園
Jardins del Poeta Eduardo Marquina

市場

Madrazo

在バルセロナ日本国総領事館
P.455

B

リージャ・ナシオナル
P.230

P.242

ビキニ P.221

Avinguda Diagonal

de Deu i Mata

Mestre Nicolau

フランセスク・マシア広場
Plaça de Francesc Macià

レ・コルツ公園
les Corts

やしま
P.228

6

Avinguda de Josep Tarradellas

C.　de　Buenos　Aires

Berlin

Carrer　de　D'　Ugell　Londres

Carrer　de　Paris

エル・パティオ・アンダルス
P.220

工業大学
Universitat Industrial

天ぷら屋 P.228

C

ユセップ・タラデリャス通り

エンテンサ
Entença

オスピタル・クリニク
Hospital Clinic

地下鉄5号線

とうふカタラン
P.228

刑務所跡
Preso Model

Carrer　de　Provença

Avinguda

ニノット市場
Mercat del Ninot P.237

de　Roma

3

4

Carrer　de　Mallorca

de　València

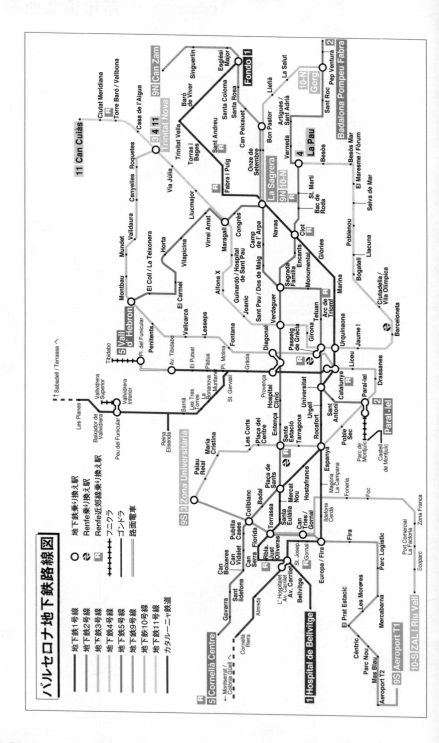

バルセロナ地下鉄路線図

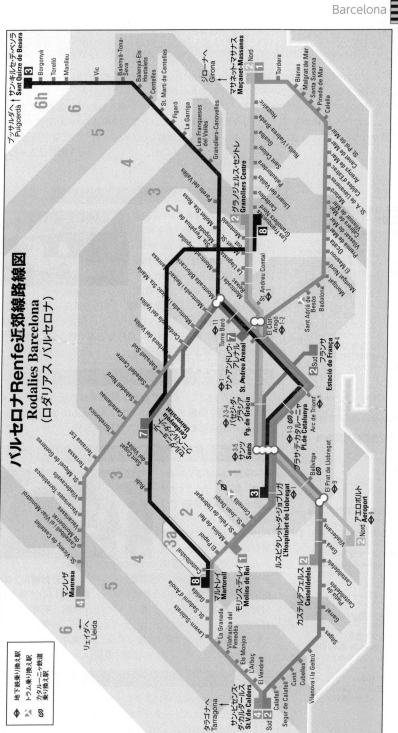

バルセロナRenfe近郊線路線図
Rodalies Barcelona
(ロダリアス バルセロナ)

バルセロナ=エル・プラット空港Aeroport de Barcelona El Prat(BCN)は、市内から南西へ約18km。T1とT2のふたつのターミナルがあり、さらにT2はA、B、Cの3つのエリアに分かれている。航空会社によって到着するターミナルが異なるので、確認しておこう。T1とT2の間は距離があり、5～10分間隔で運行している無料の巡回バスで所要約10分。空港から市内へは、空港バス、地下鉄、Renfe近郊線、タクシーの4つの交通手段がある。

※入国の仕方→P.436

おもな航空会社の発着ターミナル
●ターミナル1
アエロフロート・ロシア航空、アリタリア航空、イベリア航空、エア・ノストルム、エア・ヨーロッパ、ブリティッシュ・エアウェイズ、エールフランス航空、オーストリア航空、カタール航空、KLMオランダ航空、スイスインターナショナルエアラインズ、スカンジナビア航空、フィンエアー、ブエリング航空、ポルトガル航空、ルフトハンザ・ドイツ航空など
●ターミナル2
イージージェット、トランサヴィア、ライアンエアーなど
※発着ターミナルは変更されることもあるので、URLwww.aena.esで確認を。

❶空港の観光案内所
圓月～金　　8:00～20:30
　　土・日　　8:30～20:30
休1/1
ターミナル1、2のエリアBにあり、ホテルの予約も可能。

バルセロナ以外の空港
ライアンエアーRyanairを利用する場合は、ジローナ空港やレウス空港に到着する。
●ジローナ空港
Aeroport de Girona (GRO)
バルセロナの北東約75km。北バスターミナルからSagalés社（URLwww.sagales.com）のバスで所要1時間15分。ジローナ（所要約30分）からもバスがある。
●レウス空港
Aeroport de Reus (REU)
バルセロナの南西約115km。サンツ・バスターミナルからHispano Igualadina社（URLwww.igualadina.com）のバスで約1時間45分。

空港バス ✣ Aerobús

アエロブスと呼ばれるシャトルバスが、空港と街の中心カタルーニャ広場を結んでいる。市内から空港へ向かう場合は、**ターミナル1行きの「A1」、ターミナル2行きの「A2」**があるので、よく確認

スーツケースも持ち込める

してから乗ること。いずれも24時間、5～10分間隔（夜間は20分間隔）で運行している。料金は片道€6.75、往復€11.65（90日間有効）。乗り場に設置されている自動券売機で購入する。空港からカタルーニャ広場まで所要約30分。

地下鉄 ✣ Metro

ターミナル1と2に、それぞれ地下鉄**9S号線**の駅がある。5:00～24:00に約7分間隔で運行しており、Aeroport T1駅からZona Universitària駅まで所要約30分、料金€5.15。

スペイン鉄道(Renfe)近郊線 ✣ Rodalies Barcelona

空港（アエロポルトAeroport）駅は、ターミナル2と約300mの連絡橋でつながっている。ターミナル1に到着した場合は、まず無料の巡回バスでターミナル2へ（5～10分間隔

空港駅に停車する近郊列車

で運行、所要約10分）。空港駅から市内へは、**近郊線R-2 Nord**が5:42から23:38まで30分間隔で運行、料金€4.60。乗車券は自動券売機で購入する。列車はサンツSants駅（所要約20分）、パセジ・ダ・グラシアPasseig de Gràcia駅（所要約25分）などに停車する。サンツ駅では地下鉄3、5号線に、パセジ・ダ・グラシア駅では地下鉄2、3、4号線に連絡。

タクシー ✣ Taxi

各ターミナルを出た所にタクシー乗り場がある。市内まで所要20～30分、料金はメーターで€30程度。これに空港送迎料金€4.50が加算される。

バルセロナ

空港から市内へのアクセス

凡例:
- **i** インフォメーション
- タクシー乗り場
- バス停
- 両替所
- カフェ
- レンタカー
- チェックインカウンター
- **P** 駐車場

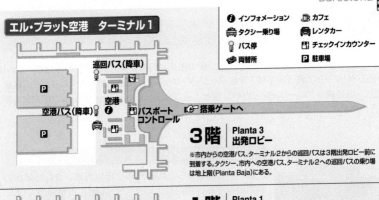

エル・プラット空港　ターミナル1

3階 | Planta 3 出発ロビー

巡回バス(降車)
空港
空港バス(降車)
パスポートコントロール
搭乗ゲートへ

※市内からの空港バス、ターミナル2からの巡回バスは3階出発ロビー前に到着する。タクシー、市内への空港バス、ターミナル2への巡回バスの乗り場は地上階(Planta Baja)にある。

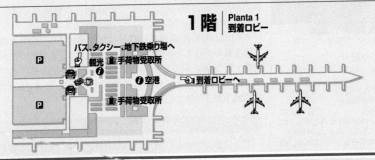

1階 | Planta 1 到着ロビー

バス、タクシー、地下鉄乗り場へ
観光
手荷物受取所
空港
手荷物受取所
到着ロビーへ

エル・プラット空港　ターミナル2

地上階 | Planta Baja (0) 到着ロビー

エリアC　エリアB　エリアA

遺失物取扱所
荷物預かり
手荷物受取所
観光
エスカレーター
手荷物受取所
Renfe 空港駅へ

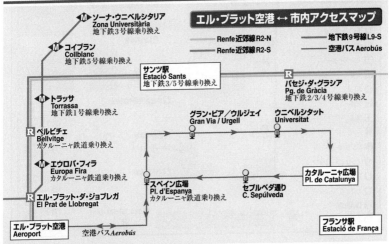

エル・プラット空港 ↔ 市内アクセスマップ

- ── Renfe 近郊線R2-N
- ── Renfe 近郊線R2-S
- ── 地下鉄9号線L9-S
- ── 空港バス Aerobús

M ソーナ・ウニベルシタリア
Zona Universitària
地下鉄3号線乗り換え

M コイブラン
Coliblanc
地下鉄5号線乗り換え

サンツ駅
Estació Sants
地下鉄3/5号線乗り換え

R

パセジ・ダ・グラシア
Pg. de Gràcia
地下鉄2/3/4号線乗り換え

M トラッサ
Torrassa
地下鉄1号線乗り換え

グラン・ビア／ウルジェイ
Gran Via / Urgell

ウニベルシタット
Universitat

R ベルビチェ
Bellvitge
カタルーニャ鉄道乗り換え

M エウロパ・フィラ
Europa Fira
カタルーニャ鉄道乗り換え

スペイン広場
Pl. d'Espanya
カタルーニャ鉄道乗り換え

セプルベダ通り
C. Sepúlveda

カタルーニャ広場
Pl. de Catalunya

R エル・プラット・ダ・ジョブレガ
El Prat de Llobregat

エル・プラット空港
Aeroport

空港バスAerobús

フランサ駅
Estació de França

けんだし エル・プラット空港での免税手続きは時間がかかることもあるので余裕をもって空港へ行くこと。基本的にEU圏の最終出国地の空港で手続きをするが、乗り継ぎ時間が少ない場合はバルセロナでの手続きが認められている。

バルセロナの駅

ターミナル駅は、市内最大のサンツ駅と、街の南東に位置するフランサ駅のふたつ。このほか、パセジ・ダ・グラシア駅（地下鉄3号線パセジ・ダ・グラシア駅と連絡）やカタルーニャ広場駅（地下鉄1、3号線カタルーニャ駅と連絡）など、近郊線Rodalies Barcelonaの停車する駅が市内各所にある。

バルセロナの玄関、サンツ駅

サンツ駅
map P.186/C2
M 3/5号線サンツ・エスタシオ駅と接続
●荷物預かり
圓毎日　　　　7:00〜22:00
地下1階の駐車場と同じフロアにある。料金は2時間€6、24時間€10、48時間€20、72時間€30。

フランサ駅
map P.181/C4
M 4号線バルセロネータ駅から徒歩5分

サンツ駅 ✤ Estació Sants

スペイン各地からの高速列車や特急列車、また近郊線の全路線が停車する、市内最大のターミナル駅。両替所やATM、レストランやカフェ、みやげ物店などの施設も充実している。

AVEをはじめ高速列車の改札は地上階にあり、検札と荷物のX線検査を受けてから待合室に入る。なおホームはすべて地下にあり、近郊線に乗るときは自動改札機に切符を通す。街の中心カタルーニャ広場までは、近郊線R-1、R-3、R-4で約5分、または地下鉄3号線で15分ほど。

フランサ駅 ✤ Estació de França

サンツ駅ができる以前は、バルセロナの中央駅として使われていた。現在は近郊線R2 Sudのほか、一部の長距離列車が発着する。ここからサンツ駅へは、30分おきに運行している近郊線R-2 Sudで所要12分。窓口では長距離列車や国際列車の切符も購入できる。

古い駅舎を利用したフランサ駅

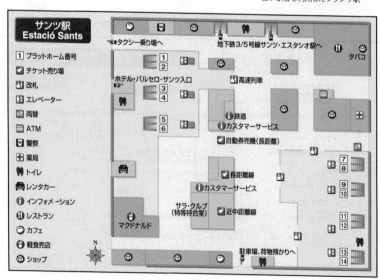

サンツ駅
Estació Sants

1 プラットホーム番号
✔ チケット売り場
改札
エレベーター
両替
ATM
警察
薬局
トイレ
レンタカー
インフォメーション
レストラン
カフェ
軽食売店
ショップ

→ タクシー乗り場へ
ホテル・バルセロ・サンツ入口
地下鉄3/5号線サンツ・エスタシオ駅へ
タバコ
高速列車
鉄道
カスタマーサービス
自動券売機(長距離)
長距離線
カスタマーサービス
サラ・クルブ（特等待合室）
マクドナルド
近中距離線
駐車場、荷物預かりへ

はみだし　Renfeのパセジ・ダ・グラシア駅には、近郊線 R-2、R-2 Nord、R-2 Sud のほか、一部の長距離列車も停車する。切符売り場やホームは地下にあり、カサ・バトリョ（map P.184/C2）前の入口から入るとわかりやすい。

バルセロナ

バルセロナのバスターミナル

市内最大の北バスターミナルのほか、サンツ駅に隣接するサンツ・バスターミナルがある。
バスによっては、サンツ・バスターミナルと北バスターミナルの両方に停車する。

北バスターミナル ✛ Estació d'Autobusos Barcelona Nord

バルセロナ最大のバスターミナル。スペイン各地への長距離バスのほか、アンドラ行き、フランス行きなどの国際バスも発着する。カフェやレストラン、コインロッカーあり。

旧北駅を改装したバスターミナル

北バスターミナル
map P.179/A4
住 Ali Bei 80
☎ 937 065 366
URL www.barcelonanord.cat
●案内所
開 毎日　　　　7:00 〜 21:00
M 1号線または Renfe 近郊線 R-1、R-3、R-4 のアルク・ダ・トリオンフ駅から徒歩1分

サンツ・バスターミナル ✛ Estació d'Autobusos de Sants

サンツ駅の脇にバス会社の営業所が並んでおり、その前から乗車する。アンドラ行きのほか、フランス、ドイツ、イタリア、オランダなどへの国際バスが発着。

おもに国際バスが発着する

サンツ・バスターミナル
map P.186/C2
住 Viriato, s/n
M 3/5 号線サンツ・エスタシオ駅から徒歩3分

北バスターミナルとサンツ・バスターミナルに発着するおもなバス会社

会社名／ウェブサイト	おもな行き先と発着ターミナル
アルサ　Alsa URL www.alsa.es	マドリード、バレンシア、アンドラ、サラゴサ、サン・セバスティアン、ビルバオ行き、アンダルシア方面行きなど。北バスターミナルから発車
サガレス　Sagalés（Barcelona Bus） URL www.sagales.com	ジローナ空港行きのほか、ジローナ、フィゲラスなどコスタ・ブラバへのバスを運行。北バスターミナルから発車
サルファ　Sarfa URL www.sarfa.com	カダケス行きなど。北バスターミナルから発車
ダイレクトバス　Direct Bus URL www.andorradirectbus.es	アンドラ行きの直通バスを運行。サンツ・バスターミナルから発車
ユーロラインズ　Eurolines URL www.eurolines.com	フランス、ドイツ、イタリア、オランダなどへの国際バスを運行。ほとんどのバスはサンツ・バスターミナルから発車する
ラインバス　Linebus URL www.linebus.es	パリ、リヨン、モンペリエ、アヴィニョンなどフランス方面のほか、ブカレストへの国際バスを運行。北バスターミナルとサンツ・バスターミナルの両方に停車する

TOPICS

バルセロナの便利情報

●**カイシャ・バンク　CaixaBank（両替）**
カタルーニャ広場の北西角にある。外貨両替にはパスポートの原本の提示が必要。
map P.178/A2　住 Pl. de Catalunya 7
☎ 934 064 780　営 月〜金 9:00 〜 20:45、
土 9:00 〜 14:00　休 日・祝
M 1/3 号線カタルーニャ駅から徒歩1分

●**ロッカー・バルセロナ　Locker Barcelona**
スーツケースなど荷物を預ける際に便利。料金は大きさによって€4.50〜。オンライン予約もできる。
map P.178/A2　住 Estruc 36　URL www.lockerbarcelona.com
営 毎日 9:00 〜 21:00　休 12/25
M 1/3 号線カタルーニャ駅から徒歩3分

●**ラバエクスプレス　LavaXpres**
バルセロナ市内に 20 店舗以上あるコインランドリー。洗濯、乾燥は €3.50 〜。
map P.180/C1　住 Nou de Sant Francesc 5
URL www.lavaxpres.com　営 毎日 8:00 〜 22:00
M 3 号線ドラサナス駅から徒歩3分

●**ラ・ウオッシュ　La Wash**
バルセロナ市内に 50 店舗以上あるコインランドリーのチェーン店。洗濯は €5 〜、乾燥は €4.50。年中無休で営業しているので便利だ。
map P.185/B3　住 Valencia 409
URL lawash.es　営 毎日 7:00 〜 22:00
M 2/5 号線サグラダ・ファミリア駅から徒歩3分

バルセロナの市内交通

　地下鉄や市バスの路線網が発達しているほか、タクシーの台数も多い。また主要スポットを巡るツーリストバスも便利だ。

バルセロナの交通機関
URL www.tmb.cat

地下鉄路線図
→P.188

地下鉄の運行時間
5:00〜24:00（金と祝日の前夜は〜翌2:00）、土は終夜運行

地下鉄（メトロ）⊹ Metro

　地下鉄の入口は、菱形に赤いMのマークが目印。路線はそれぞれ色分けされているのでわかりやすい。料金はゾーン制になっており、主要な観光スポットはほぼすべてゾーン1でカバーされる。

上がメトロ、下はRenfe近郊線のマーク

地下鉄の乗り方

1 切符を買う

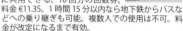
切符の種類と料金

ビリェーテ・センシーリョ
Bitllet Senzill
1回乗車券。ゾーン1は €2.40。

タルヘタ・カスアル
T-casual
地下鉄、バス、トラム、フニクラ、カタルーニャ鉄道、Renfe近郊線に共用できる、10回分の回数券。料金€11.35。1時間15分以内なら地下鉄からバスなどへの乗り継ぎも可能。複数人での使用は不可。料金が改定になるまで有効。

トラベルカード Travel Card
地下鉄、バス、トラム、フニクラ、カタルーニャ鉄道とRenfe近郊線の市内ゾーンに乗り放題。1日券（T-dia）€10.50、2日券€16.40、3日券€23.80、4日券€31、5日券€38.20がある。

券売機の使い方

1. 1回乗車券、T-casual、トラベルカードなどから、切符の種類を選ぶ。スペイン語とカタルーニャ語のほか、英・仏語の表示が可能。

2. 切符の枚数とゾーンを選ぶ。ゾーンは1から6まであるが、バルセロナ市内であればゾーン1でOK。

3. お金を投入する。キャンセルするときは右の表示をタッチ。クレジットカード（JCB、VISA、Mastercard）も使用できる。

2 改札からホームへ

　自動改札は日本とは逆で、向かって左側の機械に切符を通す（新しい式の自動改札機

型の改札機は右側）。慣れないうちは間違えやすいので注意しよう。切符を取ってから回転バーを押して中に入る。構内には路線番号と終点の駅名が表示してあるので、目的地を確認して進もう。

乗り換えを示す表示は、さまざまなマークが混在しているので注意。「R」はスペイン鉄道近郊線

3 乗車する

　ドアは手動と自動があり、手動の場合はドア中央部のノブを上げるか、脇のボタンを押すとドアが開く。閉まるときは自動。

乗車時や車内ではスリに注意

4 乗り換え

　電車を降りたら、次に乗る路線と行き先の表示をたどって行けばいい。Renfe近郊線やカタルーニャ鉄道などへの乗り換えもマークで表示されているのでわかりやすい。

5 出口へ

　目的地に着いたら、ソルティーダ Sortida（出口）の表示に従って進む。通常は2ヵ所以上の出口がある。改札では切符を出す必要はなく、柵を押して外に出る。

出口を示す表示

　地下鉄駅の改札口付近やエレベーター、また車内で、グループで取り囲むスリが多発している。混んでいる車両に乗るときは、バッグを手で押さえるなどして、十分に注意すること。

バ ス ✤ Autobús

　バルセロナ市内には約100の路線があり、運行時間は6：00頃から22：30頃まで。またナイトバスNit Busの路線が21ある。路線図は、地下鉄のサグラダ・ファミリア駅などにあるTMB（バルセロナ交通局）の窓口で手に入る。

バルセロナ市内を網羅している

　バス停には路線ごとにルート図が表示されており、旅行者にもわかりやすい。バスが来たら手を挙げて合図する。前乗り、後ろ降りで、切符は運転手から買う。紙幣だとおつりがないことが多いので小銭を用意しておこう。地下鉄と共通の回数券T-casualは、運転席の後ろにある改札機に差し込んで日時を刻印する。

　降りるときは、車内にあるボタンを押して知らせる。なお市内は一方通行が多く、反対方向へ向かうバスは別の通りから出ていることもあるので注意すること。

タクシー ✤ Taxi

　急ぐときや、夜遅くなったときはタクシーが便利。料金も比較的安いので利用しやすい。台数も多く、駅前や主要広場などにあるタクシー乗り場のほか、流しのタクシーをひろうこともできる。空車は

黒と黄色のツートンカラーが目印

フロントガラスに「Libre」または「Lliure」の表示が出ており、屋根の上の緑のランプが点灯する。

　ドアは日本と違って手動なので、開閉は自分で行う。運転手に行き先を告げるときは、紙に書いて見せれば間違いがないだろう。料金はメーター制で、トランクに荷物を入れた場合や、空港から乗るときと空港へ行くときは追加料金が加算される。チップは義務ではないが、荷物を運ぶのを手伝ってもらった場合などは、おつりの小銭や€1程度を渡すとよいだろう。

Renfe（レンフェ）近郊線 ✤ Rodalies Barcelona

　都市から郊外に延びるスペイン鉄道の路線で、カタルーニャ語でロダリアス・バルセロナ（スペイン語でセルカニアスCercanías）と呼ばれる。バルセロナではサンツ駅を中心に7路線が運行されている。旅行者にとって便利なのは、プラット空港とサンツ駅を結ぶR-2 Nord。またシッチェスなどバルセロナ近郊の町へ行くときに利用できる。料金はゾーン制で€2.40〜6.95。

おもに通勤・通学の足として利用される

回数券やトラベルカードは車内にある改札機で刻印する

バスの料金

メトロと同じで、ゾーン1内は€2.40。回数券タルヘタ・カスアルも使用できるが、バス車内では買えないのであらかじめ用意しておこう。

空車なら緑のランプが点灯する

タクシーの料金

時間帯により、以下の3つの料金体系がある。
●料金1（Tarifa 1）
月〜金曜の8:00〜20:00。基本料金€2.55、以後1kmごとに€1.23ずつ加算。
●料金2（Tarifa 2）
月〜金曜の20:00〜翌8:00および土・日曜、祝日。基本料金€2.55、以後1kmごとに€1.51加算。
●追加料金
空港から乗る場合と空港へ行く場合€4.50
サンツ駅から乗る場合€2.50
☎ 933 222 222
URL www.barnataxi.com

Renfe近郊線路線図
→ P.189

カタルーニャ鉄道
URL www.fgc.es

バルセロナ市内の駅は地下にある

トラム
URL www.tram.cat
詳しい路線図と時刻表は公式サイトで確認を。

フニクラ
map P.183/B3 〜 B4
営 月〜金　7:30 〜 22:00
土・日・祝　9:00 〜 22:00
（冬時間中は毎日〜 20:00）

ゴンドラ
map P.183/B3 〜 C3
営 毎日　10:00 〜 19:00
（6 〜9月は〜 21:00、11 〜
2月は〜 18:00）

眺めが楽しめるゴンドラ

カタルーニャ鉄道 ✛ Ferrocarrils de Generalitat de Catalunya

　バルセロナと郊外を結んでいる私鉄で、略してFGC。バルセロナにはカタルーニャ広場とスペイン広場の2ヵ所に始発駅があり、カタルーニャ広場発の路線はティビダボへ行くときに、スペイン広場発の路線はモンセラートやガウディ作のコロニア・グエル教会へ行くときに利用できる。料金は市内なら地下鉄と同じ€2.40で、回数券T-casualも使用できる。

トラム ✛ Tram

　全6路線を運行する路面電車。ディアゴナル通りのフランセスク・マシア広場から西の郊外へ向かうT1、T2、T3と、シウタデリャ公園の近くから東へ延びるT4、T5、T6がある。切符はプラットホームにある自動券売機で購入し、車内の自動改札機で刻印する。市内は料金€2.40。回数券T-casualも使用できる。

最新式のモダンな車両

フニクラ ✛ Funicular

10分間隔で運行しているケーブルカー

　観光客に便利なのは、地下鉄パラレルParal·lel駅とモンジュイックの丘を約3分で結ぶ路線。パラレル駅では、地下鉄から改札を通らずに乗り換えることができる。料金は€2.40。回数券T-casualも使用できる。

ゴンドラ ✛ Telefèric de Montjuïc

　フニクラのパルク・モンジュイック駅を出て右側へ少し歩くと乗り場がある。モンジュイック城がそびえる丘の頂上まで約10分、バルセロナ市街を一望しながらの空中散歩が楽しめる。料金は片道€10、往復€15。オンラインで購入すると10%割引になる。

TOPICS

観光に便利なバルセロナカード

　バルセロナの❶が発行しているバルセロナカード Barcelona Card は、市内の交通機関や観光スポットなどが無料または割引になるお得なもの。例えば地下鉄、バス、トラム、Renfe 近郊線とカタルーニャ鉄道の市内ゾーンなどは乗り放題、約50 ヵ所以上の施設や美術館などが無料または 10 〜 50 ％割引になるほか、提携しているショップやレストランで割引が受けられる。料金は3日券€48、4日券€58、5日券€63（4 〜12 歳はそれぞれ €26、€35、€40）。エル・プラット空港、カタルーニャ広場などの❶で購入できる。

❶のサイトから購入すると10%割引きになる

はみだし 美術館巡りには「アルチケット Articket」がおすすめ。このチケットがあれば、ピカソ美術館、ミロ美術館、MACBA（バルセロナ現代美術館）、カタルーニャ美術館、アントニ・タピエス美術館、CCCB（バルセ

バルセロナ

バルセロナの市内交通

観光バス

●ツーリストバス

効率よく、しかもお得にバルセロナを観光したい人におすすめなのが、市内を循環する2階建てのツーリストバス。**バス・トゥリスティック**Bus Turísticと**バルセロナ・シティツアー Barcelona City Tour** のふたつがあり、ルートはほぼ同じ。いずれもカタルーニャ広場から発車するが、市内の主要スポット約30ヵ所にあるバス停ならどこからでも乗車できる。チケットの有効期間内なら何度でも乗り降り自由なので、観光しながらバルセロナの街を一周できる。街の概略をつかむのにも便利だ。さらに、チケット購入時にもらえるバウチャーで、観光施設や美術館、交通機関、ショップやレストランなど、約50ヵ所で割引を受けられる。料金は1日券€33、2日券€44（4～12歳は1日券€18、2日券€23）。チケットはカタルーニャ広場のバス乗り場近くにあるインフォメーションブースのほか、乗車時に購入できる。

バルセロナ交通局が運行するバス・トゥリスティック

●日本語ツアー

［みゅう］バルセロナが日本人向けにさまざまなツアーを催行している。日本語ガイドが解説してくれるサグラダ・ファミリア入場ツアーをはじめ、トマト祭りツアーやユニークなプライベートツアーが人気。

●各国語ツアー

代表的なのは**フリア**Juliáと**バルセロナ・ガイド・ビューローBarcelonaGuide Bureau**。以下はフリアの例。ホテルのロビーなどにパンフレットが置いてあり、フロントに頼めば予約もしてくれる。**カタルーニャ・バス・トゥリスティックCatalunya Bus Turístic**は、カタルーニャ広場などにある❶で申し込めるほか、オンラインで予約すると10%割引きになる。

バス・トゥリスティック
🔲 www.barcelonabusturistic.cat

バルセロナ・シティツアー
🔲 www.barcelonacitytour.cat

赤い車体のバルセロナ・シティツアー

［みゅう］バルセロナ
🔲 www.myushop.net

フリア
🔲 www.juliatravel.com

バルセロナ・ガイド・ビューロー
🔲 www.barcelonaguidebureau.com

カタルーニャ・バス・トゥリスティック
🔲 www.catalunyabusturistic.com

フリアのツアー例

コース名	催行日	料金	内容・備考
サグラダ・ファミリア	毎日	€50～	サグラダ・ファミリア聖堂に並ぶことなく入場できる。ガイド付きで見学したあとは、そのまま聖堂内に残ってミュージアムなども見学できる。所要1時間30分～。
モンセラート	毎日	€59～	バスと登山電車でカタルーニャの聖地、モンセラートの修道院を訪れる。4種類のリキュールの試飲付き。所要5時間30分。午後出発のツアーもあり所要4時間30分。
ワインツアー	月・水・金	€95～	カタルーニャ地方で造られる発泡性ワイン、カバの産地を訪れるふたつのワイナリーを見学。生ハムやチーズとともにワインの試飲も楽しめる。所要6時間。4～10月のみ催行。
コスタ・ブラバとダリ	木・土	€89～	スペインで最も美しい海岸線といわれる景勝地、コスタ・ブラバを散策。ランチ（料金は別途）のあとはフィゲラスのダリ美術館を見学する。所要11時間。4～10月のみ催行。

※ 1/1 と 12/25 は運休。内容や料金などは変更されることがあるので現地でご確認ください。

ナ現代文化センター）に窓口に並ぶことなく入場できる。料金は1年間有効で€69。各美術館でも購入できるが、オンライン（🔲 articketbcn.org）なら €38 で購入できてお得。

ランブラス通りと旧市街
Las Ramblas~Ciutat Vell

ランブラス通りLas Ramblasは、プラタナスの並木が美しい、旧市街の目抜き通り。街の中心カタルーニャ広場Pl. de Catalunyaと、港の中心コロンブスの塔を結んでいる。19世紀までは、ランブラス通りの東西に広がるこの地域が、城壁に囲まれた都市だった。

ランブラス通りの中ほどにあるミロがデザインしたモザイクの石畳

大道芸人を見物しながらランブラス通りを歩くのも楽しい

ミロのモザイク
map P.180/B1

コロンブスの塔から見たポルト・ベイ

歩き方 ✦ Orientation

ランブラとは、水の流れを意味するアラブの言葉「ラムラ」に由来し、かつては通りの下に旧市街への水路があった。花屋と本屋の並ぶ光景が名物で、幾度か繰り返された戦争中にもそれらが消えることがなかったというのがバルセロナっ子の誇りだ。

カタルーニャ広場から南に向かい、大道芸を見ながらランブラス通りの中間あたりまで来ると、**ミロのモザイクMosaico de Miró**がある。少し手前の右側には**サン・ジュセップ市場Mercat de Sant Josep**の入口が見え、いつも買い物客でにぎわっている。モザイクの少し先の左側が、**ゴシック地区Barri Gòtic**へと通じるフェランFerran通り。その少し先を左に入れば、ガウディの街灯が立つ**レイアール広場Pl. Reial**がある。ここはマドリードのマヨール広場のような存在で、レストランやカフェが並び、夜遅くまで人の姿が絶えない。また広場への入口の反対側、ノウ・デ・ラ・ソンブラNou de la Rambla通りにはガウディ作の**グエル邸Palau Güell**がある。なお、ランブラス通りから西側へ入った**ラバル地区El Raval**は、食堂や安宿の多い雑多なエリア。暗くなってからのひとり歩きは避けよう。

ランブラス通りの終点、**コロンブスの塔Monument a Colom**まで来たら港はすぐ目の前。海上に架けられた遊歩橋を渡ると、ショッピングセンターや映画館、水族館などのある、**ポルト・ベイPort Vell**と呼ばれるエリアだ。さらに東へ進めば**フランサ駅Estació de França**と**シウタデリャ公園Parc de la Ciutadella**があり、その南には**バルセロネータBarceloneta**と呼ばれるシーフードレストランの並ぶ海浜地区が広がっている。

おもな見どころ ❖ Sightseeing

昼も夜も人々が集う ★★★ map P.180/B1

レイアール広場
Plaça Reial

　ガウディの若い頃の作品であるガス灯が立っており、中央には噴水。広場に面してバルやレストランがあり、ヤシの木の下でのどを潤すのもいい。ロス・タラントス（→P.220）というタブラオやクラブもあり、深夜まで人が集まっている。ただし周辺は治安があまりよくないので、特に夜は広場から路地に立ち入らないこと。日曜と祝日は、9:00から14:00頃まで切手とコインの市が立ち、にぎわいを見せる。

四方を建物に囲まれている

レイアール広場
Ⓜ 3号線リセウ駅から徒歩3分

ガウディがデザインしたガス灯

モダンアートの企画展も行われる ★ map P.178/A1

バルセロナ現代美術館
Museu d'Art Contemporani de Barcelona

　通称「マクバMACBA」。斬新なデザインの建物は、アメリカ人建築家リチャード・マイヤーによるもの。1950年以降の作品を中心に、半分はマクバ所蔵の常設展示、それ以外は半年ごとに大きく替えられる。またミュージアムショップでは、マクバのほかにニューヨークのMOMA（近代美術館）やグッゲンハイム美術館のグッズも扱っている。

ガラス張りのモダンな建物

バルセロナ現代美術館
🏠 Pl. dels Àngels 1
☎ 934 813 368
URL www.macba.cat
🕐 月・水〜金 11:00 〜 19:30
　　土 　　　 10:00 〜 20:00
　　日・祝 　 10:00 〜 15:00
🚫 火、1/1、12/25
💰 €12（月〜金 13:30 〜 15:00と土・日 10:00 〜 11:00は€10.20、オンライン購入は€10.80）、学割 €9.60
Ⓜ 1/3号線カタルーニャ駅から徒歩5分

アメリカ大陸発見を記念する ★★ map P.178/B1

コロンブスの塔
Monument a Colom

　ランブラス通りの南端に建つ、高さ約60mの塔。頂ではコロンブスの像が海に向かって右手を上げ、左手にはアメリカみやげのパイプが握られている。1888年のバルセロナ万博の際に、カタルーニャとアメリカの交易を記念して建てられたものだ。塔内にはエレベーターがあり、展望台からバルセロナ港やランブラス通りなど360度のパノラマを楽しめる。

塔の上は展望台になっている

コロンブスの塔
🏠 Pl. Portal de la Pau, s/n
☎ 932 853 834
🕐 毎日 　　　 8:30 〜 14:30
※入場は閉館1時間前まで
🚫 1/1・6、12/25・26
💰 €6
Ⓜ 3号線ドラサナス駅から徒歩2分

右手で新大陸を指しているといわれてきたが、実際には地中海方向を指している

海洋博物館

住 Av. de les Drassanes, s/n
☎ 933 429 920
URL www.mmb.cat
開 毎日　10:00〜20:00
休 1/1・6、12/25・26
料 €10、学割€5（サンタ・エウラリア号は別途€3、学割€1）
　日曜の15:00以降は無料
〈M〉3号線ドラサナス駅から徒歩5分

博物館の入口。敷地内には感じのよいカフェレストランもある

ボルン・カルチャーセンター

住 Pl. Comercial 12
☎ 932 566 851
開 火〜日　10:00〜20:00
　（10〜2月の火〜土は〜19:00）
休 月、1/1、5/1、6/24、12/25
料 無料
〈M〉4号線ジャウマ・プリメ駅から徒歩10分

シウタデリャ公園

開 4〜10月　10:00〜21:00
　11・3月　10:00〜19:00
休 無休
料 無料
〈M〉4号線バルセロネータ駅から徒歩5分

自然研究所

住 Parc de la Ciutadella
〈M〉1号線アルク・ダ・トリオンフ駅から徒歩7分
※内部見学は不可

地中海都市バルセロナの歴史をたどる　★★　**map** P.178/B1

海洋博物館
Museu Marítim

　中世には地中海で最も重要な貿易港となっていたバルセロナ。13世紀にはアラゴン・カタルーニャ連合王国がバレンシアからバレアレス諸島、サルデーニャ島、ナポリ王国まで勢力を拡大し、「地中海帝国」を築いた。14世紀に建造された旧王立造船所が博物館になっており、船の模型や羅針盤、地図などが展示されている。なかでも、1571年のレパントの海戦で活躍したレアール号の原寸大レプリカは圧巻だ。

レアール号のレプリカは全長約60m

1700年代のバルセロナを再現　★　**map** P.181/B4

ボルン・カルチャーセンター
El Born Centre Cultural

　かつては1876年から続く歴史ある市場だったが、バルセロナがスペイン継承戦争に敗れた1714年頃の遺跡が地下に見つかり、市場の移転後に文化施設としてオープンした。発掘された遺跡のほか、展示会場では1700年代に使われていた食器やタイル、当時の街並みの模型などが見学できる。

市場の外観をそのまま残す

緑豊かな市民の憩いの場　★★　**map** P.179/B3

シウタデリャ公園
Parc de la Ciutadella

　1888年の万博会場となった場所で、敷地内には池や動物園のほか、公園中央には若き日のガウディも制作に参加した見事な彫刻が施された噴水や滝などがある。また、西側の入口近くにある**自然研究所Laboratori de Natura**は、モデルニスモの建築家ドメネク・イ・モンタネールの作品で、万博ではカフェレストランとして使用された。

休日はバルセロナ市民でにぎわう

TOPICS
バルセロナのウオーターフロント

　コロンブスの塔のたもとから南東方面に進んで歩き、海の上に架けられた遊歩道を渡った所が、かつての港を再開発した**ポルト・ベイ Port Vell**。レストランやバルも入った巨大ショッピングセンター、マレマグナムやシネマコンプレックス、ヨーロッパ最大規模を誇る水族館などがあり、地元の人にも観光客にも人気のアミューズメントスポットとなっている。日光浴や散歩を楽しむバルセロナっ子に交じって、海を眺めながらのんびりと過ごしたい。

●水族館 L'Aquàrium
map P.178/C2
URL www.aquariumbcn.com
開 毎日10:00〜20:00（冬期の月〜金は〜19:00、7月〜9月上旬は毎日〜21:00）※入場は閉館1時間前まで
料 €25（5〜10歳€18、3〜4歳€10）

水中トンネルもある

はみだし　コロンブスの塔の前の船着場から、**ゴロンドリーナ（つばめ）**号という名の港巡りの遊覧船が出ている。所要40分、€8。またバルセロネータやオリンピック港、ビーチに沿って航行するカタマラン船もあるので、

子供だけでなく大人も楽しめる　★　map P.179/B3

動物園
Zoològic

シウタデリャ公園内にある、水族館も備えた動物園。ギニアで発見された世界唯一の白ゴリラ、コピート・デ・ニエベ（スペイン語で「雪片」の意）がいることで有名だったが、2003年に死亡してしまった。今は写真展示を見ることができる。園内は自然の雰囲気をうまく取り入れており、動物たちも心なしか、のんきそうに見える。

動物と人との距離が近い

動物園
🏠 Parc de la Ciutadella
☎ 937 065 656
URL www.zoobarcelona.cat
🕐 毎日　　　10:00 〜日没頃
閉園時間は夏期 20:00、冬期 17:30 など季節によって異なるので公式サイトで要確認。入園は閉園 1 時間前まで（冬期は 30 分前まで）
💰 €21.40、3 〜 12 歳 €12.95
Ⓜ 4号線シウタデリャ駅から徒歩5分

バルセロナっ子愛用のビーチ　★　map P.179/C3

バルセロネータ
Barceloneta

シウタデリャ公園の南東に位置する、海に突き出た三角地帯がバルセロネータと呼ばれる地域。ここの海岸は、のんびりと日なたぼっこをしたり、埠頭で釣りを楽しんだりするのにもってこい。散歩でおなかがすいたら、西側のジョアン・デ・ボルボ通りPg. Joan de Borbóへ。レストランが並び、新鮮な海の幸が味わえる。

夏は海水浴客でにぎわう

バルセロネータ
Ⓜ 4号線バルセロネータ駅から徒歩10分

地中海の風を感じる　★★　map P.179/C4

オリンピック村
Vila Olímpica

1992年のバルセロナ・オリンピックを機に開発され、大会期間中は競技会場や選手村となった場所。ヤシの木が茂るプロムナードにカフェやシーフードレストランが並び、天気のよい週末には散歩や日光浴を楽しむ人々の姿が見られる。中央にはふたつの高層ビルがそびえ立ち、そのうちホテル・アーツの階下にはレストランやディスコを併設した**カジノ Casino**もある。

ツインタワーとアメリカの建築家フランク・O・ゲーリーによる魚のオブジェ

オリンピック村
Ⓜ 4号線シウタデリャ駅から徒歩5分

カジノ
map P.179/C4
🏠 Marina 19-21
☎ 932 257 878
URL www.casinobarcelona.com
🕐 毎日　　14:00 〜翌 5:00
（マシンルームは 9:00 〜）
※入場にはパスポートが必要

TOPICS

ロープウエイで空中散歩

1929 年の万博の際に開通したロープウエイが、バルセロネータとモンジュイックの丘を結んでいる。片方に地中海、もう片方にはバルセロナの街並みが広がり、すばらしい眺め

バルセロナの街が一望のもと

が楽しめる。ただし、風の強いときは運休することもある。動いているかどうかは遠くからでもわかるので、確かめてから行ったほうがよい。

●ロープウエイ Teleférico del Puerto
map P.178/C1 〜 C2
☎ 934 304 716
URL www.telefericodebarcelona.com
🕐 6/1 〜 9/11 は 10:30 〜 20:00、10/31 〜 2/28 は 11:00 〜 17:30、そのほかの期間は 10:30 〜 19:00　🚫 12/25　片道 €12.50、往復 €20

のんびりとクルーズを楽しむのもいい。所要 1 時間、€10（水族館とのセット券 €26）。運航スケジュールは季節によって異なるのでウェブサイト（URL www.lasgolondrinas.com）などで確認を。map P.178/C1

ゴシック地区
Barri Gòtic

古くはローマ時代に起源をもつ、バルセロナの中心地域。カテドラルをはじめ歴史的モニュメントが建ち並び、伝統的なバルやレストランが集まる一方で、連綿と続く人々の生活にも触れられる。バルセロナを満喫するなら、少なくとも半日をこのエリアで過ごしたい。

ゴシック地区の中心にあるカテドラル。休日には前の広場でサルダーナが踊られる

サン・ジャウマ広場からカテドラルへと抜ける風情ある路地

歩き方 ✦ Orientation

旧市街のなかでも最も古い地域が、13〜14世紀の重厚な建物が並ぶゴシック地区だ。その中心は、バルセロナの守護聖人サンタ・エウラリアが祀られている**カテドラルCatedral**。その前の広場では毎週木曜の10：00頃からアンティークの市が立つ。

カテドラル正面に向かって左側はかつての王宮で、現在は一部が**フレデリク・マレー美術館Museu Frederic Marès**やバルセロナ歴史博物館**Museu d'Història de Barcelona**になっている。このふたつの建物の間に位置する**王の広場Pl. del Rei**には、コロンブスがイサベル女王に新大陸への航海成功の奏上をするために上った階段が残っている。また近くにはローマ時代の市壁があり、約2000年にわたるバルセロナの歴史を感じさせてくれるエリアだ。

カテドラル正面に向かって右側の道を進むと、**自治政府庁Palau de la Generalitat**と**市庁舎Ajuntament**のある**サン・ジャウマ広場Pl. de Sant Jaume**に出る。広場から南西に向かって延びるフェランFerran通りは、ランブラス通りへと続いている。

ピカソ美術館Museu Picassoは、サン・ジャウマ広場から北東に進んでライエタナ通りVia Laietanaを渡り、約200m先を右折したモンカダMontcada通りにある。昼間でも薄暗い小路の両側に、中世の貴族や大商人の邸宅が並び、とても風情のある通りだ。

カテドラルの向かいにあるピカソの壁画

さらにモンカダ通りの先には、カタルーニャ・ゴシック様式の**サンタ・マリア・ダル・マル教会Basilica de Santa Maria del Mar**がそびえる。ここからフランサ駅にかけての**ボルンBorn地区**は、近年おしゃれなバルやレストラン、ブティックなどが開店し、今バルセロナで最も注目されるスポットとなっている。

はみだし フェラン通りからメルセ教会へと通じる**アビニョ Avinyó 通り**（map P.180/C2）は、ピカソの名作『アビニョンの娘たち』の舞台となった場所。当時は売春街だったが、現在はおしゃれなブティックが並んでいる。

バルセロナ

おもな見どころ ✤ Sightseeing

map P.180/B2

バルセロナの守護聖人を祀る ★★★

カテドラル（大聖堂）
Catedral

バルセロナが隆盛を極めていた13～15世紀に建てられた。完成までに約150年かかり、その後もたびたび手が加えられ、現在の姿になったのは20世紀初めになってから。中に入ると正面に中央祭壇があり、その地下にはバルセロナの守護聖女サンタ・エウラリアが眠っている。堂内両側には礼拝堂がずらりと並ぶ。特に左側の最も奥にあるモンセラートの黒いマリア像は人気があり、ろうそくの火が絶えることがない。中庭には路地から自由に出入りができ、付属の美術館もある。

カタルーニャ・ゴシック様式の聖堂内

数々の歴史の舞台となった ★★★ map P.181/B3

王の広場
Plaça del Rei

三方をゴシック様式の建物に囲まれた、由緒ある広場。正面に見えるのが旧王宮で、バルセロナ伯爵の住まいとして使われていた。また左側にあるのが副王の館、右側がアガタ礼拝堂。広場の奥には、新大陸到達の航海から戻ったコロンブスが、イサベル女王に謁見するために上った四分円の階段がある。ゴシック地区のなかでも最も歴史にまつわるエピソードをもつ一角だ。

中世のまま時間が止まったかのような一角

カテドラル
Pla de la Seu, s/n
☎ 933 428 262
URL www.catedralbcn.org
圓 月～金 9:30～18:30
　土 9:30～17:15
　日・祝 14:00～17:00
※入場は閉門1時間前まで
圏 €9（美術館込み €15）
Ⓜ 4号線ジャウマ・プリメ駅から徒歩3分

噴水のあるパティオを囲む回廊

ゴシック様式のファサード

王の広場
Ⓜ 4号線ジャウマ・プリメ駅から徒歩2分

コロンブスも上った階段

バルセロナ

エリア2 ▼ ゴシック地区

TOPICS
カタルーニャの踊り、サルダーナ

　土曜の夕方や日曜の昼下りともなると、カタルーニャ地方の大きな教会の前や広場などでは、サルダーナという民族舞踊の輪ができる。この踊りはカタルーニャの人々が、民族の血の結集を相互に確かめ合うことを目的として踊られる、一種の儀式のようなものらしい。フランコ独裁政権のもとでカタルーニャが弾圧されていた時代にも、民族の団結の象徴として踊りつがれてきた。幾度とない侵略や抑圧に耐え、しかもそれに対して反骨の

精神を忘れなかったカタルーニャ人の心意気が、この踊りに表れているのだ。バルセロナではカテドラル前の広場で、毎週日曜の12:00前後に1時間ほど、サルダーナを踊る人々の輪ができる。ステップは簡単そうに見えるが、実際にやってみるとなかなか難しい。いくらか寄付をしてシールを付けてもらい、踊りの輪に加わってみるのもいい。

民族のきずなを確かめ合う踊り

サン・ジャウマ広場

<M>4号線ジャウマ・プリメ駅から徒歩2分

市庁舎
☎934 027 000
🕐日曜の10:00～14:00に内部のサロンを見学できる
🎫無料

自治政府庁
☎902 400 012
🕐第2・4日曜の10:00～13:30にガイドツアーあり（予約は不要）
🎫無料

自治政府庁脇にあるサン・ジョルディのレリーフ

バルセロナ歴史博物館

🏠Pl. del Rei, s/n
☎932 562 100
🌐museuhistoria.bcn.cat
🕐火～土　10:00～19:00
　　日　10:00～20:00
🈲月、1/1、5/1、6/24、12/25
🎫€5
　日曜の15:00以降（第1日曜は終日）無料
<M>4号線ジャウマ・プリメ駅から徒歩2分

フレデリク・マレー美術館

🏠Pl. de Sant lu 5
☎932 563 500
🌐www.museumares.bcn.es
🕐火～土　10:00～19:00
　　日・祝　11:00～20:00
🈲月、1/1、5/1、6/24、12/25
🎫€4.20、学割€2.40
　日曜の15:00以降（第1日曜は終日）無料
<M>4号線ジャウマ・プリメ駅から徒歩3分

サンタ・マリア・ダル・マル教会

🏠Pl. de Santa Maria 1
☎933 102 390
🌐www.santamariadelmarbarcelona.org
🕐毎日　10:00～20:30
🎫無料
<M>4号線ジャウマ・プリメ駅から徒歩5分

バルセロナの行政の中心　★★　map P.180/B2

サン・ジャウマ広場
Plaça de Sant Jaume

14～17世紀に建てられた自治政府庁

　19世紀まで街の中枢としての役割を果たしてきた、ゴシック地区の中心地。南東側に**市庁舎 Ayuntamiento**、北西側に**自治政府庁 Palau de la Generalitat**が向かい合って建つ。自治政府庁に向かって右側のカテドラルへと通じる小道には、13～14世紀の建物が並び、左側の壁面にはカタルーニャの聖人サン・ジョルディのレリーフがある。

バルセロナの歴史をたどる　★　map P.181/B3

バルセロナ歴史博物館
Museu d'Història de Barcelona(MUHBA)

　ローマ時代から現代まで、約2000年にわたるバルセロナの歴史を紹介する博物館。最大の見どころは、地下から発掘されたローマ時代の市壁や街の跡。公衆浴場やワイン蔵なども残されて

地下に残るローマ時代の遺跡

おり、当時の暮らしがしのばれて興味深い。このほか、王宮内にあるアガタ礼拝堂や、コロンブスがカトリック両王に謁見したティネルの間も見学できる。

幅広いコレクションを誇る　★　map P.181/B3

フレデリク・マレー美術館
Museu Frederic Marès

　カタルーニャ人彫刻家フレデリク・マレーがスペインやヨーロッパ中から集めた膨大なコレクションが、かつて王宮として使われてい

中世の聖母マリア像

た宮殿の一部に展示されている。紀元前5～1世紀のイベリア半島の奉納彫刻から、中世の宗教美術、さらには女性の装飾品やたばこのラベルなどマニアックな品まで、見応えのある内容だ。

海の聖母マリアにささげられた　★★　map P.181/C3

サンタ・マリア・ダル・マル教会
Basílica de Santa Maria del Mar

　バルセロナが地中海貿易で栄華を誇った14世紀に、ジャウマ1世によって建立されたカタルーニャ・ゴシック様式の教会。かつてはここが海と陸の境で、危険な航海へと旅立つ人々の安全を海の聖母マリアに祈ったという。無駄な装飾のないすっきりした壁面と八角形の柱、ステンドグラスが優美な空間をつくり出している。

光があふれる聖堂内

はみだし　毎年9月24日に行われるメルセ祭では、カタルーニャ地方に古くから伝わる「人間の塔」（カタルーニャ語では城を意味する「カステイ Castell」と呼ばれる）が、サン・ジャウマ広場で披露される。

天才画家ピカソの生涯をたどる ★★★ map P.181/B3

ピカソ美術館
Museu Picasso

中世の貴族の館を改装した館内。ミュージアムショップも充実している

ピカソ美術館
🏠 Montcada 15-23
☎ 932 563 000
URL www.museupicasso.bcn.cat
🕐 火～日　10:00～19:00
※入場は閉館30分前まで
❌ 月、1/1、5/1、6/24、12/25
💰 €13、学割€7（企画展込みは€15、学割€7.50）
木曜の16:00以降、第1日曜、2/12、5/18、9/24は無料
<Ⓜ>4号線ジャウマ・プリメ駅から徒歩5分

「私は子供の頃はまるでラファエロのように描いたものだった」というのは後年のピカソの言葉だが、この美術館を一巡すれば彼の天才的な早熟ぶりが確かに見てとれる。9歳のときから「青の時代」までの作品がおもに展示されており、子供ながらアカデミックな技法を完全にマスターしてしまったピカソの初期の作品を知ることができる、非常にユニークな美術館だ。

美術館は、モンカダ通りにある旧ベレンゲール・デ・アギラール宮を修復したもの。ピカソの家族が寄贈した多数の油彩、素描を母体として1963年に開館した。ピカソが15歳のときに描いた『初聖体拝受La Primera Comunión』や、その翌年全国美術展に出品した『科学と慈愛Ciencia y Caridad』など「ピカソ以前のピカソ」ともいうべき、少年時代や若き日の作品に出合うことができる。また晩年に描かれた、ベラスケスの大作をもとにした『ラス・メニーナスLas Meninas』や『鳩La Paloma』の連作も興味深い。

左／晩年に南仏で制作された『鳩』
右／妹を描いた『初聖体拝受』

ピカソと「四匹の猫」

1881年にスペイン南部のマラガで生まれたピカソは、美術教師だった父親の転勤にともない14歳でバルセロナに移り住み、多感な青春時代をこの街で過ごした。当時のバルセロナは、モデルニスモと呼ばれる前衛的な芸術運動が花開いていた。そんななか、生意気ざかりの18歳のピカソが足しげく通い始めたのが、クアトラ・ガッツ（四匹の猫）というカフェだった。「四匹の猫」は、名前から連想されるように、パリのモンマルトルの有名なキャバレー「黒猫シャ・ノアール」のいわばバルセロナ版。当時、カタルーニャの多くの芸術家たちが憧れのパリを訪れ、バルセロナはパリの流行に敏感に反応していたのだった。

「四匹の猫」は1897年6月、モントシオ通りに開店。カサス、ノネル、ルシニョール、ミケル・ユトリロをはじめ多くの芸術家や知識人が集まり、モデルニスモ運動の中心的な場所となった。ピカソも常連のひとりとして、店のメニューをデザインしたり、友人たちの肖像のデッサン展を行った。しかし店は1903年6月に閉店し、バルセロナのモデルニスモ運動にも陰りが見え始める。ピカソはその翌年パリに定住することになる。修業を終えようとしていた青年画家ピカソにとって、「四匹の猫」はパリに向かって開かれた窓だったのだろう。その後カフェは再オープンし、内装も当時のままに再現されている（クアトラ・ガッツ→P.223）。

19世紀末の内装を復元した「四匹の猫」

はみだし ピカソ美術館は人数制限があり、チケットを買ってすぐに入場できるとは限らない。時間を無駄にしたくない人はオンライン購入がおすすめ。また入場無料の場合もチケットが必要で、4日前からオンライン予約できる。

モンジュイック
Montjuïc

街の南部にそびえるのが、標高173mのモンジュイックの丘。1929年の万国博覧会を機に開発され、また1992年にはバルセロナ・オリンピックのメイン会場になった。広大な公園内に美術館や博物館、スポーツ施設が点在し、市民の憩いの場所となっている。

モンジュイック城からはバルセロナの街が一望できる

テレフェリコと呼ばれるゴンドラ

マジカ噴水のショー
6～9月は水～日曜21:30～22:30、4・5・10月は木～土曜21:00～22:00、11～3月は木～土曜20:00～21:00。1/7～2/28は休み。変更もあるので要確認。
※2023年6月現在休止中

観光客に人気の噴水ショー

歩き方 ✦ Orientation

モンジュイックの丘へ行くには、**スペイン広場Pl. d'Espanya**から150番のバスに乗る、あるいは地下鉄パラレル駅からフニクラに乗るなどいくつかの方法があるが、ここではスペイン広場を起点に**カタルーニャ美術館Museu Nacional d'Art de Catalunya**から回り始めるコースを紹介しよう。

地下鉄エスパーニャ駅で降りたら、スペイン広場の正面にそびえるカタルーニャ美術館に向かって歩いて行こう。道の両側には見本市会場が並んでいて、活気あるバルセロナ経済を垣間見ることができる。**マジカ噴水Font Magica**がある階段の手前を右に折れると、**スペイン村Poble Espanyol**へと続いている。近道するなら、カタルーニャ美術館の裏にあるエスカレーターへ。ここを上った所に、バルセロナ・オリンピックのメイン会場として使われた**オリンピック・スタジアムEstadi Olímpic**や**サン・ジョルディ・スポーツ館Palau d'Esports Sant Jordi**がある。

さらに進むと、左側に**ミロ美術館Fundació Joan Miró**、その先にフニクラとゴンドラの乗り場があるパルク・モンジュイック駅が見えてくる。ゴンドラに乗れば10分ほどで、丘の頂上にある**モンジュイック城Castell de Montjuïc**へ行くことができる。バルセロナの街を一望のもとに見下ろせる、楽しい空中散歩だ。

モンジュイック城からは150番のバスに乗ればスペイン広場に戻れるし、あるいはゴンドラでパルク・モンジュイック駅に戻り、さらにフニクラで地下鉄パラレル駅に下りることもできる。またミラマール通りAv. de Miramarを進み、プラサ・デル・アルマダからバルセロネータまで港を横断するロープウエイに乗るのも楽しい。

 はみだし　カタルーニャ美術館の前にあるマジカ噴水では、週末の夜に噴水ショーが行われる。水、光、音楽を組み合わせた華麗なショーは一見の価値あり（2023年6月現在休止中）。

おもな見どころ ✢ Sightseeing

中世から近代までの作品を集めた　★★　map P.182/B2

カタルーニャ美術館
Museu Nacional d'Art de Catalunya

1929年の万博の際に政府館として造られた建物が美術館になっている

正面玄関を入ると左側がロマネスク美術、右側がゴシック美術とティッセン・ボルネミッサ・コレクション、そして2階はおもに近代美術の展示室となっている。なかでもロマネスク美術の分野では世界有数のコレクションを誇り、ピレネー山麓各地に点在する小聖堂から集められた壁画が、何室にもわたって展示されている。しかも各部屋には作品が残されていた教会内部が再現されており、本来こうした壁画は神の栄光をたたえるために描かれたことを実感しながら、ロマネスク美術の魅力に浸ることができる。タウイのサン・クリメン聖堂の『全能のキリスト』やサンタ・マリア聖堂の『聖母子』の壁画はとりわけ重要だ。また祭壇画、木彫の聖母子像やキリスト磔刑像などは、素朴ながら強い表現性を感じさせてくれる。カタルーニャの芸術を理解するうえでは見逃せない美術館だ。

スペイン各地の町並みを再現　★　map P.182/A2

スペイン村
Poble Espanyol

1929年の万国博覧会の際に造られたテーマパーク。マドリードのマヨール広場やコルドバのパティオなど、各地方の名所が再現されている。ミニチュアではなく、家屋、路地、広場などほとんどが実物大だ。各地方の特産品を売る店では手作りの工芸品が実演販売され、日曜にはさまざまなアトラクションも行われる。また敷地内にはフラメンコショーを行う「エル・タブラオ・デ・カルメン El Tablao de Carmen」（→P.220）があり、予約しておくと16:00からスペイン村に無料で入場できる。

スペインを一周した気分が味わえる

カタルーニャ美術館

🏠 Parc de Montjuïc, s/n
URL museunacional.cat
🕐 火～土　　10:00～20:00
　（10～4月は～18:00）
　日・祝　　10:00～15:00
🚫 月、1/1、5/1、12/25
💰 €12、学割€8.40
購入日から1ヵ月の間に2日間有効。土の15:00以降と第1日曜は無料（オンライン予約が望ましい）
Ⓜ 1/3号線エスパーニャ駅から徒歩10分

鮮やかな色彩と力強い表現力がすばらしい『全能のキリスト』

館内は広いので、時間には十分に余裕をもって鑑賞したい

スペイン村

🏠 Av. de Francesc Ferrer i Guàrdia 13
☎ 935 086 300
URL www.poble-espanyol.com
🕐 月　　　　10:00～20:00
　火～日　　10:00～24:00
💰 €14、4～12歳€9
前日までにオンライン購入すると割引あり
Ⓜ 1/3号線エスパーニャ駅から徒歩15分

ミロ美術館

住 Parc de Montjuïc, s/n
☎ 934 439 470
URL www.fmirobcn.org
開 4〜10月
　火〜土　　10:00〜20:00
　日　　　　10:00〜18:00
　11〜3月
　火〜日　　10:00〜18:00
※入場は閉館30分前まで
休 月、1/1、12/25・26
料 €14、学割・65歳以上 €7
交 スペイン広場からバス150
番で約5分。またはフニクラ
のパルク・モンジュイック駅か
ら徒歩3分

オリンピック・スタジアム

住 Pg. de Olímpic 15-17
URL estadiolimpic.barcelona
開 毎日　10:00〜20:00
　（10〜3月は〜18:00）
料 無料
交 スペイン広場からバス150
番で約5分。またはフニクラ
のパルク・モンジュイック駅か
ら徒歩10分

オリンピック・スポーツ博物館

住 Av. de l'Estadi 60
☎ 932 925 379
URL www.museuolimpicbcn.
cat
開 火〜土　　10:00〜18:00
　日・祝　　10:00〜14:30
休 1/1、5/1、12/25・26
料 €5.80、学割 €3.60
交 スペイン広場からバス150
番で約5分。またはフニクラ
のパルク・モンジュイック駅
から徒歩10分

個性的なビジュアルな展示も

モンジュイック城

住 Ctra. de Montjuïc 66
URL www.bcn.cat/castellde
montjuic
開 毎日　　10:00〜20:00
　（11〜2月は〜18:00）
休 1/1、12/25
料 €9、学割 €6
　日曜の15:00以降（第1日曜
は終日）無料
交 スペイン広場からバス150
番で約10分、またはパルク・
モンジュイック駅からゴンドラ
で約10分

現代絵画の巨匠ミロの精神が息づく　　　★★★　**map** P.183/B3

ミロ美術館
Fundació Joan Miró

　バルセロナ生まれの
ジョアン（ホアン）・ミ
ロは、自由なフォルム
と明るい色彩の抽象
絵画や彫刻で知られ
る現代絵画の巨匠。
ミロの友人だったジュ
セップ・ルイス・セル
トの設計によるこの美

ゆったりとした展示スペース

術館は、ミロ自身によって寄贈された油彩と彫刻を中心に1975年
に開館した。自然光が差し込む明るい館内で、自由奔放なミロの
世界に触れることができる。またマルセル・デュシャン、マティス、マッ
クス・エルンスト、アントニ・タピエスの作品など「ミロにささげる
コレクション」も展示されているほか、企画展や若手芸術家たちの
展覧会が開催され、現代芸術センターとしての設備も整っている。

バルセロナ・オリンピックの会場となった　　　★　**map** P.182/B2

オリンピック・スタジアム
Estadi Olímpic

　1929年に造られた競技場で、
1992年のバルセロナ・オリンピッ
クを機に、5万6000人を収容す
る巨大なスタジアムに改装され
た。現在はスポーツ競技が行わ
れるほか、コンサート会場などと
して使われている。試合やイベン

オリンピックの開会式が行われた

トがない日は、北側ゴール裏付近から見学が可能。

オリンピックの感動を再現　　　★　**map** P.182/B2

オリンピック・スポーツ博物館
Museu Olímpic i de l'Esport

　1992年に開催されたバルセロナ・オリンピックを記念して造られ
たミュージアム。マルチメディアを駆使し、さまざまなスポーツ競技
を紹介している。有名選手愛用の品々のほか、バルセロナ・オリン
ピックゆかりの品も見学できる。

市街と地中海が一望できる　　　★★　**map** P.183/C3

モンジュイック城
Castell de Montjuïc

　丘の頂上に18世紀後半に築かれた要塞。19世紀以降は獄舎
として使われ、フランコ政権下
では政治犯が処刑された。現在
は観光客向けに公開されており、
港湾地区と地中海、そしてバル
セロナ市街が一望できて、晴れ
た日は気分爽快だ。

内部は要塞の歴史に関する展示物がある

はみだし オリンピック・スタジアムの隣にあるサン・ジョルディ・スポーツ館は、日本人建築家・磯崎新が設計した屋
内競技場。前の広場には磯崎夫人で彫刻家の宮脇愛子による『うつろひ』というオブジェがある。

エリア4
アシャンプラ地区と新市街北西部
L'Eixample～Ciutat Nova

拡張地区を意味するアシャンプラ地区と、ディアゴナル通りAv. Diagonalを中心に広がる新市街。19世紀以降に行われた都市改造には、ガウディをはじめとするモデルニスモの旗手たちがかかわり、地区全体がモデルニスモの一大モニュメントのようになっている。

モデルニスモ建築が並ぶグラシア通り

歩き方÷Orientation

　カタルーニャ広場から北西に延びるのが、バルセロナのシャンゼリゼといわれる**グラシア通りPg. de Gràcia**。道の両側には高級ブランド店やしゃれたレストランが並び、そのなかにモデルニスモの建物が点在する。歩道にはガウディがデザインした敷石が敷かれ、ぶらぶらとウインドーショッピングするだけでも楽しい。

　グラン・ビアGran Viaとの交差点を渡り、3ブロックめの左角にある建物は、ドメネク・イ・モンタネール設計の**カサ・リェオ・イ・モレラCasa Lleó i Morera**。「花の建築家」と呼ばれたモンタネールの作品らしく、花柄のタイルで飾られた入口や壁面の装飾が印象的だ。1階にはスペインを代表する皮革ブランド、ロエベのブティックが入っている。また同じブロックにはガウディの**カサ・バトリョCasa Batlló**、その隣にはガウディとモンタネールに続くモデルニスモの建築家、プッチ・イ・カダファルクによる**カサ・アマトリェールCasa Amatller**がある。さらにグラシア通りを上って行くと、右側にガウディの円熟期の作品、**カサ・ミラCasa Milà**が現れる。最上階にある博物館に入場すれば、奇妙な煙突が立ち並ぶ屋上も見学できるので、立ち寄ってみよう。

サグラダ・ファミリア聖堂とサン・パウ病院をつなぐガウディ通り

　この先グラシア通りは、バルセロナの街を東西に走るディアゴナル通りAv. Diagonalと交差する。東に行けばバルセロナのシンボルである**サグラダ・ファミリア聖堂Temple de la Sagrada Família**と、それと対峙するように**サン・パウ病院Hospital de Sant Pau**が建つ。また西に進めば、近代的なビルが建ち並ぶオフィス街。その先には大学地区やF.C.バルセロナの本拠地、**カンプ・ノウ・スタジアムEstadi Camp Nou**がある。

バルサ・ファンの聖地、カンプ・ノウ・スタジアム

アントニ・タピエス美術館

📍Aragó 255
☎ 934 870 315
🔗www.fundaciotapies.org
🕐火〜金　　10:00 〜 19:00
　　日　　　10:00 〜 15:00
休月、1/1・6、12/25
料€8、学割€6.40
Ⓜ 2/3/4号線パセジ・ダ・グラシア駅から徒歩3分

作品は4ヵ月ごとに入れ替えられる

デザイン博物館

📍Pl. de les Glòries Catalanes, 37-38
☎ 932 566 800
🔗www.museudeldisseny.cat
🕐火〜日　　10:00〜20:00
休月、1/1、5/1、6/24、12/25
料€6、学割€4
　日曜の15:00以降（第1日曜は終日）無料
Ⓜ 1号線グロリアス駅から徒歩1分

貴族が利用していた馬車を展示

ティビダボ遊園地

📍Pl. Tibidabo 3-4
🔗www.tibidabo.cat
🕐開園日時は季節によって替わるので、ウェブサイトで要確認
料1日券€35（身長90〜120cmは€14）パノラマエリアは入場無料
ティビダボへ行く路面電車Tramvia Blauは、毎日10:00〜20:00、9月中旬〜6月下旬は土・日・祝のみ（年末年始と聖週間は毎日）10:00〜18:00の運行。路面電車が休みの日はバスが運行している。
※路面電車は2023年6月現在運休中

モデルニスモの建物にも注目　★★　map P.184/C2
アントニ・タピエス美術館
Fundació Antoni Tàpies

　アントニ・タピエスは、ピカソ、ミロ、ダリに次ぐスペイン現代美術の巨匠。建物はドメネク・イ・モンタネールが設計したモンタネール・イ・シモン出版社を改装したものだ。展示内容は、日本ではまず観られない最近の

屋根の上の針金のオブジェが目印

作品も多く、タピエス独特のコラージュが楽しめる。また、常時コンテンポラリーアートの特別展も行われている。

歴史的な装飾品から現代アートまで　★★　map P.185/C4
デザイン博物館
Museu del Disseny de Barcelona

　逆三角形型の大きな建物が目を引く、2014年に開館したミュージアム。フロアごとにテーマがあり、2階は家具や日用品など現代デザインを展示。3階は装飾品のフロアで、馬車や家具から陶器や金細工まで、貴族たちが利用していた芸術的な品々が並ぶ。4階はヨーロッパの織物、衣装、刺繍やレースなどが展示されており、17世紀から現代にいたるファッションの変遷が興味深い。5階は20世紀のポスターや商品のパッケージなど、グラフィックデザインに関するフロアになっている。

ラス・グロリアス・カタラナス広場に面して建つ

バルセロナの街が一望のもと　★　map P.177/A3 外
ティビダボ遊園地
Parc d'Atraccions del Tibidabo

　街の北西、標高535mのティビダボの丘にある。市街が一望でき、夜景となるとまた格別。地元では人気のデートコースだ。アトラクションは丘の頂に設置されているので、スリル満点。行き方は、まずカタルーニャ広場の地下から発車するFGC（カタルーニャ鉄道）のAv. Tibidabo行きに乗り、終点で下車。地上に出たところからスペイン最古の路面電車 Tramvia Blau またはバスでフニクラ Funiclar 駅へ。ここから山頂までフニクラで約4分。

バルセロナの街が一望できる絶景スポット

ティビダボ行きのフニクラ（ケーブルカー）は、遊園地の開園時間に合わせて7〜15分おきに運行している。料金は往復€12（パノラマエリアの入場を含む）。

カタルーニャが生んだ
天才建築家ガウディの軌跡をたどる

Antoni Gaudí

芸術の街バルセロナを語るうえで欠かせないのが、サグラダ・ファミリア聖堂
をはじめとするガウディの作品だ。独自のスタイルを確立したガウディの建築は、
死後 90 年たっても色あせることなく、この街を訪れる人々を魅了し続けている。

アントニ・ガウディ （1852〜1926年）
カタルーニャ南部のレウスに、銅器具職人を父として生まれる。16 歳のとき建築を学ぶためバルセロナへ
移り、苦学の末 26 歳で建築過程を修了。同年パリ万国博に出品した作品がきっかけで、実業家エウセビ・
グエルと知り合う。ガウディのよき理解者となったグエルは、グエル邸やグエル公園などの建築を彼に依
頼した。しかし晩年のガウディは、熱心なカトリック信者となり、サグラダ・ファミリアの建設に専念。
質素な生活を送り、自ら教会建築のための献金を集めることもあった。1926 年 6 月 7 日、市電にはねら
れたときには、みすぼらしい身なりにその老人がガウディだと気づく人はいなかったという。その 3 日後
にガウディは息を引き取り、葬儀は彼の才能を愛した市民が多数参列して行われた。

サグラダ・ファミリア聖堂

Basílica de la Sagrada Família

1882年〜

サン・ホセ帰依者教会の本堂として1882年に着工。翌1883年には初代建築家ビリャールからガウディに引き継がれ、晩年を敬虔なキリスト教徒として生きたガウディは、この教会の建設に後半生のすべてを費やした。ガウディ没後100年である2026年の完成を目指して今も工事が進められている。

map P.185/B3　🏠 Mallorca 401　☎ 932 080 414　URL www.sagradafamilia.org
🕐 毎日9:00〜20:00（11〜2月は〜18:00、3・10月は〜19:00）　※入場は閉館30分前まで。1/1・6と12/25・26は〜14:00　💶 オーディオガイド付き（日本語あり）€26、学割€24。ガイドツアー（スペイン語・英語など）€30、学割€28。鐘楼に上る場合はいずれも€10追加（チケット購入時に生誕のファサード側か受難のファサード側のいずれかを選ぶ）　※変更・キャンセルは不可。当日券は空きがある場合のみ販売　〈M〉2/5号線サグラダ・ファミリア駅から徒歩1分

生誕のファサード
Façada del Naixement

3つあるファサードのうち唯一、ガウディが自ら指揮をとって1930年に完成した。太陽が昇る東側に面しており、イエス・キリストの生誕と幼少期のできごとが表現されている。

生命の木
イトスギは永遠の命、ハトは神のもとに集まる信者と聖霊、木の下の白いペリカンは聖体の秘跡を表す。

聖母マリアの戴冠
神への献身的な愛への報いとして、イエスがマリアに冠を授ける様子。左下の人物はイエスの養父ヨセフ。

天使の合唱隊
合唱隊と楽器を奏でる天使の像は、内戦で損傷を受け、日本人彫刻家の外尾悦郎氏によって修復された。

受胎告知
マリアに大天使ガブリエルが降臨し、聖霊によって神の子イエスを身ごもることを知らせる場面。

東方三博士の礼拝
星を見て「新しいユダヤの王」の降誕を知った東方の三博士が、贈り物を携えてイエスのもとを訪れる。

エジプトへの逃避
天使のお告げにより、ヘロデ王がイエスを殺そうとしているのを知り、エジプトへ逃げるマリアとヨセフ。

羊飼いの礼拝
天使に神の子の降誕を知らされた羊飼いたちが、ベツレヘムの家畜小屋で眠るイエスを発見する場面。

ライトアップを見よう！

黄金に輝く聖堂は、昼間の姿とはまた異なり、幻想的で美しい。

※何らかの理由で変更・中止される場合もある

● ライトアップの時間

1 月	18:30〜22:00	6・7月	22:00〜24:00
2 月	19:00〜23:00	10 月	20:00〜23:00
3 月	19:30〜23:00	11 月	18:30〜22:00
4・9月	21:00〜24:00	12 月	18:00〜22:00
5・8月	21:30〜24:00		

はみだし　チケットは公式サイトからの購入が必須。人数制限があり、夏期や聖週間などのハイシーズンはすぐに売り切れてしまうので早めに事前購入しておこう。公式サイトのチケット購入画面から見学日と時間を選び、必要事

受難のファサード Façada del Passió

太陽が沈む西側にあり、イエス・キリストの死がテーマ。ガウディによる原画をもとに、1954年に建設が始まった。彫刻はカタルーニャ出身の彫刻家スビラックスが担当。左下からS字型に見ていくと、磔刑前夜のできごと(下層)、ゴルゴダの丘への道(中層)、イエスの死と埋葬(上層)の順にたどることができる。

鐘 楼 Torres

完成すると計18本の鐘楼がそびえ、約60個の鐘が取りつけられる予定。ガウディは鐘の音を完璧なものにするため、音響の研究を行った。

ピナクルと呼ばれる塔の先端

塔の上からは街を一望できる

鐘楼に上ってみよう!

チケット購入時に生誕側か受難側のどちらかを選ぶ。それぞれに眺めなどが異なるが、塔の内部はほぼ同じ。いずれもエレベーターで上り、階段を歩いて下りる。悪天候の場合は塔に上れないことがあり、料金の差額はあとで返却される。

巻き貝のように見える階段

ここに注目!

16の数字からなるプレート。310とおりある足し算の結果が、キリストが亡くなった年齢の33になる。

聖堂内部
Basílica

ガウディ建築のエッセンスがつまった空間。樹木のように枝分かれした柱は構造上の利点があるだけでなく、ガウディは信者が神との一体化を体験できる森のような空間を造ろうとした。また丸天井には、殉教のシンボルであるシュロの葉がモチーフとして使われている。2010年の完成時にはローマ教皇ベネディクト16世を迎え、正式にカトリックの教会として認定された。

丸天井やステンドグラスから光が降り注ぐ

地下博物館 Museu

ガウディが残した聖堂のスケッチや模型、建築の経緯を追った写真などを展示する。なかでも、ガウディが考案した「逆さづり模型」は有名。また、建設に携わる職人たちの作業の様子も見学できる。

ガウディが設計手法として用いた「逆さづり模型」

付属学校 Escuela

建設現場で働く労働者や近隣の子供たちのため、ガウディが建築費を負担し建設した。内戦で破壊され、現在は敷地の南西側に再建されている。シンプルでありながら、革新的な技術と独創性を反映した構造をもつ。

曲線で構成された屋根と壁面

項を入力してクレジットカードで支払う。当日は生誕のファサードにある入口で、印刷しておいた予約確認書またはスマートフォンなどに保存したQRコード画面を提示して入場する。

世界遺産

グエル公園
Park Güell 1900〜14年

実業家グエルは、バルセロナ市街を見下ろす山の手に60戸の宅地を造成し、イギリス風の田園都市を造ろうと構想した。しかし、資金面などの問題により途中で工事が中断され、その後公園として生まれ変わった。芸術的な価値だけでなく、未来都市としての住みよい環境への配慮が施されており興味深い。住宅は2戸完成し、そのうちひとつはガウディの住居だった。

正門から続く大階段と市場。その上には中央広場がある

map P.177/A3〜A4
URL www.parkguell.cat
営 毎日9:30〜19:30（10月下旬〜2月中旬は〜17:30、2月中旬〜3月下旬は〜18:00、7・8月は9:00〜）
休 無休　**料** €10、12歳以下・65歳以上€7
M 3号線レセップス駅から徒歩20分

見学アドバイス

●人数制限（30分ごとに400人）が設けられている。観光シーズンは3〜4時間待ちということもあるので事前購入がおすすめ。
●公園内は、有料エリア（大階段、市場、中央広場など）と無料エリア（ゴルゴダの丘、ガウディの家博物館など）に分かれている。一度無料エリアに出ると有料エリアには戻れないので要注意。

正門
公園外から見て右側にあるのが守衛小屋、左側が管理小屋。童話『ヘンゼルとグレーテル』に出てくるお菓子の家をイメージしたといわれる。

守衛小屋の内部も見学できる

大階段
正門から市場へと通じる、長さ約20mの階段。途中には有名なトカゲの噴水があり、市場下に設けられた貯水槽の水を排出する役割をもつ。

トカゲの噴水は人気の撮影スポット

中央広場
「ギリシア劇場」と名づけられた共用スペース。人体から断面の形が決められたという有名な波形のベンチは、機能性と美術性を兼ね備えている。

ベンチのモザイクはジュジョールが担当

市場
ギリシア神殿をイメージしたドーリア様式の柱が、上の中央広場を支えている。太陽と月を表す天井飾りは、ガウディの協力者ジュジョールの作品。

地下には雨水をためるための貯水槽がある

ゴルゴダの丘

公園内の最も高い場所にあり、バルセロナの街と地中海が見渡せる。ゴルゴダとは、キリストが磔にされたエルサレムの丘。

展望台の上に3本の十字架が立つ

ガウディの家博物館
Casa Museu Gaudí
ガウディはモデルハウスだったこの家を買い取り、20年間暮らした。現在はガウディがデザインした家具や遺品が展示されている。

URL www.casamuseugaudi.org　**営** 毎日10:00〜20:00（10〜3月は〜18:00）　※入場は閉館15分前まで。1/6と12/25・26は〜14:00　**休** 1/1
料 €5.50、学割€4.50

博物館は無料エリアにある

波打つ天井と照明が美しい中央広間

世界遺産 カサ・バトリョ
Casa Batlló　　　1904～06年

繊維業を営むバトリョ家の依頼を受け、ガウディが増改築を手がけた。この建物のテーマは海。外壁に埋め込まれた色とりどりのガラスモザイクは、海面に光が乱反射しているかのように輝く。建物の正面が海面とすれば、内部は海面の下、つまり海底や海底洞窟が建築化されている。また屋上の煙突は、煙が風に揺らぎながら昇る様子を表している。

屋上も見学できる

海の中をイメージした
建物内部

ライトアップされたファサード

map P.184/C2
🏠 Pg. de Gràcia 43　☎ 932 160 306
URL www.casabatllo.es
🕐 毎日9:00～20:00　※入場は閉館45
分前まで　🎌 12/25
💶 €29～39（8:00からのモーニングビジット€45、20:00からのイブニングチケット€59）、12歳以下は無料
<M> 2/3/4号線パセジ・ダ・グラシア駅から徒歩1分

世界遺産 カサ・ミラ
Casa Milà　　　1906～10年

石を積み上げたような独特の形状から、石切り場を意味する「ラ・ペドレラLa Pedrera」とも呼ばれる。徹底的に直線を排除し、ゆがんだ曲線を主調とするこの建物は、山がテーマ。屋上の煙突は、山の尾根から突き出た峰々を表している。最上階にはガウディ作品に関する資料や模型などが展示されており、屋上テラスやアパートの一部が見学できる。

ブルジョワの家を再現した住居スペース

屋根裏にはカサ・ミラの資料を展示

煙突や排気口がそびえる屋上テラス

吹き抜けの中庭

map P.184/B2
🏠 Pg. de Gràcia 92　☎ 932 142 576
URL www.lapedrera.com
🕐 毎日9:00～20:00（11月上旬～2月下旬は～18:30）　※入場は閉館1時間前まで　🎌 1月中旬の1週間、12/25
💶 €18～41（チケットの種類によって料金が異なる。詳細は公式サイトで確認を。オンライン購入すると€3割引になる）。学生・シニア割引きあり。6歳以下は無料
<M> 3/5号線ディアゴナル駅から徒歩1分

グエル邸
Palau Güell
1886〜90年

タイルを使用した屋上の煙突

ガウディ初期の傑作。当初は別館として建設されたが、できばえに満足したグエルはこちらを本館として使用した。地下は馬小屋、1階は馬車庫。2階は中央サロンを中心としたパブリックスペース、3階は寝室、4階は使用人の部屋や厨房。屋上の煙突は、ガウディ独自の手法により細かく砕いたタイルで飾られている。

左／天井から光が差し込む中央サロン
右／放物線アーチの入口が特徴的

map P.180/B1　Nou de la Rambla 3-5
934 725 775　URL www.palauguell.cat
火〜日10:00〜20:00（10〜3月は〜17:30）　※入場は閉館1時間前まで　月、1/1・6、1月の最終週、12/25・26　€12、学割€9、第1日曜は無料
3号線リセウ駅から徒歩5分

1階にはレストランとチョコレートショップがある

カサ・カルベ
Casa Calvet
1898〜1900年

典型的な都市建築で、1階は建築主の事務所や倉庫、2階は住宅、3階以上が賃貸マンションだった。ファサード、1階の階段やエレベーターホールはネオ・バロック様式。ガウディ建築のなかでは最もおとなしい作品だが、バルセロナ市の第1回建築年間賞に輝いた。

map P.179/A3　Casp 48　外観のみ自由見学
1/4号線ウルキナオナ駅から徒歩3分

外壁はムデハル様式

グエル別邸
Pavellons Güell
1884〜87年

グエルの週末の邸宅で、ガウディが増改築を手がけた。正門のドラゴンは、ギリシア神話に出てくる黄金のリンゴ（愛と多産のシンボル）の園の番人である竜を象徴している。現在はカタルーニャ工科大学建築学部「ガウディ記念講座」の本部として使用されている。

map P.186/A2　Av. Pedralbes 7　933 177 652
毎日10:00〜16:00　1/1・6、12/25・26　€6
3号線マリア・クリスティーナ駅から徒歩10分

サンタ・テレサ学院
Col.legi de les Teresianes
1884〜87年

女子のカトリック教育を目的とするサンタ・テレサ会の本部。れんが造りのムデハル様式だが、装飾はすべてシンボルとして扱われ、ガウディの象徴主義がこの作品で開花したといえる。ガウディ建築のシンボルとなる四本腕の十字架もこの建物で初めて登場している。

map P.187/A4　Ganduxer 91　外観のみ自由見学　カタルーニャ鉄道ラ・ボナノバ駅から徒歩5分
現在も女学院として使われている

カサ・ビセンス
Casa Vicens
1883〜85年

ガウディが初めて手がけた住宅で、タイル業者のマヌエル・ビセンスの別荘として建てられた。当時流行していたネオ・アルハンブラ様式（アルハンブラ宮殿の模倣）とネオ・ムデハル様式（キリスト教とイスラム教の文化が融合したスペイン独自の様式）の影響を受けている。

map P.184/A2　Carolines 20-26
932 711 064　URL casavicens.org
毎日10:00〜20:00（11〜3月は月〜15:00、火〜日〜19:00）　※入場は閉館1時間20分前まで
1/6、12/25　€18、学割€16
3号線フォンタナ駅から徒歩5分

外壁にはタイルがふんだんに使われている

はみだし　カサ・カルベの1階にはチョコレートショップ「チョコラテス・ブレスコ Chocolates Brescó」があり、カフェも併設。map P.179/A3　月〜金 8:30〜20:30、土 9:00〜14:00、17:00〜20:30　日

ベリェスグアルド
Bellesguard

1909〜19年

ガウディの信奉者であったサゲス夫人（フィゲーラス未亡人）の依頼で建てられた。ベリェスグアルドとは絶景という意味で、松林に囲まれた高台からは地中海を背景にしたバルセロナのパノラマが楽しめる。かつてここにはゴシック時代の国王、マルティン1世の城があった。ガウディは建設地の由来にこたえるため、ネオ・ゴシック様式を採用し、門扉には槍をデザインした。

屋根と窓はドラゴンの顔、塔はしっぽを表す

ステンドグラスやタイルが飾られた建物内部

外壁は敷地で取ったスレートで覆われている

map P.177/A3外　Bellesguard 20　☎ 932 504 093
URL www.bellesguardgaudi.com　火〜日10:00〜15:00　※入場は閉館30分まで　休月、1/1・6、12/25・26　料€9、ガイドツアー€16（土・日のみ、英語は11:00、所要約1時間）
交 カタルーニャ広場からカタルーニャ鉄道で終点Av. Tibidabo下車。そこから徒歩約20分、またはバス196・123番で「Bellesguard-Valeta d'Arquer」下車

世界遺産 コロニア・グエル教会
Cripta de la Colònia Güell

1908〜14年

バルセロナから北西へ約20km、グエルが繊維工業住宅地区として建設したコロニア・グエルにある。有名な逆さづり模型の実験だけで10年を費やし着工されたが、そのわずか6年後ガウディはサグラダ・ファミリア聖堂に専念するため建設を中断。唯一講堂として完成していた半地下が、礼拝堂に転用されている。この作品をガウディの最高傑作と評価する建築家も多い。

上／チョウをかたどったステンドグラスの窓
下／松林に囲まれ教会が建っている

map 地図外
住 Claudi Güell, s/n　☎ 936 305 807
URL www.gaudicoloniaguell.org
開 月〜金10:00〜17:00、土・日・祝10:00〜15:00
休 1/1・6、12/25・26
料 €10、学割・65歳以上€7.50
交 バルセロナのスペイン広場（map P.182/A2）からカタルーニャ鉄道のS3、S4、S8、S9に乗り約20分、Colònia Güell駅下車。この駅は無人なので、帰りの切符は自動券売機で買う。駅からは道路の青い足跡をたどって徒歩10分ほどのビジターセンターへ。教会の入場券はここで購入する。教会はビジターセンターから徒歩約2分。

プリミティブな雰囲気の教会内部

ガウディのライバルにも注目！

Modernisme モデルニスモ建築

一般にアールヌーヴォーとして知られる19世紀末芸術は、スペインではアルト・ホベン（新しい芸術）またはモデルニスモと呼ばれ、その中心となったのがバルセロナだった。ガウディのほかに、モンタネールとプッチのふたりも、モデルニスモを代表する建築家として、ガウディとは異なる個性を発揮した。

リュイス・ドメネク・イ・モンタネール
Lluis Domènec i Montaner 1850～1923年

バルセロナの裕福な印刷業者の家に生まれる。25歳で建築学校の教授となり、2歳年下のガウディに講義を行ったこともある。後に学長となり、政治家としても活躍した。

世界遺産

カタルーニャ音楽堂
Palau de la Música Catalana 1905～08年

モデルニスモ建築のなかで最も美しいといわれる、モンタネールの最高傑作。オルフェオ・カタラン合唱団の本拠地として建設され、現在もコンサートホール（→P.221）として使用されている。作曲家たちの胸像やカタルーニャの守護聖人サン・ジョルディの彫刻で飾られた建物正面も見事だが、何といっても圧巻は2階の大ホール。天井や壁を覆い尽くすタイルや彫刻、ステンドグラスのシャンデリアなど過剰ともいえる装飾に、モンタネールの美への追究が感じられる。

まるで宝石を散りばめたような大ホール

色鮮やかなステンドグラス

彫刻とモザイクタイルで覆われた建物正面

map P.181/A3　Palau de la Música 4-6
☎ 932 957 200　URL www.palaumusica.cat
毎日9:00～15:30（聖週間と7・8月は9:00～18:00）　無休　パンフレット付き€16。オーディオガイド付き€18。ガイドツアー（所要50分）€20、35歳以下と65歳以上€16
※30日前までにオンライン購入すると20%割引
M 1/4号線ウルキナオナ駅から徒歩3分

ファサードの繊細な彫刻も美しい

map P.184/C2
Pg. de Gràcia 35　☎ 936 762 733
外観のみ自由見学
URL www.casalleomorera.com
M 2/3/4号線パセジ・ダ・グラシア駅から徒歩2分
※毎月数回程度、不定期で見学ツアーが開催される。オンラインのみの予約なので、こまめに公式サイトを確認しよう。料金は€15。

カサ・リェオ・イ・モレラ
Casa Lleó i Morera 1902～05年

モレラ家から依頼されてモンタネールが改築を手がけた建物。1階には高級皮革店「ロエベ」（→P.232）の店舗がある。ツアーで見学できるのは、モレラ家の住居として使われていた2階部分。グラシア通りに面して来客用のサロンがあり、玄関を挟んで奥がプライベートな空間になっている。"花の建築家"と呼ばれたモンタネールらしく、いたるところに花のモチーフがあしらわれ、優雅な空間を演出している。また、ステンドグラス、壁を飾る彫刻やモザイクなど、当時を代表する芸術家たちが手がけた内装もすばらしい。

上／ブルジョワの暮らしを描いたモザイク
下／ダイニングルームのステンドグラス

はみだし　カタルーニャ音楽堂の1階にあるカフェは、入場料なしで誰でも利用できる。モデルニスモの内装が美しい空間でお茶やランチを楽しめるので、町歩きの途中に立ち寄ってみよう。

サン・パウ病院
Hospital de Sant Pau
1902〜30年

銀行家パウ・ジルの遺言に沿い、モンタネール最大のプロジェクトとして着工。広大な敷地に48棟の建物が造られ、「芸術には人を癒やす力がある」というモンタネールの信念のもと、いたるところにステンドグラスやタイルなどの装飾があしらわれた。モンタネールは完成を待たず1923年に亡くなったが、その遺志は息子に引き継がれ1930年に完成。2009年まで病院として使われていた。

天井や窓にも美しい装飾が施されている

施主パウ・ジルの彫像が置かれた正面玄関

ムデハル様式の病棟が並ぶ

map P.185/A4 　Sant Antoni Maria Claret 167
☎ 935 537 801 URL www.santpaubarcelona.org
毎日10:00〜18:30(11〜3月は〜17:00) ※入場は閉館30分前まで 12/25 €16、学割・65歳以上€11.20
Ⓜ 5号線サン・パウ・ドス・デ・マッチ駅から徒歩1分

ジュセップ・プッチ・イ・カダファルク
Josep Puig i Cadafalch
1867〜1957年

ガウディとモンタネールに続く、モデルニスモ第2世代を代表する建築家。建築学校の教授や政治家としても活躍し、カタルーニャの伝統の発見と再生に力を注いだ。

左上／右隣にはガウディのカサ・バトリョが建つ
左下／ステンドグラスが美しい書斎
右／彫刻や照明も芸術品としての価値がある

カサ・アマトリェール
Casa Amatller
1898〜1900年

チョコレート製造で財をなしたアマトリェール氏の邸宅で、プッチが改築を手がけた。バルセロナでは珍しい、フランドル風の切妻屋根が特徴。外壁は植物模様のレリーフで覆われ、入口の脇には竜を退治するカタルーニャの守護聖人サン・ジョルディの彫刻が、また窓枠には鳥や大トカゲや猿などが取り付けられている。2階部分が当時の様子に再現され、2015年より一般公開された。豪華なダイニングルームや居間のほか、アマトリェール氏のガラスコレクションも見応えがある。

map P.184/C2
　Pg. de Gràcia 41
☎ 934 617 460
URL www.amatller.org
火〜日10:00〜18:30の30分おき 月、12/25
オーディオガイドによる見学€17(30歳以下€8.50)、ガイドツアー€20(30歳以下€10)
Ⓜ 2/3/4号線パセジ・ダ・グラシア駅から徒歩1分

カサ・デ・ラス・プンシャス
Casa de Les Punxes
1906年

繊維業で財を成したテラダス家の3姉妹の依頼によって建てられた集合住宅。6本の尖った塔がそびえる特徴的な姿から「トゲの家」の名で呼ばれるようになった。正面の妻壁の天辺にはカタルーニャの守護聖人サン・ジョルディのモザイク画が飾られている。

map P.184/B2
　Diagonal 420 ☎ 930 185 242
URL casadelespunxes.com
外観のみ自由見学
Ⓜ 3/5号線ディアゴナル駅から徒歩3分
※現在はシェアオフィスとして使われている

ドイツのノイシュヴァンシュタイン城から着想を得たといわれるれんが造りの建物

けみだし カサ・アマトリェールの1階奥にはおしゃれなカフェとチョコレートショップがある。チョコのパッケージは、アールヌーヴォーの画家ミュシャがデザインしたもので、おみやげにおすすめ。

芸術の街バルセロナにふさわしく、オペラやクラシックコンサートから前衛的な催しまで、常に何らかのイベントが行われている。こうした情報は、ランブラス通りにある文化協会（map P.180/A1）の ❶ でも得られる。またフラメンコは本場ではないものの観光客向けのタブラオがあり、スペイン中から踊り手やギタリストが集まるため、質の高いショーを楽しむことができる。なお、カタルーニャ自治州では 2010 年に闘牛を禁止する条例が議決され、バルセロナでも 2011 年の開催を最後に闘牛が廃止された。

▼ フラメンコ

🎸 コルドベス　Cordobés　ランブラス通り map P.180/B1

1970 年創業の老舗タブラオ

　踊り手、歌、ギターともに実力派が出演し、質の高さには定評がある。洞窟風の店内で見るフラメンコは迫力満点だ。食事はビュッフェスタイルで、ショーが始まる前に別室で取る。ランブラス通りにあり、アクセスも便利。

🏠 Ramblas 35
☎ 933 175 711
URL tablaocordobes.es
🕐 ショーの時間は日によって異なるので公式サイトで要確認
🏖 無休
💰 ドリンク付き €47、タパス付き €63、食事付き €83
カード A D J M V
Ⓜ 3 号線リセウ駅から徒歩 2 分

🎸 ロス・タラントス　Los Tarantos　ランブラス通り周辺 map P.180/B1

ライブ感覚で楽しめる

　1963 年創業のバルセロナで最も古いタブラオ。若手ダンサーやミュージシャンたちが、週替わりで約 30 分間のショーを行う。気軽にフラメンコを楽しみたい人におすすめ。深夜 0：00 からはラテン専門のクラブになる。

🏠 Pl. Reial 17
☎ 933 191 789
URL www.masimas.com/tarantos
🕐 ショーは 18:30 〜、19:30 〜、20:30 〜
🏖 12/24・31
💰 €17（ドリンクは別料金）
カード A J M V
Ⓜ 3 号線リセウ駅から徒歩 3 分

🎸 エル・パティオ・アンダルス　El Patio Andaluz　アシャンプラ地区 map P.187/C3

華やかなショーが楽しめる

　アンダルシアのパティオを再現した店内で、食事を取りながらフラメンコを楽しめる。若手から熟練まで登場し、歌ありフォークダンスありと、バリエーションに富んだ内容。最後は観客も舞台に上がって一緒に踊ることもできる。

🏠 Rocafort 231　☎ 932 093 378
URL www.showflamencobarcelona.com
🕐 ショーは 20:00 〜、22:00 〜
🏖 無休
💰 ショーのみ €25、ドリンク付き €33、食事付き €40 〜 76
カード J M V
Ⓜ 5 号線エンテンサ駅から徒歩 1 分

🎸 エル・タブラオ・デ・カルメン　El Tablao de Carmen　モンジュイック map P.182/A2

有名ダンサーの名を冠した

　スペイン村（→ P.207）の中にある 1988 年創業のタブラオ。伝説のダンサーとして知られたカルメン・アマヤが、この場所でアルフォンソ 13 世に踊りを披露したことで知られる。予約するとスペイン村に 16:00 から無料で入場できる。

🏠 Poble Espanyol de Montjuïc
☎ 933 256 895
URL www.tablaodecarmen.com
🕐 ショーは 18:40 〜、21:15 〜
🏖 月
💰 ドリンク付き €48、タパス付き €66、食事付き €85　カード A J M V
Ⓜ 1/3 号線エスパーニャ駅から徒歩 20 分

バルセロナ

エンターテインメント

劇場＆コンサートホール

リセウ劇場

Gran Teatre del Liceu　ランブラス通り　map P.180/B1

豪華なホールも必見

1847 年に創設された、ヨーロッパを代表する歌劇場のひとつ。オペラやバレエ、クラシックコンサートなどが行われる。チケットは劇場窓口のほか、電話またはインターネットでも購入可能。料金は公演により€10 ～ 300 程度。8月は休み。

🏠 Ramblas 51-59
☎ 934 859 913
URL www.liceubarcelona.cat
🕐 チケット窓口は月～金 10:00 ～ 19:00、土 10:00 ～ 14:00（上演日は開演まで）、日は上演日のみ開演 2 時間前から
Ⓜ 3 号線リセウ駅から徒歩 1 分

カタルーニャ音楽堂

Palau de la Música Catalana　旧市街　map P.181/A3

世界遺産に登録されている

ガウディと同時代のバルセロナを代表する建築家、ドメネク・イ・モンタネールによって 1908 年に完成した、モデルニスモ様式の音楽堂。国内外の楽団によるクラシックコンサートが行われる。内部の見学もできる。→ P.218

🏠 Palau de la Música 4-6
☎ 932 957 207（チケット）
URL www.palaumusica.cat
🕐 チケット窓口は月～金 9:00 ～ 21:00、土 9:30 ～ 21:00、日・祝 9:30 ～ 13:00 と開演 2 時間前から
Ⓜ 1/4 号線ウルキナオナ駅から徒歩 3 分

ラウディトリ

L'Auditori　アシャンプラ地区　map P.179/A4

最新のサウンドテクノロジーを用いた、モダンなコンサートホール。2300 席のシンフォニーホールと 400 席の室内楽用小ホールがある。

🏠 Lepant 150　☎ 932 479 300　URL www.auditori.cat
🕐 チケット窓口は月～土 15:00 ～ 21:00、公演がある日・祝は開演 1 時間前から　Ⓜ 1 号線マリーナ駅から徒歩 5 分

カタルーニャ国立劇場

Teatre Nacional de Catalunya　アシャンプラ地区　map P.179/A4

上記ラウディトリと向かい合うように建つ。スペインをはじめ世界各地から招かれた劇団の公演が行われるほか、ダンスやコンサートも上演される。

🏠 Pl. de les Arts 1　☎ 933 065 700　URL www.tnc.cat
🕐 チケット窓口は水～金 16:00 ～ 19:00、土 15:00 ～ 19:00、日 15:00 ～ 18:00　Ⓜ 1 号線グロリアス駅から徒歩 3 分

ディスコ＆クラブ

ジャンボリー

Jamboree　ランブラス通り周辺　map P.180/B1

ライブ音楽も楽しめる

バルセロナの老舗ジャズクラブ。20:00 と 22:00 から日替わりでライブがあり、料金€5 ～ 35（ネット予約すると割引あり）。深夜 0:00 以降はクラブになり、2 階にあるラテン専門の「ロス・タラントス」（→ P.220）にもアクセス可。

🏠 Pl. Reial 17
☎ 933 041 210
URL jamboreejazz.com
🕐 毎日　19:00 ～翌 5:00
Ⓜ 3 号線リセウ駅から徒歩 3 分

ムーグ

Moog　ランブラス通り周辺　map P.180/C1

テクノ系音楽で踊れる

ダンスフロアはそれほど広くないがスタイリッシュな雰囲気で、いつも若者客でにぎわう。おもにテクノ、ハウス系の音楽がかかり、水曜は外国の DJ も参加して盛り上がる。1970 年代の音楽が聴けるフロアもある。入場料€5 ～ 20。

🏠 Arc del Teatre 3
☎ 933 191 789
URL moogbarcelona.com
🕐 毎日　0:00 ～ 5:00
Ⓜ 3 号線ドラサナス駅から徒歩 3 分

ビキニ

Bikini　新市街北西部　map P.187/B3

サッカー選手も訪れる有名店

若者でにぎわう大型ディスコ。ディアゴナル通りのショッピングモール「リージャ」内にあり、入口は Deu i Mata 通り。クラブ、ラテンルーム、カクテルラウンジの 3 つに分かれており、曜日によって音楽が替わる。入場料€8 ～ 15。

🏠 Av. Diagonal 547
☎ 933 220 800
URL bikinibcn.com
🕐 木　0:00 ～ 5:00
　金・土　0:00 ～ 6:00
🚫 日～水
Ⓜ 3 号線マリア・クリスティーナ駅から徒歩 10 分

CLOSE UP! ⚽

バルセロナでサッカー観戦

バルセロナでは、FCバルセロナとエスパニョールの
ふたつのチームがプレイしており、
シーズン中はどちらかの試合がホームで行われる。

カンプ・ノウ・スタジアム
Estadi Camp Nou

世界中にファンをもつ人気クラブ、**FCバルセロナ**(愛称は**バルサ**)の本拠地。収容人数9万8000人とヨーロッパでも最大規模を誇る。スタジアムツアーやオフィシャルショップも充実しており、試合がない日でも楽しめる。

map P.186/B1　　　バルサカラーに塗られたスタンド
住 Av. Aristides Maillol, s/n
☎ 902 189 900　URL www.fcbarcelona.jp
〈Ｍ〉3号線マリア・クリスティーナ駅または
5号線コイブラン駅から徒歩10分

スタジアムツアーに参加しよう！

チケット売り場はオフィシャルショップの向かい。ミュージアムのほか、プレスルームやロッカールーム、ピッチサイドなどが見学できる。

プレス席からピッチを見下ろす

開 月～土10:00～18:00、日10:00～15:00 (4/1
～10/15は毎日9:30～19:00)
※ツアーの所要時間は通常約1時間30分。試合のある日はミュージアムのみ。イベント開催などに変更される場合があるので、公式サイトで確認を。
休 1/1、12/25
料 ベーシックツアー€31.50
(オンライン購入€28)

バルサ大好き！

チケット入手法

公式サイトから購入するのが確実。当日券はスタジアムの窓口で購入できる。窓口はオフィシャルショップの向かいのほか数ヵ所あり、支払いはクレジットカードのみ。対レアル・マドリード戦や優勝のかかった試合、チャンピオンズリーグ戦を除けば、売り切れることは少ない。

オフィシャルグッズをおみやげに

バルサのオフィシャルショップ「**FC Botiga Megastore**」は、スタジアムのAccess(敷地へのゲート)7または9から入ると近い。ユニホームのほかオリジナルグッズも充実している。このほか市内に3店舗ある。
☎ 毎日10:00～19:00

エンブレム付き
ぬいぐるみ

コルネジャ-エルプラット・スタジアム
Estadi Cornellà - El Prat

バルセロナ第2のクラブ、**RCDエスパニョール**の本拠地。バルセロナから西へ約13km、コルネジャ・デ・ジョブレガット市にある。チケットは公式サイトで購入できるほか、たいていは当日券が入手可。

23-24シーズンは
2部でプレイしている

map 地図外
住 Av. del Baix Llobregat 100, Cornellà de Llobregat　☎ 932 927 700
URL www.rcdespanyol.com
交 スペイン広場からカタルーニャ鉄道(スペイン広場から出る路線ならどれでもOK)に乗り15分、Cornellà-Riera駅で下車(地下鉄の10回券も使用可)。駅を出たらバルセロナ方向へ300mほど歩き、Francesc Moragas i Barret通りを右折すると正面にスタジアムが見える。駅から徒歩約10分

●チケット窓口　開 月～金10:30～14:00、16:00～19:00、土10:30～
14:00、試合当日10:00～キックオフ
●オフィシャルショップ　開 月～土10:30～14:00、15:30～19:00(金は～
21:00)　休 日・祝(試合がある日は10:30～キックオフ)

※カンプ・ノウ・スタジアムは2024年5月現在、全面改修中。新スタジアムの落成は2026年の予定で、
それまでFCバルセロナの試合はオリンピック・スタジアム(→ P.208)で行われる。

バルセロナ

レストラン ✤ Restaurant

　地中海に面し、温暖な気候に恵まれたバルセロナでは、魚介類や野菜などの食材が豊富。またフランスと接しているだけあって、味つけも洗練されている。伝統的なカタルーニャ料理は、ブイヤベースのように魚介を煮込んだサルスエラ Zarzuela、フィデウア Fideua（パスタのパエリャ）、エスカリバダ Escalivada（野菜のオーブン焼き）、ブティファラ Butifarra（ソーセージ）など。デザートにはカタルーニャ風プリン、クレマ・カタラナ Crema Catalana がおすすめ。

スペイン・カタルーニャ料理

レストラン

🍴 フォンダ・エスパーニャ　　Fonda España　ランブラス通り周辺 map P.180/B1

モデルニスモの店内で 3 つ星シェフの味を

　1859 年創業のホテル・エスパーニャ（→ P.239）の 1 階にあるレストラン。モデルニスモの建築家ドメネク・イ・モンタネールが装飾を施した店内では、19 世紀末の食堂の雰囲気を味わえる。料理はバスク出身の 3 つ星シェフ、マルティン・ベラサテギがマネジャーを務め、氏のもとで長年経験を積んだチャンベル・センデル氏が腕を振るう。コースメニューは €65 〜、平日のランチコースは €35。

🏠Sant Pau 9-11　☎935 500 010　🕐13:00 〜 15:00、20:00 〜 22:30　🚫日〜火　カードＡＤＪＭＶ　Ⓜ3 号線リセウ駅から徒歩 2 分

🍴 クアトラ・ガッツ　　4 Gats　旧市街　map P.180/A2

若き日のピカソも通った

　1897 年創業、モデルニスモ運動の中心となったカフェレストラン。その後閉店したが、1981 年に当時の内装を復元して再オープン。手前はカフェ、また奥のレストランではランチが €21（月〜金曜のみ）で食べられる。

🏠Montsió 3　☎933 024 140　🕐13:00 〜 16:00　19:00 〜 24:00　（カフェは 11:00 〜翌 0:30）　🚫12/25　カードＤＪＭＶ　Ⓜ1/4 号線ウルキナオナ駅から徒歩 5 分

🍴 ロス・カラコレス　　Los Caracoles　旧市街　map P.180/C1

1835 年創業の老舗レストラン

　店内は色鮮やかなタイルで飾られ、来店した著名人の写真やサインがところ狭しと張られている。店名になっているカタツムリの煮込みをはじめ、パエリャやサルスエラなど、伝統的なカタルーニャ料理を楽しめる。予算 €25 〜。

🏠Escudellers 14　☎933 012 041　🕐13:00 〜 16:00　19:30 〜 23:00　🚫火　カードＡＤＪＭＶ　Ⓜ3 号線ドラサナス駅から徒歩 5 分

🍴 セッテ・ポルタス　　7 Portes　フランサ駅周辺　map P.181/C3

著名人も訪れる米料理店

　1836 年にキャバレーとして開業。店名のとおり 7 つの扉をもつ建物は、歴史的建造物に指定されている。伝統的なカタルーニャ料理が揃うが、なかでも米料理が有名で、魚介たっぷりのパエリャ・パレリャーダは 1 人前 €25.50。

🏠Pg. d'Isabel II 14　☎933 193 033　🕐13:00 〜 24:00　🚫無休　カードＡＤＪＭＶ　Ⓜ4 号線バルセロネータ駅から徒歩 3 分

エルチェ Elche 旧市街 map P.183/B4

本場バレンシアのパエリャを味わえる

米料理の都、バレンシア出身の家族が代々経営するレストラン。魚介のパエリャ Paella de Marisco（€20）、イカ墨のパエリャ Arroz Negro（€18、注文はいずれも2人前から）など、全部で10種類の米料理とフィ

デウア（パスタのパエリャ）が揃う。あっさり味のパエリャは日本人好みで、日中の休みなしで営業しているのも旅行者には便利だ。

🏠Vilà i Vilà 71　☎ 934 413 089　🕐13:00 ～ 24:00
📅12/24・25　カードA D J M V　M 2/3号線パラレル駅から徒歩2分

ラス・キンザ・ニッツ Les Quinze Nits ランブラス通り周辺 map P.180/B1

レイアール広場にある有名店

おしゃれな雰囲気とコストパフォーマンスのよさが評判を呼び、食事どきはほぼ満席状態。午前中は朝食やブランチメニューも楽しめる。ランチのセットメニュー€14.40（日曜€19.60）。テラス席は料金が10%割増しになる。

🏠Pl. Reial 6
☎933 173 075
🕐9:00 ～ 23:30
（ランチは12:00 ～）
📅12/24・25
カードA J M V
M 3号線リセウ駅から徒歩5分

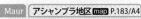

マウール Maur アシャンプラ地区 map P.183/A4

地元客でにぎわう人気店

炭火で焼いた肉や野菜、ブティファラ（ソーセージ）など地元の伝統料理を楽しめる。ランチのセットメニューは €15.50。12 ～ 3月にはカタルーニャ名物のカルソッツ（→ P.225）も登場し、特に週末のランチタイムは混むので要予約。

🏠Comte d'Urgell 9
☎934 239 829
🕐13:00 ～ 16:00
　20:00 ～ 24:00
📅無休
カードA D J M V
M 2号線サン・アントニから徒歩2分

チュプ・チュプ Xup Xup バルセロネータ map P.179/C3

ビーチで新鮮なパエリャを

バルセロネータ海岸にあり、夏は海水浴客でにぎわうビーチを見ながら食事ができる。シーフード料理や米料理がおすすめで、パエリャは1人前から注文が可能。ミックスパエリャ€21.50。テラス席は料金が10%割増しになる。

🏠Paseo Marítimo de la Barceloneta, s/n
☎932 240 353
🕐月 ～ 木 12:00 ～ 16:00、金 11:30 ～ 16:00、土・日・祝 11:30 ～ 17:00
カードA M V
M 4号線バルセロネータ駅から徒歩10分

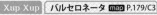

チリンギート・エスクリバ Xiringuito Escribà ボガテイ海岸 map P.177/C4

海を眺めながら絶品パエリャを

ボガテイ海岸にあるチリンギート（海の家）。夏のランチタイムは混むので早めに出かけよう。魚介のパエリャ Paella de Mariscos は1人前 €19.50 ～（注文は2人前から）。木のスプーンで鍋から直接食べるのは本場バレンシア流。

🏠Av. del Litoral 62
☎932 210 729
🕐13:00 ～ 22:30
📅無休
カードM V
M 4号線リャクーナ駅から徒歩15分

バルセロナ

レストラン

スペイン・カタルーニャ料理

カサ・ロレア　Casa Lolea　旧市街　map P.181/A4

サングリアとともに創作タパスを

　キュートなボトルで人気のサングリアメーカー「カサ・ロレア」の直営バル＆レストラン。おしゃれでモダンなタパスが、サングリアとともに楽しめる。おすすめは、マグロの燻製モハマ Mojama、ゆでたジャガイモにアリオリソースをかけたパタタス・ブラバス Patatas Bravas など。レトロな雰囲気の店内や、スタッフのユニフォームもかわいい。予算€25〜。

🏠 Sant Pere Més Alt 49　☎ 936 241 016　🕐 9:00〜24:00（料理は12:00〜）
🈺 無休　カード MV　Ⓜ 1/3号線カタルーニャ駅から徒歩10分

カン・クジェレタス　Can Culleretes　ゴシック地区　map P.180/B1

バルセロナ最古のレストラン

　1786年に開店、スペインで2番目に古いレストランとしてギネスブックに認定されている。古めかしい店内は、来店した有名人の写真が飾られ、趣たっぷり。カタルーニャの伝統料理が中心で、平日の昼のセットメニューは€24。

🏠 Quintana 5
☎ 933 173 022
🕐 13:00〜15:30
　20:00〜22:30
🈺 日の夜、月、7/15〜8/5、12/24〜26
カード J M V
Ⓜ 3号線リセウ駅から徒歩7分

カル・ピンチョ　Cal Pinxo　バルセロネータ　map P.178/C2

港に面したシーフード店

　目の前のヨットハーバーを眺めながら、テラス席で食事を楽しめる。シーフードやパエリャが自慢で、特にフィデウアは絶品。ひとつの鍋で魚介、野菜、イカ墨のパエリャが食べられるトリオ・デ・パエリャは3〜4人前で€81。

🏠 Plaça de Pau Vila 1
☎ 932 212 211
🕐 12:00〜23:00
　（11〜3月は〜22:30）
🈺 冬期の20日間
カード A D J M V
Ⓜ 4号線バルセロネータ駅から徒歩6分

TOPICS　カタルーニャの冬の味覚カルソッツ

　カルソッツ Calçots とは、カタルーニャ名物の長ネギ（実際はタマネギの一種）のこと。ネギを丸ごと網に載せ、直火で外側が真っ黒になるまで焼き上げる。黒く焦げた皮をむき（ネギの内側の上部を片手で持ち、もう片方の手で根の部分を下へ引っ張るとスルリと取り出せる）、パプリカやナッツなどをすり潰して作るロメスコソースをつけて食べるのが定番。旬は12〜3月頃。カルソッツ発祥の地タラゴナ県バイス Valls の町では、1月最終日曜にカルソッツ祭りが開催される。カタルーニャ地方では、家族や友人が集まって前菜にカルソッツを食べ、同じ網でバーベキューを楽しむことをカルソターダ Calçotada という。バルセロナ市内でも「マウール」（→ P.224）などカルソターダを提供するレストランがあるので、冬に訪れたらぜひ味わってみたい。

カルソッツとパン・コン・トマテ　　ボリューム満点のカルソターダ　　口を大きく開けて！

ビニトゥス Vinitus アシャンプラ地区 map P.184/C1

50種類以上のタパスが揃う人気店

バルセロナで行列のできるバルとして有名な「セルベセリア・カタラナ（map P.184/B1）」の系列店。地下と1階にテーブル席とカウンター席がある大型店で、「セルベセリア・カタラナ」よりは比較的席が取りやすい。カウンターに並ぶ新鮮なシーフードをはじめ、ポピュラーな

タパスからしっかりした料理まで豊富なメニューが揃う。大勢でシェアするのがおすすめ。予算€20〜。

📍Consell de Cent 333　☎933 632 127　🕐11:00〜翌1:00
🈚無休　カードAMV　Ｍ3号線パセジ・ダ・グラシア駅から徒歩7分

バル・ブルタル Bar Brutal ボルン地区 map P.181/B3

自然派ワインと創作料理

ナチュラルワインの卸業者が経営する。ヨーロッパ中から600種類以上のワインが揃い、うち約45%がスペイン産。グラスでも常時10種類以上を楽しめる。生産量が少ない珍しいワインもあり、ボトルの購入のみも可。

📍Princesa 14
☎932 954 797
🕐19:00〜翌0:30（金〜日は13:00〜、16:00〜20:00はワイン提供のみ）
🈚火、1/1、12/25
カードAMV
Ｍ4号線ジャウマ・プリメ駅から徒歩3分

エル・シャンパニェット El Xampanyet ボルン地区 map P.181/B3

地元では有名な老舗バル

店名にもなっているオリジナルワイン、白ワインと炭酸を混ぜたシャンパニェットは€2。バスク産のアンチョビと一緒に味わってみよう。メニューはないので、カウンターに並んでいるタパスを指さして注文する。

📍Montcada 22
☎933 197 003
🕐12:00〜15:30
　19:00〜23:00
🈚日の夜、月、8月
カードDJMV
Ｍ4号線ジャウマ・プリメ駅から徒歩7分

バル・デル・プラ Bar del Pla ボルン地区 map P.181/B3

観光客にも地元客にも人気

ボルン地区の路地にある、レトロな雰囲気たっぷりのバル。伝統料理にひと工夫加えた創作タパスがおいしい。ワインも100種類以上が揃う。食事どきは混むので予約するか、早めに入店するのがおすすめ。予算€20〜。

📍Montcada 2
☎932 683 003
🕐12:00〜23:00
　（金・土は〜24:00）
🈚日・祝
カードAMV
Ｍ4号線ジャウマ・プリメ駅から徒歩4分

カニェテ Cañete ランブラス通り周辺 map P.180/B1

アンダルシア風の人気バル

市場から届いた新鮮な素材が、カウンター席の目の前で調理される。料理に合うワインが豊富に揃っているのもうれしい。人通りが少ない路地にあるので、なるべく日中の明るい時間帯に利用したほうがよい。予算€25〜。

📍Unió 17
☎932 703 458
🕐13:00〜24:00
🈚日・祝
カードDJMV
Ｍ3号線リセウ駅から徒歩3分

バルセロナ

レストラン

バル

エル・バン・デ・オロ
El Vaso de Oro | バルセロネータ | map P.179/C3

おいしいビールとタパスが人気の老舗店

　カウンターのみのこぢんまりとした店で、時間帯によっては客が道路まであふれる。カウンターにずらりと並ぶタパスやカナッペのほか、鉄板で焼いてくれるスペイン風ソーセージやフォアグラが美味。また腹子 Hueva、マグロの薫製 Mojama など、酒好きにはたまらないつまみも揃う。ビールは店オリジナルのハーフ＆ハーフが人気。予算€20 〜。

🏠Balboa 6　☎933 193 098　🕐12:00 〜 24:00　休9月　カードMV　Ⓜ 4号線バルセロネータ駅から徒歩 1分

イラティ
Irati | ランブラス通り周辺 | map P.180/B2

バスクスタイルのバル

　ピンチョス（薄切りパンの上に具を載せたバスク地方のタパス）はひとつ€2.50。バスク産のワイン、チャコリやシードラ（リンゴ酒）と一緒にどうぞ。食べたあとで自己申告して料金を支払う。バスク料理のレストランも併設。

🏠Cardenal Casanyes 17
☎933 023 084
🕐12:00 〜 24:00
　（金・土は〜翌 0:30）
休無休
カードADJMV
Ⓜ 3号線リセウ駅から徒歩 2分

カル・ペップ
Cal Pep | ボルン地区 | map P.181/C4

行列ができるほどの人気店

　カリスマシェフとして知られるペップさんが経営する有名バル。中がトロトロのトルティーリャ（オムレツ）をはじめ、オリジナリティあふれる小皿料理を楽しめる。混むので開店の少し前から並ぶのがおすすめ。予算€25 〜。

🏠Pl. de les Olles 8
☎ 933 107 961
🕐13:00 〜 15:45（土は 13:15 〜）
　19:30 〜 23:30
休 月の昼、日、聖週間、8月
カードMV
Ⓜ 4号線ジャウマ・プリメ駅から徒歩 7分

ラ・タスケータ・デ・ブライ
La Tasqueta de Blai | 旧市街 | map P.183/B4

地元で人気のピンチョスバル

　通称「ピンチョス通り」と呼ばれるブライ通りのなかでも、ひときわ混雑している。見た目にも楽しいピンチョスは、ひとつ€1.90 または€2.50。次々と新しいものがカウンターに並ぶので、熱々のできたてが食べられる。

🏠Blai 17
☎930 130 318
🕐12:00 〜 24:00
　（金・土は〜翌 1:00）
休無休
カードMV
Ⓜ 2/3 号線パラレル駅から徒歩 6分

コネサ
Conesa | 旧市街 | map P.180/B2

サンドイッチの有名店

　1951 年から続く、ボカディーリョが名物の店。鉄板で焼いたパンにソーセージやハムなどを挟んだホットサンドが人気で、昼どきは行列ができる。ベジタリアン向けやワサビをパンに練り込んだ変わり種も。テイクアウトも可。

🏠Llibreteria 1
☎933 101 394
🕐8:30 〜 22:15
休日・祝
カードMV
Ⓜ 4号線ジャウマ・プリメ駅から徒歩 2分

はみだし　地下鉄パラレル駅から近いブライ Blai 通り（map P.183/B3 〜 4）は、ピンチョスを売りにしたバルが十数軒並び、夕方から地元の人々でにぎわう。ピンチョスはひとつ€1.50 〜とお手頃。

カン・ケンジ　Can Kenji　アシャンプラ地区 map P.185/B3

地元客に評判の創作和食

有名人も訪れる日本料理店。月見ハンバーグのフォアグラ載せ€14.60、きのこのチーズリゾット焼きおにぎり€8.20など、西洋のアレンジを加えた和食を味わってみたい。小さな店内は地元客で混み合うので、特に夜は必ず予約を。

🏠Rosselló 325
☎934 761 823
🕐13:00 ～ 15:30
　20:30 ～ 23:00
📅12/24 ～ 26、12/31 ～ 1/2
カード J M V
Ⓜ 4/5 号線ベルダゲル駅から徒歩4分

らあ麺屋ひろ　Ramen-Ya Hiro　アシャンプラ地区 map P.184/B2

バルセロナ初の本格ラーメン

麺は自家製、化学調味料は使用しないなど店主ひろさんのこだわりラーメンは、スペイン人にも大人気。醤油と味噌€12.30、海鮮ラーメンは€11.80。餃子や夏限定のつけ麺もある。満席のことが多いので予約したほうがよい。

🏠Girona 164
☎930 028 441
🕐19:30 ～ 22:30
📅日・祝、8月中旬～ 9月初め、1/1、12/24 ～ 26
カード A D J M V
Ⓜ 4/5 号線ベルダゲル駅から徒歩2分

宵宵祇園　Yoi Yoi Gion　アシャンプラ地区 map P.184/B2

元Jリーガー経営のうどん屋

こしのある本格的な讃岐うどんを味わえる店。オーナーシェフは日本人の元Jリーグサッカー選手で、開店するにあたり本場の香川県で修業している。うどんは単品で€9。餃子または唐揚げ、デザートが付いたうどん定食は€17。

🏠Av. Diagonal 383
☎931 248 701
🕐13:30 ～ 16:00
　20:00 ～ 23:00
📅月の夜、日
カード M V
Ⓜ 3/5 号線ディアゴナル駅から徒歩2分

やしま　Yashima　新市街 map P.187/B4

座敷席もある本格和食店

1989 年創業の、バルセロナで最も有名な日本料理店。純和風のゆったりとした店内で、日本人の板前による本格的な料理を堪能できる。丼物などの一品料理から、寿司や刺身、鉄板焼き、懐石料理などメニューも豊富。

🏠Av. de Josep Tarradellas 145
☎934 190 697
🕐13:00 ～ 15:30
　（日は13:30 ～ 16:00）
　20:00 ～ 23:00（金・土は～ 23:30）
📅日の夜、月
カード A D M V
Ⓜ 5 号線オスピタル・クリニク駅から徒歩10 分

天ぷら屋　Tempura Ya　アシャンプラ地区 map P.184/B1

昼は混み合う人気店

本格的な天ぷらが食べられる日本人経営の店。近所のスペイン人から在住日本人まで、幅広く利用されている。平日の昼の天ぷら定食€13.50のほか、刺身や寿司などもある。グラシア通りの繁華街から近くて立地もよい。

🏠Muntaner 153
☎934 193 182
🕐13:30 ～ 15:30
　20:30 ～ 23:30
📅月の昼、日・祝
カード A M V
Ⓜ 5 号線オスピタル・クリニク駅から徒歩3 分

鶴城酒家　Hecheng　旧市街 map P.183/A3

日本人好みの中国料理

バルセロナ在住の中国人や日本人が通う店。焼き餃子、チンゲン菜炒め、太麺ラーメンなど、一品€5～6程度。スペイン人向けの中国料理店にはない本格メニューと手頃な料金がうれしい。冬は体が温まる火鍋がおすすめ。

🏠Entença 12
☎933 252 349
🕐12:00 ～ 17:00
　19:30 ～ 24:00
📅無休
カード J M V
Ⓜ 3 号線ポブレ・セク駅から徒歩5 分

はみだし　日本人経営の「とうふカタラン」では、手作りの豆腐やお弁当などを販売している。 map P.184/B1
🏠Aribau 119　☎934 537 352　🕐11:30 ～ 15:00、17:00 ～ 20:00　📅土の夜、日・祝

バルセロナ

レストラン

▼スイーツ&カフェ

ラ・パスティセリア・バルセロナ　La Pastisseria Barcelona　アシャンプラ地区 map P.184/C1

おしゃれなパティスリー

オーナーパティシエのジョセップ・ロドリゲス氏は、フランスのデザートコンクールで優勝した経験をもつ。代表作はサクランボをかたどった「ラ・シレラ」。店の奥にカフェスペースがあり、ケーキやクロワッサンを注文できる。

🏠Aragó 228
☎934 518 401
🕐9:00 〜 14:00
　17:00 〜 20:30
　(日・祝は〜 14:30)
🛏無休
カード MV
＜M＞3号線パセジ・ダ・グラシア駅から徒歩 10 分

ブボ　Bubó　ボルン地区 map P.181/C3

有名パティシエのスイーツ

スペインを代表するパティシエのひとり、カルレス・マンペルの店。ケースにはまるで宝石のような美しいケーキが並ぶ。片隅にカフェコーナーがあり、イートインも OK。また店の並びには、創作タパスを楽しめる「ブボ・バル」がある。

🏠Caputxes 10
☎932 687 224
🕐10:00 〜 19:00
🛏無休
カード ADJMV（€8 以上の支払いのみ）
＜M＞4号線ジャウマ・プリメ駅から徒歩 5 分

ラ・パリャレサ　La Pallaresa　ゴシック地区 map P.180/A2

地元客でにぎわう甘味どころ

1880 年にミルク専門店として開業したという歴史ある店。チュロスとチョコラーテ、クレマ・カタラナ、フラン（プリン）など、甘いもの好きにはたまらないメニューが満載。レトロな店構えもいい雰囲気だ。

🏠Petritxol 11
☎933 022 036
🕐9:00 〜 13:00
　16:00 〜 21:00
　(日は 17:00 〜)
🛏1/1、7月、12/24
カード 不可
＜M＞3号線リセウ駅から徒歩 3 分

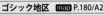

カエルン　Caelum　ゴシック地区 map P.180/B2

伝統菓子でティータイム

スペイン各地の修道院で昔から作られてきた、手作りのお菓子や自然食品を扱う店。ビスケットやアーモンド菓子など、昔ながらのレシピで作られたお菓子は素朴な味。併設のカフェで、紅茶やハーブティーと一緒に味わいたい。

🏠Palla 8
☎933 026 993
🕐12:00 〜 20:00
　(土・日は〜 20:30)
🛏無休
カード ADJMV
＜M＞3号線リセウ駅から徒歩 5 分

ブルンチ・アンド・ケイク　Brunch & Cake　アシャンプラ地区 map P.184/C1

女性に人気のおしゃれカフェ

ベーグルサンドやアサイー、スムージーなど、朝食やブランチにぴったりのメニューが充実している。野菜やフルーツたっぷりでヘルシー。ナチュラルテイストの店内は開放的な雰囲気で、女性ひとりでも入りやすい。

🏠Enric Granados 19
☎931 383 572
🕐9:00 〜 17:00
　(金〜日は〜 18:00)
🛏無休
カード MV
＜M＞1/2 号線ウニベルシタット駅から徒歩 10 分

カフェ・デ・ラ・ペドレラ　Café de la Pedrera　アシャンプラ地区 map P.184/B2

ガウディ建築の中にある

カサ・ミラの 2 階にある上品な雰囲気のカフェ。朝食はもちろん、昼食や夕食、カクテルタイムなど、1 日中利用できる。ガウディ設計の波打つ天井が美しい店内では、ライブ演奏が行われることも。食事の予算はひとり €20 〜 30。

🏠Pg. de Gràcia 92
☎934 880 176
🕐10:00 〜 21:00
　(食事は 12:00 〜 20:30)
🛏無休
カード AJMV
＜M＞3/5 号線ディアゴナル駅から徒歩 2 分

「ロカンボレスク Rocambolesc」はミシュラン 3 つ星レストランのパティシエが経営するアイスクリーム店。map
P.180/B1 🏠La Rambla 51-59 🕐水・木 13:00 〜 20:00、金 12:00 〜 22:00、土・日 10:30 〜 22:00

229

カタルーニャ広場を境に街が新旧に分かれているように、ショッピングエリアもふたつに分けられる。新市街では、バルセロナのシャンゼリゼといわれるグラシア通り Pg. de Gràcia と、その1本西寄りにあるランブラ・ダ・カタルーニャ Rambla de Catalunya、ディアゴナル通り Av. Diagonal。このあたりには有名ブランド店やおしゃれなブティックが並ぶ。またランブラス通りやゴシック地区を中心とした旧市街には、昔ながらの専門店や個性的なショップが多い。

デパート&スーパー

🛒 エル・コルテ・イングレス
El Corte Inglés ｜ カタルーニャ広場 map P.178/A2

スペイン随一のデパート

ファッションやコスメ、電化製品、おもちゃ、キッチン用品など何でも揃う。地下のスーパーマーケットは品揃えが豊富で、おみやげ探しにぴったり。また最上階には眺めのよいカフェレストランがあり、休憩や食事にも便利だ。

🏠Pl. de Catalunya 14
☎933 063 800
🕐月～土 9:00 ～ 21:00
🚫日・祝（営業する日もある）
カードＡＤＪＭＶ
Ⓜ1/3号線カタルーニャ駅から徒歩1分

🛒 メルカドーナ
Mercadona ｜ アシャンプラ地区 map P.184/C2

人気の庶民派スーパー

バレンシアに本社があり、スペイン約100都市に支店をもつ。自社で開発したプライベートブランド「HACENDADO」の商品が充実しており、しかもお手頃プライスなのが人気の理由。バルセロナ市内には全部で100店舗以上ある。

🏠Concell de Cent 366
☎932 725 586
🕐日～金 9:00 ～ 21:00
🚫土
カードＭＶ
Ⓜ4号線ジローナ駅から徒歩1分

ショッピングモール

🛒 エル・トリアングレ
El Triangle ｜ カタルーニャ広場 map P.178/A2

町の中心に位置する

カタルーニャ広場に面した三角形の建物。本やオーディオ製品を扱うフナック Fnac、化粧品のセフォラ Sefora のほか、ファッション関連のショップなどが入っている。1階にあるカフェ・スーリックは休憩や待ち合わせに便利。

🏠Pl. de Catalunya 1-4
☎933 180 108
🕐月～土 9:30 ～ 21:00
🚫日・祝（営業する日もある）
カード 店によって異なる
Ⓜ1/3号線カタルーニャ駅から徒歩1分

🛒 ラス・アレナス・ショッピングモール
Centro Comercial Las Arenas ｜ スペイン広場周辺 map P.183/A3

かつての闘牛場を改装

闘牛場だった外観はそのまま残し、内部はモダンなショッピングモールに。ファッションやスポーツ用品などの店が集まっているほか、地下にはファストフード店、眺めのいい屋上にはレストランがあり、食事場所としても人気。

🏠Gran Via 373-385
☎932 890 244
🕐10:00 ～ 22:00
（日は ～ 21:00）
🚫1/1、12/25
カード 店によって異なる
Ⓜ1/3号線エスパーニャ駅から徒歩1分

🛒 リージャ・ディアゴナル
L'illa Diagonal ｜ 新市街北西部 map P.187/B3

ビジネス街にある

ディアゴナル通りに面した大型モール。吹き抜けのフロアに約170の専門店が並ぶ。ザラ、マンゴ、カンペールなどの人気ブランドが集まっているので、ここに来れば一度に買い物ができて便利。スーパーやフードコートもある。

🏠Av. Diagonal 557
☎934 440 000
🕐月～土 9:30 ～ 21:00
🚫日・祝（営業する日もある）
カード 店によって異なる
Ⓜ3号線マリア・クリスティーナ駅から徒歩10分

投稿「エル・コルテ・イングレス」はトイレが無料で使えるので便利です。また最上階にあるレストランはセルフ方式で、パエリャが1人前だけ注文でき、味もおいしかったです。（東京都 がみ）['23]

ショッピングモール

グロリアス・ショッピングモール　Centro Comercial Glories　アシャンプラ地区　map P.177/B4

人気ブランドが勢揃い

バルセロナでも屈指の規模を誇る巨大モール。ザラやマンゴをはじめとするスペインのファッションブランドのほか、ユニクロもある。大型スーパーのカルフール、映画館、フードコートもあり、特に週末は地元客でにぎわう。

Av. Diagonal 208
934 860 404
9:00 ～ 21:00
日・祝（営業する日もある）
カード 店によって異なる
M 1号線グロリアス駅から徒歩3分

ファッション

アドルフォ・ドミンゲス　Adolfo Dominguez　アシャンプラ地区　map P.184/C2

スペインを代表するブランド

いまやインターナショナルブランドとなったアドルフォ・ドミンゲス。バルセロナ市内には5店舗あるが、グラシア通りに面したこのショップにはレディス、メンズ、ヤングアダルト向けのUなど、すべてのラインが揃う。

Pg. de Gràcia 32
934 874 170
月～日 10:00 ～ 21:00
日・祝
カード ADJMV
M 2/3/4号線パセジ・ダ・グラシア駅から徒歩4分

ビンバ・イ・ロラ　Bimba & Lola　アシャンプラ地区　map P.184/C2

おしゃれな女性に大人気

スペインを代表するデザイナー、アドルフォ・ドミンゲスの姪である姉妹が創設したブランド。25～45歳の働く女性をターゲットに、洋服からバッグ、靴、小物までトータルに展開している。特にアクセサリーはお手頃価格でおすすめ。

Pg. de Gràcia 51
932 668 382
月～土 10:30 ～ 21:00
日・祝
カード ADJMV
M 2/3/4号線パセジ・ダ・グラシア駅から徒歩1分

ナイス・シングス　Nice Things　アシャンプラ地区　map P.184/B1

バルセロナ発の人気ブランド

母、娘、孫の3世代が楽しめる服がコンセプト。明るい色使いが多いスペインファッションのなかで、ニュアンスカラーと少女らしさを感じさせるデザインは、日本人女性にもぴったり。バッグやアクセサリーもかわいい。

Valencia 235
934 873 752
月～日 10:00 ～ 20:00
日・祝
カード ADJMV
M 2/3/4号線パセジ・ダ・グラシア駅から徒歩5分

ザラ　Zara　アシャンプラ地区　map P.184/C2

手頃な値段で流行を先取り

日本をはじめ世界中に支店をもつ、スペインのファッションブランド。子供服からレディス、メンズまで幅広く展開する。バルセロナだけでも8店舗あるが、グラシア通りに面したこの店は規模が大きく品揃えも豊富。

Pg. de Gràcia 16
933 187 675
月～土 10:00 ～ 21:00
日・祝
カード ADJMV
M 2/3/4号線パセジ・ダ・グラシア駅から徒歩1分

デシグアル　Desigual　ランブラス通り　map P.178/A2

個性あふれるデザインが印象的

店の名前が「同じではない」を意味するように、オリジナルで個性的な衣料品やバッグを展開している。大胆なプリントやカラフルな色使いが人気。市内に全部で8店舗あり、レディスのほか男性向けや子供服も扱う。

Pl. de Catalunya 9
933 435 940
月～土 10:00 ～ 21:00
日・祝
カード ADJMV
M 1/3号線カタルーニャ駅から徒歩1分

ショッピング

 カタルーニャ語でバーゲンは「レバイシャス Rebaixes」という。夏は7月上旬～8月末、冬は1月上旬～2月末というのが一般的で、第1弾、第2弾など何段階かに分けて行う店も多い。

🛍 プル&ベア
Pull & Bear　旧市街　map P.178/A2

日本未上陸アイテムをゲット

　流行に敏感な 10 ～ 20 代の若者をターゲットにした、「ザラ」の妹ブランド。T シャツやカットソー、デニム、スポーツウエアなど、日常使いできるアイテムが激安プライスで手に入る。メンズ、レディスともに豊富な品揃え。

🏠 Av. del Portal de l'Àngel 42
☎ 933 020 876
🕐 月～土 10:00 ～ 21:00
休 日・祝
カード A D J M V
Ⓜ 1/3 号線カタルーニャ駅から徒歩 2 分

🛍 パルフォア
Parfois　旧市街　map P.180/A2

ポルトガル発の注目ブランド

　レディスウェアやバッグ、アクセサリーなどを中心に扱う。デイリーユースに最適なアイテムからトレンドをおさえたファッショナブルなものまで、幅広い年代に支持されている。高品質なのにリーズナブルなのも人気の秘密。

🏠 Av. del Portal de l'Àngel 14
☎ 646 650 689
🕐 10:00 ～ 21:00
休 日・祝
カード A D J M V
Ⓜ 1/3 号線カタルーニャ駅から徒歩 3 分

🛍 ロエベ
Loewe　アシャンプラ地区　map P.184/C2

1846 年創業の高級ブランド

　確かな技術と気品あふれるデザインは、スペイン王室をはじめ世界のセレブに愛されてきた。アマソナやナパといった定番から、新作やプレタポルテまで揃う。モデルニスモ建築カサ・リェオ・イ・モレラの 1 階にあり、外観にも注目。

🏠 Pg. de Gràcia 35
☎ 932 160 400
🕐 月～土 11:00 ～ 20:00
休 日・祝
カード A D J M V
Ⓜ 2/3/4 号線パセジ・ダ・グラシア駅から徒歩 2 分

🛍 ルポ
Lupo　アシャンプラ地区　map P.184/B2

バッグブランドの直営店

　世界的にも高く評価されているバッグブランド。イタリアのバッグ見本市でデザイングランプリを受賞した「アバニコ」シリーズをはじめ、定番アイテムとして長く使える製品が揃う。直営店はスペインではバルセロナのみ。

🏠 Mallorca 257
☎ 611 538 042
🕐 月～土 10:00 ～ 20:00
休 日・祝
カード A D J M V
Ⓜ 3/5 号線ディアゴナル駅から徒歩 5 分

🛍 カンペール
Camper　アシャンプラ地区　map P.184/B1

若者に人気の靴ブランド

　ポップなデザインと履き心地のよさで、日本でも人気のカンペール。バルセロナには直営店が 5 店舗あり、レディス、メンズともに最新のデザインが揃っている。日本未入荷のモデルもあるので、ぜひチェックしてみよう。

🏠 Rambla de Catalunya 122
☎ 932 172 384
🕐 月～土 10:00 ～ 21:00
休 日・祝
カード A D J M V
Ⓜ 3/5 号線ディアゴナル駅から徒歩 3 分

🛍 ビアリス
Vialis　ボルン地区　map P.181/C4

フェミニンな大人の靴

　バルセロナで最もおしゃれなエリア、ボルン地区生まれの靴ブランド。大人の女性のかわいらしさを表現したデザインと、手作りで細部までこだわった履き心地のよさが魅力。スポーツタイプのシューズのみメンズも扱う。

🏠 Elisabets 20
☎ 933 426 071
🕐 月～土 10:00 ～ 20:30
休 日・祝
カード A D J M V
Ⓜ 1/3 号線カタルーニャ駅から徒歩 5 分

バッグ・靴

バルセロナ

コクア　　　　　　　　　　　　　　　　Kokua　ゴシック地区　map P.180/B2

バレエシューズの専門店

　バレエシューズメーカーの直営店だけあって、店内には100種類以上もの商品がずらり。上質な革を使って手作りされているので履きやすい。カラーバリエーションが豊富で、値段も手頃なので、色違いで揃えるのもおすすめ。

🏠 Boqueria 30
☎ 934 156 524
🕐 毎日 10:00 ～ 20:00
❌ 祝
カード M V
Ⓜ 3 号線リセウ駅から徒歩 5 分

ラ・マヌアル・アルパルガテラ　　La Manual Alpargatera　ゴシック地区　map P.180/B2

アルパルガタの専門店

　1951 年から続くアルパルガタの店。アルパルガタとは、地中海沿岸に昔から伝わる底を縄で編んだサンダルのことで、フランス語ではエスパドリーユ。店内には色とりどりのアルパルガタが並び、製造工程も見学できる。

🏠 Avinyó 7
☎ 933 010 172
🕐 月～土 10:00 ～ 14:00
　　　　　　 16:00 ～ 20:00
❌ 日・祝
カード A D J M V
Ⓜ 3 号線リセウ駅から徒歩 8 分

プリティ・バレリーナ　　　　　Pretty Ballerinas　アシャンプラ地区　map P.184/B2

セレブも愛用のバレエシューズ

　スペインのメノルカ島を本拠地とするハイメ・マスカロ社の伝統を引き継いだ、フラットシューズ専門のブランド。シーズンごとに200 のモデルを展開し、豊富なデザインバリエーションと、ハンドメイドの作りのよさが人気。

🏠 Pg. de Gràcia 106
☎ 934 156 524
🕐 月～土 10:00 ～ 20:30
❌ 日・祝
カード A M V
Ⓜ 3/5 号線ディアゴナル駅から徒歩 1 分

ショッピング

カスタニェール　　　　　　　　　　Castañer　アシャンプラ地区　map P.184/B2

おしゃれなエスパドリーユ

　フランスやスペインに昔から伝わる底を縄で編んだサンダル、エスパドリーユを現代的にアレンジし、海外で人気に。スペイン唯一の直営店で、エスパドリーユは色、デザインともに豊富。
※ 2024 年 5 月現在、閉店。

🏠 València 268
☎ 932 453 001
🕐 月～土 10:30 ～ 20:30
❌ 日・祝
カード A D J M V
Ⓜ 3/5 号線ディアゴナル駅から徒歩 5 分

アクセサリー

トウス　　　　　　　　　　　　　　　　Tous　アシャンプラ地区　map P.184/B2

キュートなクマのアクセサリー

　クマのモチーフで有名な、カタルーニャ生まれのジュエリーブランド。高級感のなかにかわいらしさの漂うアクセサリーや時計は、幅広い年代から愛されている。シーズンごとにデザインが変わるバッグや小物にも注目したい。

🏠 Pg. de Gràcia 99
☎ 679 596 155
🕐 月～土 10:00 ～ 20:30
❌ 日・祝
カード A D J M V
Ⓜ 3/5 号線ディアゴナル駅から徒歩 1 分

インテリア

ザラ・ホーム　　　　　　　　　　Zara Home　アシャンプラ地区　map P.184/C2

おしゃれなインテリア雑貨

　スペインの人気ファッションブランド「ザラ」が手がけるインテリアショップ。キッチンやバス用品、ルームウエア、クッションカバーなど、ハイセンスなアイテムが揃う。特にシーツなどのベッドリネンは、デザイン豊富で人気。

🏠 Pg. de Gràcia 30
☎ 933 041 292
🕐 毎日 10:00 ～ 21:00
❌ 1/1・6、5/1、12/25
カード A D J M V
Ⓜ 2/3/4 号線パセジ・ダ・グラシア駅から徒歩 3 分

リヤドロ

Lladró　**アシャンプラ地区** map P.184/B2

芸術品のような磁器人形

　伝統的な技法で一つひとつ手作りされる、リヤドロのポーセリン人形。世界中にコレクターがいるほど、その芸術的価値は高い。みやげ物店でも売られているが、ここはバルセロナ唯一の直営店だけに、品揃えは抜群だ。

🏠Pg. de Gràcia 101
☎932 701 253
🕐月～土 11:00 ～ 20:00
🚫日・祝
カード A D J M V
Ⓜ 3/5 号線ディアゴナル駅から徒歩 1 分

アート・エスクデジェルス

Art Escudellers　**旧市街** map P.180/C1

スペイン中の陶器が揃う

　カタルーニャ地方をはじめ、バレンシアやトレドなどスペイン各地から取り寄せた陶器、マヨルカガラス、タイルが広い店内に美しく並べられている。ミロやガウディをモチーフにした作品は、おみやげに人気。

🏠Escudellers 23-25
☎934 126 801
🕐毎日 11:00 ～ 23:00
🚫無休
カード A D J M V
Ⓜ 3 号線リセウ駅から徒歩 5 分

TOPICS

屋外マーケットへ行こう!

　バルセロナではフリーマーケットやさまざまな露天市が定期的に開催されている。タイミングが合えばぜひ立ち寄ってみたい。

●エンカンツののみの市
Mercat dels Encants

　14 世紀に始まったといわれる、バルセロナ最大のフリーマーケット。以前は空き地で行われていたが、2013 年にリニューアル。現在の巨大で斬新な建物は、マドリード出身の著名な建築家フェルミン・バスケス氏によってデザインされた。広いスペースに約 300 軒ものショップが並び、衣類やアクセサリー、日用品、家具や食器など、新品からアンティーク、ガラクタまでありとあらゆるものが売られている。

map P.185/C4
URL encantsbarcelona.com
🕐月・水・金・土
　9:00 ～ 20:00
Ⓜ 1 号線グロリアス駅から徒歩 1 分

地元住民に混じって掘り出し物を探してみよう

●アンティーク市

　カテドラル（→ P.203）前の市場で、毎週木曜 10:00 ～ 20:00 に行われる。古い食器や人形、ポストカードなど眺めるだけでも楽しい。11 月末からはクリスマス市が立ち、カタルーニャ地方伝統のカガネル（排便人形）も売られている。

●切手・コイン市

　レイアール広場（→ P.199）で毎週日曜 9:00 ～ 14:00 に開催。世界中の切手や古銭、記念コイン、古書などを扱う店が並ぶ。

●絵画市

　サン・ジュセップ・オリオール広場（map P.180/B2）で、地元アーティストが土曜 11:00 ～ 20:00 と日曜 11:00 ～ 14:00 に作品を展示販売。

●自然食品市

　手作りのチーズ、ハチミツ、チョコレートなどおいしそうなものがズラリ。生産者と直接触れ合えるのも楽しい。ピ広場（map P.180/B2）で基本的に第 1・3 週の金～日曜 11:00 ～ 21:00 に開催される。

バルセロナ

カガネル・プントコム
Caganer.com　ゴシック地区　map P.181/B3

世界中の有名人が勢揃い

　カガネルとはクリスマスに翌年の豊穣と繁栄を祈って飾る、カタルーニャ地方伝統の排便人形。本来は赤い帽子をかぶった農民の姿だが、その年に話題になった人物や政治家、サッカー選手など、ユニークなカガネル人形が揃う。

🏠Llibreteria 8
☎937 148 912
🕐毎日 10:00 〜 21:00
🚫1/1・6、5/1、12/25
カード A D J M V
Ⓜ 4 号線ジャウマ・プリメ駅から徒歩 1 分

セレリア・スビラ
Cereria Subirà　ゴシック地区　map P.181/B3

バルセロナ最古のろうそく店

　1761 年創業、現在の場所に移った 1847 年からほとんど変わらないというクラシックな内装も必見だ。カトリックの行事に欠かせない伝統的な手作りろうそくのほか、オリジナルのアロマキャンドル、外国製品も扱っている。

🏠Baixada de la Librería 7
☎933 152 606
🕐月〜土 10:00 〜 20:00
🚫日・祝
カード D J M V
Ⓜ 4 号線ジャウマ・プリメ駅から徒歩 2 分

ティエンダ・パラウ・モハ
Tienda Palau Moja　ランブラス通り　map P.180/A2

バルセロナグッズが勢揃い

　カタルーニャ州観光局が運営するショップ。バルセロナデザインの雑貨、書籍、ワインやお菓子などカタルーニャの名産品が集められており、おみやげ探しに便利。観光案内所の窓口も併設している。

※ 2024 年 5 月現在、閉店。

🏠Ramblas 110
☎634 972 605
🕐毎日 10:30 〜 19:00
🚫無休
カード A M V
Ⓜ 3 号線リセウ駅から徒歩 3 分

ビラ・ビニテカ
Vila Viniteca　ボルン地区　map P.181/C3

スペイン中のワインが揃う

　手頃なものからビンテージものまで、スペイン中から集められた 3000 種類以上のワインが棚に並ぶ。英語も通じるので、迷ったらお店の人に相談してみよう。向かいには、生ハムやチーズなどを扱う高級食材店も経営している。

🏠Agullers 7
☎937 777 017
🕐月〜土 8:30 〜 20:30
🚫日・祝
カード A D J M V
Ⓜ 4 号線ジャウマ・プリメ駅から徒歩 8 分

ラ・チナタ
La Chinata　旧市街　map P.180/A1

オイルメーカーの直営店

　オリーブの主要産地であるエストレマドゥーラ地方で 1932 年に創業。オリーブオイルはもちろんのこと、オリーブの実の瓶詰めやビネガーなどのグルメ食材、オリーブオイルを使った石鹸やコスメなど、幅広い品揃え。

🏠Àngels 20
☎934 816 940
🕐月〜土 10:00 〜 21:00
　　 日　 12:00 〜 19:00
🚫祝
カード A J M V
Ⓜ 3 号線リセウ駅から徒歩 7 分

オロリキッド
Orolíquido　ゴシック地区　map P.180/B2

オリーブオイルの専門店

　スペイン各地から取り寄せた、上質なオリーブオイルが揃う。エキストラ・バージン・オイルは、サラダのドレッシングとして最適。またオリーブオイルで作られた石鹸やシャンプーなどのナチュラルコスメ、ビネガーなども扱う。

🏠Palla 8
☎933 022 980
🕐月〜土 11:00 〜 19:00
🚫日・祝
カード J M V
Ⓜ 3 号線リセウ駅から徒歩 3 分

雑貨・日用品

ワイン

オリーブオイル

ショッピング

ビセンス
Vicens ランブラス通り map P.180/A2

老舗菓子メーカーの直営店
カタルーニャで1775年に創業。スペインのクリスマスに欠かせないお菓子トゥロンは、伝統的なものから現代風にアレンジされたものまで100種類以上が揃う。カタルーニャの伝統的なお菓子カルキニョリスやチョコレートも人気。

🏠 Ramblas 134
☎ 934 862 100
🕐 毎日 9:30 〜 21:30
🚫 1/1・6、12/25
カード D J M V
Ⓜ 3号線リセウ駅から徒歩5分

カサ・ジスペルト
Casa Gispert ボルン地区 map P.181/B3

1851年創業の乾物店
店の奥にある創業時から使われている窯で焙煎したナッツをはじめ、ドライフルーツ、チョコレート、コーヒー、サフラン、クッキーなどえりすぐりの食品を扱う。昔から変わらない、古めかしい内装も一見の価値がある。

🏠 Sombrerers 23
☎ 933 197 535
🕐 月〜土 9:30 〜 20:00
🚫 日
カード A D J M V
Ⓜ 4号線ジャウマ・プリメ駅から徒歩5分

カカオ・サンパカ
Cacao Sampaka アシャンプラ地区 map P.184/C1

チョコレートの専門店
ミシュランの3つ星レストラン「エル・ブジ」の元パティシエ、アルベルト・アドリア氏がプロデュースした店。奥のカフェでチョコ尽くしのメニューを楽しめる。ショップで売られているチョコレートの詰め合わせはおみやげに最適。

🏠 Concell de Cent 292
☎ 932 720 833
🕐 月〜土 10:00 〜 20:30
🚫 日・祝
カード A J M V
Ⓜ 2/3/4号線パセジ・ダ・グラシア駅から徒歩7分

セクレツ・デル・メディテラニ
Secrets del Mediterrani アシャンプラ地区 map P.179/A3

スペインのグルメ食材が集結
缶詰や瓶詰め、お菓子などがぎっしり。パッケージのかわいい商品も多く、ちょっと気の利いたおみやげが見つかる。店の奥にはおしゃれなバルを併設しているので、買い物のあと食事もできる。
※2024年5月現在、閉店。

🏠 Pg. Sant Joan 28
☎ 935 160 581
🕐 火〜土 11:00 〜 24:00
　　日　　11:00 〜 17:00
（バルは13:00 〜 16:00、19:00 〜 22:00）
🚫 月　カード M V
Ⓜ 1号線アルク・ダ・トリオンフ駅から徒歩3分

TOPICS

アウトレットモールでショッピング

バルセロナの北東約30kmにある「ラ・ロカ・ビレッジ」は、世界の有名ブランド品がお得な値段で購入できるアウトレットモール。カタルーニャ地方の村を再現した敷地には、ロエベ、アドルフォ・ドミンゲス、カンペールといったスペインを代表するブランドのほか、ヴェルサーチ、バーバリー、カルバン・クラインなど約100店舗が並ぶ。レストランやカフェもあるので、1日のんびりとショッピングを楽しみたい。

●ラ・ロカ・ビレッジ La Roca Village
🏠 08430 Santa Agnès de Malanyanes
☎ 938 423 939　URL www.larocavillage.com
🕐 毎日 10:00 〜 21:00
🚫 1/1・6、5/1、9/11、12/25・26

🚌 バルセロナの北バスターミナルからシャトルバス「Shopping Bus」が9:00から21:45まで（復路の最終は21:05）の1〜2時間おきに運行。所要約40分、料金は往復€18（4〜12歳€10）。

世界の人気ブランドが勢揃いする

  外壁のタイルやレトロな内装が美しい「**エスクリバ**」は1906年創業の老舗菓子店。店内にはカフェもある。map P.180/B1 🏠 Ramblas 83 ☎ 933 016 027 🕐 毎日 9:00 〜 21:00 Ⓜ 3号線リセウ駅から徒歩1分

CLOSE UP!

バルセロナの市場で おいしいもの探し

お気に入りを見つけてね

庶民の食卓を支える市場には、スペイン中から集められたおいしいものがいっぱい！買ったものをその場でつまみ食いしたり、日本へのおみやげを探すのも楽しい。

バルセロナ最大の規模を誇る
サン・ジュセップ市場
Mercat de Sant Josep

「ボケリアBoqueria」の愛称で知られる、1836年創設のバルセロナを代表する市場。野菜や肉などの生鮮食品から、スイーツ、台所用品まで、約200店舗がぎっしりと並ぶ。朝7:00から営業している有名バル「ピノッチョPinotxo」をはじめ、その場で新鮮な魚介類を調理してくれる店もある。

買ってすぐに食べられるフルーツやタパスも

スパイスなど珍しい食材も売られている

ランブラス通りに面した市場入口

map P.180/A1　Rambas 91　☎ 934 132 303
URL www.boqueria.info　圏 8:00〜20:30　休 日・祝　M 3号線リセウ駅から徒歩1分

斬新な建物にも注目！
サンタ・カタリーナ市場
Mercat de Santa Caterina

野菜や果物を表現したという屋根がユニーク

古い市場を「現代のガウディ」と呼ばれたエンリケ・ミラーレスが改装。店舗数は約80と規模は小さめだが、比較的空いているので落ち着いて買い物ができる。市場の一角にあるレストラン「クイナス・サンタ・カタリーナ Cuinas Santa Catarina」は、タパスから創作料理までメニューが充実。

買い物客は地元住民がほとんど

map P.181/B3
Av. Francesc Cambó 16
☎ 933 195 740
URL mercatsantacaterina.com
圏 7:30〜15:30(火・木・金〜20:30)
休 日・祝　M 4号線ジャウマ・プリメ駅から徒歩3分

2018年にリニューアル完了
サン・アントニ市場
Mercat de Sant Antoni

下町風情が残るサン・アントニ地区にある、地域密着型の市場。1882年建造の外観はそのままに、内部はモダンに改装。生鮮食品のほか衣料品店、バルや地元客に人気のレストラン「カサ・ブランカ Casa Blanca」、また地下にはドイツ資本の格安スーパー「リドル」もある。

新鮮なシーフードが自慢の「カサ・ブランカ」

約9年間の工事を終えリニューアルオープン

map P.183/A4　Comte d'Urgell 1　☎ 934 263 521
URL www.mercatdesantantoni.com　圏 8:00〜20:00
休 日・祝　M 2号線サン・アントニ駅から徒歩1分

人気上昇中のグルメな市場
ニノット市場
Mercat del Ninot

ゆったりとしたスペースに約50店舗が並ぶ

「ラ・メドゥーサ73」のイカ墨パエリャ

創設は1892年と古いが、内部は改装され、広くてきれい。総菜を売る店やイートインスペースを併設する店が多いのが特徴で、特に鮮魚店が経営する「ラ・メドゥーサ73 La Medusa 73」はバルセロナ在住の日本人にも評判が高い。地下はスーパー「メルカドーナ」になっている。

map P.187/C4　Mallorca 133-157　☎ 933 234 909　URL www.mercatdelninot.com　圏 8:00〜21:00
(土は〜18:00)　休 日・祝(店によっては月も休み)　M 5号線オスピタル・クリニック駅から徒歩3分

ホテル ✣ Hotel

アシャンプラ地区や新市街には近代的な大型ホテルが、また旧市街にはこぢんまりとしたホテルやオスタルが点在。旧市街は観光には便利だが、治安の悪い場所もあるので気をつけたい。バルセロナは1年をとおして国際会議や見本市が多く、ホテルの料金も高め。宿泊施設が常に不足状態にあるため、早めに予約しておいたほうが安心だ。なお、バルセロナを州都とするカタルーニャ州では2012年より、宿泊する旅行者を対象に「観光税 Tourist Tax（Tasa Turística）」が導入されている（→ P.238 はみだし情報）。

▼5つ星

カサ・フステル　Casa Fuster

アシャンプラ地区 [map] P.184/B2

白大理石で覆われた壮麗なモデルニスモ建築

★★★★★

建築家モンタネールが、富豪フステル氏のために手がけた建物を改装。20世紀初頭に知識人の社交場としてにぎわった1階のカフェも復活し、館内には古きよきカタルーニャの歴史が垣間見られる。グラシア通りの北端に建ち、ミニプールのある屋上からはバルセロナの街が一望できる。

[住]Pg. de Gràcia 132　☎932 553 000　[FAX]932 553 002
[URL]www.hotelcasafuster.com　[料]ⓈⓌ€224 ～ 495
[カード][A][D][J][M][V]　[客室数]105　[Wi-Fi]無料
[M] 3/5 号線ディアゴナル駅から徒歩 5 分

モニュメント　Munument Hotel

アシャンプラ地区 [map] P.184/B2

伝統とモダンが融合

★★★★★

グラシア通りの一等地に建つ、19世紀末の建物を改装したエレガントなホテル。客室には木やれんがが使われ、豪華ながらぬくもりのあるモダンな内装が特徴的。1階にはミシュランの3つ星レストラン「ラサルテ」がある。

[住] Pg. de Gràcia 75
☎ 935 482 000
[URL] www.monumenthotel.com
[料]ⓈⓌ€368 ～ 529
[カード][A][D][J][M][V]
[客室数]84　[Wi-Fi]無料
[M] 3/5 号線ディアゴナル駅から徒歩 3 分

サー・ビクトール　Sir Victor

アシャンプラ地区 [map] P.184/B2

クールなデザインホテル

★★★★★

ベストデザイン賞を受賞したこともあり、ロビーやレストラン、廊下から客室にいたるまでスタイリッシュ。オーガニック＆ヴィーガンをテーマした本格的なスパ、また屋上にはプールとカサ・ミラを望むテラスバーもある。

[住]Rosselló 265
☎932 711 244　[FAX]934 454 004
[URL]www.sirhotels.com
[料]ⓈⓌ€255 ～ 366
[カード][A][D][J][M][V]
[客室数]91　[Wi-Fi]無料
[M] 3/5 号線ディアゴナル駅から徒歩 1 分

ソフィア・バルセロナ　Sofia Barcelona

新市街北西部 [map] P.186/A2

サッカー観戦に便利な立地

★★★★★

ディアゴナル通りに面して建つ19階建てのホテル。F.C. バルセロナの本拠地、カンプ・ノウ・スタジアムへは徒歩5分ほど。オフィス街にも近く、ビジネス向けのサービスが充実。冬でも利用可能な温水プールやジャクージもある。

[住]Pl. Pius XII 4
☎935 081 050
[URL]sofiabarcelona.com
[料]ⓈⓌ€178 ～ 424
[カード][A][D][J][M][V]
[客室数]500　[Wi-Fi]無料
[M] 3 号線マリア・クリスティーナ駅から徒歩 5 分

[はみだし] バルセロナ市内に宿泊する場合、1泊1名につき €1 ～ 3.50（ホテルのランクにより税額が異なる）の観光税が徴収される。バルセロナ市外は €0.60 ～ 3。ただし 16 歳以下と 8 泊以降は免税。

コロン Colón
ゴシック地区 map P.181/A3

旧市街の中心に位置する ★★★★

カテドラルの正面に位置し、観光には絶好のロケーション。画家ミロもよく利用していたという歴史あるホテルだが、客室は改装されており設備も申しぶんない。カテドラルが見える部屋は料金が少し高くなる。

[住]Av. Catedral 7
☎933 011 404
[URL]hotelcolonbarcelona.es
[料]ⓈⓌ€225～450
[カード][A][D][J][M][V]
[客室数]139　[Wi-Fi]無料
[M] 4号線ジャウマ・プリメ駅から徒歩5分

エスパーニャ España
ランブラス通り周辺 map P.180/B1

モデルニスモの装飾が印象的 ★★★★

1859年に開業したホテルをモダンに改装。1階にある朝食室やバー、モンタネールが設計したレストラン「フォンダ・エスパーニャ」(→P.223) は20世紀初頭にデザインされ趣がある。屋上では夏に開放されるプールでくつろげる。

[住]Sant Pau 9-11
☎935 500 000　[FAX]935 500 007
[URL]www.hotelespanya.com
[料]ⓈⓌ€140～305
[カード][A][D][J][M][V]
[客室数]83　[Wi-Fi]無料
[M] 3号線リセウ駅から徒歩2分

セルコテル・ロセリョン Sercotel Rosellón
アシャンプラ地区 map P.185/B4

サグラダ・ファミリアが見える ★★★★

サグラダ・ファミリア聖堂から直線距離にして約100mの所にある、モダンなデザインホテル。周辺には飲食店やミニスーパーもあって便利だ。聖堂と街並みの眺望がすばらしい屋上バーは、宿泊客以外は予約が必要。

[住]Rosellón (Roselló) 390
☎936 009 200
[URL]www.sercotelhoteles.com
[料]ⓈⓌ€153～370
[カード][A][D][J][M][V]
[客室数]105　[Wi-Fi]無料
[M] 2/5号線サグラダ・ファミリア駅から徒歩3分

カルデロン NH Calderón
アシャンプラ地区 map P.184/C1

観光や買い物に便利な立地 ★★★★

スペイン国内に100軒以上、バルセロナでは9軒のホテルを展開するNHグループの経営。ランブラ・ダ・カタルーニャにあり、観光にも買い物にも便利な立地。レストラン、プール、ジムなどの設備も充実している。

[住]Rambla de Catalunya 26
☎933 010 000　[FAX]934 124 193
[URL]www.nh-collection.com
[料]ⓈⓌ€121～310
[カード][A][J][M][V]
[客室数]252　[Wi-Fi]無料
[M] 2/3/4号線パセジ・ダ・グラシア駅から徒歩3分

カタロニア・バルセロナ・プラサ Catalonia Barcelona Plaza
スペイン広場 map P.183/A3

スペイン広場に面して建つ ★★★★

バルセロナに20軒以上のホテルをもつ、カタロニア・グループの経営。見本市会場に近く、ビジネスの拠点として人気が高い。インテリアはモダンで機能的。ジムのほか、屋上には開閉式の屋根を備えたプールがある。

[住]Pl. Espanya 6-8
☎934 262 600　[FAX]934 260 400
[URL]www.cataloniahotels.com
[料]ⓈⓌ€120～365
[カード][A][D][J][M][V]
[客室数]354　[Wi-Fi]無料
[M] 1/3号線エスパーニャ駅から徒歩1分

バルセロ・サンツ Barceló Sants
サンツ駅 map P.186/C2

鉄道を利用する人に便利 ★★★★

サンツ駅の真上にあり、構内からは一度外に出てホテル専用のエレベーターで2階のフロントへ。宇宙をテーマにした館内は、モダンな雰囲気。客室はゆったりとしており、電動式のシェードが付いた大きな窓から市街を望める。

[住]Pl. dels Països Catalans, s/n
☎935 035 300
[URL]www.barcelo.com
[料]ⓈⓌ€95～324
[カード][A][D][J][M][V]
[客室数]378　[Wi-Fi]無料
[M] 3/5号線サンツ・エスタシオ駅から徒歩3分

はみだし 夏のピーク時や聖週間、年末年始、イベント開催時などは、ホテル料金もかなり高騰する。本書掲載の料金より高くなることもあるので、予約前に料金や条件の再確認を。

4つ星

アベニーダ・パラセ　Avenida Palace

アシャンプラ地区 [map] P.184/C2

アールデコ調のインテリア　★★★★

1920年代に上流階級の社交場として使われていた、正統派のクラシックホテル。ロビーから吹き抜けになったアールデコ調のらせん階段が、古きよき時代をしのばせる。客室は近年に改装して、快適に生まれ変わった。

[住]Gran Via 605-607
☎933 019 600
[URL]www.avenidapalace.com
[料]ⓈⓌ€111 ～ 320
[カード][A][D][J][M][V]
[客室数]151　[Wi-Fi]無料
[M] 2/3/4号線パセジ・ダ・グラシア駅から徒歩2分

クラム　Cram

アシャンプラ地区 [map] P.184/C1

斬新なデザインが話題に　★★★★

19世紀の建物をモダンに改装しており、赤と黒を基調にしたロビーや客室のインテリアもおしゃれ。室内にはDVDやインターネットが楽しめる大画面テレビを完備。ホテル内にはミシュランの2つ星レストラン「Angle」もある。

[住]Aribau 54
☎932 167 700
[URL]www.hotelcram.com
[料]ⓈⓌ€137 ～ 382
[カード][A][D][M][V]
[客室数]67　[Wi-Fi]無料
[M] 1/2号線ウニベルシタット駅から徒歩5分

3つ星

カサ・カンペール　Casa Camper

ランブラス通り周辺 [map] P.180/A1

ポップなデザインがユニーク　★★★

おしゃれな靴作りで人気のブランド、カンペールが手がけたホテル。客室は廊下を挟んでベッドルームとリビングに分かれ、各部屋にハンモックがあるなどインテリアもユニーク。宿泊客専用のカフェもある。ホテル内はすべて禁煙。

[住]Elisabets 11
☎933 426 280　[FAX]933 427 563
[URL]www.casacamper.com
[料]ⓈⓌ€143 ～ 388
[カード][A][D][J][M][V]
[客室数]40　[Wi-Fi]無料
[M] 1/3号線カタルーニャ駅から徒歩5分

コンチネンタル　Hotel Continental

ランブラス通り周辺 [map] P.178/A2

便利な立地の老舗ホテル　★★★

カタルーニャ広場からランブラス通りに入って約50m。100年以上の歴史をもち、建物は古いが、そのぶん趣がある。ロビーの脇に24時間利用できる無料のビュッフェとドリンクバーがあり、客室には電子レンジも完備。

[住] Ramblas 138
☎ 933 012 570　[FAX] 933 027 360
[URL] www.hotelcontinental.com
[料]ⓈⓌ€129 ～ 329
[カード][A][D][M][V]
[客室数]35　[Wi-Fi]無料
[M] 1/3号線カタルーニャ駅から徒歩1分

ジャズ　Jazz

カタルーニャ広場周辺 [map] P.184/C1

モダンな部屋でくつろぐ　★★★

客室は黒と茶色を基調にシックにまとめられており、快適に過ごせるよう窓は防音、特注マットを使用したベッドも寝心地満点だ。屋上には、バルセロナの街を見下ろしながら泳げる温水プールもあって、くつろぐことができる。

[住]Pelai 3
☎935 529 696
[URL]www.hoteljazz.com
[料]ⓈⓌ€111 ～ 340
[カード][A][D][J][M][V]
[客室数]108　[Wi-Fi]無料
[M] 1/2号線ウニベルシタット駅から徒歩1分

エウロパルク　Europark

アシャンプラ地区 [map] P.184/C2

機能的なシティホテル　★★★

バルセロナに13軒のホテルを展開するNNグループの経営。モノトーンでまとめられた客室はおしゃれ。夏は屋上のプールで泳げる。アシャンプラ地区にあり、グラシア通りやサグラダ・ファミリア聖堂へも歩いて行けて便利だ。

[住]Aragó 323-325
☎934 579 205
[URL]www.hoteleuropark.com
[料]ⓈⓌ€85 ～ 289
[カード][A][J][M][V]
[客室数]105　[Wi-Fi]無料
[M] 4号線ジローナ駅から徒歩3分

[はみだし] ホテルが割高なバルセロナで、なるべく安く滞在したい、または家族や友人と自由に過ごしたい、という人におすすめなのが短期貸しのレンタルアパートだ。ウェブで「apartments barcelona」を検索するとさま↗

▼3つ星

プラクティック・ベーカリー Praktik Bakery
アシャンプラ地区 [map] P.184/B2

人気ベーカリーを併設 ★★★

おしゃれな内装のブティックホテル。1階にバルセロナで評判のパン屋「バルアルド」があり、奥のカフェで朝食が取れる。ホテル宿泊客でなくてもカフェに入れるので利用してみよう。カサ・ミラなどに近く観光にも便利だ。

[住]Provença 279
☎934 880 061
[URL] www.hotelpraktikbakery.com
[料]ⓈⓌ€80～261
[カード][A][D][J][M][V]
[客室数]74 [Wi-Fi]無料
[M] 3/5号線ディアゴナル駅から徒歩5分

シタディネス Citadines
ランブラス通り [map] P.180/A2

キッチン付きのアパートホテル ★★★

ホテルタイプの部屋と、キッチンとリビングが付いたスタジオタイプの部屋があり、いずれも1泊から宿泊できる。スタジオタイプは4人まで滞在可能で、自炊もできるので長期滞在者や家族連れにおすすめだ。

[住]Ramblas 122
☎932 701 111
[URL]www.citadines.com
[料]ⓈⓌ€106～380
[カード][A][D][J][M][V]
[客室数]131 [Wi-Fi]無料
[M] 1/3号線カタルーニャ駅から徒歩3分

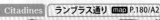

オリエンテ・アティラム Oriente Atiram
ランブラス通り [map] P.180/B1

バルセロナ最古のホテル ★★★

17世紀のフランシスコ会修道院を改装して、1842年に開業。当時はバルセロナを代表する高級ホテルだった。歴史建造物に指定されており、吹き抜けのサロンが当時の面影を残す。客室はモダンに改装されている。

[住]Ramblas 45
☎933 022 558
[URL]www.atiramhotels.com
[料]ⓈⓌ€69～270
[カード][A][D][J][M][V]
[客室数]147 [Wi-Fi]無料
[M] 3号線リセウ駅から徒歩2分

▼リーズナブルな宿

コンスタンサ Hotel Constanza ★★
アシャンプラ地区 [map] P.184/C2

館内はモダンに改装されており、茶系でまとめられた客室は落ち着いた雰囲気。タパス料理を提供するレストランやバーもあり、また屋上テラスではバルセロナの眺望を楽しみながらくつろげる。

[住]Bruc 33 ☎932 701 910 [FAX]933 174 024
[URL]www.hotelconstanza.com [料]Ⓢ€80～225 Ⓦ€87～241
[カード][A][J][M][V] [客室数]46 [Wi-Fi]無料
[M] 1/4号線ウルキナオナ駅から徒歩5分

リョレット Hotel Lloret ★
ランブラス通り [map] P.178/A2

ランブラス通りにある老舗ホテル。カタルーニャ広場にも近い便利な場所に建ち、空港バスの利用やショッピングにも便利な立地だ。静かに過ごしたい人は、通りに面していない奥の部屋を希望しよう。

[住]Ramblas 125 ☎933 173 366 [FAX]933 019 283
[URL]www.hlloret.com [料]ⓈⓌ€110～195
[カード][A][J][M][V] [客室数]56 [Wi-Fi]無料
[M] 1/3号線カタルーニャ駅から徒歩1分

オペラ・ランブラス Hostal Opera Ramblas ★★
ランブラス通り周辺 [map] P.180/B1

ランブラス通りのリセウ劇場の角を入ってすぐ右側。客室は明るく清潔で、エアコンとセントラルヒーティングも完備。カフェや自販機、セーフティボックス、無料で使用できるPCもある。

[住]Sant Pau 20 ☎933 188 201
[URL]www.operaramblas.com [料]Ⓢ€56～150 Ⓦ€70～187
[カード][J][M][V] [客室数]68 [Wi-Fi]無料
[M] 3号線リセウ駅から徒歩1分

カサデバルサ Pensión Casa de Barca ★
アシャンプラ地区 [map] P.179/A3

日本人経営のペンション。空港バスが発着するカタルーニャ広場から近く便利。フラメンコやレストランの予約、日本人スタッフによる空港送迎や観光ガイド、サッカーチケットの代行なども行っている。

[住]Girona 4, 3-2 ☎932 325 102
[URL]casadebarca.com
[料]Ⓢ€65～、バス共同€55～ Ⓦ€75～、バス共同€65～
[カード][J][M][V] [客室数]9 [Wi-Fi]無料
[M] 1/3号線カタルーニャ駅から徒歩7分

トク TOC Hostel
アシャンプラ地区 [map] P.184/C1

カタルーニャ広場から徒歩10分ほどの所に位置するスタイリッシュなホステル。セーフティボックス、カフェやキッチン、ランドリーなど設備が充実しており、屋上テラスにはプールもある。

[住]Gran Via 580 ☎934 534 425
[URL]tochostels.com
[料]Ⓓ€18～ ⓈⓌ€72～
[カード][A][M][V] [ベッド数]137 [Wi-Fi]無料
[M] 1/2号線ウニベルシタット駅から徒歩1分

ざまなサイトが見つかるので、チェックしてみよう。通常はリビングとベッドルーム、バスルーム、キッチン、冷蔵庫や洗濯機を完備。調理用具や食器も用意されているので自炊も可能だ。

バルセロナ・シャナスカット　Barcelona Xanascat

グエル公園周辺 map P.177/A3

グエル公園西側の閑静な住宅街にある、古い邸宅を改装したユース。バスならカタルーニャ広場から22番に乗り約20分、ユースの前で下車。24時間オープン。朝食付き。昼・夕食のサービスもある。

Pg. Mare de Déu del Coll 41-51
☎932 105 151　FAX 932 100 798　URL www.reaj.com
⑪ Ⓓ€19～30　カード J M V　ベッド数 214　Wi-Fi 無料
Ⓜ 3号線バイカルカ駅から徒歩15分

ペレ・タレス　Pere Tarrès

新市街北西部 map P.187/B3

近代的できれいなユース。近くにショッピングセンターやデパートがあり、サンツ駅やカンプ・ノウ・スタジアムも徒歩圏内。朝食付き。昼・夕食のサービスやランドリー、無料で使えるPCあり。

Numància 149-151　☎934 102 309
URL www.peretarres.org/es/hostel-barcelona
⑪ Ⓓ€20～35　Ⓦ€82～107
カード A J M V　ベッド数 240　Wi-Fi 無料
Ⓜ 3号線ラス・コルツ駅から徒歩10分

オルタナティブ・クリエイティブ・ユースホーム　Alternative Creative YH

アシャンプラ地区 map P.184/C1

入口には看板が出ていないので、ドアの脇にある呼び鈴（いちばん下の金色のボタン）を鳴らしてドアを開けてもらう。建物は古いが中は清潔で、管理人さんも親切だ。

Ronda Universitat 17, entresòl-3　☎635 669 021
URL www.alternative-barcelona.com
⑪ Ⓓ€27～54　カード A J M V　ベッド数 25　Wi-Fi 無料
Ⓜ 1/2号線ウニベルシタット駅から徒歩3分

ジェネレーター　Generator Hostel

アシャンプラ地区 map P.184/B2

観光に便利な立地の、モダンなホステル。男女混合と女性専用のドミトリーのほか、テラス付きのツインルーム、6人まで宿泊できるペントハウスもあっておしゃれな雰囲気。

Corcega 373　☎932 200 377
URL staygenerator.com
⑪ Ⓓ€15～52　Ⓦ€50～162
カード A M V　ベッド数 150　Wi-Fi 無料
Ⓜ 3/5号線ディアゴナル駅から徒歩6分

パルス・テイラーズ　Pars Tailors Hostel

アシャンプラ地区 map P.178/A1

1930年代の仕立屋をイメージした内装がおしゃれなホステル。キッチンなど共用スペースが広くて充実しており、無料のウオーキングツアーやイベントも開催される。

Sepúlveda 146　☎932 505 684
URL parshostels.com　⑪ Ⓓ€18～54
カード D J M V　ベッド数 48　Wi-Fi 無料
Ⓜ 1号線ウルジェイ駅から徒歩2分

TOPICS

バルセロナの絶景スポット、カルメル要塞

グエル公園の東側、標高約262mの丘にある**カルメル要塞 Bunkers del Carmel**（map P.177/A4）は、スペイン内戦中にフランコ軍に抵抗する共和国軍の砦として造られた。バルセロナの街が360°見渡せる、知る人ぞ知る穴場スポットだったが、近年SNSで広まり、多くの人が訪れるようになった。

行き方は、バルセロナ中心部から市バス22番に乗り所要20～30分、終点の「Gran Vista - Pl de la Mitja Lluna」で下車。バス停の前方右側に見える坂道を上り、要塞まで徒歩約10分。グエル公園の東側入口にあるバス停から24番に乗って終点で降りてもよいが、行き方が少しわかりにくい

ので注意。市バスのルートは変更されることもあるので、TMB（バルセロナ交通局）のサイト（URL www.tmb.cat）やアプリで確認しよう。

カルメル要塞を訪れるなら、日没時間の少し前がおすすめ。夕日に照らされたバルセロナの街並みから、サンセット、ライトアップされたサグラダ・ファミリア聖堂、宝石箱のように輝く夜景まで、刻々と変化する風景を楽しむことができる。大勢の人が集まるため治安は問題ないが、帰りはバス停まで人通りのない夜道を歩くことになるので、特に女性の場合はほかの観光客について行くなど、できるだけひとり歩きは避けよう。

夜景の美しいカルメル要塞は若者に人気の絶景スポット

芸術家たちに愛された高級別荘地

シッチェス

✣ Sitges

海水浴客でにぎわうシッチェスのビーチ

map P.171/A2

標高	10m
人口	約2万9000人

アクセス

🚃 バルセロナのサンツ駅またはパセジ・ダ・グラシア駅から近郊線R-2 Sudのサン・ビセンス・ダ・カルダールスSt. Vicenç de Calders行きで約40分、€4.60、毎時3〜4便。

🛈 観光案内所

map P.243
🏠Pl. Eduard Maristany 2
☎938 944 251
URL www.sitgestur.cat
🕐 月〜土　　　10:00 〜 14:00
　　　　　　　15:30 〜 18:00
　　　（夏期は〜 20:00）
　　日　　　　10:00 〜 14:00

コスタ・ドラダ（黄金海岸）に位置するシッチェスは、バルセロナから気軽に行けるリゾート地。お金持ちの別荘も多く、モデルニスモの時代には才能あふれる芸術家たちがパトロンの周りに集まった。シッチェスが「芸術の町」と呼ばれるゆえんだ。

歩き方 ✣ Orientation

駅を出たらまずはビーチを目指そう。細い通りを南へ歩くこと約15分、夏なら色とりどりのパラソルが並び、海水浴客でにぎわっている。海岸の東端、岬の上に建っている教会の裏に**カウ・フェラット美術館Museu Cau Ferrat**がある。シッチェスに芸術家たちが集まった19世紀末、その中心的人物だったサンティアゴ・ルシニョールが漁師の家を買い取ってアトリエにしていた建物だ。彼の作品や収集品、友人だったラモン・カサスやミケル・ウトリーヨ（フランスの画家、モーリス・ユトリロの法律上の父）の絵画が展示されている。また、隣に建つ**マリセル美術館Museu Maricel**では、中世の祭壇画や彫刻、バロック様式の家具、シッチェスゆかりの画家たちの作品が見られる。このほか、ロマン主義時代の邸宅に400体以上のクラシック人形やミニチュア模型を展示する**ロマンティック美術館 Museu Romàntic**もあるので、美術館巡りを楽しむのもいい。

カウ・フェラット美術館

🏠Fonollar, s/n
☎938 940 364
URLmuseusdesitges.cat
🕐 4 〜 10月
　火〜日　　10:00 〜 19:00
　11 〜 3月
　火〜日　　10:00 〜 17:00
🚫 月、1/1・6、5/1、8/24、9/11・23、12/25
💰€10（マリセル美術館との共通券）

マリセル美術館

🏠Fonollar, s/n
☎938 940 364
開館時間と料金はカウ・フェラット美術館と同じ。

ロマンティック美術館

🏠Sant Gaudenci 1
☎938 940 364
2023年6月現在、改装工事のため休業中

シッチェス駅
Renfe

ロマンティック美術館
Museu Romàntic

カウ・フェラット美術館
Museu Cau Ferrat

マリセル美術館
Museu Maricel

Passeig de la Ribera

市場
市庁舎

劇場

シッチェス

0　　　100m

ロマンティック美術館の内部

はみだし　毎年5月か6月にスペイン各地で行われる聖体祭。シッチェスでは町の中心に花の絨毯が敷き詰められる。またゲイ・パレード（URL www.gaysitgespride.com）が例年6月に開催される。

243

バルセロナから足を延ばして カタルーニャの聖地モンセラート

岩山に抱かれるようにして建つ修道院

2023年5月3日より、教会堂、黒いマリア像、少年合唱隊の見学は公式サイトでの予約が必須となりましたので、ご注意ください。

麓のアエリ・デ・モンセラート駅からロープウエイで山上へ

奇岩に抱かれたキリスト教の聖地

　ワーグナーがオペラ『パルシファル』でこの景観を舞台背景に使い、ガウディも訪れては建築のインスピレーションを得たというモンセラート。標高1235mの山の中腹には、11世紀に創建されたベネディクト派の修道院がある。後に教皇ユリウス2世となるジュリアーノ・デラ・ローヴェレも修道院長を務めるなどその権勢は強大なものだったが、1811年にナポレオンのフランス軍によって破壊され、現在見られる建物のほとんどは19～20世紀に再建されたものだ。

　12世紀にひとりの羊飼いが洞窟で黒いマリア像を見つけて以来、モンセラートは多くの巡礼者が訪れる聖地となった。ナポレオン軍が当地に侵略してきた際にも、このマリア像だけは土地の人の手によって隠され守られたという。また過去においてカタルーニャ語が何度か禁圧されたときも、ここだけは終始カタルーニャ語による祭儀をマリア像の前で行っていた。いわばカタルーニャ地方の守護神ともいえるものだ。そんなことを考えながら毎週日曜に修道院前の広場で踊られる民族舞踊サルダーナを見ると、カタルーニャ人の民族意識がひときわ強く感じられる。

黒いマリア像を祀る教会堂

　モンセラートに到着したら、まず修道院付属の教会堂Basílicaを目指そう。登山鉄道やロープウエイが到着する山頂駅からは歩いて5分ほど。途中には❶、みやげ物屋、カフェテリア、ホテルなどが並んでいる。

願いを叶えてくれるといわれる黒いマリア像

教会堂へ続く中庭

はみだし　バルセロナ～モンセラート間を移動する途中で、コロニア・グエル教会（→ P.217）に立ち寄ることも可能。ただし、切符は途中下車すると前途無効になるので、それぞれ別に購入すること。

カタルーニャ

モンセラート

バルセロナから北西へ約50km、田園風景のなかに灰白色の岩山がそびえ立つ。モンセラートとは「のこぎり山」という意味だ。古くからキリスト教の聖地とされ、カタルーニャ地方における信仰の中心となってきた。

上／教会堂では1日に数回ミサが行われる
右／美しい歌声を響かせる少年合唱隊

教会堂の祭壇上部には、洞窟で見つかった黒いマリア像が祀られている。**ラ・モレネータ La Moreneta** と呼ばれるこのマリア像は、12世紀のものと推測される木彫りの像で、聖母のひざに座るキリストは19世紀に復元されたもの。信者たちは教会堂の脇を通ってマリア像の前まで行き、祈りをささげている。

また聖母像と並んで有名なのが**エスコラニア Escolania** と呼ばれる少年合唱隊。14世紀から続くヨーロッパ最古級の少年合唱隊のひとつで、通常は13:00（日曜と祝日は12:00）から行われるミサでその美しい歌声を聴くことができる（土曜、7月上旬〜8月下旬、クリスマス、年末年始などは休み）。このほか教会堂前には、修道院所蔵の宝物や考古学品、エル・グレコ、ピカソ、ダリ、ミロなどの絵画を展示する**モンセラート美術館 Museu de Montserrat** がある。

ケーブルカーで展望台と洞窟へ

時間があればケーブルカー Funicular に乗って、**サン・ジュアン San Joan** の展望台まで上ってみよう。周囲には奇岩の山並み、そして天気がよければピレネー山脈から地中海まで、すばらしいパノラマが広がる。ここからは、かつて隠修士が住んでいたサン・ジュアン祈祷庵やサン・ジェロニ祈祷庵までハイキングも楽しめる。

また黒いマリア像が発見されたという**サンタ・コバ Santa Cova** の洞窟へは、ケーブルカーの終点から徒歩20分ほど。途中にはロザリオの秘跡を表す15のモニュメントがあり、そのなかの第一秘跡『キリストの復活』はガウディの作品だ。洞窟は小さな礼拝堂になっており、マリア像の複製が置かれている。

左／サン・ジュアン展望台からの眺め
右／ガウディ作の『キリストの復活』

---

map P.171/A2

アクセス

🚆 まずバルセロナのスペイン広場（map P.182/A2）から、カタルーニャ鉄道 R5 号線のマンレサ Manresa 行きに乗る。5:16から30分ごと（土・日・祝、8月は1時間ごと）の運行。その後は、以下の2とおりの行き方がある。

●**ロープウエイで**
スペイン広場から所要60分の Aeri de Montserrat 駅で下車し、ロープウエイに乗り換える。山頂駅まで約5分。9:30〜19:00（10月中旬〜5月は〜17:15）の15分おきに運行。1月上旬〜2月上旬は運休。

●**登山鉄道で**
スペイン広場から所要64分の Monistrol de Montserrat 駅で下車し、登山鉄道 Cremallera に乗り換える。山頂駅まで約20分。R5号線と接続しており、1時間ごとの運行。

※いずれも R5号線と通しで往復切符を買うと割引がある。ただし行きはロープウエイ、帰りは登山鉄道でというようにルートを変えると往復切符は使えない。スペイン広場のカタルーニャ鉄道の切符売り場には案内係がいるので、詳細を確認してから購入しよう。往復切符は学割と65歳以上の割引がある。

※カタルーニャ鉄道では、2種類のお得なセット券を販売している。Trans Montserrat は、バルセロナのメトロ、R5号線、登山鉄道、サン・ジュアンとサンタ・コバへのケーブルカーがセットで€43.80。さらにセルフサービスレストランでの昼食とモンセラート美術館の入場が付いた Tot Montserrat は€64.30。詳細は URL www.fgc.es で。

登山鉄道に乗り換えて山頂駅へ

❶観光案内所
☎938 777 777
🕐 毎日　　　　　9:00〜17:45
　（土・日・祝は〜18:45）

修道院（教会堂）
URL www.montserratvisita.com
🕐 毎日　　　　　8:30〜19:00
🎫 教会堂€6、聖母マリア参拝€8、少年合唱隊€8。セット券もあり
※見学には上記サイトから予約が必要

モンセラート美術館
🕐 毎日　　　　10:00〜17:45
　（夏期は〜18:45）
🎫 €8、学割€6.50

はみだし　モンセラートのおみやげは、コカ Coques という長さ40cmほどの平べったいパン、岩山をかたどったメレンゲ菓子 Roc など。レストランでは、ハチミツをかけて食べる名物のチーズ Mato を味わってみよう。

245

タラゴナ

✣ Tarragona

map P.171/A2

標高	22m
人口	約13万2300人

アクセス

🚄 バルセロナ・サンツ駅から 約30分 〜1時間20分、毎時2〜3便。一部の列車はパセジ・ダ・グラシア駅からも乗車できる。マドリード方面から高速列車AVEを利用する場合は、カンプ・デ・タラゴナCamp de Tarragona駅で下車。ここからタラゴナへは約10km。Plana社（URL www.empresaplana.cat）のバスが20分〜1時間おきに運行、タラゴナのバスターミナルまで所要約20分。

🛈 観光案内所

● マジョール通り
map P.246
🏠 Major 37
☎ 977 250 795
URL www.tarragonaturisme.cat
🕐 7〜9月

月〜土	10:00〜20:00
日	10:00〜14:00

10〜6月

月〜土	10:00〜14:00
	15:00〜17:00
日	10:00〜14:00

🚫 1/1・2・6、12/25・26
● フォルトゥニィ通り
map P.246
🏠 Fortuny 4
☎ 977 233 415
🕐 月〜金　9:30〜17:00
　　土　　9:30〜14:00
🚫 日・祝

世界遺産

タラゴナの遺跡群
（2000年登録）

地中海のバルコニーから海を見下ろす

紀元前3世紀にローマ人によって築かれたタラゴナは、当時はタラーコと呼ばれ、100万もの人口を有するイベリア半島最大の都市として栄えた。ローマ人は町を建設する際に、必ずいくつかの公共施設を設置した。例えば、町のシンボルである神を祀った神殿、競技場、広場、野外劇場、それに墓地。タラゴナではこれらの遺跡を、今なお目にすることができる。

歩 き 方 ✣ Orientation

町の南側の駅を出て右へ200mほど歩くと階段があり、これを上りきると**地中海のバルコニーBarcó del Mediterani**と呼ばれる小さな広場に出る。地中海を見下ろす崖に沿って、ヤシの木の植えられた遊歩道が続いている。ここからバスターミナルのあるインペリアル・タラコ広場Pl. Imperial Tarracoまで、北西方向へ約1kmにわたって延びているのが目抜き通りの**ランブラ・ノバRambla Nova**。この通りの北東が城壁に囲まれた旧市街だ。

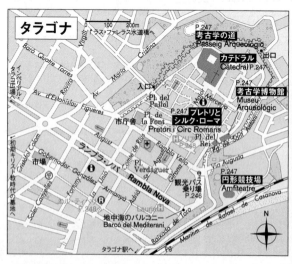

タラゴナ

地元の人が行き交うランブラ・ノバ

はみだし　旧市街と港を巡る列車型のミニ観光バス Tàrraco Tren が、10:30 から18:30まで（夏期は〜20:00）1時間おきに運行。乗り場は円形競技場の近く（**map P.246**）にある。1日券 €14.90、学割 €10.90。

カタルーニャ

おもな見どころ ✦ Sightseeing

地中海を見下ろす高台にある　　　★★★　map P.246

円形競技場
Amfiteatre

ローマ時代には猛獣と剣闘士、または剣闘士同士の戦いが見世物にされた。また259年にはここでタラゴナのキリスト教司祭が処刑され、その跡地に12世紀に建てられた教会が廃墟となってアレーナに残っている。

1世紀に建造された競技場

ローマの神殿跡に建てられた　　　★★★　map P.246

カテドラル
Catedral

12世紀に着工、15世紀に完成した大聖堂。ロマネスク、ゴシック、バロック様式などが混在し、回廊にはイスラムの影響もうかがわれる。祭壇にはタラゴナの守護聖人、サンタ・テクラの生涯が表されている。

ファサードはロマネスク様式

モザイクのコレクションは必見　　　★★　map P.246

考古学博物館
Museu Arqueològic

タラゴナとその近郊で発掘された、ローマ時代の彫刻、レリーフ、コイン、墓標などが時代ごとに展示されている。特にモザイクのコレクションが充実しており、『メデューサの首Cap de Medusa』は有名。

ローマ時代の城壁の上に建つ

現在は歴史博物館になっている　　　★　map P.246

プレトリとシルク・ローマ
Pretori i Circ Romans

考古学博物館の隣にある、大きな角塔をもつ建物。紀元前1世紀に建てられたローマ時代のプレトリ（長官公邸）で、中世には王の居城として使われた。奥には2頭馬車による競技が行われた円形競技場がある。

内部は要塞のようになっている

旧市街を囲む城壁に沿った遊歩道　　　★　map P.246

考古学の道
Passeig Arqueològic

城壁は紀元前3世紀に築かれたもの。現在にいたるまで何度か修復されており、2000年以上にわたる歴史の重みを感じることができる。城壁の外に広がるオリーブ畑を眺めながら、のんびりと散歩を楽しみたい。

円形競技場
🏛 Parc de l'Amfiteatre, s/n
☎ 977 242 579
🕐 4～9月
　火～金　　9:30～21:00
　土　　　10:00～21:00
　日　　　10:00～15:00
　10～3月
　火～金　　9:00～18:30
　土　　　9:30～18:30
　日　　　9:30～14:30
休 月　料 €5、学割 €2.50

カテドラル
🏛 Pla de la Seu 1
☎ 977 226 935
🕐 3/18～10/31
　月～土　　10:00～19:00
　(6/18～9/10は～20:00)
　11/1～3/17
　月～金　　10:00～17:00
　土　　　10:00～18:00
休 日・祝
料 €5、学割と65歳以上 €4

考古学博物館
🏛 Pl. del Rei 5
☎ 977 236 209
🕐 6～9月
　火～土　　9:30～20:30
　日・祝　　10:00～14:00
　10～5月
　火～土　　9:30～14:00
　　　　　15:00～18:00
　日・祝　　10:00～14:00
休 月
料 €4、学割と65歳以上 €2

プレトリとシルク・ローマ
🏛 Pl. del Rei, s/n
☎ 977 221 736
🕐 4～9月
　火～金　　9:30～21:00
　土　　　10:00～21:00
　日・祝　　10:00～15:00
　10～3月
　火～金　　9:00～20:00
　土　　　9:30～20:00
　日・祝　　9:30～14:30
休 月　料 €5、学割 €2.50

考古学の道
🏛 Av. de Catalunya, s/n
☎ 977 245 796
🕐 円形競技場と同じ
休 月　料 €5、学割 €2.50

きれいに整備された遊歩道

円形競技場、プレトリとシルク・ローマ、考古学の道、公共広場など全6ヵ所のローマ遺跡を見学できる共通券がある。料金は €15（学割・65歳以上 €7.50）とお得だ。各所の入場窓口で購入できる。

タラゴナ

近郊の見どころ ✣ Excursion

「悪魔の橋 Pont del Diable」の異名をもつ ★ [map] P.246 外

ラス・ファレラス水道橋
L'aguedücte de les Ferreres

タラゴナから約4km、紀元2世紀のローマ時代に建設された。現在残っている部分では高さ26m、全長217m。スペインではセゴビアの水道橋に次ぐ規模だ。橋の上には幅1mほどの水路があり、歩いて渡ることもできる。

高速道路近くの山の中にある

ラス・ファレラス水道橋への行き方

🚌 インペリアル・タラコ広場から5番か85番のサン・サルバドールSant Salvador行きに乗り、Pont del Diableで下車。ほぼ30分間隔で運行、所要約6分。循環バスなので、帰りも同じバス停から乗ると約25分でタラゴナに戻れる。

レストラン&ホテル ✣ Restaurant & Hotel

レストランは旧市街に多い。ホテルは25軒ほどあり、旧市街や新市街に点在している。

🍴 エル・ティベリ
El Tiberi

[map] P.246

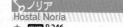

カタルーニャの郷土料理をビュッフェ方式で食べられるレストラン。 平日の昼は€15.85、夜と土・日曜、祝日は €18。

[住]Martí d'Ardenyà 5 ☎977 242 896
[営]13:00 ～ 16:00、20:00 ～ 23:00
[休]日の夜、月 [カード][D][M][V]

🔑 ノリア
Hostal Noria

★ [map] P.246

1 階はカフェになっており、オスタルの受付を兼ねている。すぐ前のフォント広場にはレストランも多い。

[住]Pl. de la Font 53 ☎ &[FAX]977 238 717
[URL]www.hostalnoria.com [料]Ⓢ€35 ～ 45 Ⓦ€55 ～ 65
[カード][M][V] [客室数]24 [Wi-Fi]無料

TOPICS

ピンクの絶景! スペインの桃源郷アイトナを訪ねる

カタルーニャ州の古都リェイダ Lleida から南西へ約 21km、桃の産地として知られる**アイトナ Aitona**（[map] P.171/A1）の町がある。周辺には見渡すかぎり桃畑が広がり、花が咲く 3 月には一面ピンク色に染まる。この美しい風景が SNS で広まり、近年は花を楽しむためにアイトナを訪れる観光客が増えている。アイトナに到着したら、町はずれにある市民体育館 Pavelló Municipal へ。花の期間中は、散策マップの配布やバスツアーの申し込みを行う特設会場となり、桃のビン詰めやジャムなどのおみやげも販売している。町の周辺を歩きながら花を見ることもできるが、より近くで楽しみたいなら町が主宰するバスツアー（所要約 2 時間、料金 €12）に参加するのがおすすめ。私有地のため通常は立ち入りが禁止されている桃畑まで連れていってくれ、散策や写真撮影ができる。ツアーは下記サイトで申し込めるほか、空きがあれば当日の申し込みも可能。

[URL] www.fruiturisme.cat

[交]リェイダからアイトナへは 126 番のバスで約 30 分、毎時 1 ～ 2 便。リェイダ駅でレンタカーも借りられる。リェイダへはバルセロナ・サンツ駅から高速列車で約 1 時間、マドリード・アトーチャ駅から約 2 時間。

花の見頃は3月中旬頃だが、その年の気候によって多少変動がある

桃畑は私有地のため、ツアーで訪れる以外は立ち入らないよう注意しよう

コスタ・ブラバへの玄関口

ジローナ

÷ Girona

オニャール川に架かる橋から旧市街を望む

map P.171/A2	
標高	75m
人口	約10万300人

アクセス

🚄 バルセロナ・サンツ駅から約40分〜1時間30分、毎時2〜3便運行。一部の列車を除きパセジ・ダ・グラシア駅からも乗車できる。

🚌 バルセロナの北バスターミナルから約1時間50分、1日2〜3便。

ℹ️ **観光案内所**

map P.249
🏠 Rambla de la Libertat 1
☎972 010 001
URL www.girona.cat/turisme
🕐 月〜金　　9:00〜19:00
　　土　　　9:00〜14:00
　　　　　15:00〜19:00
　　日・祝　9:00〜14:00
休 1/1・6、12/25・26

古くから戦略上の要地であり、『ローランの歌』にシャルルマーニュ大帝の攻撃が語られているジローナ（カスティーリャ語ではヘローナGerona）。1809年にはナポレオン軍に対して、7ヵ月以上も抵抗したという歴史をもつ。現在は中世のたたずまいを残す静かな町で、カテドラルが所蔵するロマネスクの至宝『天地創造のタペストリー』をはじめ、イスラムやユダヤの遺跡など、小さな町ながら見どころも多い。

歩き方÷Orientation

駅を出たらBarcelona通りを北東へ。Gran Via de Jaume Iに合流したら、Nou通りを進む。旧市街はオニャール川の東側。橋を渡るとすぐ左側に ℹ️ があるので地図をもらっておこう。川沿いの遊歩道**ランブラ・デ・ラ・リベルタットRambla de la Libertat**を北へ進み、かつてユダヤ人街だったForça通りの薄暗い路地を抜けると、**カテドラルCatedral**前に出る。駅からここまで徒歩20〜30分。見どころはすべてこの周辺に集まっている。

風情ある旧市街の町並み

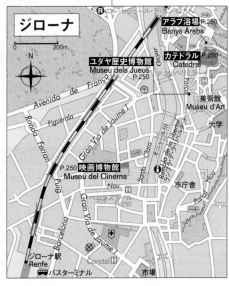

ジローナ

はみだし ジローナの町外れにある「**エル・セジェール・デ・カン・ロカ El Celler de Can Roca**」（map P.249 外 URL cellercanroca.com）は、「世界のベストレストラン50」でベスト1位に選ばれたこともある有名レストラン。

249

カテドラル

🏛Pl. de la Catedral, s/n
☎972 427 189
🌐www.catedraldegirona.cat
🕐月～土　　　10:00 ～ 18:00
　　　　　　　12:00 ～ 18:00
　（冬期は毎日～ 17:00）
※入場は閉館 30 分前まで
🚫1/1、聖日曜日、12/25
💰€7、学割と 65 歳以上 €5

『天地創造のタペストリー』

ユダヤ歴史博物館

🏛La Força 8
☎972 216 761
🕐月～土　　　10:00 ～ 18:00
　（7・8月は～ 20:00）
　日・祝　　　10:00 ～ 14:00
🚫1/1・6、12/25・26
💰€4、学割 €2

アラブ浴場

🏛Rei Ferran el Catòlic, s/n
☎972 190 969
🌐www.banysarabs.org
🕐月～土　　　10:00 ～ 18:00
　日・祝　　　10:00 ～ 14:00
🚫1/1・6、12/24・25・26
💰€3、学割・65 歳以上 €2

映画博物館

🏛Séquia 1
☎972 412 777
🕐火～土　　　10:00 ～ 18:00
　（7・8月は月～土 10:00 ～
　19:00）
　日・祝　　　10:00 ～ 14:00
🚫7・8月を除く月、1/1・6、
12/25・26
💰€6、学割 €3

おもな見どころ ✛ Sightseeing

ロマネスク芸術の傑作を所蔵する　　　★★　map P.249

カテドラル
Catedral

　ゴシック様式の大聖堂だが、回廊はロマネスク、ファサードはバロック様式。宝物館に収められている、ロマネスクの至宝といわれる『天地創造のタペストリー Tapís de la Creació』は必見。1100年頃に作られたもので、旧約聖書の天地創造の場面が刺繍で表現されている。描かれている動物や魚などの形がユーモラスだ。このほか有名な『ベアトゥス写本Beatus』も展示されている。

左の塔は未完のまま

中世のたたずまいを残す　　　★　map P.249

ユダヤ歴史博物館
Museu dels Jueus

　16世紀のユダヤ人排斥のあと数百年にわたって閉鎖されていたが、近年になって修復された。シナゴーグ（ユダヤ教会）から中に入り、迷路のような石畳の道を下りていく。中庭は「花の寺院」という別名をもち、季節によっては花々が咲き乱れる。

イスラム建築を模した　　　★　map P.249

アラブ浴場
Banys Àrabs

　1194年に当時流行していたイスラムの様式を模して造られた。17世紀にはカプチノ会修道院の所有となり、台所や洗い場として使われたという。その後19世紀に、アラブ浴場として知られるようになった。

円柱で囲まれた六角形の浴槽

中国の影絵劇も上映される　　　★　map P.249

映画博物館
Museu del Cinema

　カタルーニャ生まれの映画監督トマス・マジョールのコレクションを展示。映画を発明したルミエール兄弟のカメラをはじめ、さまざまな展示物によって映像の歴史をたどることができる。

ホテル ✛ Hotel

全部で20軒ほどのホテルがあり、ほとんどはオニャール川の西側に点在している。

ペニンスラール
Hotel Peninsular
★　map P.249

　150年以上の歴史をもつクラシックなホテル。駅から徒歩約 10 分、繁華街にあり、旧市街へも近くて便利。
🏛Av. Sant Francesc 6　☎972 203 800　📠972 210 492
🌐www.hotelpeninsulargirona.com　Ⓢ€76～160
Ⓦ€80～176　カード ADJMV　客室数48　WiFi 無料

ベリミラーイ
Pensió Bellmirall
★★　map P.249

　美術館に向かって右側の路地を入ってすぐ。石造りの建物が風情ある、家庭的なプチホテル。
🏛Bellmirall 3　☎972 204 009　Ⓢ€55 ～ 120　Ⓦ€65 ～ 130
カード JMV　客室数 7　WiFi 無料

Figueres★

シュールレアリスムの奇才ダリの故郷

フィゲラス

✤ Figueres

ダリ自らがデザインしたダリ劇場美術館

map P.171/A2

標高	39m
人口	約4万6000人

アクセス

🚃駅 バルセロナ・サンツ駅から約1〜2時間、毎時1〜2便。一部の列車を除きパセジ・ダ・グラシア駅からも乗車できる。AVEなどの高速鉄道は町の中心から約1km西のビラファント駅に停車、列車の運行に合わせて町までバスが連絡している。

🚌 バルセロナの北バスターミナルから約2時間30分、1日2〜3便。

🛈 **観光案内所**

●エスコルシャドール広場
map P.251
🏠Pl. de l'Escorxador 2
☎972 503 155
URL www.visitfigueres.cat
圏 月〜土　　9:30 〜 18:00
　　日　　　10:00 〜 15:00
休 祝
●ビラファント駅
🏠Av. Puig Grau, s/n
圏 月〜金　　8.30 ・ 17:00
　　土　　　9:00 〜 16:30
休 日・祝

フランス国境に近いフィゲラスの町は、画家サルバドール・ダリの生地かつ終焉の地。彼自身が創設にかかわった美術館があることで知られる。バルセロナから足を延ばして、あのスキャンダラスなシュールレアリスムの巨匠の足跡を、静かで落ち着いたこの地方都市に探し求めてみるのもおもしろい。

歩き方 ✤ Orientation

フィゲラスには駅がふたつある。AVEなどの高速列車が停まるビラファントVilafant駅は町の中心から1kmほど西側にあるので注意したい。快速列車が停まるフィゲラスFigueres駅やバスターミナルから町の中心、**ランブラ広場La Rambla**へは徒歩約10分。**ダリ劇場美術館Teatre-Museu Dalí**は、カタルーニャ玩具博物館Museu del Joguet de Catalunya脇のSant Pere通りを200mほど行った突き当たり。ユニークな建物なのですぐわかる。このほかランブラ広場にはカタルーニャの現代美術などを展示する**アンポルダ美術館Museu de l'Empordá**がある。

フィゲラス

ダリ劇場美術館 P.252
Teatre-Museu Dalí
Muralla
エスコルシャドール広場
Pl. de l'Escorxador
カタルーニャ
玩具博物館
Museu del Joguet
de Catalunya
市庁舎
市場
アンポルダ美術館
Museu de l'Empordá
ランブラ広場
La Rambla
Pl. de
Catalunya
ソル広場
Pl. del Sol
Sant Josep
ドゥラン P.252
フィゲラス駅
Renfe
劇場
President
Nou
St. Llàtzer
バスターミナル
Europa
Col·legi
バルセロナへ↓

プラタナスの木が植えられたランブラ広場

 カダケスの町（→ P.252）から**ボル・リガット**へは、町の中心 Frederic Rahola 広場を背にして海沿いを左方向へ。3分ほど歩くと小さな入江があるのでそこを左折、La Miranda 通りを上っていく。正面にキャン ／

251

おもな見どころ ✣ Sightseeing

不思議の世界へと人々を誘う ★★★ [map] P.251

ダリ劇場美術館
Teatre-Museu Dalí

彫像が飾られた美術館正面

スペイン内戦で破壊された劇場を修復して、1974年に開館。ダリ画伯お得意の緻密な写実主義と、人の目を欺くトロンプイユ（だまし絵）の技法が遺憾なく発揮され、また室内装飾には彼の偏執狂的な趣味がちりばめられている。まさにダリの自己礼讃の小宇宙がここに完結し、美術館自体が彼の巨大な作品となっている。

ダリ劇場美術館
[住]Pl. Gala i Salvador Dalí 5
☎972 677 500
[URL]www.salvador-dali.org
[開]9～6月
火～日　10:30～17:10
7・8月
毎日　9:00～19:15
[休]9～6月の月、1/1
[料]€17、学割・65歳以上€11（7・8月は€21、学割€14）

近郊の見どころ ✣ Excursion

芸術家たちに愛された高級リゾート地 ★★ [map] P.171/A2

カダケス
Cadaqués

ダリをはじめとする芸術家たちが過ごしたことで知られる小さな漁村。白い家並みのいかにも地中海といった風景が残されている一方、「クラブメッド」などの宿泊施設をもつリゾート地でもある。夏人口は冬の数十倍ともいわれ、バルセロナあたりでもめったに見かけない高級車が往来する。

白壁の家並みが美しいカダケスの町

カダケスから徒歩20分ほどの**ポル・リガットPort Lligat**（→P.251はみだし情報）は、かつてダリがガラ夫人と暮らした小さな入江。彼らの住まい兼アトリエだった「卵の家」が、**ダリの家美術館Casa Museu Salvador Dalí**として公開されている。卵は生成と変容を表し、ダリの絵によく出てくる主題のひとつだ。

カダケスへの行き方
🚌バルセロナとフィゲラスからSarfa社（[URL]www.sarfa.com）のバスが運行。バルセロナの北バスターミナルから約2時間45分、1日2便（夏は増便される）。フィゲラスから約1時間、1日4便。

ダリの家美術館
[住]Portlligat
☎972 251 015
[URL]www.salvador-dali.org
[開]9/11～6/18
毎日　10:30～17:10
6/19～9/10
毎日　9:30～19:50
[休]2・3・11・12月の月、1/1、1/9～2/10、6/12、10/2、12/25
[料]€15、学割・65歳以上€9（7・8月は€18、学割€12）
見学には予約が必要。上記ウェブサイトのほか電話やeメールでも予約できる。当日は見学時間の15分前までにチケットを受け取ること。

入江に建つ「卵の家」

ホテル ✣ Hotel

フィゲラスにはホテルが20軒ほどある。カダケスに泊まる場合、夏は早めに予約を。

ドゥラン
Hotel Duran
★★★ [map] P.251

ランブラ広場の近くにある中級ホテル。1階のレストランはダリも通った、フィゲラスでは有名な店。酒蔵の雰囲気が残る奥の小部屋がダリの指定席だ。
[住]Lasauca 5　☎972 501 250　[FAX]972 502 609
[URL]www.hotelduran.com　[料]Ⓢ€64～111　Ⓦ€70～125
[カード][A][D][M][V]　[客室数]65　[Wi-Fi]無料

ラ・レシデンシア
Hotel La Residencia
★★ [map]地図外

カダケスの町の中心に位置する、1904年創業のクラシックなホテル。バスの終点から徒歩10分ほど。目の前には地中海が広がっている。
[住]Av. Caritat Serinyana 1　☎972 258 312
[URL]www.laresidencia.net　[料]ⓈⓌ€100～190
[カード][A][D][J][M][V]　[客室数]13　[Wi-Fi]無料

↘ プ場のある車道に出たら右へ、しばらく歩きHotel Port Lligatの前を右へ下ると「卵の家」が見えてくる。カダケスから北東へ約1km、徒歩約20分。

ピレネー山中に位置する小国

アンドラ

✣ Andorra

山々に囲まれたアンドラ・ラ・ベリャの町並み

正式名はアンドラ公国Principatd'Andorra。スペインとフランスに挟まれたピレネー山中に位置し、8世紀にシャルルマーニュ大帝によって建国されたといわれる。フランス大統領とスペインのウルジェイ司教を国家元首とするミニ国家だ。

歩き方✣Orientation

首都は**アンドラ・ラ・ベリャAndorra la Vella**で、公用語はカタルーニャ語、通貨はユーロ。アンドラでは免税でショッピングを楽しめるとあって、電化製品や化粧品などを扱う店が並ぶ。

バルセロナからのバスは、バリラ川の北側にあるバスターミナルに到着する。ここからℹのある**ロトンダ広場Pl. de la Rotonda**（バリラ川に架かる橋の上）へは徒歩10分ほど。ロトンダ広場からメインストリートの**メリチェル通りAv. Meritxell**をスペイン方面へ上って行くと、右側に「ピレネーPyrénées」というデパートがあり、何でも揃っているので買い物に便利だ。

バリラ川の東側は**エスカルドEscaldes**と呼ばれる地域。ここには**カルデアCaldea**というスパ&レジャー施設があり、巨大ラグーンプールやジャクージ、エステティックルームも完備されているので、のんびりと旅の疲れを癒やしてみては。

[map] P.171/A2

標高	**1029m**
人口	**約7万9900人**

アクセス

🚌バルセロナの北バスターミナルからAlsa社（[URL]www.alsa.es）のバスで3時間15分〜4時間30分、1日7〜9便。サンツ・バスターミナルからDirectbus社（[URL]www.andorradirectbus.es）のバスで約3時間、1日8便。
※アンドラでの入出国審査はないが、パスポートは必ず携行すること。

アンドラの国番号
☎376

ℹ観光案内所
●ロトンダ広場
[map] P.253
[住]Pl. de la Rotonda, s/n
☎750 100 [URL]visitandorra.com
[開]7/1〜9/12
月〜土 9:00〜21:00
日・祝 9:00〜19:00
9/13〜6/30
月〜金 9:00〜20:00
土 9:00〜21:00
日・祝 8:00〜14:00
[休]1/1、3/14、9/8、12/25

商店が並ぶメリチェル通り

アンドラのホテル

デルフォス
Hotel Delfos ★★★★
[map] P.253
[住]Av. del Fener 17
☎877 000 [FAX]861 642
[URL]www.hoteldelfos.com
[料]ⓈⓌ€69〜135
[カード]MV [客室数]180 [Wi-Fi]無料

ピレネー
Hotel Pyrénées ★★★
[map] P.253
[住]Av. Princep Benlloch 20
☎879 879 [FAX]820 265
[URL]www.hotelpyrenees.com
[料]Ⓢ€42〜90 Ⓦ€56〜110
[カード]MV [客室数]70 [Wi-Fi]無料

[はみだし] **カルデア**：[map] P.253 [住]Parc de la Mola 10 ☎800 999 [URL] www.caldea.com [営]10:00〜22:00（土とハイシーズンは〜24:00）入場は閉館2時間前まで [休]12/25 [料]€32〜（3時間まで）

バレンシア

✤ Valencia

map P.171/B1

標 高	15m
人 口	約78万9800人

アクセス

🚄 マドリード・アトーチャ駅またはチャマルティン駅から約2時間、毎時1〜3便。バルセロナ・サンツ駅から約3〜5時間、毎時1〜2便。

🚌 マドリードの南バスターミナルからAvanza社のバスで約4時間20分、1日5〜6便。バルセロナの北バスターミナルからAlsa社のバスで4時間15分〜5時間、1日10便程度。

❶ 観光案内所

●ホアキン・ソローリャ駅
map P.255/A1
🏠San Vicente Martir 171
☎963 803 623
URL www.visitvalencia.com
開 月〜金　　　10:00 〜 18:00
　　土　　　　 10:00 〜 15:00
休 日、1/1・6、12/25
●市庁舎
map P.255/C1
🏠Pl. de l'Ajuntament 1
☎963 524 908
開 月〜土　　　　9:00 〜 19:00
　（11〜2月は 9:30 〜 18:00）
　　日・祝　　 10:00 〜 14:00
休 1/1・6、12/25
このほか2ヵ所に❶がある。

世界遺産

バレンシアのラ・ロンハ・デ・ラ・セダ
（1996年登録）

広場に面して建つ市庁舎

バレンシア空港とのアクセス

市内から約10km。地下鉄3、5番線が乗り入れており、Xàtiva駅からAeroport駅まで約20分、€4.80。タクシーなら€15〜20。

バレンシアの地下鉄

全部で5つの路線があり、料金は1ゾーン€1.50、2ゾーン€2.80、3ゾーン€4.80。

火祭りの期間中、町にはファリャと呼ばれる人形が飾られる

　ローマ人の植民市として築かれたバレンシアは、15〜16世紀に地中海貿易により黄金時代を迎えた。商業とともに農業も盛んで、有名なバレンシアオレンジの産地であるとともに、郊外のアルブフェラ湖周辺はスペイン有数の米どころとして知られる。スペイン料理を代表するパエリャも、バレンシア地方で生まれた料理だ。また地中海性気候のため温暖なバレンシア一帯の海岸は、マドリードから最も近いビーチリゾートとして親しまれている。

歩き方 ✤ Orientation

　長距離列車は中心部の南、新駅舎のホアキン・ソローリャ駅に到着する。鉄道の切符を提示すれば約10分おきに運行しているノルド駅までのシャトルバスに無料で乗れるが、歩いても10分ほど。なお長距離列車の切符は、ホアキン・ソローリャ駅でしか購入できないので注意すること。バスで到着した場合は、中心部より北西のバスターミナルの近くにある地下鉄Turía駅から1号線に乗り、ひと駅目のÀngel Guimeráで3号線に乗り換え、次のXàtiva駅で降りればノルド駅前。またはバスターミナル前から8番の市バスに乗るとレイナ広場や市庁舎広場まで行くことができる。

　ノルド駅を背にしてAv. Marqués de Soteloを直進すると、**市庁舎広場Pl. del Ayuntamiento**に出る。その先を北東に進むと**カテドラルCatedral**のある**レイナ広場Pl. de la Reina**、北西に行くと**ラ・ロンハ・デ・ラ・セダLa Lonja de la Seda**のある**メルカード広場Pl. del Mercado**。どちらもノルド駅から徒歩15分ほど。このふたつの広場の周りに旧市街の見どころが集まっている。

　レイナ広場は市バスの発着場となっていて、カテドラルを眺めながら休憩できるカフェが並ぶ。またメルカード広場にある**中央市場Mercado Central**は、生活の匂いがあふれるバレンシア市民の台所だが、郷土色があるので旅行者でも楽しめる。

はみだし 地下鉄の切符は最初に購入するときにカード代 €1 が加算される。このカードは繰り返し使用できるので捨てないように。次回の乗車時に使えるほか、あらかじめチャージしておけば市バスにも使える。

バレンシア

バレンシア

バレンシア

バスターミナル
Expo H Av. Menéndez
Pidal
G. V. Vía Fernando el Católico

Av. de Primado Reig
Av. de Catalunya

拡大図
(バレンシア中心部)

地下鉄(トラム)4号線

メスタージャ・スタジアム
Estadio de Mestalla

N

1km

カテドラル
Catedral

Av. de Blasco Ibáñez

地中海

A

Av. de Pérez Galdós

地下鉄3号線

ヌルド駅

Meliá Valencia Palace H

Av. del Puerto

アレナス・
ビーチ
Playa les
Arenes

バレンシア・ホアキン・ソローリャ駅
Estación de Joaquín Sorolla
(Renfe)

地下鉄1号線

地下鉄5号線

P.257
火祭り博物館
Museo Fallero

Av. de Ausiàs March

Av. de la Central Urraca

Holiday Inn H

Tryp
Oceanic H

H AC Valencia

フェリー乗り場
(マヨルカ島
イビサ島行き)

芸術・科学都市 P.257
Ciutat de les
Arts i de les Ciències

Av.
Hermanos
Maristas

1

2

バレンシア

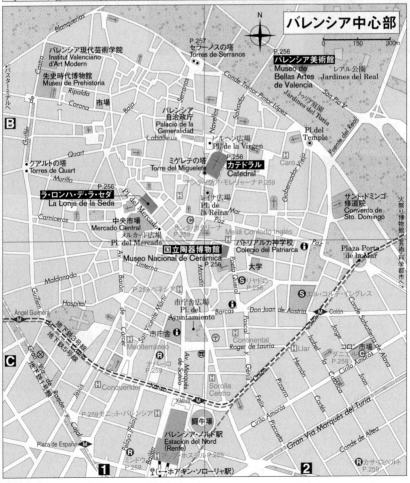

バレンシア中心部

N

150   300m

Blanquerías

バレンシア現代芸術学院
Institut Valencià
d'Art Modern

P.257
セラーノスの塔
Torres de Serranos

P.256
バレンシア美術館
Museo de
Bellas Artes
de Valencia

レアル公園
Jardines del Real

先史時代博物館
Museu de Prehistoria

Ripalda

Corona

市場

Boja

Conde Trénor Pintor López

トゥリア庭園
Jardines del Turia

San Pío V

Puente del Real

B

バスターミナルへ

de
Castán

Guillem

Quart

バレンシア
自治政府
Palacio de la
Generalidad

Caballeros

Navellos

Pl. de la Virgen
ビルヘン広場

Pl. del
Temple

クアルトの塔
Torres de Quart

Murillo

ミゲレテの塔
Torre del Miguelete

カテドラル P.256
Catedral

Caro

Gobernador Viejo

ラ・ロンハ・デ・ラ・セダ P.256
La Lonja de la Seda

Carniceros

Pl. del Mercado

アルメーディナ・モレリャーナ P.259

レイナ広場
Pl. de
la Reina

Paz

Mar

サント・ドミンゴ
修道院
Convento de
Sto. Domingo

火祭り博物館・芸術・科学都市へ

中央市場
Mercado Central
メルカード広場
Pl. del Mercado

サンタ・カタリーナ

Meliá Confort Inglés

国立陶器博物館
Museo Nacional de Cerámica

P.256

パトリアルカ神学校
Colegio del Patriarca

Plaza Porta
de la Mar

Maldonado

Linterna

Moratín

Poeta Querol

大学
P.256

Conde Salvatierra de Álava

Angel Guimerá M

地下鉄3号線

地下鉄5号線

Hospital

Barón de Cárcer

San Vicente Mártir

P.259 ベネシア

Barcas

市庁舎広場
Pl. del
Ayuntamiento

Pascual y Genís

Don Juan de Austria

M Colón

エル・コルテ・イングレス S

Jorge Juan

Isabel la Católica

コロン市場
ダニエル P.259

Llar H

Conde Altea

C

Guillem de Castro

地下鉄1号線

Gran Vía de Ramón y Cajal

Jesús

Conqueridor H

Játiva

市庁舎
Ayuntamiento

Av. del Marqués de Sotelo

Xàtiva

Mediterráneo
Roger de Lauria

Continental

Pizarra

Hernán Cortés

Sorolla
Centro

P.259 ホテル・ソロリャ P.259

Ciril Amorós

Félix Pizcueta

Gran Vía Marqués del Turia

カサ・ロベルト P.259 R

Plaza de España M

Pelayo Bailén

闘牛場

バレンシア・ノルド駅
Estación del Nord
(Renfe)

P.259 アシア・ホステル P.259

R ミンドウ P.259

(←ホアキン・ソローリャ駅)

Conde de Altea

1

2

はみだし　市内を巡る2階建ての観光バスが、レイナ広場から10:00～19:00の15～45分ごとに発車。17ヵ所
のバス停で乗り降り自由で、チケットは24時間有効で€22。URL www.valenciabusturistic.com

255

カテドラル

⊞ Pl. de l'Almoina, s/n
☎ 963 918 127
URL catedraldevalencia.es
圏 月～土　　10:00 ～ 17:30
　　　　　　　14:00 ～ 17:30
　　（7 ～ 9 月は～ 18:30）
　※入場は閉館 1 時間前まで
休 12 ～ 2 月の日
料 €9、学割 €6
● ミゲレテの塔
圏 月～金　　10:00 ～ 18:45
　　土・日　　10:00 ～ 14:30
　　　　　　　15:30 ～ 18:45
　　（12 ～ 2 月の日は 10:00 ～
　　13:30、17:30 ～ 18:45）
料 €2.50、学割 €1.50

丸天井から光が差し込む聖堂内部

ラ・ロンハ・デ・ラ・セダ

⊞ Llotja 2
☎ 962 084 153
圏 月～土　　10:00 ～ 19:00
　　日・祝　　10:00 ～ 14:00
休 1/1、12/25
料 €2、学割 €1

繊細な装飾が美しい

国立陶器博物館

⊞ Poeta Querol 2
☎ 963 516 392
URL www.mecd.gob.es/mnceramicas
圏 火～土　　10:00 ～ 14:00
　　　　　　　16:00 ～ 20:00
　　日・祝　　10:00 ～ 14:00
休 月、1/1、5/1、12/24・25・
　31
料 €3、学割 €1.50
　土の 16:00 以降と日は無料

バレンシア美術館

⊞ Sant Pius V 9
☎ 963 870 300
URL museobellasartesvalencia.
gva.es
圏 火～日　　10:00 ～ 20:00
休 月、1/1、12/25
料 無料

おもな見どころ ✦ Sightseeing

塔の上から町が一望できる　★★★　**map** P.255/B2

カテドラル
Catedral

　モスク跡に13世紀半ばに建設が始まり、14世紀末に完成した大聖堂。17～18世紀にも手が加えられているため、ゴシック様式のほかバロックや新古典様式なども混在する。付属の美術館には、イエス・キリストが最後の晩餐で使ったといわれる聖杯が飾られている。また、南西角に建つ八角形の**ミゲレテの塔 Torre del Miguelete**に上れば、バレンシア市街を一望することができる。

レイナ広場から見たミゲレテの塔

世界遺産に登録されている　★★★　**map** P.255/B1

ラ・ロンハ・デ・ラ・セダ
La Lonja de la Seda

世界遺産

　イスラムの王宮跡に15世紀末、商品取引所として建てられた。フランボワイヤン・ゴシック様式の建物で、透かし彫りで飾られた窓やらせん状の柱がとても優美だ。向かいには1928年建造のスペインでも最大規模の中央市場がある。

19世紀まで交易所として使われていた

焼き物に興味のある人は必見　★★　**map** P.255/C2

国立陶器博物館
Museo Nacional de Cerámica

　バレンシアの3大陶器パテルナ、マニセス、アルコラをはじめ、スペイン全土から集められた陶器を所蔵。13～15世紀のマニセス焼など、珍しい作品も見られる。2階には侯爵のお屋敷だったときの調度品が残っており、こちらもすばらしい。

侯爵の館だった建物も価値がある

修道院だった建物を改装　★★　**map** P.255/B2

バレンシア美術館
Museo de Bellas Artes de Valencia

　15世紀に活躍したバレンシアのプリミティブ派による祭壇画から、エル・グレコ、ベラスケス、リベーラ、ゴヤといった巨匠たちの作品、バレンシア出身の印象派画家ソローリャをはじめとする19～20世紀絵画まで、幅広いコレクションが展示されている。またボッシュ、ヴァン・ダイクのフランドル絵画も見逃さないように。

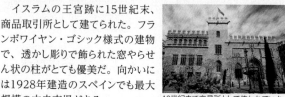

はみだし バレンシア郊外には磁器人形で世界的に有名なリヤドロの工場があり、市内には直営店もある。**map** P.255/C2　**⊞** Poeta Querol 9　**圏** 月～土 10:30 ～ 14:30、16:00 ～ 20:00　**休** 日・祝

バレンシア

コンテストで優勝した人形を展示　　　★　map P.255/A1

火祭り博物館
Museo Fallero

　火祭りの期間中、バレンシアの町は大小何百もの張り子の人形で飾られ、人々はお気に入りの人形に投票する。そしてクライマックスの19日深夜に人形はすべて焼かれてしまうが、コンテストで1位となった人形だけは焼かれるのを免れてこの博物館に展示される。年代を追って見ていくと社会の変化がわかっておもしろい。

その時代を風刺した人形が多い

バレンシアの新しいスポット　　　★★　map P.255/A2

芸術・科学都市
Ciutat de les Arts I de les Ciències

近未来をイメージした建築群

　バレンシア生まれの建築家サンティアゴ・カラトラバが、21世紀の科学都市をイメージしてデザインした一大都市。最新設備をもつオペラハウスの**パラウ・デ・レス・アルツ Palau de les Arts**のほか、ヨーロッパ最大級の**水族館L'Oceanogràfic**、**科学博物館Museu de les Ciències Príncipe Felipe**、プラネタリウムやIMAXシアターのある**レミスフェリクL'hemisfèric**などの文化施設が公園と融合している。

火祭り博物館
🏠Pl. Monteolivete 4
☎962 084 625
🕐月〜土　　10:00〜19:00
　　日・祝　　10:00〜14:00
🚫1/1・6、5/1、12/25
💰€2
　　日・祝は無料
🚌市庁舎広場から35番のバスに乗り所要約15分、Escultor José Capuz 下車

芸術・科学都市
🏠Av. Pr. López Piñero 7
🌐www.cac.es
●水族館
🕐毎日　　10:00〜18:00
　　（公式サイトで確認）
💰€33.70、学割€25
●科学博物館
🕐毎日　　10:00〜19:00
　　（夏期は〜21:00、冬期の月〜木は〜18:00）
💰€8.70、学割€6.70
🚌市庁舎広場から35番のバスに乗り、Autovia al Saler で下車

TOPICS

バレンシアの火祭りとブニョールのトマト祭り

　スペイン3大祭りのひとつとして有名なバレンシアの火祭り、**ラス・ファリャス Las Fallas de San José**は、毎年3月15日から19日まで開催される。祭りの起源は、3月19日のサン・ホセ（聖ヨセフ。キリストの父親で、職業が大工だったことから大工職人の守護聖人としてあがめられてきた）の日に、大工たちが古い材木を集めてたき火をしたことに由来するといわれている。

　15日深夜から町は大小さまざまなファリャ（張り子の人形）で飾りつけられ、祭りとともに闘牛

最終日の夜、興奮は最高潮に

シーズンがスタート。毎日14:00には市庁舎広場でマスクレタと呼ばれる爆竹ショーがあり、夜は花火が打ち上げられる。また17日と18日の16:00からは民俗衣装をまとった女性たちの献花パレードが行われる。クライマックスは19日の夜。

深夜0:00になるといっせいに人形に火がつけられ、1:00には市庁舎広場に置かれた巨大なファリャが炎に包まれ、祭りは幕を閉じる。

　またバレンシア近くの**ブニョール Buñol**（map P.171/B1）で開催される**トマト祭り La Tomatina**は、トマトを投げ合う過激な祭り。開催日は、毎年8月の最終水曜（水曜が5回ある場合は第4水曜になることもあるので、事前に要確認）。参加は予約制で人数制限があるため、公式サイト（🌐latomatina.info）から早めにチケットを購入しておこう。ブニョールへは、バレンシア・ノルド駅から近郊線C-3で約1時間、30分〜1時間おきの運行。ブニョールは小さな町で宿泊施設も少ない。バレンシアに泊まる場合は火祭り、トマト祭りともにたいへん混み合うので、早めに宿を予約しておきたい。

町も人もトマトまみれに

近郊の見どころ ✣ Excursion

スペイン最大の稲作地帯　★　[map] P.171/B1

アルブフェラ湖
La Albufera

バレンシアから南へ約12km、アラビア語で「小さな海」という名のアルブフェラ湖は、スペインきっての米どころ。周辺には日本のような水田風景が広がり、この地方特有の土壁にわら葺き屋根のバラッカと呼ばれる民家が今も残っている。またここはパエリャの本場でもあり、湖のほとりにある**エル・パルマールEl Palmar**という村にはパエリャを名物にするレストランがたくさんある。

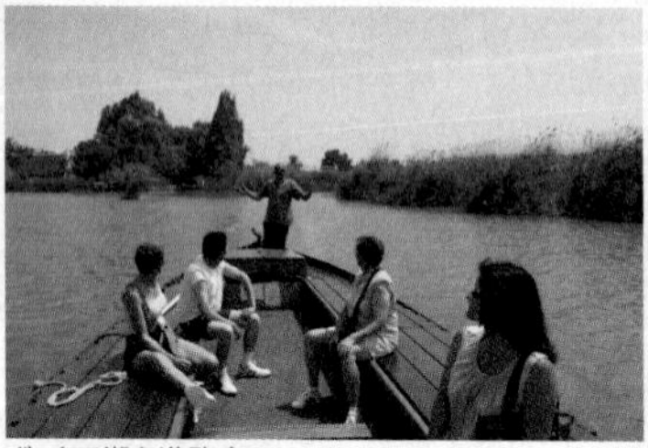
ボートで湖を遊覧する

ローマ教皇を生んだ歴史ある町　★★　[map] P.171/C1

ハティバ（シャティバ）
Játiva（Xàtiva）

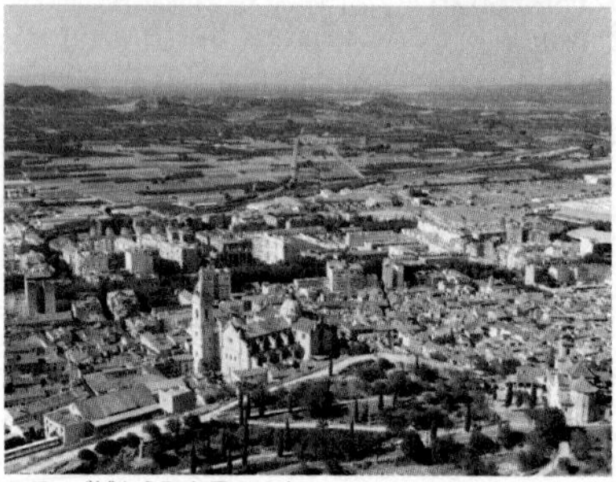
ハティバ城から町を見下ろす

ハティバ（現地語ではシャティバ）は、バレンシアから南へ約60km、オレンジ畑が広がる平野に位置する。人口2万9000人ほどの小さな町だが、バレンシア王国時代には首都バレンシアに次いで栄えた。町のシンボルは、山の上にそびえる**ハティバ城Castell de Xàtiva**。鉄道駅から歩くと1時間ほど、タクシーだと片道€11。18世紀にフェリペ5世によって破壊され、現在は城壁や教会などの遺構があるのみだが、ここから見るハティバの町と周辺のパノラマがすばらしい。

またハティバは、ボルジア家出身のふたりのローマ教皇、カリストゥス3世とアレクサンデル6世が生まれた町として知られる。旧市街にはアレクサンデル6世の**生家跡Casa Natalicia del Papa Alejandro VI**や、洗礼を受けた教会が今も残る。このほか、正面にふたりの教皇の像が立つ**大聖堂La Seo**とその向かいにある16世紀建造の病院、のんびりとした風情が漂う**メルカード広場Plaza de Mercado**などに寄りながら、細い道が入り組んだ旧市街を散策するのも楽しい。

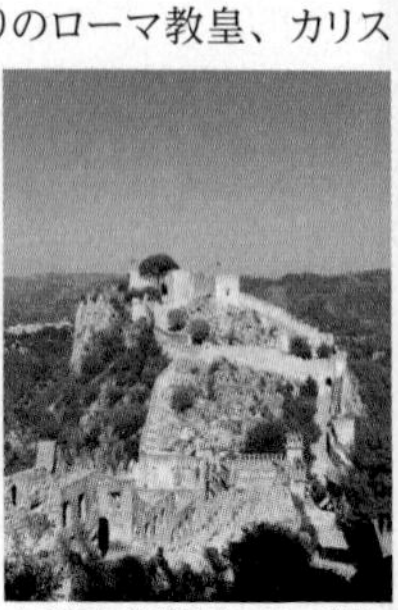
山の頂にそびえるハティバ城

アルブフェラ湖への行き方

🚌 バレンシアのレイナ広場から出る観光バス（[URL] www.valenciabusturistic.com）が便利。7〜9月は月〜土曜の1日4便、4〜6月と10月は木〜月曜の1日3便、11〜3月は運休。所要約2時間、料金€22。日本語の音声イヤフォンガイド、湖で小舟に乗っての観光が付く。また25番のバスがエル・パルマールまで運行、片道30分。詳細はℹで確認を。

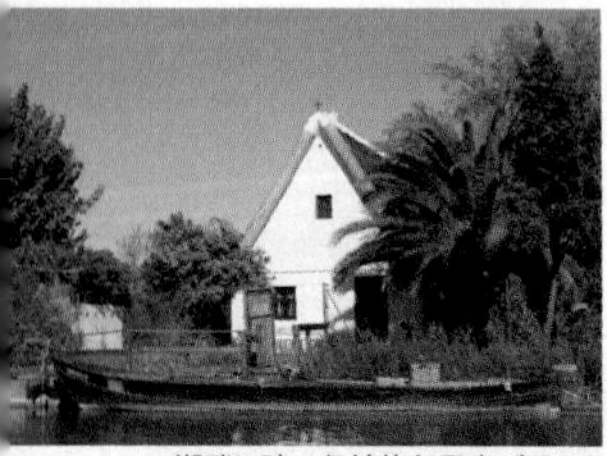
湖畔に建つ伝統的な民家バラッカ

ハティバへの行き方

🚆 バレンシア・ノルド駅からRenfe近郊線C-2で約1時間、30分〜1時間間隔で運行、€4.35。

ハティバのℹ

[住] Av. de Selgas 2
☎ 962 273 346
[URL] www.xativaturismo.com
[営] 火〜木　10:00〜17:00
　金　10:00〜18:00
　土・日・祝 10:15〜14:00
[休] 月

ハティバ城

[営] 火〜日　10:00〜18:00
（4〜10月は〜20:00）
[休] 月　[料] €6

ハティバのレストラン

カサ・ラ・アブエラ
Casa La Abuela

[住] Reina 17　☎ 962 281 085
[営] 木〜火　13:00〜15:45
　20:30〜23:00
[休] 水、日〜火・木の夜
ハティバ名物の炊き込みご飯アロス・アル・オルノをはじめ郷土料理を楽しめる。

ハティバのホテル

モンサント
Mont-Sant ★★★★

[住] Ctra. del Castillo, s/n
☎ 962 275 081
[URL] mont-sant.com
[料] ⓈⓌ€89〜133
[カード] [A][M][V]　[客室数] 15
[Wi-Fi] 無料
ハティバ城へ続く山道の途中にあるブティックホテル。駅からタクシーで€10程度。

[はみだし] ハティバのℹの前から、ハティバ城行きの観光用の列車型ミニバスが夏期の日曜と祝日のみ運行している。10:00〜18:00の毎時1便、料金€6、城での滞在時間は約1時間。

レストラン&ホテル ✢ Restaurant & Hotel

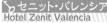

ノルド駅や市庁舎広場周辺にホテルやオスタルが多い。9月の見本市の時期は混むので注意。

🍴カサ・ロベルト
Casa Roberto

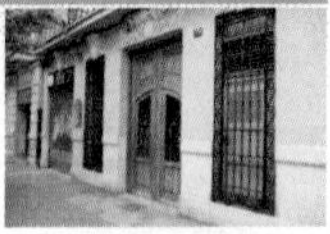

[map] P.255/C2

有名人も訪れるバレンシアでは有名な米料理のレストラン。バレンシア風パエリャ€19.50（注文は２人前から）。

[住]Maestro Gozalbo 19　☎963 951 528
[営]13:00～16:00、20:30～24:00
[休] 日の夜、月　[カード][M][V]

🔑セニット・バレンシア
Hotel Zenit Valencia

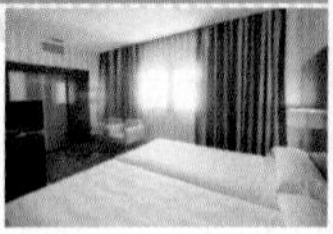

★★★★　[map] P.255/C1

バレンシア・ノルド駅のすぐ脇にあり、列車を利用する人にとっては便利な立地。客室は明るくモダンで、快適に過ごせる。

[住]Bailén 8　☎963 529 000　[FAX]963 527 000
[URL]valencia.zenithoteles.com　[料]Ⓢ€105～180　Ⓦ€115～195
[カード][A][M][V]　[客室数]67　[Wi-Fi]無料

🍴ナバーロ
Navarro

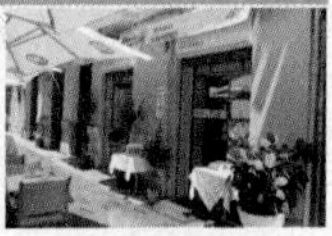

[map] P.255/C1

開店と同時にほぼ満席になるので、予約するか少し早めに行こう。魚介のパエリャ€20（注文は２人前から）。

[住]Arzobispo Mayoral 5　☎963 529 623
[営]13:00～16:00
[休] 日　[カード][A][M][V]

🔑アンティグア・モレリャーナ
Hostal Antigua Morellana

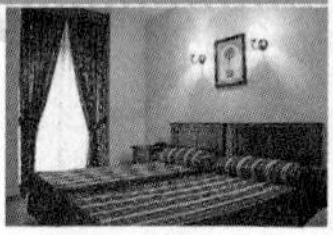

★★　[map] P.255/B1

ラ・ロンハの正面に向かって右側の細い通りを入る。フレンドリーな姉妹が経営しており、部屋のインテリアもかわいらしい。

[住]En Bou 2　☎963 915 773　[FAX]963 915 979
[URL]www.hostalam.com　[料]Ⓢ€80～100　Ⓦ€90～110
[カード][M][V]　[客室数]18　[Wi-Fi]無料

🍴サンタ・カタリーナ
Santa Catalina

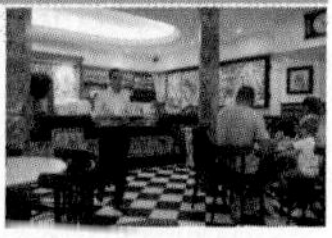

[map] P.255/B1

レイナ広場の近くにある有名なオルチャテリア。色鮮やかなマニセス・タイルで飾られた外装と店内も一見の価値がある。

[住]Pl. de Santa Catalina 6　☎963 912 379
[営]8:15～21:30
[休] 無休　[カード][M][V]

🔑ベネシア
Hotel Venecia

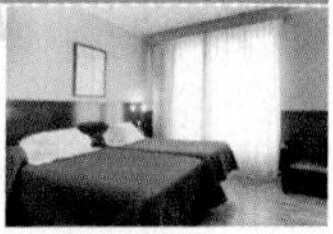

★★　[map] P.255/C1

市庁舎広場に面した人気の高いホテル。ノルド駅から徒歩５分ほどで、観光にも便利な立地だ。ロビー、部屋ともにモダンな内装。

[住]Pl. del Ayuntamiento 3　☎963 524 267
[URL]www.hotelvenecia.com　[料]ⓈⓌ€82～192
[カード][M][V]　[客室数]66　[Wi-Fi]無料

🍴ダニエル
Daniel

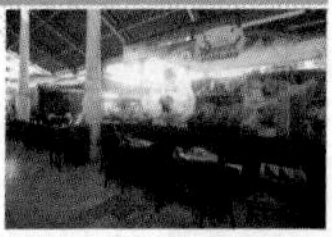

[map] P.255/C2

コロン市場の１階にある老舗のオルチャテリア。オルチャータの本場アルボラジャに本店があり、画家ダリも訪れたそう。

[住]Jorge Juan 19　☎963 519 891
[営]10:00～22:00（土は～23:00）
[休] 無休　[カード][M][V]

🔑アップ・ホステル
Up Hostel

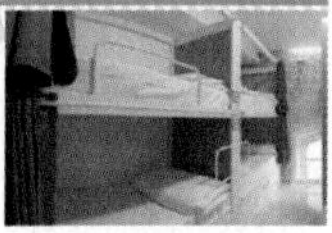

[map] P.255/C1

ノルド駅の構内にあるドミトリー形式の宿。列車で着いてすぐ投宿できて便利。各ベッドにはカーテン、コンセントが設置されている。

[住]Xátiva 24　☎963 528 158
[URL]uphostel.com　[料]Ⓓ€19～47
[カード][M][V]　[ベッド数] 88　[Wi-Fi]無料

TOPICS

バレンシアの夏の風物詩、オルチャータ

オルチャータ Horchata（Orxata）とは、日本でもスーパーフードとして人気のタイガーナッツ（カヤツリグサの地下茎＝スペイン語でチュファ）の搾り汁に、水と砂糖を加えた飲み物。スペインの夏に欠かせないスタミナ飲料で、特にチュファの産地であるバレンシア地方では**オルチャテリア**と呼ばれる専門店もある。ファルトンという細長いパンをオルチャータに浸して食べるのが本場流。

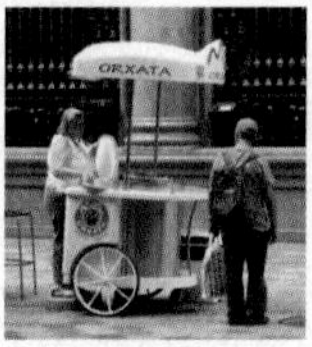

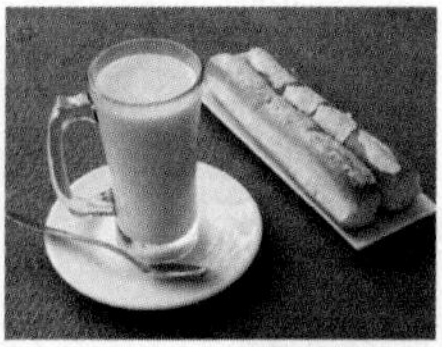

夏には屋台が出るほど、バレンシアでは身近な飲み物

はみだし ノルド駅から西へ２本目のPelayo通りは、中国人経営の店が並ぶ中華街。なかでも「**ミンドウ Min Dou**」は日本人好みの味でおすすめ。[map] P.255/C1　[住]Pelayo 31　☎ 625 885 521　[営] 毎日12:00～23:00

アリカンテ

✣ Alicante

map P.171/C1

標高	7m
人口	約33万8600人

アクセス

🚄 マドリード・アトーチャ駅またはチャマルティン駅から約2時間30分～3時間、毎時1便。バルセロナ・サンツ駅から約5～6時間、1日5～7便。

🚌 マドリードの南バスターミナルからAlsa社のバスで約5時間、1日6～9便。バルセロナの北バスターミナルから7時間30分～9時間15分、1日6～7便。

❶ 観光案内所

●駅前
map P.261/A1
🏠 Av. Salamanca, s/n
☎965 125 633
URL www.alicanteturismo.com
📅 月～土　10:00 ～ 14:00
　　　　　16:00 ～ 19:00
(3/15 ～ 10/15 は 17:00 ～ 20:00)
　　日　　10:00 ～ 14:00
●港近く
map P.261/A2
🏠 Muelle de Levante, s/n
☎965 177 201
📅3/15 ～ 10/15
　毎日　　10:00 ～ 19:00
10/16 ～ 3/14
　月～土　10:00 ～ 18:00
　　日　　10:00 ～ 14:00

世界遺産

エルチェのヤシ園
（2000年登録）

※アリカンテは現地語でアラカントAlacantと呼ばれる。

サンタ・バルバラ城

☎673 849 890
📅 毎日　10:00 ～ 20:00
（6/17 ～ 9/4 は～ 23:00、
11/15 ～ 2/27 は～ 18:00)
💰 無料（エレベーター往復
€2.70)

城からは地中海を一望できる

サンタ・バルバラ城からは町と地中海が見渡せる

　アリカンテ地方からムルシア地方にかけて続く海岸線は、コスタ・ブランカ（白い海岸）と呼ばれる。年間をとおして温暖な気候と美しいビーチが、夏は海水浴客、冬は避寒客をこの地に呼び寄せる。かつてギリシア人が「白い砦」、ローマ人が「光の都」と呼んだアリカンテは、コスタ・ブランカの中心都市。毎年6月下旬にはサン・フアンの火祭りが行われる。

歩き方 ✣ Orientation

　駅前に❶があるので、到着したら地図をもらっておこう。バロック建築が美しい市庁舎の周辺が旧市街で、その南側にはヤシの木が茂る**スペイン遊歩道Explanada de España**が延びている。カフェが軒を連ね、のんびりと散歩するにはぴったりの通りだ。遊歩道の東側には**ポスティゲ・ビーチPlatja del Postiguét**が続く。海岸沿いには山をくり抜いたエレベーターがあり、城のある丘の頂上まで一気に上ることができる。

南国情緒あふれるスペイン遊歩道

おもな見どころ ✣ Sightseeing

丘の頂にそびえる要塞　　　　　　　★★　map P.261/A2

サンタ・バルバラ城
Castillo de Santa Bárbara

　紀元前にカルタゴ人が築いたといわれ、現在残っている建物は16～18世紀に造られたもの。アリカンテの町と港が一望でき、青い海と白い砂浜のコントラストが美しい。帰りは、景色を楽しみながら歩いて下りてくるのもいい。

はみだし　スペイン遊歩道を南西へ進むと、港の西側に「**パノラミス Panoramis**」というショッピングセンターがある。レストランのほか映画館やディスコなどもあり、毎日営業しているので便利だ。

近郊の見どころ ✣ Excursion

ヤシの木と宗教劇で知られる町　★　[map] P.171/C1

エルチェ
Elche (Elx)　世界遺産

アリカンテから南西へ約20km、紀元前にイベリア人によって築かれた、歴史の古い町。市街にはカルタゴ時代に起源をもつというヤシ園があり、約10万本のナツメヤシが群生している。なかでも**司祭の農園El Huerto del Cura**は、ヤシの間にサボテンなどさまざまな植物が植えられ、7本の幹をもつ珍しい「皇帝のヤシ」も見られる。また町には、世界無形遺産である宗教劇が行われる**サンタ・マリア教会Basílica de Santa María**、この地で発掘された紀元前4世紀の彫像「エルチェの貴婦人」のレプリカなどが展示されている**考古学歴史博物館Museu Arqueològic**がある。

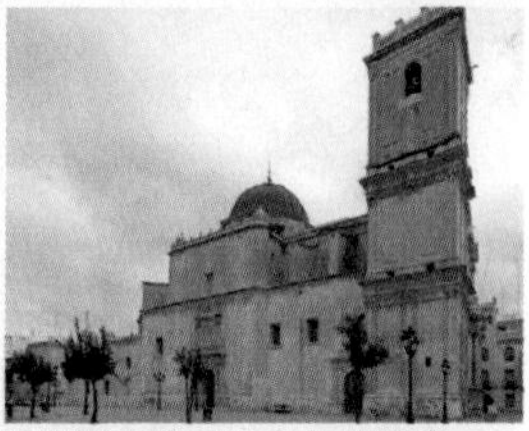
町の中心に建つサンタ・マリア教会

エルチェへの行き方
🚃アリカンテからRenfe近郊線C-1でエルチェ・パルケ Elx Parc駅まで約30分、ほぼ1時間間隔で運行。

司祭の農園
[住]Porta de la Morera 49
☎965 451 936
[URL]www.huertodelcura.com
[開] ウェブサイトで要確認
[料]€6、学割 €4

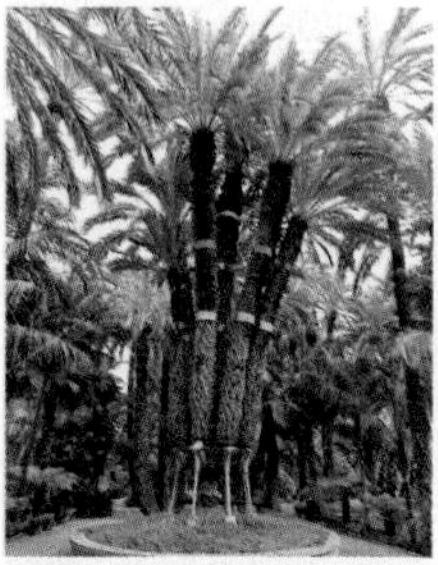
7本の幹をもつ「皇帝のヤシ」

ホテル ✣ Hotel

リゾート地だけに高級ホテルからオスタルまで宿泊施設は多い。夏は早めに予約を。

アリカンテ・グラン・ソル
Alicante Gran Sol
★★★★　[map] P.261/A2

スペイン遊歩道の近くに立つ高層ホテル。レストランからはほぼ360度のパノラマが広がる。

[住]Rambla Méndez Núñez 3　☎965 203 000
[URL]www.melia.com　[料]ⓈⓌ€95～235
[カード][A][D][J][M][V]　[客室数]123　[Wi-Fi]無料

ポルトガル
Pensión Portugal
★　[map] P.261/A1

鉄道駅からもバスターミナルからも徒歩10分ほどの所にあり、便利な立地。清潔でオーナーも親切。

[住]Portugal 26-1°　☎965 929 244
[料]Ⓢ€40～50、バス共同 €30～40　Ⓦ€50～60、バス共同 €45～55　[カード][A][M][V]　[客室数]16　[Wi-Fi]無料

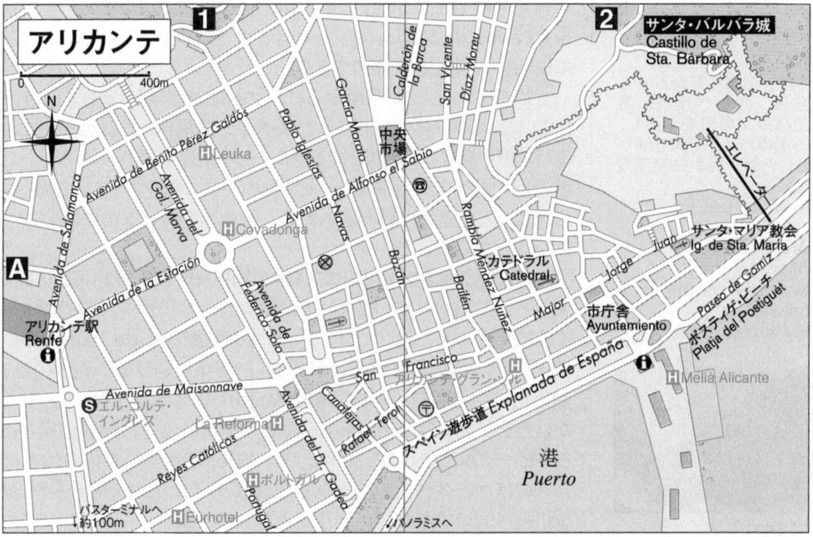

地中海に浮かぶバレアレス諸島最大の島

マヨルカ島
✣ Mallorca

`map P.171/B2`

標高	33m
人口	約89万6000人

アクセス

✈ マドリードから1時間15分、バルセロナから50分、バレンシアから45分。

🚢 バルセロナから高速船で5時間30分、フェリーで7～14時間。バレンシアからフェリーで8～10時間。デニアから高速船で5時間15分。

❶観光案内所

●空港内
☎971 789 556
URL www.mallorca.es
㊊ 月～土　　8:00 ～ 20:00
　 日　　　　9:00 ～ 13:30
●スペイン広場
`map P.263/A2`
📍 Parc de ses Estacions, s/n
☎902 102 365
㊊ 毎日　　　9:00 ～ 20:00
●レイナ広場
`map P.263/A1`
📍 Pl. de la Reina 2
☎971 173 990
㊊ 月～金　　8:30 ～ 20:00
　 土　　　　8:30 ～ 15:00
㊡ 日・祝

世界遺産

トラムンタナ山脈の文化的景観
（2011年登録）

観光バス

スペイン広場、アルムダイナ宮殿、ベルベル城、港などパルマの町を1周し、16ヵ所のバス停で乗り降り自由。チケットは24時間有効で€20。
URL www.city-ss.es

船会社の連絡先

● Trasmed
URL www.trasmed.com
● Balearia
URL www.balearia.com

ソーイェル行きの観光列車

港に面して建つカテドラルはパルマ・デ・マヨルカの象徴

　3640k㎡（沖縄本島の約3倍）の面積をもつマヨルカ島は、年間300日以上が晴天という恵まれた気候と美しい自然のため、昔から「地中海の楽園」と呼ばれてきた。現在は太陽とビーチを求めてリゾート客が訪れる、ヨーロッパ屈指のリゾート地だ。

　岩場の多い変化に富んだ海岸線、小さな入江のビーチ。内陸に入るとオリーブやアーモンドの畑が広がり、ショパンとジョルジュ・サンドが暮らしたバルデモサなど美しい村々が点在する。できればレンタカーを借りてのんびりと旅したい。

歩き方 ✣ Orientation

　観光の拠点となるのは、島の南部に位置する**パルマ・デ・マヨルカPalma de Mallorca**。それほど大きな島ではないので、どこでもパルマを起点に日帰りできる。

　ソン・サン・フアン空港からパルマへは、ほぼ15分おきに運行している1番のバスで約20分、**スペイン広場Pl. d' Espanya**にあるバス停で降りると便利。またフェリーや高速船でパルマに着いた場合は、港の前から空港行きの1番のバスに乗りスペイン広場へ。広場に面した建物に❶があるので、町の地図やバスの時刻表などをもらっておこう。

　中心部は**ジョアン・カルロス1世広場Pl. de Rei Joan Carlos I**。スペイン広場から歩いて20～30分ほどだが、市バスなら3番で。この広場から西に延びている**ジャウマ3世通りAv. de Jaume III**にはデパートや商店、旅行会社が並ぶ。一方東に延びるUnió通りは、旧市街の中心**マジョール広場Pl. Major**へとつながっている。町なかは**カテドラルCatedral**を中心に徒歩で回れるが、郊外の見どころやビーチへは市バスを利用しよう。またパルマから島内各地へはバスのほか、スペイン広場に面した駅からインカIncaやソーイェルSóllerへ向けて各方面へ列車が運行している。

はみだし ソーイェルまで1日4～6往復、観光列車が運行している。1912年の開通当時から使われている車両は古めかしくてレトロな雰囲気。料金は片道€18、往復€25。URL www.trendesoller.com

バレアレス

おもな見どころ ÷ Sightseeing

カタルーニャ・ゴシックの傑作 ★★ map P.263/A2

カテドラル
Catedral

ステンドグラスが美しい聖堂内

マヨルカ島をイスラム教徒から奪回したハイメ1世により1230年に建設が始められ、1601年に完成した大聖堂。中央祭壇にある鉄製の天蓋飾りは、ガウディの手によるものだ。また美術館には数々の宝物が展示されている。

カテドラルの向かいに建つ ★★ map P.263/A1

アルムダイナ宮殿
Palau de l'Almudaina

モーロ人の要塞だった建物が、14〜15世紀にかけて、マヨルカの王たちによって宮殿に改修された。フランドルのタペストリーや絵画が飾られた豪華な居室や食堂、ロマネスク様式の礼拝堂などが見学できる。

現在はスペイン国王の公邸のひとつ

カテドラル
🏠 Pl. de la Almoina, s/n
☎ 971 713 133
🌐 catedraldemallorca.org
🕐 4〜10月
　　月〜金　10:00〜17:15
　　土　　　10:00〜14:15
　 11〜3月
　　月〜土　10:00〜15:15
🚫 日、1/1・6、聖金曜日、11/1、12/6・8・25・26・31
💰 €9、学割・65歳以上 €7

アルムダイナ宮殿
🏠 Palau Reial, s/n
☎ 902 044 454
🌐 www.patrimonionacional.es
🕐 4〜9月
　　火〜日　10:00〜19:00
　 10〜3月
　　火〜日　10:00〜18:00
🚫 月、1/1・6・20、12/24・26・31
💰 €7、学割 €4

マヨルカ島

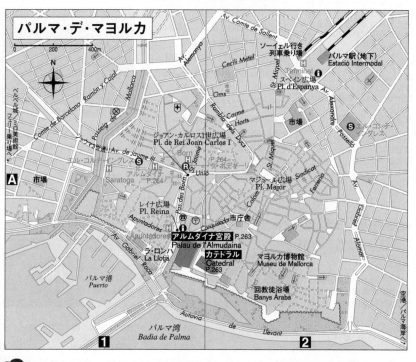

パルマ・デ・マヨルカ

海水浴を楽しむなら、パルマ・デ・マヨルカの南東約20kmにある**パルマ海岸 Platja de Palma** へ。約5kmにわたってビーチが続き、リゾートホテルが建ち並ぶ。パルマ市内からバス15番で約30分。

ベルベル城
[住]Camilo José Cela, s/n
☎971 735 065
[開]火～土　10:00 ～ 19:00
（10 ～ 3 月は～ 18:00）
日・祝　10:00 ～ 15:00
[休]月、1/1、5/1、12/25
[料]€4、学割 €2
日・祝は無料
[交]ジョアン・カルロス 1 世広場などからバス 3、20 番で Plaza Gomila 下車、坂道と階段を上って徒歩約 15 分

ミロ美術館
[住]Saridakis 29
☎971 701 420
[URL]www.miromallorca.com
[開]火～土　10:00 ～ 19:00
（9/16 ～ 5/15 は～ 18:00）
日・祝　10:00 ～ 15:00
[休]月、1/1、12/25
[料]€10、学割・65 歳以上 €6.50
[交]スペイン広場などからバス 46 番で Saridakis 下車後、坂道を上って徒歩約 10 分

バルデモサへの行き方
🚌パルマ駅地下 2 階のバス乗り場からバルデモサ行き、またはバルデモサを経由する Port de Sóller 行きのバス（L210）で約 30 分、毎時 1 ～ 2 便運行。

カルトゥハ修道院
[住]Pl. Cartoixa, s/n
☎971 612 106
[URL]www.cartujadevalldemossa.com
[開]月～金　10:00 ～ 17:00
土　10:00 ～ 16:00
※入場は閉館 30 分前まで
[休]日、1/1、12/25
[料]€12、学割 €8

パルマ湾の眺望がすばらしい　★★　[map] P.263/A1 外

ベルベル城
Castell de Bellver

1階は歴史博物館になっている

　マヨルカ王の夏の別荘として、14世紀に建造。市西方の丘の頂に建ち、「眺めのよい城」という名のとおり、パルマの町が一望できる。18世紀以降は監獄として使われ、19世紀の政治家ホベリャノスも投獄されていた。

画家ミロが晩年を過ごした　★★　[map] P.263/A1 外

ミロ美術館
Fundació Pilar i Joan Miló

アトリエはミロの生前のまま保存されている

　ミロは1956年に母親の故郷であるマヨルカに移り住み、1983年に亡くなるまで町の西方にあるこの場所で暮らした。ミロが市に寄贈したコレクションが展示されており、また敷地内にはミロの住居兼アトリエも残されている。

近郊の見どころ ✣ Excursion

ショパンがひと冬を過ごした　★★　[map] P.171/B2

バルデモサ
Valldemossa

オリーブ畑に囲まれたバルデモサの村

　パルマから北へ18km、小高い丘に広がる小さな町。病身のショパンが転地療養を兼ねて、マヨルカにやってきたのは1838年のこと。道ならぬ恋の相手である作家ジョルジュ・サンドとともに、人々の目を避けてひっそりとひと冬を過ごした。彼らが住みかとした**カルトゥハ修道院Real Cartuja**には、ショパンが使ったピアノや手書きの楽譜をはじめ、ふたりにまつわる品々が展示されている。ショパンはここで名曲『雨だれ』を作曲し、ジョルジュ・サンドは後に『マヨルカの冬』という作品を書き残している。

レストラン＆ホテル ✣ Restaurant & Hotel

飲食店は旧市街に点在している。宿泊施設は経済的な宿から高級ホテルまで選べる。

ラ・ボデギーリャ
La Bodeguilla
[map] P.263/A1

　店の 1 階はタパスの種類が多い気軽な雰囲気のバル。2 階は創作料理のレストランになっている。ワインも充実している。
[住]Sant Joume 3　☎971 718 274
[営]13:00 ～ 23:00　[休]無休
[カード]AMV

アルムダイナ
Hotel Almudaina
★★★★　[map] P.263/A1

　ジャウマ 3 世通りにあり、観光や買い物に便利な立地。室内はビジネスホテルのような雰囲気で、エアコンやテレビも完備。
[住]Av. Jaume III 9　☎971 727 340　[FAX]971 722 599
[URL]www.hotelalmudaina.com　[料]ⓈⓌ€132 ～ 290
[カード]ADJMV　[客室数]78　[Wi-Fi]無料

[はみだし] パルマから 68km、島の東側に**ドラック洞窟 Cuevas del Drach** という鍾乳洞がある。見学は 1 時間おきに催行されるガイドツアーで所要 1 時間、€16。詳細は [URL]www.cuevasdeldrach.com で要確認。

アンダルシア
Andalucía

バルセロナ ★
★ マドリード

オレンジの木に囲まれた
マルベーリャのナランホス広場

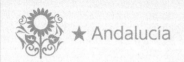
　スペインと聞いてイメージするもの……フラメンコ、闘牛、白い村。これらが現実のものとなって目の前に迫ってくる場所、それがアンダルシアだ。8世紀初めから約800年にわたりイスラム教徒に支配されたこの地方には、コルドバのメスキータやグラナダのアルハンブラ宮殿などイスラム時代の遺産が残り、今もアラブのエキゾチックな残り香が漂う。そして、1年中降り注ぐ太陽の光と、明るく陽気な人々。ここにはスペインのエッセンスが凝縮されている。

気　候

　広大な地域だけに気候もさまざま。コスタ・デル・ソルをはじめとする地中海沿岸は、1年中温暖な地中海性気候。セビーリャなど内陸部は、夏は暑さが厳しく、40℃以上になることもある。また、標高3000mを超えるシエラ・ネバダ山脈には雪も積もる。

周遊のヒント

　アンダルシアの州都セビーリャへは、マドリードから高速列車AVEでわずか約2時間30分。アンダルシア内の移動は、列車も利用できるが、小さな町へはバスのほうが便利。グラナダ、コルドバ、セビーリャを中心に、時間があれば白い村へも足を延ばしてみたい。

おもな祭りとイベント

カーニバル Carnaval
カディス ……………………………… 2/16 ～ 26 ※
ヘレス・フェスティバル Festival de Jerez
ヘレス・デ・ラ・フロンテーラ 2/24 ～ 3/11 ※
聖週間 Semana Santa
セビーリャ、マラガなど 3/24 ～ 31 ※('24)
セビーリャの春祭り Feria de Sevilla
セビーリャ …………… 4/14 ～ 20 ※('24)
十字架祭り
Concurso Popular de Cruces de Mayo
コルドバ …………………… 4/27 ～ 5/1 ※
カベサ聖母の巡礼
Romería de Nuestra Señora de la Cabeza
アンドゥーハル（ハエン県）……4/28 ～ 30 ※
パティオ祭り Festival de Los Patios
コルドバ ……………………… 5/2 ～ 14 ※
馬祭り Feria del Caballo
ヘレス・デ・ラ・フロンテーラ 5/6 ～ 13 ※
フェリア・デ・ラ・サルー
Feria de Nuestra Señora de la Salud
コルドバ …………………… 5/20 ～ 27 ※
ロシオ巡礼祭 Romería del Rocío
アルモンテ（ウエルバ県）…… 5/28・29 ※
聖体祭 Corpus Christi
グラナダなど ……………… 5/30 ※ ('24)
フェリア・デ・マラガ Feria de Málaga
マラガ ……………………… 8/12 ～ 19 ※
ヘレスの収穫祭 Fiestas de la Vendimia
ヘレス・デ・ラ・フロンテーラ 9/2 ～ 17 ※

※を付した日程は毎年変わります。上記で年度の記載のないものは2023年の日程です。変更されることもあるので、事前にご確認ください。

料理と名産品

　魚介類のフライやイワシの塩焼きなど、新鮮な素材を生かした料理がおいしい。ガスパチョは、トマトをベースにした野菜の冷たいスープで、暑いアンダルシアならではのスタミナ料理。またアンダルシアの祭りに欠かせないのが、ヘレス・デ・ラ・フロンテーラ周辺で造られるシェリー酒だ。工芸品では、グラナダの寄せ木細工、コルドバの革製品コードバンなど、イスラムから技術が伝えられたものが多い。

ガスパチョはアンダルシア地方で生まれた冷たいスープ

シェリー酒の代名詞ともいえる「ティオ・ペペ」

ザクロの模様が描かれたグラナダ焼

アンコウのモサラベ風などイスラムの影響を受けた料理も多い

Andalucía

アンダルシア

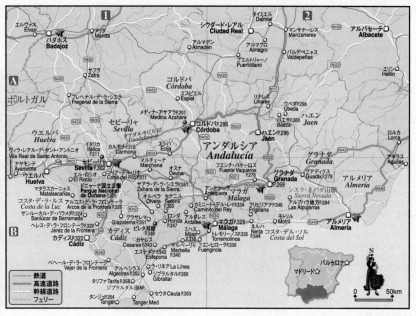

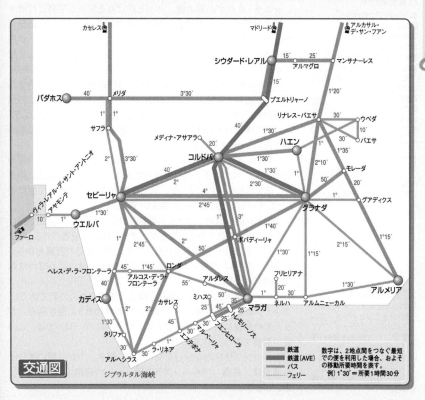

イントロダクション

交通図

267

アルハンブラ宮殿を擁するイスラム最後の楽園

グラナダ

✛ Granada

Granada ★

map P.267/B2

標高	685m
人口	約22万8700人

アクセス

🚄 マドリード・アトーチャ駅から3時間20分〜4時間、1日4〜5便。バルセロナから直通で約7時間〜13時間30分、1日2〜4便。コルドバから1時間30分〜2時間、1日8便。セビーリャから約2時間40分、1日4〜7便。

🚌 マドリードの南バスターミナルからAlsa社のバスで4〜5時間、1日9〜12便。コルドバから2時間45分、1日6〜7便。セビーリャから3時間、1日7便。マラガから1時間30分〜2時間15分、毎時1〜2便。

✈ バルセロナからVuelingで1時間35分、1日2〜4便。

❶ 観光案内所

●サンタ・アナ広場近く
map P.271/B3
🏠 Santa Ana 2
☎ 958 575 202
URL www.granadatur.com
圓 月〜土　　　　9:00〜18:00
　 日・祝　　　　9:00〜14:00

●市庁舎内
map P.271/C4
🏠 Pl. del Carmen
☎ 958 248 280
圓 月〜金　　　　9:30〜13:30
🈳 土・日・祝

世界遺産

グラナダのアルハンブラ、ヘネラリフェとアルバイシン
（1984年登録、1994年拡大）

グラナダ空港とのアクセス

最寄りの空港は、グラナダから約17kmのフェデリコ・ガルシア・ロルカ・グラナダ・ハエン空港。バスがほぼ毎時1便運行、所要約20分、料金€3。空港からはバスターミナル、グラン・ビア（カテドラル前）、ホテル・カルメン前の順に停車する。

観光客でにぎわうアルバイシンのサン・ニコラス展望台

　シエラ・ネバダ山脈の麓、ベガと呼ばれる肥沃な平野に位置するグラナダは、ローマ時代に起源をもつ歴史ある町。1236年にコルドバがキリスト教徒に奪回されてからは、ナスル朝グラナダ王国の首都となり、イベリア半島におけるイスラム最後の砦として繁栄を極めた。そして1492年のグラナダ陥落まで2世紀半にわたり、レコンキスタの暴風にさらされながら、終末の宴ともいうべきアルハンブラ宮殿を築き、そこに華燭の炎を燃え上がらせた。この城の最後の王ボアブディル（ムハンマド11世）は、城を落ちシエラ・ネバダの険路にさしかかる丘の上で宮殿を視界に収めて、惜別の涙を流したと伝えられる。

　1492年は、レコンキスタ完了の年であるとともに、グラナダの征服者イサベル女王の援助を受けたコロンブスが、新大陸に到達した年でもある。スペインが、世界制覇の夢に燃えて大海原に乗り出していく、大航海時代の幕開けであった。

　スペイン統一以降、イスラム教徒はグラナダの町から追放され、モスクは接収されて教会となるが、アラブ様式は破壊されることなくキリスト教文化に接ぎ木された。グラナダが歴史の表舞台から姿を消したあとも、アラブの余韻はひっそりと息づき、この町の陰影深い精神性を形づくる。

　「グラナダは無為の町であり、瞑想と空想のための町である」。グラナダの沃野に生まれ、グラナダの瞑想のときに詩を刻み、グラナダの銃弾に倒れた詩人フェデリコ・ガルシア・ロルカは、この町の特質をこのように語った。

　アルハンブラ宮殿が夕日を受けて赤く輝き、やがて闇に沈むその情景は、名曲『アルハンブラの思い出』の旋律のように美しく、そして物悲しい。

歩き方 ✦ Orientation

グラナダに到着したら

　町の西側の鉄道駅から中心部へは歩けない距離ではないが、市バスを利用すると楽だ。駅正面のAv. Andalucesを進み、Av. de la Constituciónを右折した所にあるバス停から、2両連結の4番のバスに乗る。市バス（アルハンブラバスを含む）の料金は、クレディブスCredibus（→側注）というプリペイドカードを使うと割安になる。4番のバスは**グラン・ビア・デ・コロンGran Vía de Colón**を通り、**カテドラルCatedral**、そこから南下して**プエルタ・レアルPuerta Real**の順に停車していく。

　バスターミナルは町の西郊にあり、町の中心へ行くにはターミナルの正面にあるバス停から33番の市バスに乗る。トリウンフォ公園の脇を通りグラン・ビア・デ・コロンまで10分ほど、カテドラル前かプエルタ・レアルで下車すると便利。市バスのチケットは、1時間以内なら無料で乗り換えができる。

町歩きの起点はイサベル・ラ・カトリカ広場

　大通りグラン・ビア・デ・コロンの突き当たりが、イサベル女王とコロンブスの像が立つイサベル・ラ・カトリカ広場。ここからReyes Católicos通りを南西に下っていくと、郵便局のあるプエルタ・レアルへ。デパートのエル・コルテ・イングレスに通じるAcera del Darroは庶民の散策路で、噴水の周辺はいつもにぎやかだ。一

町の中心にあるイサベル・ラ・カトリカ広場

方、イサベル・ラ・カトリカ広場から北東へ行くと**ヌエバ広場Pl. Nueva**に出る。広場の東側には**アルハンブラ宮殿Palacio de la Alhambra**へと通じる**ゴメレス坂Cuesta de Gomérez**が延びており、またダーロ川に沿って真っすぐ進むと**アルバイシンAlbayzín**や**サクロモンテSacromonte**へといたる。

カテドラルを中心とした下町

　グラン・ビア・デ・コロンの南西には、**カテドラルCatedral**や**王室礼拝堂Capilla Real**がある。その南側に位置する**アルカイセリアAlcaicería**は、イスラム時代に市場だった所で、今はみやげ物屋がぎっしりと軒を連ねる。歩き疲れたら**ビブランブラ広場Pl. de Bib-Rambla**で休憩しよう。花屋やカフェに囲まれた市民の憩いの場所だ。また、ゴメレス坂の南東の丘の斜面からSantiago通りあたりまでは**レアレホRealejo**と呼ばれ、イスラム支配時代のユダヤ人居住地区だった地域を核にして、古い町並みが広がっている。

中東のバザールのようなアルカイセリア

大通りを走る4番の2両連結バス

市バスの料金

1回乗車券は€1.40。4番のバスは、停留所に設置されている自動券売機で（機械が設置されていない場合は運転手から）購入する。

アルハンブラバス

観光に便利な小型のバス。アルハンブラ宮殿のチケット売り場へは、イサベル・ラ・カトリカ広場から出るC30、C32で。またヌエバ広場発のC31、C32はアルバイシンへ、C34はサクロモンテへ行く。料金は市バスと同じ。

クレディブス

市バスとアルハンブラバスに使えるプリペイドカード。自動券売機または運転手から購入する。最初にデポジット€2が必要。€5からチャージでき、1回の乗車料金が€0.87になる。複数人数での使用も可能で、乗車の際に自動改札機に人数分タッチする。カードを使い終わって運転手に返却するとデポジットは返却されるが、チャージした残金は戻ってこないので注意。

グラナダカード

お得な観光チケット。アルハンブラ宮殿（要予約）、王室礼拝堂、カテドラル、カルトゥハ修道院など14ヵ所の見どころに加え、市バス9回分付きで48時間有効のカードが€49.06。このほかさまざまなタイプのカードがあるので、詳細は公式サイトで確認を。
URL www.granadatur.com/granada-card

日本語情報センター

アルハンブラ宮殿やフラメンコの予約、白い村への格安タクシーツアー、スペイン語の留学紹介、ギターの製作販売、荷物預かり（1個€3）など、便利なサービスを行っている。ビルの3階にあり、入口の小さな日本語の看板が目印。
map P.271/C3
**Reyes Católicos 14, 3ºDcha
☎ & FAX 958 227 835
URL** www.jp-spain.com
開 月～土　　10:00～13:30
　　　　　　　17:00～20:00
休 日（予約をすれば開館）

投稿 市バスは2名以上ならクレディブスがお得。丘の上にあるアルハンブラ宮殿とアルバイシンへの行きに乗車し、帰りは町歩きがてら徒歩で下るのがおすすめです。（オランダ在住　もぢゃ）['23]

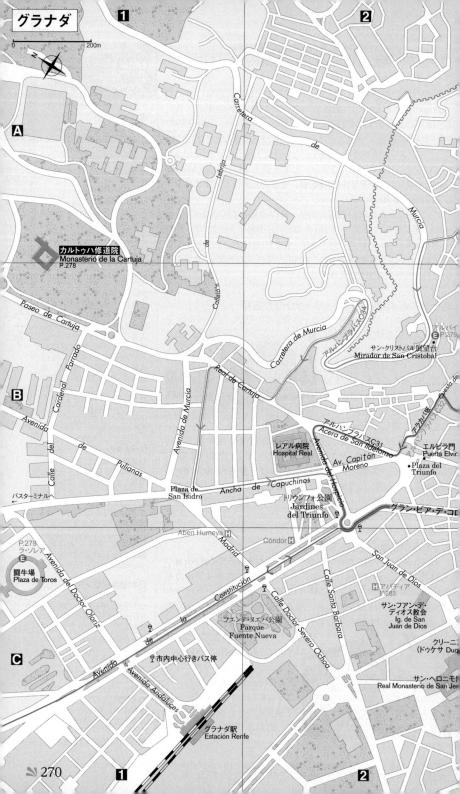

グラナダ

0   200m

A

カルトゥハ修道院
Monasterio de la Cartuja
P.278

Paseo de Cartuja

Carretera de Lebrija

Carretera de Murcia

Real de Cartuja

アルハンブラバスC2ヤ

アルバイ
P.279

サン・クリストバル展望台
Mirador de San Cristobal

B

Avenida de Murcia

Cardenal Parrado

Calle del

Avenida

de Pulianas

Acera de San Ildefonso

アルハンブラバスC31

Avenida del Hospicio

レアル病院
Hospital Real

Av. Capitán
Moreno

Plaza de
San Isidro

Ancha de Capuchinos

エルビラ門
Puerta Elvir

• Plaza del
Triunfo

トリウンフォ公園
Jardines
del Triunfo

グラン・ビア・デ・コ

バスターミナルへ →

Aben Humeya H

Madrid

Cóndor H

San Juan de Dios

P.279
ラ・ソレア
E

闘牛場
Plaza de Toros

Avenida del Doctor Olóriz

Constitución

Calle Santa Bárbara

Calle Doctor Severo Ochoa

アバディア
P.283 H

サン・フアン・デ・
ディオス教会
Ig. de San
Juan de Dios

C

フエンテ・ヌエバ公園
Parque
Fuente Nueva

クリーニ
（ドゥケサ Duq

サン・ヘロニモイ
Real Monasterio de San Jer

市内中心行きバス停

Avenida

Avenida Andaluces

グラナダ駅
Estación Renfe

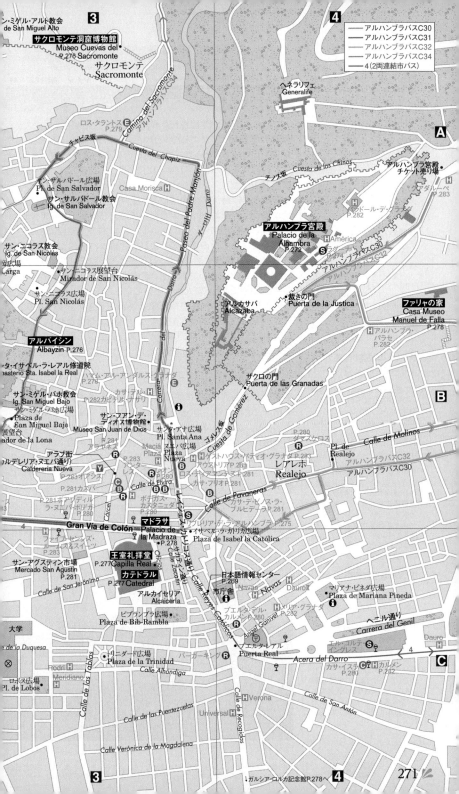

サン・ミゲル・アルト教会
de San Miguel Alto

サクロモンテ洞窟博物館
Museo Cuevas del
P.278 Sacromonte

サクロモンテ
Sacromonte

アルハンブラバスC30
アルハンブラバスC31
アルハンブラバスC32
アルハンブラバスC34
4(2両連結市バス)

ヘネラリフェ
Generalife

ロス・タラントス P.279

A

チャピス坂

Camino del Sacromonte

Casa Morisca **H**

Cuesta del Chapiz

Cuesta de los Chinos

チノス坂

アルハンブラ宮殿・
チケット売り場
P.282

サン・サルバドール広場
Pl. de San Salvador

パドール・デ・グラナダ
P.282

サン・サルバドール教会
Ig. de San Salvador

アルハンブラ宮殿
Palacio de la
Alhambra
P.272 **S**

H América

サン・ニコラス教会
Ig. de San Nicolás

アルハンブラバスC30

サン・ニコラス展望台
Mirador de San Nicolás

アルハンブラバスC32

サン・ニコラス広場
Pl. San Nicolás

裁きの門
Puerta de la Justica

ファリャの家
Casa Museo
Manuel de Falla
P.278

アルバイシン
Albayzin P.276

アルカサバ
Alcazaba

H アルハンブラ・
パラセ P.282

タ・イサベル・ラ・レアル修道院
Monasterio Sta. Isabel la Real P.278

ハマム・アル・アンダルス グラナダ
P.282カピトゥル・ナサリ **H**

ザクロの門
Puerta de las Granadas

サン・ミゲル・バホ教会
Ig. San Miguel Bajo
サン・ミゲル・バホ広場
Plaza de
San Miguel Bajo

サン・フアン・デ・
ディオス博物館
Museo San Juan de Dios

サンタ・アナ広場
Pl. Santa Ana

B

アラブ街
ルデレリア・ヌエバ通り
Caldereria Nueva

マシア広場
Macía
Plaza

ヌエバ広場
Plaza
Nueva

H ゲストハウス・パティオ・デ・グラナダ
H アウストリア P.281
カサ・フリオ P.281

レアレホ
Realejo

Pl. de
Realejo

アルハンブラバスC32

R
P.283

H ラビアンカ
Y

C B C
R

Calle de Elvira

ロス・カツメンテス P.281

アルハンブラバスC30

Calle de Molinos

ダマスケロス

Calle de Pavaneras

カサ・デ・ピソス・ラ・
フルヒデリア P.281

グラン・ビア・デ・コロン P.275

S

H

ボナガス・
カステエダ P.280

マドラサ
Palacio de
la Madraza
P.278

Gran Vía de Colón

Plaza de Isabel la Católica

イサベル・ラ・カトリカ広場

王室礼拝堂
Capilla Real
P.277

サン・アグスティン市場
Mercado San Agustin
P.281

カテドラル
Catedral
P.277

アルカイセリア
Alcaicería

日本語情報センター
P.269

Navas

市庁舎

Dauro **C**

i

マリアナ・ピネダ広場
Plaza de Mariana Pineda

i

大学

ビブランブラ広場
Plaza de Bib-Rambla

プエルタ・デル・
カルメン P.280

マリア・グラナダ P.282

ヘニル通り
Carrera del Genil

Dauro

C

de la Duquesa

トリニダード広場
Plaza de la Trinidad

バーガーキング

R
プエルタ・レアル
Puerta Real

Acera del Darro

エル・コルテ・
イングレス

S

4

ロボス広場
Pl. de Lobos

H
Meridiano

Calle Alhóndiga

H Verona

カサ・イスラ P.280

C H カルメン
P.282

Calle de San Jerónimo

Calle de las Tablas

Calle de las Puentezuelas

H Universal

Calle de Recogidas

Calle de San Antón

Calle Verónica de la Magdalena

ガルシア・ロルカ記念館P.278へ↓

アルハンブラ宮殿

住 Real de la Alhambra, s/n
☎ 902 441 221
URL www.alhambradegranada.org
開 毎日　　　　　8:30～20:00
　　（10/15～3/31は～18:00）
休 1/1、12/25
料 €19.09

チケットが必要なのは、アルカサバ、ナスル宮殿、ヘネラリフェの3ヵ所。このうちナスル宮殿のみ30分ごとの入場制限があり、指定された時間内に入場しないと無効になるので注意すること。なお上記3ヵ所以外は、チケットがなくても自由に入場できる。

夜間の入場について

ナスル宮殿とヘネラリフェが見学できる。
開 4/1～10/14
　火～土　　22:00～23:30
　10/15～3/31
　金・土　　20:00～21:30
休 ヘネラリフェのみ6～8月と11/15～3/14
料 ナスル宮殿€10.61、ヘネラリフェ€7.42

チケットの前売り販売

入場制限があり、売り切れることも多いので、早めに予約しておこう。なお前売りチケットの払い戻しは不可。
● オンライン購入
URL tickets.alhambra-patronato.es
昼間の見学は「Alhambra General」を選び、次いで月日、チケットの枚数、時間帯（ナスル宮殿への入場時間）を指定し、氏名やパスポート番号、クレジットカード情報など必要項目を入力する。予約が完了するとQRコード付きのチケットが発券されるので、印刷したものかスマホなどの画面を、パスポートと一緒に入口で提示する。

チケットの当日販売

チケットが残っている場合のみ、アルハンブラ宮殿のチケット売り場で8:00から販売する。

おすすめ見学ルート

裁きの門から入場し、アルカサバ→カルロス5世宮殿→ナスル宮殿→パルタル庭園→ヘネラリフェの順に回ると無駄がない。ただし夏の昼間は暑いので、朝の涼しい時間帯に先にヘネラリフェを見学するのもおすすめ。

イスラム芸術の最高傑作　　　　　★★★　　map P.271/A4

アルハンブラ宮殿
Palacio de la Alhambra　　　　　　　　　世界遺産

　グラナダ王国が建国されたのは1238年。相前後してイスラム教徒の本拠地だったコルドバとセビーリャが陥落し、レコンキスタが完了しつつあるという、風雲急を告げる時代のことだった。ナスル朝初代王ムハンマド1世（在位1232～73年）は、脆弱な国家の基盤を整えるため、仇敵カスティーリャ王国に服属して外交を安定させ、商工業の発展に力を注いだ。賢明な政治によって経済が潤うと、王はアルハンブラ城内に王宮を築城する。スペイン＝イスラム文明の輝かしいモニュメント、アルハンブラ宮殿である。

　都を見下ろす丘の上に姿を現した宮殿は、初代王の没後も歴代王によって建設が進められ、7代王ムハンマド5世（在位1333～54年）の世になってようやく完成をみる。この時代、アルハンブラ城内にはモーロ人貴族を中心に2000人以上の人々が暮らし、市場、モスク、住宅街が整備され、貴族の宮殿は7つを数えたという。なかでもナスル宮殿は、外見は無骨ながら、一歩中に入れば幻想世界が展開する、イスラム芸術の結晶だった。そのあまりの美しさに「王は魔法を使って宮殿を完成させた」とさえいわれた。

　幻想世界の終焉は、1492年に訪れた。もはやレコンキスタの勢いに抗しきれないと判断した最後の王ボアブディル（在位1482～92年）は、カトリック女王イサベルに城を明け渡し、臣下とともに北アフリカに逃れた。その後18世紀の王位継承戦争やナポレオン戦争を経て、アルハンブラは荒れ果ててしまったが、19世紀の米国人作家ワシントン・アービングの『アルハンブラ物語』によって再び世界の注目を集めた。現在はスペイン有数の観光地として、訪れる人々を魅了している。

シエラ・ネバダ山脈を背景に、夕日に染まるアルハンブラ宮殿

はみだし アルハンブラ宮殿の購入サイトで希望の日時が売り切れの場合でも、ガイドツアーなら購入できる場合もあるのでチェックしてみよう。料金は送迎と入場チケット、公式ガイドの案内込みで€50.90～。

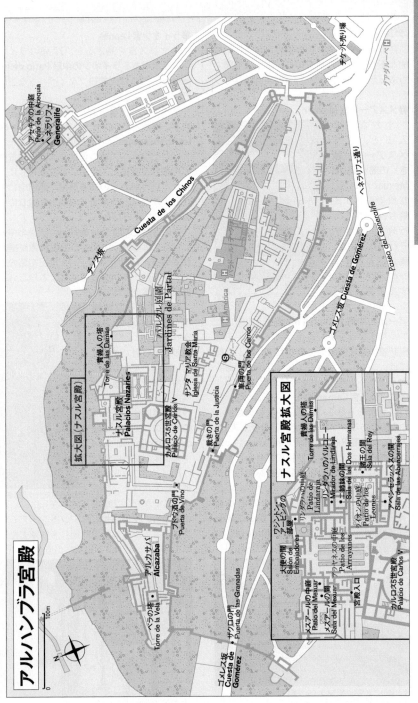

アルハンブラ宮殿

アセキアの中庭
Patio de la Acequia
ヘネラリフェ
Generalife

Cuesta de los Chinos

チノス坂

ヘネラリフェ通り

チケット売り場

グラダルーペ川

Paseo del Generalife

パルタル庭園
Jardines de Partal

貴婦人の塔
Torre de las Damas

拡大図（ナスル宮殿）

ナスル宮殿
Palacios Nazaríes

カルロス5世宮殿
Palacio de Carlos V

サンタ マリア教会
Iglesia de Santa María

裁きの門
Puerta de la Justicia

ワインの門
Puerta de Vino

裁きの門
Puerta de la Justicia

車両の門
Puerta de los Carros

アルカサバ
Alcazaba

ベラの塔
Torre de la Vela

ザクロの門
Puerta de las Granadas

ゴメレス坂
Cuesta de Gomérez

ヘネラリフェ坂 Cuesta de Gomérez

ゴメレス坂
Cuesta de Gomérez

ナスル宮殿拡大図

貴婦人の塔
Torre de las Damas

リンダラハのバルコニー
Mirador de Lindaraja

リンダラハの中庭
Patio de
Lindaraja

二姉妹の間
Sala de las Dos Hermanas

諸王の間
Sala del Rey

アベンセラッヘスの間
Sala de las Abencerrajes

ライオンの中庭
Patio de los
Leones

アラヤネスの中庭
Patio de los
Arrayanes

バンビケスの
アーチ
Arco de

大使の間
Salón de
Embajadores

メスアールの中庭
Patio del Mexuar

メスアールの間
Sala del Mexuar

宮殿入口

カルロス5世宮殿
Palacio de Carlos V

0 100m

273

ナスル宮殿 Palacios Nazaries

訪れる者を千夜一夜の世界に誘う、幻想的な王宮。王が政治を司り、また住空間でもあった、アルハンブラ宮殿の心臓部だ。

●メスアール宮 Mexuar

小さな扉を入ると、まず**メスアール（裁き）の間 Sala del Mexuar** がある。宮殿の現存する最も古い部分で、行政と司法が執り行われていた。奥はアルバイシンの丘を一望にする祈祷室だった。続いて**メス**

メスアールの中庭。左側の門を抜けるとコマレス宮へ

アールの中庭 Patio del Mexuar。北側にはアルバイシンを望む黄金の間があり、王宮来訪者の控え室として使われていた。南側には、コマレス宮へのエントランスである白大理石のファサードがそびえる。

●コマレス宮 Comares

ファサードをくぐれば、いよいよ宮殿の中心部であるコマレス宮だ。**アラヤネス（天人花）の中庭 Patio de los Arrayanes** いっぱいに造られた、青い池が目に涼しい。賓客は、砂漠の民による水の芸術に感動しながら、コマレスの塔の中にある**大使の間 Salón de Embajadores** へ通された。

上／壁のアラベスク模様とタイルが美しい
下／水鏡に映し出されるコマレスの塔

●ライオン宮 Leones

コマレス宮を過ぎると、12頭のライオンの噴水がある**ライオンの中庭 Patio de los Leones**。ここは王族のプライベートな空間で、装飾はより繊細になる。

ライオンの中庭に面して、3つの部屋がある。南側の**アベンセラッヘスの間 Sala de las Abencerrajes** は、政界の最大勢力だったアベンセラッヘス家の男性8人が、対抗勢力の讒言を受けた王の命により皆殺しにされたといういわくのある部屋。部屋中に飛び散った血は、ライオンの噴水を通じて中庭にまで広がったという。

東側は**諸王の間 Sala del Rey**。天井の中央にはナスル朝歴代10人の王の肖像が描かれている。14世紀末から15世紀初頭のものと見られ、イスラム教徒による珍しい具象芸術と推定されている。

北側にある**二姉妹の間 Sala de las Dos Hermanas** は、ライオンの中庭周辺では最も古い建物。天井の鍾乳石飾りは、宮殿随一の精密さをもつ美しいものだ。奥は**リンダラハのバルコニー Mirador de Lindaraja**。レコンキスタ後の増築棟がなければ、ここから城壁越しにアルバイシンが一望にできた。二姉妹

天井の鍾乳石飾りが見事な二姉妹の間

の間から、王の浴場、ワシントン・アービングが『アルハンブラ物語』を執筆した部屋を経ると、パルタル庭園に出る。

124本の列柱が配されたライオンの中庭

パルタル庭園 Jardines de Partal

　イスラム時代には、貴族の宮殿や住宅、モスクなどが建ち並ぶ緑地だった。アルバイシンを見下ろす展望台には、**貴婦人の塔 Torre de las Damas** が、前面に池を従えて優美な姿を見せている。庭園から糸杉の植えられた遊歩道を進むと、ヘネラリフェの入口へといたる。

かつては宮殿だった貴婦人の塔

ヘネラリフェ Generalife

　アルハンブラ城外、チノス坂を挟んだ太陽の丘にある、14世紀に建設されたナスル朝の夏の別荘。いたるところにシエラ・ネバダ山脈の雪解け水を利用した水路や噴水が設けられ、「水の宮殿」とも呼ばれる。なかでも離宮中央に位置する**アセキアの中庭 Patio de la Acequia** は、イスラム＝スペイン様式を代表する庭園。細長い池を囲んで花々が咲き乱れ、噴水の水しぶきが実に涼しげだ。かつて太陽の丘にはいくつもの庭園があったが、ただひとつ残されたのが最も美しいヘネラリフェだった。

美しい庭園にたたずむ夏の離宮

アルカサバ Alcazaba

　「ただひとり、アラーのみが勝利者である」と刻まれたブドウ酒の門を境にして、アルハンブラ城内は、ナスル宮殿を中心とする住宅街と軍事要塞アルカサバに二分されていた。アルカサバはアルハンブラで最も古い部分で、ローマ時代の砦の跡に、モーロ人が9世紀に築いたもの。キリスト教国の攻撃から都を守るため、アラブ世界の軍事技術を結集した難攻不落の要塞となった。

見張り台からはアルバイシンが一望できる

カルロス5世宮殿
Palacio de Carlos V

　カトリック両王の孫カルロス5世が、1526年の新婚旅行でアルハンブラ宮殿に宿泊した際に、建設を決めた宮殿。カルロス5世は、コルドバのメスキータにカテドラルを増築した建築好きの王で、グラナダを未来のスペイン帝国の首都とするにふさわしい新宮殿を望んでいた。建築様式を当時最新のルネッサンス様式とし、資金はグラナダのモーロ人から徴収することにして建設が始められたが、その後モーロ人追放令が発令されるなどして資金難から建設は中断された。屋根が付いたのは18世紀になってのことだったという。現在、1階は二姉妹の間のオリジナルの扉をはじめ多数の宮殿関連の品を展示する**アルハンブラ博物館 Museo de la Alhambra**、2階は**現代美術館 Museo de Bellas Artes** になっている。

アルハンブラ宮殿のなかでは異質な存在のカルロス5世宮殿

アルバイシン

🚌 ヌエバ広場からアルハンブラバスのC31、C32で所要約15分、プラサ・サン・ニコラスで下車するとサン・ニコラス展望台に近い。

アルバイシン地区の路地を走るアルハンブラバス

美しくライトアップされた夜のアルバイシン地区

アルハンブラ宮殿を一望する丘　★★★　map P.271/B3

アルバイシン
Albayzín

世界遺産

11世紀頃にイスラム教徒によって築かれた、グラナダ最古の町並みが残る地区。キリスト教徒によるグラナダ陥落の際には、アベン・ウメヤに指揮されたモーロ人の抵抗の砦となり、白壁と石畳はおびただしい流血に染められたという。

アルハンブラ宮殿から見たアルバイシン地区

　敵の侵入を防ぐ城郭都市として造られたため、道は迷路のように入り組み、方向感覚を失わせる。まずは、高台にある**サン・ニコラス展望台Mirador de San Nicolás**を目指そう。ここから見る、シエラ・ネバダ山脈を背景にしたアルハンブラ宮殿は有名。

　城壁の近くにある**ラルガ広場Pl. Larga**は、16世紀に市場として栄えた、アルバイシンの中心。周辺は今でもこの丘に住む人々の商店街として活気に満ちている。パティオに咲く花々や陶器の鉢、アラブ様式に装飾された窓を眺めながら路地を進もう。「カルメン」と呼ばれる、美しい庭園をもつ屋敷がいくつも連なり、糸杉が青空を突き刺している。

　丘の南西、**ロナ展望台Mirador de la Lona**からはカテドラルを中心とした市街を一望できる。また北西側の**サン・クリストバル展望台Mirador de San Cristobal**から見るベガ（沃野）は、遠くハエン方面まで広がる。夕暮れともなれば太陽が赤く焼けて、アンダルシアの地平線に落ちていく壮大な景観を見せてくれる。

ロマ族の洞窟住居を保存　★　map P.271/A3

サクロモンテ洞窟博物館
Museo Cuevas del Sacromonte

サクロモンテ洞窟博物館
🏠Barranco de los Negros
☎958 215 120
URL sacromontegranada.com
🕐毎日　10:00 〜 20:00
　（10/15 〜 3/14は〜 18:00)
💰€5
🚫1/1、12/25
🚌 ヌエバ広場からアルハンブラバスC34でSacromonte2下車、徒歩約7分

　アルバイシンへと通じるチャピス坂の東側一帯が、サクロモンテの丘。古くからロマ族たちは、丘の斜面に穴をうがち、そこに暮らしてきた。クエバと呼ばれるこの洞窟住居は、冬暖かく、夏は涼しい。博物館では、最近まで実際に使われていた12のクエバを訪ねながら、生活の様子や伝統工芸品などを見学することができる。

住み心地のよさそうな洞窟内

投稿　サン・ニコラス展望台から見る、ライトアップされたアルハンブラ宮殿は絶景。昼間より夜に訪れることをおすすめします。（オランダ在住　もぢゃ）['23]

さまざまな様式が混在する　　　　　★★　map P.271/C3

カテドラル（大聖堂）
Catedral

南側にあるルネッサンス様式のファサード

カテドラル
🏠Gran Vía de Colón 5
☎958 222 959
URLcatedraldegranada.com
⏰月～土　　　10:00～18:15
　　　　　日　　　15:00～18:15
休1/1、12/25
料€5、学割€3.50

ステンドグラスと黄金に彩られた主祭壇

グラナダ陥落の後、モスク跡に1518年より建設が開始された。当初はトレド大聖堂のゴシック様式を範とし基礎工事が進められたが、1528年以後はディエゴ・デ・シロエが担当し、プラテレスコ様式最大の建物となった。この様式はイタリア・ルネッサンスに触発されながら、構造的にはゴシックで、装飾にはアラブ的なムデハル様式を用いるなど折衷的なものであった。その後、ルネッサンス風に意匠の統一も進み、カテドラルの受禄僧となったグラナダ生まれの悲劇の画家、アロンソ・カーノが工事に参画した。彼は正面入口や聖堂内の装飾を担当し、1704年まで工事は続けられたが、塔の部分は未完成のままである。聖堂内はステンドグラスの光に彩られ、特にシロエが手がけた黄金の主祭壇は見事だ。

カトリック両王の霊廟がある　　　　★★★　map P.271/C3

王室礼拝堂
Capilla Real

豪華な装飾が施されたカトリック両王の墓

王室礼拝堂
🏠Oficios, s/n
☎958 227 848
URLcapillarealgranada.com
⏰月～土　　　10:00～18:30
　　　　　日　　　11:00～18:30
休1/1、12/25
料€5、学割€3.50
　水の15:00以降無料
※礼拝堂内の写真撮影は不可

グラナダをイスラム教徒から奪回しレコンキスタに終止符を打ったイサベル女王は、この地に墓所を定め、1504年に建立に着手。同年女王は亡くなり、夫のフェルナンド2世も1516年に完成を見ずに死ぬが、1521年の落成とともに両王の遺骸はここに安置された。建物としては現在カテドラルの一部のようになっているが、カテドラルより古く、歴史的・美術的価値も高い。

礼拝堂はゴシックの流れをくむトルダノ様式で、中央に大理石の墓が置かれている。右側が両王のイサベルとフェルナンド、左側が娘フワナと夫フェリペ。祭壇を向いて横たわり、その遺骸は地下の棺に安置されている。祭壇にはローマ法王により献じられた聖遺骨が保存されており、この種のものとしては第一級の価値がある。また聖具室にはイサベル女王の収集品が収められており、ボッティチェルリやメムリンクほか、イタリア、フランドル、スペインの巨匠たちの作品を見ることができる。

ルネッサンス様式の礼拝堂入口

投稿　王室礼拝堂は水曜の15:00～18:30に無料で入場できます。内部は写真撮影禁止ですが、なかなか見事なので時間が合えばぜひどうぞ。（大阪府　Rin）['23]

マドラサ
- 住Oficios 14
- ☎958 241 299
- 開毎日　10:30〜20:00
- 料€2

ファリャの家
- 住Antequeruela Alta 11
- ☎649 055 947
- URLwww.manueldefalla.org
- 開6〜9月
  - 火〜日　　9:00〜14:30
  - 10〜5月
  - 火〜土　10:00〜17:00
  - 日　　　10:00〜15:00
- 休月・祝（7・8月は日も休み）
- 料€3、学割€1

カルトゥハ修道院
- 住Paseo de Cartuja, s/n
- ☎958 161 932
- URLcartujadegranada.com
- 開日〜金　10:00〜18:00
  - 土　　　10:00〜12:45
  - 　　　　15:00〜18:00
- ※入場は閉門30分前まで
- 料€5、学割€3.50

投稿 カルトゥハ修道院へはグラン・ビア・デ・コロンから8番バスでアクセスできます。修道院の内装はすばらしく、とても印象に残りました。（東京都　マルク）['23]

ナスル朝時代の神学校跡　　　　　★　map P.271/C3
マドラサ
Palacio de la Madraza

　マドラサとはイスラム教の指導者を養成するための神学校。ユースフ1世によって1349年に建設され、レコンキスタ後は市庁舎や大学として使用されていた。1階の小部屋には美しい鍾乳石飾りが当時のまま残されている。

2階のムデハル様式の天井も見事

スペインを代表する作曲家　　　　★　map P.271/B4
ファリャの家
Casa Museo Manuel de Falla

　『恋は魔術師』『三角帽子』などの作品で知られる作曲家、マヌエル・デ・ファリャ。彼がアルゼンチンに移るまでの1921年から39年にかけて住んだ家がここ。友人のガルシア・ロルカやギタリストのアンドレス・セゴビアらも足しげく訪れたという。渡航後も友人たちの手によって保存され、ファリャが使用したピアノや家具も当時のまま。『ドビュッシー讃歌』、未完の大作『アトランティダ』などもここで作曲された。

スペイン・バロック様式の傑作　　★★　map P.270/A1
カルトゥハ修道院
Monasterio de la Cartuja

　1517年に建設が開始され、18世紀に完成したカルトジオ会の修道院。入口を入ると、修道士の瞑想の場だった回廊が広がる。教会内部や聖具室Sacristíaは、大理石の彫刻、金銀細工、象嵌などで過剰なくらいに装飾され、スペイン・バロックの典型ともいうべきチュリゲラ様式の神髄を見せている。

町の北西部に位置する

TOPICS
ガルシア・ロルカゆかりの地を巡る

　著作『ジプシー歌集』や『血の婚礼』などで知られるガルシア・ロルカ García Lorca（1898〜1936年）は、スペインを代表する詩人・劇作家。グラナダ郊外の**フエンテ・バケーロス Fuente Vaqueros**（map P.267/B2）には、彼の生家が保存され、記念館として公開されている。

　またグラナダ市内に、ロルカ家が所有していたサン・ビセンテ農園（現在はガルシア・ロルカ公園）があり、別荘が記念館に

公園内にあるガルシア・ロルカ記念館

なっている。ロルカの代表作のほとんどがここで執筆され、彼が使ったピアノや家具、友人ダリが贈った絵、ロルカ自身による人形劇の背景画などが見学できる。

　「民衆の詩人」として人々に愛されたロルカは、内戦中にグラナダ近郊のビスナルからアルファーカルへの途上で、フランコ勢力に銃殺された。

●ガルシア・ロルカ生家記念館
- URL www.patronatogarcialorca.org
- 交 グラナダ市内から0335、0336のバスで約15分、1〜2時間おきに運行

●ガルシア・ロルカ記念館
- map P.271/C4 外
- URL www.huertadesanvicente.com

はみだし 「ハマム・アル・アンダルス・グラナダ Hmmam Al Andaluz Granada」は、アラブ風の入浴施設。アルハンブラ宮殿を模したスペースに、冷水、ぬるま湯、熱めの湯の3つの浴槽やサウナがあり、旅の疲

近郊の見どころ ✦ Excursion

洞窟住居で知られる町 ★ map P.267/B2

グアディクス
Guadix

　グラナダからのバスは終点のバスターミナルまで行くが、ひとつ手前のカテドラル前で降りるとよい。カテドラルに向かって右側に「Barriada de Cuevas」の標識があるので、それに従って歩くこと約15分。丘の斜面に突き出た、穴の開いたオブジェのようなものが見えてくる。これはクエバ（洞窟住居）の換気筒で、今歩いている道の下が実は家の中というわけだ。入場料を明記して内部を見学させている家もあれば、親切に中を案内したあとでお金を請求する家もあるので注意。民俗衣装や生活用具、農耕具などを展示する**洞窟博物館Cueva-Museo**もある。

洞窟住居には現在も
人が暮らしている

グアディクスへの行き方
🚌 グラナダのバスターミナルから約1時間、ほぼ1時間おきに運行。

洞窟博物館
🏠 Pl. del Padre Poveda, s/n
☎958 665 569
🕐 夏期
　月～水・土 10:00 ～ 14:00
　木・金 17:00 ～ 19:00
冬期
　月～金 10:00 ～ 14:00
　　　　 16:00 ～ 18:00
　土 10:00 ～ 14:00
🈺 日・祝
💰€2.60

エンターテインメント ✦ Entertainment

　グラナダはフラメンコが盛んな町のひとつ。サクロモンテには洞窟住居を利用したタブラオがいくつかあり、ロマ族による情熱的なフラメンコが間近で観られる。グラナダのホテルでは予約の代行もしてくれる。上演終了は深夜になるので、送迎付きのほうが安心だ。

▼タブラオ

ロス・タラントス
Los Tarantos map P.271/A3

洞窟タブラオの老舗
　サクロモンテの洞窟住居を利用しており、中央のスペースがステージになる。狭い洞窟内で見るロマ族の踊りは迫力満点だ。送迎付きは、サン・ニコラス展望台からアルハンブラ宮殿の夜景を見学したあとタブラオへ。

🏠Camino Sacromonte 9
☎958 224 525
URL www.cuevaslostarantos.com
🕐 ショーは21:15 ～、22:30 ～
🈺1/1、12/24
💰 ドリンク付き €32（送迎なし €26）
カード M V

アルバイシン
Albayzín map P.270/B2

イスラム風のタブラオ
　アルバイシン地区のサン・クリストバル展望台の前にある。所要約1時間のショーは、ロマ族の踊りと歌で盛り上がり、途中でベリーダンスの披露も。ショーの前に洞窟住居とアルバイシンの見学が付くこともある。

🏠Ctra. de Murcia, s/n
☎636 575 125
URL www.flamencoalbayzin.com
🕐 ショーは21:15 ～、22:30 ～（11 ～ 2月は21:30 ～）
🈺1/1・6、12/24・31
💰 ドリンク付き €30（送迎なし €26）
カード A D M V

ラ・ソレア
La Soleá map P.270/C1

実力派も多数出演する
　闘牛場の一角にあるタブラオ。プロのフラメンコダンサーとして活躍する若手も多く、ロマ族の結婚式の様子をドラマ風に織り込むなど、華やかで洗練された舞台を楽しめる。食事を取る場合はショーの前か後に。料理も高レベル。

🏠Av. Dr. Oloriz 25
☎615 243 105
URL www.lasolea.es
🕐 ショーは20:30 ～、22:00 ～
🈺12/24・31
💰 ドリンク付き €30、食事付き €55 ～ 65
カード A M V

れを忘れてリラックスできる。入浴のみ €46、入浴とアロママッサージ €52 ～。水着が必要。 map P.271/B3　🏠 Santa Ana 16　☎ 958 913 125　URL granada.hammamalandalus.com　🕐 毎日 10:00 ～最終入場 24:00

レストラン ÷ Restaurant

　観光地であるとともに大学の町でもあるため、高級から格安まで選択肢は広い。レストランが多いのは、市庁舎前の広場から東へ入ったナバス Navas 通り。またヌエバ広場からエルビラ Elvira 通りに入った一角には、庶民的なバルが集まっている。そこからさらに進み、途中右へ折れるとカルデレリア・ヌエバ Calderería Nueva 通り。坂道にアラブ風のテテリア（喫茶店）やレストランが並んでいる。なおグラナダのバルでは、飲み物を注文すると無料でタパスが付いてくる店が多い。

スペイン料理

ダマスケロス
Damasqueros　map P.271/B4

創作スペイン料理を楽しむ
　アンダルシア料理界で注目される女性シェフ、ローラ・マリンの店。郷土の味を意識した創作料理は目でも楽しめる。全6品のデグスタシオンコースは€55（パンと飲み物は別途）。わかりにくい場所にあるので、夜はタクシー利用がおすすめ。

　Damasqueros 3
☎958 210 550
🕐13:00 〜 15:00
　20:30 〜 22:30
休日の夜、月
カード A M V
🚶ヌエバ広場から徒歩 15 分

プエルタ・デル・カルメン
Puerta del Carmen　map P.271/C4

市庁舎前の広場にある
　19世紀の建物を改装したカジュアルなレストラン。ガラス張りの店内は開放感があり、イスラム風の内装がおしゃれ。伝統料理をベースにした創作料理やタパスを提供しており、ワインの種類も豊富。バルとしても利用できる。

　Plaza del Carmen 1
☎958 223 737
🕐13:00 〜翌 1:00
休12/24・31
カード A D J M V
🚶ヌエバ広場から徒歩 5 分

レオン
León　map P.271/B3

地元の常連客も多い
　家族で切り盛りする庶民的なレストラン。サクロモンテ風オムレツ、空豆と生ハムのソテー、鹿肉のマリネなど、グラナダの伝統料理が味わえる。パエリャは2人前€31、ひと皿（昼のみ注文可）€5.50。日本語メニューもある。

　Pan 1
☎958 225 143
🕐12:30 〜 16:00
　20:00 〜 23:00
休火の夜、水
カード M V
🚶ヌエバ広場から徒歩 1 分

ラ・ヌエバ・ボデガ
La Nueva Bodega　map P.271/B3

昔ながらの町の食堂
　エルビラ通りとセティ・メリエム通りの角に位置する、気さくな雰囲気のレストラン。定食メニューが10種類ほどあり€12.80 〜 18.80。カウンター付近はバルになっており、ビールなどの飲み物を注文すると無料タパスが出てくる。

　Cetti Meriem 9
☎958 225 934
🕐13:00 〜 24:00
休12/24
カード A M V
🚶ヌエバ広場から徒歩 3 分

バル

ボデガス・カスタニェダ
Bodegas Castañeda　map P.271/B3

老舗の有名バル
　カウンターの上には生ハム、奥にはワインの樽が積まれ、昔ながらのバルといった風情。各国語のガイドブックに紹介されており、地元客や観光客で大にぎわい。グラナダのほかのバルと同様、飲み物を頼むと無料タパスが付く。

　Almireceros 1y3
☎958 215 464
🕐11:30 〜翌 0:30
　（土・日は〜翌 1:00）
休無休
カード M V
🚶ヌエバ広場から徒歩 1 分

はみだし　グラナダ銘菓のピオノノ Pionono は、1897 年創業の菓子店「**カサ・イスラ Casa Ysla**」が考案したもの。店内のカフェで味わうこともできる。map P.271/C4　Acera del Darro 62　毎日 8:00 〜 21:00

アンダルシア

バル

カサ・デ・ビノス・ラ・ブルヒデーラ　Casa de Vinos La Brujidera　map P.271/B3

ワイン好きが集まる

スペイン各地から集められたワインは100種類以上。そのうち約30種類はグラス（€3.10～）でも味わえるのがうれしい。木を多用した内装は趣があり、カウンターやテーブル席に座ってじっくりワインを楽しめる。

🏠Monjas del Carmen 2
☎722 214 719
🕐12:30～16:00
　（土・日は～17:00）
　20:30～24:00
🚫12/24・31
カード JMV
🚇ヌエバ広場から徒歩3分

カサ・フリオ　Casa Julio　map P.271/B3

エルビラ通り脇の路地にある、昔ながらの雰囲気を残すバル。狭い店内はいつも混雑している。魚介の揚げ物などの無料タパスは食べ応えあり。

🏠Hermosa 5　☎なし
🕐13:00～16:00、20:30～23:00　🚫月、日の夜、8月
カード MV　🚇ヌエバ広場から徒歩5分

ボアブディル　Boabdil　map P.271/B3

エルビラ通りにある家庭的なバル。日替わり定食は昼夜ともに€12.50。ランチタイムは地元の常連客で混み合うので、早めに行くのがおすすめ。

🏠Hospital de Peregrinos 2　☎958 228 136
🕐9:00～24:00（日は～18:00）　🚫無休
カード MV　🚇ヌエバ広場から徒歩2分

ロス・ディアマンテス　Los Diamantes　map P.271/B3

グラナダに4店舗をもつ老舗バル。魚介のフライなど、特にシーフードのタパスがおいしい。ガンバス・ピルピル（エビのアヒージョ）は€13。

🏠Plaza Nueva 13　☎958 075 313　🕐月～金12:00～18:00、20:00～翌2:00、土・日11:00～翌1:00　🚫無休
カード MV　🚇ヌエバ広場から徒歩1分

アラブ料理

アラヤネス　Arrayanes　map P.271/B3

モロッコ人が経営する

カルデレリア・ヌエバ通りから脇道を少し入った所にある。チキンと野菜のクスクス€15.50、ラム肉のタジン（煮込み）€15など、モロッコの家庭料理を味わってみたい。週末にモロッコ音楽の演奏が行われることもある。

🏠Cuesta Marañas 4
☎958 228 401
🕐13:00～16:00
　19:00～23:00
🚫無休
カード JMV
🚇ヌエバ広場から徒歩5分

グラナダ

カスバ　Kasbah　map P.271/B3

アラブ喫茶店でティータイム

カルデレリア・ヌエバ通りにあるテテリア（ティーハウス）のなかでも草分け的存在。約70種類のお茶やアラブ菓子のほか、フレッシュジュースやクレープも揃う。ランチの定食は€11.95。エキゾチックな店内で水パイプも楽しめる。

🏠Canderería Nueva 4
☎958 227 936
🕐12:00～翌0:30
　（金・土は～翌1:30）
🚫無休
カード 不可
🚇ヌエバ広場から徒歩2分

TOPICS

グラナダのバルでタパスを食べ歩き

グラナダのバルでは、ワインやビールなどの飲み物を頼むと、1杯（€1.50～2程度）につきタパス1品が無料で付いてくる。揚げ物、煮込み、ハンバーガーなど店によって内容はさまざまで、同じ店でも1杯目と2杯目では違うタパスを出してくれることが多い。けっこうなボリュームがあるので、3～4軒もはしごすれば食事代わりになってしまう。なお無料のタパスが出てくるのはスペインの食事時間なので、昼なら13:00～、夜なら20:00～を目安に出かけるとよい。

サン・アグスティン市場（map P.271/C3）にも数軒のバルがあり、新鮮な食材を使ったタパスが食べられる。市場のバルは🕐毎日12:00～23:00。

バルが並ぶナバス通り

無料とは思えないほどボリューム満点のタパス

ホテル ✣ Hotel

スペイン有数の観光地であるグラナダには、人気のパラドールから家庭的なオスタルまで、各カテゴリーの宿泊施設が揃う。観光地であるにもかかわらず、料金が比較的低めなのも特徴のひとつ。高級・中級ホテルは、プエルタ・レアル周辺や新市街に点在している。また、アルハンブラ宮殿へと通じるゴメレス坂やグラン・ビア・デ・コロン周辺には手頃な料金のオスタルが並び、トリニダード広場周辺には昔ながらの経済的な宿屋が多い。

▼高級

パラドール・デ・グラナダ　Parador de Granada　[map] P.271/A4

アルハンブラで優雅に過ごす　★★★★

アルハンブラ宮殿の敷地内にある、15 世紀に建てられた修道院を改装。宿泊客しか入れないパティオや礼拝堂は厳かな雰囲気だ。レストランやカフェは一般客でも利用できるので、宮殿見学の合間の休憩に便利。(→ P.44)

[住]Real de la Alhambra, s/n
☎958 221 440　[FAX]958 222 264
[URL]www.parador.es
[料]ⓈⓌ€360 ～ 560
[カード][A][D][J][M][V]
[客室数]40　[Wi-Fi]無料
[交]ヌエバ広場から徒歩 20 分

アルハンブラ・パラセ　Hotel Alhambra Palace　[map] P.271/B4

イスラム風の宮殿ホテル　★★★★

アルハンブラ宮殿近くの丘陵に建つ、外観も内装もイスラム風の豪華ホテル。1910 年の開館式には国王アルフォンソ 13 世も出席したという歴史をもつ。カフェや室内からの市街を見晴らす眺望がすばらしい。

[住]Pl. Arquitecto García de Paredes 1
☎958 221 468　[FAX]958 226 404
[URL]www.h-alhambrapalace.es
[料]ⓈⓌ€243 ～ 423
[カード][A][D][J][M][V]
[客室数]126　[Wi-Fi]無料
[交]ヌエバ広場から徒歩 15 分

メリア・グラナダ　Hotel Meliá Granada　[map] P.271/C4

観光に便利な立地　★★★★

旧市街の中心に位置する大型ホテル。ショッピングアーケードにあり、向かいは皮革店のロエベ。すぐ近くにはデパートのエル・コルテ・イングレスもあるので便利だ。客室は落ち着いた雰囲気で、リラックスして過ごせる。

[住]Angel Ganivet 7
☎958 227 400　[FAX]958 227 403
[URL]www.melia.com
[料]ⓈⓌ€96 ～ 298
[カード][A][D][J][M][V]
[客室数]232　[Wi-Fi]無料
[交]プエルタ・レアルから徒歩 1 分

カルメン　Hotel Carmen　[map] P.271/C4

団体客の利用が多い　★★★★

空港バスが停まるプエルタ・レアルのバス停から近く、向かいにはエル・コルテ・イングレスやタクシー乗り場もあって便利。部屋数が多く、朝食メニューも充実。屋上にはアルハンブラ宮殿を望むプールがある。

[住]Acera del Darro 62
☎958 258 300
[URL]www.barcelo.com
[料]ⓈⓌ€78 ～ 262
[カード][A][D][J][M][V]
[客室数]222　[Wi-Fi]無料
[交]プエルタ・レアルから徒歩 2 分

▼中級

カサ・デル・カピテル・ナサリ　Casa del Capitel Nazarí　[map] P.271/B3

16 世紀の邸宅がホテルに　★★★

邸宅だった頃の柱や井戸がそのまま残されており、中庭を囲むように客室が並ぶ。5 種類の枕から好みのものが選べたり、夕方には無料のコーヒーやお茶のサービスも。キッチン付きのアパートメントホテルも併設している。

[住]Cuesta Aceituneros 6
☎958 215 260
[FAX]958 215 806
[URL]www.hotelcasacapitel.com
[料]ⓈⓌ€65 ～ 220
[カード][J][M][V]
[客室数]18　[Wi-Fi]無料
[交]ヌエバ広場から徒歩 1 分

[はみだし] 現地在住の日本人が、アルバイシン地区にある 16 世紀の邸宅を改装したアパートを、旅行者や留学生向けにレンタルしている。キッチンやリビングルームなどの利用も可能で、グラナダ暮らしを体験したい人や、↗

▼中級

グアダルーペ Hotel Guadalupe

[map] P.271/A4

アルハンブラ観光に便利 ★★★

アルハンブラ宮殿のチケット売り場の近くにあり、朝から夜まで宮殿をじっくり堪能したい人におすすめ。客室は落ち着いた雰囲気で、窓からの眺めもいい。町の中心へは少し遠いが、アルハンブラバス C30、C32 を利用できる。

[住]Paseo de la Sabica 30
☎ 958 225 730
[URL]hotelguadalupe.selectionofhotels.com
[料]ⓈⓌ€42 ～ 193
[カード][A][D][J][M][V]
[客室数]58 [Wi-Fi]無料
[交]ヌエバ広場から徒歩 20 分

ファイブ・センシズ・ルームズ&スイーツ Five Senses Rooms & Suites

[map] P.271/C3

ロケーションが魅力的 ★★★

グラン・ビアにあり、カテドラルまで徒歩約 3 分。市バスや空港バスの停留所にも近い。モダンな内装の客室は、フロアごとにテーマカラーが異なる。スタンダードルームはバスタブがなくシャワーのみ。スパや屋上プールもある。

[住]Gran Vía 25
☎958 285 464
[URL]www.granadafivesenses.com
[料]ⓈⓌ€61 ～ 230
[カード][A][D][M][V]
[客室数]75 [Wi-Fi]無料
[交]カテドラルから徒歩 3 分

▼リーズナブルな宿

アテナス Hostal Atenas

★★ [map] P.271/B3

グラン・ビアの大通りに面した便利なロケーション。オスタルながらフロントは 24 時間対応。部屋は簡素だが、エアコン完備で快適に過ごせる。

[住]Gran Vía 38 ☎958 278 750
[URL]www.hostalatenas.com [料]ⓈⓌ€42 ～ 193
[カード][A][D][J][M][V] [客室数]80 [Wi-Fi]無料
[交]カテドラルから徒歩 5 分

アバディア Hotel Abadia

★★ [map] P.270/C2

16 世紀の建物を改装したプチホテル。部屋ごとに内装が異なる客室は居心地がよく、緑に囲まれたパティオでくつろぐこともできる。

[住]Triana Baja 7 ☎958 271 979 [URL]www.abadiahotel.com
[料]Ⓢ€38 ～ 144 Ⓦ€43 ～ 150
[カード][A][J][M][V] [客室数]24 [Wi-Fi]無料
[交]グラナダ駅から徒歩 15 分

アンターレス Hostal Antares

★ [map] P.271/B3

カテドラルやヌエバ広場にも近く便利な立地。入口は閉まっているので、呼び鈴を押して開けてもらう。部屋や共同シャワーは清潔。英語も通じる。

[住]Cetti Meriem 10 ☎958 228 313 [URL]www.hostalantares.com
[料]Ⓢ バス共同 €28 ～ 32 Ⓦ€42 ～ 50、バス共同 €38 ～ 44
[カード][J][M][V] [客室数]20 [Wi-Fi]無料
[交]カテドラルから徒歩 2 分

アウストリア Pensión Austria

★ [map] P.271/B3

ヌエバ広場近くに位置し、ゴメレス坂を上がってアルハンブラ宮殿にも歩いていける。内部にこぢんまりしたパティオがあり、部屋も清潔感がある。

[住]Cuesta de Gomérez 4 ☎ &[FAX]958 227 075
[URL]www.pensionaustria.com [料] Ⓢ€40 ～ 50 Ⓦ€46 ～ 56
[カード][M][V] [客室数]10 [Wi-Fi]無料
[交]ヌエバ広場から徒歩 1 分

オアシス Oasis Backpackers Hostel

[map] P.271/B3

若者に人気のホステル。冷蔵庫、キッチンがあり、自炊もできる。コーヒーや紅茶は無料。タパスツアーも行っている。門限なし。朝食込み。

[住]Placeta Correo Viejo 3 ☎958 215 848
[URL]www.oasisgranada.com [料] Ⓓ €14 ～ 42 [カード][M][V]
[ベッド数] 60 [Wi-Fi]無料 [交]カテドラルから徒歩 5 分

TOPICS

グラナダでフラメンコのレッスン

日本人女性が経営するゲストハウス「パティオ・グラナダ」では、フラメンコの舞踊やギターなどのレッスンをアレンジしてくれる。初心者から上級者までレベルに応じて受講でき、1 日のみの体験レッスンから長期留学まであるので相談してみよう。またフラメンコ衣装の貸し出しもしており、記念撮影をしたり町を散策することも可能。ほかにもバル巡りや家庭料理の個人クラスなど、現地の文化をより深く体験できるプログラムが用意されている。

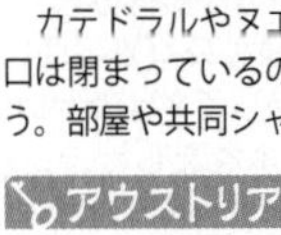

初心者でも気軽に体験できる

●ゲストハウス・パティオ・グラナダ
Guset House Patio Granada

[map] P.271/B3 [住] Animas 1 ☎ 958 222 936
[URL] patiogranada.com [料]Ⓢ€38、Ⓦ€48、Ⓓ €25（1名）
ゴメレス坂を 40m ほど上って右側に入った路地にあり、玄関の呼び鈴を押す。日本人女性スタッフが 12:00 ～ 19:30 に常駐しているが、あらかじめメールなどで連絡しておこう。携帯電話は 627819891（角田）/674577946（島田）。

家族や友人など大人数での滞在に便利。最低 3 泊から、1 週間以上は割引あり。料金はアパートや部屋により異なるので、[URL] staygranada.jimdo.com で確認を（日本語で問い合わせ可）。

Las Alpujarras
グラナダから行く 白い村 アルプハラ地方

雪を頂くシエラ・ネバダを背景に白い村が点在するポケイラ渓谷

　カトリック両王に敗れたアラブ王国の残党が隠れ住んだという、いわば落人の里アルプハラ。イベリア半島最高峰を背後に控え、雪解け水が川となり流れる谷に、小さな集落がいくつも並ぶ。雪を頂く峰を望む、緑の段々畑と白い家。壁が非常に厚いので、夏は涼しく冬は暖かい。古い家の天井を見上げれば、木を渡した上に粘板岩を置いて屋根が葺いてあるのが見えるはずだ。冬は零下となるので、どの家にも暖炉は欠かせないようだ。

　アルプハラへの入口の町、**ランハロン Lanjarón**は鉱泉とミネラルウオーターで有名。6月24日サン・フアンの日の未明には、通りを行く人に水をかけ合う水かけ祭りもあってにぎわう。また、

左／こんな牧歌的な風景に出合うことも
右／道行く人も少なく、村はひっそりとしている

アンダルシア

アルプハラ地方

左／屋根から突き出す、ユニークな形の煙突
右／特産の織物を並べた村のみやげ物屋

清涼な空気に包まれて教会
の壁が真っ白に輝く

続く**オルヒバ Orgiva** はこの地方の行政の中心地。このふたつの村にホテルも多い。

しかし白い村を訪ねるなら、おすすめは**ポケイラ渓谷 Valle de Poqueira** の**カピレイラ Capileira** だろう。標高1436m。初夏でも雪の残る山を背に、雲を下に見る日も多いという天上の村である。村中くまなく歩いても、1時間くらいで見て回れそうなほど小さな村だ。人口約500人というから、村の人みんなが知り合いといったところだろう。

長期滞在者用のアパートメント小テル「ビリャ・トゥリスティカ Villa Turística」のある隣村、**ブビオン Bubión** まで歩いて15分。みやげ物屋が多い**パンパネイラ Pampaneira** までも30分だから、この3つの村のどこかに宿を取って歩き回るのも楽しいかもしれない。カピレイラにはアルプハラの伝統的な古い家を利用した博物館 Museo de Costumbres Pedro Antonio de Alarcón があり、昔の民具などが展示されている。

ポケイラ渓谷よりも東、奥へ入っていくとイベリア半島で最も標高の高い村、**トレベレス Trévelez**(1476m)にたどり着く。ハモン・セラーノ（生ハム）の産地としても知られるこの村は、マスの養殖も盛んだ。

家の白壁を色鮮やかな花々が飾る

グラナダ Granada
A395
シエラ・ネバダ Sierra Nevada
Sierra Nevada
シエラ・ネバダ山脈
ポケイラ渓谷 Valle de Poqueira
トレベレス Trévelez
N323-E902
カピレイラ Capileira
パンパネイラ Pampaneira
ランハロン Lanjarón
ブビオン Bubión
オルヒバ Orgiva
A348
A348
サロブレーニャへ Salobreña へ
0 10km

map P.267/B2

アクセス

🚌 グラナダからランハロンやオルヒバを経由してカピレイラまで約2時間30分、トレベレスまで約3時間15分、1日3便。またグラナダの日本語情報センター（→ P.269）では、アルプハラの村々を巡るタクシーツアーもアレンジしてもらえる。

ランハロンのホテル

エル・ソル　Hotel El Sol ★★
🏠Alpujarra 30
☎ 958 871 500
URL www.hotelsoldelanjaron.com
料 Ⓢ€39～50　Ⓦ€50～62
客室数47　WiFi無料
湯治場にも近い。12月中旬から1月末まで休業（ランハロンのホテルの多くが、冬期休業となる）。

カピレイラのホテル

メソン・ポケイラ
Hostal Mesón Poqueira ★★
🏠Doctor Castilla 11
☎ & FAX958 763 048
URL www.hotelespoqueira.es
料 Ⓢ€40～50　Ⓦ€60～70
カードⓂⓋ　客室数15　WiFi無料
バス停のすぐ前にある。館内には日本人画家の作品が飾られている。

パンパネイラのホテル

ルタ・デル・ムルアセン
Hostal Ruta del Mulhacén ★
🏠Av. de la Alpujarra 6
☎ 958 763 010　FAX958 763 446
URL www.rutadelmulhacen.es
料 Ⓢ€35～40　Ⓦ€45～55
カードⓂⓋ　客室数12　WiFi無料
バス停前のみやげ物屋の2階。広くてきれい。レストランも併設。

トレベレスのホテル

ラ・フラグア I
Hotel La Fragua I ★
🏠San Antonio 4
☎ 958 858 626　FAX958 858 614
URL www.hotellafragua.com
料 Ⓢ Ⓦ€58～95
カードⓂⓋ　客室数10　WiFi無料
バス停から100mほど、市庁舎の隣にある。

イスラム文化が花開いた後ウマイヤ朝の首都

コルドバ

Córdoba

世界遺産

map P.267/A1

標高	123m
人口	約31万9500人

アクセス

🚄 マドリード・アトーチャ駅から1時間45分、毎時1～3便。バルセロナ・サンツ駅から約5～6時間、1日10便程度。グラナダから1時間30分～2時間20分、1日10便程度。セビーリャから40分～1時間20分、毎時1～2便。マラガから約1時間、毎時1～2便。

🚌 マドリードの南バスターミナルからSocibus社のバスで約5時間、1日5～7便。グラナダからAlsa社のバスで2時間45分、1日6～7便。セビーリャから1時間45分～2時間40分、1日7便。マラガから2時間30分～3時間20分、1日4便。

❶ 観光案内所

● メスキータの南側
map P.287/C2
🏠 Pl. del Triunfo
☎ 902 201 774
URL www.turismodecordoba.org
🕐 月～土　　　9:00～19:00
　　日・祝　　　9:00～14:30
テンディーリャス広場にも❶がある。

世界遺産

コルドバ歴史地区
(1984年登録、1994年拡大)

メディナ・アサアラ
(2018年登録)

カラオーラの塔からメスキータとローマ橋を望む

　セビーリャ、マラガに次ぐ、アンダルシア第3の都市。詩人ガルシア・ロルカが「はるかなる孤独のコルドバよ!」とうたいあげた町は、グアダルキビル川の北岸に静かにたたずんでいる。

　ローマ時代には属州ヒスパニア・バエティカの首都として、皇帝ネロの家庭教師を務めた哲学者セネカをはじめ、多くの学者や詩人を輩出。ローマ文化の中心地として栄えた。

　711年にイベリア半島に侵攻したイスラム教徒は、占領した土地をアル・アンダルスと呼び、その首都をコルドバにおいた。756年には、バグダッドのアッバース朝によってダマスカスを追われたウマイヤ家の最後のひとりが、アブド・アッラフマーン1世としてコルドバで即位。この新王朝は後ウマイヤ朝(西カリフ帝国)と呼ばれ、929年に即位したアブド・アッラフマーン3世の時代に全盛期を迎える。当時のコルドバの人口は約50万人、町には300ものモスクが建てられ、東ローマ帝国の首都であったコンスタンティノープルとその繁栄を競った。

　ヨーロッパが「暗黒の中世」と呼ばれたこの時代、コルドバにはイスラム教の伝来とともに、古代ギリシアやローマの文献がアラビア語によって伝えられた。そしてこれらを学ぼうとする人たちがヨーロッパ各地から集まり、モスクの中にはスペインで最初のマドラサ(学院)が設けられた。やがてここで開花した多くの学問が11～13世紀にラテン語に翻訳され、アリストテレスやプトレマイオスの業績を後世に伝えたのだった。

　1236年にキリスト教徒はコルドバを奪回したが、イスラム文化をすべてぬぐい去ることはできなかった。白壁の家々が続く旧ユダヤ人街を抜けて、メスキータまでの道を歩くだけでも、この町がたどってきた足跡を見ることができる。

イスラム時代のモスクだったメスキータ

はみだし　鉄道駅には荷物預かり所やコインロッカーがないが、コルドバのバスターミナルにはコインロッカーがあり料金は€4。ただし数が限られており、いっぱいのこともあるので注意。

投稿　コルドバで途中下車したのですが、バスターミナルにはコインロッカーは少なくて空きがなく、メスキータ内はスーツケース持ち込み禁止で、周囲にも預けられる所はなかったので往生しました。（東京都　さいたろ）['23]

287

観光客が行き交うユダヤ人街

鉄道駅は町の北側にあり、バスターミナルも隣接している。コルドバのシンボルである**メスキータMezquita**へは南東へ約2km、歩くと30分くらいかかる。タクシーなら€8ほど。市バスで行く場合は鉄道駅の西側にあるバス停から3番に乗る。**テンディーリャス広場Pl. de las Tendillas**を通り、San Fernando通りを南へ進み、ミラフローレス橋が正面に見えてきたら、次の川沿いの停留所で降りよう。バスはユダヤ人街とは反対方向に行き、またメスキータまで戻ってくるが、30分ほどよけいにかかってしまうので注意。

見どころはメスキータを中心とした歴史地区に集まっているので歩いて回れる。時間があれば、パティオが美しい**ビアナ宮殿Palacio de Viana**へも足を延ばしてみよう。途中、鮮やかな色が印象的な**コレデーラ広場Pl. de la Corredera**のカフェで休憩するのもいい。繁華街はテンディーリャス広場周辺。Conde de Gondomar通りやJosé Cruz Conde通りには商店やバルが並びにぎやかだ。

シナゴガ
map P.287/C1
住Judíos 20
☎957 202 928
🕐火～土　　9:00～21:00
　　日・祝　9:00～15:00
休月
料無料

アンダルシア地方に現存する唯一のシナゴーグ

カサ・アンダルシ
map P.287/C1
住Judíos 12
☎957 290 642
🕐毎日　　10:00～20:00
　（10～3月は～19:00）
料€4

アラブ情緒が漂うカサ・アンダルシ

白い小道に花々が彩りを添える　　★★★　map P.287/C1 ～ C2
ユダヤ人街
La Judería

花の小道の夕景も美しい

メスキータの北側に広がる、迷路のように道が入り組んだ地域。かつて西カリフ帝国の経済を支える存在として歴代カリフに厚遇されたユダヤ人は、レコンキスタ終了後の1492年に布告されたユダヤ人追放令によってこの町から姿を消した。

小道ごとに様相を変える白壁の町並みには花の小鉢が飾られ、各家にはアンダルシアの暑い夏を快適に過ごすためのパティオが設けられている。なかでも、**花の小道Calleja de las Flores**は写真スポットとして有名。細い路地の終点には小さな広場、後ろを振り向くとメスキータの尖塔が見える。

西側の城壁近くにはかつてのシナゴーグ（ユダヤ教会）**シナゴガSinagoga**がある。1315年に造られた建物で漆喰装飾が見もの。北隣の**カサ・アンダルシCasa Andalusí**は、12世紀の邸宅が当時の雰囲気に再現されている。

投稿　メスキータは月～土曜の 8:30 ～ 9:30 の間、無料で入場できます。早めに並んでおくと人の少ないメスキータ内部の写真を撮ることができます。9:20 頃には退出するよう促されましたが、写真を撮って内部をひと メ

イスラム教とキリスト教が共存する ★★★ map P.287/C1

メスキータ
Mezquita

メスキータ
🏠Cardenal Herrero 1
☎957 470 512
URLmezquita-catedraldecordoba.es
🕐3〜10月
　月〜土　　10:00〜19:00
　日・祝　　8:30〜11:30
　　　　　　15:00〜19:00

　11〜2月
　月〜土　　10:00〜18:00
　日・祝　　8:30〜11:30
　　　　　　15:00〜18:00
※入場は閉門30分前まで
💰€13、学割と65歳以上€10
月〜土曜の8:30〜9:30は無料
●ミナレット
🕐毎日　　　9:30〜18:30
　（11〜2月は〜17:30、7・8
月は〜14:30）
💰€3
塔の登頂は30分おき

夜間の見学について
ライトアップされた夜のメスキータを、オーディオガイド付きで見学することができる。3〜10月は月〜土曜、11〜2月は金・土曜に開催。所要約1時間、料金€20（学割€14）。時間は季節によって異なるので現地で確認しよう。

「円柱の森」と呼ばれるメスキータ内部。かつては1000本以上の柱があったが、現存するのは約850本

アラベスク模様やモザイクで飾られたミフラーブ

後ウマイヤ朝を開いたアブド・アッラフマーン1世により、新首都にふさわしいモスクを造ろうと、785年に建設が始められた。コルドバの発展と歩調を合わせるように3回にわたって拡張され、ついには2万5000人を収容する大モスクが完成した。

免罪の門を抜け、オレンジの木が植えられた中庭へ。信者たちはアルマンソール泉で身を清め、シュロの門からモスクに入った。内部は、大理石とくさび形の赤れんがを交互に組み合わせた

馬蹄形アーチが施されたメスキータの入口

アーチが限りなく広がり、人の目をくらませる。本来モスクの内部は明るいはずだが、コルドバを再征服したカトリック教徒による改造で、入口は5つの門を残してすべてふさがれてしまった。

848年にアブド・アッラフマーン2世によって拡張された部分は、レコンキスタの後カルロス5世によってカテドラルに改造されてしまったところが多く、もとの姿を知るのは難しい。さらに奥に広がるのが、961年にハカム2世による2度目の拡張部分。奥にはミフラーブ（メッカの方角を示す壁がん）があり、その前に並ぶマクスラでカリフたちはアラーに祈りをささげたそうだ。

ミナレットと呼ばれる尖塔とオレンジの中庭

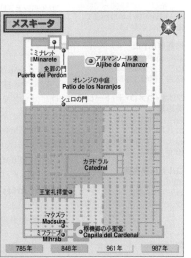

メスキータ

- ミナレット Minarete
- 免罪の門 Puerta del Perdón
- アルマンソール泉 Aljibe de Almanzor
- オレンジの中庭 Patio de los Naranjos
- シュロの門
- カテドラル Catedral
- 王室礼拝堂
- マクスラ Macsura
- ミフラーブ Mihrab
- 枢機卿の小聖堂 Capilla del Cardenal

785年　　848年　　961年　　987年

とおり見学するぶんには十分な時間があったので、コルドバに宿泊される方やお金を節約したい方には朝の無料入場がおすすめです。（神奈川県　さくら　'22）['23]

花々で彩られた庭園

グアダルキビル川畔に建つ王城 ★★ map P.287/B2

アルカサル
Alcázar

　カスティーリャ王アルフォンソ11世の命により、イスラム王の宮殿跡地に14世紀に建設された。15世紀末にはイスラム勢力最後の砦グラナダを攻略する際の拠点となり、コロンブスは新大陸発見の資金援助を仰ぐためこの城でカトリック両王に謁見した。また後には異端審問の宗教裁判所としても利用された。アラブ式の庭園があるほか、ローマ時代のモザイクや石棺などが展示されている。

イスラム時代の面影を残す ★ map P.287/C1

アラブ浴場
Baños del Alcázar Califal

　20世紀初頭に発見された、イスラム支配時代のアラブ風呂跡。ハカム2世治下の10世紀に造られ、歴代カリフたちが礼拝前にここで身を清めたとされる。大理石の床や柱、星形の空気孔が開けられた天井などが当時の様子を伝えている。

コルドバの町を見守ってきた ★★ map P.287/B2

カラオーラの塔
Torre de la Calahorra

　ローマ橋を守るために築かれた要塞。現在はアル・アンダルス博物館として公開されている。ヘッドホンで説明を聴きながら展示室を進み、ろう人形や緻密な作りの模型を見ながらコルドバ周辺の歴史を学ぶことができる。

ローマ橋とカラオーラの塔

セルバンテスゆかりの小さな広場 ★★ map P.287/C2

ポトロ広場
Plaza del Potro

　コルドバ市の紋章である子馬（ポトロ）の像の噴水がある、かわいらしい広場。セルバンテスも宿泊したという『ドン・キホーテ』に登場する**旅籠屋ポトロPosada del Potro**が広場西側に、また東側には小さなパティオを挟んでふたつの美術館がある。**フリオ・ロメロ・デ・トーレス美術館Museo Julio Romero de Torres**は、20世紀初めに活躍したコルドバ出身の画家の作品を展示。おもに女性を描き、その美しさを引き出す独創的な作風で知られる。また**コルドバ美術館Museo de Bellas Artes**では、リベーラ、スルバラン、ムリーリョなどの絵画や彫刻を観ることができる。

小さな広場に見どころが集まっている

アルカサル
🏠 Caballerizas Reales, s/n
☎ 957 201 716
🕐 火〜金　　8:15 〜 20:00
　　土　　　9:30 〜 18:00
　　日・祝　8:15 〜 14:45
　（6/15 〜 9/15 は 毎 日 8:15 〜 14:45）
🚫 月　💰 €5、学割 €2.50

アラブ浴場
🏠 Pl. Campo Santo de los Mártires, s/n
🕐 アルカサルと同じ
🚫 月　💰 €3、学割 €1.50

カラオーラの塔
🏠 Puente Romano, s/n
☎ 957 293 929
🕐 6 〜 9 月
　　毎日　　10:00 〜 14:00
　　　　　　16:30 〜 20:30
　10・3 〜 5 月
　　毎日　　10:00 〜 19:00
　11 〜 2 月
　　毎日　　10:00 〜 18:00
※入場は閉館 1 時間前まで
💰 €4.50、学割 €3

旅籠屋ポトロ
🏠 Pl. del Potro 10
🕐 アルカサルと同じ
🚫 月　💰 €2、学割 €1

フリオ・ロメロ・デ・トーレス美術館
🏠 Pl. del Potro 1-4
☎ 957 470 356
🕐 アルカサルと同じ
🚫 月　💰 €4、学割 €2

コルドバ美術館
🏠 Pl. del Potro 1
☎ 957 015 858
🕐 火〜土　　9:00 〜 21:00
　　日・祝　9:00 〜 15:00
　（6/16 〜 9/15 は 毎 日 9:00 〜 15:00）
🚫 月　💰 €1.50

はみだし　**考古学博物館**：ローマ時代の石棺やモザイクなどが展示されているほか、地下にローマ時代の住居の遺構が残る。map P.287/A2　☎ 957 355 517　🕐 コルドバ美術館と同じ　🚫 月　💰 €1.50

美しいパティオをもつ　★★　map P.287/A2

ビアナ宮殿
Palacio de Viana

　ビアナ侯爵の邸宅として14世紀に建てられた。重厚な家具や調度品などから、貴族の優雅な生活が垣間見られる。なかでも一番の見どころは、イスラム風やフランス風などさまざまなスタイルに整えられた12ものパティオ。その美しさから、別名「パティオ博物館」とも呼ばれている。

それぞれに趣向が凝らされたパティオ

革の工芸品を展示販売する　★　map P.287/C1

ラモン・ガルシア・ロメロ博物館
Casa Museo de Ramón García Romero

　コルドバの伝統的な革の工芸品であるグアダメシGuadamecíを展示・販売する博物館。10世紀の後ウマイヤ朝時代に起源をもつグアダメシを、20世紀半ばに入ってから数十年の研究を行い、地元の芸術家が当時の技術を忠実に再現した。細かい装飾のグアダメシを鑑賞しつつ、気に入った作品があれば購入しよう。

近郊の見どころ ✤ Excursion

イスラム時代の宮殿都市　★★　map P.267/A1

メディナ・アサアラ
Medina Azahara

世界遺産

大きな馬蹄形アーチが随所にある

　コルドバから北西へ約8kmの所に位置する、イスラム統治時代の遺跡。後ウマイヤ朝の時代にアブド・アッラフマーン3世が、離宮都市としてアサアラ妃のために936年に着工させた。モスク、王城、王の間、庭園などを建設したものの、後ウマイヤ朝の内紛によって11世紀に破壊されてしまう。長年廃墟になっていたが1910年代に発掘や修復作業が始められ、現在では復元された馬蹄形アーチの建築物など、宮殿都市の遺構が見学できるようになっている。周囲はオリーブ畑が広がり、イトスギなどが立っているが、かつてはアサアラ妃が好んだシエラ・ネバダの山々の雪にちなみ、庭園に白い花が咲くアーモンドの木が植えられていたそうだ。

建物の土台や柱の遺構が多数残る

ビアナ宮殿
- Pl. de Don Gome 2
- ☎957 496 741
- URL www.palaciodeviana.com
- 開 7・8月
  - 火～日　9:00 ～ 15:00
  - 9 ～ 6月
  - 火～土　10:00 ～ 19:00
  - 日・祝　10:00 ～ 15:00
- 休 月、1/1・6、聖金曜日、12/25
- 料 €11、パティオのみ €7

ラモン・ガルシア・ロメロ博物館
- Pl. Agrupación de Cofradías 2
- ☎692 356 398
- URL www.artencordoba.com
- 開 火～土　11:00 ～ 14:00
  - 16:30 ～ 20:00
  - 日　11:00 ～ 14:00
- 休 月
- 料 無料

芸術性の高いグアダメシの数々

メディナ・アサアラへの行き方
Paseo de Victoriaのバス停（map P.287/B1）からバスが運行。切符は❶で事前購入する。このバスは博物館のある駐車場までで、そこから約2km先の遺跡へは無料送迎バスが20分おきに運行。（→はみだし情報）

メディナ・アサアラ遺跡
- ☎957 352 860
- 開 3/21 ～ 6/20
  - 火～木　9:00 ～ 18:00
  - 金・土　9:00 ～ 21:00
  - 日・祝　9:00 ～ 15:00
  - 6/21 ～ 9/20
  - 火～土　9:00 ～ 15:00
  - 20:00 ～ 22:00
  - 日・祝　9:00 ～ 15:00
  - 9/21 ～ 3/20
  - 火～土　9:00 ～ 18:00
  - 日・祝　9:00 ～ 15:00
- 休 月
- 料 €1.50

はみだし　メディナ・アサアラ行きのバスは、コルドバ10:00発（復路は13:30発）と10:45発（復路は14:15発）の2便（3/21 ～ 6/20の金・土曜はコルドバ17:00発もあり）。片道約15分、料金は往復で€10。

291

エンターテインメント ✦ Entertainment

フラメンコの本場アンダルシア地方だけあって、ここコルドバにもタブラオがある。またスペインで流行しているアラブ式のスパ、ハマムも体験できるので、のんびりと旅の疲れを癒やすのもいい。

▼タブラオ

🎸 カルデナル
Cardenal　map P.287/C1

コルドバのスターが出演

　メスキータから北西方向にある。地元のフラメンココンクールの優勝者も出演する、コルドバでは有名なタブラオ。屋外のパティオで観るフラメンコは、アンダルシア情緒をより盛り上げてくれる。食事はなくドリンクのみ。要予約。

🏠 Buen Pastor 2
☎ 691 217 922
URL www.tablaocardenal.es
🕐 ショーは 20:30 〜
🚫 日、1/6 〜 2/7、12/24・31
💶 ドリンク付き €23
カード A D J M V
🚶 メスキータから徒歩 5 分

▼スパ

🎸 ハマム・アル・アンダルス・コルドバ
Hammam Al Andalus Córdoba　map P.287/C2

アラブ風呂でリラックス

　イスラムのハマム（公衆浴場）を模したリラクゼーション施設。コルドバのメスキータを思わせるほの暗い空間にはお香がたかれ、エキゾチックな雰囲気。入浴とマッサージで €52 〜。伝統的な垢すりを体験できるコースもある。要水着。

🏠 Corregidor Luis de la Cerda 51
☎ 957 484 746
URL cordoba.hammamalandalus.com
🕐 10:00 〜最終 24:00
🚫 無休
カード A M V
🚶 メスキータから徒歩 2 分

レストラン ✦ Restaurant

　メスキータ周辺には美しいパティオを生かしたレストランが数多くある。コルドバの名物料理は、ラボ・デ・トロ Rabo de Toro という牛テールの赤ワイン煮込み。またサルモレホ Salmorejo（トマトの冷製クリームスープ）、フラメンキン Flamenquin（チーズ入りカツ）、アホ・ブランコ Ajo Blanco（ニンニクの冷製スープ）はどこの店でもお目にかかれる。モンティーリャ Montilla やモリレス Moriles など、コルドバ産のワインとともに味わいたい。

▼スペイン料理

🍽 エル・カバーリョ・ロホ
El Caballo Rojo　map P.287/C1

コルドバを代表する店

　高級店で味もサービスもすばらしいが、あまり肩ひじ張らず食事を楽しめる。アホ・ブランコ €10 やラボ・デ・トロ €23 などコルドバの郷土料理のほか、タパスのメニューも。部屋によって雰囲気が異なり、1 階にはバルもある。

🏠 Cardenal Herrero 28
☎ 957 475 375
🕐 13:00 〜 16:00
　20:00 〜 24:00
🚫 1/1、12/24
カード A D J M V
🚶 メスキータから徒歩 1 分

🍽 ボデガス・カンポス
Bodegas Campos　map P.287/C2

昔のボデガを改装

　1908 年創業の古いボデガ（酒蔵）を改装したレストラン。入口には酒樽が並べられている。パティオもある落ち着いた店内では、アンダルシアの伝統料理を現代風にアレンジしたメニューを楽しめる。予算 €40 〜 60。

🏠 Los Lineros 32
☎ 957 497 500
🕐 13:00 〜 16:00
　20:30 〜 23:00
　（バルは 12:00 〜 23:30）
🚫 無休
カード A J M V
🚶 メスキータから徒歩 10 分

🍽 タベルナ・サリーナス
Taberna Salinas　map P.287/A2

　1879 年創業のこぢんまりとしたレストラン。アンダルシア情緒が漂う店内で、コルドバの郷土料理を堪能できる。予算 €15 〜。

🏠 Tundidores 3　☎ 957 482 950
🕐 12:30 〜 16:00、20:30 〜 23:30　🚫 日の夜、月
カード A D M V　🚶 メスキータから徒歩 15 分

はみだし　ビクトリア市場はフードコートが併設されたグルメ市場。タパスやワインなどを買ってその場で味わえる。
map P.287/A1　URL mercadovictoria.com　🕐 日〜木 12:00 〜翌 0:30、金・土 12:00 〜翌 2:00

スペイン料理

▼ ボデガス・メスキータ
Bodegas Mezquita　map P.287/C1

地元客に絶大な人気を誇る

　メスキータ周辺に4店舗を構える有名店。コルドバ産の素材にこだわっており、伝統料理から創作料理までメニューが豊富。タパ（小皿）やメディア（半皿）で注文できる料理も多く、いろいろな味を少しずつ楽しめるのもうれしい。予算€15〜。

🏠Céspedes 12
☎957 490 004
🕐12:30 〜 16:30
　20:00 〜 23:30
🗓無休
カード A D J M V
🚶メスキータから徒歩1分

▼ ラ・ビウダ
La Viuda　map P.287/B1

1920年創業のタベルナ

　白壁の家々が建ち並ぶサン・バシリオ通りにあり、客は地元の人がほとんど。創業時からの味を受け継ぐラボ・デ・トロをはじめ、コルドバの伝統料理を味わえる。アンダルシアらしい装飾が施された店内も居心地がいい。

🏠San Basilio 52
☎957 296 905
🕐12:30 〜 16:30
　20:00 〜 23:30
🗓無休
カード M V
🚶メスキータから徒歩10分

▼ サン・ミゲル（カサ・エル・ピスト）
San Miguel（Casa El Pisto）　map P.287/A2

　1880年創業の老舗タベルナ。立ち飲みバルの奥にレストランがあり、古い闘牛の写真やポスターなどが飾られた店内で郷土料理を楽しめる。

🏠Plaza de San Miguel 1　☎957 470 166
🕐13:00 〜 16:00、20:00 〜 23:30　🗓日・月
カード M V　🚶メスキータから徒歩12分

バル&カフェ

▼ サントス
Santos　map P.287/C1

　巨大なトルティーリャ（スペインオムレツ）で有名な小さなバル。客が店外にあふれるほど混雑することも。トルティーリャはひと切れ€2.80。

🏠González Francés 3　☎957 488 975
🕐10:00 〜 24:00（土・日は11:00 〜）　🗓1/1、12/24・25
カード 不可　🚶メスキータから徒歩1分

▼ サロン・ド・テ
Salón de Té　map P.287/C1

　イスラム風のティーハウス。エキゾチックな店内で、甘いアラブ菓子とともにミントティーや珍しいお茶を味わってみよう。軽食メニューもあり。

🏠Buen Pastor 13　☎957 487 984
🕐11:00 〜 22:00　🗓火
カード M V　🚶メスキータから徒歩2分

ショッピング ✣ Shopping

　イスラム文化を受け継いだ、細かな職人技による工芸品が多い。特にフィリグラーナと呼ばれる銀細工やコルドバ革は有名だ。ユダヤ人街やメスキータ周辺にはみやげ物屋が軒を連ねている。

工芸品

▼ アカ・ソコ
Aca Zoco　map P.287/C1

本物志向のおみやげを探す

　ユダヤ人街にある。コルドバ職人協会が経営するショップなので質は確か。コルドバの伝統を生かした革製品、クラシックな模様のタイル、各種陶器、メタリックのアクセサリーなど、オリジナル製品を販売している。

🏠Judíos, s/n
☎957 204 033
🕐10:00 〜 20:00
　（冬期は〜 19:00）
🗓1/1・6、12/24・25
カード D J M V
🚶メスキータから徒歩5分

革製品

▼ メリヤン
Meryan　map P.287/C1

花の小道にある皮革店

　1952年に創業したコルドバ名産の革細工、コードバンの老舗。工房兼店舗となっており、店に入ると革独特の匂いが漂い、製作の様子を見学することもできる。ペン立てや壁かけなどの小物、バッグから家具まで、手作りが多い。

🏠Calleja de las Flores 2
☎957 475 902
🕐月〜金 9:00 〜 20:00
　土　 9:30 〜 14:30
🗓日、11 〜 1月の祝
カード A D J M V
🚶メスキータから徒歩1分

アンダルシア　コルドバ

ホテル ✣ Hotel

ホテルが集まっているのはメスキータ周辺。規模の大小にかかわらず、コルドバならではのパティオが付いた情緒のあるホテルがほとんど。特にメスキータからポトロ広場に向かうカルデナル・ゴンサレス Cardenal González 通り（Corregidor Luis de la Cerda 通りともいう）近辺には、手頃なオスタルやペンションが見つかる。またコルドバ駅からテンディーリャス広場周辺にかけては、大型ホテルや中級ホテルが点在している。

▼高級

オスペス・パラシオ・デル・バイリオ Hospes Palacio del Bailío [map] P.287/A2

洗練されたデザインホテル ★★★★★

16～18世紀に建てられたバイリオ宮殿を改装したおしゃれなホテル。イスラム様式を残す建物と、モダンなインテリアが融合している。ローマ風呂を模したスパや、オレンジの木が植えられたパティオにはプールもある。

[住]Ramírez de las Casa Deza 10-12
☎957 498 993
[FAX]957 498 994
[URL]www.hospes.com
[料]Ⓢ Ⓦ€144～550
[カード][A][D][J][M][V]
[客室数]53 [Wi-Fi]無料
[交]コルドバ駅からタクシーで5分

パラドール・デ・コルドバ Parador de Córdoba [map] P.287/A1外

コルドバの町が一望できる ★★★★

町の中心から北へ3.5kmほど、かつてアラブの城があったという丘の上に建つ。近代的な建物ながら、イスラム風の装飾が取り入れられている。オレンジの畑に囲まれた広い敷地には、プールやテニスコートもある。

[住]Av. de la Arruzafa 37
☎957 275 900
[FAX]957 280 409
[URL]www.parador.es
[料]Ⓢ Ⓦ€74～315
[カード][A][D][J][M][V]
[客室数]94 [Wi-Fi]無料
[交]コルドバ駅からタクシーで10分

エスペリア・コルドバ Hesperia Córdoba [map] P.287/B2

屋上からの眺望がよい ★★★★

ローマ橋を渡ったグアダルキビル川沿いにある、近代的な大型ホテル。屋上のバル Azotea からはメスキータやコルドバの町が一望でき、特に夜景は見事。プールサイドで取るビュッフェ形式の朝食も充実している。

[住]Av. Fray Albino 1
☎957 421 042
[URL]www.hesperia.com
[料]Ⓢ Ⓦ€52～263
[カード][A][D][J][M][V]
[客室数]152 [Wi-Fi]無料
[交]メスキータから徒歩10分

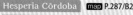

▼中級

セルコテル・コルドバ・メディナ・アサアラ Sercotel Córdoba Medina Azahara [map] P.287/A1

駅から歩いて行ける大型ホテル ★★★

ビクトリア庭園のすぐ近くに建つ大型チェーンホテル。中心部のメスキータへも徒歩15分ほどなので観光にも便利だ。屋上には新市街を眺められるプールがあるので、暑い日に利用してのんびりと過ごすのもいい。

[住]Av. Medina Azahara 7
☎957 235 500
[FAX]957 231 636
[URL]www.sercotelhoteles.com
[料]Ⓢ Ⓦ€56～202
[カード][A][D][J][M][V]
[客室数]107 [Wi-Fi]無料
[交]コルドバ駅から徒歩8分

マイモニデス Hotel Maimónides [map] P.287/C1

メスキータの脇にある ★★★

部屋によっては窓からメスキータの尖塔が見え、鐘の音が旅情をくすぐる。ロビーはイスラム風のデザインを取り入れ、広く明るい雰囲気。植物で飾られたパティオは開放感のあるカフェレストランになっている。駐車場あり。

[住]Torrijos 4
☎957 471 500
[URL]www.eurostarshotels.com
[料]Ⓢ Ⓦ€53～306
[カード][A][D][J][M][V]
[客室数]82 [Wi-Fi]無料
[交]メスキータから徒歩1分

▼中級

ポサーダ・デ・バリーナ　Hotel Posada de Vallina　[map] P.287/C1

コロンブスゆかりの建物　★★★

　メスキータより前に建てられた由緒ある建物を改装。客室は新しいが、石造りのロビーやパティオに、かつての面影を見ることができる。現在の204号室には、コロンブスがコルドバ滞在中に住んでいたこともあるとか。

[住]Corregidor Luis de la Cerda 83
☎957 498 750
[FAX]957 498 751
[URL]www.hhposadadevallina.es
[料]ⓈⓌ€43～224
[カード][A][D][M][V]
[客室数]24　[Wi-Fi]無料
[交]メスキータから徒歩3分

メスキータ　Hotel Mezquita　[map] P.287/C1

趣のあるプチホテル　★★

　メスキータの東向かいに位置する。レセプションは小さいが趣があり、客室に通じるギャラリーには絵画や彫刻などが飾られ、まるで美術館のようだ。窓からメスキータが眺められる部屋や、かわいらしいパティオもある。

[住]Pl. Santa Catalina 1
☎957 475 585
[FAX]957 476 219
[URL]www.hotelmezquita.com
[料]Ⓢ€45～125　Ⓦ€75～200
[カード][J][M][V]
[客室数]32　[Wi-Fi]無料
[交]メスキータから徒歩1分

▼リーズナブルな宿

マエストレ　Hotel Maestre　★　[map] P.287/C2

　ポトロ広場の近く。観葉植物が飾られた吹き抜けのパティオを囲むように客室が並ぶ、アットホームなオスタル。隣には同経営のホテルもある。

[住]Romero Barros 4-6　☎957 472 410　[FAX]957 475 395
[URL]www.hotelmaestre.com　[料]ⓈⓌ€32～145
[カード][A][D][J][M][V]　[客室数]19　[Wi-Fi]無料
[交]メスキータから徒歩7分

アルマンソール　Hostal Almanzor　★　[map] P.287/C2

　親日的なオーナーは、観光に関して親切に説明してくれる。部屋はとても清潔で、全室バスルーム、テレビ、エアコン付き。屋上テラスもある。

[住]Cardenal González 10　☎957 485 400
[URL]www.hostalalmanzor.es　[料]ⓈⓌ€35～140
[カード][A][D][J][M][V]　[客室数]9　[Wi-Fi]無料
[交]メスキータから徒歩5分

ラ・コレデーラ　Hostal La Corredera　★　[map] P.287/A2

　メスキータから北東にあるコレデーラ広場に面している。部屋は簡素で全室がバス共同だが、屋上のテラスに上がれる。周囲に飲食店が多くて便利。

[住]Rodríquez Marín 23　☎957 470 581　[FAX]957 941 234
[URL]www.hostellacorredera.com　[料]Ⓢ€25～　Ⓦ€36～
[カード][M][V]　[客室数]14　[Wi-Fi]無料
[交]メスキータから徒歩12分

ユースホステル　Albergue Juvenil　[map] P.287/C1

学生寮のようなたたずまい

　ユダヤ人街の真ん中にあり、観光にはとても便利。建物は近代的で、大きなパティオやサロンなどくつろげるスペースが多い。スタンダードの部屋にはベッドがふたつと洗面台が付いている。2段ベッドの部屋もある。

[住]Pl. Juda Leví
☎955 181 181
[URL]www.inturjoven.com
[料]25歳以下€21～32、26歳以上€27～38
[カード][J][M][V]
[ベッド数]167　[Wi-Fi]無料
[交]メスキータから徒歩2分

TOPICS

花々があふれるパティオ祭り

　パティオは家々の内側に作られた中庭のこと。酷暑となるアンダルシアの夏でも快適に過ごせるように工夫され、観葉植物や花の鉢植え、カラフルな絵皿などで飾られている。普段は入ることができない個人宅のパティオを見学できるのが、コルドバで例年5月初旬から約2週間にわたって開催される**パティオ祭り Festival de los Patios**。コンクールに参加する50ヵ所以上のパティオが無料で一般公開され、その美しさを競う。ⓘなどで配布している地図をもらい、色とりどりの花々で彩られたパティオを巡ってみよう。

隅々まで手入れが行き届いた美しいパティオ

ハエン

✛ Jaén

map P.267/A2

標高	573m
人口	約11万1700人

アクセス

🚄 マドリード・アトーチャ駅から約4時間、1日3〜4便。コルドバから約1時間45分、1日4〜5便。

🚌 マドリードの南バスターミナルからSamar社のバスで約4〜5時間、1日3〜5便。グラナダから約1時間、1〜2時間おき。コルドバから約2時間、1日4〜6便。

❶観光案内所

map P.296/A2
🏠 Carrera de Jesús 2
☎ 953 190 455
URL www.turjaen.org

🕐 月〜金	9:30 〜 19:30
土	10:00 〜 15:00
	17:00 〜 19:00
日・祝	10:00 〜 15:00

サンタ・カタリーナ城から中心街を見下ろす

　周囲にオリーブ畑が続く緩やかな丘陵地帯に、人口約11万人の町並みが広がる。ローマ時代から古代都市として発展し、イスラム統治下を経て、レコンキスタ後の13世紀には小王国として繁栄するなど歴史を刻んできた。町を見下ろす丘にサンタ・カタリーナ城がそびえ、旧市街にはスペイン最大のアラブ浴場跡が残る。同じハエン地方のウベダ、バエサとともに訪れてみよう。

歩き方 ✛ Orientation

　町の北側の鉄道駅から、バスターミナル近くのビクトリア公園へは徒歩15分ほど。そこからカテドラルが建つ**サンタ・マリア広場**

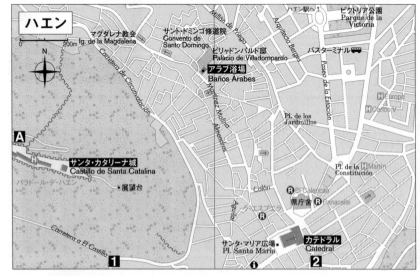

ハエン

サンタ・カタリーナ城
Castillo de Santa Catalina

マグダレナ教会
Ig. de la Magdalena

サント・ドミンゴ修道院
Convento de Santo Domingo

ビリャドンバルド邸
Palacio de Villadompardo

アラブ浴場
Baños Árabes

ハエン駅へ↑

ビクトリア公園
Parque de la Victoria

バスターミナル🚌

Pl. de los Jardinillos

Pl. de la Constitución

県庁舎

カテドラル
Catedral

サンタ・マリア広場
Pl. Santa María

展望台

パラドール・デ・ハエン

はみだし　ハエンからウベダへはバスで約1時間、毎時1〜2便運行している。同じバスでバエサにも行けるので、時間があれば3つの町を周遊してみよう。

Pl. Santa Maríaまでは徒歩10分ほどだ。広場から北に商店やバルなどが並ぶMartínez Molina通りを進むと、右側にビリャドンパルド邸があり、この建物の地下にはアラブ浴場が残る。道なりに進むとサント・ドミンゴ修道院Convento de Santo Domingoがあり、その先にはかつてイスラム寺院だった、ハエン最古の**マグダレナ教会Ig. de la Magdalena**が建っている。

おもな見どころ ✣ Sightseeing

伝説の聖顔布が保管されている　★★　[map] P.296/A2

カテドラル(大聖堂)
Catedral

バロック様式の装飾が施されている16世紀建造の教会。ここにはかつてキリストの顔をぬぐったとされるサント・ロストロの聖顔布Reliquia del Santo Rostroがあり、これはバチカンのサン・ピエトロ大聖堂にある布と同じものと考えられる。この聖顔布が公開される毎週金曜には、祭壇の前に参拝者の長い列ができる。地下には美術館があり、宗教画や銀杯などが展示されている。

現存するものではスペイン最大　★　[map] P.296/A1

アラブ浴場
Baños Árabes

ビリャドンパルド邸Palacio de Villadompardoの地下に埋もれていた遺構を1970年代に発掘し、11世紀に存在したアラブ浴場を修復再現したもの。スペインにある最大規模のアラブ浴場跡で、内部にはイスラム建築の馬蹄形アーチが残る。ビリャドンパルド邸内にはほかに、昔の農機具や伝統衣装などを展示。

ハエンの町とオリーブ畑が一望できる　★　[map] P.296/A1

サンタ・カタリーナ城
Castillo de Santa Catalina

市街から約250mの高さがある丘に建つ古城。3世紀頃に砦が造られたと考えられ、モーロ人によって11世紀に城が築かれた。フェルナンド3世によるハエン攻略後に、城はスペイン人の手に渡った。現在6つの塔が残っており、城壁を歩いてこれらの塔の中を見学できる。

城壁は保存状態がよい

旧市街の中心に建つカテドラル

カテドラル
[住]Pl. Sta. María, s/n
[URL]catedraldejaen.org
[開] 月～土　10:00～14:30
16:30～19:30
(7～9月の午後は17:00～20:00)
日・祝　10:00～11:30
16:00～19:30
(聖顔布の公開は金10:30～12:00、17:00～18:00)
[料]€7、学割 €5

当時をしのばせる浴場

アラブ浴場
[住]Pl. Sta. Luisa de Marillac, s/n
[開] 火～土・祝　9:00～21:00
日　9:00～15:00
[休]月、1/1・6、5/1、12/24・25・31
[料] 無料

サンタ・カタリーナ城
[住]Carr. al Castillo y el Neveral, s/n
☎953 120 733
[URL]castillosantacatalina.es
[開] 月～土　10:00～18:00
(6/16～9/25は10:00～14:00、17:00～21:00)
日　10:00～15:00
[料] €3.50、学割 €1.50

レストラン&ホテル ✣ Restaurant & Hotel

飲食店はカテドラルの周辺に多い。町の規模のわりに宿泊施設が少ないので、予約したほうがいい。

🍴 ラ・エスプエラ
La Espuela
[map] P.296/A2

観光案内所の隣にあるレストラン。アンダルシア料理のメニューが揃っている。早朝から深夜まで営業しており、休憩がてらに飲み物だけで利用することも可能。

[住]Maestra 6　☎ 664 683 045
[営] 月～土 7:00～翌1:00、日 10:00～23:00
[休]1/1・6、5/1、12/24　[カード][M][V]

パラドール・デ・ハエン
Parador de Jaén
★★★★　[map] P.296/A1

町の高台に建つサンタ・カタリーナ城の一部を利用したホテル。部屋のベランダから、市街や周囲のオリーブ畑が見下ろせる。

[住]Castillo de Santa Catalina　☎953 230 000
[FAX]953 230 930　[URL]www.parador.es　[料]ⓈⓌ€140～280
[カード][A][D][J][M][V]　[客室数]45　[Wi-Fi]無料

[はみだし] **マグダレナ教会**([map] P.296/A1)はかつてイスラム寺院だった建物で、レコンキスタ後にカトリックの教会になった。内部のパティオには池があり、かつてのイスラム庭園を思わせる造りだ。

ルネッサンスの町並みが美しい古都

ウベダ
✛ Úbeda

標 高	748m
人 口	約3万4100人

アクセス

🚄 マドリード・アトーチャ駅からまずリナレス-バエサLinares-Baeza駅へ。所要約3時間20分、1日3〜5便。さらに駅前からバスで約30分。

🚌 マドリードの南バスターミナルからSamar社のバスで約4時間、1日2〜3便。グラナダから約2〜3時間、1日8〜10便。コルドバから約2〜3時間、1日3〜4便。

🛈 観光案内所

map P.298
🏠 Pl. de Andalucía 5
☎ 953 750 138
URL www.turismodeubeda.com
月〜金	9:00 〜 19:30
土	9:30 〜 15:00
	17:00 〜 19:30
日・祝	9:30 〜 15:00

世界遺産
ウベダとバエサのルネッサンス様式の記念碑的建造物群（2003年登録）

世界遺産

町の中心に建つエル・サルバドール教会とパラドール

ローマ人が築きモーロ人によって栄えてきた町が、キリスト教徒によって再征服されたのは1234年のこと。約2世紀にわたりレコンキスタの最前線であったウベダは、ルネッサンスの時代にその最盛期を迎えた。イスラム、ムデハル、ロマネスク、ゴシックなどの影響も残るが、この町の建築の特徴はやはりルネッサンスに尽きる。遠回りをしても来てみる価値のある町だ。

歩き方 ✛ Orientation

バスは旧市街の西側に着く。バスターミナルを出て右に曲がり、突き当たりを左に行けば、現在は文化センターとして使われているサンティアゴ病院Hospital de Santiagoが見えてくる。アンダルシアのエル・エスコリアル宮とも呼ばれる美しい建物で、毎年5月から6月にかけてのウベダ国際音楽舞踊祭では、ここを会場にクラシックのコンサートやバレエの公演が行われる。

この病院前のMesones通りを真っすぐ歩くと、突き当たりがアンダルシア広場Pl. de Andalucía。ここから旧市街に入り、Real通りを下っていくと市庁舎が建つロス・カイドス広場Pl. de los Caídosに出る。その南側のバスケス・デ・モ

ウベダ（地図）

Don Juan / Corredera de San Fernando / Mesones / アンダルシア広場 Pl. de Andalucía / 考古学博物館 Museo Arqueológico / アルバル・ フェーニェス / サン・パブロ教会 Ig. de San Pablo / Pl. del 1º de Mayo / Pl. de San Pedro / Palacio de la Rambla / エル・ポスティゴ / ナバロ / ロス・カイドス広場 Pl. de los Caídos / パラドール・デ・ウベダ / エル・セゴ / 市庁舎 / バスケス・デ・モリーナ広場 Pl. Vázquez de Molina / 塔の家 Casa de las Torres / エル・サルバドール教会 Sacra Capilla del Salvador / サンタ・マリア教会 Basílica de Sta. María

はみだし サンティアゴ病院：map P.298 外 ☎ 953 750 842 🕐 毎日 10:00 〜 14:00、17:00 〜 21:00 🔒 祝（コンサートや展覧会の際は変更あり）🎫 無料

リーナ広場Pl. Vázquez de Molinaが町の中心で、教会や貴族の邸宅など見どころもこの近辺に集まっている。

おもな見どころ ✣ Sightseeing

スペイン・ルネッサンスを代表する建物 ★★ [map] P.298

エル・サルバドール教会
Sacra Capilla del Salvador

グラナダのカテドラルを設計したディエゴ・デ・シロエが担当。装飾はアンダルシア・ルネッサンスを代表する建築家、バンデルビラによる。アルハンブラ宮殿内のカルロス5世宮殿の設計者、マチュカの作である南門が特に特徴的で興味深い。

美しい小礼拝堂がある ★ [map] P.298

サン・パブロ教会
Iglesia de San Pablo

レコンキスタ時代のものだが、1368年のキリスト教徒対イスラム教徒の戦いで破壊され、13世紀当初のもので残るのはロマネスク様式の西の扉だけ。ほかにふたつの扉があり、メインの扉はゴシック後期のもの、北の扉はイスラム風だ。

さまざまな様式が混在する ★ [map] P.298

サンタ・マリア教会
Basílica de Santa María

扇のような丸天井をもつゴシック様式の回廊、ゴシックとムデハル様式の混合を感じさせる天井画など、ウベダのなかでも興味深い教会のひとつ。正門は17世紀、鐘楼は19世紀の建造。モスク跡に建てられており、中庭にその名残が見られる。

重厚な雰囲気の礼拝堂

エル・サルバドール教会
[住]Pl. Vázquez de Molina, s/n
☎609 279 905
[開] 月～木 10:00～14:30
16:00～19:00
金・土 10:00～19:00
日 11:30～14:30
16:00～19:00
[料]€5

サン・パブロ教会
[住]Pl. del 1° de Mayo 39
☎953 757 916
[開] 火～土 11:00～13:00
18:00～20:00
日・祝 11:00～13:00
[休]月 [料]€1

彫刻が美しいサン・パブロ教会

サンタ・マリア教会
[住]Pl. Vázquez de Molina, s/n
☎953 756 583
[開] 火～土 10:30～13:15
16:15～18:30
日 10:45～13:00
[休]月
[料]€4、学割・65歳以上 €2.50

レストラン＆ホテル ✣ Restaurant & Hotel

飲食店はロス・カイドス広場やアンダルシア広場の周囲に多い。ホテルは市内に20軒以上ある。

🍴 ナバロ
Navarro
[map] P.298

ロス・カイドス広場の北側に面した庶民的な店。郷土料理のメニューもある。

[住]Pl. Ayuntamiento 2 ☎953 757 395
[営]12:00～24:00（冬期の月～木は～16:00）
[休]1/1、12/24 [カード][M][V]

🍴 エル・セコ
El Seco
[map] P.298

市庁舎に近い路地にあり、郷土料理がおいしい名門レストラン。予算 €20～30。

[住]Corazón de Jesús 8 ☎953 791 452
[営]13:00～16:30（金・土のみ 20:30～23:00 も営業）
[休] 冬期の平日は不定休あり [カード][J][M][V]

パラドール・デ・ウベダ
Parador de Ubeda
★★★★ [map] P.298

司教の館だった、ルネッサンス様式の宮殿を改装。2階建ての回廊が美しい。

[住]Pl. Vázquez de Molina 1 ☎953 750 345 [FAX]953 751 259
[URL]www.parador.es [料][S][W]€110～250
[カード][A][D][J][M][V] [客室数]36 [WiFi]無料

エル・ポスティゴ
Hotel El Postigo
★★★ [map] P.298

細い路地沿いにあるが内部は意外と広く、中庭では小さいプールでくつろげる。

[住]Postigo 3 ☎953 750 000
[URL] www.hotelelpostigo.com [料][S]€50～109 [W]€55～119
[カード][A][M][V] [客室数] 26 [WiFi] 無料

はみだし 14世紀の邸宅を改装した「**アルバル・ファニェス**」は4つ星のプチホテル。部屋ごとに造りが異なり、調度品も趣がある。[map] P.298 [住]Juan Pasquau 5 ☎ 953 752 386 [URL] hotelalvarubeda.es

オリーブ畑に囲まれた静かな町

バエサ

✛ Baeza

★Baeza

map P.267/A2

標高	790m
人口	約1万5800人

アクセス

🚆 マドリード・アトーチャ駅からまずリナレス-バエサ Linares-Baeza駅へ。所要約3時間20分、1日3〜5便。さらに駅前からバスで約30分。

🚌 マドリードの南バスターミナルからSamar社のバスで約4時間、1日2〜3便。ウベダから10〜15分、毎時1〜2便。

❶ 観光案内所

map P.300
🏠 Pl. del Pópulo, s/n
☎ 953 779 982
URL turismo.beaza.net
🕐 月〜金　9:00〜19:30
　　土・日・祝　9:30〜15:00

世界遺産

ウベダとバエサのルネッサンス様式の記念碑的建造物群（2003年登録）

カテドラルの塔から市街地を眺める

　ウベダから西へ約9km、ウベダの双子の妹ともいわれる町。ローマ時代にビアスティアと呼ばれたのがなまってバエサになったという。イスラム時代は城塞都市として栄え、1227年にはフェルナンド3世によるレコンキスタの最初の占領地となった。以降、コルドバ、セビーリャと重要な都市を次々と奪回する、そのさきがけとなった町だ。また詩人アントニオ・マチャードが、この町の高校で約7年間にわたり教鞭を執っていたことでも知られる。

歩き方 ✛ Orientation

　バスは中心街から北東の外れに着く。といっても小さな町のこと、中心まで徒歩10分とかからない。バスターミナルを出たら左へ行き、噴水の

石壁の家並みが続いている

前の横断歩道を渡り、左側の道を真っすぐ進む。途中ふたまたに分かれている右側がSan Pablo通り。この道沿いにもルネッサンス様式のファサードが美しい家があるので、見落とさないように。突き当たりは遊歩道Paseo de la Constituciónになっており、その奥がライオンの噴水がある**ポプロ広場 Pl. del Pópulo**。ここが町の中心で❶もある。広場の西側にある**ハエン門Puerta de Jaén**は、1526年にカルロス1世がポルトガルのイサベルと結婚するためセビーリャに向かう途中、バエサを通った際に建設された。

バエサ

おもな見どころ ✣ Sightseeing

優美なゴシック様式の建物 ★★ [map] P.300

ハバルキント宮殿
Palacio de Jabalquinto

フェルナンド3世のまたいとこ、フアン・アルフォンソ・バナビデスの命で建設された。15世紀末に造られたイサベル様式のファサードがすばらしい。現在はアントニオ・マチャード国際大学の施設として利用されており、パティオのみ見学が可能。

装飾がすばらしいファサード

ハバルキント宮殿
[住]Conde Romanones 1
☎953 742 775
[開]月〜金　9:00〜14:00
[休]土・日・祝
[料]無料

モスクの跡地に建てられた ★★ [map] P.300

カテドラル（大聖堂）
Catedral

フェルナンド3世の発案で工事が始まったのは13世紀と伝えられるが、現在見られる建物の大部分は16世紀のもの。西の扉は最も古く13世紀。内部では、礼拝堂にあるバルトロメ作のイタリア・ルネッサンスの影響を受けた椅子などに注目したい。回廊はゴシック様式で、礼拝堂は3つがムデハル、ひとつがゴシック様式だ。

カテドラルの礼拝堂に装飾された黄金の祭壇は見応えがある

カテドラル
[住]Pl. de Santa María, s/n
☎610 187 334
[開] 月〜金　10:00 〜 14:30
16:00 〜 19:00
土　10:00 〜 19:00
日　10:00 〜 14:30
16:00 〜 17:30
[料]€6、学割 €4

1542年に創設された ★ [map] P.300

旧大学
Antigua Universidad

1875年からは高校となり、スペインを代表する詩人、アントニオ・マチャードが1912年から7年間、フランス語文法の教師として奉職した。1979年からグラナダ大学夏期コースの会場のひとつともなっている。大講堂にはムデハル様式の美しい天井がある。

旧大学
[住]Conde Romanones 1
[開]毎日　10:00〜14:00
16:00〜19:00
[料]無料

繊細なアーチが美しいパティオ

レストラン＆ホテル ✣ Restaurant & Hotel

飲食店はPaseo de la Constituciónの周囲に多い。小さな町だがホテルは10軒ほどあり、旧市街に点在。

🍴エル・トリーリョ
El Trillo
[map] P.300

炭火焼きの料理が中心で、ウサギや子羊の肉などのメニューがある。昼定食は€16。

[住]Postales Alhondigas 5　☎ 953 744 532
[営]11:00 〜 16:30、19:00 〜翌 1:45
[休] 無休　[カード][M][V]

カルメン・ブティック
Hotel Carmen Boutique
★★★ [map] P.300

19 世紀の建物を改装したおしゃれなホテル。旧市街の便利な場所に建つ。

[住]Carmen 15　☎953 189 510
[URL]www.carmen-hotel.com　[料]ⓈⓌ€45 〜 170
[カード][M][V]　[客室数]12　[Wi-Fi]無料

パラシオ・デ・ロス・サルセド
Hotel Palacio de los Salcedo
★★★★ [map] P.300

かつての伯爵邸を改装したホテル。16 世紀のルネッサンス建築がすばらしい。

[住]San Pablo 18　☎953 747 200　[FAX]953 747 201
[URL]www.palaciodelossalcedo.es　[料]ⓈⓌ€73 〜 144
[カード][M][V]　[客室数]30　[Wi-Fi]無料

アスナイティン
Hostal Aznaitín
★★ [map] P.300

カテドラルの西側に位置し、市内観光に便利。夏期はプールでのんびりできる。

[住]Cabreros 2　☎ 953 740 788　[FAX]953 744 548
[URL]www.hostalaznaitin.com　[料]Ⓢ€43 〜 93　Ⓦ€49 〜 109
[カード][A][J][M][V]　[客室数] 22　[Wi-Fi]無料

★ Sevilla

貿易都市として栄えたアンダルシアの州都

セビーリャ

map P.267/B1

標高	30m
人口	約68万2000人

アクセス

🚄 マドリード・アトーチャ駅から約2時間40分、毎時1～2便。バルセロナ・サンツ駅から5時間30分～11時間、1日10便程度。コルドバから45分～1時間30分、毎時1～2便。グラナダから直通で約2時間30分、1日4便。

🚌 マドリードの南バスターミナルからSocibus社のバスで約6～7時間、1日2～5便。コルドバから約2時間、1日7便。グラナダから3時間、1日6～7便。

✈ バルセロナからVuelingで1時間40分、1日5～8便。

❶観光案内所

●サンタ・フスタ駅
map P.305/A4
☎954 782 002
🕐月～金　　9:00～19:30
　土・日・祝　9:30～15:00

●カテドラルの東
map P.306/B2
🏠Pl. del Triunfo 1
☎954 787 578
URL www.andalucia.org
🕐月～金　　9:00～19:30
　土・日・祝　9:30～15:00
このほかにも市内にはツアー会社など私営の❶がある。

世界遺産

セビーリャの大聖堂、アルカサルとインディアス古文書館（1987年登録）

オレンジの街路樹の向こうにヒラルダの塔が見える

　ビゼーのオペラ『カルメン』や『セビリアの理髪師』の舞台として知られるセビーリャ。ダイナミックな歴史をもつだけに、町並みは華やかで、スペイン第4の都市としての風格も備えている。

　ローマ時代には属州ヒスパニア・バエティカの主要都市として栄え、西ゴート王国の首都がおかれたこともあるこの町が、ジブラルタル海峡を渡ってきたモーロ人に征服されたのは712年のこと。以降500年以上にわたり、セビーリャはイスラム文化繁栄の舞台となる。グアダルキビル川に面した良港としての地理的条件が幸いし、経済的にも大発展。コルドバ・カリフ帝国が崩壊した1070年には、それまで半島の首都だったコルドバを併合するほどの力をつけていた。ヒラルダの塔や黄金の塔など、現在も残るイスラム建築物は、この時代に建造されたものだ。

　レコンキスタが圧倒的な勢いで拡大した13世紀中頃、ついにセビーリャからイスラム勢力が一掃されてしまう。そしてキリスト教徒によって、セビーリャは新たな躍進の時代を迎えた。コロンブスが到達したのはインドではなく新世界であることを証明したアメリゴ・ベスプッチがセビーリャ港から出帆したのを皮切りに、新世界との交易独占権を確保。ヨーロッパ最強国の地位を確立しつつあったカスティーリャ王国の、繁栄を支える町となった。

　スペインでも有数の観光都市として1年中にぎわうセビーリャだが、なかでも活気づくのが春に行われるセマナ・サンタ（聖週間）とフェリア（春祭り）の時期。セマナ・サンタには聖母マリア像を載せた御輿を担ぐ信者たち、またフェリアでは色とりどりの民俗衣装を着た人々であふれ、町は熱気に包まれる。そしてセビーリャはフラメンコと闘牛の本場。オレンジの街路樹が彩りを添える小道を散策しながら、アンダルシア情緒を満喫したい。

本格的なフラメンコを観るのも楽しみのひとつ

はみだし　市内を巡る2階建ての観光バスが30～40分おきに運行。黄金の塔、スペイン広場、万博跡など14ヵ所に乗り場があり、ウオーキングツアー付き。チケットは24時間有効で€25。URL www.city-ss.es

歩き方 ✤ Orientation

列車で到着したら

長距離列車は中心街の北東に位置する**サンタ・フスタ駅Estación de Santa Justa**に到着する。構内には🛈やコインロッカーがある。町の中心までタクシーを利用すると€8～10程度。

馬車で町を巡るのも楽しい

市バスは、駅正面を背にして右方向へ行く32番の市バスに乗り、終点のドゥケ・デ・ラ・ビクトリア広場Pl. Duque de la Victoriaで下車。ここからシエルペスSierpes通りを南へ10分ほど歩くと**カテドラルCatedral**が見えてくる。また、同じバス停から21番に乗ると、メネンデス・ペラヨMenéndez Pelayo通りからドン・フアン・デ・アストゥリアス広場、**プエルタ・デ・ヘレスPuerta de Jerez**を通り、プラサ・デ・アルマス・バスターミナルが終点。旧市街の中心である**ヌエバ広場Pl. Nueva**～プラド・デ・サン・セバスティアン・バスターミナル～サン・ベルナルド駅の間には路面電車が運行している。

町歩きはヒラルダの塔を目印に

見どころはグアダルキビル川の東側に集中している。今でこそ川の西側にも市街地が広がっているが、本来のセビーリャの雰囲気は東岸沿いの旧市街地、なかでも南の地域に色濃く残っている。その中心的存在がカテドラルに隣接した**ヒラルダの塔Giralda**だ。

カテドラルの東側は、かつてのユダヤ人居住区だった**サンタ・クルス街Barrio de Santa Cruz**が広がっている。1492年にユダヤ人が追放されてからは、貴族など裕福な人たちが住みつき、画家のムリーリョが暮らしていたこともある。迷路のような入り組んだ路地に白壁の家々が並び、現在はバルやレストランなどの飲食店、フラメンコを上演しているタブラオ、みやげ物店も多い。小さな広場も随所にあり、アンダルシアを象徴するような光景が見られる。

旧市街の目抜き通りは、市庁舎のあるヌエバ広場から北へ延びる**シエルペスSierpes通り**。みやげ物店やバルが並び、またその1本西側の**テトゥアンTetuán通り**にもしゃれたブティックが多い。さて、日が暮れて人々が散歩に出かける頃になったら、グアダルキビル川西岸の**トリアナ地区Triana**へ向かおう。川沿いのベティスBetis通りにはレストランやバルが並び、夜遅くまで地元の人や観光客でにぎわっている。

そぞろ歩きが楽しいシエルペス通り

セビーリャ空港とのアクセス

空港は町の北東約10kmに位置する。バスが空港～サンタ・フスタ駅～プラド・デ・サン・セバスティアン・バスターミナル～プエルタ・ヘレス～プラサ・デ・アルマス・バスターミナルの間を運行。毎時2～3便、料金€4。タクシーは所要約20分、€25程度。

バスターミナル

●プラサ・デ・アルマス
🗺 P.304/A1
🏠 Pl. de Armas
☎ 954 908 040

コルドバ、グラナダ行き(一部プラド・デ・サン・セバスティアン発着のバスもあるので要確認)のほか、マドリード、バルセロナ、メリダ、ポルトガルのファーロやリスボン行きのバスが発着する。バスターミナルから町の中心部へ行くには、Torneo通りのバス停からC4番に乗り、プエルタ・デ・ヘレスで下車。

長距離バスのほか国際バスが発着

●プラド・デ・サン・セバスティアン
🗺 P.306/C2
🏠 José María Osborne 11
☎ 954 417 111

アルヘシラス、ロンダ、カディス行きなど、アンダルシア地方各地へのバスが発着。バスターミナルの南側からトラムに乗れば、カテドラルやヌエバ広場まで行ける。

市内交通

市バス、路面電車(🔗 www.tussam.es)は€1.40。1日券€5や3日券€10もある。地下鉄(🔗 www.metro-sevilla.es)は1ゾーン内€1.35。

旧市街を走る路面電車

はみだし カテドラル周辺に待機している観光馬車は、細い路地に乗り入れながら、サンタ・クルス街やスペイン広場などを40分かけて回る。4人乗りで1台€45なので、同乗者を集めると割安になる。

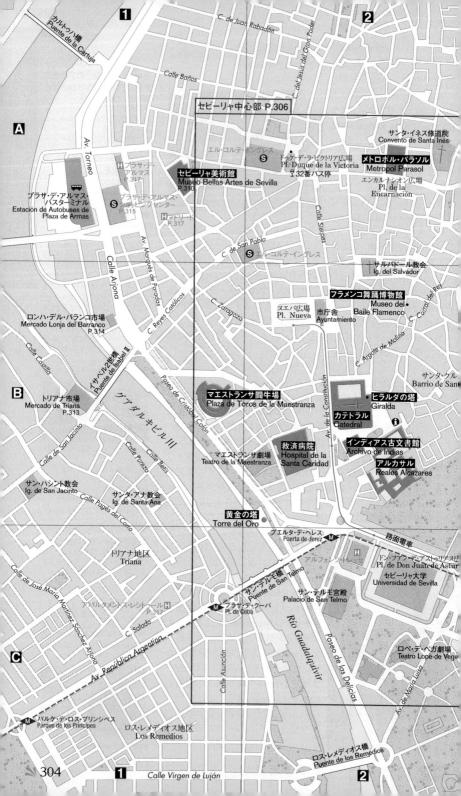

C. de Juan Rabadán

カルトゥハ橋
Puente de la Cartuja

Calle Baños

C. de Jesús del Gran Poder

サンタ・イネス修道院
Convento de Santa Inés

A

セビーリャ中心部 P.306

Av. Torneo

プラザ・デ・アルマズ
H P.317

エル・コルテ・イングレス Ⓢ

ドゥケ・デ・ラ・ビクトリア広場
Pl. Duque de la Victoria
32番バス停

メトロポル・パラソル
Metropol Parasol

セビーリャ美術館
Museo Bellas Artes de Sevilla
P.310

プラザ・デ・アルマズ・バスターミナル
Estación de Autobuses de
Plaza de Armas

Ⓢ プラザ・デ・アルマズ・
ショッピングセンター
P.315

H マドリード
P.317

エンカルナシオン広場
Pl. de la
Encarnación

Calle Arjona

C. de San Pablo

Av. Marqués de Paradas

C. de San Pablo

エル・コルテ・イングレス Ⓢ

サルバドール教会
Ig. del Salvador

Calle Sierpes

フラメンコ舞踊博物館
Museo del
Baile Flamenco

C. Reyes Católicos

C. Zaragoza

ヌエバ広場
Pl. Nueva

市庁舎
Ayuntamiento

C. Corral del Rey

ロンハ・デル・バランコ市場
Mercado Lonja del Barranco
P.314

C. Argote de Molina

B

Calle Castilla

イサベル2世橋
Puente de Isabel II

Paseo de Cristóbal Colón

サンタ・クル
Barrio de San

トリアナ市場
Mercado de Triana
P.313

グアダルキビル川

マエストランサ闘牛場
Plaza de Toros de la Maestranza

ヒラルダの塔
Giralda

Calle San Jacinto

Calle Betis

Av. de la Constitución

カテドラル
Catedral

Calle Pureza

マエストランサ劇場
Teatro de la Maestranza

救済病院
Hospital de la
Santa Caridad

インディアス古文書館
Archivo de Indias

サン・ハシント教会
Ig. de San Jacinto

Calle Pagés del Corro

サンタ・アナ教会
Ig. de Santa Ana

アルカサル
Reales Alcázares

黄金の塔
Torre del Oro

Calle de José María Martínez Sánchez Arjona

トリアナ地区
Triana

プエルタ・デ・ヘレス
Puerta de Jerez Ⓜ

路面電車

ドン・フアン・デ・アストリアス広場
Pl. de Don Juan de Astur

C

アパルタメンツ・レジドール H
P.317

サン・テルモ橋
Puente de San Telmo

サン・テルモ宮殿
Palacio de San Telmo

セビーリャ大学
Universidad de Sevilla

C. Salado

Ⓜ プラザ・デ・クーバ
Pl. de Cuba

Av. República Argentina

Río Guadalquivir

Paseo de las Delicias

ロペ・デ・ベガ劇場
Teatro Lope de Vega

Av. de María Luisa

Ⓜ パルケ・デ・ロス・プリンシペス
Parque de los Príncipes

ロス・レメディオス地区
Los Remedios

Calle Virgen de Luján

ロス・レメディオス橋
Puente de los Remedios

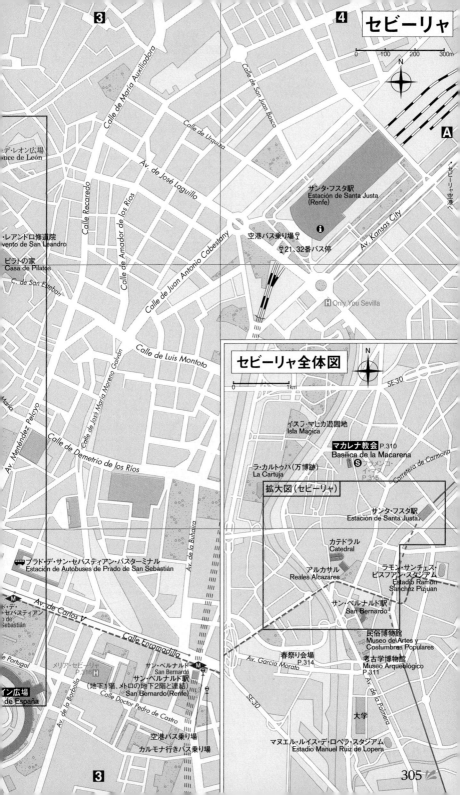

0　100　200　300m

N

サンタ・フスタ駅
Estación de Santa Justa
(Renfe)

空港バス乗り場
⑤21、32番バス停

H Only You Sevilla

Av. Kansos City

Calle de María Auxiliadora

Calle de San Juan Bosco

Calle de Urquiza

Av. de José Laguillo

Calle Recaredo

Calle de Amador de los Ríos

Calle de Juan Antonio Cabestany

・デ・レオン広場
nce de León

・レアンドロ修道院
vento de San Leandro

ピラトの家
Casa de Pilatos

C. de San Esteban

Calle de Luis Montoto

Av. Menéndez Pelayo

Calle de Demetrio de los Ríos

Calle de José María Moreno Galván

Av. de la Buhaira

セビーリャ全体図

N

0　　　　　　1km

SE-30

イスラ・マヒカ遊園地
Isla Mágica

マカレナ教会 P.310
Basílica de la Macarena

ラ・カルトゥハ（万博跡）
La Cartuja

⑤フラメンコ・
イ・マン
P.315

Carretera de Carmona

拡大図（セビーリャ）

サンタ・フスタ駅
Estación de Santa Justa

カテドラル
Catedral

アルカサル
Reales Alcazares

サン・ベルナルド駅
San Bernardo

ラモン・サンチェス・
ピスフアン・スタジアム
Estadio Ramón
Sánchez Pizjuan

民俗博物館
Museo de Artes y
Costumbres Populares

春祭り会場
P.314

Av. García Morato

考古学博物館
Museo Arqueológico
P.311

大学

Av. de la Palmera

マヌエル・ルイス・デ・ロペラ・スタジアム
Estadio Manuel Ruiz de Lopera

プラド・デ・サン・セバスティアン・バスターミナル
Estación de Autobuses de Prado de San Sebastián

M
・デ・
セバスティアン
o de
Sebastián

Av. de Carlos V

Calle Encarnadilla

メリア・セビーリャ
P.316
H

サン・ベルナルド駅
San Bernardo
（地下1階、メトロの地下2階と連絡）
San Bernardo (Renfe)

M
San Bernardo

Calle Doctor Pedro de Castro

Av. de la Borbolla

ン広場
de España

de Portugal

空港バス乗り場

カルモナ行きバス乗り場

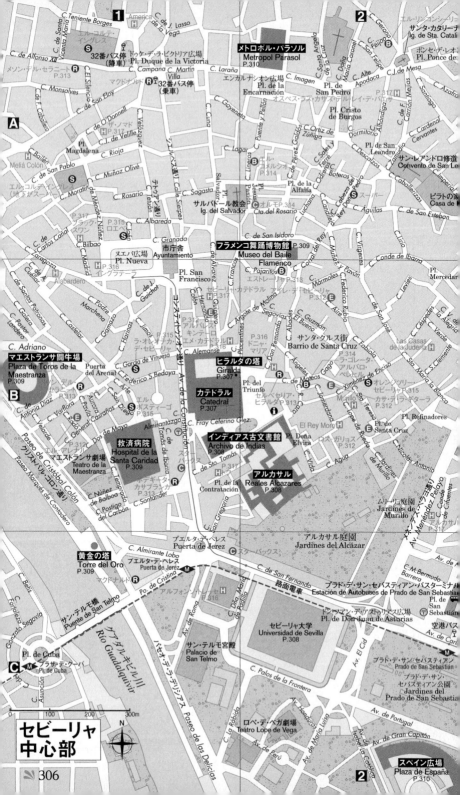

セビーリャ
中心部

おもな見どころ ✣ Sightseeing

セビーリャを象徴する建造物　★★★　map P.306/B1

カテドラル（大聖堂）とヒラルダの塔
Catedral y Giralda

世界遺産

モスクのミナレットとキリスト教の鐘楼が融合したヒラルダの塔

「後世の人々がわれわれを正気の沙汰ではないと思うほど巨大な聖堂を建てよう」。1401年に開かれた教会参事会の決定により、モスクの跡地に建設を開始。約1世紀後の1519年に完成した。スペイン最大、またヨーロッパの聖堂としてはローマのサン・ピエトロ寺院、ロンドンのセント・ポール寺院に次ぐ規模を誇る。奥行き116m、幅76m。その幅広い特異な形はモスクの名残だという。

袖廊にあるコロンブスの墓

内部には、聖霊の降臨を表すステンドグラス、アルフォンソ5世の墓がある王室礼拝堂、15世紀の聖歌隊席、内陣の聖書の場面が彫刻された黄金色の木製祭壇など、見どころがいっぱい。コロンブスの墓は、当時スペインを構成したレオン、カスティーリャ、ナバーラ、アラゴンの4人の国王が柩をかついでいる。またサン・アントニオ礼拝堂にはムリーリョの『サン・アントニオの礼拝』、サン・ペドロ礼拝堂にはスルバランの『無原罪のお宿り』、聖具室にはゴヤやスルバランの絵画もあり、じっくり見ていると時間のたつのも忘れてしまう。

高さ97mのヒラルダの塔は、12世紀末にモスクのミナレットとして建設され、16世紀にプラテレスコ様式の鐘楼が付け加えられた。下から仰ぎ見れば小さく見える先端も、高さ4m、重さ1288kgもあり、風を受けるとこのブロンズ製の像が回転するというから驚く。ヒラルダ（風見）と呼ばれるゆえんだ。高さ70mの展望台からセビーリャの町を一望するのもよし、これから訪ねる観光ポイントの位置確認にも役立つだろう。

カテドラルとヒラルダの塔

Av. de la Constitución, s/n
☎902 099 692
URL www.catedraldesevilla.es
圖 月～土　11:00 ～ 18:00
　　日　　14:30 ～ 19:00
※入場は1時間前まで
圖€12、学割€7（オンライン購入は€11、学割€6）
※カテドラルはミサのために毎日8:00から開いており、月～土曜は10:30まで、日曜は14:00まで無料で入場できる。ただしコロンブスの墓や内陣などは見学不可。

さまざまな様式が混在するカテドラル内部

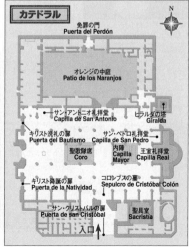

カテドラル

免罪の門
Puerta del Perdón

オレンジの中庭
Patio de los Naranjos

サン・アントニオ礼拝堂
Capilla de San Antonio

ヒラルダの塔
Giralda

キリスト洗礼の扉
Puerta del Bautismo

サン・ペドロ礼拝堂
Capilla de San Pedro

聖歌隊席
Coro

内陣
Capilla Mayor

王室礼拝堂
Capilla Real

キリスト降誕の扉
Puerta de la Natividad

コロンブスの墓
Sepulcro de Cristóbal Colón

サン・クリストバルの扉
Puerta de san Cristóbal

聖具室
Sacristía

入口

はみだし　カテドラルは各種宗教行事で見学時間が短縮されたり、終日閉鎖されることもある。日程が限られている人は、上記の公式ウェブサイトなどであらかじめ確認しておいたほうがよい。

インディアス古文書館

- **住** Av. de la Constitución, s/n
- **☎** 954 500 528
- **開** 火～土　9:30 ～ 17:00
　　　日・祝　10:00 ～ 14:00
- ※入場は閉館30分前まで
- **休** 月、1/1・6、聖金曜日、12/24・25・31
- **料** 無料

アルカサル

- **住** Patio de Banderas, s/n
- **☎** 854 760 426
- **URL** www.alcazarsevilla.org
- **開** 4 ～ 10月最終土曜
　　　毎日　9:30 ～ 20:00
　　　10月最終日曜～3月
　　　毎日　9:30 ～ 19:00
- ※入場は閉館1時間前まで
- **料** €13.50、学割・65歳以上 €6（ロイヤル・ベッドルームは別途 €5.50）
　月曜18:00～19:00（10～3月は16:00～17:00）は無料
- ●夜間の見学
　4～9月は21:00～22:30、10～3月は19:30～21:00の30分おきに入場
- **料** €13

美しい列柱に囲まれたムデハル様式の「乙女の中庭」

庭園Jardines
カルロス5世天井の間
Salón Techo de Carlos V
乙女の中庭
Patio de las Doncellas
ゴシック宮殿
Palacio Gótico
フェリペ2世天井の間
Sala del Techo de Felipe II
タペストリーの間
Sala de Tapices
礼拝堂
Capilla
大使の間
Salón de Embajadores
ペドロ1世宮殿
Palacio de Pedro I
十字の中庭
Patio del Crucero
みやげ物店
人形の中庭
Patio de las Muñecas
狩猟の中庭
Patio de la Montería
提督の間
Sala de Almirante
コントラタシオン会館
Casa de la Contratación
出口
ライオンの中庭
Patio del León
入口
ライオン門・発券所
Puerta de León
アルカサル

貴重な公文書を所蔵する　★★★　map P.306/B1
インディアス古文書館
Archivo de Indias　　世界遺産

噴水が設けられた建物正面

建築家フアン・デ・エレーラにより、1572年に商品取引所として造られたルネッサンス様式の建物。1784年には新大陸に関する文書をまとめる古文書館となり、新大陸発見や征服当時の貴重な資料が保存されている。

2階の展示室では、コロンブス、マゼラン、メキシコ征服者エルナン・コルテスの自筆文書などを見ることができる。

壮麗なイスラム風の王宮　★★★　map P.306/B2
アルカサル
Reales Alcazares　　世界遺産

9世紀から11世紀にかけて使われていたイスラム時代の城を、レコンキスタ後にキリスト教徒の王たちが改築した建築物。なかでも1350年に即位したペドロ1世は、スペイン各地からイスラム建築の職人を呼び寄せ、グラナダのアルハンブラ宮殿を彷彿させるような建物を造り上げた。イスラム文化に心酔していたペドロ1世は、イスラムの服装をまとい、宮廷内ではアラビア語を使うことを命じたという。

宮殿内で最も壮麗な「大使の間」

最も見応えのあるのは**ペドロ1世宮殿Palacio de Pedro I**の内部装飾だ。「大使の間Salón de Embajadores」は豪華なムデハル様式の装飾が施されており、彩色タイルの内壁やヒマラヤ杉の格子細工による円形天井が見事。王に謁見するために訪れた大使は、この部屋で待機したという。「人形の中庭Patio de las Muñecas」は王族たちの私的な空間で、漆喰の彫刻が柱に施されている。そしてこの宮殿の中央部「乙女の中庭Patio de las Doncellas」には泉があり、漆喰細工の美しいムデハル様式の列柱が中庭を囲んでいる。

隣にある**ゴシック宮殿Palacio Gótico**は18世紀に改装された建物で、イスラム建築とはまた違った美しさだ。「タペストリーの間Sala de Tapices」には、大航海時代などが描かれた多数のタペストリーが壁に掲げられている。これらの宮殿を見学したあとは、裏側にある庭園を歩いてみよう。樹木が整備されており、季節によっては花々が咲き誇る。

はみだし　セビーリャ大学：小説『カルメン』の舞台としても知られる、18世紀に建てられた旧王立たばこ工場。物語のなかで主人公のカルメンは女工として、また彼女に思いを寄せるホセは衛兵として工場で働いていた。

川沿いに建つ見張り塔 ★ map P.306/C1

黄金の塔
Torre del Oro

グアダルキビル川の東岸に建つ、正十二角形の塔。かつては塔の上部が金色の陶器れんがで輝いていたという。13世紀初めに川の通行を検問するために造られ、対岸にあった八角形の銀色の塔

川岸の遊歩道沿いに建つ

との間に鎖をかけて侵入船を防いでいた。現在は海洋博物館として船の模型や海図などが展示されている。

愛好家から一般客まで楽しめる ★ map P.306/A2

フラメンコ舞踊博物館
Museo del Baile Flamenco

フラメンコ界の大御所クリスティーナ・オヨスが設立した博物館。1階はレッスンが行われるガラス張りのスタジオで、2階はフラメンコの歴史に関する解説や衣装などの展示物があり、映像と音声で楽しめる。またパティオではフラメンコの上演（要予約）が開催されているほか、ショップも併設している。

セビーリャ派闘牛の本拠地 ★ map P.306/B1

マエストランサ闘牛場
Plaza de Toros de la Maestranza

約1万2000人の観客を収容できる、規模の大きな闘牛場。19世紀中頃に完成し、セビーリャ派の本拠地として歴史に名を残してきた。現在でも年間30回ほど闘牛が開催され、特に4～5月の春祭りと9月最終週に行われるサン・ミゲル祭では花形闘牛士が出演する。見学はスペイン語と英語によるガイドツアーで。併設の博物館も詳しく解説してくれる。

ガイドツアーは敷地内を見学できる

有名な絵画が飾られている ★ map P.306/B1

救済病院
Hospital de la Santa Caridad

ドン・フアンのモデルとされるセビーリャの貴族ミゲル・デ・マニャーラが17世紀半ばに、貧しい人や身寄りのない人を救済するために創設した病院。付属の教会には、ムリーリョの慈善をテーマにした『ハンガリーの聖イサベルSanta Isabel de Hungría』や『岩山から水を噴き出させるモーセMoisés Haciendo Brotar el Agua de la Peña』、また死を写実的に描いたバルデス・レアルの『束の間の命In Ictu Oculi』や『世の栄光の終末Finis Gloriae Mundi』などが飾られている。

きらびやかな装飾が施された教会内部

現在はセビーリャ大学法学部の校舎として利用されており、大学の開校時間内は自由に見学できる。
map P.306/C2

黄金の塔
🏠 Paseo de Cristóbal Colón, s/n
☎ 954 222 419
🕐 月～金　　　9:30 ～ 18:45
　　土・日　　10:30 ～ 18:45
🚫 祝
💰 €3、学割€1.50
　　月は無料

フラメンコ舞踊博物館
🏠 Manuel Rojas Marcos 3
☎ 954 340 311
URL www.museoflamenco.com
🕐 毎日　　　10:00 ～ 19:00
※入場は閉館1時間前まで
💰 €10、学割€8
※フラメンコショーは毎日17:00～、19:00～、20:45～。料金€25（学割と65歳以上€18）、博物館入場とセットで€29（学割と65歳以上€22）

情熱あふれるフラメンコの上演

マエストランサ闘牛場
🏠 Paseo de Cristóbal Colón 12
☎ 954 210 315
URL www.realmaestranza.com
🕐 4～10月
　　毎日　　　9:30～21:00
　　（闘牛開催日は～15:00）
　　11～3月
　　毎日　　　9:30～19:00
💰 €10、学割・65歳以上€6
見学ツアー（所要約40分）は20～30分おき。闘牛開催日はウェブサイトを参照。

救済病院
🏠 Temprado 3
☎ 954 223 232
URL www.santa-caridad.es
🕐 月～金　　10:30 ～ 19:00
　　土・日　　14:00 ～ 19:00
※入場は閉館30分前まで
🚫 1/1・6、聖金曜日、12/25
💰 €8

スペイン広場

開 毎日　8:00 〜 22:00
休 無休
料 無料

絵タイルのベンチ

セビーリャ美術館

住 Pl. del Museo 9
☎ 954 786 498
開 火〜土　9:00 〜 21:00
　　　（8 月〜は 15:00）
　　日　9:00 〜 15:00
休 月、1/1・6、5/1、12/24・
　　25・31
料 €1.50

17 世紀の修道院を改装

メトロポル・パラソル

住 Pl. de la Encarnación, s/n
☎ 954 561 512
●展望台
開 毎日　9:30 〜 23:30
　　　（11 〜 3 月〜は 23:00）
休 無休
料 €15
●アンティクアリウム
開 火〜土　10:00 〜 20:00
　　日　10:00 〜 14:00
休 月　**料** €2

ドイツ人建築家のユルゲン・マイ
ヤーによる曲線が美しい

マカレナ教会

住 Pl. de la Esperanza
　　Macarena 1
☎ 954 901 800
開 毎日　9:00 〜 14:00
　　　　　17:00 〜 21:00
※美術館の入場は閉館 30 分
前まで
料 無料、美術館 €5

セビーリャ市民の憩いの場　　★★　map P.306/C2
スペイン広場
Plaza de España

池ではボート遊びもできる

　かつてサン・テルモ宮殿の庭園の一部だった、マリア・ルイサ公園内にある。1929年に開かれたイベロ・アメリカ博覧会の会場として造られたもので、建築家アニバル・ゴンサレスの作。広場を囲む半円形の建物の下には、スペイン各県の特徴や歴史的場面をタイルで描いた58のベンチが置かれている。

ムリーリョの絵画が充実　　★★　map P.304/A1
セビーリャ美術館
Museo Bellas Artes de Sevilla

　中世から現代までのスペイン絵画を中心に展示しており、なかでもムリーリョのコレクションは世界一といわれる。ムリーリョは17世紀に活躍したセビーリャ生まれの画家で、人間味あふれる宗教画は人々の心をとらえ、その人気はスペインだけでなくヨーロッパ全土に広がった。またベラスケス、スルバラン、バルデス・レアル、パチェーコなど、スペイン美術の黄金時代を築いたセビーリャ派画家たちの作品も見逃せない。

スペイン最大級の近代木造モニュメント　　★★　map P.306/A2
メトロポル・パラソル
Metropol Parasol

　2011年に完成した複合施設で、南北の長さは約150m。その独特な形状からセタス・デ・セビーリャ（セビーリャのキノコ）とも呼ばれる。地下部分にはローマ時代の住居跡やモザイク画が展示された**アンティクアリウムAntiquarium**があり、1階は市場と飲食店、2階部分は広場になっている。また、エレベーターで地上から高さ28mの所にある展望台に昇ることができ、セビーリャの新しいランドマークとして人気を集めている。

希望の聖母が祀られている　　★　map P.305/B4
マカレナ教会
Basílica de la Macarena

　マリア信仰のあついスペインで、特にセビーリャ市民に敬愛されているのが、この教会に安置されている希望の聖母「ラ・エスペランサ」だ。セマナ・サンタ（聖週間）では、御輿に担がれる聖

豪華な衣装を身につけた聖母像

母像をひとめ見ようと信者たちが押し寄せる。付属の美術館には、聖母像の豪華な装飾品や御輿が展示されている。

はみだし　黄金の塔の近くから、グアダルキビル川のクルーズ船が出航している。陸地とはまた違った角度から、セビーリャの町や建造物が眺められる。料金 €17 〜。**URL** cruscerosensevilla.com

近郊の見どころ❖Excursion

ローマ時代の遺跡が残る　　　　　　　★　map P.267/A1

イタリカ
Itálica

2万5000人の観客を収容していた円形劇場跡が見学できる

セビーリャから北西に約9km、グアダルキビル川を見下ろす丘に、紀元前206年にローマ帝国の植民都市として築かれたイタリカの遺跡がある。トラヤヌス帝やハドリアヌス帝が生まれた町で、周囲3150m、5本の並行した大通りや下水設備も整っていた。現在は神殿、浴場、ふたつの劇場跡が残っている。敷地内の資料館では、イタリカの歴史を解説する映像を随時上演。重要な彫刻など出土品はセビーリャの考古学博物館に展示されている。

イタリカへの行き方
🚌 プラサ・デ・アルマス・バスターミナルからサンティポンセSantiponce行きM170番のバスで約25分、終点で下車。月〜金は30分おき、土・日・祝は1時間おきに運行。

イタリカの遺跡
☎699 341 142
URL www.italicasevilla.org
圏 4/1〜6/15
　　火〜土　　9:00〜20:00
　　日・祝　 10:00〜15:00
　　6/16〜9/15
　　日〜日　　9:00〜15:00
　　9/16〜3/31
　　火〜土　　9:00〜18:00
　　日・祝　　9:00〜15:00
※入場は閉館30分前まで
休 月、1/1、5/1、12/25
料 €1.50

セビーリャ

日本人の子孫が暮らすコリア・デル・リオ

　セビーリャ中心部から12kmほど南に位置する**コリア・デル・リオ Coria del Río**（map P.267/B1）。人口3万人弱のこの町に、日本を意味するハポンJapón の名字の人が約600人住んでおり、彼らは日本人の血を引いているといわれる。スペイン人にとって日本語の発音が難しかったため、この地に移住した日本人が全員ハポン姓にしたそうだ。

　仙台藩主伊達政宗の命を受けて、支倉常長が率いる慶長遣欧使節が、1613年10月にヨーロッパに向けて出航。スペインの植民地だったメキシコ（当時のヌエバ・エスパーニャ副王領）のアカプルコまで太平洋を航行し、現地の教会でカトリックの洗礼を受けた。そして陸路で大西洋側に抜けた後に、スペイン艦隊に乗せてもらって1614年10月にスペイン南部サンルーカル・デ・バラメダへ到達した。

　約30人の使節団はスペイン各地を訪問して、マドリードでは当時の国王に出迎えられる。そしてローマを訪問して教皇パウロ5世に拝謁を果たした。しかし渡航中に日本でキリシタン禁止令が発布され、帰国後の宗教的迫害を恐れた一部の人たちがスペインに残った。一行のうちの約8人がセビーリャ郊外のコリア・デル・リオに定住したと推測されており、全員が名字をハポンと変えてスペインに帰化する。

　約400年たった現在、町のカルロス・メサ公園Parque Carlos Mesa には1992年に宮城県から寄贈された支倉常長の銅像が立つ。また2013年6月に当時の皇太子殿下（今上天皇）がコリア・デル・リオを訪問した際には、公園の銅像近くに桜の苗を植樹された。そして市庁舎 Ayuntamiento には、皇太子殿下来訪を記念した日本語とスペイン語併記の陶器プレートが掲げられている。

🚌 プラサ・デ・アルマス・バスターミナルからM142番のバスで約30分、月〜金は毎時3便、土は毎時1便、日・祝は運休。タクシーで約15分。コリア・デル・リオの中心部でバスを降りて、市庁舎まで徒歩約3分。そこからさらに南東方面に5分ほど歩いてグアダルキビル川に出ると、支倉常長の銅像があるカルロス・メサ公園へ行ける。

カルロス・メサ公園に立つ
支倉常長の銅像

セビーリャはフラメンコの本場。ぜひタブラオに足を運んで、本場ならではの踊りを体験してみたい。こぢんまりとした老舗から観光客向けの大規模なところまでさまざまなタブラオがあり、チケットは宿泊しているホテルやオスタルでも購入できる。タブラオは前方の席から予約が埋まっていき、上演の直前に行くと場合によっては満席で入場できないこともある。できれば前日、あるいは当日の午前中などに予約したほうが無難だ。店によってはウェブサイトでの予約も可能。

▼ フラメンコ

🎸 ロス・ガリョス

Los Gallos map P.306/B2

セビーリャで一番の老舗

1966年創業、サンタ・クルス街にあるこぢんまりとしたタブラオ。団体客は受け付けていない。舞台やテレビなど第一線で活躍するスターたちも出演し、迫力あるギターと踊りで1時間15分たっぷりと楽しませてくれる。要予約。

🏠Pl. de Santa Cruz 11
☎954 216 981
URL www.tablaolosgallos.com
営 ショーは19:00 〜、20:45 〜
休 1/15 〜 30、12/24
料 ドリンク付き €35
カード A D J M V
交 カテドラルから徒歩10分

🎸 エル・アレナル

El Arenal map P.306/B1

洗練された華やかなショー

17世紀の建物を改装した100人収容のタブラオ。ピラール・ロペス舞踊団などで活躍した踊り手クーロ・ベレスがオーナーで、踊り手のレベルも高い。レストラン形式になっており、食事をしながらショーを楽しめる。要予約。

🏠Rodo 7 ☎954 216 492
URL tablaoelarenal.com
営 ショーは19:00 〜、21:30 〜
休 1/1、12/24・31
料 ドリンク付き €44、タパス付き €68.20、食事付き €82.50
カード M V
交 カテドラルから徒歩5分

🎸 アルバレス・キンテーロ

Álvarez Quintero map P.306/B1

カテドラル近くのタブラオ

こぢんまりとしているが、気軽に入れる雰囲気のタブラオ。通常は計5人の奏者とダンサーが出演し、約1時間の熱演が繰り広げられる。満席になることもあるので、窓口が開く昼過ぎに行って早めにチケットを購入しておこう。

🏠Álvarez Quintero 48
☎605 130 130
URL tablaoalvarezquintero.com
営 ショーは19:00 〜、20:30 〜
休 1/1、12/24・25
料 €25、学割 €20
カード M V
交 カテドラルから徒歩2分

🎸 カサ・デ・ラ・ギターラ

Casa de la Guitarra map P.306/B1

ギター演奏が堪能できる

フラメンコのギター演奏や歌をじっくり聴きたい人におすすめのタブラオ。サンタ・クルス街の路地にあり、11:00 〜 19:00は展示されているフラメンコギターを無料で見学できる。ショーは10曲ほどで約1時間。

🏠Mesón de Moro 12
☎954 224 093
URL www.casadelaguitarra.es
営 ショーは19:30 〜、21:00 〜
休 無休
料 €20、学割 €15
カード M V
交 カテドラルから徒歩3分

▼ スパ

🎸 アイレ・デ・セビーリャ

Aire de Sevilla map P.306/B2

アラブ風の入浴施設

サンタ・クルス街にある16世紀の館を改装したリラクゼーション施設。異なる温度のお風呂に入浴できるエインシェント・バスは €55（90分）。入浴とマッサージは €74 〜。カップル向けのパッケージプランもある。要水着。

🏠Aire 15 ☎919 032 214
URL beaire.com
営 10:00 〜最終 22:00
（土・日は 9:00 〜、金・土は〜最終 24:00）
休 1/1、12/25
カード M V
交 カテドラルから徒歩5分

アンダルシア

セビーリャ

レストラン ✦ Restaurant

　ペスカードス・フリートス Pescados Fritos（魚介のフライ）や、セラニート Seranito（パンに豚肉とトマト、ハモン・セラーノ、ピーマンの丸揚げを挟んだもの）がセビーリャ名物。カテドラル周辺やサンタ・クルス街には観光客向けのレストランが多い。地元の人のお気に入りはグアダルキビル川西岸のトリアナ地区。川沿いのベティス Betis 通りにはレストランやバルが並び、夜遅くまでにぎわっている。またセビーリャはバルが充実しており、タパスの食べ歩きも楽しい。

▼ スペイン料理

メソン・デル・セラニート
Mesón del Serranito　map P.306/B1

闘牛場近くの名門店

　店内に闘牛の写真や絵画が飾られ、アンダルシア料理のメニューが豊富。闘った牛に敬意を表して終了後に食べるという文化にちなんだ闘牛肉のほか、イベリコ豚もおすすめだ。当店名物のセラニートは €9.50。

🏠Antonia Díaz 11
☎954 211 243
🕐12:00 ～ 17:00
　20:00 ～ 24:00
　（バルは 8:30 ～ 24:00）
🚫7・8 月の日
💳J M V
🚶カテドラルから徒歩 5 分

セルベセリア・ヒラルダ
Cervecería Giralda　map P.306/B2

歴史的遺構で食事を楽しむ

　ヒラルダの塔からすぐ。12 世紀のハマム（アラブ式公衆浴場）だった建物を利用しており、当時の天井や壁が残る店内は雰囲気も抜群。伝統料理から創作料理まで、ビールやワインに合うメニューが豊富に揃う。タパスは €4 ～。

🏠Mateos Gago 1
☎954 228 250
🕐12:00 ～ 24:00
🚫無休
💳M V
🚶カテドラルから徒歩 1 分

ボデギータ・カサブランカ
Bodeguita Casablanca　map P.306/B1

アレンジされた郷土料理

　シェリー酒に合うタパスが揃っており、1 品 €3 程度。ウイスキー風味のトルティーリャ、イベリコ豚のほお肉ワイン煮込みなどがおすすめ。料理はテーブル席で、飲み物とタパスのみならカウンターか屋外のテラス席で。

🏠Adolfo Rodríguez Jurado 12
☎954 224 114
🕐月～金　13:00 ～ 17:00
　　　　　20:15 ～ 24:00
　　土　　13:00 ～ 17:00
🚫日、1/1・6、12/24・25・31
💳J M V
🚶カテドラルから徒歩 5 分

エストレーリャ
Estrella　map P.306/B2

昔ながらのタパスバル

　1939 年創業、地元の人に愛されてきた老舗バル。メニューが豊富で、タパスは €3.80 ～。ボリュームがあるので、3 品ほどでおなかいっぱいになる。こぢんまりとした店内もいい雰囲気。入り組んだ路地にあり、迷いやすいので注意を。

🏠Estrella 3
☎954 219 325
🕐12:00 ～ 24:00
🚫1/1・6、12/25
💳M V
🚶カテドラルから徒歩 3 分

TOPICS

地元民に人気のトリアナ市場

　イサベル 2 世橋の近くにある**トリアナ市場 Mercado de Triana**（map P.304/B1）は、おもにトリアナ地区の住民が利用する庶民的な市場。一部の店舗はバルとしても営業しており、生ハムやタパス、新鮮な魚介料理などを楽しめる。

🔗mercadodetriana
sevilla.com
🕐9:00 ～ 15:00
🚫日・祝
　　　バルは夜や日曜も営業

はみだし 上記の「**メソン・デル・セラニート**」はエル・コルテ・イングレス脇にも支店があり、地元客でにぎわっている。
map P.306/A1　🏠 Alfonso Ⅶ 9　☎ 954 218 299　🕐 12:00 ～ 17:00（金は～ 24:00）　🚫 月

ラ・ゴレータ － アルバロ・ペレヒル　　La Goleta – Alvaro Peregil　[map] P.306/B2

週末は地元客でにぎわう

故フラメンコ歌手のペペ・ペレ
ヒル氏の家族が経営するバル。セ
ビーリャ名物ビノ・ナランハ（オ
レンジワイン）が飲めることでも
有名。もとはカウンターのみの小
さな店だったが、店を拡張し隣の
建物にはテーブル席もある。

🏠 Mateos Gago 20-22
☎ 954 218 966
🕐 13:00～翌 0:30
休 不定休
カード [M][V]
🚶 カテドラルから徒歩 2 分

エル・リンコンシーリョ　　El Rinconcillo　[map] P.306/A2

1670 年創業の老舗バル

使い込まれた木のカウンター、
タイルやワインボトルが飾られた
壁など、古きよき時代を感じさせ
る。タパスは€2.70 ～。タラのフ
リッター、ほうれん草とヒヨコ豆
の煮込みなど、セビーリャの定番
メニューを味わってみたい。

🏠 Gerona 40
☎ 954 223 183
🕐 13:00 ～ 17:00
　20:00 ～翌 0:30
休 火、1/1・6、12/25
カード [J][M][V]
🚶 カテドラルから徒歩 15 分

エル・コメルシオ　　El Comercio　[map] P.306/A2

[投稿] チュロスが有名だが、おいしいオレンジワイン
（グラス €1.80）も飲める。店員さんの愛想もよくて
おすすめ。（神奈川県　さくら　'22）['23]

🏠 Lineros 9　☎ 670 829 053
🕐 7:30 ～ 21:00（土 8:00 ～）　休 日
カード [M][V]　🚶 カテドラルから徒歩 7 分

オルモ　　Olmo　[map] P.306/A2

サルバドール教会の裏側にある人気のアイスクリー
ムショップ。自然素材のみを使った手作りアイスは、
約 40 種類のフレーバーが揃う。

🏠 Cuesta del Rosario 1　☎ 954 227 411
🕐 14:00 ～ 23:00（金は～ 24:00、日は～ 20:00）
休 月　カード [M][V]　🚶 カテドラルから徒歩 6 分

TOPICS

セビーリャの祭り、聖週間と春祭り

キリストの死と復活を追
体験する聖週間

セビーリャの春は、**セマ
ナ・サンタ Semana Santa
（聖週間）**とともにやって
くる。セマナ・サンタとは
復活祭前の 1 週間（2024
年は 3 月 24 ～ 31 日）の
ことで、スペイン全土にわ
たる宗教的行事。なかでも
セビーリャのものは世界的
に有名だ。三角のトンガリ
帽子を頭からすっぽりとか
ぶったコフラディーア（信者会員）に続いて、十字
架を背負うキリストやガラスの涙がほおを伝う聖
母マリア像のパソ（御輿）が行列する。御輿は長
さ 6m、幅 3m、高さ 4.5m ぐらいあって、数十人
の男たちに担がれる。教区の教会ごとに守られてき
た像の御輿が曜日によって巡回するが、12 時間近
くも町を担いで歩くのだから、まさに苦行といって
よい。行列が通過していくときに人々が歌うサエタ
が、熱狂と感動をより高めていく。100 に上る御
輿のなかでも、豪華で人気の高いのはマカレナ教会
（→ P.310）とトリアナ地区にあるラ・エスペラン
サ（希望の聖母）。聖金曜日の夜明けの出発を見よ
うと、数千人もの人々が押しかける。

セマナ・サンタも終わり日差しに初夏を感じる 4
月下旬から 5 月上旬に、スペイン 3 大祭りのひとつ、
フェリア Feria（春祭り）が始まる。起源は 1712
年、それまで牧畜市だったものが形を変え、今のよ
うな催しが始まった。女性たちはフラメンコの衣装
で着飾り、つば広の帽子をかぶった騎手は馬の背に
自慢の女性を乗せてさっそうと道を行き交う。花で
飾られた馬車にも、色とりどりに着飾った子供や女
性が乗り、目を楽しませてくれる。祭りの専用広場
は町の南西にあり（[map] P.305/C4）、期間中は 1000
余りのカセータ（仮設小屋）が並び、人でいっぱい
になる。派手な縞模様で彩られたカセータの中は水
道、電灯、冷蔵庫、椅子、テーブルが完備され、夜
明け近くまでギターやカスタネットの音とともにセ
ビーリャの民謡が歌い踊られる。個人所有や会員制
のカセータに招待されたらラッキーだ。

陽気で華や
かな春祭り

[はみだし]　イサベル 2 世橋の近くにある**ロンハ・デル・バランコ市場**はおしゃれなグルメ市場。新鮮な食材を使ったタパス
を食べられる。[map] P.304/B1　🕐 10:00 ～ 24:00（金・土は～翌 2:00）　休 1/1、12/25

アンダルシア

ショッピング ÷ Shopping

　町一番のショッピングストリートは、市庁舎から北に延びるシエルペス Sierpes 通り。セビーリャの陶器やマントン（刺繍入りのショール）、扇子などを扱う老舗商店が並ぶ、にぎやかな歩行者天国だ。その終点を左折するとデパートのエル・コルテ・イングレスがあり、シエルペス通りの1本西側のベラスケス Velázquez 通りとテトゥアン Tetuán 通りにはブティックやブランド店が軒を連ねている。またカテドラル周辺やサンタ・クルス街には、スペインらしい品物を扱うみやげ物屋が多い。

セビーリャ

エル・ポスティーゴ　　　　　El Postigo　map P.306/B1

アンダルシアの手作り雑貨

工芸品

　皮革製品、銀のアクセサリー、手描きの扇などもあるが、おすすめは陶器。アンダルシア地方を拠点とする若い職人たちの作品を販売しており、ほかのみやげ物屋にはないような手作りのユニークな商品も見つかる。

🏠Arfe, s/n
☎954 560 013
🕐月～金 10:00 ～ 19:00
　　土・日 10:00 ～ 20:00
休1/1、12/25
カードMV
🚶カテドラルから徒歩 5 分

フラメンコ・イ・マス　　　Flamenco y Más　map P.305/B4

プロのダンサーも訪れる

フラメンコ用品

　衣装や小道具、CD や教則 DVD など、フラメンコに関するあらゆる品物が揃う専門店。質の高い用具を扱っているのでプロのダンサーも訪れるほどだ。春祭り期間中は衣装やアクセサリーのレンタルもしている。

🏠San Luís 116
☎954 908 707
🕐月～金 10:00 ～ 14:00
　　　　　17:00 ～ 20:30
　　土　　10:00 ～ 14:00
休日・祝
カードA J M V
🚶マカレナ教会から徒歩 1 分

オレンジツリー・セビーリャ　　Orange Tree Sevilla　map P.306/B2

オレンジの香りをおみやげに

食品&雑貨

　サンタ・クルス街の路地裏にあり、店名のとおりオレンジにまつわるアイテムが勢揃い。セビーリャ名物のオレンジワインをはじめ、お菓子やジャム、石鹸、コスメ、香水、アクセサリーなど、おみやげにぴったりの品が見つかる。

🏠Ximénez de Enciso 22
☎954 721 374
🕐10:00 ～ 22:00
休1/1、12/25
カードM V
🚶カテドラルから徒歩 4 分

ラ・オレオテカ・デ・セビーリャ　　La Oleoteca de Sevilla　map P.306/B1

高品質のオリーブ商品が揃う

オリーブオイル

　こぢんまりとした店内には 100 種類以上のオリーブオイルがずらりと並び、その大半がアンダルシア産。店の人は親切なので、選ぶのに悩んだら相談してみよう。オリーブから作られた石鹸やコスメ、食材類も扱う。

🏠García de Vinuesa 39
☎954 869 185
URL www.oleotecasevilla.com
🕐月～金 10:30 ～ 14:00
　　　　　17:00 ～ 20:00
　　土　　10:30 ～ 14:00
休日　カードD J M V
🚶カテドラルから徒歩 3 分

プラサ・デ・アルマス・ショッピングセンター　Centro Comercial Plaza de Armas　map P.304/A1

かつての駅舎を改装

ショッピングモール

　1 階にはファッションショップとマクドナルドやカフェなどの飲食店、2 階には映画館、地下にスーパーマーケットがある。バスターミナルの向かいにあり、バスに乗る前に時間をつぶしたり、食事や買い物をするのにも便利だ。

🏠Pl. de Legión, s/n
☎954 908 282
🕐毎日 9:00 ～ 22:00
　　（飲食店は 12:00 ～翌 1:00）
休不定休
カード 店によって異なる
🚶カテドラルから徒歩 15 分

はみだし 「**ロエベ Loewe**」は 1846 年創業の高級皮革ブランド。バッグから小物まで豊富なアイテムを取り揃えている。map P.306/A1 ⊞ Pl. Nueba 12 ☎ 699 075 491 🕐 10:00 ～ 20:30 休 日・祝

ホテル ✣ Hotel

アンダルシアの州都だけあって、高級ホテルからペンシオンまで数も多く、市内各所に点在している。経済的な宿が多いのはサンタ・クルス街。特にムリーリョ公園に面した大通りメネンデス・ペラヨを西に入ったサンタ・マリア・ラ・ブランカ Santa María la Blanca 通り周辺に見つかる。なおセマナ・サンタ（聖週間）とフェリア（春祭り）の期間中は大幅に値上がりする。これらの祭りの期間中はもちろん、常に宿泊施設が不足気味なので、早めに予約したほうがよい。

▼高級

アルフォンソ・トレッセ　Hotel Alfonso XIII

[map] P.306/C1

セビーリャを代表するホテル　★★★★★

1929年の開業式にはアルフォンソ8世も列席したという、セビーリャで最も格式のあるホテル。吹き抜けのロビー、アラベスク模様のモザイク壁など、宮殿のように贅沢な造りだ。夏期は敷地内のプールでくつろげる。

[住]San Fernando 2
☎954 917 000　[FAX]954 917 099
[URL]www.marriott.com
[料]ⓈⓌ€340 ～ 907
[カード][A][D][J][M][V]
[客室数]148
[Wi-Fi]無料
[交]カテドラルから徒歩5分

エメ・カテドラル　EME Catedral Hotel

[map] P.306/B1

本格的なデザインホテル　★★★★★

カテドラルの北側に面し、プールのある屋上テラスからはヒラルダの塔が真正面に見える。斬新なデザインを取り入れた内装はシンプルモダン。屋上のバー＆レストラン（夏期のみ）、スパは宿泊客でなくても利用できる。

[住]Alemanes 27
☎954 560 000　[FAX]954 561 000
[URL]www.emecatedralmercer.com
[料]ⓈⓌ€195 ～ 500
[カード][A][D][J][M][V]
[客室数]60
[Wi-Fi]無料
[交]カテドラルから徒歩1分

ドニャ・マリア　Hotel Doña María

[map] P.306/B2

カテドラルの向かいに建つ　★★★★

もと公爵夫人の邸宅を改装。設備やインテリアは部屋ごとに異なり、窓からヒラルダの塔が見える部屋や天蓋付きのベッドが置かれた部屋もある。屋上にプールがあり、ヒラルダの塔を眺めながら泳ぐことができる。

[住]Don Remondo 19
☎954 224 990　[FAX]954 219 546
[URL]www.hdmaria.com
[料]ⓈⓌ€94 ～ 399
[カード][A][D][J][M][V]
[客室数]64
[Wi-Fi]無料
[交]カテドラルから徒歩1分

イングラテーラ　Hotel Inglaterra

[map] P.306/B1

観光にも買い物にも便利　★★★★

1857年創業の老舗ホテル。ロビーやレストランは格調高い雰囲気で、客室の内装もクラシック。ヌエバ広場に面しており、タクシー乗り場や路面電車の発着駅も目の前にあってどこへ行くにも便利なロケーション。

[住]Pl. Nueva 7
☎954 224 970　[FAX]954 561 336
[URL]www.hotelinglaterra.es
[料]ⓈⓌ€95 ～ 450
[カード][A][D][M][V]
[客室数]86
[Wi-Fi]無料
[交]カテドラルから徒歩5分

メリア・セビーリャ　Hotel Meliá Sevilla

[map] P.305/C3

屋外プールやスパも完備　★★★★

モダンな客室はゆったりとした造りで、収納スペースも充実。バスルームにはバスタブとは別にシャワーブースが付いている。町の中心からは少し離れるが、5分ほど歩くと路面電車やメトロ、Renfeの近郊線が利用できる。

[住] Dr. Pedro de Castro 1
☎ 954 421 511　[FAX] 954 421 608
[URL] www.melia.com
[料]ⓈⓌ€86 ～ 366
[カード][A][D][J][M][V]
[客室数] 365　[Wi-Fi]無料
[交]サン・ベルナルド駅から徒歩5分

▼高級

オスペス・ラス・カサス・デル・レイ・デ・バエサ　Hospes Las Casas del Rey de Baeza　map P.306/A2

ロマンティックなプチホテル　★★★★

「バエサ王の家」というホテル名のとおり、宮殿跡に建てられた集合住宅を改装。それぞれに間取りが異なる客室はインテリアもおしゃれ。石畳のパティオでくつろいだり、スパやプールがある屋上でのんびり過ごすこともできる。

[住]Pl. Jesús de La Redención 2
☎954 561 496　[FAX]954 561 441
[URL]www.hospes.com
[料]ⓈⓌ€122 ～ 575
[カード][A][D][J][M][V]
[客室数]41
[Wi-Fi]無料
[交]カテドラルから徒歩 10 分

プラサ・デ・アルマス　Hotel NH Plaza de Armas　map P.304/A1

バスターミナルに近い　★★★★

プラサ・デ・アルマス・バスターミナルの東側に建つ近代的なホテル。すっきりとしたデザインの客室は使い勝手がよく、観光だけでなくビジネス滞在にもおすすめ。レストランのほか、屋上にはプールもある。

[住]Marqués de Paradas 13
☎954 901 992
[URL]www.nh-hotels.com
[料]ⓈⓌ€85 ～ 297
[カード][A][D][J][M][V]
[客室数]262
[Wi-Fi]無料
[交]カテドラルから徒歩 16 分

▼中級

アルカサル　Hotel Alcazár　map P.306/B2

公園の風景を見渡す　★★★

メネンデス・ペラヨ通りに面しており、サンタ・フスタ駅からは市バス21番に乗ってムリーリョ庭園の前で下車。バスターミナルやサンタ・クルス街にも近い。客室はきれいに改装されており、ヒラルダの塔が見える部屋もある。

[住]Av. Menéndez Pelayo 10
☎954 412 011
[URL]www.hotelalcazar.com
[料]ⓈⓌ€62 ～ 273
[カード][M][V]
[客室数]94
[Wi-Fi]無料
[交]カテドラルから徒歩 10 分

アパルタメントス・レシトゥール　Apartamentos Resitur　★★★　map P.304/C1

[投稿] 地下鉄駅から近く、カテドラルへも歩いて行ける。ミニキッチン付き。隣にスーパー・メルカドーナがあって便利だった。（東京都　結　'23）

[住]Salado 4　☎954 275 090
[URL]resitur.es　[料]ⓈⓌ€54 ～ 225
[カード][A][M][V]　[客室数]250　[Wi-Fi]無料
[交]地下鉄プラサ・デ・クーバ駅から徒歩 3 分

▼リーズナブルな宿

セビーリャ・カテドラル　Basic Hotel Sevilla Catedral　★　map P.306/B1

旧名サン・フランシスコを改装して、2019年にリニューアルオープン。カテドラルのすぐ北側に位置する小さなホテルで、観光や食事などに便利な立地にある。

[住]Álvarez Quintero 38　☎954 501 541
[URL]www.basichotelsevillacatedral.com　[料]ⓈⓌ€55 ～ 241
[カード][A][M][V]　[客室数]17　[Wi-Fi]無料
[交]カテドラルから徒歩 2 分

マドリード　Hotel Madrid　★　map P.304/A1

セビーリャ美術館の近くにある小さなホテル。プラサ・デル・アルマス・バスターミナルやショッピングセンターへ歩いて行けて便利。

[住]San Pedro Mártir 22　☎954 214 307
[URL]www.hotelmadridsevilla.es　[料]Ⓢ€44 ～　Ⓦ€52 ～
[カード][D][M][V]　[客室数]20　[Wi-Fi]無料
[交]カテドラルから徒歩 15 分

トク　TOC Hostel & Suites　map P.306/B1

アルカサルのすぐ近くに位置する、モダンでおしゃれなホステル。キッチン、カフェ、ランドリーなど設備も充実。2 人部屋や 4 人部屋もある。

[住]Miguel Mañara 18-22　☎954 501 244
[URL]tochostels.com　[料]Ⓓ€16～　ⓈⓌ€75～
[カード][A][M][V]　[ベッド数] 126　[Wi-Fi]無料
[交]カテドラルから徒歩 2 分

ザ・ノマド　Hostel The Nomad　map P.306/A1

中心部の住宅街にあるホステル。細い路地にあって少しわかりにくいが、内部は広々としている。全室に冷房が効いているので真夏でも快適だ。

[住]Itálica 1　☎955 638 598
[URL]www.thenomadhostel.com　[料]Ⓓ€18 ～　ⓈⓌ€44 ～
[カード][M][V]　[ベッド数] 46　[Wi-Fi]無料
[交]カテドラルから徒歩 10 分

ブラック・スワン　Black Swan Hostel　map P.306/A1

市庁舎近くの路地にあり、周囲に飲食店などもあって便利。若者に人気があるホステルで、共同スペースは台所や冷蔵庫が使え、自炊もできる。

[住]Bilbao 8-10　☎954 910 960
[URL]www.blackswanhostelsevilla.com
[料]Ⓓ€17 ～　ⓈⓌ€31 ～　[カード][M][V]　[ベッド数] 78
[Wi-Fi]無料　[交]カテドラルから徒歩 6 分

カルモナ

セビーリャ
から行く白い村

セビーリャ門から見たサン・ペドロ教会とカルモナの町並み

セビーリャ門を抜けて
旧市街へ

　セビーリャからコルドバ方面へ約40km、初夏ならヒマワリ畑の中を抜けて行くと、小高い丘の上にカルモナの白い町並みが見えてくる。バスが到着する新市街から旧市街へは、堂々としたグレコ・ローマン様式の**セビーリャ門 Puerta de Sevilla**を通って入る。向かいに建つ、セビーリャのヒラルダ（→ P.307）をまねて造られたサン・ペドロ教会の塔が美しい。

　白壁の家々が並ぶ石畳の道を上っていくと、右側に市場がある。野天のマーケットで、四角い広場の周りがアーケードになっている。野菜、肉、魚のほか、生きたカタツムリなども売られていて、スペイン人の食生活を探るのもおもしろい。

　旧市街の中心は、市庁舎や17世紀の建物に囲まれた**サン・フェルナンド広場 Pl. de San Fernando**。バルで一服したら、さらに坂道を上っていこう。「村」というよりは「町」と呼ぶべき規模のカルモナだが、旧市街には昔ながらの素朴な風情が漂う。かつて国王の居城があったため教会や貴族の邸宅といった歴史建造物も多く、そうした建物のひとつ、マルケス・デ・ラス・トーレス宮殿が**市博物館 Museo de la Ciudad**として公

左／丘の上から平原を見下ろす
右／丘の頂に建つパラドール

 投稿　カルモナ周辺のヒマワリ畑は6月から7月にかけてがベストシーズンで、時期により畑ごとに見どころの場所が変わります。満開の畑を探すには、セビーリャからレンタカーで行くのがおすすめ。カルモナから南下した

左／白壁の小道が続く旧市街
右／町の周辺にはヒマワリ畑が広がる

開されている。

　さて、ようやく頂上にたどり着くと、現在はパラドール Parador de Carmona となっている王城が姿を現す。セビーリャ門、コルドバ門とともにこの町を守る城塞のひとつだったアラブの城を、残酷王ペドロ1世が宮殿に改装したものだ。グラナダ攻略の際にはイサベル女王と夫フェルナンド王も滞在し、また天正少年遣欧使節や慶長遣欧使節の支倉常長一行も、この城を訪れている。テラスの向こうには、地平線のかなたまでアンダルシアの平原が広がる。この雄大なパノラマを楽しみながら、レストランで食事を取るのもいいだろう。

カルモナ近郊の風景。地平線まで平原が続く

map P.267/A1

アクセス

🚌 セビーリャのサン・ベルナルド駅（map P.305/C3）近くにあるバス停から Casal 社（URLwww.autocarescasal.com）のバスで約50分。月～金は30分～1時間おき、土は10便、日・祝は7便。

🛈 **観光案内所**
🏠Alcázar de la Puerta de Sevilla, s/n ☎954 190 955
URLwww.turismo.carmona.org
🕐月～土 10:00 ～ 18:00
　日・祝 10:00 ～ 15:00
（7・8月は月～金 9:00 ～ 15:00、土・日・祝 10:00 ～ 15:00)

市博物館
🕐　月　11:00 ～ 14:00
　火～日 11:00 ～ 19:00
（6/16～8/31は毎日10:00～14:00)
💴€2.50、学割€1.20、火は無料

カルモナのホテル
パラドール・デ・カルモナ
Parador de Carmona ★★★★
🏠Alcázar, s/n
☎954 141 010　FAX954 141 712
URLwww.parador.es
💴Ⓢ €120 ～ 240
カードA D J M V　客室数63
WiFi無料
部屋やレストランのテラスからすばらしい眺めが楽しめる。屋外プールあり。（→ P.45)

6-7月には町の周りに満開のヒマワリ畑が広がる

Mercadoで生活にふれる

N

Santa Ana

セビーリャからのバスはこの広場に到着する

Casa de Carmona H

市博物館 Museo de la ciudad

Sancho Ibañez

サン・フェルナンド広場 Pl. de San Fernando

Ramón y Cajal

コルドバ門 Puerta de Córdoba

←セビーリャへ

Prim

市場 Mercado

サン・ペドロ教会 Ig. de San Pedro

Real

セビーリャ門 Puerta de Sevilla

S. Felipe

H Parador de Carmona

この中に 🛈 がある

● 場所にあるアラアル Arahal という町に向かい、そこからセビーリャに戻るようにドライブすれば、行程中にどこかで一面満開のヒマワリ畑を見ることができます。（宮城県　いなぐま）['23]

319

★ Jerez de la Frontera

甘い香りが漂うシェリー酒の故郷

ヘレス・デ・ラ・フロンテーラ ✣ Jerez de la Frontera

map P.267/B1

| 標高 | 56m |
| 人口 | 約21万2800人 |

アクセス

🚃 セビーリャのサンタ・フスタ駅またはサン・ベルナルド駅から約1時間。カディスから35分。いずれも毎時1便程度。

🚌 セビーリャからMonbus社のバスで1時間15分、1日3～4便。アルヘシラスから1時間40分、1日3～4便。カディス、ロンダなどからも便がある。

❶ 観光案内所

map P.320
🏠 Plaza del Arenal, Edificio Los Arcos
☎ 956 149 863
URL www.turismojerez.com
🕐 6/15～9/15
　月～金　　　9:00～15:00
　　　　　　17:00～19:00
　土・日・祝 9:30～14:30
　9/16～6/14
　月～金　　　9:00～14:30
　土・日・祝 10:00～14:00
🈑 1/1・6、12/25

ヘレス空港とのアクセス

市内から北東約8kmの所にあり、Aeropuerto de Jerez駅と隣接していて、ヘレスまで列車で所要8分。ほぼ毎時1便運行している。タクシーならヘレスまで€15～20。

ヤシとオレンジの街路樹が明るい町並みによく似合う

シェリー酒のボデガ(酒蔵)を見学してみよう

　町の名が示すとおり、ヘレス酒（シェリー酒）の産地。スペイン語でシェリーはビノ・デ・ヘレスVino de Jerez、または単にヘレスと呼ばれ、この地域で造られたものしか名乗ることができない。またフラメンコも盛んで、5月初めの馬祭りや9月の秋祭りでは町のあちこちで踊りや歌が繰り広げられるほか、毎年2月末から3月上旬にかけてフラメンコフェスティバルが開催される。

歩き方 ✣ Orientation

　町の東にある鉄道駅はバスターミナルと隣接している。駅を出たら右前方へ。Cartuja通りからMedina通りを真っすぐ進み、劇場の角を左に折れると、❶のあるアレナル広場Pl. del Arenalに到着する。ここが町の中心で、駅から徒歩15分ほど。

ヘレス・デ・ラ・フロンテーラ

はみだし　シェリー酒は、ヘレス・デ・ラ・フロンテーラとサンルカール・デ・バラメダ（→ P.324）、エル・プエルト・デ・サンタ・マリアの3つの町を中心とした、通称シェリー・トライアングルで生産される。

おもな見どころ ✣ Sightseeing

馬のダンスが披露される　　　　　　　　　★★　map P.320

王立アンダルシア馬術学校
Real Escuela Andaluza del Arte Ecuestre

ヘレスはアンダルシア種カルトゥハーノと呼ばれる良馬の産地としても知られ、古くから馬術が盛ん。騎手を養成するこの学校ではユニークな馬術ショーが行われており、練習風景や博物館などの見学もできる。

宮殿のような立派な建物

12世紀建造のイスラム時代の王宮　　　★　map P.320

アルカサル
Alcázar

城壁と塔に囲まれ、モスク、アラブ風呂、18世紀のビリャビセンシオ宮殿などが残る。宮殿の2階にあるカマラ・オスクラでは、鏡とレンズを使ってヘレスの町の様子が円形スクリーンに投射される。

王立アンダルシア馬術学校
🏠 Av. Duque de Abrantes, s/n
☎ 956 319 635
URL www.realescuela.org
●馬術ショー
🕐 火・木12:00〜13:30（1・2月は木のみ、8〜10月は金も開催）
💰 €24〜34
●施設見学
🕐 月〜水・金　10:00〜14:00
💰 €12、ショートツアーは€7

アルカサル
🏠 Alameda Vieja, s/n
☎ 956 149 955
🕐 毎日　　　　9:30〜14:30
（7〜9月の月〜金は〜17:30）
💰 €5、カマラ・オスクラとの共通券€7

レストラン＆ホテル ✣ Restaurant & Hotel

レストランはアレナル広場周辺に多く、また経済的な宿はMedina通り周辺で見つかる。

🍴 タバンコ・エル・パサへ
Tabanco El Pasaje
map P.320

シェリー酒を飲みながらフラメンコを楽しめる伝統的な飲み屋。食事（1名 €30〜）をする場合は要予約。立ち見ならドリンクのみでOK。
🏠 Santa María 8　☎ 956 333 359　URL tabancoelpasaje.com
🕐 11:00〜15:30（日は12:00〜）、19:00〜23:30
🚫 1/1、12/25　カード M V

🛏 イタカ・ブティック
Hotel Itaca Boutique
map P.320

鉄道駅から徒歩約10分。建物はかつての修道院で、教会を改装したレストランで朝食を取れる。客室はゆったりとして快適。
🏠 Diego Fernandez Herrera 1　☎ 956 350 462
URL www.itchoteles.com　料 Ⓢ Ⓦ €45〜359
カード M V　客室数53　Wi-Fi 無料

TOPICS

ボデガ巡りで知るシェリー酒の魅力

酒精強化ワインの一種であるシェリー酒は、途中でブランデーを加えることで発酵を止め、古いワインと若いワインをブレンドする「ソレラ」と呼ばれる方法で醸造される。また樽に貯蔵する際、表面を空気に触れさせてカビ（フロール＝花）を作ることにより、独特の風味が生み出される。

使用するブドウの品種や熟成方法によってさまざまな種類があるが、代表的なのは次の4つ。さわやかな酸味があり、軽い口当たりの辛口フィノ Fino。フィノをさらに熟成させたものがアモンティラード

見学の最後に試飲する

Amontillado。オロロソ Oloroso は濃い黄金色で、香ばしさが特徴。またクレアム Cream は、とろりとした口当たりの甘口だ。

下記はヘレスを代表するボデガで、ガイドツアーによる見学が可能。詳細はホームページで確認を。

●ゴンサレス・ビアス González Byass
「ティオ・ペペ」で知られる1835年創業のボデガ。広い敷地内を観光用のミニ列車で巡る。
🏠 Manuel María González 12
☎ 956 357 016　URL www.bodegastiopepe.com
💰 €19.90〜

●サンデマン Sandeman
スコットランド人のジョージ・サンデマンが1790年に創業。黒マントの男性がロゴマーク。
🏠 Pizarro 10　☎ 956 151 552
URL www.sandeman.com
💰 €12〜25

　18世紀の宮殿を改装した**アンダルシア・フラメンコ・センター**では、フラメンコの書籍や映像資料が閲覧できる。map P.320　🏠 Pl. de San Juan 1　🕐 9:00〜14:00　🚫 土・日・祝　💰 無料

★ Cádiz

光の海岸（コスタ・デ・ラ・ルス）の中心都市

カディス

✛ Cádiz

標高	4m
人口	約11万3000人

アクセス

🚆 セビーリャのサンタ・フスタ駅またはサン・ベルナルド駅から約1時間40分。ヘレス・デ・ラ・フロンテーラから35分。いずれも毎時1便程度。
🚌 セビーリャからComes社のバスで1時間45分、1日7便。アルヘシラスから約2時間、1日5便。マドリードなどからも便がある。

❶観光案内所

map P.322
🏠Paseo de Canalejas, s/n
☎956 241 001
URL www.turismo.cadiz.es
🕐月～金　　　8:30～18:30
　（6/15～9/15は9:00～19:00）
　土・日・祝　　9:00～17:00
🚫1/1・6、12/25

サン・フアン・デ・ディオス広場に面して市庁舎が建つ

カディスのバスターミナル
鉄道駅の東側に隣接。
URL www.estacionautobusescadiz.es

観光バス
旧市街の外周と新市街を巡り、10ヵ所ほどある停留所で自由に乗り降りできる。チケットは24時間有効で€19。

タビラの塔からカテドラル方面を眺める

　大西洋に突き出た半島に位置するカディスは、紀元前10世紀頃フェニキア人によって築かれた、ヨーロッパでもかなり古い都市のひとつ。海上貿易の拠点として栄え、特に1717年に新大陸との貿易を統括する通商院がセビーリャからカディスに移されて以降、商業が発展。また1805年には無敵艦隊が、イギリス艦隊との決戦のため、ここからトラファルガー沖へと向かった。

歩き方 ✛ Orientation

　町歩きの拠点となるのは、鉄道駅から徒歩5分ほどの**サン・フアン・デ・ディオス広場**Pl. de San Juan de Dios。ここから**カテドラル**Catedralへと通じる道にはレストランやバルが並びにぎやか。海水浴がしたい人は、旧市街の西にある**カレータ・ビーチ**Playa de la Caletaへ。ここから見る大西洋に沈む夕日は見事だ。また旧市街から南側の新市街には全長約3kmの**ビクトリア海岸**Playa de la Victoriaがあり、大型リゾートホテルやレストランも多い。

カディス

サン・フェリペ・ネリ礼拝堂
Oratorio de San Felipe Neli

カディス博物館
Museo de Cádiz

Parador de Cádiz

ミナ広場
Pl. de Mina

Pl. de Espãna

港
Puerto

サン・アントニオ広場
Pl. San Antonio

ファリャ劇場
Teatro Falla

タビラの塔
Torre Tavira

観光バス発着所

バスターミナル

市場
Pl. Topete

カレータ・ビーチ
Playa de la Caleta

サン・フアン・デ・ディオス広場
Pl. de San Juan de Dios

市庁舎

カディス駅
Renfe

カテドラル
Catedral

カテドラル宝物館
Museo Catedralicio

新市街へ

はみだし　**タビラの塔 Torre Tavira**：高さ45mの塔の上に、町の風景を円形スクリーンに映し出すカマラ・オスクラがある。map P.322　🕐毎日10:00～18:00（5～9月は～20:00）　🚫1/1・6、12/25　💰€7

おもな見どころ ✢ Sightseeing

19世紀に完成した新古典様式の大聖堂 ★★ [map] P.322

カテドラル(大聖堂)
Catedral

地下の礼拝堂にはカディス生まれの作曲家、マヌエル・デ・ファリャの墓がある。なお**カテドラル宝物館Museo Catedralicio**は、Fray Félix広場のカサ・デ・ラ・コンタドゥリア内にあり、約100万個の宝石が使われている聖体顕示台などを所蔵する。

真っ青な空を背景にそびえるカテドラル

考古学・美術とも充実した展示を誇る ★★ [map] P.322

カディス博物館
Museo de Cádiz

先史時代から近世まで、カディスの歴史をたどることができる。なかでも男女1組をかたどった、紀元前5世紀のフェニキア人の石棺Salcófagoは見事だ。絵画部門にはスルバランの連作のほか、ムリーリョやルーベンスの作品などが展示されている。

歴史の重要な舞台となった ★ [map] P.322

サン・フェリペ・ネリ礼拝堂
Oratorio de San Felipe Neli

7つの礼拝堂をもつバロック様式の教会。フランス支配下の1812年、ここで国会が開催され、スペイン初の憲法が発布された。祭壇にはムリーリョの『無原罪のお宿りInmaculada』がある。

カテドラル
[住]Pl. de la Catedral, s/n
☎956 286 154
[URL]catedraldecadiz.com
[開]月～土 10:00～19:00
(7・8月は～21:00)
日 13:30～19:00
[料]€7(宝物館、塔を含む)

カディス博物館
[住]Pl. de Mina, s/n
☎856 105 023
[開]火～土 9:00～21:00
日・祝 9:00～15:00
[休]月、1/1・6、5/1、12/24・25・31
[料]€1.50

サン・フェリペ・ネリ礼拝堂
[住]San José 36
☎662 642 233
[開]月～金 10:30～16:00
土 9:00～14:00
日はミサ12:00～
[休]祝
[料]€5
月～金の9:30～10:30は無料

17世紀末に建造された

レストラン&ホテル ✢ Restaurant & Hotel

飲食店はPl. Topeteの周囲に点在している。旧市街のホテルは夏期はすぐ満室になるので早めの予約を。

🍴ラ・タペリア・デ・コルメラ
La Tapería de Columela
[map] P.322

飲食店が集中しているエリアにある。タパスは種類が豊富で1品€3.20～5.50。人気が高いので、早めに入店して席を確保しておこう。

[住]Columela 4 ☎956 074 297
[営]火～金 12:00～16:00、20:00～23:30、土・日 12:00～24:00 [休]月 [カード][M][V]

🍴ラス・フローレス
Las Flores
[map] P.322

アンダルシア名物、ペスカードス・フリートス(魚介類のフライ)の店。テイクアウトもでき、いつも地元の人で混み合っている。予算€10程度。

[住]Pl. Topete 4 ☎956 226 112
[営]11:00～24:00(木・金は9:00～) [休]無休
[カード][M][V]

ラス・コルテス・デ・カディス
Hotel Las Cortes de Cádiz
★★★ [map] P.322

19世紀の邸宅を改装したプチホテル。部屋のインテリアがかわいらしく、スタッフの応対もよい。1階にはアンダルシア料理のレストランがある。

[住]San Francisco 9 ☎956 220 489 [FAX]956 212 668
[URL]www.hotellascortes.com [料]Ⓢ€57～173 Ⓦ€61～184
[カード][A][D][M][V] [客室数]36 [Wi-Fi]無料

バイーア
Hostal Bahía
★★ [map] P.322

駅からサン・フアン・デ・ディオス広場へ行く途中にあり、観光に便利。部屋はそれほどは広くないが清潔で、テレビ、エアコン付き。

[住]Plocía 5 ☎956 259 061
[URL]www.hostalbahiacadiz.com [料]ⓈⓌ€55～180
[カード][M][V] [客室数]21 [Wi-Fi]無料

[はみだし] バル「**ラ・カバ La Cava**」ではフラメンコをドリンク付き€28で鑑賞できる。詳細はホームページで確認を。
[map] P.322 [住]Antonio López 16 ☎956 211 866 [URL]flamencolacava.com

★ Sanlúcar de Barrameda

マンサニージャの産地として知られる港町

サンルーカル・デ・バラメダ ✣ Sanlúcar de Barrameda

map P.267/B1

標高	30m
人口	約6万9700人

アクセス

🚌 セビーリャから約1時間30分、カディスからチピオナChipiona行きで約1時間30分、ヘレス・デ・ラ・フロンテーラから約30分。いずれも1〜2時間おきに運行。

❶観光案内所

map P.324
🏠 Calzada Duquesa Isabel, s/n
☎956 366 110
URL www.sanlucarturismo.com
🕐 毎日　　　10:00〜14:00
　　　　　　15:00〜19:00
（11〜3月の午後は16:00〜18:00）

世界遺産

ドニャーナ国立公園
（1994年登録、2005年拡大）

シーフードの飲食店が並ぶバホ・デ・ギア

　ハエンの山中に源を発し、コルドバ、セビーリャを流れるグアダルキビル川が大西洋に注ぐ河口の町。古くはフェニキア人が寺院を建て、イスラム教徒が城塞を築いた。13〜17世紀にかけては地中海交易の中心地となり、マゼランやコロンブスなど多くの探検家が新世界発見のために出発したのもこの港町だった。現在はシェリー酒の一種、マンサニージャの町として名高い。

歩き方 ✣ Orientation

　バスターミナルに到着したら、まず❶がある遊歩道Calzada del Ejércitoを目指そう。グアダルキビル川につながる遊歩道を南東方向に進むと旧市街へ。旧市庁舎がある**カビルド広場Pl. del Cabildo**が町の中心。周りにはバルが並び、マンサニージャとともに地元のタパスを味わえる。

　さらにその先のサン・ロケ広場Pl. San Roqueを過ぎ、市場の先の階段を上ると、**オルレアン・ブルボン宮殿Palacio de Orleáns-Borbón**などの

モニュメントが続く。東へ行くと**サンティアゴ城 Castillo de Santiago**があり、この周辺にはマンサニージャのボデガ（酒蔵）も多い。また川沿いの遊歩道バホ・デ・ギアBajo de Guiaには、シーフード料理がおいしいレストランが並ぶ。

町のあちこちにボデガの直売所があってマンサニージャが味わえる

サンルーカル・デ・バラメダ

ドニャーナ国立公園行き・船乗り場

グアダルキビル川
Río Guadalquivir

Paseo Marítimo

バホ・デ・ギア・ビジターセンター
Centro de Visitante
"Fábrica de Hielo"

Av. de Bajo de Guía

Calzada del Ejército

Infanta Beatriz

バスターミナル
❶

イダルゴ・ラ・ヒターナ

Nueva de la Bolsa

Av. de Cabo Noval

カビルド広場
B Barrameda
カサ・バルビーノ Pl. del Cabildo
Blanca Paloma サン・ロケ広場
ラ・シガレーラ Pl. San Roque
市場
メルセー修道院 バルバディーリョ
Convento de サンティアゴ城
la Merced Castillo de Santiago
ポサーダ・デ・バラシオ オルレアン・ブルボン宮殿
Palacio de Orleans-Borbón

はみだし **サンティアゴ城**：塔から町が一望できる。map P.324　🕐 月10:00〜17:00、火〜土10:00〜19:00（3月下旬〜6/20、9月は〜20:00）、日10:00〜15:00（6/21〜8/31は毎日10:00〜20:00）　🎫 €8

近郊の見どころ ✢ Excursion

貴重な動植物の宝庫　　　　　　　　　　★　map P.267/B1

ドニャーナ国立公園
Parque Nacional de Doñana

世界遺産

グアダルキビル川河口の三角州に広がる、スペイン最大の国立公園。中世以降、王室の狩り場として人の定住が禁じられていたため手つかずの自然が残り、欧州で最も貴重な自然地区となっている。

川沿いの湿地帯は野鳥の宝庫

公園は大きく分けて砂地、湿地帯、森林地帯からなる。松やコルク樫、ユーカリ、ピスタチオなどの植物も公園には欠かせない要素だが、最も興味深いのは野生動物たち。ここでしか見られないというイベリアオオヤマネコのほか、エジプトマングース、カタジロワシ、シカ、イノシシ、キツネなど。またヨーロッパに生息する水鳥のほぼ全種類が確認されている。

公園への立ち入りは制限されており、サンルーカルから**レアル・フェルナンド号**という観光船で訪れることができる。グアダルキビル川を遡り、船を下りたら自然公園で水辺の鳥類を観察。その後、松林を歩いて遠くに見える動物を観察する。

ドニャーナ国立公園
🏠 Almonte, Huelva

レアル・フェルナンド号
サンルーカルのバホ・デ・ギア桟橋から毎日運航。出航時間は4・5・10月は10:00と16:00、6〜9月は10:00と17:00、11〜3月は10:00。所要3時間30分、料金€18。予約は1週間前までにバホ・デ・ギア・ビジターセンター（→下記）へ。出航30分前までに乗船手続きを行うこと。夏は蚊が多いので、虫除けスプレーを持参するとよい。

バホ・デ・ギア・ビジターセンター
ドニャーナ国立公園の自然や歴史についての展示を行う。
map P.324
🏠 Av. Bajo de Guía, s/n
☎ 956 363 813
URL www.visitasdonana.com
🕐 毎日　　　　　9:00 〜20:00
（11〜3月は〜19:00）
休 1/1・6、12/24〜31

レストラン＆ホテル ✢ Restaurant & Hotel

町の中心カビルド広場周辺にはバルやレストランが多い。宿泊施設は全部で10軒ほど。

カサ・バルビーノ
Casa Balbino
map P.324

カビルド広場の人気バル。カウンターには新鮮なシーフードを使ったタパスがずらり。名物はトルティーリャ・デ・カマロネス（エビのかき揚げ）。マンサニージャと一緒に味わってみよう。
🏠 Pl. del Cabildo 14　☎ 956 360 513
🕐 12:00 〜 16:30、20:00 〜 24:00
休 無休　カード J M V

ポサーダ・デ・パラシオ
Posada de Palacio
★★★　map P.324

かつて貴族の居住区だった高台にある、18世紀の宮殿を改装した瀟洒なホテル。館内にはアンティーク家具が飾られ、客室のインテリアも趣向が凝らされている。
🏠 Caballeros 9　☎ 956 364 840
URL www.posadadepalacio.com　料 Ｓ Ｗ €65 〜119
カード A D M V　客室数 34　Wi-Fi 無料

マンサニージャのボデガ見学

シェリー酒のフィノと同じ熟成過程を経て造られるが、サンルーカルならではの海風が独特の香りを生み出すマンサニージャ。シェリーとは味わいも異なり、区別されて呼ばれている。セビーリャの春祭りをはじめ、アンダルシアの祭りには欠かせないお酒だ。

町には多くのボデガがあり、そのうちのいくつかは見学も可能。詳しい情報は❶で入手できる。

樽でじっくりと熟成させる

● バルバディーリョ Barbadillo
☎ 956 385 521　URL www.barbadillo.com
🕐 見学は月 12:00（スペイン語）、火〜土 11:00（英語）と12:00、13:00（スペイン語）　料 €15
● イダルゴ・ラ・ヒターナ Hidalgo-La Gitana
☎ 669 743 992　URL www.lagitana.es
🕐 見学は月〜土 11:00（英語）と 12:00、13:00（スペイン語）　料 €19.50
● ラ・シガレーラ La Cigarrera
☎ 956 381 285　URL www.bodegaslacigarrera.com　🕐 見学は月〜金 11:00（英語）と 13:00（スペイン語）、土 13:00（スペイン語）　料 €6

はみだし　カディスとサンルーカルの間に位置する港町プエルト・デ・サンタ・マリア Puerto de Santa María には、黒牛のトレードマークで有名なオスボルネ Osborne のボデガがある。

Arcos de la Frontera

ヘレスから行く
白い村 # アルコス・デ・ラ・フロンテーラ

断崖の上に白い家並みが広がるアルコスの旧市街

　アンダルシアの大地に立ちはだかる恐竜の背のような岩山の上に、アルコス・デ・ラ・フロンテーラの村はある。石灰で塗られた白壁の家々。迷路のように入り組んだ、アラブ支配の面影を残す町並み。そのたたずまいは、まさに私たちがイメージするスペインの「白い村」そのものだ。

　さっそく旧市街の中心、**カビルド広場 Pl. del Cabildo** へ向かうことにしよう。町の西側、新市街の外れにあるバスターミナルから、坂道を上って20分ほど。広場の一方が開けて、切り立った断崖の上が展望台となっている。すぐ下にはグアダレーテ川が流れ、その向こうにはオリーブの木で覆われた平原が続く。この雄大な眺めには、思わず感嘆の声を上げてしまうことだろう。

　展望台の向かいには15世紀の**サンタ・マリア 教 会 Ig. de Santa María** が、また広場の東側には

遠くから見上げる町並みが印象的

パラドールが建っている。パラドールのカフェのテラスからの眺めもすばらしいので、お茶でも飲みながらゆっくりするのもおすすめだ。

　カビルド広場の東側には、さらに古い家並みが続く。もう一方の断崖に建つ**サン・ペドロ教会 Ig. de San Pedro** などを見学しながら、気の向くままに歩いてみよう。小さな広

上／花の小道が迷路のように続く
下／カビルド広場の展望台から大平原を見下ろす

 326

左／窓辺にはゼラニウムの鉢植えが
右／白壁に太陽が反射してまぶしい

場や段差の多い迷路のような道、白壁に鉄格子の付いた小窓、窓辺を飾るゼラニウム。こうした風情ある村のたたずまいそのものが、何よりの見どころだ。

村巡りには、ⓘ主催のガイドツアーを利用するのもいい。モニュメント巡りとパティオ巡りのふたつがあり、英語などで説明してくれる。

ライトアップされた
サン・ペドロ教会

[map] P.267/B1

アクセス
🚌ヘレス・デ・ラ・フロンテーラからバスで 40 分、1 ～ 2 時間おきに運行。土・日・祝は本数が減るので注意。ロンダ、カディスなどからもバスがある。

ⓘ観光案内所
[住]Cuesta de Belén 5
☎956 702 264
[URL]www.turismoarcos.com
[開] 日～水 10:00 ～ 14:00
木～土 10:00 ～ 14:00
16:30 ～ 19:30

サン・ペドロ教会
[開] 月～土 10:30 ～ 13:00
16:30 ～ 18:30
日 11:00 ～ 13:00
[料] 塔 €2

アルコスのホテル
パラドール・デ・アルコス・デ・ラ・フロンテーラ
Parador de Arcos de la Frontera
★★★
[住]Pl. del Cabildo, s/n
☎956 700 500 [FAX]956 701 116
[URL]www.parador.es
[料] ⓈⓌ €120 ～ 235
[カード][A][D][J][M][V] [客室数]24
[Wi-Fi]無料
かつての司教の館を改装。断崖の上に建ち、眺めがすばらしい。

N
白壁の路地に
ゼラニウムの鉢植えが
飾られている
こちらの方角に
湖が見える
みんな
人なつこい
Hola
Mateo González
Bóvedas
Cristóbal Colón
サンタ・マリア教会
Ig. de Santa María
R El Convento
H San Marcos
サン・ペドロ教会
Ig. de San Pedro
← バスターミナル、新市街へ
Escribanos
Moldonado
Nueva
H El Convento
H Parador de Arcos de la Frontera
展望台
カビルド広場
Pl. del Cabildo
ここからの眺めは
絶景!!
オリーブの木の平原

マラガ

✤ Málaga

★Málaga

map P.267/B2

標高	25m
人口	約57万9000人

アクセス

🚄 マドリード・アトーチャ駅から約2時間30分〜3時間、1〜2時間おき。グラナダから約1時間20分〜2時間、1日5〜7便。コルドバから約1時間、1〜2時間おき。セビーリャから約2〜5時間、毎時1〜2便。

🚌 マドリードの南バスターミナルからDaibus社のバスで約6〜7時間、1日6便。グラナダから1時間30分〜2時間15分、毎時1〜2便。アルヘシラスから約2〜3時間、毎時1〜2便。

✈ バルセロナからVuelingで1時間40分、1日4〜6便。

❶観光案内所

●マリーナ広場
map P.331/B3
📍Pl. de la Marina 11
☎951 926 020
URL www.malagaturismo.com
⏰毎日　　　　9:00〜20:00
　（11〜3月は〜18:00）
ほかにもマラガ空港内など計5ヵ所に❶がある。

マリーナ広場の❶

マラガ空港とのアクセス

市内から南西へ約8km、Renfe近郊線C-1のアエロプエルト駅と連絡している。マラガ-マリア・サンブラーノ駅まで8分、終点のセントロ・アラメダ駅へは12分。30分間隔で運行、料金€1.80。バスは30分間隔で運行、料金€4。マラガ市内まで所要20〜30分。バスターミナル、パセオ・デル・パルケ、アラメダ・プリンシパル通りなどに停車する。

マラガのバスターミナル

map P.330/B1　☎952 350 061
URL www.estabus.emtsam.es

ローマ劇場の前からアルカサバを見上げる

　グアダルメディナ川の河口に位置するマラガは、フェニキア人によって築かれ、後にローマやイスラムなど幾度か支配者が代わった歴史のある町。そして現在は港湾都市として繁栄しており、国際的なリゾート地で有名なコスタ・デル・ソル（太陽の海岸）の玄関口としてにぎわう商業都市でもある。またスペインを代表する画家パブロ・ピカソが生まれ育った町としても知られ、生家やピカソ美術館などゆかりの場所も多い。

歩き方 ✤ Orientation

　マラガ-マリア・サンブラーノ駅は、地上階がAVEや特急列車の発着する長距離線ホーム、地下がトレモリーノス行きなど近郊線のホームになっている。AVEの開通に合わせて改装されたモダンな駅舎は、ショッピングモールとつながっており、2階にはレストラン街もあって便利だ。またバスターミナルは駅の北側に位置する。この周辺はホテルやレストランも多く、宿泊するにも立地がよい。

　駅前からC2か20番、バスターミナル前から4、19番の市バスに乗れば、**アラメダ・プリンシパル通りAlameda Principal**を通って、町の中心**マリーナ広場Pl. de la Marina**まで行ける。広場に

マリーナ広場から港に沿って遊歩道が続いている

面して❶があるので、地図やパンフレットをもらおう。歩くなら駅正面を出て右方に見えるホテル・ラス・アメリカスの角を左に曲がって、Cuarteles通りを進むとグアダルメディナ川に突き当たる。

カテドラル近くの路地を歩くのも楽しい

橋を渡るとアラメダ・プリンシパル通り。活気のある並木道だ。この通りを400mほど歩き、**マルケス・デ・ラリオスMarqués de Larios通り**を左折。商店やカフェが並ぶにぎやかなショッピング街になっており、通りから西東に延びる小路を入るとさまざまなバルやレストランがあるので、お気に入りの場所を探そう。

マリーナ広場から東に続く遊歩道、**パセオ・デル・パルケPaseo del Parque**にはルネッサンス様式の噴水やベンチが置かれ、バナナやヤシの木が茂り、まるで植物園のよう。マリーナ広場の南側にはトレモリーノスやネルハ行きバスの乗り場があり、港からはコスタ・デル・ソルの人気リゾート地、**ベナルマデナBenalmadena**（→P.336はみだし情報）行きの船が出ている。

おもな見どころ ✤ Sightseeing

旧市街のランドマーク　　　　　　　　★★　　map P.331/A3
カテドラル（大聖堂）
Catedral

16世紀に建設が始まったが、資金不足のため右の塔が未完成のまま18世紀中頃に工事が終了した。そのためゴシック、ルネッサンス、バロックなどさまざまな様式が見られる。内部には17の礼拝堂が配されており、そのうちロサリオ礼拝堂にアロンソ・カーノ作の油絵『ロサリオ聖母Virgen del Rosario』、コンセプシオン礼拝堂にクラウディオ・コエリオ作『聖母マリアの無原罪の御宿りInmaculada』などがある。ロス・カイドス礼拝堂の『悲しみの聖母マリアDolorosa』はペドロ・デ・メナの傑作のひとつ。この礼拝堂にはスペイン市民戦争で虐殺された犠牲者らの遺骸が納められている。

右側の塔が未完のため「片腕の貴婦人」と呼ばれる

観光バスMálaga Tour
赤ラインと緑ラインのふたつのルートがあり、チケットは24時間乗り放題で€25。赤ラインはマラガ駅→マリーナ広場→パセオ・デル・パルケ→マラゲータ・ビーチ→闘牛場→ヒブラルファロ城→メルセー広場など14ヵ所にバス停がある。マラガでの滞在が1日だけなら、マラガ駅から乗車し町まで出ると効率がいい。チケットは❶または乗車時に購入できる。URL www.city-ss.es

人気の高い2階建てバス

マラガの甘口ワイン
ビノ・ドゥルセVino Dulceの伝統的な産地で、18世紀にはマラガ港からロシアのエカテリーナ2世に届けられたという歴史をもつ。原料となるのは、ペドロ・ヒメネス種とモスカテル種の完熟ブドウ。収穫されたブドウは天日干しされるため糖分が増し、濃厚でまったりとした甘口ワインとなる。代表的な酒造所はキタペナス社Quitapenasやゴマラ社Gomara社など。

カテドラル
🏠 Molina Lario 9
☎ 952 228 491
URL malagacatedral.com
📅 月～金　　　10:00～19:00
　　土　　　　10:00～18:00
　　日・祝　　14:00～18:00
※入場は閉門45分前まで
💰 €8、屋根とのセット券€12

美しい装飾が施された内陣

ピカソ美術館

📍San Agustín 8
☎952 127 600
URLwww.museopicassomalaga.org
🕐3〜6・9・10月
　毎日　　　　10:00〜19:00
　7・8月
　毎日　　　　10:00〜20:00
　11〜2月
　毎日　　　　10:00〜18:00
※入場は閉館30分前まで
🚫1/1・6、12/25
💰€9.50、学割€7.50（オーディオガイド付き）

サンティアゴ教会

📍Granada 78
☎952 219 661
map P.331/A4
🕐毎日　　　　 9:00〜13:00
　　　　　　　18:00〜21:00

💰無料
ピカソの両親が結婚式を挙げ、またピカソが洗礼を受けた教会として知られる。15世紀の建造で、ゴシックやムデハル様式を混合した塔が立つ。聖週間ではこの教会から聖母像の御輿が出る。

幅広いコレクションを展示　　　　　★★★　map P.331/A3

ピカソ美術館
Museo Picasso Málaga

　ピカソの最初の妻オルガとの間に生まれた息子パウロの未亡人クリスティーヌとその息子（ピカソの孫）ベルナルド・ルイス・ピカソから寄贈された絵画、彫刻や陶器など未公開作品を含む約200点が常設されている。主要な作品は『マンティーリャをはおったオルガOlga con Mantilla』、息子パウロを描いた『白い帽子をかぶったパウロRetrato de Paulo con Gorro Blanco』、自殺した友人カサヘマスの肖像画『亡きカサヘマスCasagemas Muerto』などを展示。また地下には、建物の基礎部分から発掘されたフェニキア、ローマ、イスラム時代の遺跡がそのまま残されている。

16世紀のブエナ・ビスタ宮殿を改修した美術館

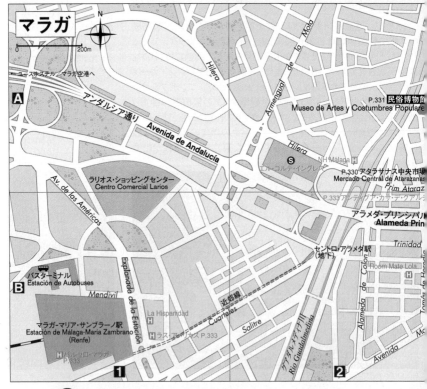

マラガ

N

0　　200m

➤ ユースホステル、マラガ空港へ

A

アンダルシア通り　Avenida de Andalucía

Hilera

Armenguel de la Mola

P.331 民俗博物館
Museo de Artes y Costumbres Populare

Hilera

ラリオス・ショッピングセンター
Centro Comercial Larios

Av. de las Américas

🔵

NH Málaga 🏨
エル・コルテ・イングレス

P.330 アタラサナス中央市場
Mercado Central de Atarazanas
Prim Ataraz

P.333 アンティグア・カサ・デ・グアル

アラメダ・プリンシパル
Alameda Prin

Explanada de la Estación

セントロ・アラメダ駅
（地下）

Trinidad

Room Mate Lola

🏨

B

バスターミナル
Estación de Autobuses

Mendivil

近郊線

Cuarteles

Alameda de Colón

La Hispanidad

🏨

🏨 ラス・トレス P.333

マラガ・マリア・サンブラーノ駅
Estación de Málaga-Maria Zambrano
(Renfe)

🏨 バルセロ・マラガ
P.333

Solitre

Avda. del Carmen III

Río Guadalmedina

Avenida

1　　　　　　　　　　　　**2**

偉大な画家のルーツを探る　★★　map P.331/A4

ピカソの生家
Casa Natal de Picasso

　ピカソは1881年にマラガで生まれ、10歳までの幼少期をこの町で過ごした。内部は一家が暮らしていた当時の様子が再現されており、美術教師だった父親の油絵、ピカソの洗礼式の衣装や貴重な写真のほか、デッサンや陶器などが展示されている。生家が建

つメルセー広場は幼少時代のピカソの遊び場だった場所で、この広場の鳩を懐かしく思い出し、娘にパロマ（鳩）と名づけたエピソードも残る。また近くにはピカソが洗礼を受けた**サンティアゴ教会Ig. de Santiago**（→P.330）がある。

メルセー広場の角に建つ

かつてのマラガ市民の生活を再現　★　map P.330/A2

民俗博物館
Museo de Artes y Costumbres Populares

　17世紀の旅籠、メソン・デ・ラ・ビクトリアを改装。1階にはワイン造りの道具や農機具、イワシ漁のための小舟、また2階には18～19世紀の衣装などが展示されている。かつてのマラゲーニョ（マラガ市民）たちの生活がしのばれて興味深い。

ピカソの生家
Pl. de la Merced 15
☎951 926 060
毎日　　　9:30～20:00
1/1、12/25
€3、企画展との共通券€4

メルセー広場にあるピカソのベンチ

民俗博物館
Pl. Enrique García-Herrera 1
☎952 217 137
月～金　　10:00～17:00
　土　　　10:00～15:00
日・祝
€4、学割€2

昔の漁船などが展示されている

アンダルシア

マラガ

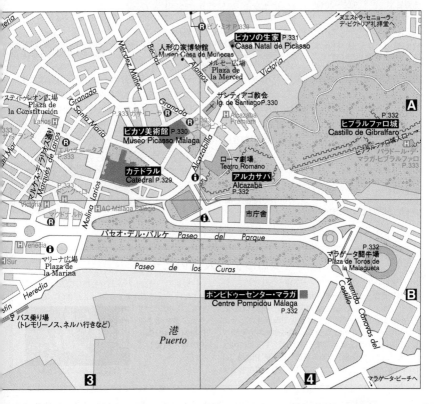

アルカサバ

住Alcazabilla 2
☎630 932 987
URLwww.alcazabamalaga.com
開毎日　　　　9:00〜20:00
（11〜3月は〜18:00）
※入場は閉館45分前まで
休1/1、2/28、12/25
料€3.50、ヒブラルファロ城との共通券€5.50

ヒブラルファロ城から市街や港が一望できる

ヒブラルファロ城

住Cam. Gibralfaro 11
☎952 227 230
開毎日　　　　9:00〜20:00
（11〜3月は〜18:00）
料€3.50、アルカサバとの共通券€5.50
交35番のバスに乗り終点下車、ほぼ1時間おきに運行。徒歩で行く場合はアルカサバ東側の歩道を上って約20分。

ポンピドゥーセンター・マラガ

住Pasaje Doctor Carrillo Casaux, s/n
☎951 926 200
URLcentrepompidou-malaga.eu
開水〜月　　　9:30〜20:00
休火、1/1、12/25
料€7、企画展との共通券€9

イスラム時代の要塞　　　　★★　map P.331/A4
アルカサバ
Alcazaba

　古代ローマの要塞の跡に、モーロ人によって11世紀に築かれた。二重の城塞で囲まれた要塞内部には、馬蹄形アーチや幾何学模様が美しい宮殿の一部と、イスラム式庭園が残されている。また、アルカサバの入口にはローマ劇場の遺跡がある。

馬蹄形アーチが残る

町を見下ろす絶景ポイント　　　★★　map P.331/A4
ヒブラルファロ城
Castillo de Gibralfaro

　アルカサバを守る要塞として、14世紀に造られた。城壁からはマラガの町や港、地中海が眺められて美しい。城の中央には戦争に関する小さな博物館がある。すぐ近くの斜面に建つパラドールでは、眺めのよいテラスでひと休みすることもできる。

城壁の上を歩いてみよう

港に面したガラス張りの建物が特徴　　★★　map P.331/B4
ポンピドゥーセンター・マラガ
Centre Pompidou Málaga

　パリにあるポンピドゥーセンター初の分館として、2015年にオープン。「キューブ」と名づけられた、立方体のカラフルな建物がひときわ目を引く。その下に展示スペースがあって、スペイン国内外の有名な芸術家の作品が鑑賞できる。5年おきに作品は入れ替えられ、現在あるのは2020年3月から5年間の期間限定で展示されているもの。作品の内容はウェブサイトで確認しよう。

港沿いの遊歩道に建つ「キューブ」

TOPICS

マラガっ子に人気のビーチ

　町から近いのは、マリーナ広場から徒歩約20分の**マラゲータ・ビーチ Playa la Maragueta**。チリンギート（スペイン版海の家）と呼ばれるレストランがあり、小イワシを炭火で串焼きにしたエスペト Espeto も食べられる。海を眺めながら食べる味は格別だ。また時間があれば、マラガ市内からバスで約30分の**エル・パロ・ビーチ Playa del Palo** へ行ってみよう。約1.8kmの海岸線をもつ美しい砂浜で、ヨットハーバーもありのんびりできる。ビーチ沿いにはチリンギートが並び、エスペトをはじめエビやイカの鉄板焼きなど新鮮な魚介類をその場で調理してくれる。

マラガ名物イワシのエスペト

はみだし　**マラゲータ闘牛場**:ネオ・ムデハル様式の闘牛場。闘牛士の衣装、写真やポスターなどを展示した博物館も併設。
map P.331/B4　**開**月〜金 10:00〜13:00　**休**土・日・祝　**料**€2

レストラン&ホテル ✣ Restaurant & Hotel

飲食店はカテドラル周辺の旧市街に集まっており、高級レストランから気軽に利用できるバルやカフェまで多数ある。宿泊施設は市街の随所にあるが、夏期や週末はすぐ満室になるので早めに予約しておこう。

🍴 エル・チニータス
El Chinitas

[map] P.331/A3

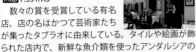

数々の賞を受賞している有名店。店の名はかつて芸術家たちが集ったタブラオに由来している。タイルや絵画が飾られた店内で、新鮮な魚介類を使ったアンダルシアの郷土料理を楽しめる。予算 €30 ～。

[住]Moreno Monroy 4 ☎952 210 972 [営]13:00 ～ 23:30
[休]日、8月の2～3週目 [カード][A][D][M][V]

🍴 ビノ・ミオ
Vino Mio

[map] P.331/A3

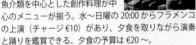

モダンな雰囲気のレストラン。魚介類を中心とした創作料理が中心のメニューが揃う。水～日曜の 20:00 からフラメンコの上演（チャージ €10）があり、夕食を取りながら演奏と踊りを鑑賞できる。夕食の予算は €20 ～。

[住]Pl. Jerónimo Cuervo 2 ☎ 952 609 093 [営]13:00 ～ 24:00（水・木は 19:00 ～） [休]月・火 [カード][A][J][M][V]

🍴 エル・ピンピ
El Pimpi

[map] P.331/A3

地元では有名なバルレストラン。18 世紀の邸宅を改装した店内は、ワイン樽が置かれた小部屋やパティオなどに分かれ、ローマ劇場側にはテラス席もある。タパスやワインのほか、本格的な料理も楽しめる。

[住]Granada 62 ☎952 228 990
[営]12:00 ～翌 2:00 [休]1/1、12/24・25・31 [カード][J][M][V]

🍴 カサ・ローラ
Casa Lola

[map] P.331/A3

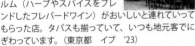

[投稿] マラガに住む友人に、ベルム（ハーブやスパイスをブレンドしたフレバードワイン）がおいしいと連れていってもらった店。タパスも揃っていて、いつも地元客でにぎわっています。（東京都　イブ　'23）

[住]Granada 46 ☎952 223 814 [営]12:30 ～ 24:00
[休]無休 [カード][A][D][J][M][V]

🍴 アンティグア・カサ・デ・グアルディア
Antigua Casa de Guardia

[map] P.330/B2

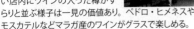

1840 年創業のバル。古めかしい店内にワインの入った樽がずらりと並ぶ様子は一見の価値あり。ペドロ・ヒメネスやモスカテルなどマラガ産のワインがグラスで楽しめる。

[住]Alameda Principal 18 ☎952 214 680
[営]月～木 10:00 ～ 22:00、金・土 10:00 ～ 22:45、日 11:00 ～ 15:00 [休]不定休 [カード][M][V]

🔑 バルセロ・マラガ
Hotel Barceló Málaga

★★★★ [map] P.330/B1

鉄道を利用する人に便利なステーションホテル。近代的で、客室のインテリアはとてもスタイリッシュ。ショッピングセンターに隣接しており、買い物や食事に便利だ。

[住]Héroes de Sostoa 2 ☎952 047 494 [FAX]952 314 065
[URL]www.barcelo.com [料]ⓈⓌ€108 ～ 247
[カード][A][D][J][M][V] [客室数]221 [Wi-Fi]無料

🔑 パラドール・デ・マラガ – ヒブラルファロ
Parador de Málaga-Gibralfaro

★★★★ [map] P.331/A4

ヒブラルファロ城にあり、マラガの町と地中海が見渡せる。眺めのいい高台のプールでのんびり過ごしたい。マラガの約 10km 西にはパラドール・マラガ・ゴルフがある。

[住]Castillo de Gibralfaro, s/n ☎952 221 902
[FAX]952 221 904 [URL]www.parador.es [料]ⓈⓌ€104 ～ 404
[カード][A][D][J][M][V] [客室数]38 [Wi-Fi]無料

🔑 ドン・クーロ
Hotel Don Curro

★★★ [map] P.331/A3

旧市街の中心に位置し、観光に便利。バルコニー付きの部屋もあり、上階は眺めがよい。ヨーロピアン調の家具が置かれた客室は重厚な雰囲気。1 階角にはビンゴサロンがある。

[住]Sancha de Lara 9 ☎952 227 200 [FAX]952 215 946
[URL]www.hoteldoncurro.com [料]Ⓢ€99～225
Ⓦ€100～212 [カード][A][D][J][M][V] [客室数]118 [Wi-Fi]無料

🔑 ラス・アメリカス
Hotel Las Americas

★ [map] P.330/B1

駅から徒歩 1 分、バスターミナルからも近い。フロントはビルの 2 階にあり、客室は明るく清潔。テレビ、エアコン完備。周囲にはバルが集まっている。

[住]Cuarteles 66 ☎952 319 374
[URL]www.hotel-lasamericas.es [料]ⓈⓌ€71 ～ 143
[カード][A][J][M][V] [客室数]18 [Wi-Fi]無料

🔑 ユースホステル
Albergue Juvenl

[map] P.330/A1 外

共用ラウンジやランドリー、スナックやドリンクの自販機など、設備の整った快適なユース。24 時間オープン。マラガ駅から徒歩約 20 分。

[住]Plaza Pío XII 6 ☎955 181 181
[URL]www.inturjoven.com [料]25 歳以下 €21 ～ 32、26 歳以上 €27 ～ 38 [カード][J][M][V] [ベッド数]190 [Wi-Fi]無料

[はみだし]「カサ・アランダ **Casa Aranda**」はチュロスとチョコラーテで有名な老舗カフェ。チュロスは 1 本 €0.60。
[map] P.331/A3 [住] Herrería del Rey 2 ☎ 952 222 812 [営] 毎日 8:00 ～ 13:00、17:00 ～ 20:30

世界一危険な道「カミニート・デル・レイ」を歩く

●カミニート・デル・レイの由来

マラガとロンダの中間地点あたりの山岳地帯に位置する、**カミニート・デル・レイ Caminito del Rey**。「王の小道」を意味するこの道は、グアダルオルセ川 Río Guadalhorce とダムに沿っている。1921年に水力発電所の貯水ダムが完成した際、当時の国王アルフォンソ13世が式典に出席するために通行したことに由来する。

この川沿いは断崖絶壁になっており、一時期はロッククライミングの名所として「世界一危険な道」と呼ばれた。2000年前後に転落して死傷する人が相次いだため、この道を閉鎖。アンダルシア州政府は整備工事をして安全な木道を設置し、2015年3月に予約制での一般公開を始めた。

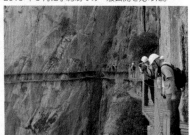

谷底の川を見下ろすと足がすくむようだ

●ヘルメットをかぶって歩く

現在では、観光名所として人気を集めており、国内旅行者から外国人観光客まで幅広い客層に利用されている。グアダルオルセ川に沿って、山道と崖に設置された木道、全7.7km区間を歩くことができる。

入場は1回につき30人まで。貸与されたヘルメットをかぶり、入場の際にスペイン語または英語の解説を聞く。所要2～3時間程度で自由に歩けるので、気に入った場所で写真を撮りながら進んでいこう。

川に沿った山道を歩いていくと、途中から木道になる。行程の約半分は断崖絶壁に設置された木道で、とてもスリリングだ。川から高さ100m以上ある場所もあり、足がすくみそうになるだろう。ただ木道はしっかり固定されていてあまり揺れないので、危険な行為をしなければ大丈夫だ。つり橋が1ヵ所あって揺れるから、そこはゆっくり渡ろう。つり橋を過ぎてしばらくすると、再び山道になる。

●早めに予約と発券を

8歳以上なら誰でも入場可能。ただし完全予約制で、ウェブサイトで予約してクレジットカードで支払い、メールで送られてきたPDFファイルがそのまま入場券となる。人気が高いので1ヵ月以上前に予約・発券をしておこう。

ただし荒天の際は、閉鎖されることもある。小

雨程度なら入場できるが、これは管理局の判断になるので、できれば天候の安定した夏期に行くほうがよい。

断崖絶壁に設置された木道を自由に歩ける

DATA

🗺 map P.267/B1　☎ 951 550 099

🔗 URL www.caminitodelrey.info

🕐 火～日 9:00 ～ 17:10（冬期は～ 15:40）
※夏期は月曜もオープンすることがある。入場時間は日によって異なるので、公式サイトで要確認

🈺 月、1/1、12/24・25・31

💴 €10（ガイド付きは€18）

カード M V

🚌 マラガのバスターミナルから毎時1本程度運行しているロンダ行きのバスに50分ほど乗り、アルダレス Ardales 下車。そこから北側入口近くまでタクシーで約15分、料金€20程度。車道から1kmほど歩いて北側入口へ行ける。南側出口はRenfeのエル・チョロ El Chorro 駅のすぐ近くにあるが、マラガ行きの列車は1日3便しかないので事前に調べておこう。レンタカーは北側入口と南側出口のどちらにも駐車できて、両区間を結ぶバスが毎時2便運行している。

はみだし　エル・チョロ駅に停まる列車は2023年6月現在、マラガ方面へは9:51、10:56、15:12、20:18。セビーリャ方面へは9:03、13:59、18:50。エル・チョロは無人駅なので、列車内で車掌から切符を購入する。

国際的なビーチリゾート
トレモリーノス ✣ Torremolinos

★ Torremolinos

夏はヨーロッパ各国からのリゾート客でにぎわうバホンディーリョ・ビーチ

map P.267/B2	
標　高	40m
人　口	約6万8800人

アクセス
🚃 マラガから近郊線C-1で約20分、€2.05、毎時3便運行。
🚌 マラガからAvanza社のバスで20〜30分、1日7便。ロンダ、マルベーリャ、アルへシラスなどからも便がある。

❶ 観光案内所
🗺 map P.335
🏠 Pl. de la Comunidades Autónomas
☎ 952 371 909
URL turismo.torremolinos.es
🕐 6〜9月
　　毎日　　　10:00〜14:00
　　　　　　　18:00〜20:00
　　10〜5月
　　月〜金　　9:00〜14:00
🚫 10〜5月の土・日

スペインを代表するリゾート地、コスタ・デル・ソルの中心。バホンディーリョ・ビーチをはじめ6つのビーチを擁し、約7kmの海岸遊歩道が続く。夏のバカンスシーズンはもちろん、1年を通じヨーロッパ各国から大勢の観光客が訪れる。

歩き方 ✣ Orientation

　鉄道駅とバスターミナルのほぼ中間に位置する**コスタ・デル・ソル広場Pl. Costa del Sol**が町の中心。ここから海岸へ続く**サン・ミゲル通りSan Miguel**は、トレモリーノスで最もにぎやかな場所で、ブティック、レストラン、みやげ物屋などが軒を連ねる。**サン・ミゲル教会Iglesia de San Miguel**を通り過ぎると、通りの終点に**ピメンテル塔La Torre de Pimentel**が現れる。高さ12mのイスラム時代の見張り塔で、1300年頃に造られたもの。マラガ奪還で手柄を立てたベナバンテ・ロドリゴ・ピメンテル伯爵が、カトリック両王からこの地を与えられたことから、その名にちなんでこう呼ばれている。塔から階段を下りると、そこは**バホンディーリョ・ビーチPlaya del Bajondillo**。夏にはパラソルがところ狭しと並び、リゾート客でにぎわう。海水浴や日光浴を楽しんだあとは、ビーチ沿いのレストランで新鮮な魚介料理を味わおう。

町の歴史的シンボル、ピメンテル塔

トレモリーノスのホテル

メリア・コスタ・デル・ソル
Hotel Meliá Costa del Sol
★★★★
🗺 map P.335
🏠 Paseo Marítimo 11
☎ 952 386 677
URL www.melia.com
💰 ⑤Ｗ€117〜248
カード ＡＤＪＭＶ
客室数 538　WiFi 無料
プールやスパなどの施設が充実した大型リゾートホテル。

モリーノ・デ・インカ植物園
Jardin Botánico Molino de Inca
アクアランド
Aqualand
ワニパーク
Crocodiles Park
バスターミナル
コスタ・デル・ソル広場
Pl. Costa del Sol
トレモリーノス駅
Renfe（地下）
サン・ミゲル教会
Ig. de San Miguel
バホンディーリョ・ビーチ
Playa del Bajondillo
Paseo Marítimo
メリア・コスタ・デル・ソル
ピメンテル塔
La Torre de Pimentel
0　250　500m

トレモリーノス

ミハスへのバスが出る海辺の町

フエンヒローラ ✦ Fuengirola

★Fuengirola

map P.267/B1

標 高	6m
人 口	約8万3200人

アクセス

🚃 マラガから近郊線C-1で43分、€3.60、毎時3便。

🚌 マラガからPortillo社のバスで約45分、1日6〜9便。ロンダから約1時間45分、1日4〜6便。マルベーリャ、アルヘシラスからも便がある。

❶観光案内所

map P.336

🏠Paseo Jesús Santos Rein 6
☎952 467 457
URL turismo.fuengirola.es
🕐月〜金　　　　9:30〜18:00
　 土・日・祝　10:00〜14:00
🚫1/1・6、12/25

ビーチに沿ってリゾートアパートメントが並ぶ

　マラガから南西へ約30km、コスタ・デル・ソルの海岸線に沿って走るRenfe近郊線の終点がフエンヒローラだ。トレモリーノスとマルベーリャの中間に位置し、白い村として有名なミハスはここから北へ約9km。コスタ・デル・ソルのほかの町と同様、夏のシーズン中はヨーロッパ各地からのリゾート客でにぎわう。

歩き方 ✦ Orientation

　フエンヒローラ駅から地上に出ると、道路を挟んでショッピングセンターがあり、その向かいに❶がある。駅を背に海の方角へ歩いていくと、商店が連なる大通りAv. Matías Saénz de Tejadaの角にバスターミナルがあり、ミハス行きバスもここから出る。

　ビーチは港を挟んでほぼ南北に広がり、港からはグラスボートや観光船が運航している。ビーチ沿いには**レイ・デ・エスパーニャ海岸遊歩道Paseo Marítimo Rey de España**が続く。食事をするなら、港近くの海岸遊歩道から1本西側に入ったモンカジョMoncayo通りへ。新鮮な海の幸を素材としたレストランが軒を連ねている。

町の中心に位置するコンスティトゥシオン広場

フエンヒローラ

観光客でにぎわうモンカジョ通り

トレモリーノスとフエンヒローラの中間に位置する**ベナルマデナ Benalmádena**には、大型水族館Selwo や Tivoli World というテーマパークがあり、人気のリゾート地となっている。

おもな見どころ ✣ Sightseeing

動物の生息地を再現 ★ [map] P.336

フエンヒローラ動物園
Bioparc Fuengirola

本物そっくりのバオバブの巨木がシンボル。レストランやショップ、子供用の遊技場もある。7・8月は深夜まで営業しており、月明かりのなかで見学する動物園は幻想的で人気が高い。

家族連れに人気のスポット

フエンヒローラ動物園
[住]Camilo José Cela 6-8
☎952 666 301
[URL]www.bioparcfuengirola.es
[開]毎日10:00～（閉館時間は季節によって18:00～23:00と変わるので公式サイトで要確認）
[料]€24.50、65歳以上と3～9歳€18

町と海が一望のもと ★ [map] P.336 外

ソアイル城
Castillo Sohail

中心街から南へ約2.5kmの所にそびえる、12世紀に造られたイスラム時代の城塞。キリスト教徒によって15世紀末に奪還されたあと、改築が重ねられた。夏にはコンサートなどのイベントがよく催されている。

ソアイル城からフエンヒローラの町を望む

ソアイル城
[住]Tartesios, s/n
☎663 996 727
[開]火～金 10:00～14:00
土・日 10:00～14:00
15:30～18:00
（6/15～9/15の午後18:30～21:30）
[休]月 [料]無料

古代ローマ時代の遺跡 ★ [map] P.336 外

フィンカ・デル・セクレタリオ
Finca del Secretario

中心街から北へ約2.5kmにある、ガルム（塩漬けにした魚を発酵させて造る魚醤）の製造を行っていた工場跡。ガルムを貯蔵するための陶器を焼いていた窯跡、浴場跡が発掘されており、モザイク模様のタイルなども残っている。またここで見つかった大理石のビーナス像が、町の中心にある**市歴史博物館Museo de la Historia de la Ciudad**に展示されている。

フィンカ・デル・セクレタリオ
[住]Av. Padre Jesús Cautivo
☎952 467 457
[開]火～金 10:00～14:00
土・日 10:00～14:00
15:30～18:00
（6/15～9/15の午後19:00～22:00）
[料]無料

レストラン&ホテル ✣ Restaurant & Hotel

飲食店はコンスティトゥシオン広場の周囲に多い。大型ホテルは海岸沿いに、オスタルは市街に点在する。

🍴カサ・コロン
Casa Colón
[map] P.336

タパスから創作料理まで豊富なメニューが揃う。ウエルバ産のエビやカキなどシーフードもおすすめ。

[住]Troncón 2 ☎629 575 417
[営]13:00～翌0:45 [休]無休 [カード][D][J][M][V]

🍴ロレナ・カフェ
Lorena Café
[map] P.336

駅の近くにあるモダンなカフェ。ハンバーガーやセラニート（バゲットサンド）はボリューム満点。

[住]Paseo Jesus Santos Rein 1 ☎952 869 315
[営]8:30～23:00 [休]無休
[カード][M][V]

🔑ラス・ピラミデス
Hotel Las Pirámides
★★★★ [map] P.336

海岸通りの南端に建つ大型リゾートホテル。フエンヒローラ随一の規模を誇り、設備も充実している。

[住]Miguel Márquez 43 ☎952 470 600 [FAX]952 583 297
[URL]www.hotellaspiramides.com [料]Ⓢ Ⓦ€84～252
[カード][A][M][V] [客室数]320 [Wi-Fi]無料

🔑イタリア
Hostal Italia
★★ [map] P.336

レストラン街にあり、ビーチへも徒歩2分ほどと近い。部屋はきれいでテレビ、エアコン付き。

[住]Cruz 1 ☎952 474 193 [URL]hostalitalia.com
[料]Ⓢ€36～55 Ⓦ€45～65
[カード][M][V] [客室数]40 [Wi-Fi]無料

[はみだし]「サン・チョコラーテ San Chocolate」はヘルシーメニューが人気のかわいらしいカフェ。チーズケーキなどスイーツもおいしい。[map] P.336 [住]San Pancracio 6 ☎951 337 065 [営]毎日9:00～21:00

ミハス

Mijas

フエンヒローラ
から行く白い村

坂道に白壁の家々が並び、まるで1枚の絵を見ているよう

最も有名な「白い村」のひとつミハスは、フエンヒローラから北へ約9km、地中海を見晴らす山の中腹に位置する。マラガやトレモリーノスからも近く、日帰りスポットとして人気が高い。ここはミハス・プエブロ（村）と呼ばれ、海岸沿いのリゾート地ミハス・コスタ（海岸）と区別される。

バスの終点はみやげ物屋やレストランに囲まれた**ビルヘン・デ・ラ・ペーニャ広場Pl. Virgen de la Peña**。停留所から南へ進むと左側に❶、さらにその先にはロバタクシー Burro Taxi の乗り場がある。また展望台の一角にある祠は、**ラ・ペーニャ聖母礼拝堂 Ermita Virgen de la Peña**で、16世紀に修道士らが岩を彫り抜いて造ったといわれている。

ここから坂道を上った所が、村の中心**コンスティトゥシオン広場Pl. de la Constitución**。その奥にあるレストラン・アルカサバは、天気がよければアフリカ大陸まで

聖母マリアを祀るラ・ペーニャ聖母礼拝堂

上／馬車で村を巡るのも楽しい
右／牛の模型が置かれた闘牛場

はみだし コンスティトゥシオン広場から🅡アルカサバへ行く途中にある「**アマポーラ Amapola**」は、押し花を使ったアクセサリーや小物が人気の民芸品店。日本人の店員さんがいて、値段も手頃。☎ 952 485 728

アンダルシア

ミハス

家の入口も絵になる

展望台からは地中海が一望できる

見渡せる展望台になっている。広場から北へ少し進み左側に折れると、絵はがきやガイドブックの写真にもよく使われるサン・セバスティアン San Sebastián 通り。近くには、昔の農機具や生活用品などを集めた**郷土資料館 Casa Museo** もある。また、コンスティトゥシオン広場から南へ坂を上ると、正面に**闘牛場 Plaza de Toros** が見える。1900 年に造られたもので、世界最小ともいわれる楕円形の闘牛場だ。

名物のロバタクシー

　みやげ物屋が軒を連ね観光客でにぎわう表通りから裏道に入ると、人通りもまばらな細い路地に白壁の家々が並ぶ。観光地ならではの華やかさと、素朴な「白い村」のたたずまいの両方に出合えるのも、ミハスの魅力のひとつだ。

map P.267/B1

アクセス
🚌 フエンヒローラから約 25 分、ほぼ毎時 2 便運行。マラガから約 1 時間 30 分、1 日 2 ～ 4 便。

🛈観光案内所
🏠Av. Virgen de la Peña 2A
☎952 589 034
URLturismo.mijas.es
🕐月～金　9:00 ～ 18:00
　（夏期は～ 20:00）
　土・日・祝 10:00 ～ 14:00

郷土資料館
🕐月～金　10:00 ～ 18:00
　土・日・祝 10:00 ～ 14:00
　　　　　15:00 ～ 18:00
💰€1

闘牛場
🕐月～金 11:00 ～ 21:00
　土・日 11:00 ～ 19:00
　（10 ～ 5 月は毎日 10:30 ～ 19:00）
💰€4

ミハスのホテル
ミハス
Hotel Mijas ★★★★
🏠Urbanización Tamisa 2
☎952 485 800
URLwww.trhhoteles.com
💰Ⓢ Ⓦ €64 ～ 270
カードＡＤＪＭＶ
客室数204　WiFi無料
村の入口にある、屋外プールを備えたリゾートタイプのホテル。

投稿　レストラン「**アルカサバ La Alcazaba**」は眺めがすばらしく、パエリャもおいしかった。（東京都　イブ '23）🏠Pl. de la Constitución ☎ 952 590 253 🕐12:30 ～ 16:00、19:00 ～ 23:00 🗓月

339

★ Marbella

王族も訪れる高級リゾート

マルベーリャ

⚜ Marbella

map P.267/B1

標高	25m
人口	約15万700人

アクセス

🚌 マラガからAvanza社の
バスで1時間〜1時間30分、
毎時2〜3便。フエンヒローラ
から35分、毎時1便。マラガ
空港、アルヘシラス、セビー
リャなどからも便がある。

❶観光案内所

map P.340
🏠 Pl. de los Naranjos, s/n
☎ 952 768 760
URL turismo.marbella.es
🕐 6〜10月
　月〜金　　　8:30〜20:30
　土・日・祝 10:00〜21:00
　11〜5月
　月〜金　　　8:00〜20:30
　土・日・祝 10:00〜17:00
🚫 1/1、12/24・25

マルベーリャの市内交通
URL marbella.avanzagrupo.
com

レストランのテラス席が並ぶナランホス広場

　「美しい海」という名の町マルベーリャは、高級リゾート地とし
て知られ、周辺には名門ゴルフ場や著名人の別荘も多い。町には
ブランド店が並び、おしゃれな雰囲気が漂う。旧市街には16世紀
の邸宅などが残り、ブーゲンビリアやベゴニアなどの花々で飾られ
たスペインらしい小道に出会える。

歩き方 ⚜ Orientation

　バスターミナルは町の北西、高速道路Autovia沿いにある。町
の中心へは市バス2番または6番に乗り約10分、**ラモン・イ・カ
ハル通り**Av. Ramón y Cajalにあるバス停「Alameda-Casco
Antiguo」で下車すると旧市街に近い。ここが町のメインストリー
トで、フエンヒローラ行きやプエルト・バヌース行きのバスもこの通
りから乗れる。通りの南側は、ビーチが広
がり、高級ホテルやリゾートマンションが建
ち並ぶ地域。一方の北側は、入り組んだ
路地と白い家並みが続く旧市街だ。なかで
もRemedios通り、Virgen de los Dolores
通りは美しい路地なので、ぜひ散策してみ
よう。オレンジの木が植えられた**ナランホ
ス広場**Pl. de los
Naranjosが旧市
街の中心で、周
囲にはレストラン
のテラス席が並び
にぎわっている。
❶は広場北側の
建物内にある。

ブーゲンビリアが彩りを添
える旧市街の町並み

マルベーリャ （地図）

バスターミナル/
ユースホステルへ

Calle de los Olivos
Camino del Calvario
Calle Adala
Aricha
Tabola
Pacificante Manuel
Carlos
エル・コルテ・イングレス
ミラマールビーチへ

H Baviera
Av. de Ricardo Soriano
Jacinto Benavente
C R
ナランホス広場
Pl. de los Naranjos
❶
リトグラフ美術館
Museo del Grabado
Remedios
Virgen de los Dolores

プエルト・バヌースへ
Finlandia H エル・ロデオ
Notaría Luis Oliver
モラル・イ・カハル通り
Av. Ramón y Cajal
Av. de Nabeul
Av. Miguel Cano
Paseo del
Alameda
San Cristóbal
フエンヒローラ行き

Av. Antonio Belón
Av. Duque de Ahumada
Paseo de la Mar
フエンヒローラへ
H El Fuerte

ベヌス・ビーチ
Playa del Venus
港
Puerto

0　　250　　500m

おもな見どころ ✣ Sightseeing

現代スペインの版画を展示　★　[map] P.340

リトグラフ美術館
Museo del Grabado

旧市街の東端にある、16世紀に建てられたルネッサンス様式のバサン病院を改装。マドリード自治大学のホセ・ルイス・モラレス教授が寄贈した2000点以上のコレクションの一部を公開している。ピカソやサルバドール・ダリ、ジョアン・ミロの作品も展示され、見応えがある。

モダンに改装された館内

リトグラフ美術館
[住]Hospital Bazán, s/n
☎953 938 840
[URL]museodelgrabado.es
[開]月〜土　10:00〜20:00
　　日　10:00〜14:00
[休]1/1、12/25
[料]無料

近郊の見どころ ✣ Excursion

世界中からセレブが集まる　★★　[map] P.340 外

プエルト・バヌース
Puerto Banús

マルベーリャから西へ約6km、さまざまな国籍の豪華クルーザーやヨットが係留されたマリーナの周りに、シーフードレストランやカフェが並ぶ。アラブの王族をはじめ世界の富豪が訪れるだけあって、高級ブランドのブティックも多い。また大型デパートのエル・コルテ・イングレスもある。

コスタ・デル・ソル屈指のヨットハーバー

プエルト・バヌースへの行き方
🚌ラモン・イ・カハル通りのバス停から1番のバスで約20分。帰りはプエルト・バヌースのエル・コルテ・イングレス（Hipercor）前にバス乗り場がある。

レストラン&ホテル ✣ Restaurant & Hotel

経済的な宿やレストランは、ナランホス広場周辺で見つかる。高級ホテルは郊外に多い。

🍴 エル・コルティッホ
El Cortijo
[map] P.340

旧市街の路地にある、こぢんまりとしたレストラン。シーフードたっぷりのパエリャは１人前 €19.50。

[住]Remedios 5　☎952 770 064
[営]13:00 〜 23:30
[休]日　[カード][A][D][J][M][V]

🍴 ミア・カフェ
Mia Café
[map] P.340

ブーゲンビリアが咲くテラス席でくつろげるおしゃれなカフェ。6 種類選べるタパスセットは €12.50。

[住]Remedios 7　☎669 668 095
[営]12:30 〜 24:00
[休]日　[カード][M][V]

🔑 モナルケ・エル・ロデオ
Hotel Monarque El Rodeo
★★★　[map] P.340

町の中心に位置し便利。ゆったりとした客室はバルコニー付き。眺めのよい屋上にはプールもある。

[住]Victor de la Serna, s/n　☎952 775 100
[URL]monarquehotels.com　[料]ⓈⓌ€60 〜 214
[カード][A][M][V]　[客室数]100　[Wi-Fi]無料

🔑 ユースホステル
Albergue Juvenil
[map] P.340 外

ナランホス広場から北へ徒歩約 15 分。広い敷地内には屋外プールやテニスコートもある。

[住]Trapiche 2　☎952 771 491　[URL]www.inturjoven.com
[料]25歳以下 €21 〜32、26歳以上 €27 〜 38
[カード][J][M][V]　[ベッド数]159　[Wi-Fi]無料

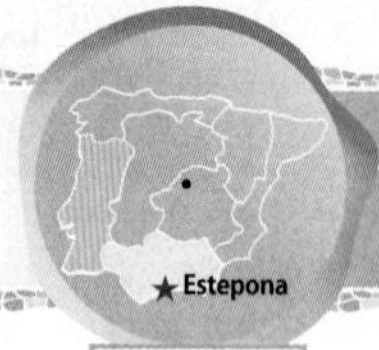

リゾート開発が進む港町

エステポナ ⁜ Estepona

[map] P.267/B1

標高	**21m**
人口	**約7万4500人**

アクセス

🚌 Avanza社のバスでマラガから1時間15分～2時間、毎時1～2便。アルヘシラスから45分～1時間30分、1日10便程度。コスタ・デル・ソルの各町からも便がある。

ⓘ観光案内所

[map] P.342
[住] Pl. de las Flores, s/n
☎952 802 002
[URL] turismo.estepona.es
[開] 10～6月
月～金　9:00～15:00
土　10:00～14:00
7～9月
月～金　9:00～20:00
土　10:00～14:00
[休] 日

闘牛場の4つの博物館

[住] Matías Prats 1（闘牛場）
☎952 807 148
[開] 火～日　9:00～15:00
[休] 月・祝
[料] 無料

エステポナのホテル

マレ・エステポナ
Hotel Mare Estepona
★★★
[map] P.342
[住] Av. San Lorenzo 32
☎ 951 776 833
[URL] marehoteles.es
[料] Ⓢ€60～133 Ⓦ€69～147
[カード] [A][M][V]　[客室数] 55
[Wi-Fi] 無料
大通り沿いの中級ホテル。

ブエナビスタ
Hotel Buenavista
★
[map] P.342
[住] Paseo Marítimo 180
☎ 952 800 137
[URL] buenavistaestepona.com
[料] Ⓢ€41～72　Ⓦ€54～85
[カード] [J][M][V]　[客室数] 38
[Wi-Fi] 無料
部屋の窓から海岸が見える。

ビーチでのんびりと過ごしたい

コスタ・デル・ソルの西端に位置するエステポナは、近年に最も開発の進んでいるリゾート地のひとつ。英国領のジブラルタル空港から近いこともあり、イギリス人観光客も多い。マルベーリャへと続く東の海岸線には高級リゾートホテルがいくつも建ち並び、ゴルフ場も点在している。

歩き方 ⁜ Orientation

バスターミナルからⓘまで徒歩10分。その周辺が旧市街で、カトリック両王の命で16世紀初頭に造られた**サン・ルイス城跡Restos del Castillo de San Luis**、イスラム時代にモスクのミナレットとして使われていた**時計の塔Torre del Reloj**、18世紀に建てられた**ロス・レメディオス教会Iglesia de los Remedios**がある。旧市街にはアンダルシアらしい白い家並みが続いているので、海水浴の合間に散策してみよう。また、町の西側の新市街には1972年に造られた**闘牛場Plaza de Toros**があり、アントニオ・オルドニェス闘牛博物館、考古学博物館、民俗博物館、古生物博物館の4つの博物館が併設されている。バスターミナルから徒歩15分程度。

Casares

エステポナから行く白い村 カサレス

海岸から14km、晴れていれば地中海も見える

岩山に建つ古城と、その下に連なる家々の白い壁、スペイン瓦葺きのれんが色の屋根という景色は、数々のガイドブックや写真集に掲載された写真やポスターでおなじみ。日本でも広く知られている「白い村」のひとつかもしれない。人口3000人余りという小さな村だが、晴れた日にはジブラルタル海峡越しにアフリカ大陸をも望むという雄大な風景にひかれ、永住する外国人も少なくない。

ひっそりとした白壁の小道

その起源はローマ時代に遡るという古い歴史を誇り、村から10kmの所にはカエサルが皮膚病治療のためにつかったというエディオニアの湯がある。村の名も、ローマ人のあとにここを征服したアラブ人がカエサル（スペイン語読みでセサル）にちなみ、カサラと呼んだことからきている。

家々の白壁が太陽を反射して輝く

見どころも、いわゆる名所・旧跡のたぐいは、**ベラ・クルスの庵 Ermita de la Vera Cruz** と**エンカルナシオン教会 Iglesia de la Encarnación** がある古い城くらいのもの。この村の魅力は何といっても、その美しいたたずまいと眺望に尽きる。村の全景を眺めるなら、街道沿いのバル&レストラン「La Terraza」からがおすすめ。少し離れたレストラン「Laura」からの眺望もいい。

[map] P.267/B1

アクセス

🚌 エステポナのバスターミナルから Avanza 社のバスで 45 分。月～金 12:40、18:30 発の 1 日 2 便、土は 13:45 発。カサレス発は月～金 7:45 と 16:00 発、土は 8:30 発。日・祝は運休。タクシーは片道€30 程度。

カサレスのホテル

ルラル・カサレス
Hotel Rural Casares ★★
[住]Copera 52 ☎952 895 211
[URL] www.hotelcasares.es
[料] ⓈⓌ €50
[カード][M][V] [客室数]17 [Wi-Fi]無料
町に入ってすぐのスペイン広場から徒歩 3 分ほど。インテリアがかわいらしく、部屋からの眺めもいい。

ラス・カシータス・デ・ミ・アブエラ
Las Casitas de Mi Abuela
[住] Barrio Bajo 58 ☎ 658 544 810
[URL] www.lascasitasdemiabuela.com [料] ⓈⓌ €70 ～ 90
[カード] 不可 [客室数] 2 [Wi-Fi]無料
村の中心に位置するアパートメントタイプの宿泊施設。4 人まで宿泊可能で、簡易キッチンがあるので自炊もできる。

ネルハ

❖Nerja

map P.267/B2

| 標高 | 21m |
| 人口 | 約2万1500人 |

アクセス

🚌 Alsa社のバスでマラガから1時間15分～1時間30分、毎時1～2便。グラナダから2～3時間、1日5～6便。

❶観光案内所

map P.344
🏠Carmen 1
☎952 521 531
URL turismo.nerja.es
🕐月～金　10:00～14:00
　　　　　17:00～20:30
（冬期は10:00～14:00）
　土・日　10:00～13:30

岩場の間に点在するビーチでくつろげる

海岸と山の間に挟まれた、岩場の上につくられた白い町。「ヨーロッパのバルコニー」と呼ばれる地中海を見渡す展望台があり、そのすばらしい景観が知られるにつれ、リゾート地として開発が進んだ。また郊外にあるネルハ洞窟や白い村フリヒリアナを訪れる起点として、大勢の観光客でにぎわいを見せている。

中心部近くのカラオンダ・ビーチ

歩き方❖Orientation

バス停は国道340号線沿いにある。ここからみやげ物屋が並ぶにぎやかなメインストリート、Pintada通りを15分ほど歩くと、**ヨーロッパのバルコニーBalcón de Europa**に到着する。展望台の両側には、くぼんだ岩場を利用した**カラオンダ・ビーチPlaya Calahonda**や**エル・サロン・ビーチPlaya El Salón**が広がる。バカンスシーズンは観光客であふれかえるが、ビーチの片隅には小さな漁船が停泊し漁が行われている。ささやかな漁村の風情を楽しむことができるのも、ネルハの魅力のひとつだ。

ヨーロッパのバルコニーに続く遊歩道はトロピカルな雰囲気。展望台を背に左側には、17世紀建造のバロック・ムデハル様式の**サルバドール教会Iglesia de El Salvador**が建ち、すぐ近くに❶がある。その先のDiputación Cavana通り周辺も、カフェや商店が並ぶにぎやかな一画だ。

はみだし　毎年7月下旬には「ネルハ洞窟国際舞踊音楽祭」が開催され、洞窟内の「滝の間」でコンサート、オペラ、フラメンコ、バレエなど世界のトップアーティストを招いての公演が行われる。

おもな見どころ ✛ Sightseeing

ここからの眺めは絶景 ★★ map P.344

ヨーロッパのバルコニー
Balcón de Europa

海岸の中央部、地中海に張り出した岩場の上に造られた展望台。9世紀のイスラム時代には海を見張るための城塞だった。1885年にアルフォンソ11世がネルハを訪れた際、その眺望に感銘を受けて命名。展望台の下はガラス張りのレストランになっている。

展望台からの眺め

先史時代の遺跡が残る巨大な鍾乳洞 ★★ map P.344 外

ネルハ洞窟
Cuevas de Nerja

ネルハから北東へ約3km、マロMaroの町にある。1959年に発見された鍾乳洞で、長さ約7km、総面積3万5000㎡の規模を誇る。およそ2万年前の旧石器時代にはクロマニヨン人が住んでいたと考えられ、当時の壁画や住居跡なども見学できる。また、洞窟の近くにある**アギラ水道橋Puente del Águila**は、マロにある砂糖工場へ水を**供給**するため19世紀に造られたものだ。

ヨーロッパのバルコニー
團見学自由

ネルハ洞窟
住Ctra. de Maro, s/n
☎952 529 520
URL www.cuevadenerja.es
團毎日 9:30〜16:30
（10〜6月は〜18:00）
※入場は閉門1時間前まで
休1/1、5/15
料€13、6〜12歳€9
交ネルハからバスで約15分、マラガから約1時間15分〜1時間40分、ほぼ毎時1本運行。

幻想的な洞窟の内部

レストラン&ホテル ✛ Restaurant & Hotel

飲食店は町なかに点在する。バス停から展望台に向かうPintada通りにオスタルが多い。

ベニテス
Benitez
map P.344

岩場の上に建つレストランで海を眺めながら食事ができる。昼定食€13、夕食の予算は€20程度。

住Hernando de Carabeo 50 ☎952 522 208
營12:00〜15:30、19:30〜23:00
休水 カードV

エル・プルギーリャ
El Pulguilla
map P.344

素材の生きのよさと手頃な値段で人気のシーフードレストラン。予算€15〜。夏はテラス席もある。

住Almirante Ferrandíz 26 ☎952 521 384
營12:30〜15:45、19:00〜23:45
休月、冬期は不定期で休みあり カードJMV

パラドール・デ・ネルハ
Parador de Nerja
★★★★ map P.344

町の東外れにある、リゾートタイプのパラドール。崖下のビーチへはエレベーターで下りる。

住Almuñecar 8 ☎952 520 050 FAX952 521 997
URL www.parador.es 料S W€110〜240
カードADJMV 客室数98 WiFi無料

バルコン・デ・エウロパ
Hotel Balcón de Europa
★★★★ map P.344

ヨーロッパのバルコニーの脇に建ち、目の前はビーチ。潮風が入る客室は広く、トロピカルな雰囲気だ。

住Paseo Balcón de Europa 1 ☎952 520 800 FAX952 524 490
URL www.hotelbalconeuropa.com 料S W€124〜270
カードADJMV 客室数110 WiFi無料

アサアラ
Hostal Azahara
★★ map P.344

バス停の前にあり便利。ドイツ人の経営で、部屋はこぢんまりして清潔。小さなパティオもある。

住Av. de Pescia 1 ☎952 520 426
URL www.hostalazaharanerja.com 料S€35〜104
W€43〜116 カードAJMV 客室数13 WiFi無料

ディアネス
Hostal Dianes
★★ map P.344

プチホテルのようにかわいらしく、明るい雰囲気。オーナーは日本人びいきで親切だ。

住Pintada 67 ☎952 528 116
URL www.hostaldianes.com 料S€61〜150 W€66〜155
カードJMV 客室数10 WiFi無料

Frigiliana

ネルハから行く
白い村
フリヒリアナ

地中海を見下ろす山の中腹に白い家並みが広がる

ネルハから山道をバスで約20分。紺碧の地中海をバックに、フリヒリアナの白い町が広がる。「スペインで最も美しい村」に選ばれたこともあり、そのたたずまいは、まるで1枚の絵はがきを見ているようだ。

メインストリートのレアル Real 通りを中心に、小さな坂道や階段が延びている。よく手入れされた白い壁、窓辺を飾る真っ赤なゼラニウム、モザイク模様の石畳の小道。どこを歩いても「絵のような」という形容がピッタリの町並みだ。

家の窓辺もかわいらしい

16世紀半ば、グラナダを追われ、キリスト教に改宗を余儀なくされたモーロ人たちが、この地で反乱を起こした。そのときの戦いの様子が、白壁にはめ込まれたタイルに描かれている。

そぞろ歩きが楽しい白壁の道

路地の奥にはしゃれたみやげ物屋もあり、陶器、織物、手編みの籠など、地元の民芸品を扱っている。見どころは特にないが、気の向くままに歩いて、町のたたずまいを味わうのがよい。坂を上りきった所にある、その名も El Mirador（展望台）というカフェテラスから町が一望できる。

[map] P.267/B2

アクセス
🚌ネルハから約20分、月～土は1日9便、日・祝は7便（12～2月の日・祝は運休）。タクシーは片道€13～15程度。

ℹ観光案内所
[住]Cuesta del Apero, s/n
☎952 534 261
[URL]www.turismofrigiliana.es
[開]月～土　10:00～18:00
（7/1～9/15は10:00～14:30、17:30～21:00）
日　10:00～14:00

フリヒリアナのホテル
ビリャ・フリヒリアナ
Hotel Villa Frigiliana ★★
[住]San Sebastián, s/n
☎951 552 119
[URL]www.hotelvillafrigiliana.com
[料]Ⓢ€65～95　Ⓦ€72～105
[カード][A][M][V]　[客室数]35
[Wi-Fi]無料
村の中心に位置し、部屋からの眺めもよい。レストラン、屋外プールもある。1月は休業。

ラス・チナス
Hotel Las Chinas ★
[住]Pl. Amparo Guerrero 14
☎&[FAX]952 533 073
[料]Ⓢ€30～40　Ⓦ€48～60
[カード]不可　[客室数]7　[Wi-Fi]無料
ネルハからバスで来ると、終点のひとつ手前のバス停で下車。11～2月は休業。

[投稿] 冬の日曜でバスが運休のため、ネルハからフリヒリアナまでタクシーで往復しました。ネルハはバス停の前で、フリヒリアナは村の入口で、それぞれタクシーが客待ちしていました。（東京都　イブ）['23]

景観がすばらしい断崖絶壁の町

ロンダ
✛ Ronda

★ Ronda

小道を下った所から見たヌエボ橋

ロンダ山地を流れるグアダレビン川の浸食によってできた、深い峡谷の上に広がる町。谷をまたいで新市街と旧市街をつなぐヌエボ橋は町のシンボルとなっており、見下ろせばはるかかなたまで原野が続く。また近代闘牛術の創設者フランシスコ・ロメロが生まれた町として知られ、今も由緒ある闘牛場が残っている。

map P.267/B1

標高	723m
人口	約3万3400人

アクセス

🚃 マドリード・アトーチャ駅から直通または乗り換えで3時間40分〜5時間30分、1日3〜4便。グラナダ、コルドバ、マラガから行く場合はアンテケーラ-サンタ・アナ駅で乗り換える。

🚌 Damas社のバスでセビーリャから約2〜3時間、1日3〜4便。マラガから1時間45分〜2時間、1日5〜7便。カディス、ヘレス、コスタ・デル・ソルの各町からも便がある。

ℹ️ **観光案内所**

map P.347
🏠 Paseo de Blas Infante, s/n
☎ 952 187 119
URL www.turismoderonda.es
🕐 月〜金　　9:30〜19:00
　　　　　（11〜3月は〜18:00）
　　土　　　9:30〜14:00
　　　　　　15:00〜18:00
　　日　　　9:30〜15:00

歩き方 ✛ Orientation

鉄道駅は新市街の北にある。駅を出てAv. de Andalucíaを西へ行くとロータリーがあり、その一角がバスターミナル。ここから南へなだらかな坂道を下り、Espinel通りを右に折れてにぎやかな商店街を進むと、Virgen de la Paz通りに突き当たる。正面には**闘牛場Plaza de Toros**が白い優雅な姿を見せている。その北の**アラメダ・タホ公園 Alameda Tajo**からの眺めは絶景。南へ進むと町の中心、**スペイン広場Pl. de España**に出る。おもな見どころは、**ヌエボ橋Puente Nuevo**を渡った旧市街に多い。

橋から峡谷を眺められる

ロンダ駅 Renfe

バスターミナル
Av. de Andalucía

H Reina Victoria

アラメダ・タホ公園
Alameda Tajo

H El Tajo

フランシスコ・ロメロ P.349

P.348 闘牛場
Plaza de Toros

スペイン広場
Plaza de España

パラドール・デ・ロンダ H

P.348 ヌエボ橋
Puente Nuevo

ビエホ橋
Puente Viejo

アラブ浴場
Baños Arabes
P.348

P.348
サンタ・マリア・ラ・マヨール教会
Ig. de Santa María la Mayor

0　　300m

ロンダ

はみだし　ロンダの鉄道駅からスペイン広場まで徒歩15分ほど、タクシーは€8〜10程度。バスターミナルからスペイン広場まで徒歩10分ほど、タクシーは€7〜8程度。

347

ヌエボ橋解説センター

住 Puente Nuevo
☎ 649 965 338
圏 月・土　10:00～14:00
　　　　　 15:00～18:00
　　火～金　9:30～20:00
　　日・祝　10:00～15:00
料 €2.50、学割€2

橋の高さは約100mある

闘牛場

住 Virgen de la Paz 15
☎ 952 874 132
URL www.rmcr.org
圏 4～9月
　　毎日　10:00～20:00
　　3・10月
　　毎日　10:00～19:00
　　11～2月
　　毎日　10:00～18:00
料 €8

アラブ浴場

住 Molino de Alarcón, s/n
☎ 656 950 937
圏 月・土　10:00～14:00
　　　　　 15:00～18:00
　　火～金　9:30～20:00
　　日・祝　10:00～15:00
休 1/1・6、5/1、12/24・25・31
料 €4.50、学割€3

サンタ・マリア・ラ・マヨール教会

住 Pl. Duquesa de Parcent, s/n
☎ 952 874 048
圏 4～9月
　　毎日　10:00～20:00
　　3・10月
　　毎日　10:00～19:00
　　11～2月
　　毎日　10:00～18:00
休 1/1、12/25
料 €4.50、学割€2

おもな見どころ ÷ Sightseeing

ここからの眺めは壮観　　★★★　**map** P.347

ヌエボ橋
Puente Nuevo

　18世紀に完成した石橋。新市街と旧市街は、ヌエボ橋（新橋）のほか、イスラム時代に造られたビエホ橋（旧橋）でつながれている。パラドール横の細い階段を下りると、**ヌエボ橋解説センターCentro de Interpretación**があり、橋の内部や石の壁面をスクリーンにしてロンダの町を説明する。

ロンダ式闘牛発祥の地　　★★　**map** P.347

闘牛場
Plaza de Toros

　1785年に開場した、スペイン国内に現存する最古の闘牛場。18世紀にこの町で生まれたフランシスコ・ロメロは、牛をけしかけるムレータ（赤い布）を考案し、近代闘牛術を確立した。内部には、ロメロとその息子、伝説的な英雄と

136本の石柱が並ぶ2階建ての観客席

なった孫のペドロをはじめ、ロンダが輩出した闘牛士たちを記念する博物館がある。毎年9月には、ゴヤの時代の衣装を身につけて行う闘牛祭が開催される。

イスラム時代の遺跡　　★　**map** P.347

アラブ浴場
Baños Árabes

　13世紀末から14世紀前半にかけて造られた。馬蹄形のアーチに支えられたドーム型天井には、採光を兼ねた星形の空気孔が開けられている。スペインに残るアラブ浴場のなかでは規模が大きい。

保存状態も比較的よい

ロンダの守護聖人を祀る　　★　**map** P.347

サンタ・マリア・ラ・マヨール教会
Iglesia de Santa María la Mayor

　モスクの跡地に15～16世紀にかけて建設された教会。鐘楼はムデハル様式の尖塔を改装したものだ。バロック様式の祭壇には、ロンダの守護聖人が祀られている。

旧市街の中心に建つ

はみだし　ヌエボ橋を下から眺めるには、橋を渡って旧市街に入って1本目の道を右折。約50m歩くと小さな広場があって、そこから未舗装の階段を下りられる。各自の体力に合わせて歩いてみよう。

近郊の見どころ ✦ Excursion

1905年に発見された旧石器時代の壁画 ★ map P.267/B1

ピレタ洞窟
Cueva de la Pileta

　ロンダの約22km西に、今から約2万5000年前のものと思われる旧石器時代の洞窟がある。有名なスペイン北部のアルタミラ洞窟（→P.399）は保護のため見ることが難しいので、時間があればぜひここを訪ねてみよう。アルタミラのようなヤギや馬、シカ科やウシ科の動物をかたどった赤と黒の線画のほか、ここで発見された武器や骨、陶器などを見ることができる。特に注目すべきは、1〜2mもある大魚の壁画。洞窟の内部は、場所によっては20mもの高さがあったり、驚かされること必至。内部はやや暗いので、自分用の懐中電灯があると便利。夏でも涼しいので、軽装では行かずに上着を持参しよう。

ピレタ洞窟への行き方
ロンダからタクシーで約30分。見学のための待ち時間込みで往復€70程度。

ピレタ洞窟
🏠Benaoján, Málaga
☎677 610 500
🌐www.cuevadelapileta.es
見学はガイドツアーで所要約1時間。スケジュールは公式サイトで要確認。
€10、学割€6

洞窟があるロンダ郊外の風景

レストラン＆ホテル ✦ Restaurant & Hotel

レストラン、ホテルともに新市街に多く、特にスペイン広場周辺に集まっている。

🍴 ペドロ・ロメロ
Pedro Romero
map P.347

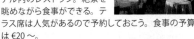

　アンダルシアの郷土料理を味わえる、町を代表する老舗レストラン。店内には闘牛の写真が飾られている。メインを牛肉か魚料理から選べる日替わりメニューは€19と€28。

🏠Virgen de la Paz 18　☎952 871 110
営12:00〜15:30、19:30〜22:30　休 冬期の火・水・日の夜
カード A D J M V

🍴 アルバカラ
Albacara
map P.347

　ヌエボ橋の近くにある、ホテル内のレストラン。絶景を眺めながら食事ができる。テラス席は人気があるので予約しておこう。食事の予算は€20〜。

🏠Tenorio 8（Hotel Montelirio 内）　☎952 161 184
営12:00〜16:00、20:00〜23:00
休 無休　カード A D M V

🍴 パラドール・デ・ロンダ
Parador de Ronda
★★★★ map P.347

　スペイン広場に建つ、かつての市庁舎を改装。ヌエボ橋のすぐ脇にあり、レストランやテラスからの眺めがすばらしい。客室はシックな色調でまとめられ、落ち着いた雰囲気。

🏠Pl. de España, s/n　☎952 877 500　FAX952 878 188
🌐www.parador.es　料Ⓢ Ⓦ€170〜425
カード A D J M V　客室数78　WiFi無料

🏨 サン・ガブリエル
Hotel San Gabriel
★★★ map P.347

　旧市街の路地にある、家族経営のプチホテル。18世紀の邸宅を改装した館内には、オーナーが選んだ家具や調度品が置かれ、まるで知人宅に招かれたようだ。

🏠Marqués de Moctezuma 19　☎952 190 392
🌐www.hotelsangabriel.com
料Ⓢ Ⓦ€69〜145　カード A D M V　客室数22　WiFi無料

🏨 ドン・ミゲル
Hotel Don Miguel
★★★ map P.347

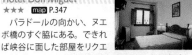

　パラドールの向かい、ヌエボ橋のすぐ脇にある。できれば峡谷に面した部屋をリクエストしたい。レストランもあり、テラスから谷底がよく見える。夏はテラス席で朝食を取れる。

🏠Pl. de España 4　☎952 877 722　FAX952 878 377
🌐www.hoteldonmiguelronda.com　料Ⓢ Ⓦ€70〜138
カード A D J M V　客室数30　WiFi無料

🏨 アルンダ II
Hotel Arunda II
★ map P.347

　バスターミナルのすぐ近くにあるこぢんまりとしたホテル。周囲には手頃な飲食店が集まっていて便利に。客室は簡素だが落ち着いて過ごせる。ヌエボ橋まで歩いて15分ほど。

🏠José María Castello Madrid 10　☎952 872 519
🌐www.hotelesarunda.com　料Ⓢ€33〜50　Ⓦ€42〜70
カード A D J M V　客室数22　WiFi無料

Setenil

ロンダから行く
白い村①

セテニル

オリーブ畑に囲まれた丘の上に白い家々が建つ

村の正式名称はセテニル・デ・ラス・ボデガス Setenil de las Bodegas。マラガ県ロンダから北へ約 12km と近いが、ここはカディス県だ。JATA（日本旅行業協会）の「ヨーロッパの美しい村 30 選」として人気を集めており、訪れる日本人観光客も増えている。

川に沿って洞窟住居が並ぶ

イスラム教徒により征服されていたこの村をキリスト教徒が奪回しようと 7 回も試みたが、まったく歯が立たなかったので、Septem-Nihil（7 回無）と呼ばれ、なまってセテニルとなったそうだ。1484 年にようやくフェルナンド王が征服し、これが 1492 年のグラナダ陥落の足がかりのひとつになる。またイサベル女王はここで早産し、亡くなった王子セバスティアンがこの村の守護聖人となった。この地帯はローマ時代からのワイン産地だったので、デ・ラス・ボデガス（酒造の）といわれる。

グアダルポルシン川に浸食された洞窟を利用した住居も存在する。白く塗られたれんが造りの住居は、岩がそのまま天井や壁に使用されていておもしろい。このような建物は観光客向けの飲食店にもなっているので、ぜひ利用してみよう。

巨岩の下の洞窟住居がバルやみやげ物店になっている

[map] P.267/B1

アクセス

🚌 ロンダから Paco Pepe 社（[URL] www.grupopacopepe.com）のバスで 45 分、月～金は 1 日 5 便、土は 3 便、日・祝は運休。

ℹ観光案内所

[住]Villa, s/n ☎616 553 384
[URL]turismodesetenil.com
[開] 毎日 10:00 ～ 14:00
15:00 ～ 17:30
（夏期の午後は 17:00 ～ 19:00）

セテニルのホテル
エル・アルメンドラル
Hotel El Almendral ★★
[住]Ctra. Setenill-Puerto del Monte
☎956 134 029 [FAX]956 134 444
[URL]www.tugasa.com
[料] [S][W] €68 ～ 160
[カード][M][V] [客室数]28 [Wi-Fi]無料
村外れにあり、屋外プールも完備。

Grazalema

ロンダから行く
白い村②

グラサレマ

大自然に囲まれたグラサレマの村

map P.267/B1

アクセス
🚌 ロンダから Damas 社（URL damas-sa.es）のバスで45分、1日1〜2便。

❶観光案内所
🏠Pl. Asomaderos 3
☎956 132 052
URL turismo.grazalema.es
🕐 火〜日 10:00 〜 14:00
　　　　　15:00 〜 17:30
（冬期は水〜日 9:00 〜 15:00）
🚫 夏期の月、冬期の月・火

グラサレマのホテル
ペニョン・グランデ ★★
Hotel Peñón Grande
🏠Pl. Pequeña 7
☎956 132 434　FAX 956 132 435
URL www.hotelgrazalema.com
🛏 Ⓢ €45 〜 55　Ⓦ €60 〜 70
カード M V　客室数 16　WiFi 無料
スペイン広場からすぐ。近くにアパートホテルも経営。

　カディス県北東、グラサレマ山脈の中心に位置する白い村。1984年にアンダルシアで最初の自然公園に指定されたというだけあって、自然のふところに抱かれた静かな村だ。17世紀に建てられた**ラ・アウロラ教会 Iglesia de la Aurora**、**サン・ホセ教会 Iglesia de San José**、**エンカルナシオン教会 Iglesia de Encarnación**、モスク跡に建てられた**サン・フアン教会 Iglesia de San Juan** などを、ぶらぶらと歩きながら見学しよう。ただし、教会の内部が見られるのはミサの時間のみ。坂を上って展望台へ行くのもいいし、共同水飲み場が村のあちこちにあるので、それを巡るのも楽しいかも。

観光客でにぎわうスペイン広場

Zahara de la Sierra

ロンダから行く
白い村③

サアラ・デ・ラ・シエラ

　ロンダから西のヘレス・デ・ラ・フロンテーラに向かう339号線から見上げる、その美しい姿が印象的だ。頂上に古城を頂く緑の山に、裾模様のように広がる白い家々。8世紀にアラブ人によって築かれたという村で、国の史跡に指定されている。16世紀の鐘楼という**時計の塔 Torre de Reloj** を眺めながら坂道を行く。バロック様式の**サンタ・マリア・デ・ラ・メサ教会 Iglesia de Santa María de la Mesa** まで上り、そこから未舗装の道を歩いて、アラブの城跡まで行くことができる。約15分。そこから見渡す雄大な風景は、忘れられないものになることだろう。

古城の建つ岩山の下に白い家が連なる

map P.267/B1

アクセス
🚌 ロンダから Comes 社（URL www.tgcomes.es）のバスで1時間15分、1日2便、土・日・祝は運休。

❶観光案内所
🏠Pl. del Rey 3
☎956 123 114
URL www.zaharadelasierra.es
🕐 夏期　毎日 9:00 〜 14:00
　　　　　 18:00 〜 21:00
　 冬期　毎日 10:00 〜 13:00
　　　　　 16:00 〜 19:00

サアラのホテル
マルケス・デ・サアラ
Hostal Marqués de Zahara ★★
🏠San Juan 3
☎&FAX 956 123 061
URL www.marquesdezahara.com
🛏 Ⓢ Ⓦ €59 〜 87
カード M V　客室数 10　WiFi 無料
古いお屋敷を改築したオスタル。

アルヘシラス ✦ Algeciras

アフリカ大陸への船が出航する港町

標高	17m
人口	約12万2400人

アクセス

🚄 マドリード・アトーチャ駅から直通または乗り換えで約5時間30分～7時間、1日3～4便。ロンダから約1時間40分、1日4便。グラナダ、コルドバ、マラガから行く場合はアンテケーラ-サンタ・アナ駅で乗り換える。

🚌 マドリードの南バスターミナルからInterbus社のバスで約8時間～9時間20分、1日3便。セビーリャからMonbus社で約3時間、1日4便。マラガからAvanza社で1時間45分～3時間30分、毎時1～2便。カディスやコスタ・デル・ソルの各町からも便がある。

🛈 観光案内所

map P.352
🏠 Juan de la Cierva, s/n
☎670 948 731
🕐月～金　　　9:00～18:30
　（冬期は10:00～13:30）
🚫土・日・祝

アルヘシラス港の船会社

各社合わせるとセウタ、タンジェMED港行きともに毎日10便以上運航している。
● Trasmediterránea
URL www.trasmediterranea.es
セウタ、タンジェMED行き。
● Balearia
URL www.balearia.com
セウタ行き。
● Inter Shipping
URL www.intershipping.es
タンジェMED行き。
● FRS
URL www.frs.es
セウタ、タンジェMED行き。
● Africa Morocco Link
URL www.aml.ma
タンジェMED行き。

港近くにはアルヘシラス生まれのギタリスト、パコ・デ・ルシアの像が立つ

中心部にある市場はアラブ人が多くて異国のような雰囲気

　8世紀から14世紀までモーロ人の支配下にあり、町の名もアラビア語で島を意味する「Al Djezirah」に由来する。ここはアフリカ大陸へ渡る人にとって起点となる町。町の雑踏と喧騒が、いかにもアフリカに近いことを感じさせる。アラブ人やアラビア語の看板も多く、エキゾチックな雰囲気が漂う。

歩き方 ✦ Orientation

　鉄道駅を出ると、道路を挟んで向かいにホテル・オクタビオがあり、その奥がバスターミナルになっている。フェリー乗り場へは、駅を背にして正面のSan Bernardo通りを真っすぐ進み、道なりに15分ほど。途中、右側に🛈がある。またこの通りの北側、市場にかけての一帯は安宿街になっていてレストランも点在する。

アルヘシラス

　港沿いの**マリーナ通りAv. de la Marina**に並ぶ旅行会社で船のチケット、アフリカ側のタンジェやセウタへのツアーも申し込めるが、フェリー乗り場に行って直接買うほうがいい。各社のブースが並んでいるので、比較しながら検討できる。

　町の中心となるのは、タイルが美しい**アルタ広場Pl. Alta**。また市庁舎の1本西側のRegino Martínez通りは、商店やカフェが並ぶメインストリートだ。

はみだし　アルヘシラスからタンジェ（→ P.354）に行くフェリーは、タンジェ旧市街とセウタの中間地点あたりに位置するタンジェ MED 港に着く。タンジェ MED 港からタンジェ旧市街へはバスが運行している。

アンダルシア

アルヘシラス

近郊の見どころ ✦ Excursion

アフリカ大陸北端に位置するスペインの自治都市　★　map P.267/B1

セウタ
Ceuta

セウタへの行き方
🚢 アルヘシラスから1時間～1時間30分、片道€35、往復€65程度。セウタとモロッコのテトゥアンを訪れる日帰りツアー（€70前後）もある。
※セウタからアルヘシラスに戻る際にパスポートが必要なので、必ず持参すること。

　対岸のイギリス領ジブラルタルとともにギリシア神話の「ヘラクレスの柱」で知られるセウタは、1415年ポルトガルによって征服され、フェリペ2世がポルトガルを併合した1580年にスペインの手に渡った。以来、戦略的な要地としてスペインの統治が続いている。町並みはアンダルシアとよく似ているが、アラブ服姿の人々が行き交う風景に、ここはアフリカ大陸だということを実感する。

ジブラルタル海峡に面したセウタの町並み

　港を背にして、左へ道なりに15分ほど歩くと、正面に**サン・フェリペ堀Foso de San Felipe**が見えてくる。16世紀にポルトガル人が築いた城塞で、セウタ地峡と呼ばれるセウタで最も幅の狭い所だ。その前の道を左に行くと、**アフリカ広場Pl. de África**に出る。ここが町の中心で、広場に面して**カテドラルCatedral**、町の守護聖母を祀る**アフリカ聖母教会Iglesia de Nuestra Señora de África**、パラドールが建っている。

軍事上の要衝だったサン・フェリペ堀

　アフリカ広場から東へ進むと、メインストリートのReal通りが延び、その先は**アチョ山Monte Acho**へと続いている。山頂にはその昔ポルトガルが築いた城塞が残っており、現在は軍事施設として使われている。中腹にある**サン・アントニオ礼拝堂Ermita de San Antonio**の前からは、すばらしい景観が広がる。右側にジブラルタル海峡とスペイン、正面にセウタの町、その向こうにはモロッコの山並み。遠くヨーロッパ大陸を望めば、アフリカにいるという実感がわいてくるだろう。

レストラン&ホテル ✦ Restaurant & Hotel

飲食店はアルタ広場周辺やマリーナ通りに多い。ホテルは市街の随所に点在している。

🍴 エル・エンバハドール
El Embajador
map P.352
　イスラムの装飾が施されたエキゾチックな店内で、タジンやクスクス、ケバブなどのモロッコ料理を味わえる。新鮮な魚のグリルもおすすめ。予算€20～。
🏠Juan de la Cierva 5　☎956 104 587
🕐13:00～24:00
🚫無休　カードMV

🍴 ラ・パタゴニア
La Patagonia
map P.352
　炭火で焼いた肉がおいしい。予算€15～。アルゼンチン風のサンドイッチ、チョリパンは€3.50。
🏠Trafargar 5　☎956 632 050
🕐13:30～17:00、20:30～24:00
🚫火　カードMV

🛏 オクタビオ
Hotel Mir Octavio
★★★★　map P.352
　バスターミナルに隣接し、鉄道駅も向かいにあるので便利。部屋は広くバスタブ付き。
🏠Sab Bernardo 1　☎856 584 224
🌐mirhoteles.com
🛏Ⓢ€45～63　Ⓦ€49～68
カードAMV　客室数77　WiFi無料

🛏 リスボア
Hospedaje Lisboa
map P.352
　鉄道駅から徒歩約5分。清潔で全室エアコン付き。宿の主人やスタッフも親切で、安心して滞在できる。
🏠Juan Morrisón 46　☎956 654 452
🌐www.pensionlisboa.com　Ⓢ€35～40　Ⓦ€40～65
カードAMV　客室数10　WiFi無料

投稿　アルヘシラスのバスターミナルにはコインロッカーがあります。モロッコに向かう旅行者はここで荷物を預けて身軽になり、移動の合間の時間に少し観光するとよいと思います。（愛知県　むにゅ）['23]

モロッコの玄関口、タンジェへ

イスラム圏に来たことを感じさせるエキゾチックな町並み

タンジェ（スペイン語の発音はタンヘ）に着いたら、メディナと呼ばれる旧市街へと向かおう。厚い城壁に囲まれ、その中には敵の侵入を防ぐため、複雑な迷路のような道が造られている。とはいっても、モロッコのほかの町に比べるとタンジェのメディナはこぢんまりとしているので、道に迷って出られなくなるということはない。香辛料が並ぶスーク（市場）や、衣料やみやげ物を扱う商店などをのぞきながら、路地から路地へ。歩き疲れたら、**プチ・ソッコ Petit Socco** にあるカフェテラスでミントティーを1杯。**グラン・モスク Grand Mosquée** から聞こえてくるアザーン（礼拝の時間を知らせる合図）に、イスラム世界にいることを実感する。

大道芸人に出会うこともある

迷路のようなメディナ内

左／活気あふれるメディナのスーク
右／カフェでは甘いミントティーを

プチ・ソッコから北の方角に歩いていき、階段を上ってアッサ門を抜けた所がかつての要塞**カスバ Kasbah**。旧王宮は今は**モロッコ博物館 Musée de la Kasbah** になっている。海に面したカスバ広場からは、晴れていればスペインまで見渡せ、すばらしい眺めだ。カスバ門を出て南に下れば、周囲に食堂やカフェが並ぶ大きな広場、**グラン・ソッコ Grand Socco** に出る。

かつて、タンジェは国際商人でごった返し、密輸人やスパイが暗躍する舞台であった。そうしたエキゾチックで危うい雰囲気が、多くの芸術家たちをひきつけた。画家マティスやドラクロワがアラブ世界を題材にした作品を描き、また1950年代を中心に活躍したポール・ボウルズ、ウィリアム・バロウズといった

はみだし モロッコではイスラム暦に合わせて、5～8月頃に夏時間（サマータイム）が実施される。スペインが夏時間実施中でモロッコがそうでない時期は、時差はマイナス2時間となる。

スペインからわずか 15km、ジブラルタル海峡を渡るとそこはイスラム世界が広がるモロッコの港町タンジェ。ケバブを焼く匂いが立ちこめ、ジュラバというロングドレスを着た人々が行き交う。アラブの香り漂うエキゾチックな異国を体験してみよう。

天気のよい日はジブラルタル海峡の向こうにスペインが見える

作家たちがタンジェで創作を行っている。

　ところで、メディナを歩いているとみやげ物屋の客引きにあうはず。買い物を楽しむのもいいが、ここはヨーロッパではないことを忘れないように。交渉をちゃんとしないと、思いっきりぼられる。また、最近は取り締まりが厳しくなり声をかけてくる自称ガイドは少なくなったが、それでも特に女性は注意が必要。「メディナを案内する」などと言われても、相手にしないこと。ひとりで行く自信のない人は　ツアーに参加するほうが無難だろう。

白と緑のミナレット（尖塔）が美しいグラン・モスク

map P.267/B1

アクセス
タンジェには旧市街に近いタンジェ・ヴィル港（旧港）とタンジェ市街から東へ約 40kmのタンジェMED 港（新港）がある。タンジェ・ヴィル港へはタリファから FRS社の高速船で約 1 時間、毎日 5便運航。またタンジェ MED 港へはアルヘシラス港から各社（→P.352）合わせて毎日 15 便ほど運航、所要 1 時間 30 分〜 2 時間、片道€36 〜、往復€54 〜。フェリーは天候によって遅延、欠航することがあるので注意。アルヘシラスからタンジェへの日帰りツアーは昼食付きで€50 〜、ホテルと食事が付いた 1 泊ツアーは€80 〜。アルヘシラスの旅行会社に前日までに申し込む。
※パスポートが必要なので、必ず携行すること。

基本情報
モロッコへ入国するにはビザは必要ない。船の中でパスポートに入国スタンプを押してもらうだけ。通貨はディルハム DH で、1DHは約 14.46 円（'23 年 6 月 26 日現在）。タンジェだけならユーロも使用できる。なお DH はモロッコ国外では両替できないので注意。スペインとの時差はマイナス 1 時間（時期によってはマイナス 2 時間→ P.354 みだし情報）。タンジェに到着したら時計を現地時間に合わせよう。

ジブラルタル
地中海の要衝に位置するイギリス領
ジブラルタル
✛ Gibraltar

★Gibraltar

map P.267/B1

標 高	**4m**
人 口	約3万3100人

アクセス

🚌アルヘシラスからラ・リネアLa Línea行きで約30〜45分、毎時2便運行。マラガやコスタ・デル・ソルの各町、セビーリャ、カディス、マドリードからもラ・リネア行きのバスがある。

❶観光案内所

map P.356
🏠John Mackintosh Square
☎2004 5000
URL www.visitgibraltar.gi

圖月〜木	9:00〜16:30
金	9:30〜16:30
土	10:00〜14:30

休日・祝

世界遺産

ゴーハム洞窟群
（2016年登録）

入国と通貨

ジブラルタルに入国するにはパスポートが必要。通貨はジブラルタルポンド（£）。レートは英ポンドと同じで£1≒183円。たいていの場所でユーロが使えるが、店によってはレートがよくない。なお、ジブラルタルポンドはイギリス本土では使えないので注意。（'23年6月26日現在）

サルが出没するターリクの山からアルヘシラス方面を眺める

大西洋と地中海をつなぐジブラルタル海峡に突き出た、岩の塊からなる岬がイギリス領ジブラルタルだ（スペイン語の発音はヒブラルタール）。スペインの王位継承戦争の間イギリス軍に占領され、1713年のユトレヒト条約によってイギリスに統治権が与えられた。国境を越えるとダブルデッカーが走り、標識はすべて英語。また住民のほとんどは英語とスペイン語を話す。

歩き方 ✛ Orientation

ラ・リネアのバスターミナルに着いたら、5分ほど南側へ歩いてジブラルタルとの国境へ。パスポートコントロールを抜けると、町の中心とを往復する5番のバスが停まっている。左側は戦闘機やイギリス本国からの旅客機が離着陸するジブラルタル空港。飛行場の滑走路でもある道路を進み約5分、**ケースメイツ門Casemates Gate**の脇で下車してから城門をくぐると、**ケースメイツ・スクエア**

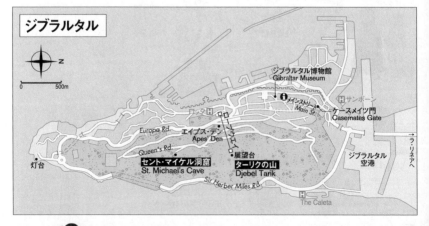

ジブラルタル

N

0 ———— 500m

ジブラルタル博物館
Gibraltar Museum

メインストリート
Main St.

サンボーン

ケースメイツ門
Casemates Gate

Europa Rd.

エイプス・デン
Apes' Den

Queen's Rd.

灯台

セント・マイケル洞窟
St. Michael's Cave

展望台

ターリクの山
Djebel Tarik

Sir Herber Miles Rd.

The Caleta

ジブラルタル空港

→ラ・リネアへ

はみだし ジブラルタルの入出国時に、レンタカーなど車を利用すると検問で長時間待たされることがある。車はラ・リネアなどの駐車場に置いて、徒歩で国境を越えるほうがよい。

Casemates Square。そこから約500mにわたって**メインストリートMain St.**が延びている。ジブラルタルは免税価格で買い物ができるフリーポートのため、通りには電化製品、時計や貴金属、香水、酒、たばこなどを販売する商店が軒を連ねる。イギリス風のパブの看板にはFish&Chips、English Breakfastといった文字が並び、スーパーマーケットで売られているものはほとんどがイギリス製品。18：00には店が閉まるのもイギリス流だ。

おもな見どころ ✣ Sightseeing

ジブラルタルを象徴する岩山 ★★ [map] P.356

ターリクの山
Djebel Tarik

奇岩が切り立つターリクの山

英語で「The Rock」と呼ばれる標高426mのこの山は、711年にイベリア半島に侵入したアラブの首長ターリク・イブン・サイードがターリクの山と名づけ、それがなまってジブラルタルとなった。標高387mにある展望台へは、**ロープウエイ**か車で行くことができる。ここからの眺めは絶景。天気がよければジブラルタル海峡の向こうにアフリカ大陸が見渡せる。山の中腹にはこの岩山に昔から生息する野生のサルがいて、愛嬌のあるしぐさで観光客を楽しませている。ただし、食べ物を持っていると襲われるので注意すること。

岩山の東側には200あまりの洞窟があり、世界遺産に登録されているゴーラム洞窟群からは12万5000年以上前のものとみられるネアンデルタール人の生活跡が発見されている。

ライトアップされた鍾乳洞 ★★ [map] P.356

セント・マイケル洞窟
St. Michael's Cave

およそ2万年前に形成されたと考えられる鍾乳洞。ターリクの山の標高約300m地点に入口があり、内部はつらら状の鍾乳石が無数に垂れている。内部はライトアップされて幻想的だ。不定期で音楽コンサートも開催される。

ジブラルタルへの電話
スペインからはエリアコード9567、日本からは国番号350を付けてダイヤルする。

イギリスとジブラルタルの旗がなびく商店街

ジブラルタルのツアー
ターリクの山の展望台、セント・マイケル洞窟など計4ヵ所を回るツアーが、ケースメイツ門の脇から随時出ている。8人乗りのツアー車で所要約2時間、料金£32。洞窟の入場料も料金に含まれる。

ロープウエイ
☎2001 2760
[開]毎日　9:30～上り最終19:15
（11～3月は～17:15）
[料]往復£16

セント・マイケル洞窟
[住]St. Michael Rd.
[URL]www.stmichaelscave.com
[開]4～10月
毎日　9:30～19:15
11～3月
毎日　9:00～17:45
※最終入場は20分前まで
[料]£13

ホテル ✣ Hotel

イギリスの物価なのでホテルはどこも高め。ジブラルタルの領内には約15軒のホテルがある。

サンボーン
Hotel Sunborn
★★★★★ [map] P.356

豪華客船を利用したユニークな高級ホテルで、海の上にいるような雰囲気。レストランやバーはもちろん、カジノ、プールやスパなどが完備されている。

[住]Ocean Village Promenade 35　☎2001 6000
[URL]www.sunborngibraltar.com　[料]ⓈⓌ£119～410
[カード]ADJMV　[客室数]189　[Wi-Fi]無料

ロック
Hotel The Rock
★★★★ [map] P.356

チャーチル元首相やジョン・レノンなど有名人も宿泊した、1932年創建の由緒あるホテル。高台にあり眺めがすばらしい。屋外プールやレストランもある。

[住]3 Europa Road　☎2007 3000　[FAX]2007 3513
[URL]www.rockhotelgibraltar.com　[料]ⓈⓌ£150～170
[カード]AMV　[客室数]104　[Wi-Fi]無料

[はみだし] 領内ではジブラルタルポンドと英ポンドの通貨が混在して流通している。スペインから日帰りの場合は両替せずに少額ならユーロで、カードが使えるところではクレジットカード払いにしたほうがよい。

タリファ

アフリカ大陸を望むスペイン本土最南端の町

✣ Tarifa

標高	7m
人口	約1万8600人

アクセス

🚌 アルヘシラスから30分、毎時1～2便。カディスからアルヘシラス行きまたはマラガ行きで約1時間30分、1日10便程度。

🛈観光案内所

map P.358
🏠 Paseo de la Alameda, s/n
☎ 956 680 993
URL tarifaturismo.com
🕐 毎日　　　10:00 ～ 14:00
　　　　　　16:00 ～ 20:00
（7・8月は 10:00 ～ 20:00）

クジラ＆イルカツアー

約2時間のツアーで€45。
● firmm 社
🏠 Alcade Juan Núñez 10
☎ 956 627 008
URL www.firmm.org

タリファのホテル

ミシアナ
Misiana
★★
map P.358
🏠 Sancho IV el Bravo 16
☎ 956 627 083
URL www.misiana.com
🛏 Ⓢ€64 ～182
　 Ⓦ€83 ～198
カード Ⓐ Ⓙ Ⓜ Ⓥ　客室数15
WiFi 無料
旧市街にある小さなホテル。

アルボラーダ
Hostal Alborada
★
map P.358
🏠 San José 40
☎ 956 681 140
URL www.hotelalborada.com
🛏 Ⓢ€55 ～90
　 Ⓦ€65 ～100
カード Ⓐ Ⓓ Ⓙ Ⓜ Ⓥ　客室数39
WiFi 無料
バスターミナルから徒歩数分。

タリファ郊外からアフリカ大陸を望む

ジブラルタル海峡に面した、イベリア半島最南端の町。アフリカ大陸までわずか15kmほど、天気がよければモロッコの山並みがくっきりと見える。海はコスタ・デル・ソルとは違い潮の香りが強く、港では漁船や漁師たちの姿も見られる。

歩き方 ✣ Orientation

バスは北西にある新市街のBatalla del Salado通りに着く。旧市街への城門がある**アンダルシア通りAv. Andalucía**へは徒歩10分ほど。🛈はアンダルシア通りを南西へ、港へと続く遊歩道Paseo de la Alamedaにある。城壁に囲まれた旧市街は、細い通りが入り組む。タリファは711年、スペインで最初のモーロ人居住地となった所。イスラムの要塞の廃墟が町なかにいくつも残るのが印象的だ。町の西側には**ランセス・ビーチPlaya de los Lances**が広がる。地中海と大西洋の風がぶつかるこの場所は、ウインドサーフィンの中心地としてヨーロッパ各地から若者が集まり、サーフショップやカフェ、ディスコなどが並ぶ。また、タリファから行くクジラ＆イルカツアーも人気。ただし波の状態により出航できないときもあるので、時間の余裕をみて参加しよう。

はみだし　タリファ港からモロッコのタンジェ・ヴィル港まで高速船が運航、所要時間1時間、片道€38.70、往復€69.40。アルヘシラスの港との間に無料の送迎バスあり。日帰りツアーも催行している。URL www.frs.es

ナバーラ
Navarra
リオハ／アラゴン
La Rioja/Aragón

バルセロナ★

★マドリード

スペインで最も美しい村に選ばれた
中世の隠れ里、アルバラシン

★ Navarra
★ La Rioja
★ Aragón

　スペイン北東部、ピレネー山脈からエブロ川上流にかけて広がるのが、かつてはナバーラ王国の領土であったナバーラ。州都パンプローナは、ヘミングウェイの小説『日はまた昇る』で有名になった牛追い祭りの舞台として知られる。その西側に位置するリオハは、スペインを代表するワインの生産地で、州都ログローニョでは毎年9月にブドウの収穫祭が開催される。さらにエブロ川流域に広がるアラゴンは、州都サラゴサにスペインの守護聖母が祀られていることから、「スペイン人の心のふるさと」ともいわれる。このピラールの聖母は、ホタと呼ばれる民俗舞踊とともに、アラゴンの人々の誇りとなっている。

気　候

　ナバーラとリオハは、大西洋の雨に恵まれ、緑が豊か。冬は1月の平均気温が5℃と冷えるが、夏はさほど暑くないので過ごしやすい。アラゴンは中央スペインと同様、夏と冬、昼と夜で気温差の大きい大陸性気候で、乾燥している。

周遊のヒント

　アラゴンの州都サラゴサは、マドリードとバルセロナのちょうど中間に位置し、いずれも高速列車AVEで所要約1時間30分。そのほかの町は交通の便がよいとはいえないので、サラゴサからバレンシアやスペイン北部へ抜ける途中、テルエルやパンプローナに立ち寄るプランにするとよいだろう。

おもな祭りとイベント

サン・フェルミンの牛追い祭り
Fiesta de San Fermín
パンプローナ ………………… 7/6 〜 14
URL www.sanfermin.com
竹馬祭り Danza de Los Zancos
アンギアーノ（リオハ）………… 7/22 前後
リオハの収穫祭
Fiestas de la Vendimia Riojana
ログローニョ ………………… 9/21 前後
URL www.lariojaturismo.com
ピラール祭 Fiesta del Pilar
サラゴサ ……………………… 10/7 〜 15 ※
URL www.zaragoza.es/turismo

※を付した日程は毎年変わります。上記で年度の記載のないものは2023年の日程です。変更されることもあるので、事前にご確認ください。

料理と名産品

　ナバーラの名物料理は、マスに生ハムを挟んで焼いた、トゥルーチャ・ア・ラ・ナバーラ（マスのナバーラ風）。またホワイトアスパラガスやアーティチョーク、赤ピーマンなど、特産の野菜を使った料理も豊富。コゴジョはチコリのような小さいレタスで、ナバーラのトゥデーラ産が有名だ。そしてリオハといえば、スペイン有数の赤ワインの産地。ナバーラのロゼも有名だ。またチリンドロンは、鶏肉や子羊をトマトやピーマンなどの野菜で作ったソースで煮込んだもので、アラゴンの郷土料理として知られる。

コゴジョとアンチョビのサラダ

マスと生ハムが
絶妙にマッチする
トゥルーチャ・ア・
ラ・ナバーラ

ナバーラ地方で
取れる肉厚の赤
ピーマン

リオハの赤ワイン（左）
とナバーラのロゼ（右）

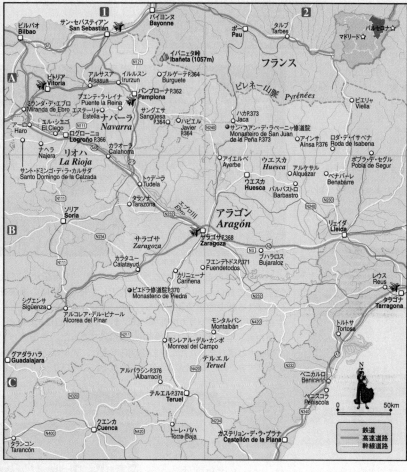

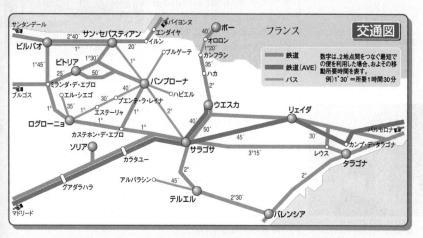

ナバーラ／リオハ／アラゴン

イントロダクション

パンプローナ ✛Pamplona

map P.361/A1

標高	449m
人口	約20万3400人

アクセス

🚂 マドリード・アトーチャ駅から約3〜4時間、1日7〜9便。バルセロナ・サンツ駅から約4〜5時間、1日4便。

🚌 マドリードのアベニーダ・デ・アメリカ・バスターミナルからAlsa社のバスで約5〜7時間、1日7便。バルセロナからはサラゴサ乗り換えで約8時間。サン・セバスティアンから1時間15分、1日10便程度。

❶観光案内所

map P.363/A2
🏠 San Saturnino 2
☎948 420 700
URL www.turismodepamplona.es
🕐 聖週間、7月〜9/15
　毎日　　9:00〜14:00
　　　　 15:00〜19:00
　10〜6月（聖週間除く）
　月〜土　10:00〜14:00
　　　　 15:00〜18:00
　（11月〜3/15は〜17:00）
　日　　　10:00〜14:00
🚫1/1・6、12/25

※パンプローナは現地語でイルーニャIruña（またはIruñea）と呼ばれる。

パンプローナのバスターミナル
map P.363/A1
🏠 Yanguas y Miranda 2
☎948 203 566
URL www.estaciondeautobuses depamplona.com

サン・フェルミン祭の期間中には毎朝牛追いが行われる

　アルガ河畔の高台に広がるパンプローナは、10世紀から16世紀初頭まで続いたナバーラ王国の首都として栄え、往時の栄華をしのばせる歴史的建造物が残る。また、毎年7月上旬に行われる牛追い祭りは、アメリカの作家ヘミングウェイの『日はまた昇る』に描かれ、世界的にその名を知られるようになった。平時のパンプローナは落ち着いたたたずまいの旧市街と、アルガ河畔の公園を散策するだけでゆったりした気分になれる、のんびりとした町だ。

歩き方 ✛Orientation

　鉄道のパンプローナ駅は町の北側。駅前から9番の市バスに乗り、新市街のプリンシペ・デ・ビアナ広場Pl. Príncipe de Vianaで下車すると、町の中心**カスティーリョ広場Pl. del Castillo**へは徒歩5分ほど。広場の南西角から延びるのが、こ

町の中心カスティーリョ広場

の町が生んだ『ツィゴイネルワイゼン』の作曲家サラサーテの名前を冠した**サラサーテ通りPaseo de Sarasate**だ。この通りの北側からアルガ川方面にかけてが旧市街。❶は市庁舎の近くにある。

　カスティーリョ広場から北東へ**カテドラルCatedral**に向かい、さらに左に折れてRedín通りを行くと、突き当たりにナバーラ王国時代の城郭があり、アルガ川の展望がいい。この一角には伝統的な居酒屋「カバーリョ・ブランコCaballo Blanco」がある。ここから城壁沿いに左へ向かい、城門をくぐりアルガ川へ下る遊歩道を散策してみよう。やがて川に架かる美しいサン・ペドロ橋に行き当たる。ここから上を見上げると、城壁に囲まれたパンプローナの古い町並みが見渡せる。

アルガ川から城門を抜けて旧市街へ入る

はみだし　カスティーリョ広場の44番地にある「**カフェ・イルーニャ**」（→ P.365）は、ヘミングウェイが足しげく通ったという老舗カフェで、小説『日はまた昇る』にも登場する。

おもな見どころ ✛ Sightseeing

さまざまな様式が混在する ★★ map P.363/A2

カテドラル（大聖堂）
Catedral

もとはロマネスク様式で建てられたが、回廊を含め現存するほとんどの部分は、14〜15世紀にかけて改築されたゴシック様式。祭壇の前には、フランスの彫刻家ジャナン・ロムによる、ナバーラ王カルロス3世とその王妃の墓がある。

ナバーラ・ゴシック様式の簡素な聖堂内

祭りの開始を告げる舞台 ★★ map P.363/A2

市庁舎
Ayuntamiento

ファサードは17世紀末のバロック様式を再建したもので、屋根に取りつけられている彫像や、ナバーラの紋章で飾られたバルコニーの欄干が美しい。7月6日の正午、このバルコニーにパンプローナ市長が立ち、祭りの開始を宣言する。

パンプローナを象徴する建物

カテドラル
住Dormitalería 1
☎948 212 594
URL www.catedraldepamplona.com
開 月〜土　10:30 〜 19:00
（3月末〜 10 月末は〜 17:00)
休 日・祝
料€5、学割 €4

市庁舎
住Pl. Consistorial, s/n

旧市街のサン・ニコラス通りはにぎやかなバル街になっている

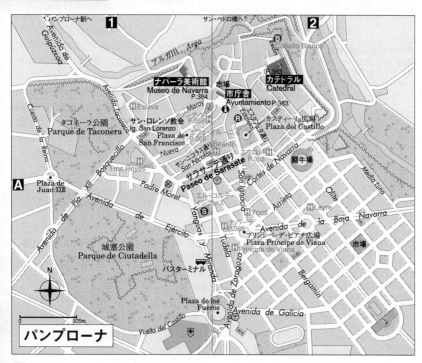

パンプローナ

はみだし　パンプローナでは夏の木曜夜に旧市街に繰り出しピンチョスを食べる「フエピンチョ」という習慣がある。バルが多いのはエスタフェタ Estafeta 通りとサン・ニコラス San Nicolás 通り。

ゴヤの絵画も所蔵する ★ map P.363/A1

ナバーラ美術館
Museo de Navarra

ローマ時代の碑石やモザイク、ナバーラ地方から集められた壁画などが展示されている。またカテドラルの回廊から移されたロマネスク時代の彫刻もあり、特に聖書の3場面（キリストの受難、復活、ヨブの物語）を表した柱頭は見事だ。絵画では、ゴヤの『サン・アドリアン侯爵Marqués de San Adrián』が有名。

ナバーラ美術館
[住]Santo Domingo 47
☎848 428 926
[開]火～土 9:30～14:00
17:00～19:00
日・祝 11:00～14:00
[休]月、1/1、7/6・7、12/25
[料]€2、学割 €1

16世紀の病院跡に建てられた

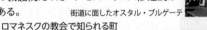

近郊の見どころ ✣ Excursion

ヘミングウェイが訪れた ★ map P.361/A1

ブルゲーテ
Burguete

ヘミングウェイの『日はまた昇る』の主人公がマス釣りにやってきた村。ヘミングウェイ自身、この村にあるオスタル・ブルゲーテHostal Burgueteに滞在していた。標高893m、牧場が広がるのどかな村だ。ここから『ローランの歌』で知られる**ロンセスバリェスRoncesvalles**へは3kmほど。サンティアゴ巡礼者のための救護院だったロンセスバリェス修道院がある。

街道に面したオスタル・ブルゲーテ

ブルゲーテへの行き方
🚌パンプローナのバスターミナルからロンセスバリェス行きで約1時間、月～金 13:50 発、土 16:00 発、日・祝は運休。

オスタル・ブルゲーテ
Hostal Burguete
★★
[住]San Nicolás 71
☎948 760 005
[URL]www.hotelburguete.com
[料]Ⓢ€39～52
Ⓦ€59～69
[カード][M][V] [客室数]20 [Wi-Fi]無料
レストランも併設している。

ロマネスクの教会で知られる町 ★ map P.361/A1

サングエサ
Sangüesa

町の入口に建つサンタ・マリア・ラ・レアル教会

「アラゴンの道」と呼ばれるサンティアゴ巡礼路（→P.408）の途上にあるサングエサは、人口5000人ほどの小さな町。アラゴン川に架かる橋を渡り、かつて巡礼たちが通ったマヨールMayor通りに入ると、すぐ左側に**サンタ・マリア・ラ・レアル教会Iglesia de Santa María la Real**がある。八角形の塔が印象的な教会は、12～13世紀に建造されたもので、入口上部の彫刻はロマネスクの傑作だ。

サングエサへの行き方
🚌パンプローナのバスターミナルから約1時間、月～金5便、土3便、日・祝1便。

日本ともゆかりが深い ★ map P.361/A1

ハビエル
Javier

日本にキリスト教を伝えたカトリックの宣教師、フランシスコ・ザビエル（1506～52年）の生地。彼の生まれ育った**ハビエル城Castillo de Javier**が、博物館として公開されている。イグナチウス・デ・ロヨラとともにイエズス会の基礎を築いたザビエルは、ポルトガルからインドのゴアへ赴き、後に日本で布教活動を行った。1622年に聖人に加えられ、ナバーラ地方の守護聖人となった。

ザビエルは19歳までこの城で過ごした

ハビエルへの行き方
🚌サングエサ経由のバスがあるが、本数が少ないので現地で確認を。サングエサ～ハビエルの約8kmはタクシーを利用する方法もある。

ハビエル城
☎948 884 024
[URL] www.castillodejavier.es
[開]毎日 10:00～18:30
（11月は～17:30、12～2月は～16:00）
[休]1/1・6、12/24・25・31
[料]€3.50

はみだし サングエサの郊外にレストラン「Yamaguchi」がある。店名はパンプローナ市と山口市が姉妹都市であることにちなんでいるそう。ハビエルへの道路沿いにあるのでレンタカーの人は立ち寄ってみよう。

レストラン＆ホテル ✢ Restaurant & Hotel

ホテルは旧市街や新市街に点在している。牛追い祭りの期間中は宿泊料金が数倍に値上がりする。

🍴カフェ・イルーニャ
Café Iruña

[map] P.363/A2

カスティーリョ広場に面している、1888年創業の老舗カフェ＆レストラン。ヘミングウェイの小説にも登場する有名店で、地元客から旅行者まで客層も幅広い。€23の定食もある。

[住]Pl. del Castillo 44　☎948 222 064
[営]9:00～23:00（金・土・日は～翌2:00）[休]無休　[カード][M][V]

エウロパ
Hotel Europa

★★★　[map] P.363/A2

カスティーリョ広場の近くにある瀟洒なホテル。レストランはミシュランの1つ星を獲得しており、セットメニューは€50と€60。

[住]Espoz y Mina 11　☎948 221 800　[FAX]948 229 235
[URL]www.hoteleuropapamplona.com　[料]Ⓢ€59～220 Ⓦ€89～230　[カード][A][D][J][M][V]　[客室数]25　[Wi-Fi]無料

メゾンナベ
Hotel Maisonnave

★★★★　[map] P.363/A1

19世紀創業の由緒あるホテルで、ヘミングウェイも宿泊したことがある。旧市街に位置するので便利。客室はモダンに改装されている。

[住]Nueva 20　☎948 222 600
[URL]www.hotelmaisonnave.es　[料]ⓈⓌ€89～540
[カード][A][D][M][V]　[客室数]147　[Wi-Fi]無料

ナバーラ
Hostal Navarra

★　[map] P.363/A2

バスターミナルのすぐ近くに建つ、こぢんまりとしたオスタル。モダンに改装された客室にはテレビ、ミニバー、ドライヤーを完備。

[住]Tudela 9-2°　☎627 374 878
[URL]www.hostalnavarra.com　[料]ⓈⓌ€66～199
[カード][M][V]　[客室数]14　[Wi-Fi]無料

TOPICS

パンプローナの牛追い祭り

ヘミングウェイの『日はまた昇る』で世界的に有名になったサン・フェルミン祭は、ナバーラ王国時代から続く古い祭り。毎年7月6日から14日まで9日間にわたって行われる。普段は静かなパンプローナも、この期間は世界中から観光客が押し寄せ、町の人口は倍にもなるという。当然、予約なしで宿を見つけるのは困難なので、早めに手配しておくこと。

7月6日の正午、市庁舎のバルコニーに立った市長の宣言とともに祭りは始まる。市庁舎広場は1時間以上前から、白いシャツにズボン、赤いスカーフと腰布を身につけた人々でぎっしりと埋め尽くされ、まさに熱狂の渦。ワインやシャンパンが飛び交うので、見学するなら汚れてもいい服装で出かけよう。

翌日は朝8:00から、祭りのメインイベント、エンシエロ（牛追い）が行われる。ナバーラ美術館の下にある囲い場から、その日の闘牛に出る牛を放し、闘牛場までのおよそ800mを男たちが追い込むのだ。コース沿いは2時間以上前から見物客が集まるので、早めに行って場所を確保すること。その後、サン・フェルミンの行列が10:00にサン・ロレンソ教会を出発し、町を練り歩く。また18:30からは闘牛が行われ、スペイン全土から招かれた闘牛士たちがその技を披露する。なお牛追いと闘牛は、最終日まで毎日行われる。ほかにもイベントが盛りだくさんなので、ℹでプログラムをもらうとよい。

連日行われる興行では花形闘牛士が登場する

祭りの期間中、パンプローナの町は眠らない。公園にオープンした移動遊園地は終日営業、広場では明け方までコンサートやダンスが続き、人々はバルでひと晩中飲み明かす。あらんかぎりの情熱を、すべて祭りに注ぎ込むパンプローナの人々。その熱狂ぶりこそが、サン・フェルミン祭の一番の見ものといえるかもしれない。

市庁舎前で行われる祭り開始のセレモニー

[はみだし] サン・フェルミン祭では、観光客を狙ったスリも多数いるので注意を。また、祭りの期間中はホテル「Tres Reyes」の裏に、24時間営業の屋台街が設けられる。

ワインの産地リオハ州の州都

ログローニョ

✥ Logroño

map P.361/A1

標高	384m
人口	約15万人

アクセス

🚄 マドリード・アトーチャ駅から3時間15分〜5時間15分、1日3〜5便。バルセロナ・サンツ駅から4時間40分〜5時間20分、1日2〜5便。

🚌 マドリードのアベニーダ・デ・アメリカ・バスターミナルからAlsa社のバスで約4時間、1日7便。ビルバオから約1時間30分、1日4〜5便。パンプローナから約1時間30分、1日6〜7便。

❶観光案内所

map P.366
🏠Portales 50
☎941 291 260
URL www.lariojaturismo.com
🗓 6月〜9月下旬
　　月〜金　　9:00〜20:00
　　土　　　10:00〜20:00
　　日　　　10:00〜14:00
　　9月下旬〜5月
　　月〜土　　9:30〜18:30
　　日　　　10:00〜14:00

市内にあるボデガ（酒蔵所）

●フランコ・エスパニョーラス
旧市街からエブロ川を渡ったところにあるボデガ。スペイン語か英語のガイドで見学可能。赤と白2種類の試飲込みで€18。予約したほうがよい。
map P.366
URL francoespanolas.com

旧市街の路地にはバルが多い

9月の収穫祭では華やかな伝統舞踊も披露される

　サンティアゴ巡礼の道中にあり、町なかでもときおり巡礼者が行き交う姿が見られる。一帯はスペイン有数のワインの産地として知られ、町の郊外にはブドウ畑が広がり、500以上のボデガ（酒蔵所）が点在する。9月下旬に行われる収穫祭では、ワインが振る舞われ、闘牛や伝統舞踊が繰り広げられる。

歩き方 ✥ Orientation

　鉄道駅から高層アパートの並ぶ住宅街を抜けて、北へ徒歩10分ほどで**エスポロン公園Paseo del Espolón**に着く。さらに北西に3分ほど歩くと❶があり、地図やボデガのパンフレットなどがもらえる。公園の周辺は路地が入り組んだ旧市街になっており、**カテドラルCatedral**をはじめ教会、リオハ美術館Museo de La Rioja、市場などがある。旧市街は1〜2時間で見て回るが、カフェやレストランで休憩しながらのんびりと歩きたい。

ログローニョ

はみだし　エブロ川に架かる鉄の橋 Puente de Hierro を渡って、科学博物館を訪ねるといい。眺めがすばらしく、展示も無料。石の橋 Puente de Piedra を渡って市内に戻れば、巡礼の道と同じルートも歩ける。

おもな見どころ ✣ Sightseeing

旧市街の中心にそびえる ★★ [map] P.366

カテドラル（大聖堂）
Catedral

旧市街のメルカード広場に面して建つ。正式名称はサンタ・マリア・デ・ラ・レドンダ大聖堂Concatedral Santa María de la Redonda。15世紀に建造され、18世紀の増改築で現在のようなバロック様式の教会になった。サンティアゴ巡礼路上にあるため、訪れる巡礼者も多い。

ふたつの鐘楼がそびえる

カテドラル
[住]Portales 14
☎941 257 611
[開]月～土 8:30～13:00
18:00～20:30
日・祝 17:30～20:45
[料]無料

歴史や文化がわかる展示内容 ★ [map] P.366

リオハ美術館
Museo de La Rioja

旧市街の一角にある、貴族の館だった建物を利用した美術館。常設のものは石器や土器など紀元前の出土品、中世の宗教画、リオハ州で使われていた生活用具や農具などが展示されている。

リオハ美術館
[住]San Agustín 23
☎941 291 259
[URL] www.museodelarioja.es
[開]火～土 10:00～20:30
日・祝 10:00～14:00
[休]月、1/1、12/25
[料]無料

レストラン&ホテル ✣ Restaurant & Hotel

飲食店はカテドラルの周囲に多い。週末はホテルが混み合うので早めに予約をしておこう。

🍴 エル・リンコン・デル・ビノ
El Rincón del Vino
[map] P.366

最高級ワインを手頃な値段で味わえるレストランで、ワインに合う料理のメニューも充実している。

[住]Marqués de San Nicolas 136 ☎941 205 392
[営]13:30～15:30、21:00～23:00
[休]日の夜、月 [カード][A][M][V]

🍴 タベルナ・デル・ティオ・ブラス
Taberna del Tío Blas
[map] P.366

カジュアルなバル＆タベルナ。小さいが、常に満員。低価格でおいしいタパスやピンチョスが揃う。

[住]Laurel 1 ☎941 201 313
[営]月～金 10:00～16:00、19:00～24:00（土・日は12:00～24:00） [休]1/1、12/25 [カード][M][V]

🔑 マルケス・デ・バリェホ
Hotel Marqués de Vallejo
★★★ [map] P.366

エスポロン公園近くの路地を入った所にある。内部はロビー、客室ともにモダンに改装されている。

[住]Marqués de Vallejo 8 ☎941 248 333
[URL]www.eurostarshotels.com [料]ⓈⓌ€75～162
[カード][A][M][V] [客室数]50 [Wi-Fi]無料

🔑 イササ
Hotel Isasa
★ [map] P.366

バスターミナルから徒歩5分ほど。遊歩道沿いの警察署近くにある、れんが色のきれいなホテル。

[住]Drs. Castroviejo 13 ☎941 256 599 [FAX]941 256 598
[URL]www.hotelisasa.com [料]Ⓢ€57～96 Ⓦ€62～100
[カード][M][V] [客室数]28 [Wi-Fi]無料

TOPICS

リオハの収穫祭

リオハ地方の守護聖人、サン・マテオの日にあたる9月21日前後の1週間、ログローニョではブドウの収穫祭が催される。祭りのメインイベントは、エスポロン公園で行われるブドウ踏み。民俗衣装をまとった男性がブドウを足で踏みつぶし、ブドウジュースの一番搾りはリオハの守護聖母バルバネラにお供えされる。またカテドラル脇のメルカード広場では郷土料理祭が開催されるほか、エンシエロ（牛追い）や闘牛、民俗舞踊、パレード、花火、ペロタと呼ばれるこの地方独特のスポーツ大会などさまざまなイベントが行われるので、ⓘで祭りのプログラムを入手しよう。

祭りを盛り上げる牛追い

はみだし ログローニョからバスで約35分の村エル・シエゴEl Ciegoに、**マルケス・デ・リスカル**というボデガがある。フランク・O・ヘンリー設計のホテルが隣接し、宿泊もできる。ボデガ見学は要予約。[URL]marquesderiscal.com

エブロ河畔に広がるアラゴン州の州都

サラゴサ

‡ Zaragoza

map P.361/B1

標高	200m
人口	約67万3000人

アクセス

🚄 マドリード・アトーチャ駅からAVEで約1時間20分、毎時1〜3便。バルセロナ・サンツ駅からAVEで約1時間30分〜2時間、急行で約5時間、毎時1〜3便。

🚌 マドリードのアベニーダ・デ・アメリカ・バスターミナルからAlsa社のバスで約4時間、1日9便。バルセロナから3時間45分、1日9便。

❶観光案内所

●サラゴサ・デリシアス駅
map P.369/A1
☎976 201 200
URL www.zaragoza.es/turismo
🕐毎日　　　　10:00〜20:00
🚫1/1、12/24・25・31

●ピラール広場
map P.369/C2
📍Pl. del Pilar, s/n
☎976 201 200
🕐毎日　　　　10:00〜20:00
🚫1/1、12/24・25・31
このほかスーダの塔や空港にも❶がある。

世界遺産

アラゴン州の
ムデハル様式建造物
（1986年登録、2001年拡大）
※ラ・セオ、サン・パブロ教会、アルハフェリア宮殿

サラゴサのバスターミナル

map P.369/A1 📍Av. Navarra 80
☎976 700 599
URL www.estacion-zaragoza.es

サラゴサ空港とのアクセス

空港からサラゴサ・デリシアス駅を経由し、市内中心部のPaseo María Agustínまで、バスが毎時運行。料金€2。

市内を巡る2階建て観光バス

ピラール聖母教会の塔からの眺め。エブロ川に架かるピエドラ橋が見える

　マドリードとバルセロナのほぼ中間に位置する、スペイン第5の都市。町の歴史は古く、紀元前ローマ時代まで遡ることができる。その後、西ゴート族、イスラム教徒に支配されたが、1118年にアルフォンソ1世によって奪回されアラゴン王国の首都となった。19世紀にはナポレオン軍の攻撃によって大きな被害を受け、現在の町並みは後に再建されたものだ。全スペインの守護聖母ピラールを祀る教会があり、スペインにおける聖母信仰の中心地となっている。

歩き方 ‡ Orientation

　列車は町の西側にあるサラゴサ・デリシアス駅に到着。バスターミナルも駅と同じ建物にある。まずは旧市街の中心、**ピラール広場Pl. del Pilar**を目指そう。駅前から34番の市バスに乗り、**アルハフェリア宮殿Palacio de la Aljaferia**の脇を通って約15分、セサル・アウグストCésar Augusto通りのバス停で下車。コソCoso通りとエブロ川に囲まれた一帯が旧市街だ。商店やカフェが並ぶアルフォンソAlfonso通りを北東へ進むと、サラゴサの象徴である**ピラール聖母教会Basílica de Nuestra Señora**が正面に見えてくる。日が沈む頃にはローマ時代に造られたピエドラ橋へ。ここから見るライトアップされた教会も美しい。また、旧市街の細い路地にはバルが点在し、タパスをつまみながらの飲み歩きが楽しい。

ピラール広場の東側にはラ・セオが建つ

サラゴサ・デリシアス駅に併設されているバスターミナルのインフォメーション（ホテル・ユーロスターズ・サラゴサ入口の隣）では荷物預かりも行っている。料金は1個につき€3.50。🕐毎日 8:00〜21:00

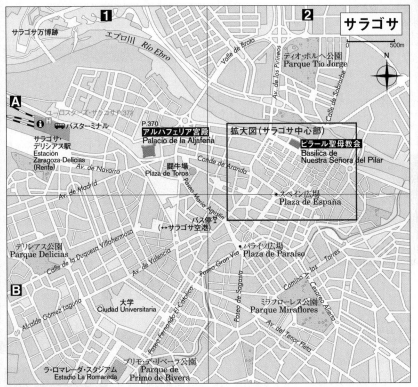

サラゴサ

- サラゴサ万博跡
- エブロ川 Río Ebro
- バレ・デ・ブロト Valle de Broto
- ティオ・ホルヘ公園 Parque Tío Jorge
- Calle de Sobradiel

A
- ユーロスターズ・サラゴサ→ 372
- バスターミナル
- サラゴサ・デリシアス駅 Estación Zaragoza-Delicias (Renfe)
- P.370 アルハフェリア宮殿 Palacio de la Aljafería
- Conde de Aranda
- 闘牛場 Plaza de Toros
- Av. de Navarra
- Av. de las Pirineos
- 拡大図（サラゴサ中心部）
- ピラール聖母教会 Basílica de Nuestra Señora del Pilar
- スペイン広場 Plaza de España
- 500m

B
- Av. de Madrid
- デリシアス公園 Parque Delicias
- Calle de la Duquesa Villahermosa
- Av. de Valencia
- Paseo María Agustín
- Paseo Fernando El Católico
- Paseo Gran Vía
- Paseo de Sagasta
- バス停（↔サラゴサ空港）
- パライソ広場 Plaza de Paraíso
- ミラフローレス公園 Parque Miraflores
- Camino de las Torres
- Cesáreo Alierta
- 大学 Ciudad Universitaria
- Alcalde Gómez Laguna
- Av. del Tenor Fleta
- ラ・ロマレーダ・スタジアム Estadio La Romareda
- プリモ・デ・リベーラ公園 Parque de Primo de Rivera

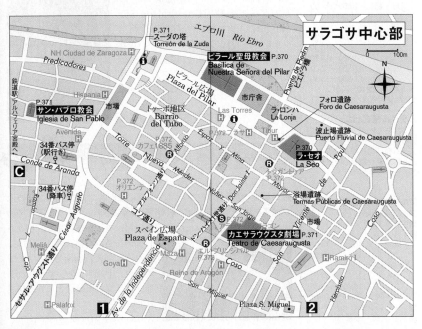

サラゴサ中心部

- エブロ川 Río Ebro
- P.371 スーダの塔 Torreón de la Zuda
- NH Ciudad de Zaragoza
- Predicadores
- Puente de Piedra ピエドラ橋
- ピラール聖母教会 P.370 Basílica de Nuestra Señora del Pilar
- Hispania
- ピラール広場 Plaza del Pilar
- 市庁舎
- Las Torres
- フォロ遺跡 Foro de Caesaraugusta
- 100m

C
- 鉄道駅／アルハフェリア宮殿へ→
- P.371 サン・パブロ教会 Iglesia de San Pablo
- 市場
- トゥーボ地区 Barrio del Tubo
- Espoz y Mina
- ラ・ロンハ La Lonja
- Tibur
- 波止場遺跡 Puerto Fluvial de Caesaraugusta
- Avenida
- P.372 カフェ1885
- Torre Nueva
- Alfonso I
- Méndez
- Mina
- P.372 プラサ
- P.370 ラ・セオ La Seo
- P.372 トラサンドゥケサ
- Conde de Aranda
- 34番バス停（駅行き）
- P.372 オリエンテ通り
- Núñez
- San Jorge
- Don Jaime I
- 浴場遺跡 Termas Públicas de Caesaraugusta
- Mayor
- 34番バス停（降車）
- コソ通り
- スペイン広場 Plaza de España
- Plaza イ地区通り
- San Vicente
- 市場
- Coso
- de Paul
- カエサラウグスタ劇場 P.371 Teatro de Caesaraugusta
- Meliá
- Maza
- エル・プリンシパル
- Reino de Aragón
- セサル・アウグスト通り César Augusto
- Caja
- Goya
- Av. de la Independencia
- Coso
- Ramiro I
- Herófana
- San Miguel
- Palafox
- Plaza S. Miguel

はみだし ピラール広場とコソ通りに囲まれたエリアは、トゥーボ地区 Barrio del Tubo と呼ばれ、細い路地にバルが密集している。特に週末の夜は、タパスの食べ歩きを楽しむ人々でにぎわう。

ピラール聖母教会

住 Pl. del Pilar, s/n
時 毎日　　　　8:00 ～ 20:30
料 無料
● 美術館
時 月～金　　10:00 ～ 14:00
　　　　　　　16:00 ～ 20:00
　　　土　　　10:00 ～ 14:00
休 日・祝
料 €2
● 塔
時 毎日　　　10:00 ～ 14:00
　　　　　　　16:00 ～ 18:00
料 €4

きらびやかな聖母の礼拝堂

ラ・セオ

住 Pl. de la Seo 4
☎ 976 291 231
時 夏期
　　　月～金　　10:00～14:30
　　　　　　　　16:00～20:00
　　　土　　　　10:00～20:00
　　　日・祝　　10:00～12:00
　　　　　　　　16:00～20:00
　　　冬期
　　　月～金　　10:00～14:00
　　　　　　　　15:00～18:30
　　　土　　　　10:00～18:30
　　　日・祝　　10:00～12:00
　　　　　　　　14:00～18:30
※入場は閉館30分前まで
料 €7（美術館含む）、学割€5

ムデハル様式とは

レコンキスタ（キリスト教国による再征服）のあと、残留イスラム教徒の建築様式とキリスト教建築が融合したスタイル。（→P.134/375）

アルハフェリア宮殿

住 Los Diputados, s/n,
☎ 976 289 683
時 4 ～ 10 月
　　　毎日　　　10:00 ～ 14:00
　　　　　　　　16:30 ～ 20:00
　　　11 ～ 3 月
　　　月～土　　10:00 ～ 14:00
　　　　　　　　16:00 ～ 18:30
　　　日・祝　　10:00 ～ 14:00
休 11 ～ 3 月の木、金の午前
料 €5、学割・65歳以上€1

おもな見どころ ✛ Sightseeing

聖母マリアの奇跡が起こった　　　　★★　map P.369/C2

ピラール聖母教会
Basílica de Nuestra Señora del Pilar

　伝説によると紀元40年1月2日、エブロ川の岸辺にいた聖ヤコブの前に聖母マリアが現れ、信仰の礎となる柱（スペイン語でピラール）を渡したという。後に初期キリスト教徒が礼拝堂を築いたその場所に、今日目にする聖堂が17世紀に建てられ、18世紀にはシンボルとなっている彩色タイルで飾られた丸屋根が加えられた。教会の内部には「聖母の礼拝堂Capilla de la

Virgen」があり、右側の壁がんに柱と木彫りの聖母像が納められている。また美術館では、毎年10月12日に行われるピラール祭で聖母マリア像に付ける宝石や絵画などを展示している。

ピラール広場に面した教会ファサード

ムデハル建築の傑作　　　　★★★　map P.369/C2

ラ・セオ（大聖堂）
La Seo

世界遺産

　「ラ・セオ」とはアラゴンの言葉でカテドラルのことで、正式名称はサン・サルバドール大聖堂Catedral de San Salvador。ロマネスクからネオ・クラシックまでの各時代の様式と、ムデハル建築の調和がすばらしい。付属の美術館には、14～17世紀のフランスとフランドル地方のタペストリーが集められている。

後陣などが世界遺産に登録されている

イスラム時代の名残　　　　★★　map P.369/A1

アルハフェリア宮殿
Palacio de la Aljafería

世界遺産

　11世紀にイスラム王朝によって建てられた、ムデハル様式の宮殿。繊細な装飾がすばらしく、中庭には当時のままにオレンジの木が植えられている。レコンキスタ後は改装され、アラゴン国王やカトリック両王の居城となった。王座があった2階の広間は、松かさ

装飾の施された格天井が見事だ。その後は宗教裁判所や兵舎として使われ、1987年からは宮殿の一部がアラゴン州議会として使用されている。

イスラム時代には「喜びの城」とも呼ばれた

　はみだし　ヨーロッパで最初にチョコレートが作られたのが、サラゴサ近郊にある**ピエドラ修道院**（map P.361/B1）。サラゴサの❶では市内の菓子店やカフェ5店舗でチョコの試食ができるチョコパス€9を販売している。

サン・パブロ教会
ムデハル様式の塔をもつ　★★　map P.369/C1
Iglesia de San Pablo

世界遺産

14世紀に建てられたムデハル様式の教会。その後幾度かの増築を重ね、現在の姿になった。モスクのミナレット（尖塔）を思わせる、八角形の鐘楼が印象的だ。北側の門には、キリストと聖母マリア、聖パブロや聖ペドロなどの像が彫られている。

八角形の鐘楼が特徴

サン・パブロ教会
San Pablo 42
976 283 646
URL sanpablozaragoza.org
火〜金　10:00〜12:30
　　　　18:00〜19:00
土　　　10:00〜12:30
（詳細は公式サイトで要確認）
€3、学割€2

カエサラウグスタ劇場
1世紀に造られたローマ劇場跡　★　map P.369/C2
Teatro de Caesaraugusta

カエサラウグスタとはサラゴサの旧名で、ローマ皇帝アウグストゥスによって築かれたローマ帝国の植民都市。その後の西ゴート族の侵入により、この劇場も埋もれてしまったが、1972年に建築現場から偶然発見された。劇場跡が見学できるほか、併設の博物館には出土品や各時代の歴史が図解で展示されている。

客席跡も近くで見学できる

カエサラウグスタ劇場
San Jorge 12
976 726 075
火〜土　10:00〜14:00
　　　　17:00〜21:00
日・祝　10:00〜14:30
月
€4（浴場遺跡、波止場遺跡、フォロ遺跡との共通券€7）

サラゴサ

TOPICS

ゴヤの故郷フエンデトドスを訪ねる

サラゴサから44kmほど南にあるフエンデトドス Fuendetodos（map P.361/B1）は、スペインを代表する画家フランシスコ・デ・ゴヤ（1746〜1828年）が生まれた小さな村。ゴヤの生家のほか、銅版画を集めた小さな博物館も公開されている。

バスを利用して村に着いたら、まずゴヤ版画博物館 Museo del Grabado de Goya（976 143 830　火〜日11:00〜14:00、16:00〜19:00　月　€3、学割€2）を訪ねよう。ゴヤがヨーロッパで評価される契機となった『気まぐれ Los Caprichos』の作品群など、風刺に満ちたゴヤの銅版画が約50点展示されている。また、この博物館が村のi も兼ねており、周辺の地図やパンフレットも入手できる。

ゴヤの生家 Casa Natal de Goya は、博物館から50mほど離れた広場の角にある。通常は扉が閉められているので、版画博物館の見学が終わったらスタッフに告げて鍵を開けてもらう（つまり生家の見学は博物館の開館時間内のみ可能で、月曜は休み）。石造りの小さな家には、当時の生活風景がイメージできるよう、調理器具や古めかしい家具が展示されている。ディエゴ・ベラスケスとともに宮廷画家として活躍した大画家の生家としては

かなり質素。ゴヤは1746年に鍍金師の子供として生まれ、サラゴサの画家に師事する14歳までこの生家で過ごした。

フエンデトドスは人口200人ほどの寒村で、10分も歩けば村をひと回りできる規模だが、周囲には16世紀頃の冷蔵施設 Las Neveras など見どころも点在している。多くの旅行者は数時間の見学でサラゴサへと戻るが、Hotel El Capricho de Goya（976 143 997）というホテル兼レストランも営業している。アラゴン地方の静かな旅情に浸って、1泊してみるのもいいだろう。

アクセス：サラゴサのバスターミナルから Samar Buil 社のバスで55分。往路は月〜金 10:00と17:00発（土・日・祝は9:00発の1便）。復路は月〜金 7:45と15:15発（土・日・祝は19:15発の1便）。

ゴヤが生まれ幼少期を過ごした村

はみだし　スーダの塔：10世紀にできたスーダ宮殿の一部。上階の展望台からの眺めがいい。map P.369/C1　月〜土 10:00〜14:00、16:30〜20:00（4〜10月は9:00〜20:30）、日・祝 10:00〜14:00　無料

371

レストラン＆ホテル ✢ Restaurant & Hotel

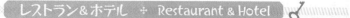

飲食店は旧市街に点在している。ホテルはコソ通りやピラール広場周辺に多い。

🍴エル・プリンシパル
El Principal

[map] P.369/C1

プリンシパル劇場の 2 階にあり、歴史を感じさせる優雅な店内で食事を楽しめる。前菜、メイン、飲み物、デザート、カフェが付いたセットメニューは €29。

[住]Coso 57　☎976 207 661
[営]12:00 ～ 24:00　[休] 月　[カード][A][D][J][M][V]

🍴カフェ 1885
Café 1885

[map] P.369/C1

アルフォンソ通りに面した 1885 年創業の老舗。店内はクラシックな雰囲気で、カフェとしてもレストランとしても利用できる。ランチのセットメニュー（火～金曜のみ）は €17。

[住]Alfonso I 25　☎ 976 953 171
[営]9:00 ～ 22:30（金・土は～翌 1:30）　[休] 無休　[カード][M][V]

🍴トラガントゥア
Tragantua

[map] P.369/C2

ラ・セオの脇から路地を入った所にあるモダンなバルレストラン。開放的な雰囲気で、旅行者でも入りやすい。タパスからパエリャまで豊富なメニューが揃う。予算 €15 ～。

[住]Pl. Santa Marta, s/n　☎976 299 174
[営]13:00 ～ 15:45、20:00 ～ 23:00
[休] 無休　[カード][M][V]

🔑ユーロスターズ・サラゴサ
Eurostars Zaragoza

★★★★　[map] P.369/A1

サラゴサ・デリシアス駅構内にあり、荷物を持って町なかまで移動したくない人におすすめ。設備は最新で、客室もゆったり。

[住]Miquel Roca i Junyent 5　☎976 287 260
[URL]www.eurostarshotels.com　[料]ⓈⓌ€67 ～ 165
[カード][A][D][J][M][V]　[客室数]256　[Wi-Fi]無料

🔑オリエンテ
Hotel Oriente

★★★　[map] P.369/C1

旧市街を囲むコソ通りに面しており、近くにバルやレストラン、スーパーもあって便利。部屋は広々としていて、落ち着いた雰囲気だ。

[住]Coso 11-13　☎976 203 282
[URL]www.hotel-oriente.com　[料]ⓈⓌ€75 ～ 128
[カード][A][D][J][M][V]　[客室数]70　[Wi-Fi]無料

🔑プラサ
Hostal Plaza

★★　[map] P.369/C2

ピラール広場に面した建物の中にある、家族経営のオスタル。客室は改装されており、内装もかわいらしい。テレビ付き。駐車場あり。

[住]Pl. del Pilar 14　☎679 268 035
[URL]www.hostalplazazgz.com　[料]ⓈⓌ€45 ～ 99
[カード][M][V]　[客室数]15　[Wi-Fi]無料

TOPICS

サラゴサのピラール祭

サラゴサでは毎年 10 月上旬から約 10 日間にわたり、町最大の祭典ピラール祭が開催される。市内の広場に特設された舞台でアラゴン地方の民俗舞踊ホタが上演されるほか、ペーニャと呼ばれる各地区の団体が酒などを振る舞いながら陽気に町を練り歩く。メインイベントは、聖母ピラールの日である 10 月 12 日の夕方から始まる聖体行列。ピラール広場で行われる聖母像の献花式のあと、伝統衣装を着た人たちが火のついたろうそくを持ち、豪華に装飾された山車とともに市内を歩いていく。ペーニャの陽気なパレードとは変わって、こちらはカトリックの宗教行事で、厳かな雰囲気だ。また祭りの期間中に、国内巡業としてはその年最後の闘牛が、サラゴサの闘牛場で行われる。

左／深夜まで続くホタの舞台上演
右／ホタの楽団が旧市街に登場する

はみだし **アラセナ・デ・アラゴン Alacena de Aragón**：アラゴン地方で作られた食品やお菓子、ワインなどを集めた物産店。[map] P.369/C2　[住]Don Jaime I 16　[営] 毎日 9:00 ～ 21:00

ピレネー山麓に位置する巡礼の町

ハカ

⁜ Jaca

ロマネスクをはじめ、さまざまな様式が混在するカテドラル内部

map P.361/A2

標高	820m
人口	約1万3400人

アクセス
🚃 サラゴサから3時間15分。
1日2便。
🚌 サラゴサから2時間30分、
1日6〜9便。

❶ 観光案内所
🏠 Pl. de San Pedro 11-13
☎ 974 360 098
URL www.jaca.es/oficina.html
開 9〜6月
　月〜土　　　9:00〜13:30
　　　　　　16:30〜19:30
　7・8月
　月〜土　　　9:00〜21:00
　日　　　　　9:00〜15:00
休 日、1/1・6・7、12/24・25・31

カテドラル
☎ 974 356 378
開 毎日　　　8:30〜13:30
　　　　　　16:30〜20:00
料 無料（美術館 €6）

要塞
☎ 974 357 157
URL ciudadeladejaca.es
開 毎日　　　10:30〜13:30
　　　　　　16:00〜20:00
　（11〜3月の午後 15:30〜
　19:30、8月 10:30〜20:30）
休 1/1、5/5、6/25、12/24・25・31
料 €6

サン・フアン・デ・ラ・ペーニャ修道院（ビエホ修道院）
URL www.monasteriosanjuan.com
☎ 974 355 119
開 3/16〜10月
　毎日　　　10:00〜14:00
　　　　　　15:30〜19:00
　（6〜8月の午後15:00〜20:00）
　11月〜3/15
　日〜金　　　10:00〜14:00
　土　　　　　10:00〜17:00
休 1/1、12/25
料 €12、学割・65歳以上 €7.50
　（3ヵ所の共通券）
❌ 公共の交通機関はないため、レンタカーかタクシー（ハカから往復 €60〜80）で。

優美なアーチをもつ回廊列柱

　古来より峠越えの宿場町として栄えたハカは、1035年にラミロ1世がアラゴン王国を建国し、1097年まで首都がおかれていた由緒ある町。現在では、夏はピレネーハイキングの拠点として、冬はフランスからもスキー客が訪れるリゾート地としてにぎわう。またカミノ・デ・サンティアゴ（→P.408）の主要ルートのひとつ、フランスのポーPauからソンポルト峠を越えて聖地を目指す「アラゴンの道」上にあるため、巡礼者も多い。

歩き方 ⁜ Orientation

　鉄道駅から旧市街へは徒歩15分ほど。バスターミナルは旧市街の入口にある。旧市街には石造りの建物が並び、古きよき宿場町の雰囲気を今も残す。最大の見どころは、ラミロ1世によって建造された**カテドラルCatedral**。イベリア半島に残る最古級のロマネスク様式の大聖堂のひとつで、美術館では周辺の教会から集められた壁画や彫刻などを鑑賞できる。また、旧市街の北西には美しい星形をした**要塞La Ciudadela**があり、軍事博物館も付属している。

近郊の見どころ ⁜ Excursion

回廊はロマネスク美術の傑作　★　map P.361/A2

サン・フアン・デ・ラ・ペーニャ修道院
Monasterio de San Juan de la Peña

　新旧ふたつの建物で構成されるが、見どころは11世紀建造のビエホViejo（古い）修道院。ハカから南西に約24km、人里離れた山あいにひっそりとたたずむ。「岩山の聖フアン修道院」の名のとおり、巨岩の下に聖堂が造られ、かつてはアラゴン王家の霊廟がおかれていた。聖書の物語を表した回廊の柱頭彫刻は、どこかユーモラスで、プリミティブな力強さを感じさせる。

はみだし　ハカにある「**マルボレ Marbore**」は、気軽に創作タパスが楽しめる、地元で人気のバルレストラン。
🏠 Ramón y Cajal 5　☎ 974 115 732　開 毎日 12:00〜16:00、19:00〜24:00

悲恋の物語で知られるムデハルの町

テルエル

✢ Teruel

世界遺産

map P.361/C1

標 高	915m
人 口	約3万5900人

アクセス

🚂 サラゴサから約2時間30分、1日4便。バレンシアから約2時間40分、1日3便。

🚌 マドリードの南バスターミナルからSamar社のバスで約3時間30分、1日2便。バルセロナ、サラゴサ、バレンシア、クエンカなどからも便がある。

ℹ 観光案内所

map P.374
🏠San Francisco 1
☎978 641 461
URL turismo.teruel.es
🕐月～土　　10:00～14:00
　　　　　　16:00～19:00
　　　日　　10:00～14:00
🚫1/1、12/25

世界遺産

アラゴン州の
ムデハル様式建造物
（1986年登録、2001年拡大）

エル・サルバドールの塔

🕐 毎日　　11:00 ～ 14:00
　　　　　　16:30 ～ 19:30
（11～1月は～18:30、8月の午後は16:00～20:00）
🚫 月の午後（8月を除く）、1/1・6、12/24・25・31
💰€3

保存状態のよいサン・マルティンの塔

駅から町へはムデハル様式の階段が続いている

　スペイン版ロミオとジュリエット「テルエルの恋人たち」の伝説で知られるこの町は、トゥリア川によって削られた台地の上にある。テルエルとはアラビア語で雄牛という意味。その昔イスラム教徒たちは、角にたいまつをくくり付けた雄牛を放って、キリスト教徒の攻撃を迎え撃ったといわれる。レコンキスタ完了後も16世紀初頭まで、テルエルにはキリスト教徒とイスラム教徒、そしてユダヤ教徒が共存し、イスラムと西欧の様式が融合したムデハル様式の建物が造られた。テルエルがムデハルの町と呼ばれるゆえんだ。

歩き方 ✢ Orientation

　駅を出たら正面の階段を上る。前方に見えるのはムデハル様式の**エル・サルバドールの塔**Torre del Salvador。その下のNueva通りを真っすぐ進むと、町の中心の**トリコ広場Pl. del Torico**に出る。広場の中央には、町の名の由来ともなった雄牛の像が立っている。

　テルエルは小さな町なので、半日もあれば歩いて回れる。ムデハル様式の傑作としては、**カテドラルCatedral**、エル・サルバドールの塔と同じ14世紀に建造された**サン・マルティンの塔Torre de San Martín**がある。

テルエル

0　　　200m

水道橋
Acueducto

サン・マルティンの塔
Torre de San Martín

県立博物館　P.375
Museo Provincial

市庁舎　Catedral
トリコ広場
Plaza del Torico

カテドラル　P.375
Catedral

バスターミナル

恋人たちの霊廟　P.375
Mausoleo Amantes

レイナ・クリスティーナ

エレベーター

エル・サルバドールの塔
Torre del Salvador　P.374

テルエル駅　Renfe

ラ・カソナ　P.375

Ronda de Andalucía

Plaza

はみだし　鉄道駅から旧市街へはムデハル様式の階段を上っていくことになるが、階段の左脇に無料のエレベーターがあるので、荷物が多い際などは利用しよう。

おもな見どころ ✢ Sightseeing

ムデハル様式の塔をもつ ★★ [map] P.374

カテドラル
Catedral
世界遺産

れんがに彩色タイルを施した塔は、テルエルに残るムデハル様式の塔のうち最古のもの。内部の格天井はムデハル工芸の傑作で、宮廷の人々や狩猟の場面が描かれている。

かつての王宮を改装した ★ [map] P.374

県立博物館
Museo Provincial

先史・イベリア・ローマ時代の発掘品など、考古学と民俗学のコレクションを所蔵。特に地下に展示されている衣類、台所用品、農機具などは、かつての暮らしがしのばれて興味深い。

サン・ペドロ教会の中にある ★★ [map] P.374

恋人たちの霊廟
Mausoleo Amantes

言い伝えによると13世紀、娘を金持ちに嫁がせたいと願う父親によって恋人イサベルとの仲を裂かれたディエゴは、富と名誉を得るため兵士となる。しかし5年後に帰郷すると、まさにその日はイサベルの結婚式であった。ディエゴは悲しみのあまり恋人の前で息を引き取り、その翌日イサベルも彼のあとを追ったという。墓のガラス越しにふたりの遺骸を見ることができる。

手をつなぐように眠る恋人たちの像

13世紀建造のカテドラル

カテドラル
[住]Pl. de la Catedral 3
☎978 618 016
[開] 毎日 11:00 ～ 14:00
16:00 ～ 19:00
(6 ～ 10 月は～20:00)
[料]€3

県立博物館
[住]Pl. Fray Anselmo Polanco 3
☎978 600 150
[開] 火～金 10:00 ～ 14:00
16:00 ～ 19:00
土・日 10:00 ～ 14:00
[休] 月
[料] 無料

恋人たちの霊廟
[住]Hartzembusch 7
☎978 618 398
[URL]www.amantesdeteruel.es
[開] 毎日 10:00 ～ 14:00
16:00 ～ 20:00
※入場は閉館 30 分前まで
[休]1/1、12/25
[料] サン・ペドロ教会と塔を含む共通券 €9

ホテル ✢ Hotel

町なかの宿は全部で10軒ほど。町から北西へ2kmほどの場所にはパラドールもある。

レイナ・クリスティーナ
Hotel Reina Cristina
★★★ [map] P.374

駅前の階段を上ってすぐ左側にある、設備の整ったホテル。レストランやカフェも完備している。

[住]Paseo del Ovalo 1 ☎978 606 860 [FAX]978 605 363
[URL]www.hotelreinacristinateruel.com [料]Ⓢ€60 ～ 125
Ⓦ€75 ～ 160 [カード][M][V] [客室数]101 [Wi-Fi]無料

ラ・カソナ
Hostal La Casona
★ [map] P.374

駅を出るとすぐ右側にあり、鉄道を利用する人に便利。部屋は簡素だが清潔。1 階はバルになっている。

[住]Camino Estación 6 ☎978 602 866 [URL]hostalcasona.com
[料]Ⓢ€24、バス共同 €21 Ⓦ€40、バス共同 €35
[カード][M][V] [客室数]20 [Wi-Fi]無料

TOPICS

イスラムの残り香、ムデハル美術

ムデハルとは、アラビア語のムダッジャン（残留者）から転化した言葉。キリスト教徒によって再征服された土地に居残ったイスラム教徒のことを指す。そのイスラムの職人によって伝えられたのがムデハル美術だ。1085 年、アルフォンソ 6 世によってトレドが奪回され、キリスト教徒の支配領域が拡大するにつれて、ムデハル美術もイベリア半島の広い地域に浸透していった。建築様式としてロマネスク・ムデハルとゴシック・ムデハルに分けられ、12 ～ 16 世紀の長い期間にわたってその例を見つけることができる。表面的な装飾を重視し、れんがを組み合わせた菱形網目と、多弁アーチや石膏、寄木、彩釉タイルの使用などに、その特徴がある。

[はみだし] 上記の「恋人たちの霊廟」があるサン・ペドロ教会 Ig. de San Pedro は、ムデハル様式とゴシック様式が融合した建物。イスラム風の装飾が美しいので、霊廟と合わせて訪れたい。

Albarracín

アラゴン地方の美しい村① アルバラシン

山あいにたたずむ中世の隠れ里

テルエルから北西へ約35km、曲がりくねった山道を行くと、断崖の上に寄り添うようにそびえる家並みが現れる。標高約1200mの山あいに位置するアルバラシンは、ローマ時代から続く古い村で、イスラム統治時代にはベルベル人の一族アル・バヌ・ラジンにより王国が築かれたこともある。家々の外壁がピンク色なのは、この土地特有の土から造られているためで、「バラ色の村」と呼ばれることも。中世の姿をそのまま残すたたずまいは、「スペインの最も美しい村」の人気投票で何度も1位に選ばれている。雰囲気のよいホテルやレストランもあるので、ぜひ1泊してゆっくりと散策を楽しみたい。

[map] P.361/C1

アクセス

🚌 テルエルから45分、月～土15:15発の1日1便。アルバラシン発は月～土8:50。日・祝は運休。

ℹ観光案内所

[住]San Antonio 2
☎978 710 262
[URL]albarracinturismo.com
[開] 毎日 10:00～14:00
16:00～20:00

アルバラシンのホテル

カサ・デ・サンティアゴ ★★

[住]Subida a las Torres 11
☎978 700 316
[URL]casadesantiago.es
[料] Ⓢ Ⓦ €69～99 [カード][M][V]
[客室数]8 [Wi-Fi]無料

古い家を改装し、客室もかわいらしい。レストランもおすすめ。

アルバラシン最古の家、カサ・デ・ラ・フリアネータ

Aínsa

アラゴン地方の美しい村② アインサ

時が止まったかのような石造りの家並み

アラゴン州ウエスカ県の県都ウエスカ Huesca（[map] P.361/B2）から車で約1時間30分、ピレネー山麓に位置する。イスラム教徒がイベリア半島を制圧したわずか13年後の724年にキリスト教徒が村を奪還し、以後、対イスラム勢力の最前線として守りを固めてきた。今も残る城壁からは、ピレネーの雄大な山並みを望むことができる。また周辺には、アインサと同様に「スペインの最も美しい村」に選ばれているアルケサル Alquézar、ロダ・デ・イサベナ Roda de Isábena の村があり、ウエスカやハカ（→ P.373）を起点にレンタカーで巡るのも楽しい。

[map] P.361/A2

アクセス

🚌サラゴサから列車でウエスカへ行き（所要約1時間、1日7便）、さらに Avanza 社のバスでバルバストロ Barbastro へ。ここからアインサ行きのバスが出ているが、1日1便程度と少ないので要確認。

ℹ観光案内所

[住]Av. Ordesa
☎974 500 767
[URL]villadeainsa.com
[開] 月～土 10:00～14:00
16:00～19:30
日 10:00～13:30

村の中心マヨール広場

[はみだし] ウエスカにある旅行会社「エン・デスティーノ」には日本人スタッフが常駐しており、チャーター車や日本語ガイドの手配をしてもらえる。[URL] endestino.jp

バスク／カンタブリア
País Vasco/Cantabria
アストゥリアス／ガリシア
Asturias/Galicia

バルセロナ★
★マドリード

世界中から巡礼者が訪れる聖地
サンティアゴ・デ・コンポステーラ

カンタブリア海に面したスペイン北部には、それぞれ特色ある地方が存在している。フランスと接するバスクには、古来からバスク人が暮らし、今も独自の文化と伝統を保っている。彼らの話すバスク語は難解で、その起源はいまだ解明されていない。その西のカンタブリアは、海と山に挟まれた自然豊かな地域。またアストゥリアスはスペイン王国発祥の地であり、イスラム教徒から国土を取り戻すレコンキスタはここから始まった。さらに西へ進むと、イベリア半島北西部のガリシアにいたる。公用語のガリシア語はポルトガル語に近く、またバグパイプなどケルトの文化も受け継いでいる。

美食の町として知られるサン・セパスティアンでは、バル巡りが楽しい

気 候

カンタブリア海に面したこの地域は、メキシコ湾流の影響を受けた海洋性気候。夏は涼しく、冬でもさほど気温が下がらないので、夏の避暑地、冬の避寒地として人気が高い。年間を通じて雨が多く、緑が豊かなため「グリーンスペイン」とも呼ばれる。

おもな祭りとイベント

サン・セバスティアンの太鼓祭り
Tamborrada de San Sebastián
サン・セバスティアン ……………… 1/20

ビトリア・ジャズフェスティバル
Festival de Jazz de Vitoria
ビトリア ……………………… 7/3 ～ 8 ※
URL www.jazzvitoria.com

シードラ祭り Festival de la Sidra Natural
ナバ（アストゥリアス）……… 7/7 ～ 10 ※

サン・セバスティアン・ジャズ・フェスティバル
Festival de Jazz de San Sebastián
サン・セバスティアン 7/21 ～ 25 ※

聖ヤコブ祭 Fiesta de Santiago Apostol
サンティアゴ・デ・コンポステーラ …7/24・25

国際セーヤ川下り
Descenso Internacional del Rio Sella
アリオンダス（アストゥリアス）…… 8/5 ※
URL www.descensodelsella.com

サンタンデール国際音楽祭
Festival Internacional de Santander
サンタンデール ……………… 8/5 ～ 31 ※
URL www.festivalsantander.com

バイキングの巡礼祭 Romeria Vikinga
カトイラ（ポンテベドラ県）………… 8/6 ※

花車パレード Batalla de Flores
ラレド（カンタブリア）…………… 8/25 ※
URL www.laredo.es

サン・セバスティアン国際映画祭
Festival Internacional de Cine
サン・セバスティアン …… 9/22 ～ 30 ※

※を付した日程は毎年変わります。上記で年度の記載のないものは 2023 年の日程です。変更されることもあるので、事前にご確認ください。

周遊のヒント

　スペイン北部を横断するサンティアゴ巡礼の道（→ P.408）には、プエンテ・ラ・レイナからブルゴス、レオンを経る一般的な経路のほか、カンタブリア海沿岸を進む「海のルート」があり、これに沿って旅するのもおもしろい。カンタブリア海沿岸にはスペイン鉄道のほか私鉄も通っているが、時間がかかるのでバスを利用したほうが便利。

料理と名産品

　バスクのバカラオ・アル・ピル・ピル（タラをオリーブオイルのソースで煮込んだ料理）、チピロネス・エン・ス・ティンタ（イカの墨煮）、ガリシアのプルポ・ガリェーゴ（ガリシア風ゆでタコ）など、カンタブリア海に面しているだけに新鮮な魚介類が豊富。バスクの微発泡性ワイン、チャコリやアストゥリアスのシードラ（リンゴ酒）、杯で飲むガリシアのリベイロとの相性も抜群だ。
　バスクのおみやげとして人気なのは、バスク十字「ラウブル」が描かれた雑貨や、バスクを象徴する7本のラインが入った布など。またサルガデロスは、200年の歴史をもつガリシア生まれの陶磁器。白地に藍色のモダンなデザインが特徴だ。

パスク地方のつまみピンチョスにはシードラがよく合う

パスク布のランチョンマットと、ラウブルが描かれたタオル

ガリシア地方の名物料理、プルポ・ガリェーゴ

巡礼者をかたどったサルガデロスの磁器人形

カンタブリア海
Mar Cantábrico

2　**3**

コスタ・ベルデ Costa Verde
ル・ビーチ P.413 as Catedrais
ヒホン Gijón
プラビア Pravia
オビエド P.400 Oviedo
アストゥリアス Asturias
ビリャフランカ・デル・ビエルソ Villafranca del Bierzo
ポンフェラーダ Ponferrada
アストルガ Astorga
レオン León
ベナベンテ Benavente
リバデセーリャ Ribadesella
リャネス Llanes
サン・ビセンテ・デ・ラ・バルケラ San Vicente de la Barquera
コミーリャス Comillas P.399
アルタミラ洞窟 P.399 Cuevas de Altamira
サンティリャーナ・デル・マル P.398 Santillana del Mar
レイノサ Reinosa
サアグン Sahagún
ブルゴス Burgos
パレンシア Palencia
サンタンデール P.396 Santander
サントーニャ Santoña
ビスカヤ Vizcaya
ビルバオ Bilbao P.388
カンタブリア Cantábria
サン・フアン・デ・ガステルガツェ San Juan de Gastelugatxe P.393
ゲルニカ Gernika
ゲタリア Getaria P.392
ギプスコア Guipúzcoa
バイヨンヌ Bayonne
オンダリビア P.386 Hondarribia
サン・セバスティアン San Sebastián P.380
トロサ Tolosa
イルルン Irurzun
パンプローナ Pamplona
パイス・バスコ País Vasco
アラバ Álava
ビトリア Vitoria P.394
アルツァス Altsasu
エステーリャ Estella
ログローニョ Logroño
サント・ドミンゴ・デ・ラ・カルサダ Santo Domingo de la Calzada
カラオーラ Calahorra
トゥデーラ Tudela

交通図

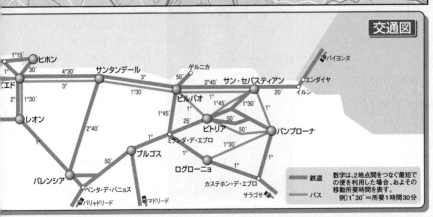

ヒホン
1°15′
1°30′
4°30′ サンタンデール 3°
エド
2° 1°30′
レオン
2°40′
50′ ブルゴス
1°30′ ゲルニカ
50′ サン・セバスティアン
2°40′
3° 1°30′
ビルバオ
1° 1°45′
1°45′ 25′
1° ビトリア
1°30′
ミランダ・デ・エブロ
1° 50′ ログローニョ
1°30′
1° 1°
パレンシア
ベンタ・デ・バニョス
バリャドリード
マドリード
バイヨンヌ
エンダイヤ
イルン
20′
1°30′
パンプローナ
1°
カステホン・デ・エブロ
サラゴサ

鉄道
バス

数字は、2地点間をつなぐ「最短での便を利用した場合、およその移動所要時間を表す。
例）1°30′＝所要1時間30分

ビスケー湾に面した避暑地

サン・セバスティアン ✣ San Sebastián

map P.379/A3

標高	5m
人口	約18万7800人

アクセス

🚄 マドリード・チャマルティン駅から約4時間50分～6時間20分、1日3～4便。バルセロナ・サンツ駅から約5時間45分～11時間30分、1日2～3便。

🚌 マドリードのアベニーダ・デ・アメリカ・バスターミナルからAlsa社のバスで約5時間30分～6時間30分、1日8便。バルセロナから約10時間、1日2便。ビルバオから1時間15分、30分おき。

✈ マドリードから約1時間、1日3便。バルセロナから1時間15分、1日2便。

❶観光案内所

●旧市街
map P.381/B2
🏠Alameda del Boulevard 8
☎943 481 166
URL www.sansebastianturismo.com
🕐6/19～9/30
　　月～土　　9:00～20:00
　　日・祝　　10:00～19:00
　　10/1～6/18
　　月～土　　10:00～18:00
　　日・祝　　10:00～14:00

※サン・セバスティアンはバスク語でドノスティア Donostiaと呼ばれる。

空港とのアクセス

オンダリビアの近くにあるサン・セバスティアン空港からは、オンダリビアとサン・セバスティアンのギプスコア広場を結ぶE20（30分おき）かE21（1時間おき）のバスで約30分、€1.85。またビルバオ空港からはPesa社（URL www.pesa.net）がサン・セバスティアンのバスターミナルまで直通バスを運行。7:45～24:00の毎時1便、所要1時間20分。

「貝殻」という意味をもつコンチャ海岸

フランス国境に近いサン・セバスティアンは、「ビスケー湾の真珠」と呼ばれる美しい町。中世にはサンティアゴ巡礼の中継地として、また16世紀以降は海洋貿易で栄えたが、スペイン独立戦争中の1813年ナポレオン軍と英国軍の攻防戦によって町の大半は炎に包まれた。その後再建され、19世紀にハプスブルク家の王妃マリア・クリスティーナが保養地として以来、高級避暑地としてその名を知られるようになった。

歩き方 ✣ Orientation

サン・セバスティアンは、扇状に広がる**コンチャ海岸Playa de la Concha**、その両端にそびえるふたつの丘**モンテ・ウルグルMonte Urgull**と**モンテ・イゲルドMonte Igueldo**、それに南北に流れるウルメア川の位置を頭に入れておけば地理がわかりやすい。Renfeのサン・セバスティアン駅はウルメア川の東岸に位置し、駅のすぐ横の地下には2016年に完成したバスターミナルがある。駅から町の中心へは歩いても行けるが、市バス45番がAv. de la Libertadとコンチャ湾を通ってアンティグオ地区の先まで行く。また、ビルバオやフランスのエンダイヤからバスク鉄道Eusko Trenで来ると、アマラ・ビエホAmara Viejo駅が終点。ここから町の中心にある**アラメダ・デル・ブールバードAlameda del Boulevard**へは徒歩15分ほど。この通りの北側が旧市街で、食べ歩きが楽しいバル街になっている。

バル巡りが楽しい旧市街

バスク

サン・セバスティアン

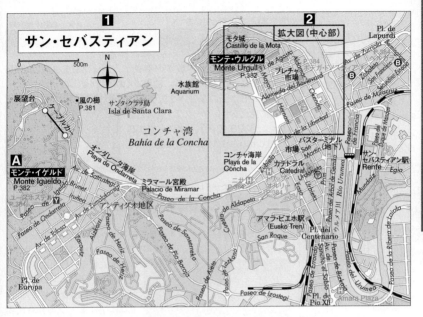

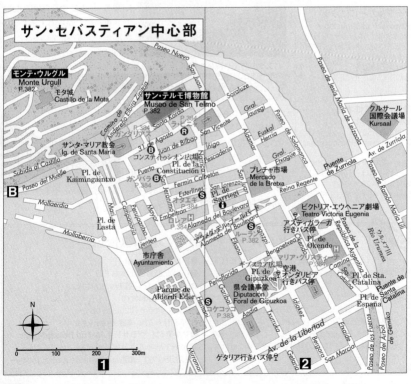

コンチャ湾の西側の岩場に、**風の櫛 Peine del Viento** と呼ばれる鉄のオブジェがある。これはサン・セバスティアン出身の彫刻家、エドゥアルド・チジーダ（1924～2002年）の作品。 map P.381/A1

移動に便利なmugiカード

市バスのほか、オンダリビアや空港へ行く近郊バス、バスク鉄道に使えるプリペイドカード。最初にカード代€5が必要だが、これで支払うと通常料金の約32％割引で乗車できる。市バスは1枚のカードで同時に9名まで使用可（近郊バスとバスク鉄道は1名に1枚必要）。カードの購入とチャージは、たばこ屋やキオスクで。
URL www.mugi.eus

モンテ・ウルグル
🕐見学自由

モンテ・イゲルドの頂上には展望台と遊園地がある

モンテ・イゲルド
🕐見学自由

ケーブルカー（フニクラ）
URL www.monteigueldo.es
☎10:00または11:00から日没頃まで15分おきに運行。季節によって異なるので、ホームページで確認を
🎫片道€2.80、往復€4.25

サン・テルモ博物館
📍Pl. Zuloaga 1
☎943 481 561
URL www.santelmomuseoa.eus
🕐火～日　　　10:00～20:00
　　（11～3月は～19:00）
🚫月、1/1・20、12/25
🎫€6、学割・65歳以上€3

丘全体が公園になっている
モンテ・ウルグル
Monte Urgull
★★　**map** P.381/A2

　町の北東にある丘。数本の歩道が、頂に建つ**モタ城Castillo de la Mota**まで延びている。漁港近くの歩道を行くのが最もわかりやすい。旧市街の家並みを振り返り、西側に見えるサンタ・クララ島に目をはせながら20～30分。城の上では高さ約10mのキリスト像が町を見下ろしている。

城の上にそびえるキリスト像

コンチャ湾の眺めがすばらしい
モンテ・イゲルド
Monte Igueldo
★★　**map** P.381/A1

　コンチャ湾の西端に位置する標高約180mの丘。展望台から見るコンチャ湾と、丘陵にまで広がる町並みが美しい。特に海の青が際立つ夏にはその色の深さに目を見張る。海岸沿いに歩いても行けるが、バスならギプスコア広場に面したバス停から16番に乗り「フニクラFunicular」で下車、ここから頂上までケーブルカーが運行している。

コンチャ湾から見たモンテ・イゲルド

バスクの芸術や民俗を展示
サン・テルモ博物館
Museo de San Termo
★　**map** P.381/B1

　16世紀に修道院として創設された建物を、博物館として改装。ルネッサンス様式のアーチ天井が美しい回廊、ホセ・マリア・セルトの壁画で飾られた礼拝堂のほか、モダンな館内ではバスクの歴史や民俗を紹介する展示品や絵画が鑑賞できる。

戦禍を免れた古い建物

TOPICS

サン・セバスティアンの3つ星レストラン

　スペインとフランス両国に文化圏がまたがるバスク地方は、スペインの中でもグルメな土地として知られる。海に面しているので魚介類が豊富で、新鮮な食材で料理が作られる。

　また、2023年にスペインでミシュランの3つ星を獲得した13軒のレストランのうち、3軒がサン・セバスティアンとその近郊にある。もし時間と予算に余裕があれば、バスクが世界に誇る美食をぜひ味わってみたい。

●アルサック Arzak
📍Av. Alcalde Elósegui 273
☎943 278 465　**URL** www.arzak.es

●アケラレ Akelarre
📍Paseo Padre Orcolaga 56
☎943 311 209　**URL** akelarre.net

●マルティン・ベラサテギ Martín Berasategui
📍Loidi Kalea 4, 20160 Lasarte-Oria
☎943 366 471　**URL** www.martinberasategui.com

はみだし 「ルーラン Lur-Lan」はバスク地方で作られた食品を扱うグルメショップ。**map** P.381/B2　📍Boulevard 7　※2024年5月現在、閉店。

近郊の見どころ ✛ Excursion

魚を焼く煙が漂う漁師町　　　　　　　　★　map P.379/A3

ゲタリア
Getaria

　サン・セバスティアンから西へ約20km、カンタブリア海に面した港町。16世紀にマゼラン船団を指揮し、人類初の世界一周航海を成し遂げたエルカノの生まれ故郷としても知られる。

　ゲタリアを訪れる旅行者の最大の目的は、新鮮な海の幸を食べること。漁港の近くにはレストランが数軒あり、魚を炭火でグリルしてくれる。おなかがいっぱいになったら、風情ある旧市街を散策してみよう。港へと通じるメインストリートにはみやげ物屋があり、特産のアンチョビも売られている。またゲタリアは微発泡性の白ワイン、チャコリTxakoliの産地としても有名。レストランやバルでぜひ味わってみたい。

かつては捕鯨基地としてにぎわった港町

ゲタリアへの行き方

🚌 サン・セバスティアンのAv. de la Libertad（map P.381/B2）にあるバス停からLurralde bus（URL www.lurraldebus.eus）のスマイア Zumaia 行きで35～50分、15～30分おきの運行。

メインストリートにはみやげ物屋やバルが並ぶ

ゲタリアのレストラン

エルカノ
Elkano

🏠 Herrerieta Kalea 2
☎ 943 140 024
URL www.restauranteelkano.com
🕐 13:00～15:15
　20:30～22:00
🚫 火～木の夜、月・日
ミシュランの1つ星を獲得している、ゲタリアを代表するレストラン。要予約。

TOPICS

本場のシードラを味わう

　リンゴから造られるシードラ Sidra は、チャコリと並んでバスクではよく飲まれるお酒のひとつ。サン・セバスティアンの郊外にあるアスティガラーガ Astigarraga は、バスク語を話す人々が住み、20以上の醸造所とシードラ博物館がある村。9月下旬には収穫祭も行われる。村の見どころである博物館はシードラの製造工程が解説展示され、試飲も可能だ。

●シードラ博物館
Sagardoetxea

🏠 Nagusia 48　☎ 943 550 575
URL www.sagardoetxea.com
🕐 火～土 11:00 ～ 13:30、16:00 ～ 19:30
　日・祝 11:00 ～ 13:30
🚫 月（7・8月を除く）、1/1・6、12/24・25・31
🎫 €5、学割 €3
🚌 サン・セバスティアンの Okendo 通り（map P.381/B2）からバスで30分弱、タクシーで約15分
※もっとシードラを味わいたければ、現地ツアーに参加してみよう。博物館の見学に加えて醸造所でのシードラが飲み放題で、食事が付いて €40 ～。開館日の12:00と19:00（日・祝は12:00のみ）催行しており、所要約3時間。サン・セバスティアンの🛈でも申し込めるが、現地までの交通は自力となる。

左／新酒の時期にぜひ訪れてみたい
右／高く掲げた瓶からシードラを注ぐ

レストラン＆ホテル ✣ Restaurant & Hotel

ホテルは7〜9月は予約すべき。5・8・9月のイベント期には宿泊料が値上がりするところもある。

🍴 ラ・ビニャ
La Viña

[map] P.381/B1

手前は気軽にピンチョスやタパスがつまめるバル、奥がレストランになっている。ボリューム満点のチュレータ・デ・ブエイ（Tボーンステーキ）や、これお目当てで訪れる人も多いチーズケーキ €5 が名物。

[住]31 de Agosto 3　☎943 427 495
[営]11:00 〜 16:00、19:00 〜 23:00　[休] 月　[カード][M][V]

🍴 ガンバラ
Ganbara

[map] P.381/B1

サン・セバスティアンを代表する人気バルのひとつ。チャングロと呼ばれる毛ガニのタルトや、鉄板で焼いたキノコの盛り合わせがおすすめ。

[住]San Jerónimo 21　☎943 422 575
[営]12:30 〜 15:30、19:00 〜 23:00
[休] 日の午後、月　[カード] 不可

🍴 ガンダリアス
Gandarias

[map] P.381/B1

いつも混雑している人気の高いバル。マッシュルームのピンチョが名物で、カウンターにずらりと並ぶピンチョスのほか、ウニのグラタンやリゾットなど温かいピンチョスも注文できる。

[住]31 de Agosto 23　☎943 426 362
[営]11:00 〜 24:00
[休]1/1、12/25　[カード][M][V]

🍴 ベルガラ
Bergara

[map] P.381/A2

ウルメア川の東側、グロス地区にある 1950 年創業の老舗。創作ピンチョスを初めて作ったバルとして知られ、今も根強い人気を誇る。日本語のメニューもあり、安心して利用できる。

[住]General Artetxe 8　☎ 943 275 026
[営]10:00 〜 16:00、19:00 〜 23:00（バルは 6:30 〜 23:00）
[休] 6・10 月に 2 週間　[カード][M][V]

🍴 ボデガ・ドノスティアラ
Bodega Donostiarra

[map] P.381/A2

1928 年創業の老舗バル。伝統的なスタイルで、地元の人に大人気。テーブル席でゆっくり食事ができるのもうれしい。トルティーリャは注文を受けてから作るのでアツアツが食べられる。

[住]Pena y Goni 13　☎943 011 380
[営] 月〜土 9:00〜24:00
[休] 日・祝　[カード][A][J][M][V]

🔑 マリア・クリスティーナ
Hotel Maria Cristina

★★★★★　[map] P.381/B2

王妃マリア・クリスティーナの命で 1912 年に開業した、町一番の由緒あるホテル。ウルメア川側の部屋は、庭側より 2 割ほど料金が高くなる。

[住]Paseo de la República Argentina 4　☎943 437 600
[FAX]943 437 676　[URL]www.marriott.com
[料]ⓈⓌ€247 〜 703　[カード][A][D][J][M][V]　[客室数]136　[Wi-Fi]無料

🔑 トリップ・オルリー
Hotel Tryp Orly

★★★★　[map] P.381/A2

コンチャ海岸近くにある中規模な高級ホテル。海側に面した部屋は景色がすばらしい。飲食店が集まる中心部へは徒歩 10 分ほどで行ける。

[住] Pl. de Zaragoza 4　☎943 463 200　[FAX]943 456 101
[URL]www.melia.com　[料]ⓈⓌ€88 〜 203
[カード][A][D][J][M][V]　[客室数]64　[Wi-Fi]無料

🔑 ニサ
Hotel Niza

★★★　[map] P.381/A2

コンチャ海岸を望む白亜のホテル。海側の部屋からの眺めはすばらしく、ロケーションでは最高の場所にある。ただしシングルは内側の部屋のみ。ビーチへ歩いてすぐ行ける。

[住]Zubieta 56　☎943 426 663　[FAX]943 441 251
[URL]www.hotelniza.com　[料]Ⓢ€66 〜 229　Ⓦ€77 〜 263
[カード][A][D][M][V]　[客室数]40　[Wi-Fi]無料

🔑 ロレア
Pensión Lorea

★★　[map] P.381/B1

メイン通りのアラメダ・デル・ブールバードに面した建物の 2 階にあるペンシオン。クラシックな内装も趣がある。全室バスルームとセーフティボックス付き。旧市街のバル巡りにも便利な立地だ。

[住]Boulevard 16-1°　☎943 427 258
[URL]www.pensionlorea.com　[料]ⓈⓌ€80 〜 145
[カード][M][V]　[客室数]7　[Wi-Fi]無料

🔑 ユースホステル
Albergue Juvenil Ondarreta

[map] P.381/A1

鉄道駅またはバスターミナル近くからバス 45 番に乗り Antig Anbul で下車、徒歩約 6 分。受付は 8:00 〜 21:30（土・日曜は 8:00 〜 12:00、16:00 〜 20:30）オープン。

[住]Paseo de Igueldo 25　☎943 310 268
[URL]www.reaj.com　[料]Ⓓ€18 〜 35
[カード][M][V]　[ベッド数] 100　[Wi-Fi]無料

[はみだし] 1886 年創業の菓子店「**オタエギ Otaegui**」では、バスク生まれのお菓子ガトーバスクやマカロンが買える。
[map] P.381/B1　[住] Narrika 15　☎ 943 425 606　[営] 9:30 〜 20:30　[休] 月

足を延ばして
フレンチバスク への旅

リゾート客でにぎわう海辺の町
サン・ジャン・ド・リュズ
Saint-Jean-de-Luz

マカロンで
有名な老舗菓子店「メゾン・アダン」

バスク伝統のかわいらしい家が並ぶ

レストランでバスク料理を
味わってみたい

ルイ14世が結婚式を挙げた
サン・ジャン・バティスト教会

スペイン国境からわずか10km。普段は素朴な港町だが、夏はヨーロッパ各地から訪れるバカンス客で華やぐ。太陽王ルイ14世とスペイン王女マリー・テレーズが結婚式を挙げた教会があることで知られ、当時ふたりが滞在したルイ14世の館と王女の館が今も残る。メインストリートのガンベッタ通りRue Gambettaには、バスク発祥といわれるエスパドリーユやバスクリネンの店、マカロンやガトーバスクを売る菓子店が並び、ショッピングが楽しい。

アクセス
Pesa社（URL www.pesa.net）の直通バスでサン・セバスティアンから50分、ビルバオから約2時間、1日1往復。またはサン・セバスティアンからバスク鉄道でエンダイヤHendaia駅まで約35分、すぐ隣にあるHendaye駅でフランス国鉄に乗り換え約10分。また5～10月のみバス816番（URL www.transports64.fr）が運行している。

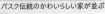

バスクを象徴する聖なる山
ラ・リューヌ山 *La Rhune*

ピレネーの広大な
風景が広がる

サン・ジャン・ド・リュズ駅前のバス停からサールSare行きのバスで約20分、Col de St-Ignaceで下車し、プチトラン・ド・ラ・リューヌという登山列車に乗り換える。山頂はスペイン領だ。

バスク文化の中心都市
バイヨンヌ *Bayonne*

古代ローマ時代から続く古都。フランスに初めてチョコレートが伝わった町として知られ、旧市街のポール・ヌフ通りには何軒ものショコラティエが並ぶ。また名産の生ハムも味わってみたい。

ニーヴ川沿いに広がる旧市街

大西洋岸最大のリゾート地
ビアリッツ *Biarritz*

高級リゾート地として
知られる

19世紀にナポレオン3世妃ウージェニーが夏を過ごして以来、王侯貴族の保養地として有名になった。海岸沿いには王妃の別荘を改装した豪華ホテル「オテル・デュ・パレ」やカジノが建ち、夏は海水浴客でにぎわう。

バスク

サン・セバスティアン／フレンチバスク

フランスと国境を接する漁師町

オンダリビア ✢ Hondarribia

map P.379/A3

標高	24m
人口	約1万6900人

アクセス

🚌 サン・セバスティアンの Pl. de Gipuzkoaにあるバス停 (map P.381/B2) からオンダリビア行きで30〜40分、20分間隔で運行。

❶観光案内所

map P.386
🏠 Arma Plaza 9 ☎943 643 677
URL www.hondarribiaturismo.com
📅 4〜10月
　月〜土　10:00〜19:00
　(7/1〜9/17は9:30〜19:30)
　日　　　10:00〜14:00
　11〜3月
　月〜土　10:00〜18:00
　日　　　10:00〜14:00
🚫 1/1、12/24・25・31

ボートに乗ってフランスへ

マリーナ地区の港からエンダイヤ行きのボートが出ている。夏期は10:00〜24:00の15分おき、冬期は10:15〜18:00の30分おきに運航、片道€2。

バスク地方の伝統的な家並みが残るギプスコア広場

サン・セバスティアンから東へ約20km、ビダソア川の河口に位置するオンダリビアは、対岸にフランスのエンダイヤHendaia（フランス語でアンダイエHendaye）を望む国境の町。バスク地方でよく見られる赤や緑色の窓枠が付いたカラフルな家々が並び、夏はフランスからのバカンス客でにぎわう。

歩き方 ✢ Orientation

サン・セバスティアンからのバスは、町の入口にあるサン・クリストバル広場San Kristobal Plazaに到着する。ここから南へ坂を上った所が、小高い丘の上に広がる旧市街。**アルマ広場Arma Plaza**の周りには古い家々が並び、❶の向かいには現在はパラドールとして使われている**カルロス5世城Castillo de Carlos V**が建っている。

またサン・クリストバル広場から北へ進むと、港がある新市街の**マリーナ地区Barrio de la Marina**へといたる。バスク地方の伝統的な家屋が並ぶサン・ペドロSan Pedro通りは、にぎやかなレストラン街になっている。

オンダリビア

エンダイヤ（フランス）へ↗
ボート乗り場
グラン・ソル ℝ
ラ・エルマンダ・テベスカドーレス ℝ
San Zuloaga
マリーナ地区
Barrio de la Marina
Santiago
ビダソア川
Río Bidasoa
サン・クリストバル広場
San Kristobal Plaza
Axular
Javier Ugarte
Harresilanda
Arma Goni
ギプスコア広場
Gipuzkoa Plaza
San Isaborda
カルロス5世城
Castillo de Carlos V
城壁
San Nikolas
パラドール・デ・オンダリビア Ⓗ ❶
アルマ広場
Arma Plaza
サンタ・マリア教会
Ig. de Santa María
Arana Goni
市庁舎
N
0 100 200m
サン・セバスティアンへ↘

対岸にはエンダイヤの町並みが見える

おもな見どころ ✣ Sightseeing

現在はパラドールになっている ★ [map] P.386

カルロス5世城

Castillo de Carlos V

アルマ広場の東側に建つ

ナバーラ王国の防衛上において重要な位置を占めていた要塞。伝説によると10世紀にナバーラ王サンチョ・アバルカが建てたといわれ、16世紀にカルロス5世によって修復された。

バロック様式の塔をもつ ★ [map] P.386

サンタ・マリア教会

Ig. de Santa María

15世紀に建てられたゴシック様式の教会。1660年6月3日、フェリペ4世の娘マリア・テレサ（マリー・テレーズ）はフランス国王ルイ14世とこの教会で結婚式を挙げた。

カラフルな窓枠の家々が並ぶサン・ペドロ通り

カルロス5世城

[住]Pl. de Armas 14

サンタ・マリア教会

[住]Nagusi 1

[開] ミサの時間のみ

レストラン&ホテル ✣ Restaurant & Hotel

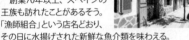

レストランはサン・ペドロ通り周辺に多い。ホテルは夏は混むので早めに予約を。

🍴ラ・エルマンダ・デ・ペスカドーレス

La Hermandad de Pescadores

[map] P.386

創業70年以上、スペインの王族も訪れたことがあるそう。「漁師組合」という店名どおり、その日に水揚げされた新鮮な魚介類を味わえる。

[住]Zuloaga 12　☎943 642 738

[営] 13:00 ～ 15:30、20:00 ～ 23:00

[休] 日の夜、月（そのほか不定期で休みあり）　[カード][M][V]

🔑パラドール・デ・オンダリビア

Parador de Hondarribia

★★★★　[map] P.386

旧市街の中心に建つ城塞を改装。テラスからはビダソア川と対岸のエンダイヤが一望できる。カフェは宿泊客でなくても利用可。（→ P.45）

[住]Pl. de Armas 14　☎943 645 500　[FAX] 943 642 153

[URL] www.parador.es　[料][S][W]€120 ～ 318

[カード][A][D][J][M][V]　[客室数] 36　[Wi-Fi]無料

TOPICS 独自の文化をもつバスク地方

バスクとは、ピレネー山脈を挟んでスペイン北東部とフランス南西部にまたがる一帯のこと。現在、ここに暮らすバスク人はおよそ270万人。

その歴史はたいへん古く、ローマ人によるイベリア半島植民のかなり前から現在の地に住んでいたといわれるが、正確な年代や起源はいまだ解明されていない。民族学・言語学的にも謎が多く、外見上は日本人の目から見れば白人の容貌をもっているが、ほかのヨーロッパ人と比較してみると血液型で極端にO型の割合が多くB型が少ない。しかも全人類の85％がRhプラスの血液型なのに対して、バスク人の85％はRhマイナスといわれる。

ベレー帽はバスク地方が発祥といわれる

バスク人の言葉で「Euskara」と呼ばれるバスク語は、現在バスク地方の公用語となっている。文化や風習なども一風変わっていて、石を持ち上げたり木を切り倒したりする競技は、日本でもテレビなどでしばしば紹介されるほど。また独特のスポーツとして有名なペロタ（ハイアライ）は、テニスの元祖といわれている。

バスク十字とも呼ばれる、バスクの伝統的文様「ラウブル」

はみだし 「グラン・ソル Gran Sol」は手頃なランチが人気で、すぐ隣にはピンチョスがおいしいバルも併設。
[map] P.386　[住] San Pedro 65　☎ 943 624 701　[営] 12:30 ～ 15:30、19:30 ～ 22:00　[休] 月

バスク地方の産業と文化の中心地
世界遺産

ビルバオ

✦ Bilbao

map P.379/A3

| 標高 | 19m |
| 人口 | 約34万4100人 |

アクセス

🚄 マドリード・チャマルティン駅から約4時間40分、1日1～2便。バルセロナ・サンツ駅から約6時間50分、1日1便。

🚌 マドリードのアベニーダ・デ・アメリカ・バスターミナルからAlsa社のバスで約4～5時間、毎時1～2便。バルセロナの北バスターミナルから約8時間、1日3便。サン・セバスティアンから1時間15分、30分おき。

✈ マドリードから約1時間、1日4～6便。バルセロナから1時間15分、1日3～6便。

🛈 観光案内所

● 鉄道駅前
map P.389/A2
🏠 Pl. Circular 1
☎ 944 795 760
URL www.bilbaoturismo.net
🕐 毎日 9:00 ～ 19:30
（9/18 ～ 3/31 は～ 17:30）

● グッゲンハイム美術館前
map P.389/A1
🏠 Alameda Mazarredo 66
☎ 944 795 760
🕐 月～土 10:00 ～ 19:00
　日・祝 10:00 ～ 15:00
（9/18 ～ 3/31 は毎日 11:00 ～）

世界遺産

ビスカヤ橋
（2006年登録）

ビルバオ空港とのアクセス

空港からは6:00～24:00にA3247のバスが15～30分間隔で運行、料金€3。モュア広場などを経由し、終点のバスターミナルまで所要約30分。空港行きは5:20～22:00。タクシーは€20～25程度。

ビルバオの市内交通

地下鉄は2路線あり、ゾーンによって料金が異なる。市内中心部ならゾーン1となり€1.70。路面電車は均一料金で€1.50。また、地下鉄、市バス、路面電車、フニクラ、ゴンドラに使えるプリペイドカード（→はみだし情報）もある。

グッゲンハイム美術館が立つビルバオ川沿いの遊歩道

　ビスケー湾に向かって開けた、スペイン北部屈指の港湾都市ビルバオ。かつては鉄鋼・造船の町として栄えたが、20世紀末には重工業の衰退とともに深刻な不況に陥っていた。その打開策として打ち出されたのが、アートによる都市再生プロジェクトだった。イギリス人建築家、ノーマン・フォスターがデザインした地下鉄の開通を皮切りに、1997年には造船所跡地にグッゲンハイム美術館が完成。またビルバオ川に架かるスビスリ橋やビルバオ空港は、スペイン人建築家サンティアゴ・カラトラバによるものだ。

歩き方 ✦ Orientation

　Renfeの列車はビルバオ川の西岸にある**アバンドAbando**駅に、また隣接する**ビルバオ・コンコルディアBilbao Concordia駅**にはサンタンデール方面からの狭軌鉄道Feveが発着する。ここから橋を渡った所が、**カスコ・ビエッホCasco Viejo**と呼ばれる旧市街だ。ビルバオ川の東側には私鉄のバスク鉄道Eusko Trenが通っており、ゲルニカ方面行きとサン・セバスティアン行きは北側の**マティコMatiko駅**が始発駅となっている。Intermodalと呼ばれるバスターミナルは町の西側にあり、地下1階は地下鉄とRenfe近郊線のSan Mamés駅とつながっている。また路面電車Tranvíaが、バスターミナル、**グッゲンハイム美術館Museo Guggenheim**、アバンド駅、旧市街、アチューリ駅を結んでいる。

　木造のバルコニーの付いた建物が並ぶ旧市街は、商店やバルが点在し、散歩が楽しい。一方、新市街は**モュア広場Pl. Moyúa**を中心として、放射状の街路を基に整然と区画されている。

バルが並ぶ旧市街のヌエバ広場

はみだし ビルバオの🛈では、地下鉄、市バス、路面電車、フニクラ（ケーブルカー）、ゴンドラが乗り放題のBBCARDというプリペイドカードを販売している。1日券€10、2日券€15、3日券€20。

おもな見どころ ✦ Sightseeing

モダンアートの殿堂 ★★★ map P.389/A2

グッゲンハイム美術館
Museo Guggenheim

ニューヨークに本部をおくグッゲンハイム美術館の分館として1997年に開館。かつて造船所のあった川岸にそびえる前衛的な建物は、アメリカの建築家フランク・O・ゲーリーによるもの。光を反射して刻々と変化する外観は、それ自体が芸術作品といえる。

美術館前にはアメリカ人アーティスト、ジェフ・クーンズの作品「パピー（子犬）」が置かれている

3つのフロアをもつ館内では、常設展のほか、ほぼ半年ごとに企画展が開催され、ワークショップも行われるなど、モダンアートの発信地となっている。本格的なレストラン「**ビストロ・グッゲンハイム**」、カフェやミュージアムショップも併設しているので、じっくりと美術鑑賞を楽しみたい。

美術館裏の遊歩道にあるクモのオブジェ『ママン』はパリ出身の彫刻家ルイーズ・ブルジョワの作品

ビルバオのバスターミナル
☎ 944 395 077
URL www.bilbaointermodal.eus

グッゲンハイム美術館
🏠 Abandoibarra 2
☎ 944 359 080
URL www.guggenheim-bilbao.eus
🕐 火〜日　10:00〜19:00
（6/19〜9/17 は毎日10:00〜20:00）
※入場は閉館30分前まで
🚫 月（夏期を除く）、1/1、12/25
💰 €10〜16、26歳以下・65歳以上 €5〜8

R ビストロ・グッゲンハイム
☎ 944 239 333
URL www.bistroguggenheim
bilbao.com
🕐 13:00〜15:30
　　20:00〜22:30
🚫 日〜木の夜、月
　（7・8月は無休）
ミシュランの3つ星シェフ、マルティン・ベラサテギがプロデュースする人気レストラン。予算€28〜。

自然光が差し込む明るい店内

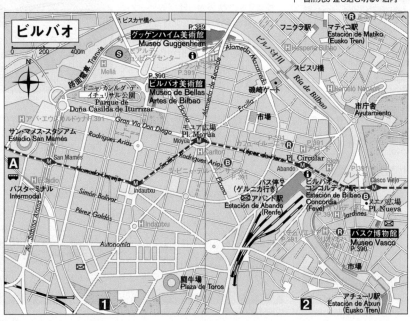

はみだし　グッゲンハイム美術館の裏側にある池では、毎時0分から約5分間『霧の彫刻』を見ることができる。日本の芸術家・中谷芙二子さんの作品で、人工の霧が風に漂う光景が幻想的。

389

ビルバオ美術館

Pl. del Museo 2
944 396 060
URL www.museobilbao.com
開 水〜土・月 10:00 〜 20:00
　　 日 　　 10:00 〜 15:00
休 火、1/1・6、12/25
料 €7、25歳以下無料

バスク博物館

Pl. Miguel de Unamuno 4
944 155 423
URL www.euskalmuseoa.eus
開 月・水〜金 10:00 〜 19:00
　　 土 　　　 10:00 〜 13:30
　　　　　　 16:00 〜 19:00
　　 日 　　　 10:00 〜 14:00
休 火・祝
料 €3、学割 €1.50、木は無料

ビスカヤ橋

944 801 012
URL puente-colgante.com
開 ゴンドラは24時間営業。
橋桁に上るエレベーターは
毎日 10:00 〜 14:00、16:00
〜 20:00（11 〜3月はゲチョ
側のエレベーターのみ 10:00
〜 19:00）
料 橋桁 €9、ゴンドラ €0.45
交 ビルバオ市内から地下鉄1
号線で所要約20分、Areeta 駅
下車。またはバスターミナ
ルの近くにあるサン・マメス
駅やアバンド駅からRenfe近
郊線C-1 で所要13 〜18 分、
Portugalete 駅下車。

投稿 ビルバオからビスカヤ
橋へ行くには、グッゲンハイ
ム美術館の南側向かいにある
バス停から A3411 番に乗る
と、橋の目の前で停まるので
わかりやすい。1時間に1便、
所要約30分。（愛知県
Miyo）['23]

ゴンドラはほぼ10分間隔で運行

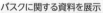

幅広いコレクションを展示　　　　　　　★　**map** P.389/A1

ビルバオ美術館
Museo de Bellas Artes de Bilbao

　旧館と新館があり、旧館にはロマネスクの壁画、エル・グレコ、スルバラン、リベーラ、モラレスなど12〜17世紀のスペイン派の絵画などが、また新館にはスペイン現代美術のコレクションが展示されており、見応えがある。

モダンな新館の建物

バスクに関する資料を展示　　　　　　　★　**map** P.389/A2

バスク博物館
Museo Vasco

　狩猟生活時代の穴居住宅から近年の家屋や漁船までを、ジオラマや家具調度、衣服などで解説している。4階はフロアがまるごとビスカヤ地方の立体地形図で占められ、バスクの複雑な地形や村落の分布がひとめでわかる。

かつての神学校を改装

世界最古の運搬橋　　　　　　　★★★　**map** P.389/A1 外

ビスカヤ橋
Puente de Vizcaya
世界遺産

　ビルバオ郊外にあるポルトゥガレテとゲチョの町を結ぶ、全長約160mの鉄橋。エッフェルの弟子として知られるビルバオ出身のエンジニア、アルベルト・デ・パラシオの設計により、世界初の運搬橋として1893年に開通。当時としては画期的な軽量鉄ケーブルを使った構造は、世界各地に造られた運搬橋のモデルとなった。

　橋は2本の鉄塔から延びるケーブルで支えられ、船の通行を妨げないよう、橋桁は水面から約45mの高さに設置されている。そして橋桁から鉄のワイヤーでつり下げられたゴンドラが、人や車を載せて移動する仕組み。今も人々の生活の足として活躍している。

橋桁の上を歩いて渡ることもできる

ビルバオ川河口にあるふたつの町をつなぐ

はみだし ビスカヤ橋の 400m ほど上流を、小さな渡し船が約 10 分ごとに運航している。料金は €0.40。片道だけ利用して、川の上からビスカヤ橋の写真を撮影するのもおすすめ。

レストラン&ホテル ✣ Restaurant & Hotel

レストランやホテルは町なかに点在する。また旧市街のヌエバ広場Pl. Nuevaにはバルが多い。

カフェ・イルーニャ
Café Iruña

[map] P.389/A2

新市街にある1903年創業の老舗カフェで、レトロな内装がすばらしい。スパイスが効いた羊肉の串焼き、ピンチョ・モルーノが名物。ランチのセットメニュー（月～金曜のみ）は€18.70。

[住]Berastegui Kalea, 4　☎944 237 021
[営]9:00～23:00（土・日は10:00～）
[休]無休　[カード][A][J][M][V]

リオ・オハ
Rio Oja

[map] P.389/A2

タパスから本格バスク料理まで楽しめる、庶民的なバル&レストラン。カウンターの上に並ぶ、店自慢の煮込み料理Cazuelitasは、野菜や肉など素材もいろいろで、ひと皿€7～。パエリャ€5もおいしい。

[住]Perro 4　☎944 150 871
[営]9:00～23:00（レストランは13:00～）
[休]無休　[カード][M][V]

ラ・ビニャ・デル・エンサンチェ
La Viña del Ensanche

[map] P.389/A2

1927年創業、地元の人々に愛される老舗バル。イベリコ豚の生ハムをのせたピンチョスのほか、焼きたてのトルティーリャ、フォアグラと卵のタパTapa de Huevo y Foieもおすすめ。

[住]Diputazio 10　☎944 155 615
[営]10:00～22:30（土は12:00～）
[休]日・祝　[カード][M][V]

グレ・トキ
Gure Toki

[map] P.389/A2

ピンチョスの大会で優勝した経験をもつシェフが腕を振るう人気店。カウンターには見た目も美しい創作ピンチョスがずらり。バルが並ぶヌエバ広場の一角にあり、テラス席もある。

[住]Plaza Nueva 12　☎944 158 037
[営]10:00～23:00（日は～16:00）　[休]水　[カード][M][V]

エル・チャコリー
El Txakoli

[map] P.389/A2外

フニクラで丘を上った所にあり、市街が一望できる老舗レストラン。炭火焼きの牛肉ステーキがおすすめで、1kg当たり€40.20。

[住]Santo Domingo 19　☎944 455 015
[営]13:00～16:00、20:00～24:00（カフェは9:00～24:00）
[休]無休　[カード][A][D][J][M][V]

グラン・ドミネ
Hotel Gran Domine

★★★★★　[map] P.389/A2

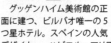

グッゲンハイム美術館の正面に建つ、ビルバオ唯一の5つ星ホテル。スペインの人気デザイナー、ハビエル・マリスカルが手がけた内装がスタイリッシュだ。レストランは有名シェフが監修。

[住]Alameda de Mazarredo 61　☎944 253 300
[FAX]944 253 301　[URL]www.hoteldominebilbao.com
[料]ⓈⓌ€116～224　[カード][A][D][J][M][V]　[客室数]145　[Wi-Fi]無料

アバンド
Hotel Abando

★★★★　[map] P.389/A2

アバンド駅から徒歩3分ほどの高級大型ホテル。旧市街に近く、付近はビルバオの金融街なのでビジネスにも最適。また新市街のモユア広場に面して、同系列のホテル・カールトンもある。

[住]Colón de Larreátegui 9　☎944 236 200　[FAX]944 245 526
[URL]www.hotelabando.com　[料]ⓈⓌ€68～234
[カード][A][D][J][M][V]　[客室数]141　[Wi-Fi]無料

アバ・エウスカルドゥナ
Abba Euskalduna Hotel

★★★★　[map] P.389/A1

ビルバオ川を見下ろす場所に建つ、近代的なデザインの高級ホテル。バスターミナルやスタジアムにも近い。バスク料理を提供するレストランやバル、ビジネスセンターもある。

[住]Camino de la Ventosa 34　☎946 673 169
[URL]www.abbahoteles.com　[料]ⓈⓌ€68～162
[カード][A][D][J][M][V]　[客室数]82　[Wi-Fi]無料

ハルディネス
Hotel Jardines

★★　[map] P.389/A2

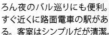

旧市街にあり、観光はもちろん夜のバル巡りにも便利。すぐ近くに路面電車の駅がある。客室はシンプルだが清潔。

[住]Jardines 9　☎944 794 210　[FAX]944 794 211
[URL] www.hotelbilbaojardines.com　[料]Ⓢ€50～82　Ⓦ€60～96　[カード][A][M][V]　[客室数]32　[Wi-Fi]無料

イチュリエネア
Hostal Iturrienea

★★　[map] P.389/A2

古い家の雰囲気をそのままに改装した、おしゃれなオスタル。ひと部屋ずつ違う、凝ったインテリアが個性的。女性経営者も親切。

[住]Santa Mari Kalea 14　☎944 161 500
[URL]www.iturrieneaostatua.com　[料]ⓈⓌ€63～109
[カード][A][M][V]　[客室数]9　[Wi-Fi]無料

[はみだし] 磯崎ゲート（日本人建築家の磯崎新が設計したツインタワー）側からスビスリ橋を渡った先に、丘へ上るフニクラの駅がある。頂上の公園からはビルバオの町が眺望できる。

スペイン内戦で悲劇の舞台となった

ゲルニカ ✛ Gernika

Gernika ★

map P.379/A3

標高	5m
人口	約1万6900人

アクセス

🚃 ビルバオのマティコ駅からバスク鉄道Eusko TrenのベルメオBermeo行きに乗り約1時間、30分おきに運行。

🚌 ビルバオのアバンド駅脇のHurtado de Amézagaのバス停から約45分、月～金は15分おき、土・日・祝は30分おきに運行。

❶観光案内所

map P.392 🏠Artekalea 8
☎946 255 892
URL gernikainfo.eus
🕐月～土　　　10:00～19:00
（11月～聖週間前は～18:00）
日・祝　　　10:00～14:00
🈲1/1・6、12/24・25・31

ピカソの『ゲルニカ』

ゲルニカ爆撃当時パリに住んでいたピカソは、この悲報を知り、その夏行われたパリ万国博覧会のために大作『ゲルニカ』を描き上げた。戦争の恐怖と無秩序をテーマにしたこの作品は、ニューヨーク近代美術館に移管されていたが、フランコの死後スペインに返還され、現在はマドリードのソフィア王妃芸術センター（→P.86）に展示されている。

町には『ゲルニカ』の絵を再現した壁画がある

サンティマミニエ洞窟 Cuevas de Santimamiñe

ゲルニカの北約4kmの所にあり、有名なアルタミラ洞窟（→P.399）と同様に旧石器時代の壁画が保存されている。壁画は未公開だが、ガイドツアーで洞窟内を❺で見学できる（要予約）。ゲルニカから途中までバス、下車後2kmほど歩く。詳細は❶で確認しよう。
URL www.santimamiñe.com

市庁舎と平和博物館が建つフォル広場

　ゲルニカと聞くと、ピカソの絵画を思い浮かべる人も多いだろう。スペイン内戦中の1937年4月26日、フランコ軍に味方するナチスドイツの空軍機がゲルニカを襲った。史上初の都市無差別爆撃により2000人以上が死傷し廃墟と化したこの町は、その後修復され、今では新しい町に生まれ変わっている。また、ゲルニカはバスクの文化色が最も強い都市のひとつで、住民の多くはスペイン（カスティーリャ）語とバスク語を話す。

歩き方 ✛ Orientation

　ビルバオからの列車は中心街の東側にあるゲルニカ駅に、またバスは駅の南脇にあるバス停に発着する。ここから町の中心である**フォル広場Plaza Foru**へは西へ徒歩5分ほど。広場の南側に面して、**ゲルニカ平和博物館Museo de la Paz de Gernika**が建っている。ホテルも周辺に何軒かあるが、ゲルニカは小さな町なので半日もあれば見て回れる。

投稿　ゲルニカ平和博物館の展示には英語の解説はないが、翻訳したパンフレットを貸してもらえる。ジオラマも必見。時間になるとドアが自動で開き、ドアの左側にあるボタンで言語を選択できる。（samejima '23）

おもな見どころ ❖ Sightseeing

世界の平和を題材にした ★ map P.392

ゲルニカ平和博物館
Museo de la Paz de Gernika

戦争の悲惨さを訴える

　1937年のゲルニカ爆撃で破壊された建物のがれきや家財道具が陳列され、当時の写真なども展示されている。ビデオ上映が随時行われているほか、空襲当日の様子を再現したジオラマ仕掛けの部屋もあり、戦争と平和について考えさせられる内容だ。

ビスカヤ県の議会が開かれる ★ map P.392

バスク議事堂
Casa de Juntas

石柱に囲まれて立つゲルニカの木

　1937年の空襲被害を免れた建物のひとつで、「ゲルニカの木」と呼ばれる樫の木をモチーフにしたステンドグラスが美しい。バスクは19世紀まで自治を与えられていたが、その起源は中世にこの樫の木の下で独立の宣誓をしたことによる。現在議事堂の北側にある木は1860年に植え替えられたもので、オリジナルの木は朽ちているものの、議事堂西側に移され大切に保存されている。

ゲルニカ平和博物館
🏛 Pl. Foru 1
☎ 946 270 213
URL www.museodelapaz.org
🕐 4月上旬～10月中旬
　　日・月　　10:00～14:30
　　火～土　　10:00～19:00
　　10月中旬～4月上旬
　　火～金　　10:00～16:00
　　土　　　　10:00～14:30
　　　　　　　16:00～18:00
　　日　　　　10:00～14:30
🈺 月（冬期のみ）
💶 €6、学割 €4

バスク議事堂
🏛 Allende Salazar, s/n
☎ 946 251 138
URL www.jjggbizkaia.eus
🕐 毎日　　　10:00～14:00
　　　　　　　16:00～18:00
　　（6～9月は～19:00）
💶 無料
※人数制限があり予約がおすすめ

ゲルニカの木が描かれたホール

TOPICS
海に浮かぶ絶景の教会サン・フアン・デ・ガステルガツェ

　ビルバオの北東約20kmの所にある**サン・フアン・デ・ガステルガツェ San Juan de Gaztelugatxe**（map P.379/A3）は、「世界のすごい階段7選」や「スペインで最も美しい風景」に選ばれたこともある絶景スポット。海に浮かぶ小島に、石造りの橋と200段以上もの階段が続いており、その景色は「スペインの万里の長城」とも呼ばれる。島にはサン・フアン・デ・ガステルガツェ教会があり、教会の鐘を3回鳴らすと願いがかなうといわれている。

🚌 夏期はビルバオから直行バスが運行。モユア広場にある Deutsche 銀行の前から Bizkaibus の A3517番で約45分、ガステルガツェで下車。オフ

海に囲まれた岩山の頂上に教会が建つ

シーズンは毎時30分発のA3518番でバキオ Bakio へ。ここからガステルガツェまでの約2kmは乗合タクシーが2時間おきに運行している。また、バスク鉄道の終点ベルメオ Bermeo（ビルバオのマティコ駅から所要1時間20分、ゲルニカから約20分）から行くこともできる。ベルメオ駅を出て右方方に見える公園の脇から毎時30分発A3517番のバスで約15分、冬期は乗合タクシーが2時間おきに運行。ガステルガツェのバス停から海の方向へ進むとオスタル1軒とレストランが数軒ある。島の教会へはさらに約1.3km、バス停から歩いて往復1時間以上かかるので時間には余裕をもって出かけよう。

島へは急な石段を上っていく

緑豊かなバスク地方の古都

ビトリア ✦ Vitoria

map P.379/A3

標高	525m
人口	約25万3700人

アクセス

🚄 マドリード・チャマルティン駅から約3〜5時間、1日3〜6便。バルセロナ・サンツ駅から約5〜10時間、1日4〜5便。

🚌 マドリードのアベニーダ・デ・アメリカ・バスターミナルからAlsa社のバスで約4時間10分〜5時間、1日10便。バルセロナ、サン・セバスティアン、ビルバオなどからも便がある。

ℹ️ 観光案内所
map P.394 🏠Pl. de España 1
☎945 161 598
URL www.vitoria-gasteiz.org/turismo
🕐 月〜土　　9:30 〜 18:30
　日・祝　　10:00 〜 14:00
　（7〜9月は毎日 9:30 〜 19:30）

※ビトリアはバスク語でガステイス Gasteiz と呼ばれる。

ビトリアの市内交通

バスターミナルは町の北側にあり、路面電車の利用が便利。ターミナル前のEuskal Herria駅からAngulema行きに乗り約8分、Parlamento駅で降りると旧市街に近い。料金€1.50。

町の中心に位置するビルヘン・ブランカ広場

　アラバ県の県都、ビトリアはパイス・バスコ自治共同体の議会や首長官邸などがおかれている、緑の多い静かな町だ。12世紀にガステイスと呼ばれていた村に、ナバーラ王サンチョ6世が都市を築き、バスクの中心的な商業都市として栄えてきた。トランプの産地、また7月のジャズフェスティバルでも知られ、地味ながら落ち着いた魅力ある町だ。

歩き方 ✦ Orientation

　鉄道駅の正面に延びるエドゥアルド・ダト通りEduardo Datoを真っすぐ進むと、**スペイン広場Pl. de España**に突き当たる。すぐ隣の**ビルヘン・ブランカ広場Pl. de la Virgen Blanca**は、商店やカフェが連なりにぎやかだ。その北側に広がる、細い通りが同心円状に連なる地域が旧市街。14世紀建造の**サンタ・マリア・カテドラルCatedral de Santa María**をはじめ、見どころは旧市街に多い。鉄道駅の南西側、20世紀初頭の屋敷が並ぶ**美術館Museo de Bellas Artes**近くの散歩道、Paseo Fray Francisco de Vitoriaへも足を延ばしてみたい。

ビトリア

サンタ・マリア・カテドラル
Catedral de Sta. María

フルニエル・トランプ博物館
Museo Fournier de Naipes

アルティウム
Artium

サン・ミゲル教会
Ig. de San Miguel

スペイン広場
Pl. de España

ビルヘン・ブランカ広場
Pl. de la Virgen Blanca

新カテドラル
Catedral Nueva

市庁舎
Ayuntamiento

フロリダ公園
Parque de la Florida

市場
Mercado

美術館
Museo de Bellas Artes

ビトリア駅
Renfe

Paseo Fray Francisco de Vitoria

武器博物館
Museo de Armería

闘牛場

旧市街には古い家並みが保存されている

おもな見どころ ✣ Sightseeing

内部の修復現場を見学できる ★ [map] P.394

サンタ・マリア・カテドラル（大聖堂）
Catedral de Santa María

城壁の一部を利用して13世紀に建てられた、ゴシック様式の大聖堂。現在は床下の発掘作業と建物の修復工事が行われており、事前に予約すればガイドの案内で内部を見学できる。

ゴシック様式のファサード

サンタ・マリア・カテドラル
[住]Pl. Santa María, s/n
☎945 255 135
[URL]www.catedralvitoria.eus
[開]日によって異なるので公式サイトで要確認
[料]€9（塔を含む共通券は€11）
見学はガイド付きで所要1時間、塔を含むと1時間15分。上記ウェブサイトで要予約

バスクの現代美術を展示 ★ [map] P.394

アルティウム
Artium

バスク地方をはじめとするスペイン人アーティストの作品を3000点ほど所蔵する。絵画や彫刻のほかユニークなオブジェが展示されており、さまざまな企画展も行われている。

ゆったりとした空間に作品が展示

アルティウム
[住]Francia 24
☎945 209 000
[URL]www.artium.org
[開]火～金 11:00～14:00
17:00～20:00
土・日・祝 11:00～20:00
[休]月、1/1・6、4/28、8/5、12/25
[料]€5
17:00以降・日曜は無料

世界各国のトランプを集めた ★ [map] P.394

フルニエル・トランプ博物館
Museo Fournier de Naipes

1868年にフルニエルによりトランプ工房が開設されて以来、トランプの産地としても有名なビトリア。この博物館では、トランプ製作の印刷機や15世紀以降の各種トランプのコレクションを所蔵。インドのカルタや日本の百人一首などもある。

フルニエル・トランプ博物館
[住]Cuchillería 54
☎945 203 700
[URL]fourniermuseoabibat.eus
[開]火～土 10:00～14:00
16:00～18:30
日・祝 11:00～14:00
[休]月
[料]無料

レストラン&ホテル ✣ Restaurant & Hotel

レストランはフルニエル・トランプ博物館があるクチリェリアCuchillería通りに多い。ホテルは鉄道駅近くに点在。

🍴 エル・ポルタロン
El Portalón
[map] P.394

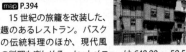

15世紀の旅籠を改装した、趣のあるレストラン。バスクの伝統料理のほか、現代風の料理も楽しめる。セットメニューは€48.90～59.50。
[住]Correrería 151 ☎945 142 755
[営]13:00～15:30、20:30～22:30（土は～23:00）
[休]日の夜 [カード][A][D][M][V]

🍴 アンボト
Anboto
[map] P.394

クチリェリア通りにあるカジュアルなレストラン。創作ピンチョスのほか、バスク料理のメニューも揃う。予算€15～25。
[住]Cuchillería 29 ☎945 250 093
[営]13:00～15:00、20:00～23:00（バルは11:00～24:00）
[休]無休 [カード][M][V]

🔑 アバ・ジャズ
Hotel Abba Jazz
★★★ [map] P.394

フロリダ公園の東側に位置する、こぢんまりとしたホテル。クラシックな家具が置かれたサロンもある。ビュッフェの朝食込み。
[住]Florida 7 ☎945 101 346 [FAX]945 101 348
[URL]www.abbajazzvitoriahotel.com [料]Ⓢ€56～128 Ⓦ€54～123 [カード][A][D][J][M][V] [客室数]25 [Wi-Fi]無料

🔑 ダト
Hotel Dato
★★ [map] P.394

鉄道駅から徒歩2分ほど、遊歩道のエドゥアルド・ダト通りに面している。アールデコやロココ風のインテリアが個性的なプチホテル。
[住]Eduardo Dato 28 ☎945 147 230 [FAX]945 232 320
[URL]www.hoteldato.com [料]Ⓢ€46～76 Ⓦ€60～88
[カード][A][D][J][M][V] [客室数]14 [Wi-Fi]無料

[はみだし] 築約500年の建物に店舗を構える「**ラ・ペーニャ・ドゥルセ La Peña Dulce**」は、1939年創業のトリュフチョコレートが自慢の菓子店。[map] P.394 [住]Correria 124 ☎945 132 637

Santander

王家の別荘がある高級リゾート地

サンタンデール ✛ Santander

map P.379/A3

標高	15m
人口	約17万1700人

アクセス

🚄 マドリード・チャマルティン駅から約4時間〜6時間30分、1日2〜6便。ビルバオからFeveで約3時間、1日3便。オビエドからFeveで約5時間40分、1日2便。

🚌 マドリードのアベニーダ・デ・アメリカ・バスターミナルからAlsa社のバスで約5時間30分〜6時間、1日7便。ビルバオから約1時間30分、毎時1〜2便。オビエドから約2時間30分、1日10便。

❶ 観光案内所

●ペレーダ公園内
map P.396
🏠 Jardines de Pereda, s/n
☎ 942 203 000
URL turismo.santander.es
🗓 6/15〜9/30
　毎日　　　9:00〜21:00
　10/1〜6/14
　月〜金　　9:00〜19:00
　土　　　　10:00〜19:00
　日・祝　　10:00〜14:00
🚫 1/1・6、12/24・25・31

●エステ市場内
map P.396
🏠 Mercado del Este
☎ 942 310 708
🗓 毎日　　　9:00〜21:00
🚫 1/1、9/15、12/24・25・31

松の木に覆われたマグダレナ半島

　カンタブリア海に面した港町サンタンデールは、19世紀末にスペイン王室の夏の離宮が郊外におかれ、以来高級避暑地として名をはせてきた。現在の近代的な町並みは、1941年の大火災のあとに再建されたものだ。バカンス客でにぎわう8月には、国際音楽祭や国際大学講座が催される。

歩き方 ✛ Orientation

　Renfeの駅とFeveの駅が隣接し、バスターミナルはその向かいにある。港からはイギリス南部の町プリマス行きのフェリーのほか、岬巡りの遊覧船も運航している。町の中心は駅から徒歩10分ほどの**ポルティカーダ広場Pl. Porticada**。レストランとバルはその先の**クアドロ広場Pl. del Cuadro**周辺とその北側に多い。

　ペレーダ通りPaseo de Peredaは、マリーナを経て3kmほど東の**マグダレナ半島Península de la Magdalena**へと続いている。半島の向こう側は**エル・サルディネーロEl Sardinero**と呼ばれる高級リゾート地になっていて、夏はバカンス客でにぎわう。

　鉄道駅前から北側へトンネルをくぐって出た所にある**ブルゴス通りBurgos**は繁華街になっており、食事やショッピングが楽しめる。

サンタンデール

けんぶつ　市内を巡る2階建ての観光バスが、5〜10月中旬のみ運行している。ペレーダ通り、マグダレナ半島、エル・サルディネーロなど計10ヵ所の停留所で乗り降り自由。チケットは24時間有効で€16。

おもな見どころ ✣ Sightseeing

歴史ある海浜リゾート ★ [map] P.396 外

エル・サルディネーロ
El Sardinero

19世紀末にスペイン王家が海水浴場として以来、観光地として人々が訪れるようになった由緒正しい海岸。付近には高級志向のホテルや長期滞在者向けアパートメントがあり、夏は海水浴客でいっぱいになる。カジノや劇場、ゴルフ場なども設けられている。

風光明媚な土地に宮殿が建つ ★ [map] P.396 外

マグダレナ半島
Peninsula de la Magdalena

19世紀末、エル・サルディネーロに近いこの半島にサンタンデールの町が**マグダレナ宮殿Palacio de Magdalena**を建て、夏の別荘としてアルフォンソ13世に贈った。宮殿は現在、有名な国際大学の別館として使われている。大学の敷地である半島内には海水浴場、動物園、テニスコートなどもあり、一般にも開放されている。

半島の高台に建つマグダレナ宮殿

エル・サルディネーロ
[交]ペレーダ通りから1、2、3、4、7C1、7C2、13番のバスに乗り約15分。ビーチに沿っていくつかバス停があり、Plaza de Italiaで下車するとカジノに近い。

約2kmにわたってビーチが続く

マグダレナ半島
[交]エル・サルディネーロ方面へ行くバスで約10分、La Madalenaで下車。宮殿まではさらに20～30分歩く。

レストラン&ホテル ✣ Restaurant & Hotel

高級ホテルはエル・サルディネーロ地区に、手頃な宿は旧市街のクアドロ広場周辺の路地に多い。

🍴 エル・マチ
El Machi

[map] P.396

80年以上の歴史をもつレストラン。地元で取れる新鮮な魚介類を中心としたメニューが豊富に揃い、いつもにぎわっている。タパスもあり、パエリャなどの米料理も人気が高い。

[住]Calderón de la Barca 9 ☎942 218 722
[営]12:00～17:00、20:00～23:00（バルは9:00～24:00）
[休]無休 [カード][M][V]

🔑 サルディネーロ
Hotel Sardinero

★★★ [map] P.396 外

重厚な外観をもつ、ノスタルジックな雰囲気のホテル。エル・サルディネーロのビーチの真ん前、カジノの向かい側に建ち、ほとんどの部屋から海が見える。レストランあり。

[住]Plaza de Italia 1 ☎942 271 100 [FAX]942 271 698
[URL]www.hotelsardinero.es [料]ⓈⓌ€89～265
[カード][A][D][M][V] [客室数]102 [Wi-Fi]無料

🔑 レアル
Hotel Real

★★★★★ [map] P.396 外

王族のために建てられた城をホテルとしたもので、調度品も高級感がある。タラソテラピーが体験できる本格的なスパを完備。丘の上に建ち、海やマグダレナ半島が一望できる。

[住]Paseo Pérez Galdós 28 ☎942 272 550 [FAX]942 274 573
[URL]www.eurostarshotels.com [料]ⓈⓌ€120～350
[カード][A][D][J][M][V] [客室数]123 [Wi-Fi]無料

🔑 アバ・サンタンデール
Hotel Abba Santander

★★★ [map] P.396

バスターミナル、鉄道駅のすぐ近くにあり、便利な立地に建つ。北西に300mほどのブルゴス通りは飲食店が多い。部屋は清潔感があり、静かに過ごせる。

[住]Calderon de la Barca 3 ☎942 212 450
[URL]www.abbahoteles.com [料]ⓈⓌ€66～180
[カード][A][D][M][V] [客室数]37 [Wi-Fi]無料

[はみだし] ペレーダ通りの北側にある**エステ市場 Mercado del Este**には、ⓘのほか食料品店、レストランやバルなどが入っており、買い物や食事に便利だ。[map] P.396 [営]毎日8:00～23:30

貴族の館が並ぶ中世の町

サンティリャーナ・デル・マル ✦ Santillana del Mar

世界遺産

map P.379/A3

標高	82m
人口	約4250人

アクセス

🚃 サンタンデールからFeveでトーレラベガTorrelavegaまで約30分、1日3便。さらにトーレラベガ駅前発サンティリャーナ行きバスで15分、1日7便程度。タクシーなら€20ほど。なおトーレラベガにはRenfeの駅もあるほか、マドリード、ビルバオ、サンティアゴ・デ・コンポステーラからのバスも発着している。

🚌 サンタンデールから40分、1日3～4便（7・8月は増便される）。

❶観光案内所

map P.398
🏠 Jesús Otero 20
☎ 942 818 812
URL www.santillana-del-mar.com
🕐 7/1～9/15

毎日	9:00～21:00
9/16～6/30	
月～土	9:30～14:00
	15:00～18:00
日	9:30～17:00

世界遺産

アルタミラ洞窟と北スペインの旧石器時代の洞窟画（1985年登録）

中世の家並みが残るメインストリート

サンタンデールからコミーリャスへ向かう道沿いにある小さな町。家や教会が中世そのままに保存されており、町全体がナショナルモニュメントに指定されている。町の起源は、トルコで殉教した聖フリアナの聖遺物を祀る修道院が造られたことに始まる。13世紀にはアルフォンソ8世の直轄領となり、貴族の屋敷が多く建てられた。今も残る家々の立派な紋章はその名残だ。

歩き方 ✦ Orientation

サンタンデールやトーレラベガからのバスは、広い駐車場の脇に停まる。下車後は道なりに歩けばすぐに旧市街の入口。少し先にふたまたがあり、ここから始まる2本の道が目抜き通りだ。左へ行けばパラドールのある**マヨール広場Pl. Mayor**（ラモン・ペラヨ広場Pl. Ramón Pelayoとも呼ばれる）、右の道は町の奥にある**サンタ・フリアナ修道院Colegiata de Santa Juliana**へと続いている。のんびりと散策しながら、中世の趣を残す町のたたずまいを味わってみよう。

また町から南西へ2kmほどの所には、世界遺産に登録されている**アルタミラ洞窟Cuevas de Altamira**があり、併設されている博物館で有名な壁画のレプリカなどが見学できる。

サンタ・フリアナ修道院の回廊

サンティリャーナ・デル・マル

コミーリャスへ
バス停（トーレラベガ行きローカルバス）
バス停（サンタンデール、トーレラベガ、コミーリャス行き）
Jesús de Tagle
Parador Santillana del Mar
Camino de los Hornos
Posada la Solana
0 100 200m
Santo Domingo
市庁舎
Los Infantes
マヨール広場
Pl. Mayor
Av. le Dorat
パラドール・デ・サンティリャーナ・ヒル・ブラス
Museo Diocesano
教区博物館
ラ・ウエルタ・デル・インディアーノ
Cantón del Río
Casa del Marqués
サンタ・フリアナ修道院
Colegiata de Santa Juliana
Jesús Otero
カサ・ケベド
ドミニカス修道院
Convento de las Dominicas
Pl. de las Arenas
サンタンデール/トーレラベガへ

はみだし サンティリャーナ・デル・マルの名物スイーツは、ソパオ Sobao という素朴なカステラや、チーズケーキのようなケサダ Quesada。1950 年から続く菓子店「**カサ・ケベド Casa Quevedo**」では、地元産の新ノ

おもな見どころ ✣ Sightseeing

聖フリアナの聖遺物が納められた ★ [map] P.398

サンタ・フリアナ修道院
Colegiata de Santa Juliana

12~13世紀に建てられたロマネスク様式の教会。18世紀に再建された正面入口上部に、聖フリアナの彫像が置かれている。回廊では人物像や植物の装飾が施された柱頭彫刻が見事だ。

サンタ・フリアナ修道院
[住]Pl. las Arenas 1A
☎639 830 520
[開] 火～日 10:00～13:00
16:00～18:00
[休] 月
[料]€3

近郊の見どころ ✣ Excursion

石器時代の壁画で有名な ★★ [map] P.379/A2

アルタミラ洞窟
Cuevas de Altamira

世界遺産

サンティリャーナ・デル・マル郊外のこの洞窟で1879年に、およそ1万5000年前の壁画が発見された。岩肌に描かれた野牛や馬などの動物は、その表現力が卓越していたため、発見後しばらくは旧石器時代のものとは認められなかったという。現在壁画は保護のため公開が制限されているが、隣接する**博物館**で精密なレプリカと先史時代関連の展示が見学できる。

アルタミラ洞窟への行き方
サンティリャーナ・デル・マルから徒歩約30分。またはタクシーで約5分、€5ほど。

アルタミラ博物館
[住]Av. Marcelino Sanz de Sautuola, s/n
☎942 818 005
[URL]www.mecd.gob.es/mnaltamira
[開] 火～土 9:30～20:00
(11～4月は～18:00)
日・祝 9:30～15:00
[休] 月、1/1・6、5/1、6/28、12/24・25・31
[料]€3、土の14:00以降と日、4/18、5/18、10/12、12/6は無料

郊外にあるアルタミラ博物館

ガウディの建築がある ★ [map] P.379/A2

コミーリャス
Comillas

サンティリャーナ・デル・マルから西へ約17km、モデルニスモ建築が点在する小さな町。夏は避暑地として海水浴客でにぎわう。海を見下ろす丘の上には堂々たる法王庁大学がそびえ立つ。町外れにネオ・ゴシック様式の**コミーリャス侯爵邸Palacio de las Marqueses de Comillas**があり、その庭園にガウディが設計した**エル・カプリチョEl Capricho**が建っている。

「気まぐれ亭」という意味のエル・カプリチョ

コミーリャスへの行き方
🚌 サンティリャーナ・デル・マルから約15分。このバスはサンタンデールが始発。

エル・カプリチョ
[住]Barrio de Sobrellano
☎942 720 365
[URL]www.elcaprichodegaudi.com
[開] 毎日 10:30～20:00
(7・8月～21:00、11～2月～17:30)
[休]1/1・6、12/24・25・31
[料]€7

レストラン&ホテル ✣ Restaurant & Hotel

小さな町だが、25軒ほどの宿泊施設があり、オスタルはバス停付近に数軒見つかる。

🍴 ラ・ウエルタ・デル・インディアーノ
La Huerta del Indiano
[map] P.398

古い建物を利用した、雰囲気のよいレストラン。夏期なら広い庭で食事をするのも気持ちがいい。昼、夜ともにセットメニューは€15。
[住]Carrera 15 ☎942 840 236
[営]12:30～15:45、19:00～22:45
[休] 木 [カード][A][D][M][V]

パラドール・デ・サンティリャーナ・ヒル・ブラス
Parador de Santillana Gil Blas
★★★★ [map] P.398

18世紀のバレーダ・ブラチョ邸を改装。内部は階段も床材も当時の木造のまま。レストランにはアルタミラの装飾画が描かれている。
[住]Pl. Ramón Pelayo 11 ☎942 028 028 [FAX]942 818 391
[URL]www.parador.es [料]ⓈⓌ€100～175
[カード][A][D][J][M][V] [客室数]56 [Wi-Fi]無料

↘ 鮮な牛乳とともに味わうことができる。[map] P.398 [住]Río 10 ☎688 912 426 [営] 毎日 9:00～20:30

緑豊かなアストゥリアス地方の都
オビエド

世界遺産
✛ Oviedo

map P.379/A2

標高	226m
人口	約21万5200人

アクセス

🚄 マドリード・チャマルティン駅から約4時間30分～6時間、1日4～6便。サンタンデールからFeveで約5時間30分、1日2便。

🚌 マドリードの南バスターミナルからAlsa社のバスで約5時間30分～6時間15分、1～2時間おき。サンタンデールから約2時間、1日10便。レオンから約1時間30分、1～2時間おき。サンティアゴ・デ・コンポステーラから4時間30分～6時間45分、1日2～3便。

❶観光案内所

●サン・フランシスコ公園
map P.401
🏠Marqués de Santa Cruz, s/n
☎985 227 586
URL www.visitoviedo.info
🕐毎日　　　　　9:00～14:00
　　　　　　　15:30～17:00
休1/1、12/24・25

●市庁舎近く
map P.401
🏠Pl. de la Constitución 4
☎984 493 563
URL www.turismoasturias.com
🕐6/16～9/15
　毎日　　　　　9:00～19:00
　9/16～6/15
　月～金　　　　9:00～17:30
　土・日・祝 10:00～17:00
休1/1、12/24・25

世界遺産

オビエド歴史地区とアストゥリアス王国の建造物群
（1985年登録、1998年拡大）

郊外には世界遺産に登録されている中世の教会が立つ

　イスラム教徒がイベリア半島のほぼ全域を制圧した8世紀、キリスト教徒はスペイン北部にアストゥリアス王国を建国し、794年にはオビエドが都と定められた。小さな王国ではあったが、後に都をレオンに移し、それがカスティーリャ王国へと発展することから、アストゥリアス地方はレコンキスタ発祥の地とされている。1934年の鉱山労働者の蜂起、また1937年のフランコ軍との戦闘によって町は破壊されたが、その後再建され、カテドラル周辺に残る歴史地区が世界遺産に登録されている。

歩き方 ✛ Orientation

　長距離列車や近郊線セルカニアスが発着するRenfeの駅は町の北西にあり、Feveの駅はその北側に隣接している。バスターミナルはRenfe駅から北東へ徒歩3分ほど。

　Renfe駅前から南東に真っすぐ延びるのが、メインストリートの**ウリアUría通り**。この通りにはデパートやホテルが並び、周辺にも店やカフェが多くにぎわっている。右側に**サン・フランシスコ公園Parque de San Francisco**の緑を見ながら歩くと、ウリア通りの終わる所にラ・エスカンダレーラ広場Pl. de la Escandaleraがあり、この広場に面して公園側に❶がある。

　ここから東へ徒歩3分ほどの**アルフォンソ2世広場Pl. de Alfonso II**が旧市街の中心で、**カテドラルCatedral**がそびえる。周辺には古い町並みが残されており、美術館や博物館も点在している。

バルが並ぶ旧市街のガスコナ通り

カテドラルがそびえるアルフォンソ2世広場。

はみだし　サンタンデール～オビエド間、およびオビエド～フェロール間を狭軌鉄道のFeveが運行している。本数が少なくすべて各駅停車のローカル線だが、時間に余裕があればのんびり鉄道の旅を楽しみたい。

おもな見どころ ✛ Sightseeing

ゴシック様式の塔をもつ　★★★　map P.401

カテドラル（大聖堂）
Catedral

世界遺産

14～16世紀にかけて建てられた大聖堂。内部にある**カマラ・サンタ Cámara Santa**は、8世紀の西ゴート王国滅亡後にトレドから持ち出された聖遺物を祀るため、アルフォンソ2世が9世紀に建立したもの。スペイン内戦で破壊されたが、その後再建され、1998年には世界遺産に登録されている。

フランボワイヤン・ゴシック様式の聖堂内部

カテドラルの裏にある　★　map P.401

アストゥリアス考古学博物館
Museo Arqueológico de Asturias

かつての修道院を改装しており、回廊はプラテレスコ様式。アストゥリアス王国時代のモニュメント装飾のほか、この地方で発見された先史時代の貨幣、木製品などを見ることができる。

18世紀の宮殿を改装した　★　map P.401

アストゥリアス美術館
Museo de Bellas Artes de Asturias

中世の宗教画から、近代スペインの生活風景、現代ポップアートまで、アストゥリアス地方の画家を中心とした幅広いコレクションを展示。エル・グレコ、ピカソ、ダリの作品もある。

カテドラル
🏠Pl. de Alfonso II, s/n
🔗catedraldeoviedo.com
🕐7・8月　　10:00～19:00
　9月　　　10:00～18:00
　10～6月　10:00～13:00
　　　　　　16:00～18:00
　（6月は～19:00、11～2月は～17:00）
※土曜は通年17:00に閉館
🚫日・祝
💰€7、学割€5

アストゥリアス考古学博物館
🏠San Vicente 3
☎985 208 977
🔗museoarqueologicode asturias.com
🕐水～金　　9:30～20:00
　土　　　　9:30～14:00
　　　　　　17:00～20:00
　日・祝　　9:30～15:00
🚫月・火　💰無料

アストゥリアス美術館
🏠Santa Ana 1-3
☎985 213 061
🔗www.museobbaa.com
🕐9～6月
　火～金　10:30～14:00
　　　　　16:30～20:30
　土　　　11:30～14:00
　　　　　17:00～20:00
　日・祝　11:30～14:30
　7・8月
　火～土　10:30～14:00
　　　　　16:00～20:00
　日・祝　10:30～14:30
🚫月、1/1、5/1、9/21、11/1、12/24・25・31
💰無料

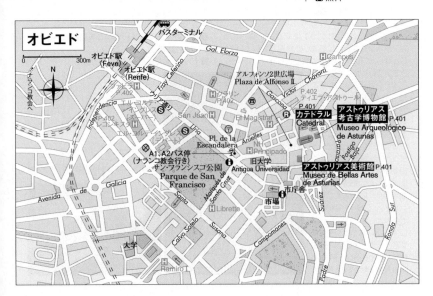

レストラン&ホテル ✢ Restaurant & Hotel

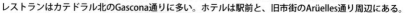

レストランはカテドラル北のGascona通りに多い。ホテルは駅前と、旧市街のArüelles通り周辺にある。

ティエラ・アストゥール
Tierra Astur

[map] P.401

シードラ（リンゴ酒）を楽しめる有名店で、アストゥリアス地方の料理が揃う。1品ごとの量が多いので大人数で行くのがいい。奥はレストランで月～金の昼のみ €15 の定食がある。

[住]Gascona 1　☎985 202 502
[営]13:00 ～ 16:30、19:30 ～ 24:00（バルは 9:00 ～翌 1:00）
[休] 無休　[カード][A][M][V]

クラリン
Hotel Clarin

★★★　[map] P.401

アールデコ調の内装がモダンなブティックホテル。中心街にあり、鉄道駅やバスターミナル、カテドラルへも徒歩5分ほど。フロントには無料の果物や飲み物が用意されており、レストランも完備。

[住]Caveda 23　☎985 209 597　[URL]www.hotelclarin.es
[料]Ⓢ€47 ～ 112　Ⓦ€48 ～ 81
[カード][A][M][V]　[客室数]47　[Wi-Fi]無料

レコンキスタ
Hotel de la Reconquista

★★★★★　[map] P.401

オビエドで最も格式のある高級ホテル。18世紀に病院として建てられた建物を改装し、石造りの外観は当時のまま。客室はゆったりしており、内装にも気品が感じられる。

[住]Gil de Jaz 16　☎985 241 100　[FAX]985 246 011
[URL]www.eurostarshotels.com　[料]ⓈⓌ€121 ～ 278
[カード][A][D][J][M][V]　[客室数]142　[Wi-Fi]無料

ファビラ
Hotel Favila

★★　[map] P.401

鉄道駅から徒歩約1分、ウリア通りに面している。バスターミナルにも近く、周囲にはバルもあって便利だ。ホテル併設のレストランでは伝統的なアストゥリアス料理を提供している。

[住]Uría 37　☎985 253 877
[URL]www.hotelfavila.es　[料]Ⓢ€35 ～ 95　Ⓦ€45 ～ 110
[カード][M][V]　[客室数]37　[Wi-Fi]無料

TOPICS

アストゥリアス建築に触れる

世界遺産

カンタブリア山脈と海に挟まれたアストゥリアス地方は、その地形のために自然と歴史がスペインのほかの地域とずいぶん異なっている。中世の時代、山脈の南ではイスラム文化が繁栄を極めていたが、北側ではアストゥリアス王国のもとキリスト教文化が育まれた。この時期の教会建築は、アストゥリアス様式と呼ばれ、後々の建築様式にも影響を与えている。

またこれらの教会は、11世紀以降に造られたロマネスク様式と同じ石造りの骨組みをもっていることから、プレ・ロマネスク教会とも呼ばれている。当時の教会は、現在もオビエドを中心として各地に残されている。歴史的重要性からそのうち4つの教会がユネスコの世界遺産に登録されている。

そのうちふたつは、オビエド北郊のナランコ山にあり、オビエドのウリア通り（[map] P.401）からA1、A2のバスで約10分。下車後10分ほど歩くと、オビエドを一望にする丘に建つ**サンタ・マリア・デル・ナランコ教会 Iglesia de Sta. María del Naranco** が見えてくる。アストゥリアス王、ラミーロ1世が離宮として842年に建設したもので、2階には見晴らし台や謁見の間、浴室の跡が残っている。またナランコ教会の200mほど先には、**サン・ミゲル・デ・リーリョ教会 Iglesia de San Miguel de Lillo** が建っている。離宮の礼拝堂として建てられたもので、細長い身廊をもち、プレ・ロマネスク様式の石の格子窓が印象的だ。

●サンタ・マリア・デル・ナランコ教会とサン・ミゲル・デ・リーリョ教会

[開]4～9月は月・日 9:30 ～ 13:00、火～土 9:30 ～ 13:00、15:30 ～ 19:00
10～3月は月・日 10:00 ～ 12:30、火～土 10:00 ～ 14:30
[休]1/1・6、9/8・21、12/25
[料] 共通券 €4、月は無料

左／緑のなかにたたずむサン・ミゲル・デ・リーリョ教会
右／ナランコ山の斜面に建つサンタ・マリア・デル・ナランコ教会

聖ヤコブが眠るキリスト教の聖地
サンティアゴ・デ・コンポステーラ ✛ Santiago de Compostela

世界遺産

アラメダ公園から旧市街とカテドラルを望む

イベリア半島北西端に位置するサンティアゴ・デ・コンポステーラは、エルサレム、ローマに次ぐキリスト教3大聖地のひとつ。9世紀初めに聖ヤコブ、すなわちサンティアゴの墓がこの地で発見されて以来、ヨーロッパ各地から数多くの巡礼者が訪れる聖地となった。ピレネー山脈からスペイン北部を横断しサンティアゴへといたる巡礼の道、カミノ・デ・サンティアゴ（→P.408）はおよそ800km。今も中世の人々が歩いたのと同じ道を徒歩や自転車で、あるいは馬でたどる巡礼者たちに山会うことができる。

歩 き 方 ✛ Orientation

町の中心は聖ヤコブを祀る**カテドラルCatedral**。まずは、ここを目指して歩こう。見どころは旧市街に集まっているので、1日あれば十分見て回ることができる。

鉄道駅は町の南側に位置し、そのすぐ裏側に2021年に完成したバスターミナルがある。駅からバスターミナルへ移動する場合は、駅の中央出口を出て左へ進み、階段を上って左側へ歩いて行

オブラドイロ広場に建つカテドラル

くとバスターミナルの入口が見えてくる。町の中心へは、駅前から延びるHórreo通りを真っすぐ進む。10分ほど坂道を歩くと**ガリシア広場Praza de Galicia**に着き、その先が旧市街。

かつて旧市街は7つの門をもつ城壁に囲まれており、巡礼者はこのうち東にある通称「巡礼の門Porta do Camiño」をくぐって聖ヤコブの遺骸が安置されたカテドラルへ向かったという。カテドラル前の**オブラドイロ広場Praza do Obradoiro**に建つパ

map P.378/A1

標 高	260m
人 口	約9万8200人

アクセス

🚄 マドリード・チャマルティン駅から約3〜5時間、1日8〜11便。ア・コルーニャから約30〜40分、毎時1〜2便。

🚌 マドリードの南バスターミナルからAlsa社のバスで約8時間〜9時間15分、1日4〜5便。ア・コルーニャからMonbus社のバスで1時間、ほぼ1時間おき。

✈ マドリードから1時間15分、1日3便。バルセロナから1時間50分、1日3便。

ℹ **観光案内所**
map P.404/B1
🏠 Rúa do Vilar 63
☎ 981 555 129
URL www.santiagoturismo.com
🕐 5〜10月
　　　毎日　　9:00 〜 19:00
　　11 〜 4月
　　　毎日　　10:00 〜 18:00

世界遺産
サンティアゴ・デ・コンポステーラ旧市街
（1985年登録）

サンティアゴ・デ・コンポステーラの巡礼路
（1993年登録）

バグパイプと大鼓でガリシア地方の伝統音楽を演奏する

はみだし　カテドラル前のオブラドイロ広場から、旧市街周辺を45分かけて回る列車型の観光バス Tren Turístico が運行している。11:00〜20:00（冬期は〜18:00）の間に毎時1便（6〜9月は毎時2便）、料金€6。

空港とバスターミナルの間を
バスが7:00〜翌0:30の間、毎
時2〜3便運行、所要約30分、
料金€3。空港からはガリシア
広場を経由し、バスターミナ
ルが終点。タクシーを利用す
ると€20程度。空港からア・コ
ルーニャ（→P.414）への直通
バスもある。

ラドール（→P.407）の建物は、かつての王立病院を改装したも
の。レストランやバーは宿泊客でなくても利用できるので、ぜひ雰
囲気だけでも味わってみたい。またカテドラルの裏にあるのが、観
光客や巡礼者でにぎわう**キンターナ広場Praza de la Quintana**。
この広場に面したカテドラルの「免罪の門」は、別名「聖なる
門」とも呼ばれ、名匠マテオ作の預言者像で飾られている。由
緒ある大学は、キンターナ広場からConga通りの坂を上り、
Caldeirería通りを右に曲がった所にある。

旧市街の南西に広がる**アラメダ公園Parque de Alameda**は、
丘陵に緑豊かな遊歩道が張り巡らされており、市民の憩いの場と
なっている。ここから見るカテドラルの美しさは有名だ。

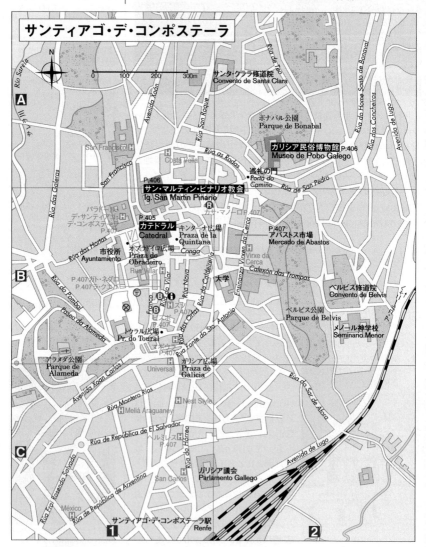

はみだし サンティアゴ・デ・コンポステーラでは、住所表記はガリシア語が使用されている。例えば「広場」は Praza（ス
ペイン語では Plaza）、「通り」は Rúa（スペイン語では Calle）と表記。

おもな見どころ ✦ Sightseeing

大勢の巡礼者を迎え入れてきた ★★★ map P.404/B1

カテドラル（大聖堂）
Catedral

毎日正午から巡礼者のためのミサが行われる

　9世紀に聖ヤコブの墓が発見されると、その地に小さな聖堂が建てられた。イスラム教徒によって破壊されたあと、11～13世紀に僧正ディエゴ・ペラーエスのもと、フランスから伝わった教会建築の影響をうけ、スペイン最高のロマネスク様式の教会が完成した。その後、増改築が繰り返され、現在の姿になった。

　バロック様式の**オブラドイロの正面 Fachada del Obradoiro**の内側には、3つのアーチをもつ**栄光の門 Pórtico de la Gloria**がある。ヨハネ黙示録をもとにした200体にも上る彫像は、名匠マテオによって12世紀初めに完成された。中央の柱の上部では、右手に巻物、左手に杖を持った聖ヤコブが、長旅の巡礼者を迎えてくれる。柱の下のほうには5本の指のくぼみが付いているが、これは、長年にわたって巡礼者たちが柱に触って祈りをささげてきたため、石がすり減った跡である。

　中央祭壇 Altar Mayorは、17世紀後半に造られたチュリゲラ様式で、中央に聖ヤコブの像が祀られている。祭壇の左横には**地下礼拝堂 Cripta**への階段があり、聖ヤコブの柩を拝むことができる。また祭壇の右横の階段は、聖ヤコブの像の裏側へと通じている。信者たちは慣習に従ってマントにキスをする。

　身廊の南側には**美術館 Museo**があり、儀式の際に6人の男性が振り回す、大型の香炉ボタフメイロが見もの。またルーベンスやゴヤの下絵によるタペストリーも、美術好きには必見だ。

　交差廊の南側にある扉は、**銀細工の門 Puerta de las Platerías**と呼ばれ、キリスト受難の図が彫り刻まれている。門の前の4頭の馬の像の噴水がある広場は、**銀細工の広場 Praza de las Platerías**。ここはかつて銀細工師たちが店開きをしていたことに由来する。

運がよければボタフメイロが見られるかも

カテドラル
🏠Pr. do Obradoiro, s/n
🌐catedraldesantiago.es
☎902 044 077
🕐毎日　　　　7:00～21:00
💰無料
●美術館と栄光の門
栄光の門の見学はガイド付きで所要45分。人数制限があり、事前に公式サイトから予約できる。また大聖堂の屋根と塔に上るツアーもあり所要1時間。
🕐毎日　　10:00～20:00
　（12/24・31は～14:00）
※入場は閉館1時間前まで
🚫1/1・6、7/25、12/25
💴€12、学割と65歳以上€10

「栄光の門」の中央に座す聖ヤコブの像

カテドラル

免罪の門
Puerta del Padrón

キンターナ広場
Praza de la Quintana

地下礼拝堂
Cripta

中央祭壇
Altar Mayor

時計塔
Torre del Reloj

銀細工の広場
Praza de las Platerías

入口

銀細工の門
Puerta de las Platerías

交差廊
Crucero

身廊
Nave

聖具室
Sacristía
宝物庫
Tesoro

回廊
Claustro

美術館
Museo

ヘルミレス宮殿
Palacio Gelmírez

栄光の門
Pórtico de la Gloria

聖遺物の礼拝堂
Capilla de las Reliquias

回廊
Claustro

オブラドイロの正面
Fachada del Obradoiro

ミュージアムショップ

↑美術館（栄光の門）入口　　↑美術館入口

はみだし　聖ヤコブの日である7月25日が日曜に当たる年は「聖年」とされ、普段は閉じられているカテドラル裏側の「免罪の門」が開かれる。次回の聖年は2027年。この門を通った者はすべての罪が許されるといわれる。

多様な建築様式が外観と内部ともに見られる　　★★　map P.404/B1

サン・マルティン・ピナリオ教会
Iglesia San Martín Pinario

旧市街に建つ代表的な教会のひとつ。併設した修道院跡は市の公共施設として利用されている。教会は9世紀に着工され、ルネッサンス、バロック、ネオクラシックなどの様式で、時代ごとに増築されてきた。現在の建物は19世紀の形を残している。内部の礼拝堂は黄金の祭壇が圧巻で、上階にある聖歌隊席も見応えがある。

礼拝堂にある黄金の祭壇

サン・マルティン・ピナリオ教会
🏠Pl. de San Martiño 3
☎ 881 607 003
🕐 7〜10月
　　毎日　　　　10:00〜20:00
　　11〜6月
　　木〜月　　　11:00〜14:00
　　　　　　　　16:00〜19:00
　　火　　　　　11:00〜14:00
🚫 11〜6月の水
💰 €4、学割・65歳以上€3

この地方の郷土文化を知ることができる　　★　map P.404/A2

ガリシア民俗博物館
Museo do Pobo Galego

かつてサント・ドミンゴ修道院だった建物跡を利用し、1977年に博物館としてオープン。ガリシア地方の郷土文化や庶民生活に関しての展示物や写真が陳列されている。農業や漁業で使う用具のほか、伝統家屋の模型、ガリシア地方の衣装、祭りで使われる楽器などが展示されていて、この地方の文化を知るうえで興味深い。

漁船が展示されている

ガリシア民俗博物館
🏠San Domingos de Bonaval, s/n
☎ 981 583 620
🌐 www.museodopobo.gal
🕐 火〜土　　　11:00〜18:00
　　日・祝　　　11:00〜14:00
🚫 月、1/1、12/25
💰 €4、学割・65歳以上€1.50

近郊の見どころ ✦ Excursion

大西洋を望むスペイン最果ての町　　★　map P.378/A1

フィステーラ
Fisterra(Finisterre)

「地の果て」を意味するフィステーラ。サンティアゴからさらに西へ約90km、巡礼路の終点としてこの町を目指す人も多い。灯台が建つ岬から眺める大西洋は圧巻だ。かつて巡礼者たちはここで、巡礼中に使ったものを燃やして海に流したという。サンティアゴからフィステーラへといたる道中には美しい海岸線が続き、ムーロスMuros、コルクビオンCorcubiónなどの港町が点在する。レンタカーでドライブしたい絶景のコースだ。

フィステーラへの行き方
🚌 サンティアゴのバスターミナルからMonbus社のバスで約2〜3時間、1日5〜6便。

聖ヤコブの遺骸が流れ着いた地　　★　map P.378/A1

パドロン
Padrón

伝説によると、エルサレムで殉教した聖ヤコブの遺骸が弟子たちによって小舟に乗せられ、流れ着いたのがここパドロンの海岸。サンティアゴ教会Iglesia de Santiagoには、聖ヤコブの遺骸を横たえたという石が祭壇下に納められている。1989年にノーベル文学賞を受賞したカミロ・ホセ・セラの生まれた町としても知られ、また町を流れるサール川の風景はガリシア生まれの女流詩人ロサリア・デ・カストロの詩にたびたび登場する。

パドロンへの行き方
🚌 サンティアゴのバスターミナルからMonbus社のバスで30分、毎時1〜2便。

 町のお菓子屋さんで見かけるタルタ・デ・サンティアゴ Tarta de Santiago は、アーモンドの粉を混ぜて焼いた円形のスポンジケーキ。表面には粉砂糖で十字架が描かれている（→ P.31）。

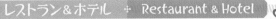

レストラン＆ホテル ＋ Restaurant & Hotel

旧市街のFranco通り周辺にバルが多い。ホテルも旧市街に泊まれば観光に便利。

カサ・マノーロ
Casa Manolo

[map] P.404/B1

地元では有名な定食専門店。昼時は行列ができるほどの人気で、それもそのはず、おいしくてボリュームたっぷりの料理2品とデザートの定食が€12.50。料理は20種以上から選べる。

[住]Praza de Cervantes ☎981 582 950
[営]13:00～16:00、19:30～23:30
[休]月 [カード][J][M][V]

ビスポ
A Taberna do Bispo

[map] P.404/B1

飲食店が集まっているエリアにあり、カウンター席はいつも客で混み合う。魚介類のタパスは種類が豊富で、地元客にも人気のバル。タパスは€2.10～4.60。

[住]Franco37-B ☎981 586 045
[営]11:30～24:00 [休]無休 [カード][J][M][V]

ガト・ネグロ
Gato Negro

[map] P.404/B1

昔ながらの雰囲気を残す居酒屋。クンカと呼ばれる白い器でワインを飲みながら、プルポ・ガリェーゴ（ガリシア風ゆでタコ）€15をつまもう。

[住]Rúa da Raíña, s/n ☎981 583 105
[営]12:30～15:00、19:30～23:00
[休]月、冬期の日 [カード]不可

ラ・クエバ
La Cueva

[map] P.404/B1

ムール貝で有名なバル。なかでもピリ辛ソースのかかったティグレス Tigres€7.50が名物。隣のバル「トラファルガー」も同経営で、テラス席でも食べられる。

[住]Travesa de Fonseca ☎981 584 729
[営]11:00～翌1:00（11～2月は11:00～16:00、19:00～翌1:00）
[休]無休 [カード][A][D][J][M][V]

パラドール・デ・サンティアゴ・デ・コンポステーラ
Parador de Santiago de Compostela

★★★★★ [map] P.404/B1

正式名称は「オスタル・デ・ロス・レイエス・カトリコス」。1499年にカトリック両王が巡礼者のために建てた病院兼宿泊所で、ゴシック様式の礼拝堂や回廊などが歴史をしのばせる。（→ P.45）

[住]Praza do Obradoiro 1 ☎981 582 200 [FAX]981 563 094
[URL]www.parador.es [料]ⓈⓌ€176～378
[カード][A][D][J][M][V] [客室数]137 [Wi-Fi]無料

ヘルミレス
Hotel Gelmírez

★★★ [map] P.404/C1

駅からガリシア広場へ向かう途中にあり、鉄道を利用する人には便利だ。近代的なホテルで、客室はゆったりとしており快適に過ごせる。

[住]Hórreo 92 ☎981 561 100 [FAX]881 978 010
[URL]www.hotelgelmirez.com [料]Ⓢ€58～119
Ⓦ€51～94 [カード][A][D][M][V] [客室数]132 [Wi-Fi]無料

マポウラ
Hostal Mapoula

★★ [map] P.404/B1

ガリシア広場からすぐ。路地に面した建物の4階にあるので静か。南側の部屋は日当たりが1日中よい。部屋の家具や装飾も感じよくまとめられている。

[住]Entremurallas 10-3° ☎981 580 124
[FAX]981 562 031 [URL]www.mapoula.com [料]Ⓢ€34～60
Ⓦ€47～88 [カード][M][V] [客室数]12 [Wi-Fi]無料

スソ
Hostal Suso

★★ [map] P.404/B1

旧市街の中心、ビラール通りの[i]の隣にあり、観光や食事にも便利。通りに面した部屋からは、まるで中世のような眺めが広がる。1階はバルでいつもにぎやか。

[住]Rúa do Vilar 65 ☎981 586 611
[URL]www.hostalsuso.com [料]ⓈⓌ€48～65
[カード][M][V] [客室数]10 [Wi-Fi]無料

TOPICS

ガリシア語は叙情詩を語る言葉

イベリア半島北西部に位置し、雨が多いためスペインでは珍しく緑豊かな景観を楽しませてくれるガリシア。この地方で話されている言語がガリシア語だ。ア・コルーニャ、ルーゴ、ポンテベドラ、オウレンセの4県からなるガリシア州の公用語となっており、約200万人もの人々によって使用されているが、その大半はスペイン（カスティーリャ）語とのバイリンガルだ。また、一般にガリシア人はポルトガル語を何の苦もなく理解できるといわれているが、これは、現在ポルトガル語として知られている言葉の母体がガリシア語だったことによる。さらに、ガリシア語は古くから叙情詩を語るのに適した言語と考えられ、12～14世紀にはいくつもの優れた文学作品が生まれた。この伝統は近代になっても受け継がれており、特にサンティアゴ生まれの女流詩人ロサリア・デ・カストロ（1837～1885年）は、ガリシアを代表する詩人として知られている。

[はみだし] **アバストス市場**（[map] P.404/B2）の中にはバルがあり、ガリシアの海で取れた新鮮なシーフードを手頃な料金で食べることができる。[営]8:00～15:00（バルは夜も営業） [休]日・祝

麦畑が広がる大地を
ひたすら西に向かって歩く

中世の巡礼路をたどる
カミノ・デ・サンティアゴ
Camino de Santiago

ピレネーを越え、スペイン北部を横断して聖地サンティアゴを目指す巡礼の道。
かつての巡礼者たちの足跡をたどって、雄大な自然や中世美術に触れてみよう。

聖ヤコブが眠る
聖地サンティアゴ

　スペイン北西部に位置するサンティアゴ・デ・コンポステーラは、エルサレム、ローマと並ぶキリスト教3大聖地のひとつ。伝説によると、キリストの十二使徒のひとりである聖ヤコブ（スペイン語でサンティアゴ）はスペインで布教活動を行った後、エルサレムに戻りそこで殉教した。弟子たちは彼の遺骸を舟でスペインへ運び埋葬したが、イスラム教徒がイベリア半島へ侵入しキリスト教が迫害される間に墓の所在は忘れ去られてしまう。9世紀初め、星に導かれた羊飼いが聖ヤコブの墓を発見し、その場所に小さな教会が建てられた。この言い伝えによりサンティアゴ・デ・コンポステーラという町の名は、ラテン語の「campus stellae（星の野）」がもとになったとされているが、「compositum（墓場）」に由来するという説もある。なお発掘調査により、現在のカテドラル（→ P.405）はローマ時代の墓の上に建っていることが確認されている。

巡礼の最終目的地、聖ヤコブが眠るサンティアゴのカテドラル

中世から続く
巡礼路をたどる

　伝説の真偽はともかくとして、聖ヤコブの墓がサンティアゴで見つかったという話はヨーロッパ中に伝わり、大勢の巡礼者がこの地を訪れるようになった。11世紀に入ると巡礼路も整備され、スペインはもとより、フランス、イタリア、ドイツ、遠くはイギリスや北欧などから、最盛期には年間50万人もの人々がサンティアゴを目指したといわれている。現在でも、巡礼路をたどるのはそれほど難しいことではない。全行程を歩き通す人は少なくなったとはいえ、徒歩や自転車など思いおもいのスタイルで旅する人々の姿が見られる。巡礼路を旅する魅力はいろいろある。雄大な大自然に触れるのも楽しいし、あちこちに残るスペイン・ロマネスク様式の教会を巡るのもいい。また巡礼路のある北部は、いわゆる「闘牛とフラメンコ」以外のスペインが顔をのぞかせる地域でもある。いずれにせよ、ひと味違ったスペイン旅行が楽しめるに違いない。

巡礼路沿いには中世の教会が数多く残る

ホタテ貝、杖、ヒョウタンは巡礼の証

巡礼路を示す道標と黄色い矢印。今も年間約10万人もの人々が徒歩や自転車で巡礼路をたどる

アルベルゲでくつろぐ巡礼者たち。各国からの旅人と出会えるのも楽しみのひとつ

クレデンシャルとコンポステラーノを手に記念撮影

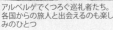

巡礼路を旅するには

公共交通機関で

　鉄道やバスは巡礼路に沿って走っているわけではないので、全行程をたどるのは難しい。パンプローナ、ブルゴス、レオンなど主要都市まで鉄道かバスで行き、そこからローカルバスが運行している区間に限られる。またバスの本数も少ないので、時間には余裕をもって予定を組みたい。

レンタカーで

　巡礼路を効率的にたどるなら、レンタカーの利用がおすすめ。交通が不便な小さな町や村へも行くことができる。パンプローナで車をレンタルし、1日200〜300kmを走るとして、サンティアゴまで4〜5日の行程（レンタル料金は5日間で€300〜）。巡礼路沿いには「Camino de Santiago」の標識があるが、旧道は国道や県道から外れている所も多い。

徒歩・自転車で

　ピレネー山脈から歩く場合、サンティアゴまで約800km。個人差もあるが、1日平均20〜30kmを歩くとして30〜40日かかる。巡礼者の多いシーズンは4〜9月。冬は寒さが厳しい。巡礼路上には巡礼宿（アルベルゲ Albergue）が完備されており、無料または低料金で宿泊できる。なお、サンティアゴ・デ・コンポステーラまで徒歩で100km以上、自転車で200km以上達成し、クレデンシャル（巡礼手帳）にアルベルゲなどで押してもらえるスタンプを集めると、サンティアゴの巡礼事務所で巡礼証明書（コンポステラーノ Compostelano）を発行してもらえる。

サンティアゴ到着を祝福し合う巡礼者たち

各地の名物グルメを味わうのも楽しい

巡礼路の見どころ

ピレネーからサンティアゴ・デ・コンポステーラまで約800km。
そのなかから比較的行きやすく、訪れてみたい小さな町や村を紹介しよう。

ロンセスバリェス
Roncesvalles

フランスからの道は、西側のイバニェタ峠、
または東側のソンポルト峠を通ってピレネー
山脈を越える。イバニェタ峠からは、修道
院のあるロンセスバリェス、さらにブルゲーテ
（→ P.364）を経てパンプローナへ。
▶パンプローナからバスで約1時間

> ここから
> サンティアゴまで
> 790km

プエンテ・ラ・レイナ
Puente La Reina

イバニェタ峠からの「ナバーラの道」とソン
ポルト峠からの「アラゴンの道」が合流する
のがここ。町の名（「王妃の橋」という意味）
の由来となった橋は、巡礼者のためにナバー
ラ王妃によって11世紀に造られた。
▶パンプローナからバスで約40分

> 巡礼者は
> この橋を渡って
> 西へ向かう

巡礼路の合流地点に立つ
聖ヤコブの像

3 エステーリャ
Estella

「星降る町」と呼ばれるエステーリャは、雨
のように降り注ぐ星に導かれた羊飼いがマリア
像を発見したという伝説が残る。町を出て約
3kmの所には、巡礼者のために無料でワイン
を提供する「イラチェの泉」がある。
▶パンプローナからバスで約1時間

> 町の中心に架かる
> カルセル橋を渡る

サント・ドミンゴ・デ・ラ・カルサダ
Santo Domingo de la Calzada

11世紀に修道士ドミニクス（聖ドミンゴ）
によって石畳の道（カルサダ）が築かれたの
が町の名の由来。聖ドミンゴがニワトリを生き
返らせた伝説にちなんで、カテドラルには雌
雄1対のニワトリが飼われている。
▶ログローニョからバスで約1時間

> 町の外から
> カテドラルの
> 見える

カリオン・デ・ロス・コンデス
Carrión de los Condes

ブルゴスからレオンへは、広漠としたメセタ
の大地が広がり、見渡すかぎり麦畑が続く。
ロマネスクの傑作といわれるサン・マルティ
ン教会があるフロミスタ Frómista を経由し、
中継地のカリオン・デ・ロス・コンデスへ。
▶ブルゴスからバスで約1時間半

> 地平線の
> かなたまで
> 巡礼路が続く

6 フォンセバドン
Foncebadón

アストルガから山道
を上り、小さな村をい
くつも過ぎ、今では住
む人もほとんどいない
フォンセバドンへ。標
高1530mのイラゴ
峠には、巡礼者たちが
旅の無事を祈って石を
積み上げた小山があり
「鉄の十字架」が立っ
ている。
▶アストルガから車で約
1時間

> 巡礼者を
> 見守ってきた
> 「鉄の十字架」

サンティアゴ・デ・コンポステーラ

カンタブリア海

フランス

イパニェタ峠

①

ソンポルト峠

パンプローナ
→P.362

ハカ
→P.373

ビリャフランカ・デル・ビエルソ

レオン
→P.152

③②

サングエサ
→P.364

→P.403

⑩

パラス・デ・レイ

⑨⑧

⑦⑥

アストルガ
→P.154

サアグン

⑤

フロミスタ

ブルゴス
→P.148

④

ログローニョ
→P.366

ガリシア地方に入ると緑が多くなる

---

⑦ ポンフェラーダ
Ponferrada

イラゴ峠から山道を下り、中世の橋が残るモリナセカ Molinaseca を過ぎると、人口約6万人のポンフェラーダに着く。この町は巡礼者たちを保護したテンプル騎士団が要塞を築いたところで、今も城の廃墟が町を見下ろしている。
▶レオンから列車で約1時間半〜2時間

町の中心に建つエンシナ教会

---

⑨ サリア
Sarriá

ここからサンティアゴ・デ・コンポステーラまで約114km。巡礼証明書をもらうため、この町から歩き始める人も多い。このあたりになると、ガリシア地方特有のオレオという高床式倉庫がところどころで見られるようになる。
▶レオンから列車で約3時間30分〜4時間

巡礼者でにぎわうサリアの町

---

⑧ セブレイロ
Cebreiro

標高1320mの峠に位置する、巡礼路最後の難所。村には巡礼路で最も古い教会と、ケルト文化の名残である独特な形をした家屋が今も残る。
▶レオンからサンティアゴ・デ・コンポステーラ行きのバスに乗り、Pedrafita do Cebreiro で下車。そこから約3km先のセブレイロへは、バルなどでタクシーを呼んでもらおう。料金はセブレイロまで片道 €10 程度。

セブレイロは人口約30人の小さな村

---

⑩ モンテ・ド・ゴソ
Monte do Gozo

サンティアゴ・デ・コンポステーラの町から東へ約5km。「歓喜の丘」という意味のモンテ・ド・ゴソは、巡礼者が聖ヤコブの眠るカテドラルを初めて目にする場所。丘の上には元ローマ法王パウロ2世の訪問を記念するモニュメントがある。
▶サンティアゴから車で約10分

モニュメントの前で記念撮影

★ Lugo

ローマ時代に築かれた城塞都市

ルーゴ

世界遺産

✣ Lugo

map P.378/A1

標高	465m
人口	約9万7200人

アクセス

🚄 マドリード・チャマルティン駅から約4〜6時間、1日3〜4便。ア・コルーニャから約2時間、1日2便。

🚌 マドリードの南バスターミナルからAlsa社のバスで約6〜7時間、1日4〜5便。ビーゴから約4時間、1日1〜2便。サンティアゴ・デ・コンポステーラから約2時間30分、1日6便。

❶ 観光案内所

map P.412
🏠 Praza do Campo 11
☎ 982 251 658
🕐 毎日　　　　10:00〜20:00
　（10/15〜5/31は〜18:00）
🚫 1/1、12/24・25

世界遺産

ルーゴのローマ城壁群
（2000年登録）

町の象徴であるローマ城壁が歴史地区を囲む

　ポルトガルへと流れるミーニョ川の上流域にある、ガリシア地方内陸部の古都。かつては古代ローマの属州ガラエキアの主要都市で、交通の要衝として繁栄した。約2.5kmにわたって旧市街を囲む、3世紀に築かれた城壁が世界遺産に登録されている。山々に囲まれた盆地に面し、冬は雪が積もることもある。

歩き方 ✣ Orientation

　ルーゴ駅を出て正面の階段を上り、道なりに坂道を歩いていくと**ローマ城壁Muralla Romana**が見えてくる。高さ10mほどの城壁の上は、昼夜問わず地元の人や観光客が歩いているので上ってみよう。歴史地区を眺めながら、城壁の南側をぐるりと歩いていくと**カテドラルCatedral**が見えてくる。

　カテドラルの正面で城壁を下りて、細い路地を北西側に進むと、**カンポ広場Praza do Campo**に面して❶がある。この❶の上のフロアは、城壁に関する展示物や解説ビデオなどがあって見学は無料だ。カンポ広場から延びる**ノバ通りRúa Nova**は飲食店が軒を連ねている。この通り沿いには、**ルーゴ博物館Museo Provincial de Lugo**もあるので内部を見学してみよう。

ルーゴ

メトロポル
ルーゴ駅 Renfe
ローマ城壁 Muralla Romana
フェロール広場 Praza de Ferrol
ルーゴ議会 Diputación Provincial De Lugo
0　200m
Rúa Castelao
アスリア通り
Ronda do Murralla
Rúa Montevideo
ノバ通り Rúa Nova
ルーゴ博物館 Museo Provincial de Lugo
Rúa Montero Ríos
Pazo de Orbán
カンポ広場 Praza do Campo
Ronda das Fontiñas
マイオール広場 Praza Maior
San Roque
カテドラル Catedral
バスターミナル 🚌
San Pedro

城壁の上を地元の人が歩いている

はみだし　毎年10月上旬に開催されるサン・フロイラン祭 Fiesta de San Froilán では、ガリシア地方の音楽や舞踊が上演されるほか、当地の人気ロックバンドが劇場などに出演する。2023年は10月4〜12日の予定。

おもな見どころ ✣ Sightseeing

さまざまな建築様式が混在する ★★ [map] P.412

カテドラル（大聖堂）
Catedral

歴史地区の南側に建つ、ロマネスク様式を基調とした教会。着工されたのは1129年で、その後にゴシック様式によって増築され、バロック様式のドーム型円堂も造られた。内部には、大きな瞳の聖母Virgen de los Ojos Grandesと呼ばれる礼拝堂がある。

城壁の上から見たカテドラル

カテドラル
[住]Pr. Santa María 1
☎ 982 231 038
[URL] catedraldelugo.es
[開] 月〜土　9:30〜18:30
[休] 日
[料] €6、学割€5

カテドラル内部の礼拝堂

ローマ時代のモザイク画を展示 ★ [map] P.412

ルーゴ博物館
Museo Provincial de Lugo

かつてサン・フランシスコ修道院だった建物を改装。内部にはガリシア地方の農家を再現した部屋があるほか、ローマ時代の出土物、地元画家による作品などを展示。中央のホールにある5m四方ほどのローマ時代のモザイク画は必見だ。

回廊には中世の石棺などが置かれている

ルーゴ博物館
[住]Pr. da Soidade, s/n
☎ 982 242 112
[URL] museos.xunta.gal
[開] 月〜金　9:00〜21:00
　土　10:30〜14:00
　　16:30〜20:00
　日・祝　11:00〜14:00
[休] 1/1・6、5/22、12/24・25・31
[料] 無料

ホテル ✣ Hotel

市内には規模の小さいホテルが10軒ほどある。レストランやバルはノバ通りに多い。

メンデス・ヌニェス
Hotel Méndez Núñez
★★★★ [map] P.412

ルーゴの歴史地区にあるホテルとしては最も部屋数が多い。内部はモダンな雰囲気で、1階にあるレストランは評判が高い。
[住]Raiña 1　☎ 982 230 711　[FAX] 982 229 378
[URL] www.hotelmendeznunez.com
[料]ⓈⓌ€59〜150　[カード][A][D][M][V]　[客室数] 70　[Wi-Fi]無料

メトロポル
Hotel Metropol
★ [map] P.412

鉄道駅近くの便利な立地にある経済的なホテル。料金のわりには室内はきれいで、スタッフも親切だ。1階の入口部分はカフェになっている。
[住]Miguel de Cervantes 58　☎ 982 813 597
[FAX] 982 813 352　[料]Ⓢ€42〜72　Ⓦ€45〜83
[カード][A][M][V]　[客室数] 25　[Wi-Fi]無料

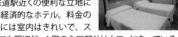

TOPICS

自然が創り出した芸術作品カテドラル・ビーチ

ルーゴ県の北東部に位置する**カテドラル・ビーチ Praia das Catedrais**（[map] P.379/A2）は、波や風によって浸食された岩が大聖堂のアーチのように見えることから、その名で呼ばれている。スペインで最も美しいビーチのひとつといわれ、干潮時には砂浜に下りてアーチをくぐったり、自然の造形美を間近で楽しむことができる。セマナ・サンタ（イースター週間）と7〜9月は人数制限があり、下記サイトから予約が必要。
[URL] ascatedrais.xunta.gal

[交] リバデオ Ribadeo から列車で3駅目の Esteiro で下車、徒歩約20分。7〜9月はリバデオからビーチ行きのバスも運行される。リバデオへはオビエドから列車で4時間10分、またガリシア地方各地からバスの便もある。

引き潮の時間帯を狙って訪れたい

大西洋に面した港町

ア・コルーニャ

✦ A Coruña

map P.378/A1

標高	5m
人口	約24万4700人

アクセス

🚄 マドリード・チャマルティン駅から3時間30分～8時間20分、1日9～13便。サンティアゴから約30～40分、毎時1～2便。

🚌 マドリードの南バスターミナルからAlsa社のバスで約7時間～8時間15分、1日3～4便。オビエドから3時間40分～4時間45分、1日2～3便。サンティアゴからMonbusで1時間、ほぼ1時間おき。

❶観光案内所

●マリア・ピタ広場
map P.415
🏠Pl. María Pita 6
☎661 687 878
URL www.visitcoruna.com
🕐 月～金　　9:00 ～ 18:30
　　　（11 ～ 1 月は～ 17:30）
　　土　　　10:00 ～ 17:00
　　日・祝　10:00 ～ 15:00
🚫 1/1・6、12/24・25・31
このほかヘラクレスの塔にも
❶がある。

世界遺産

ヘラクレスの塔
（2009年登録）

※ア・コルーニャはガリシア語表記。カスティーリャ語ではラ・コルーニャLa Coruña。

世界遺産に登録されている名所ヘラクレスの塔

　ガリシア地方最大の港湾都市。市街はア・コルーニャ港と大西洋に面しており、いたるところから海の風景を楽しめる。港の起源はローマ時代に溯り、1588年には無敵艦隊の出港地ともなっている。また、海の幸がおいしいことでも有名。日本人には珍しい、いろいろな種類のマリスコス（魚介類）があり、文字どおり酒のさかなにぴったり。お酒を飲めば愉快に話がはずみ、市街の通りは夜更けまでにぎやかだ。お気に入りのマリスコスを見つけて、ガリシアの夜を満喫しよう。

歩き方 ✦ Orientation

　ア・コルーニャ駅とバスターミナルは町の南側にあり、両者は徒歩数分の距離。旧市街へは歩くと 30 分以上かかるので、市バスかタクシーを利用しよう。駅前ロータリーの右斜め向かいからバス 5 番が**スペイン広場 Pl. de España** 近くまで、バスターミナルからは 1 番と 1A 番が**マリーナ大通り Av. de la Marina** へ、4 番がスペイン広場へ行く。旧市街の中心は、市庁舎が建つ**マリア・ピタ広場 Pl. de Maria Pita**。この広場に面して❶がある。

　マリーナ大通りは、真っ白に塗られた建物が美しい「ガラスの街 Ciudad de Cristal」として有名。その東側は、ローマ時代から続く旧市街。マリーナ人通りの北側の Real 通りから San Andrés 通りにかけての地域にはバルやレストランが多く、特に週末の夜はにぎやかだ。

市庁舎が建つマリア・ピタ広場

夏の週末は海水浴客でにぎわうオルサン海岸

はみだし　マリア・ピタ広場からア・コルーニャ港に出て、Paseo Marítimo 通りに沿った遊歩道を歩いてみよう。ヨットやボートが浮かぶ港を眺めながら南東方面へ進むと、岬の先端に建つサン・アントン城が見える。

おもな見どころ ✤ Sightseeing

ア・コルーニャ湾を一望できる ★★ map P.415

サン・アントン城
Castillo de San Antón

岬の先端に建つ、城壁に囲まれた要塞。16世紀に建てられ、その後何度か修復された。現在の建物は1779年に再建されたもの。内部は考古学博物館になっており、ローマ時代の遺物から、ケルト人の装飾品、独立戦争で

かつては港を守る要塞だった

使われた武器、無敵艦隊に関する資料まで、種々雑多なものが展示されていて興味深い。外庭には、灯台、十字架、井戸があり、この城が使われていた当時をしのばせる。

町の歴史を見守ってきた ★ map P.415

サンティアゴ教会
Iglesia de Santiago

12世紀に建てられたロマネスク様式の教会。ア・コルーニャで最も古い教会といわれている。西の入口はゴシック期に増築されたもので、馬にまたがった聖ヤコブが彫られている。

サン・アントン城
🏠Paseo Marítimo Alcalde Francisco Vázquez 2
☎981 189 850
🕐火～土　10:00～19:30
（7・8月は～21:00）
日・祝　10:00～14:30
（7・8月は～15:00）
休月
料€2、土は無料

サンティアゴ教会
🏠Parrote 1
☎981 205 696
🕐毎日　11:30～13:30
18:30～19:30
料無料
ミサは月～土 20:00、日・祝12:30 と 20:00

歴史あるサンティアゴ教会

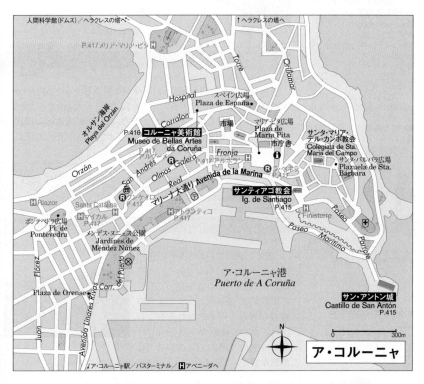

ア・コルーニャ

ガリシア絵画の展示が充実している　　　　　　　　　★　map P.415

コルーニャ美術館
Museo de Bellas Artes da Coruña

コルーニャ美術館

🏠Zalaeta 2
☎881 881 700
🌐museobelasartescoruna.
xunta.gal
🕐火～金　　10:00 ～ 20:00
　土　　　　10:00 ～ 14:00
　　　　　　16:30 ～ 20:00
　日　　　　10:00 ～ 14:00
🚫月・祝
💴€2.40、学割€1.40
　土の午後と日は無料

16世紀から現代までのスペイン絵画を収蔵する。特にガリシア生まれの画家による作品は、3階と4階に大きなスペースが割かれている。別館にはゴヤのインク絵による連作が多数とサルガデロスの陶器が展示され、いずれもたいへん見応えがある。

さまざまな企画展も行われる

オルサン海岸を見下ろす高台に建つ　　　　　　　★　map P.415 外

人間科学館
Domus

人間科学館

🏠Ángel Rebollo 91
☎981 189 840
🌐www.coruna.gal/mc2
🕐1・2月
　月～金　　10:00 ～ 18:00
　土・日・祝11:00 ～ 19:00
　3～6・9～12月
　毎日　　　10:00 ～ 19:00
　7・8月
　毎日　　　10:00 ～ 20:00
🚫1/1・6、12/25
💴€2、学割€1

日本を代表する建築家、磯崎新氏の設計で1995年に完成した科学館。世界一の大男の模型や人体解剖模型などユニークな展示がされており、人体の仕組みについて体験しながら学ぶことができる。また、創作料理が楽しめるレストラン「Dumus」も併設している。

船の帆を思わせる
外観がユニーク

今も機能する世界最古の灯台　　　　　　★★★　map P.415 外

ヘラクレスの塔
Torre de Hércules

世界遺産

ヘラクレスの塔

🏠Av. Navarra, s/n
☎981 223 730
🌐www.torredeherculesacoru
na.com
🕐6～9月
　毎日　　　10:00 ～ 21:00
　10～5月
　毎日　　　9:45 ～ 17:00
※入場は～20:00（10～5月
は～ 15:45）
💴€3、学割€1.50、月は無料
🚫1/1・6、12/24・25・31

旧市街から北方向へ歩くと、緩やかな坂道を上ること約20分で大西洋の景観が開けてくる。バスならマリーナ大通りから3番で。2世紀に建てられたローマ時代の灯台で、その後18世紀に現在の四角形に改築された。海抜約57mの丘に立つ高さ55mの塔に上ると、大西洋の大海原を見渡すことができる。

半島の先端にそびえ立つ

近郊の見どころ ✛ Excursion

湾の奥に位置するかつての港町　　　　　　★　map P.378/A1

ベタンソス
Betanzos

ベタンソスへの行き方

🚌 ア・コルーニャのバスターミナルから約30分、ほぼ30分おきに運行。

商才に長けていたこの町の住人は「スペインのジェノヴァ人」と呼ばれ、彼らがその富を使って造った中世の町並みとゴシック様式の教会が残る。中心を流れる幅広の川は、かつては重要な港だったが、今では泥砂で埋まってしまい小さな漁船が浮かんでいるだけ。対岸からの町の眺めが美しい。

坂道に昔の面影をとどめる家が並ぶ

 はみだし 町の西側にある**オルサン海岸 Playa del Orzán**は、ア・コルーニャ港とは対照的に、砂浜のビーチになっている。大西洋の透明な水が美しく、夏は海水浴や日光浴を楽しむ人々でにぎわう。

レストラン＆ホテル ✢ Restaurant & Hotel

マリーナ大通りの北側にレストランが集中しており、手頃な宿もこのあたりに多い。

ラ・ペネラ
La Penela

[map] P.415

町を代表する高級ガリシア料理レストランのひとつ。同広場9番地に同名のセルベセリア（ビアホール）があるので注意。予算€30～。

[住]Pl. de María Pita 12 ☎981 209 200
[営]13:30～16:00、21:00～24:00
[休] 日の夜 [カード][A][D][J][M][V]

アルクーメ
Alcume

[map] P.415

店頭で魚介や肉類を炭火焼きしている。おすすめは牛と豚、鶏肉などを盛り合わせた Parrillada Mixta で €10.50。

[住]Galera 44 ☎981 210 174
[営]12:30～16:00、19:00～24:00
[休] 水 [カード][A][M][V]

クンケイロ
Cunqueiro

[map] P.415

バルやレストランが集中している通りにあり、地元客に定評がある。魚介のタパス€2.40～がおすすめで、旬の料理が店頭に書いてある。

[住]Estrella 22 ☎981 212 629
[営]12:00～16:00、19:00～24:00（金・土は～翌0:30）
[休] 無休 [カード][A][M][V]

メリア・マリア・ピタ
Hotel Méria Maria Pita

★★★★ [map] P.415

オルサン海岸北側の高台に立ち、眺めがすばらしい。旧市街の中心へは徒歩5分ほど。フィットネスセンターやレストランもある。

[住]Av. Pedro Barrie de la Maza 3 ☎981 205 000
[URL]www.melia.com [料]ⓈⓌ€73～238
[カード][A][D][J][M][V] [客室数]178 [Wi-Fi]無料

アトランティコ
Hotel Atlántico

★★★★ [map] P.415

ア・コルーニャ港に面した高級ホテル。港とマリーナ大通りの間にあり立地がよい。レストランは併設されたカジノ内にある。

[住]Jardines de Méndez Núñez 2 ☎981 226 500
[URL]www.eurostarshotels.com [料]ⓈⓌ€65～175
[カード][A][D][J][M][V] [客室数]199 [Wi-Fi]無料

アベニーダ
Hotel Avenida

★★ [map] P.415 外

鉄道駅から交差点を渡って徒歩約1分。荷物を持って旧市街まで移動したくない人に便利だ。ハイウエイ沿いにあり、レストランも併設。

[住]Alvaro Cunqueiro 1 ☎981 249 466 [FAX]981 249 126
[URL]www.hotelavenida.com [料]ⓈⓌ€52～123
[カード][M][V] [客室数]84 [Wi-Fi]無料

マイカル
Hotel Maycar

★★ [map] P.415

ポンテベドラ広場に面した中級ホテル。旧市街やビーチにも近い。カフェは24時間営業。周辺には同クラスのホテルが何軒かある。

[住]San Andrés 159 ☎981 226 000
[URL]www.hotelmaycar.com [料]Ⓢ€30～65 Ⓦ€40～75
[カード][A][M][V] [客室数]54 [Wi-Fi]無料

アルボラン
Hostal Alboran

★ [map] P.415

マリア・ピタ広場のすぐ近くにあり、観光や食事をするには便利な立地。にぎやかな通りに面しているが、部屋は静かでスタッフは親切。

[住]Riego de Agua 14 ☎981 226 579
[URL]aldahotels.es [料]Ⓢ€38～56 Ⓦ€53～77
[カード][M][V] [客室数]30 [Wi-Fi]無料

TOPICS

ガリシア地方のリアス式海岸

岬と入江が複雑に入り組んだ沈降海岸をリアス式海岸と呼ぶが、その名称はスペイン語で入江を意味する「リア Ría」に由来する。ガリシア地方には深いリアが多く、ア・コルーニャ周辺の海岸はリアス・アルタス Rías Altas（上の入江）、ビーゴ周辺はリアス・バハス Rías Bajas（下の入江）と呼ばれている。いわば元祖リアス式海岸というわけだ。こうした地形のためガリシア地方はスペイン有数の漁場となっており、ア・コルーニャでも新鮮な海の幸を味わうことができる。またリアス・バハスでは養殖漁業が盛んで、ビーゴ湾にはムラサキ貝を養殖するバテアスと呼ばれる箱船が浮かんでいる。

ア・コルーニャの海岸も入り組んでいる

はみだし ガリシア地方には「ペルセベス」という高級珍味がある。これはカメの手と呼ばれる貝の一種を塩ゆでしたもので、独特な歯応えがあって人気が高い。

ビーゴ湾の奥に位置する港町

ビーゴ

✦ Vigo

map P.378/A1

標高	28m
人口	約29万2400人

アクセス

🚃 マドリード・チャマルティン駅から4時間20分～約9時間、1日6～11便。サンティアゴから約1時間、ア・コルーニャから約1時間30分、いずれも毎時1便。

🚌 マドリードの南バスターミナルからAvaza社のバスで約7～8時間、1日2～3便。サンティアゴから約1時間30分、ア・コルーニャから約2時間30分。

✈ マドリードから1時間15分、1日3便。バルセロナから1時間50分、1日2便。

🅘 観光案内所

map P.418
🏠 López de Neira 8
☎986 224 757
URL www.turismodevigo.org
🕙 毎日　10:00～17:00
🏠 1/1、12/24・25

市庁舎近くの高台から港を眺められる

スペイン最大の漁港であり、ガリシア地方の工業・商業の中心地。サンティアゴ・デ・コンポステーラから列車でビーゴに向かうと、途中大きなリアス式の湾に出る。急な斜面が落ち込む対岸が、遠くにかすんだり、迫ったりしながら、海岸を走る。海面にはところどころにカキの養殖イカダが浮かんでいる。岬と入江が複雑に入り組んだこの地方は、気候が穏やかで、観光客も多い。

歩き方 ✦ Orientation

旧市街の中心は、かつて漁師たちの居住区だった**ペスケーロ地区 Barrio Pesquero**。ふたつある鉄道駅からは歩いていずれも約15分。バスターミナルは中心部から南東にあり、ウルサイス駅まで歩くと20分ほどかかる。海岸通りに面したホテル・バイーア裏の Pescadore 通りには、生ガキなどの魚介類を食べさせる

ビーゴ空港とのアクセス

ビーゴ＝ペイナドール空港は市内から約9km東にあり、ラインAのバスが約30分間隔で運行している。Urzaiz通りなどを経由し、Universidadeが終点。料金€1.49。タクシーは€23程度。

飲食店が集まっている旧市街のペスケーロ地区

ビーゴ

はみだし　ビーゴの鉄道駅はふたつある。マドリードなどからの長距離列車、ポルトガルからの国際列車は町の東のギサール駅 Guixar に発着。ア・コルーニャからは列車によってウルサイス駅 Urzaiz 発着もあるので要確認。

店があるので、海の幸に舌鼓を打つのもいい。

見どころは、丘の上にそびえる**カストロ城 El Castrorestos de la Fortaleza** のほか、町の南側の博物館や教会がある**キニョーネス・デ・レオン公園 Parque de Quiñons de León**、町の東側のビーゴ湾を見渡せる**ギーア公園 Parque de la Guía** など。いずれも市民の憩いの場となっている。

ペスケーロ地区にある魚介市場

おもな見どころ ✣ Sightseeing

ここからの眺めは抜群 ★ [map] P.418

カストロ城

El Castrorestos de la Fortaleza

町の中心近くにある城塞跡。正面の階段を上っていくと、見晴らしが最高。青い海に船が浮かぶ風景は、まるで1枚の絵のようだ。頂上にはフェリペ4世の時代に造られた城壁が残る。

カストロ城
[開]見学自由

城壁内は自由に見学できる

近郊の見どころ ✣ Excursion

ビーチでのんびり過ごしたい ★ [map] P.378/A1

シエス諸島

Islas Cies

夏には海水浴客でにぎわう、白砂と青松の浜辺がある美しい島。珍しい鳥の生息地で、国立公園に指定されている。ハイキングコースもあり、1日のんびり過ごすのによい。

ビーゴ湾の南端に位置する港町 ★ [map] P.378/A1

バイオナ

Baiona(Bayona)

ふたつの岬に守られた風光明媚な町で、夏は海水浴場としてにぎわう。1493年、新大陸に到達したコロンブスのサンタ・マリア号の僚艦、帆船ピンタ号はこの港に停泊した。入江の先端には中世の城が残っており、現在はパラドールになっている。

シエス諸島への行き方
⛴ ビーゴから6月～9月中旬のみフェリーが運航。所要45分、1時間に1便。

バイオナへの行き方
🚌 ビーゴのバスターミナルから30分おきに運行、所要約30分。

パラドール・デ・バイオナ
★★★★
[住]Monterreal s/n
☎986 355 000
[FAX]986 355 076
[料]Ⓢ Ⓦ€94 ～ 313
[カード]ⒶⒹⒿⓂⓋ
[客室数]117 [Wi-Fi]無料

レストラン＆ホテル ✣ Restaurant & Hotel

レストランはペスケーロ地区に多い。中級ホテルや手頃な宿はUrzáiz通り周辺に集まっている。

🍴 ラ・ティタ・リベラ

La Tita Rivera

[map] P.418

魚介を中心としたガリシア料理を味わえるレストラン。カウンター席で飲み物だけの利用も可能。

[住]Pl. de Compostela 17 ☎886 117 267
[営]13:00 ～ 24:00（土は～翌1:00）
[営]無休 [カード]ⓂⓋ

🍴 フォリャス・ノバス

Follas Novas

[map] P.418

バルやカフェが多い区域にある。メニューは郷土料理が中心で、予算 €15 ～ 20。

[住]Serafín Avendaño 10 ☎986 229 306
[営]13:00 ～ 15:45、20:00 ～ 23:45
[休]日 [カード]ⓂⓋ

🔑 バイーア

Hotel Sercotel Bahía de Vigo

★★★★ [map] P.418

港に面して建つ大型ホテル。客室はゆったりとしていて、窓からの見晴らしもよい。

[住]Av. Cánovas del Castillo 5 ☎986 226 700
[FAX]986 437 487 [URL] www.hotelbahiadevigo.com
[料]Ⓢ Ⓦ€66 ～ 121 [カード]ⒶⓂⓋ [客室数]91 [Wi-Fi]無料

🔑 オクシデンタル

Hotel Occidental

★★★ [map] P.418

見晴らしのよい中級ホテル。部屋は広く快適。海側の部屋は料金が少し高くなる。

[住]Via del Norte 10 ☎986 431 666
[URL]www.barcelo.com [料]Ⓢ Ⓦ€55 ～ 82
[カード]ⒹⓂⓋ [客室数]104 [Wi-Fi]無料

[はみだし] 聖週間と 6/15 ～ 9/15 の間、ビーゴ市内やビーチを巡る観光バスが運行している。計 14 ヵ所にバス停があり、乗り降り自由で料金 €7.50。ホテル・バイーア近くのバス停を 10:00、12:00、16:30、18:30 発。

Islas Canarias

スペイン本土から足を延ばして **常春の楽園カナリア諸島へ**

雪を頂くスペイン最高峰、テネリフェ島のテイデ山

　スペイン本土から南西へ約1000km、アフリカ大陸から西へ約100km
の大西洋に浮かぶカナリア諸島は、1年を通じて温暖なことから「常春の島」
または「大西洋のハワイ」とも呼ばれる。7つの主要な島からなり、総面
積は7447k㎡、約200万人が暮らす。

　1496年にスペイン領となり、コロンブスも航海の途中で立ち寄るなど、
大航海時代にはアメリカ大陸への中継地として発展。この頃に建てられた
コロニアル様式の建築物、また新大陸から持ち込まれた作物や習慣などが
現存し、独自の文化が今も根づいている。

　火山活動によって生まれた島々は、クレーターや砂漠、切り立った海岸線、
ビーチなど変化に富んだ地形をもち、ここでしか見られない動植物も多い。
豊かな自然と快適な気候に恵まれたカナリア諸島は、避暑地または避寒地
として人気が高く、ヨーロッパ有数のリゾート地となっている。

map P.13/C4

カナリア諸島へのアクセス
マドリードまたはバルセロナから
テネリフェ島、グラン・カナリア
島、ランサローテ島、ラ・パルマ
島、フエルテベントゥーラ島に飛
行機が運航、所要約2時間30分。
日本からロンドンやフランクフル
トなどヨーロッパの主要都市を経
由して、カナリア諸島に直行する
ことも可能。また各島は空路や
フェリーで結ばれている。
●ビンター・カナリアス航空
URL www.bintercanarias.com
●フレッド・オルセン社
URL www.fredolsen.es
●ナビエラ・アルマス社
URL www.navieraarmas.com

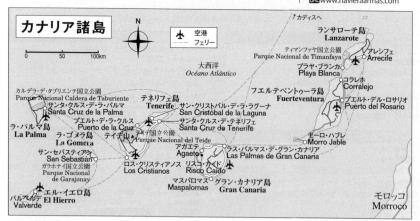

map labels:

カナリア諸島

N

✈ 空港
--- フェリー

0　50　100km

大西洋
Océano Atlántico

カディスへ

ランサローテ島
Lanzarote

ティマンファヤ国立公園
Parque Nacional de Timanfaya

アレシフェ
Arrecife

プラヤ・ブランカ
Playa Blanca

コラレホ
Corralejo

フエルテベントゥーラ島
Fuerteventura

プエルト・デル・ロサリオ
Puerto del Rosario

カルデラ・デ・タブリエンテ国立公園
Parque Nacional Caldera de Taburiente

サンタ・クルス・デ・ラ・パルマ
Santa Cruz de la Palma

テネリフェ島
Tenerife

サン・クリストバル・デ・ラ・ラグーナ
San Cristóbal de la Laguna

プエルト・デ・ラ・クルス
Puerto de la Cruz

ラ・パルマ島
La Palma

ラ・ゴメラ島
La Gomera

テイデ山
テイデ国立公園
Parque Nacional del Teide

サンタ・クルス・デ・テネリフェ
Santa Cruz de Tenerife

モーロ・ハブレ
Morro Jable

サン・セバスティアン
San Sebastián

ガラホナイ国立公園
Parque Nacional
de Garajonay

アガエテ
Agaete

ロス・クリスティアノス
Los Cristianos

リスコ・カイド
Risco Caido

ラス・パルマス・デ・グラン・カナリア
Las Palmas de Gran Canaria

バルベルデ
Valverde

エル・イエロ島
El Hierro

マスパロマス
Maspalomas

グラン・カナリア島
Gran Canaria

モロッコ
Morroco

Tenerife
テネリフェ島

世界遺産

カナリア諸島最大の島。州都サンタ・クルス・デ・テネリフェが島の北東部にある。標高3718mのテイデ山を中心としたテイデ国立公園、また16〜17世紀の建物や町並みが残るかつての首都サン・クリストバル・デ・ラ・ラグーナが、世界遺産に登録されている。

上／溶岩に覆われ、雄大な風景が広がるテイデ国立公園
下／サン・クリストバル・デ・ラ・ラグーナの町並み

Gran Canaria
グラン・カナリア島

世界遺産

中心都市ラス・パルマスは大西洋の漁業拠点になっており、日本人在住者も多い。2019年には「リスコ・カイドとグラン・カナリア島の聖なる山々の文化的景観」が世界遺産に登録された。テネリフェ島から飛行機で約30分、フェリーで約1時間。

上／ラス・パルマスにあるコロンブスの家博物館
下／砂漠のような砂丘が広がるマスパロマス

Lanzarote
ランサローテ島

300以上のクレーターが見られる典型的な火山島。ティマンファヤ国立公園では、バスに乗って溶岩台地やクレーターを巡ることができる。地熱を利用した炭火焼きのレストランや、洞窟を利用したコンサートホールもある。テネリフェ島から飛行機で約50分。

上／ビーチ沿いにはリゾートホテルが並ぶ
下／島には火山地形を利用した公園もある

La Gomera
ラ・ゴメラ島

世界遺産

氷河期以前の貴重な自然環境が残り、シルバー月桂樹の原生林が茂るガラホナイ国立公園は世界遺産に登録されている。深く入り組んだ海岸線や切り立った山など複雑な地形をもち、指笛が交信手段のひとつとして発展した。テネリフェ島からフェリーで約40分。

上／入り組んだ海岸線のあちこちにビーチがある
下／月桂樹の原生林が広がるガラホナイ国立公園

La Palma
ラ・パルマ島

「美しい島」と呼ばれ、段々畑や手つかずの自然が残る緑豊かな島。中心部は世界最大級のカルデラがあるカルデラ・デ・タブリエンテ国立公園となっており、世界有数の天文台があることでも知られる。テネリフェ島から飛行機で約30分、フェリーで約2時間。

Fuerteventura
フエルテベントゥーラ島

金色に輝く砂と岩のビーチが果てしなく続き、ヨットやウインドサーフィン、ダイビングのメッカとなっている。一方、内陸部には砂漠のように乾燥した平野が広がる。島のシンボルは、ここにしかいないというマホレラ山羊。テネリフェ島から飛行機で約50分。

El Hierro
エル・イエロ島

主要な7つの島のなかで最も小さく、最南西に位置する。数十年前まで他の島々との交通手段がなく、そのため素朴な風情が今も残る。沿岸部は美しい岩場となっており、スクーバダイビングに最適。テネリフェ島から飛行機で約40分、フェリーで約2時間。

あなたの**旅の体験談**をお送りください

「地球の歩き方」は、たくさんの旅行者からご協力をいただいて、
改訂版や新刊を制作しています。
あなたの旅の体験や貴重な情報を、これから旅に出る人たちへ分けてあげてください。
なお、お送りいただいたご投稿がガイドブックに掲載された場合は、
初回掲載本を1冊プレゼントします！

ご投稿はインターネットから！

URL www.arukikata.co.jp/guidebook/toukou.html
画像も送れるカンタン「投稿フォーム」
※左記のQRコードをスマートフォンなどで読み取ってアクセス！

または「地球の歩き方　投稿」で検索してもすぐに見つかります

地球の歩き方　投稿　　　検索

▶**投稿にあたってのお願い**

★ご投稿は、次のような**《テーマ》**に分けてお書きください。
　《新発見》───ガイドブック未掲載のレストラン、ホテル、ショップなどの情報
　《旅の提案》───未掲載の町や見どころ、新しいルートや楽しみ方などの情報
　《アドバイス》───旅先で工夫したこと、注意したこと、トラブル体験など
　《訂正・反論》───掲載されている記事・データの追加修正や更新、異論、反論など

　　※記入例「○○編20XX年度版△△ページ掲載の□□ホテルが移転していました……」

★**データはできるだけ正確に。**
　ホテルやレストランなどの情報は、名称、住所、電話番号、アクセスなどを正確にお書きください。
　ウェブサイトのURLや地図などは画像でご投稿いただくのもおすすめです。

★**ご自身の体験をお寄せください。**
　雑誌やインターネット上の情報などの丸写しはせず、実際の体験に基づいた具体的な情報をお
　待ちしています。

▶**ご確認ください**

※採用されたご投稿は、必ずしも該当タイトルに掲載されるわけではありません。関連他タイトルへの掲載もありえます。

※例えば「新しい市内交通バスが発売されている」など、すでに編集部で取材・調査を終えているものと同内容のご投稿をい
　ただいた場合は、ご投稿を採用したとはみなされず掲載本をプレゼント・できないケースがあります。

※当社は個人情報を第三者へ提供いたしません。また、ご記入いただきましたご自身の情報については、ご投稿内容の確認
　や掲載本の送付などの用途以外には使用いたしません。

※ご投稿の採用の可否についてのお問い合わせはご遠慮ください。

※原稿は原文を尊重しますが、スペースなどの関係で編集部でリライトする場合があります。

旅の準備と技術
Travel Information

スペイン各地への列車が発着する
マドリードのプエルタ・デ・アトーチャ駅

旅の必需品と情報収集

5年用は濃紺、10年用は赤

パスポートに関する情報
最新情報は外務省ウェブサイト内「海外渡航・滞在」のパスポート（旅券）を参照。
URL www.mofa.go.jp/mofaj/toko/passport/index.html

パスポートに関する注意
国際民間航空機関（ICAO）の決定により、2015年11月25日以降は機械読取式でない旅券（パスポート）は原則使用不可。日本ではすでにすべての旅券が機械読取式に置き換えられたが、機械読取式でも2014年3月19日以前に旅券の身分事項に変更のあった人は、ICチップに反映されていない。渡航先によっては国際標準外と判断される可能性もあるので注意が必要。

在日本スペイン大使館
🏠 〒106-0032
東京都港区六本木1-3-29
☎ (03) 3583-8531
URL www.exteriores.gob.es

ETIAS（欧州渡航情報認証制度）の導入予定
日本国民がビザなしでシェンゲン協定加盟国（→ P.436 側注）に入国する際、ETIAS電子渡航認証システムへの申請が2024年より必須となる予定。（→ P.18）
URL etias-web.com

国際学生証と国際青年証
オンライン申請でバーチャルカードが発行されている。申し込みはウェブサイトで。Pay Pal による決済のみ。
＜申請に必要なもの＞
・学生証（有効期限の記載が必要）または在学証明書など。国際青年証の場合は年齢の証明ができる公的書類
・写真（JPG形式で450 × 540px 以上）
・発行手数料2200円
● ISIC Japan
URL isicjapan.jp

パスポート（旅券）

住民登録している各都道府県の旅券課に必要書類を提出する。有効期間は5年と10年間の2種類（18歳未満は5年用旅券のみ）。申請後、土・日曜、祝日、年末年始を除き1週間ほどで発給されるので、旅券名義の本人が申請窓口まで受け取りに行く。

申請に必要なもの	1. 一般旅券発給申請書1通：各都道府県の旅券申請窓口などにある。5年用と10年用では申請用紙が異なる。 2. 戸籍謄本1通：本籍地の市区町村が6ヵ月以内に発行したもの。有効期間内のパスポート更新で、記載事項に変更がない場合は原則不要。 3. 写真1枚（縦4.5cm ×横3.5cm、6ヵ月以内撮影） 4. 身元を確認するための書類：マイナンバーカード、運転免許証など。健康保険証の場合は年金手帳、学生証（写真が貼ってあるもの）などもう1点必要。更新時は原則不要。 ※住基ネットの利用を希望しない人は住民票が必要 ※有効期間内のパスポートの切り替えには、有効旅券が必要

受け取りに必要なもの	1. 受領証（申請時に窓口で渡された受理票）
	2. 発給手数料（収入印紙と都道府県証紙）
	  10年用：1万6000円（20歳以上）
	  5年用：1万1000円（12歳以上）、12歳未満は6000円
	※収入印紙、都道府県証紙は窓口近くの売り場で販売されている

✈ パスポート残存有効期間とビザ（ETIAS →側注）

パスポートの残存有効期間は、スペインを含むシェンゲン協定加盟国出国時に3ヵ月以上必要。ビザは90日以内の観光旅行なら不要だ。観光目的以外のビザはスペイン大使館に要確認。

旅行前に手に入れたい証明書

出発前に、必要に応じて準備しておこう。

国際学生証（ISIC カード） **国際青年証（IYTC カード）**	スペインの観光ポイントや美術館などには、学生割引が適用されるところが多数ある。学生であることを証明するには、国際学生証が必要。 また国際青年証は、26歳未満なら学生でなくても取得できるカードで、国際学生証と同じような特典がある。いずれも有効期間は発行日から1年間。申し込みは ISIC Japan まで。
ユースホステル会員証	宿泊先としてユースホステルを考えている人は、あらかじめ会員証の取得が必要。日本ユースホステル協会に申し込む。（→ P.452）
国外運転免許証	レンタカーでドライブを楽しみたい人は、国外運転免許証を取得しよう。都道府県の運転免許センターや運転免許試験場などで発行してくれる。（→ P.446）

はみだし スペインでは、学割だけでなくシニア割引（通常65歳以上）やファミリー割引がある施設が多い。「何か割引ありますか？」と聞いてみよう。年齢確認のためパスポートの提示を求められることが多い。

海外旅行保険

　思いがけずけがや病気に見舞われたとき、保険なしで現地の病院に行くのは金銭的に大きな負担になる。また旅先で盗難に遭うことも。出発前に海外旅行保険にはぜひとも加入しておこう。

✈ 保険の種類と加入タイプ

　海外旅行保険には、必要な保険と補償を組み合わせた「セット型」と、ニーズや予算に合わせて各種保険を選択できる「オーダーメイド型」がある。荷物の多さや高額な携行品の有無、旅行期間などを考慮して保険の種類を検討しよう。また、海外旅行保険を扱う保険会社はたくさんあるが、商品の特徴や保険料の違い、現地連絡事務所の有無、日本語救急サービスの充実度なども比較したい。

✈ クレジットカード付帯保険は補償内容を再確認

　クレジットカードには、海外旅行保険が付帯されているものが多く、保険はこれで十分と考える人もいるだろう。ただし注意したいのは、疾病死亡保障がない、補償金額が十分でない、複数のカードの傷害死亡補償金額は合算されないなどの限定的な条件があることだ。自分のカード付帯保険の内容をよく確認したうえで、「上乗せ補償」としての海外旅行保険に加入することをおすすめする。

予算の立て方

　イギリスや北欧など北ヨーロッパの国々に比べると物価は安いとはいえ、近年は上昇傾向にあり、日本円に換算すると何でも高く感じてしまう。特にマドリードやバルセロナなど大都市ほど物価が高く、地方へ行くほど出費を抑えた旅ができる。

　一般的な目安として、以下に節約コースと標準コースのふたつを想定してみた。ただし入場料などの観光費、長距離の移動費、おみやげ代などが思いのほかかさんでしまうことがあるので、少し余裕をもって予算を組んだほうがいい。

✈ 節約コース

　宿泊は1つ星のペンシオンやオスタルで、シングル€40〜、ツイン€50〜。ドミトリータイプのユースホステルは€20〜30。ランチはボカディーリョ（サンドイッチ）と飲み物で€8〜10。夜もファストフードやスーパーで総菜などを調達しホテルで食べたり、ユースのキッチンで自炊すれば€10くらい。こればかりでは味気ないので、たまにレストランで食事するとして€15〜20。観光費や交通費を加えて1日合計€70〜100。

✈ 標準コース

　都市部の中級ホテルは、シングル€80〜、ツイン€100〜。田舎ではシングル€60〜、ツイン€80〜が目安。昼はお手頃なレストランやバルでメヌー・デル・ディア（ランチ定食）を頼んで€10〜15、夜は郷土料理を楽しむとして€20〜30。ときにはサンドイッチやハンバーガーで軽くすませたりしてちょっぴり節約も。観光費や交通費を加えて1日合計€150〜200。

海外旅行保険について
「地球の歩き方」ホームページでは、海外旅行保険情報を紹介している。保険のタイプや加入方法の参考に。
URL www.arukikata.co.jp/web/article/item/3000681/

おもな海外旅行保険会社
● 損保ジャパン
URL www.sompo-japan.co.jp
● 東京海上日動
URL www.tokiomarine-nichido.co.jp
● AIG 損害保険
URL www.aig.co.jp
● エイチ・エス損保
URL www.hs-sonpo.co.jp
● 三井住友海上火災保険
URL www.ms-ins.com

海外旅行保険の対象外
旅行するにあたって保険に申し込む際、条件によっては対象外となる。日本を出国後に海外からネットなどでのアクセスは申し込み不可。危険な職業・スポーツをする場合は、補償の対象外となる場合がある。またけがや病気などの治療中の人、特定の薬を服用している人は、それらの傷病は補償の対象とならないので注意。不明点は損害保険会社に確認しておこう。

利用付帯保険に注意！
クレジットカード付帯の保険には、カードを所持していれば自動的に付いてくる「自動付帯」と、カード会社が指定する条件を満たした際に利用できる「利用付帯」の2種類がある。利用付帯は、旅行代金（パッケージツアー、旅行地に向かうための航空券、空港に向かうための新幹線やリムジンバスなど）のカード決済が条件となる場合が多い。今まで自動付帯だったカードが利用付帯に変更になるケースが増えているので、旅行前にカード会社のウェブサイトなどで確認しておこう。

「地球の歩き方」公式 LINE スタンプが登場！
旅先で出合うあれこれがスタンプに。旅好き同士のコミュニケーションにおすすめ。LINE STORE で「地球の歩き方」と検索！

出発前の情報収集

✈ スペイン政府観光局

　日本でスペインの情報を得られる公的機関として、スペイン
政府観光局がある。旅行情報はオンラインで提供しているので、
ぜひ利用してみよう。公式サイトにはスペインを旅行する際の
おすすめプラン、行き先、イベントカレンダーなど役立つ情報
が掲載されており、テーマごとのデジタルパンフレットをダウ
ンロードすることもできる。ただ、ここで得られるのはあくま
で一般的なスペインの情報。さらに詳しい現地の情報が欲しい
場合は、目的の町の観光局のウェブサイトにアクセスしてみよ
う。本書では、それぞれの町のページに観光局のウェブサイト
アドレスを掲載している。多くの町には英語ページもあり、お
もな見どころやイベントの情報、交通機関の案内など、とても
充実している。欲しい情報が見つからなかったら、e メールで問
い合わせてみるといい（英語で OK）。

✈ セルバンテス文化センター東京

　スペイン語とスペイン語圏文化の普及を目的に、スペイン政
府により設立された施設で、世界 70 ヵ国以上に支部をもつ。ス
ペイン語講座のほかコンサートや映画上映など各種文化イベン
トを開催しており、スペイン関連書籍を集めた図書館もある。

スペインでの情報収集

　スペインの各町には**観光案内所（ツーリストインフォメーシ
ョン）Oficina de Turismo** があり、旅行者に対して情報提供を行
っている。新しい町に到着したら、まず観光案内所（本書では
❶と表記）を目指そう。市内地図、おもな見どころのパンフレ
ット、ホテルリスト、イベント情報などが用意されており、都
市によっては日本語の観光パンフレットがあることも。英語も
通じるので、わからないことがあれば何でも訊ねてみよう。な
お観光案内所の営業時間は季節によって異なり、しばしば変更
される。本書に掲載されている営業時間も変わる可能性がある
ので、最新の情報は現地で確認を。

服装と持ち物

　日中の観光は歩きやすさを考えたラフな格好で。夏なら夜洗
って干しておけば翌朝にはすっかり乾いているので、最低限間
に合うものでよい。また高級レストランやコンサートなどへ行
く予定のある人は、周りから浮かないような服装を心がけよう。
男性なら襟付きシャツと長ズボン、女性ならシンプルなワンピ
ースにアクセサリーやスカーフなど。

　旅先では身軽に動けることがいちばん。たいていのものは現
地調達できる。ただし胃腸薬や風邪薬などの常備薬は、飲み慣
れたものを日本から持参するとよいだろう。

旅の準備と技術

旅の必需品と情報収集

持ち物チェックリスト

品　名		必要度 長	必要度 短	ある・なし	かばんに入れた	備　考
貴重品	パスポート	◎	◎			命の次に大切！　番号を控えコピーも用意
	C/C（クレジットカード）	◎	◎			いざというときはキャッシングもできる
	現金（ユーロ）	○	◎			到着初日の交通費、食事代など
	現金（日本円）	○	◎			帰りの交通費も忘れずに
	海外専用プリペイドカード	○	△			またはデビットカード
	航空券（eチケット控え）	◎	◎			日付・ルートを確認
	海外旅行保険	◎	◎			医療費は高い。もしものために
	携帯電話、スマートフォン	◎	○			ホテルなどでWi-Fi使用可。充電器必携
	国外運転免許証	△	△			レンタカーを借りるなら絶対必要
	YH・国際学生証	△	△			安く上げる旅に役立ってくれる
洗面具関係	石鹸、洗剤	○	○			石鹸はホテルにある場合も
	タオル	○	○			バスタオルはなくても済む
	歯ブラシ、歯磨き粉	○	○			現地調達可
	ヒゲソリ	○	○			カミソリか電池式が便利。現地調達可
	女性用カミソリ	○	○			意外に見つけにくい
	化粧用品	○	○			最低限のものだけ
	ドライヤー	○	△			どうしても、という人は旅行用を
	シャンプー、リンス	○	○			旅行用のミニサイズが便利
	ポケットティッシュ	○	○			現地調達可
衣類	下着、靴下	◎	◎			長1週間分、短3日分くらいで大丈夫
	パジャマ	△	×			Tシャツやトレーナーで十分
	水着	○	○			泳ぎたい人のみ
	スリッパ、サンダル	○	○			部屋でくつろぐときに
薬品・雑貨	薬	◎	◎			できるだけ日本から持っていこう
	生理用品	○	○			現地調達可
	ツメ切り、耳かき	○	○			見つかりそうでなかなか見つからない
	充電器、変換プラグ	◎	◎			スペインのプラグはCタイプ
	ナイフ、フォーク	○	○			あると便利。必ず預け荷物に入れよう
	各種鍵	○	○			心配な人はチェーン式のものなどを
	雨具	○	○			夏にはほとんど不要
	サングラス、帽子	○	○			スペインの夏の太陽は強烈
	カメラ	○	○			デジカメはメディアや充電器も
	電池	○	○			足りなくなったら現地でも買える
	目覚まし時計	○	○			スマホでも代用できる
	エコバッグ	○	○			スーパーの袋は有料
その他	顔写真	◎	○			パスポート用を3枚ほど余分に
	会話集	◎	○			現地の人とのコミュニケーションに
	ガイドブック	○	○			その人の旅のポリシーによる
	日記帳	○	○			こづかい帳を兼ねてノートを1冊
	筆記用具	○	○			ボールペンなど

長長期滞在者　短短期滞在者　◎＝必需品　○＝あると便利　△＝特定の人に必要　×＝必要ない

旅のシーズン

マドリードとカスティーリャ地方

メセタと呼ばれる標高 600m 以上の高原に位置し、夏と冬、昼と夜の寒暖の差が激しい内陸性気候。また1年を通じて雨が少なく、乾燥しているのも特徴だ。一般的に旅行に適したシーズンは春から夏にかけて。特に7・8月はまったくといっていいほど雨が降らないから、旅行には最適といえる。その代わり暑さも厳しいが、湿度が低いので日陰に入ればしのぎやすい。服装は、昼間 30℃を超えるような日でも朝晩は涼しくなることがあるので、薄手のジャケットやカーディガンなど、はおれるものを持っていくとよい。冬は冷え込みが厳しく、特に北部のカスティーリャ・イ・レオン地方では雪が降ることもあるので、防寒対策はしっかりと。

赤茶けた大地が広がるラ・マンチャ地方

バルセロナとカタルーニャ地方

地中海沿岸に位置するこの地域は、1年を通じて雨が少なく、温暖な地中海性気候。夏の暑さも内陸部ほどではなく、冬もそれほど冷え込むことはない。こうした恵まれた気候のおかげで、夏の避暑地、冬の避寒地として1年中にぎわっている。だが、ここでもやはり本命は夏。ヨーロッパ各国からバカンス客が押し寄せ、リゾート地はたいへんなにぎわいをみせる。そのぶんホテルの予約は取りにくいし、観光地はどこも人でいっぱいという状況になってしまうので、混雑を避けたいなら春か秋に訪れるほうがよいだろう。またピレネー山中のアンドラでは、冬の最低気温は氷点下になり、スキーも可能。夏でも朝晩は涼しいので、長袖の服も用意しておこう。

夏のリゾート地はどこも人でいっぱい

日の出／日の入は マドリードの各月15日の時刻	1月	2月	3月	4月	5月
日の出／日の入	8：36／18：12	8：09／18：49	7：27／19：21	7：37／20：53	6：58／21：24

平均気温 (℃)
30
25
20
15
10
5
0

― マドリード
― バルセロナ
― セビーリャ
― サンティアゴ・デ・コンポステーラ
― 東京

時　差	日本時間より−8時間	サマータイム中（3月最終
リーガエスパニョーラ開催期間	冬休み　シーズン後半戦（1月上旬〜5月末）	シーズン終了　夏休み
コンサート／オペラ	定期公演（劇場によって異なるがだいたい9〜7月）	
闘　牛		バレンシアの火祭り（3月中旬）
バーゲン	冬物（12月中旬〜2月末）	

事前に天気予報をチェック　インターネットでスペインの天気予報を知ることができる。服装や持ち物の参考にしよう。
天気情報 ▶ **URL** tenki.jp/world/1/119（日本語）主要14都市の当日から7日間の天気予報が検索できる。
URL www.eltiempo.es（スペイン語、英語）全国各地の天気予報が検索できる。初期画面の地図でまず知りたい地方をクリックし、さらに県、そして都市を選ぶと、当日から2週間の天気や気温などが表示される。

旅の準備と技術

旅のシーズン

アンダルシア地方

　ベストシーズンは春から秋にかけて。特に6月はヒマワリが満開になり、スペインらしい風景が見られるだろう。ただし7・8月は、「アンダルシアのフライパン」と呼ばれるセビーリャからコルドバにかけては、最高気温が40℃を超えることもある。いくら湿度が低いといっても、こうなるとやはり暑い。無理をして歩き回ると熱中症になりかねないので、この時期は地元の人々にならって日中はシエスタを取り、午前中と夕方に活動するようにしよう。また、地中海に面したコスタ・デル・ソルは、「太陽の海岸」という名のとおり冬でも陽光が降り注ぎ、1年中温暖な地中海性気候。夏のバカンスシーズンはもちろん、冬も避寒地としてにぎわう。

ヒマワリのシーズンは6月から7月にかけて

北部沿岸地方

　カンタブリア海沿岸のこの地域は、札幌とほぼ同じという高緯度にありながら、メキシコ湾流の影響で冬暖かく夏涼しい理想的な気候。乾期はなく夏でも雨が降るから、乾燥したマドリードから訪れると、その違いに驚いてしまう。夏のバカンスシーズンには、スペインはもとよりヨーロッパ中から観光客が避暑に訪れる。ただし、水温はかなり低いので海水浴には勇気がいる。ビーチでの日光浴も水着だけだと肌寒い。夏でも急に気温が下がることがあるので、長袖シャツや薄手のジャケットは必携。一方、冬でもそう寒くはないから、特に用心する必要はない。特に冬は雨が多いので、分厚いコートよりもフード付きアノラック風のものが便利だ。

雨が多く緑が豊かなカンタブリアの風景

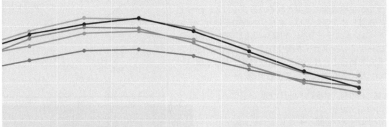

6月	7月	8月	9月	10月	11月	12月
6：43／21：47	6：56／21：45	7：25／21：14	7：55／20：26	8：25／19：36	8：00／17：58	8：30／17：49

日曜〜10月最終土曜）は－7時間　　　　　　　　　　日本時間より－8時間

夏休み　　　　　　　　　　シーズン前半戦（8月末〜12月末）　　　　　冬休み

音楽祭シーズン　定期公演

〜サラゴサのピラール祭（10月中旬）

夏物（7月上旬〜8月末）

旅のモデルルート

　地方ごとに多彩な風土と文化をもつスペインには、魅力的な町がたくさんあり、それらを全部訪れようと思ったら最低でも1ヵ月は必要だ。限られた時間内で旅をするには、何を見たいのかポイントを絞ることが大切。自分なりのテーマを決めて、以下のモデルプランを参考にしながら、オリジナルな旅を創造してみよう。

スペイン・ハイライト周遊 10 日間

　初めてのスペイン旅行におすすめの、見どころ満載のプラン。マドリードではプラド美術館やソフィア王妃芸術センター、王宮などを見学。その後コルドバ、セビーリャ、グラナダの3都市を巡り、アンダルシア情緒を満喫。火祭りで知られるバレンシアに立ち寄り、最後にバルセロナでガウディ、ピカソ、ミロなどスペインが生んだ偉大な芸術家たちの作品に触れる。もう少しゆっくり回りたい人は、グラナダから飛行機または夜行バスでバルセロナに直行すれば時間が節約できる。

1. 午前：日本発　午後：マドリード着
2. マドリード市内観光
3. コルドバへ移動　➡　コルドバ観光
4. セビーリャへ移動　➡　セビーリャ観光
5. グラナダへ移動　➡　グラナダ観光
6. バレンシアへ移動　➡　バレンシア観光
7. バルセロナへ移動　➡　バルセロナ観光
8. バルセロナ＆郊外観光
9. バルセロナ発
10. 日本着

グラナダのアルハンブラ宮殿

巡礼の道をたどる北部の旅 10 日間

　一般的なルートでは飽き足らない人、あるいは初めてのスペインでなければ、日本人があまり訪れない北部を旅するのもおもしろい。牛追い祭りで有名なパンプローナ、カテドラルが世界遺産に登録されているブルゴス、かつての王国の首都レオンをたどり、キリスト教の聖地サンティアゴ・デ・コンポステーラへ。列車やバスで移動できるが、パンプローナでレンタカーを借りれば、巡礼路沿いの小さな町にも立ち寄ることができる。航空会社によっては、ビルバオ In、ビーゴ Out にすることも可能。

1. 午前：日本発　午後：バルセロナ着
2. バルセロナ観光
3. パンプローナへ移動　➡　パンプローナ観光
4. ブルゴスへ移動　➡　ブルゴス観光
5. レオンへ移動　➡　レオン観光
6. サンティアゴ・デ・コンポステーラへ移動
7. サンティアゴ観光（夜行バスでマドリードへ）
8. マドリード観光
9. マドリード発
10. 日本着

中世の巡礼路に沿って聖地を目指す

旅の準備と技術

旅のモデルルート

アンダルシアを巡る9日間

スペインらしさを満喫できる、スペイン南部を中心に回るルート。アンダルシア地方の移動は、列車よりもバスが便利だ。日程に余裕があれば、ロンダからアルヘシラスへ行き、モロッコまで足を延ばすのもおもしろい。

1. 午前：日本発　午後：マドリード着
2. セビーリャへ移動 ➡ セビーリャ観光
3. ロンダへ移動 ➡ ロンダ観光
4. マラガへ移動 ➡ マラガ観光
5. グラナダへ移動 ➡ グラナダ観光
6. コルドバへ移動 ➡ コルドバ観光
7. マドリードへ移動 ➡ マドリード観光
8. マドリード発
9. 日本着

カスティーリャの旅9日間

城壁に囲まれたアビラ、大学の町サラマンカなどカスティーリャ地方の古都を訪れる。さらに「銀の道」をたどって、エストレマドゥーラ地方からアンダルシアのセビーリャへ。中世のロマンが香る歴史の旅。

1. 午前：日本発　午後：マドリード着
2. アビラへ移動 ➡ アビラ観光
3. サラマンカへ移動 ➡ サラマンカ観光
4. カセレスへ移動 ➡ カセレス観光
5. メリダへ移動 ➡ メリダ観光
6. セビーリャへ移動 ➡ セビーリャ観光
7. マドリードへ移動 ➡ マドリード観光
8. マドリード発
9. 日本着

バスク地方を訪れる8日間

独特の文化とグルメで知られるバスク地方のビルバオとサン・セバスティアンを訪れる。航空会社によっては入出国をビルバオにすることも可能。時間があれば国境を越えてフレンチバスクにも足を延ばしてみよう。

1. 午前：日本発　午後：マドリード着
2. マドリード観光
3. ビルバオへ移動
4. ビルバオ観光
5. サン・セバスティアンへ移動 ➡ 市内観光
6. バルセロナへ移動 ➡ バルセロナ観光
7. バルセロナ発
8. 日本着

2大都市に泊まる8日間

マドリードとバルセロナの2大都市を起点に、近郊の町への日帰り観光をプラス。トレドの代わりにセゴビア、フィゲラスの代わりにモンセラートなど、自分の好みに合わせて行き先を変えることもできる。

1. 午前：日本発　午後：マドリード着
2. マドリード観光
3. トレドへ日帰り観光
4. バルセロナへ移動
5. バルセロナ観光
6. フィゲラスへ日帰り観光
7. バルセロナ発
8. 日本着

旅のお金と両替

最新両替レートをチェック
●地球の歩き方ホームページ
URL www.arukikata.co.jp/rate

ユーロ参加国
アイルランド／イタリア
エストニア／オーストリア
オランダ／キプロス
ギリシア／クロアチア
スペイン／スロヴァキア
スロヴェニア／ドイツ
フィンランド／フランス
ベルギー／ポルトガル
マルタ／ラトビア
リトアニア／ルクセンブルク
上記20ヵ国のほか、アンド
ラ、サンマリノ、バチカン、
モナコなどでも流通している
（2023年6月現在）。

おもなクレジットカード会社
●アメリカン・エキスプレス
URL www.americanexpress.
com/ja-jp
●ダイナースクラブ
URL www.diners.co.jp
● JCB
URL www.jcb.co.jp
● Mastercard
URL www.mastercard.co.jp
● VISA
URL www.visa.co.jp

デビットカード
● JCB デビット
URL www.jcb.jp/products/jcb
debit
● VISA デビット
URL www.visa.co.jp

海外専用プリペイドカード
2023年6月現在、発行されて
いるおもなカードは下記のと
おり。
●アプラス発行
「GAICA ガイカ」
URL www.gaica.jp
「MoneyT Global
マネーティーグローバル」
URL www.aplus.co.jp/
prepaidcard/moneytg/
●トラベレックスジャパン発行
「Multi Currency Cash
Passport マルチカレンシー
キャッシュパスポート」
URL www.travelex.co.jp/
product-services/multi-
currency-cash-passport

通貨の単位

通貨単位はユーロ €、補助通貨単位はセント ¢。それぞれのスペイン語読みは「エウロ Euro」と「センティモ Céntimo」となる。ユーロ通貨の種類→ P.8。

€1 = 100¢ = 156.40 円（2023 年 6 月 26 日現在）

お金の持っていき方

✈ 現　金

日本円からユーロへの両替ができるのは、スペイン国内では主要都市の一部の銀行や両替所に限られる。またレートも、日本で両替するほうが有利な場合が多い。日本出発前に、ある程度のユーロの現金を用意しておこう。ただし、多額の現金を持ち歩くことは避けたいので、両替は最小限にとどめ、下記の方法も組み合わせて利用したい。

✈ クレジットカード C/C

スペインでは日本以上にクレジットカードでの支払いが一般化している。ホテルやレストラン、高額の買い物にかぎらず、スーパー、鉄道やメトロの駅、カフェなどほとんどの場所で使えると考えていい。両替の手間がいらず、大金を持ち歩かずにすむので安全面でのメリットも高い。またクレジットカードは身分証明書の役割も果たし、レンタカーを借りる際には必携。紛失に備えて最低でも 2 枚、できれば 3 枚あると安心だ。

IC カード（IC チップ付きのクレジットカード）で支払う際は、サインではなく PIN（暗証番号）が必要だ。不明な場合は日本出発前にカード発行金融機関に確認を（確認には最低 2 週間程度かかるので注意）。

✈ デビットカード

使用方法はクレジットカードと同じだが、支払いは発行金融機関の預金口座から原則即時引き落としとなる。口座の残高以上は使えないので、予算管理にも便利。JCB デビットや VISAデビットがあり、それぞれの加盟店（一部除く）で買い物ができる。また現地 ATM でユーロの現金を引き出せる。

✈ 海外専用プリペイドカード

渡航前に専用口座にお金を振り込み、その範囲内でクレジットカードのように支払いをしたり、ATM で現地通貨を引き出せる。カード作成時に審査がないので（本人確認書類とマイナンバー申告は必要）、学生や未成年でも作ることができる。残高がなくなった場合は、ネットバンキングで入金できるほか、日本にいる家族にお金をチャージしてもらう（委任状の登録が必要）ことも可能。

スペインでの両替

両替できる場所

日本円の現金からユーロへの両替は、"Cambio（両替）"の表示がある銀行 Banco や両替所などでできる。マドリードやバルセロナなど大都市では、主要駅や市街地にも両替所がある。一般に最もレートがよいのは銀行で、営業時間は店により多

バルセロナ・プラット空港の両替所

少の違いはあるが、一般的に 8:30 ～ 14:00、日曜と祝日は休み。両替所は営業時間が長く、日曜や祝日も開いているので便利だが、レートは銀行に比べるとよくない。なかには客寄せの換算率を表に出し、実際はかなり悪い換算率で両替するところもあるので注意しよう。

上手な両替の仕方

銀行や両替所に行くと、おもな通貨とユーロとの交換率を表示したボードが掲げられている。日本円をユーロに両替する場合は "BUY ／ COMPRA" を、ユーロを日本円に再両替する場合は "SELL ／ VENTA" のレートをチェックする。レートや手数料は店によって異なるので、よく確認すること。

クレジットカードでのキャッシング

VISA や Mastercard など国際ブランドのクレジットカードやデビットカードを持っていれば、ATM（現金自動預払機）で現金の借り入れ（キャッシング）や引き出しができる。ATM は銀行のほか、空港や駅、ショッピングモールなどに設置されており、通常 24 時間使用できる。ただし、海外 ATM 利用手数料のほか、キャッシングは金利（おおむね年利 18%、1 ヵ月だと 1.47%）が別途かかるので、使い過ぎには注意したい。

両替に関するスペイン語

両替 ▶ カンビオ Cambio
紙幣 ▶ ビジェーテ Billete
硬貨 ▶ モネダ Moneda
手数料 ▶ コミシオン Comisión
買い ▶ コンプラ Compra
売り ▶ ベンタ Venta

高額紙幣より小額紙幣

両替すると、€100などの高額紙幣で渡されることもあるが、€10や€20にしてもらったほうがいい。高額紙幣は自動券売機には使えないし、小額の買い物ではおつりがないと言って断られることもある。また€1、€2のコインはトイレやバスに乗る際などに必要で、ないと困ることがあるので常にキープしておきたい。

カードの請求通貨に注意

海外でクレジットカードを使用する際、現地通貨での価格表示にかかわらず、カード決済時には日本円に換算されているケースがある。不利な為替レートが設定されていることもあるので注意。支払い時に「ユーロと日本円のどちらにする？」と店から聞かれる場合もあれば、何も言われず日本円換算になる場合もある。決済をする前に必ず通貨を確認しよう。また、ATMでユーロ現金を引き出す際にも同様のケースがあったという情報が寄せられている。

ATMの操作方法例

1 スペインの ATM。使用可能なカードが表示されている

2 クレジット、デビット、海外専用プリペイドカードを挿入する

3 英・仏・独・葡・伊・西語から言語を選ぶ。英語は左上

4 暗証番号を入力し、正しければ緑色のボタンを押す

5 引き出しの場合は右下の「CASH WITHDRAWAL」を押す

6 金額を選ぶ。「OTHER AMOUNTS」の場合は金額を入力する

7 お金とカードを受け取る。レシートの有無も選択できる

はみだし クレジットカードを使って ATM で現金をキャッシングする場合、返済するまでの日数に応じた金利がかかる。帰国してすぐ繰り上げ返済できる場合もあるので、よく調べたうえで上手に利用したい。

スペインへのアクセス

日本からスペインへの航空便

　2023年6月現在、日本とスペインの間には直行便の運航がないため、乗り継ぎが必要。ヨーロッパの主要空港まで12〜13時間、そこから乗り継ぎとフライト時間を入れて、日本〜スペイン間の移動は最低15時間程度となる（※注1）。

　その場合よく利用されるのが、日本航空や全日空のほか、エールフランス航空、KLMオランダ航空、ルフトハンザドイツ航空、スイス航空、フィンエアーなど。いずれも日本を午前中に出発すれば同日夜にはスペインに到着できる。航空会社によっては、拠点空港のある都市（エールフランス航空ならパリ、KLMオランダ航空ならアムステルダムなど）から、マラガやビルバオなどの地方都市へ直接飛ぶことも可能。その場合、オープンジョー Open Jaw（→はみだし情報）の航空券にすると便利だ。またヨーロッパ系以外では、ターキッシュエアラインズ、カタール航空、エミレーツ航空もよく利用される。

　日本やヨーロッパ系の、いわゆるメジャーキャリアの航空券には、1年有効で自由度の高い**正規航空券（ノーマルチケット）**のほかに、**正規割引航空券（PEX航空券）**と**格安航空券**がある。正規割引航空券とは、航空会社が独自に料金設定した割引運賃で、航空会社または旅行会社から購入することができる。航空会社によっては、早割やWEB割引料金などを設けており、シーズンによっては格安航空券より安くなる場合もある。また格安航空券は、おもに団体旅行用の航空券をバラ売りしているもので、旅行会社で販売している。同じ便でも旅行会社によって価格が異なるので、何社かあたって比較検討したい。なお、正規割引航空券や格安航空券では、航空券の購入期限や途中降機などに制約があり、発券後の予約の変更はできないといった条件もあるので、よく確認のうえ購入したい。

（※注1）
ウクライナ情勢により、所要時間が通常より長くなる場合がある。また、新型コロナの影響で一部欠航中の路線もあるので、最新情報は各航空会社の公式サイトなどで確認すること。

スペインへの直行便
イベリア航空が2016年より成田〜マドリード間に直行便を運航していたが、新型コロナの影響で2023年6月現在運休中。今後再開される可能性もあるので要確認。
URL www.iberia.com

燃油サーチャージとは
航空会社は運賃に燃油サーチャージ（燃油特別付加運賃）を別途加算して販売している。これは燃油を仕入れた時点での原油価格を考慮して決定されるため、同じ行き先でも時期や航空会社によって金額が異なる。航空券購入の際には燃油サーチャージ込みの料金かどうかを必ず確認しよう。

eチケットについて
各航空会社とも「eチケット」システムを導入している。予約完了後にeメールや郵送で届くeチケットの控えを携帯すればいい。万一、eチケット控えを紛失しても搭乗は可能だが、念のため携帯しよう。

液体物の持ち込み制限
日本発の国際線およびEU内の各空港を出発する全便を対象に、液体物（飲料や化粧品、薬品、ジェルやエアゾールなども含む）の持ち込みが制限されている。手荷物として客室内に持ち込むには、それぞれ100㎖以下の容器に入れ、それらを密閉式の透明ビニール袋（容量1㎗以下、1人1袋まで）に入れること。詳細は航空会社のウェブサイトや旅行会社などで確認を。

モバイルバッテリーは
手荷物に
スマートフォンやタブレットなどで使う高電圧のモバイルバッテリー（リチウムイオン電池）は、電池単体では預け荷物に入れられないので、手荷物にする必要がある（160wh以下のもの、ひとり2個まで）。

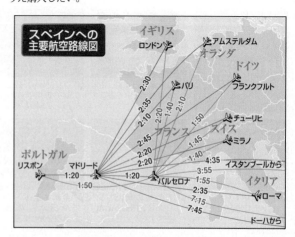

はみだし オープンジョーは、行きの目的地と帰りの出発地を変えられる航空券。例えば日本からの到着地をマドリードに、スペインからの出発地をバルセロナにすれば、よりフレキシブルに旅程を立てられる。

日本出入国

出国、入国の手順はどこの国も同じ。手続きの流れを覚えてしまえば、難しいことは何もない。出発日、帰国日は早め早めに行動して、手続きをスムーズに行おう。

日本を出国する

空港には出発時刻の2〜3時間前までに到着。ツアーは指定の集合場所へ。

1. 搭乗手続き	パスポートとeチケット控えを用意し、航空会社の自動チェックイン機、またはカウンターで搭乗券を受け取る。預け荷物のある人は、荷物引換証をもらう。
2. 手荷物検査	機内持ち込み手荷物のX線検査とボディチェックを受ける。客室内への液体物の持ち込みは、出国手続き後の免税店などの店舗で購入されたものを除き、制限があるので注意すること（→ P.434 側注）。
3. 税 関	高価な外国製品や貴金属所持者は「外国製品持ち出し届」を提出し、確認印をもらう。申告しないと海外で購入したものとみなされて帰国時に課税される場合がある。現物を見せる必要があるので必ず手荷物に。
4. 出国審査	顔認証ゲートへ進むか、有人ブースでパスポートと搭乗券を提示する。帽子やサングラスは必ず外そう。出国審査で日本人が質問されることはほとんどない。
5. 出発ロビー	搭乗アナウンスがあったら、搭乗券に記載されている搭乗ゲートへと向かう。

日本に入国する

機内で「携行品・別送品申告書」をもらい記入しておくこと。

1. 検 疫	通常は通過。旅行中にひどい下痢や高熱など異常があった場合は健康相談窓口へ。
2. 入国審査	日本人と書かれたほうに向かい、顔認証ゲートへ。または、有人ブースでパスポートを提示する。
3. 荷物の受け取り	到着便名の表示されたターンテーブルで機内預け荷物を受け取る。紛失や破損の場合は係員にバゲージクレームタグを提示して対応してもらう。
4. 動植物検疫	果物や肉類、切り花などは、動植物検疫カウンターで証明書提出や検査が必要。ただし証明書付きの肉類はほとんどない（→ P.436 はみだし情報）。
5. 税 関	持ち込み品が免税範囲内の人は緑のカウンター、免税範囲を超えていたり別送品がある場合は赤のカウンターに並び、「携行品・別送品申告書」を提出する。持ち込み規制品目（動植物、銃刀類など）や、持ち込み禁止品目（偽ブランド品など）には要注意。

空港の問い合わせ先
●成田国際空港 総合案内
☎(0476)34-8000
URL www.narita-airport.jp
●羽田空港国際線 総合案内
☎(03)5757-8111
URL tokyo-haneda.com
●関西国際空港 総合案内
☎(072)455-2500
URL www.kansai-airport.or.jp

国際観光旅客税
日本からの出国には1回につき1000円の国際観光旅客税がかかる。原則として支払いは航空券代に上乗せされる。

Visit Japan Web
日本人を含む海外からの入国者が、入国審査、税関申告の手続きを事前に行うことができるウェブサービス。
URL vjw-lp.digital.go.jp

税関の電子申告について
成田、羽田、関西、中部、福岡、新千歳、那覇の7つの空港(2023年6月現在)で、税関検査場電子申告ゲートが導入されている。あらかじめ Visit Japan Web（上記）で手続きしておけば、手荷物を受け取ったあとは電子申告ゲートに進めばよいのでスムーズ（税関職員による検査を受ける場合もある）。また羽田、福岡、那覇ではターンテーブルに手荷物が出てくるまでの待ち時間を利用して、電子申告端末で税関申告を行うことができる。

日本帰国時の免税範囲
たばこ ▶ 紙巻き200本、加熱式個装等10個、葉巻50本、そのほか250gのいずれか
香水 ▶ 2オンス（1オンスは約28㎖）
酒類 ▶ 3本（1本760㎖のもの）
その他 ▶ 同一品目ごとの合計が海外購入価格で1万円以下のもの（1本5000円のネクタイ2本など）。それ以外で海外購入価格の合計が20万円以下のもの
※合計額が20万円を超える場合には、20万円以内に納まる品物が免税となり、その残りの品物に課税される。

はみだし 成田、羽田、中部、関西など主要な国際空港には顔認証ゲートが設置されている。自動化ゲートではパスポートの出国・入国スタンプは省略されるので、希望する人は専用カウンターに申し出よう。

435

スペイン入出国

マドリードやバルセロナのほか、バレンシア、セビーリャ、マラガ、ビルバオ、ビーゴ、パルマ・デ・マヨルカ、イビサなどに国際空港がある。入国・出国の手順はどこも同じ。

✈ スペインに入国する

1. 入国審査	パスポートを提示する。シェンゲン協定加盟国（→側注）を経由して入国する場合は、スペインでの入国審査は不要。
2. 荷物の受け取り	搭乗した便名のターンテーブルで待つ。預けた荷物が万一出てこなかったら、バゲージクレームタグ（荷物引換証）を提示してロストバゲージに申し出る。
3. 税関申告	スペインへの持ち込み品が免税内であれば、申告する必要はないので、緑色のゲートからそのまま出口へ。免税範囲を超える場合は税関申告書を提出する。

✈ スペインを出国する

空港には出発2時間前までには到着すること。免税手続きをする必要がある人は、免税カウンターがかなり混雑していることがあるので、早めに空港へ。

1. 免税手続き	免税手続きが必要な人は、空港の国際線出発ロビーにある免税カウンターへ。混雑していることもあるので時間には余裕をもって。
2. 搭乗手続き	空港でのチェックインは通常2時間前から。パスポートとeチケット控えを用意し、航空会社の自動チェックイン機、またはカウンターで搭乗券を受け取る。
3. 出国審査	パスポート、搭乗券を提示する。何か尋ねられることはほとんどない。搭乗時間まで、免税店で最後のショッピングを楽しもう。

スペイン入出国カード
日本人が観光目的でスペイン入国する際、90日以内の滞在なら入出国カードの提出は不要。

シェンゲン協定加盟国
アイスランド／イタリア
エストニア／オーストリア
オランダ／ギリシャ
クロアチア
スイス／スウェーデン
スペイン／スロヴァキア
スロヴェニア／チェコ
デンマーク／ドイツ
ノルウェー／ハンガリー
フィンランド／フランス
ベルギー／ポーランド
ポルトガル／マルタ
ラトビア／リトアニア
リヒテンシュタイン
ルクセンブルク
（2023年6月現在、27ヵ国）
加盟国間では、国境での旅券審査は行われない。日本から上記の国を経由してスペインへ行く場合は、経由地の空港で審査があるため、スペインでの入国審査は不要となる。

スペイン入国時の免税範囲
たばこ ▶ 紙巻200本、葉巻（太）50本、葉巻（細）100本、刻みたばこ250gのいずれか
酒類 ▶ 度数22％以上のアルコール1ℓ、度数22％未満のアルコール2ℓ、ワイン4ℓ、ビール16ℓのいずれか
香水 ▶ 50㎖、またはオーデコロン250㎖
現金 ▶ 1万ユーロ未満（ユーロ以外の外貨も含む）

免税手続きについて

TOPICS

スペインでの買い物には21％のIVA（付加価値税）がかかる。しかし旅行者には免税の特典があり、税額から手数料を引いた最大13％の金額が戻ってくる。買い物の最低金額や上限などの規制はないが、16歳以上が対象で、EU圏外に居住していることが条件。また免税手続きができるのは「Tax Free Shopping」の加盟店に限られる。

手続きの方法は、まず買い物の際に店でパスポートを提示し、リファンド・チェック（免税書類）を発行してもらう。そして、スペインまたはEU圏の最終出国地の空港の税関または免税カウンターで、パスポート、購入商品、免税書類を提示し、確認スタンプをもらう。購入商品は未開封のまま、手荷物にするのを忘れずに。スタンプを押してもらった免税書類を、購入店からもらった封筒に入れて税関の近くにあるポストに投函する。この書類が免税手続き代行会社に届くと、払い戻しの手続きをしてもらえる。免税金の払い戻し方法は、書類を作成する際に自分で「クレジットカード口座への返金」または「現金（空港）」などを選ぶ。「現金」の場合は、現地空港内や、代行会社によっては成田空港内や関西空港内のリファンドオフィスで換金できる。

なお、2016年からDIVA（ディーバ）という電子化システムが導入されている。商品を購入した店でQRコードがついた申請用紙を受け取り、空港では免税カウンターの近くに設置されている機械でQRコードをスキャンすればOK。

はみだし **肉製品に注意**：スペインで購入した生ハムなどの肉製品は、検査証明書が添付された品（スペインでは入手困難）以外は、日本への持ち込み不可。空港の免税店でおみやげ用として販売されている商品でも、持…

近隣諸国からスペインへ入る

🚆 列車で

フランス→スペイン

　フランス国鉄の TGV とスペインの高速列車 AVE が、2023 年 6 月現在、パリのリヨン駅とバルセロナのサンツ駅の間で直通運転を行っている。所要約 6 時間 30 分～ 7 時間、1 日 2 便。また南仏からは、国境にあるポルボウ Portbou 駅まで行き、バルセロナ行きの列車に乗り換えて約 2 時間。

　もし時間に余裕があるなら、ローカル列車でのんびりと国境を越えるのもおもしろい。例えば、フランスのトゥールーズ Toulouse から列車でロスピタレ L'Hospitalet へ。ピレネー山中の小国アンドラ Andorra に立ち寄ったあと、バスでバルセロナに抜けることもできる。または、オロロン Oloron からバスでピレネーを越えてカンフラン Canfranc へ。そこから列車でハカやサラゴサへという方法もある。

ポルトガル→スペイン

　リスボン～マドリード間の夜行列車ルシタニア号が 2022 年に廃止されたため、直通列車はポルトガル北部のポルト Porto とスペイン・ガリシア地方のビーゴ Vigo を結ぶ路線のみ。所要約 2 時間 20 分、1 日 2 往復運行している。

🚌 バスで

　国際バスを運行するユーロラインズ Eurolines が、ヨーロッパ中を網羅している。フランス、ドイツ、オランダ、ベルギー、スイス、イタリアなどから便があり、各国の主要都市に停車しながら国境を越え、スペインに到着する。時間はかかるが、料金が安いのが魅力。チケットの購入は各都市の旅行会社やユーロラインズのオフィスで。乗り放題のパスもある。ポルトガルからはスペインのバス会社 Alsa が運行している。詳しくは下記 TOPICS を参照。

✈ 飛行機で

　時間を節約するならやはり飛行機が便利だ。近年急増しているインターネット直販の格安航空会社（LCC）を利用すれば、列車やバスより安く移動できる場合も多い。ただし、これらの格安チケットは予約のキャンセルや変更が原則不可だったり、航空会社によっては町から離れた一般に知られていない小さな空港を利用するケースがあるので、あらかじめよく確認してから利用しよう。

近隣諸国からの国境越え
シェンゲン協定加盟国（→ P.436 側注）からスペインへ入国する場合、スペインでの入国審査は行われない。列車で国境越えするときも、基本的には列車の切符があれば OK だ。ただし、検札の際に身分証明書の提示を求められることがあるので、パスポートは必ず携帯しておくこと。

Renfe（スペイン鉄道）
🔗 www.renfe.com

SNCF（フランス国鉄）
🔗 www.sncf.com

CP（ポルトガル鉄道）
🔗 www.cp.pt

旅情をかきたてる陸路での国境越え

ユーロラインズ
🔗 at.eurolines.com

Alsa
🔗 www.alsa.es

おもな格安航空会社
● ブエリング航空
🔗 www.vueling.com
● イージージェット
🔗 www.easyjet.com
● ライアンエア
🔗 www.ryanair.com

TOPICS

ポルトガルからスペインへのバス

　以下は Alsa の時刻表（2023 年 6 月現在）。ポルトガルとスペインの間には 1 時間の時差があるので注意。

● リスボン→マドリード
9:30 発 → 18:45 着、12:45 発 → 22:15 着、21:45 発→翌 6:45 着の 1 日 3 便。

● ポルト→マドリード
8:45 発→ 18:30 着、20:15 発→翌 5:55 着の 1 日 2 便。サラマンカ、アビラなどを経由する。

● リスボン→セビーリャ
7:00 発 → 14:15 着、14:30 発 → 22:30 着、22:30 発→翌 6:30 着の 1 日 3 便。ウエルバ、ファーロなどを経由する。
※リスボン発の時刻は、セッテ・リオス・バスターミナル（オリエンテ駅を経由する）。
※マドリード着の時刻は、南バスターミナル。
※セビーリャ着の時刻は、プラサ・デ・アルマス・バスターミナル。

ち込みはできないので注意しよう。そのほか、卵や生乳なども持ち込み不可。2019 年から検疫が強化されており、詳細は動物検疫所へ確認を。🔗 www.maff.go.jp/aqs/tetuzuki/product/aq2.html

国内移動（鉄道）

Renfeの公式サイト
URL www.renfe.com
時刻表や料金を検索できるほか、AVE や Avant などの高速列車、長中距離線はチケットのオンライン購入が可能。また Renfe のアプリをインストールしておくと、チケットの購入はもちろんのこと、予約した列車に変更や遅延があると知らせてくれる。

格安高速列車について
Renfe が運行する AVE のローコスト版の AVLO（アブロ）のほか、Ouigo（ウィゴ）や Iryo（イリョ）が格安高速列車を運行（→ P.442）。

Adifの公式サイト
URL www.adif.es
駅の構内図などが見られる。

駅には「adif」と表示されている

スペイン鉄道 Renfe の旅

　スペイン全土に路線網をもつスペイン最大の鉄道会社は、**スペイン鉄道 Renfe Operadora（通称レンフェ）**という。鉄道駅は Estación de Renfe（エスタシオン・デ・レンフェ）、もしくはレンフェだけでも通じる。駅の場所を尋ねるときも「Dónde está la Renfe ?（ドンデ エスタ ラ レンフェ）（駅はどこですか）」でいい。なお駅や線路を管理するのは**「アディフ Adif」**という別会社のため、駅にはそのロゴマークが表示されている。

　鉄道旅行の醍醐味は、何といっても車窓に広がる風景。荒涼とした土地に広がるオリーブの林、なだらかな草原を行く羊飼いと羊の群れ、ときおり現れるヒマワリ畑……変化に富んだ景色を眺めているだけでも、旅の気分が満喫できる。

高速列車が発車するマドリードのプエルタ・デ・アトーチャ駅

列車の種類

　スペイン鉄道の列車は、以下の4つに区分される。

アベ AVE & アバント Avant　専用の標準軌を時速約 300 キロで走る高速鉄道。マドリード～バルセロナ、セビーリャ、マラガ、グラナダ、バリャドリード、バレンシア、アリカンテなど長距離を走るアベ AVE と、マドリード～トレドなど中距離を結ぶアバント Avant がある。全席指定席。

長距離線（グランデス・リネアス）Grandes Lines　400km 以上の長距離を走る特急・急行列車。バルセロナ～アリカンテを結ぶユーロメッド Euromed のほか、アルビア Alvia、インターシティ Intercity などの列車がある。全席指定席。

中距離線（メディア・ディスタンシア / レヒオナレス）Media Distancia（MD）/Regionales　都市と地方を結ぶ。快速の MD、普通列車のレヒオナル Regional がある。MD は全席指定席。

近郊線（セルカニアス）Cercanías　マドリード、バルセロナ、バレンシア、セビーリャ、マラガ、ビルバオなどの主要都市とその近郊を結ぶ近郊列車。全席自由席。

アベ

レヒオナレス

セルカニアス

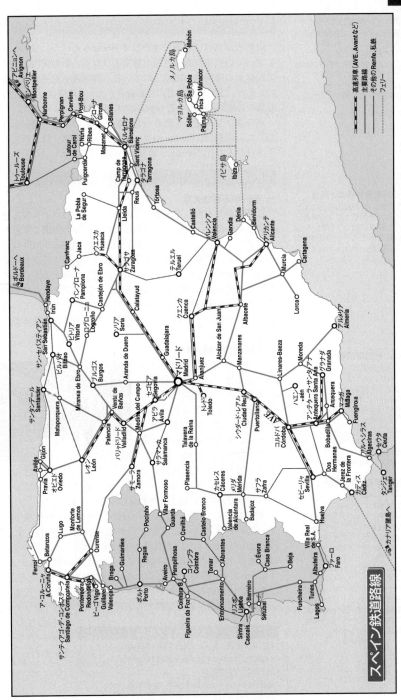

旅の準備と技術

国内移動（鉄道）

スペイン鉄道路線

凡例：
- 高速列車（AVE, Avantなど）
- 主要路線
- その他のRenfe, 私鉄
- フェリー

スペイン鉄道のストライキ
近年、スペイン国内の経済状況悪化により、Renfe がストライキを実施するようになった。スト期間中は列車の本数が少なくなるので、移動の際に駅やウェブサイトなどで事前確認するようにしよう。

切符の有効期間と料金
切符は、短距離の場合は当日のみ、予約をともなう場合はその列車に限って有効。料金は同じ行き先でも列車の種類や時間帯、チケットのクラスによって異なる。

駅の窓口表示例
●次の発車
Salida Próxima
●すぐの発車
Salida Inmediata
●当日の発車
Salida Hoy
●前売り
Venta Anticipada
●国際列車
Venta Internacional

乗車券を買うための
スペイン語
列車▶トレン tren
切符▶ビジェーテ billete
出発地▶オリヘン origen
目的地▶デスティノ destino
〜から▶デスデ desde
〜まで▶アスタ hasta
乗客▶パサヘロ pasajero
探す▶ブスカール buscar
買う▶コンプラール comprar
座席▶アシエント asiento
窓側▶ベンターナ ventana
通路側▶パシージョ pasillo
満席▶コンプレート
　　　completo

時刻表について

　時刻表はスペイン語で**オラリオ Horario** という。日本のようにすべての列車が網羅された時刻表はなく、駅の案内所や窓口に路線別の時刻表が掲示されている。時刻表を見る際に注意したいのが、運行曜日などの注意書き。土・日曜運休、または土・日曜のみ運行の列車などもあるので、見落とさないように。

　旅のスケジュールを組むうえであらかじめ列車の運行状況を知りたい場合は、Renfe のウェブサイトで乗車・降車の駅名や予定日を入力して検索し、時刻表を確認するとよい。

切符の買い方

✛ 予約が必要な列車

　近郊列車セルカニアスや中距離普通列車レヒオナルは、予約は必要ないので、列車に乗る前に駅の窓口か券売機で切符を買えばよい。AVE と Avant、長距離線、中距離線の MD は全席指定なので、予約が必要。乗車券を買うと同時に座席も指定される。乗車直前でも席が空いていれば切符は買えるが、人の移動が多い時期には満席になることも。予定が決まったら早めに切符を確保しておいたほうが安心だ。鉄道パスを持っている人も、駅の窓口でパスを提示し、座席番号が記された乗車券を発行してもらうこと。

✛ 駅の窓口で購入する

　大都市の主要駅では、近距離と遠距離、あるいは当日と前売りなどで切符売り場の窓口が分かれていることがあるので、列に並ぶ前によく確認しよう。前売りの場合は、順番待ちの整理券 Turno（トゥルノ）を取り、自分の番号が電光掲示板に表

バルセロナ・サンツ駅の切符売り場

示されたら指定された窓口へ行く。旅行者の多いシーズンは混み合うので、時間には十分余裕をもって行動すること。

　窓口では、行き先と枚数のほか、片道 Ida（イーダ）か往復 Ida y Vuelta（イーダ イ ブエルタ）、1 等 Primera Clase（プリメーラ クラーセ）（または Preferente プレフェレンテ）か 2 等 Segunda Clase（セグンダ クラーセ）（または Turista トゥリスタ）かを告げる。何も言わなければ、通常は 2 等の片道切符が出てくる。言葉に自信のない人は、下の「チケット購入メモ例」のように紙に書いて見せると確実だ。

　なお窓口が混んでいて時間がかかりそうなときは、駅構内に設置されている自動券売機でも切符を購入できる（タッチ決済対応のクレジットカードでの支払いのみ）。

チケット購入メモ例
15/10（10 月 15 日）　※必ず日／月の順で
1 Adulto（大人 1 枚）　※子供は Niño
AVE9620（列車番号）
Madrid 10:00 → Sevilla 12:30（乗車区間）
Preferente（1 等）　※ 2 等は Turista
Ida（片道）　※往復は Ida y Vuelta

はみだし Renfe には 60 歳以上にシニア割引があり、駅でパスポートを提示すると「Tarjeta Dorada」を発行してもらえる。料金は €6（2023 年 6 月現在）。このカードは 1 年間有効で、25 〜 40% の割引が効く。

Renfe 公式サイトでのチケット購入

【1】Renfe の公式サイト（**URL** www.renfe.com）を開く。トップページの右上にある地球儀マークをクリックし、「Inglés」を選ぶと英語表示になる。

　　出発地と目的地を入力する。マドリードやバルセロナなど複数の駅があり、どの駅から発車するかわからない場合は「TODAS（すべて）」を選ぶ。片道は「One-way only」、往復は「Return」を選び、人数、乗車日を入力して、「Search for a ticket」をクリックする。
※チケット購入が不要の 4 歳未満の子供も、無料チケットの発行が必要。

【2】時刻表が表示されるので、乗りたい列車を選ぶ。AVE などの高速列車や長距離列車は、以下の 3 種類の料金クラスがあるので、内容をよく確認してから購入すること。なお座席を指定しないと、2 名以上で同時に購入しても別々の車両になることもある。並びの席を希望する人は座席指定を。
※ AVLO は AVE のローコスト版で、条件が多少異なるので注意。

料金クラス

● **Básico（バシコ）**
スタンダードシート（2 等）。便の変更、払い戻しは基本的に不可。座席指定は €8。

● **Elige（エリフェ）**
スタンダードシート（2 等）。便の変更はチケット料金の 20%、キャンセル料はチケット料金の 30%。座席指定は €5。

● **Prémium（プレミアム）**
コンフォートシート（1 等）。便の変更・座席指定は無料。キャンセル料はチケット料金の 5%。駅のラウンジサービスと食事付き。

【3】氏名、パスポート番号、メールアドレス、電話番号（日本の国番号は +81）を入力し、座席指定する場合は座席を選択する（窓側・通路側希望は無料）。規約に同意し、「PURCHASE」をクリック。支払い画面に必要情報を入力（クレジットカード、デビットカード、Paypal での支払いが可能）。決済が完了すると、購入画面が表示される。QR コードの入った PDF ファイルをプリントするか、スマートフォンに保存しておけば、そのままチケットとして乗車できる。

チケットの見方

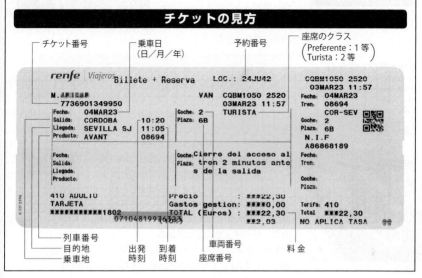

- チケット番号
- 乗車日（日／月／年）
- 予約番号
- 座席のクラス（Preferente：1 等 / Turista：2 等）
- 列車番号
- 目的地
- 乗車地
- 出発時刻
- 到着時刻
- 車両番号
- 座席番号
- 料金

駅に荷物を預ける

荷物預かり所はコンシグナ Consigna、コインロッカーはコンシグナ・アウトマティカ Consigna Automática という。コインロッカーには、お金をそのまま機械に入れるタイプ、駅の窓口か自動販売機でフィチャス Fichas というコインを買いそれを機械に入れるタイプ、また鍵式のほか磁気カード式や暗証番号式のものなどがある。暗証番号式のものは、お金を入れて扉を閉めると暗証番号の記されたレシートが出てくるので、なくさないように。開けるときは機械に暗証番号を入力する。

磁気カード式のコインロッカー

車内にはスーツケース置き場があるほか、座席の上の棚にも荷物を載せられる

格安列車のウェブサイト

● AVLO
URL avlorenfe.com
● Ouigo
URL www.ouigo.com/es/
● Iryo
URL iryo.eu/en/

赤い車体の Iryo

✈ 日本で切符を購入する

列車が混み合う時期に旅行する人や、旅程がきっちり決まっている人は、あらかじめ日本から予約していくのもいい。Renfe のウェブサイトでは、約 6 ヵ月先までオンライン購入が可能で、早割料金が設定されている列車もある。予約が完了すると PDF ファイルが表示されるので、それをプリンターで印刷するか、電子チケットをスマホに保存しておけば、そのまま切符として乗車することができる。なお鉄道パス（→ P.443）を使用する場合はオンライン予約ができないので、出発前に予約したい場合は日本の旅行会社に手配を依頼しよう。

列車の乗り方

まず駅の構内にある発着案内板を確認する。案内板は通常、**出発 Salidas**、**到着 Llegadas** の 2 種類があり、テレビのようなモニター画面に両方の表示が切り替わる場合もある。これで、列車名 Tren、行き先 Destino、発着時間 Hora、ホーム Vía をチェック。

スペインの駅では、大都市の主要駅を除くと改札がなく、ホームへはフリーパスで出られる。ただし列車が発車すると車掌が検札に回ってくるので、切符は目的地まで正しく買うこと。AVE や Avant、長距離列車に乗車する場合は、改札と荷物の X 線検査があるので、時間に余裕をもってホームに向かおう。

ホームに出たらもう一度、発着案内板と列車に付いている行き先表示を確認。発着ホームが急に変わったりすることもまれにある。最後まで気を抜かず、慎重に乗り込みたい。

上／乗車前に駅の発着案内板を確認しよう
下／アトーチャ・セルカニアス駅の自動改札

格安高速列車について

スペインでは鉄道の自由化にともない、高速列車の LCC 版が参入している。Renfe の AVE に比べると大幅に安い料金を設定しており、キャンペーン期間中はマドリード〜バルセロナ間が €10 程度で買えることも。ただし、変更やキャンセルができなかったり、座席指定や大きな荷物には追加料金がかかることがあるので、チケット購入時によく確認しよう。2023 年 6 月現在、下記の 3 社があり、いずれもマドリードを起点にしてバルセロナ、バレンシア、アリカンテ間を、また AVLO と Iryo はセビーリャやマラガなどアンダルシア方面へも運行している。

AVLO（アブロ）：スペイン鉄道 AVE の格安版。チケットは Renfe のウェブサイトでも購入できる。

Ouigo（ウィゴ）：フランス国鉄が運行する TGV の格安版。

Iryo（イリョ）：イタリア鉄道などが出資する民間企業。

はみだし Renfe は AVE の一部路線で車内での無料 Wi-Fi サービスが利用できる。順次導入を進めており、将来的には大半の中長距離列車で Wi-Fi が車内で使用できるようになる見込みだ。

鉄道パスについて

　「鉄道パス」は、指定日内なら何度でも乗車できる鉄道周遊券で、スペインの場合は Renfe（旧 Feve 含む）で利用できる。AVE や Avant、MD などの高速列車や中距離列車に乗車する場合は座席予約が必須で、鉄道パスを使用する場合も乗車前に駅の窓口などでパスを見せて指定券（€10 ～ 30 程度）を発行してもらう必要があるので注意しよう。

　スペインで利用できる鉄道パスは、「ユーレイル スペインパス」とヨーロッパ 33 ヵ国で使用できる「ユーレイル グローバルパス」の 2 種類がある。使い方によってはお得な場合もあり、おもに列車を利用してスペインやヨーロッパを周遊したいという人におすすめだ。

　「ユーレイル スペインパス」は、1 ヵ月の有効期間内で利用日が選べるフレキシータイプで、3 日、4 日、5 日、6 日、8 日分の 5 種類。1 等と 2 等があり、料金は大人、ユース（12 ～ 27 歳）、シニア（60 歳以上）で異なる。また大人料金パス所持者 1 名につき同行する 4 ～ 11 歳の子供 2 名までは、無料で鉄道パスの発行が可能（大人と同時申し込み・発行が必要）。

　ユーレイル系の鉄道パスおよびヨーロッパ在住者向けのインターレイルパスは、紙チケットタイプのものからスマートフォンやタブレットなどのモバイル端末で利用するモバイルパスに変更となった。ユーレイルの専用アプリ「Eurail/Interrail Rail Planner」をインストールして、アプリ内で購入したパスを起動して使うこととなる。利用開始手続きは利用者自身で行う。パスを購入した際に送られてくるチケット番号と、購入時に登録した名前をアプリ内の鉄道パスに入力する。

Renfe 以外の鉄道

　スペインには Renfe 以外に、以下の鉄道が走っている。バルセロナと近郊を結ぶ**カタルーニャ鉄道 FGC**。北部カンタブリア地方と東部海岸アリカンテ～デニア間を走る**スペイン狭軌鉄道 Feve**（2012 年以降は Renfe に統合）。ビルバオ、サン・セバスティアン近郊の**バスク鉄道 Eusko Tren**。FGC と Eusko Tren では、ユーレイルパスなどが使えない。だが、カタルーニャ地方、カンタブリア地方、レバンテ地方、バスク地方とそれぞれ特異な地域を走っているローカル色豊かな鉄道なので、時間があったらぜひ乗ってみたい。特にカンタブリア海に沿って走るビルバオ～サンタンデール～ヒホン間では、「グリーンスペイン」と呼ばれる緑豊かな風景を楽しむことができる。

バルセロナ近郊を走る FGC

北部に路線網があるバスク鉄道

ユーレイル スペインパス

有効期間は 1 ヵ月

●大人 1 等 /2 等
3 日 €227 / €179
4 日 €263 / €207
5 日 €294 / €232
6 日 €323 / €254
8 日 €374 / €295

●ユース 1 等 /2 等
3 日 €182 / €155
4 日 €210 / €180
5 日 €235 / €201
6 日 €258 / €221
8 日 €299 / €255

●シニア 1 等 /2 等
3 日 €204 / €161
4 日 €237 / €186
5 日 €265 / €209
6 日 €291 / €229
8 日 €337 / €266

※ 2023 年 6 月現在の料金

スペインの鉄道パスおよび鉄道チケットの購入

EURO RAIL by World Compass
（株式会社ワールドコンパス）
URL eurorail-wcc.com
E-mail info@eurorail-wcc.com
営 月～金　10:00 ～ 17:00
ヨーロッパ鉄道手配経験豊富なスタッフが対応。鉄道パスおよび TGV、AVE などの鉄道チケットを取り扱う。ヨーロッパのホテルや空港送迎、専用車も手配可能。

各鉄道のウェブサイト

● Feve
URL www.renfe.com
● FGC
URL www.fgc.cat
● Eusko Tren
URL www.euskotren.eus

旅の準備と技術

国内移動（鉄道）

国内移動（バス）

おもなバス会社

● Alsa

URL www.alsa.es

国内全土に路線を網羅する、スペイン最大のバス会社。このほかのバス会社は P.70 と P.193 を参照。

券売機での購入が便利

バスターミナルの発券窓口が混雑している場合があるが、その際は比較的すいている券売機を利用しよう。小さな町では時間帯によっては窓口が閉まっており、券売機でしか購入できないこともある。

大きな荷物は床下のトランクへ

バス利用の注意

スペインでは曜日によって運行スケジュールが異なることが多い。特に、土・日曜と祝日は極端に本数が減ったり、全面運休となる場合もあるので注意したい。また運行スケジュールの変動が激しく、町の ❶ で間違った情報を教えられることもしばしば。バスターミナルの窓口で直接確かめたほうが確実だ。

時刻表の読み方

directo ▶ 直通バス
ruta ▶ 各停バス
diario ▶ 毎日
laborables ▶ 月〜金（祝を除く）
de lunes a sábados ▶ 月〜土
vie. y dom. ▶ 金・日
diario exc. sáb. ▶ 土を除く毎日
domingos y festivos ▶ 日・祝

タクシーを上手に利用する

田舎町などバスが1日に2〜3本しかないような所では、無理にバスに時間を合わせるより、タクシーを利用するほうが便利。バルなどで「ポドリア・ペディールメ・ウン・タクシ・ポル・ファボール?」と言えばタクシーを呼んでくれる。料金はメーター制と定額制の場合がある。

地方はバスが便利

スペインのバスは鉄道の不便な地域までカバーしていて、ほぼ全国を網羅している。その気になれば、鉄道をまったく使わないで、バスだけでスペイン中を旅することもできる。料金も鉄道と比較にならないほど安く、しかも地方では鉄道よりバスのほうが便が多く便利なことが多い。長距離バスは空調完備、リクライニングシートで乗り心地はいいし、かなりのスピードで走るので思ったより時間もかからない。

切符の買い方

切符は**バスターミナル Estación de Autobuses** の窓口で購入する。マドリードなどの大都市では、バス会社や行き先ごとに複数のバスターミナルがあるので、あらかじめ確認しておこう。通常はひとつのバスターミナルにいくつものバス会社が乗り入れており、それぞれ窓口が異なる。窓口には行き先や時刻表が張り出してあるので、それを見て自分の乗るバスを見つけ出す。切符を買うときは、行き先、出発時刻、枚数を告げる。紙に書いて見せれば確実だ。

長距離バスは予約が可能なので、人の移動が激しいシーズンは、予定が決まったら早めに購入しておくこと。大手のバス会社ならホームページからオンライン購入も可能で、割引が適用されることも。また中距離バスやローカルバスは、出発時刻の1時間くらい前から売り出されることが多い。発車の直前まで販売しているが、時間に余裕をもって20分くらい前にはバスターミナルに着くようにしたい。

バルセロナの北バスターミナル

バスの乗り方

切符を手に入れたら乗り場へと向かう。大きなバスターミナルには乗り場がいくつもあるので、発着案内板などで自分の乗るバスがどの乗り場 Vía から出るか確認しよう。案内板がない場合は、出発時刻の15分くらい前にアナウンスがある。わからなければ、運転手や周りの乗客に聞くのが確実だ。

バスが来たら、運転手に切符を見せて車内へ。自由席のことが多いが、切符に座席番号 Plaza が記されていたら指定席。大きな荷物は車内に持ち込めないので、床下のトランクに入れる。長距離バスは、途中3時間ごとにバルなどでトイレ休憩を取る。ただし停車時間が短いので、乗り遅れないよう注意すること。

はみだし バス会社 Alsa のウェブサイトで座席指定とクレジットカードでの支払いを済ませ、予約確認書をプリントアウトすれば、それがそのまま切符になる。ホテルによっては頼めばプリントしてもらえる。

国内移動（飛行機）

旅の準備と技術

長距離移動には飛行機

　スペインの国土は日本の約1.3倍。日程の限られた旅では、やはり飛行機が威力を発揮する。国内線を運航しているのは、**イベリア航空 Iberia**、**エア・ヨーロッパ Air Europa** など。チケットは、旅行会社、空港のチケットカウンターのほか、航空会社のウェブサイトでも購入できる。航空会社によっては、さまざまな割引料金が適用されることもあるので、ウェブサイトで検索してみるとよい。なおマドリード～バルセロナ間では、イベリア航空がプエンテ・アエレオ（空の架け橋）と呼ばれるサービスを行っている。少し割高になるが、事前予約の必要がなく、空港に到着した時点で残席のある一番早い便に乗れるので、急ぎの場合などに便利だ。

　また最近では**ブエリング航空 Vueling** を筆頭に、インターネット直販の格安航空会社（LCC）も登場している。路線によっては列車やバスより安い場合もあり、利用価値が高い。ただし、キャンセルや変更には手数料がかかるなどの制限があるので注意。

航空会社の連絡先
●イベリア航空
URL www.iberia.com
●エア・ヨーロッパ
URL www.aireuropa.com
●エア・ノストラム
URL www.airnostrum.es
●ブエリング航空
URL www.vueling.com

スペインの空港案内
URL www.aena.es
ウェブサイトにはスペイン国内にある各空港の見取り図や施設案内、離発着の運航時刻といった各種情報が掲載されている。

時間を有効に使うなら飛行機が便利

国内移動（バス／飛行機）

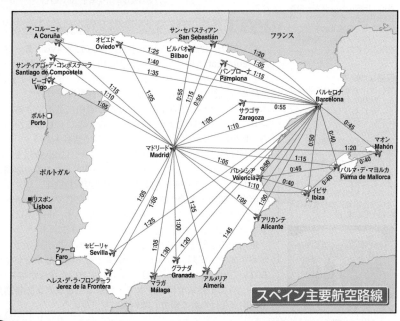
スペイン主要航空路線

国内移動（レンタカー）

国外運転免許証
管轄内の運転免許センターや運転免許試験場で申請すると、その場で発行してくれる。必要書類は以下のとおり。なお国外免許証は、日本の国内免許証とともに携行することが義務づけられている。
①国内運転免許証
②パスポート
③写真1枚（縦4.5cm×横3.5cm。カラー、白黒可。6ヵ月以内に撮影のもの）
④手数料2350円

**日本で予約できる
レンタカー会社**
●ハーツ
URL www.hertz-japan.com
●エイビス
URL www.avis-japan.com
●ヨーロッパカー
URL www.europcar.jp

現地のレンタカーオフィス
スペインの主要都市にはたいてい、空港、駅構内または駅周辺、市内にレンタカーの営業所がある。平日のランチタイムや土・日曜は休むところもあるので、事前に営業時間を確認しておくこと。

保険について
慣れない外国での運転だから、保険には必ず入っておこう。それもすべてのケースについて補償のある保険 Full Protection をかけること。契約書にサインする際には、保険の欄の確認を忘れずに。またドライバーが複数の場合は全員の名前を記入しておくこと。これを怠ると、名前が書いてない人の運転中の事故には保険金が支払われないことになってしまう。

空港のレンタカーオフィス

気ままな旅ならレンタカー

スペイン旅行の奥の手は、何といってもドライブの旅。道路はいいし、景色はいいし、渋滞などめったにないからスイスイ走れて気持ちはいい、と運転の楽しさを十二分に味わえる。そのうえ、列車やバスのように時間に制約されることもなくゆったりと気ままな旅ができるし、交通の便が悪い所でも自分で運転すればどんどん行けてしまう。いってみれば、ドライブ旅行とは自分で自分の旅をつくるには最高の方法なのだ。

右側通行であることを除けば、道路標識も日本とほぼ同じだし、行き先の表示はむしろ日本よりわかりやすいくらいだから、安心して運転できる。ただ、町なかに入ると一方通行や狭い道路が多いので、普段日本で運転している人でないとちょっと難しいかもしれない。またできればひとりだけというのも避けたい。ふたりいれば、ナビゲーターとして地図や標識を読解し、運転者に的確な指示を与えることもできる。

スペインの道路は標識もわかりやすく走りやすい

レンタカーの借り方

レンタカー会社は、**ハーツ Hertz**、**エイビス Avis**、**ヨーロッパカー Europcar** といった大手のほか、地元のローカル会社がある。大手は支店も多く、万一故障したときにも、すみやかに修理または車の交換を行ってくれる。また、無料で乗り捨て（ワンウェイ・レンタル）できる都市もかなり自由に選択できる。一方のローカル会社は、乗り捨てのできないところもあるが、そのぶん料金は安く、大手の約半額などという会社もある。

運転資格は会社によって異なるが、ハーツは25歳以上、エイビスは23歳以上となっている（一部例外もあるので、詳細は問い合わせを）。車を借りる際には、国外運転免許証、パスポートのほか、運転者名義のクレジットカードが必要。なおスペインのレンタカーはマニュアル車が一般的で、オートマ車は台数が少ないうえ通常より高い価格設定になっている。

現地での手続きに不安のある人は、日本から予約していくのがおすすめ。時期によっては、希望する車種がなかなか見つからないことも多いので、事前に予約しておいたほうがベターだ。ハーツやエイビスでは、日本で予約するとさまざまな特別割引や特典が受けられるので、問い合わせてみよう。

はみだし 高速道路には速度取り締まり機があるので注意。また市街では駐車違反で罰金を取られることもある。罰金が科せられると、レンタカー会社からクレジットカードで引き落とされる。

運転中の注意

　走り出す前に、まず車をよく点検する。足まわり、ウインカーとワイパーレバーの位置（日本とは逆）などを確認し、わからないことがあればレンタカー会社の人に尋ねよう。慣れてくるまでは、必要以上の安全運転を心がけたい。いきなりスピードを出したりせず、しばらくは様子を見ながら走ること。

　左ハンドル、右手でのギア操作は、最初のうちはちょっとやりにくい。車種によってはギアの入れ方が違うので要注意。右側通行で特に気をつけたいのは、右折や左折のとき。大きくて複雑な交差点や、小さくても信号のない交差点のときなど、つい反対側の車線に入ってしまわないように。またスペインでは市街地、郊外を問わずラウンドアバウト（ロータリー）による交差点が非常に多い。ラウンドアバウト内は一方通行で左回り。注意点はラウンドアバウトの中に入っている車に優先権があり、ラウンドアバウトに入っていく際には常に徐行義務があるということだ。

　スペイン人の運転は、一般に乱暴でスピードが速い。一般道路で時速100キロ以上、高速道路ともなると130～150キロ、市街地でも50～60キロといったところ。交差点などでちょっとモタモタしていると、すぐに後ろからクラクションを鳴らされる。しかし、決してあせらず、マイペースで運転すること。また車間距離を取らない人が多いので、事故に巻き込まれないよう注意。

　車での旅行は気楽さのゆえか、ついつい用心を怠りがちだが、車から降りたら必ず鍵をかけよう。スペインでは物を盗まれた場合、悪いのは盗んだほうよりも、むしろ油断していて盗まれたほうである、という考え方が浸透している。そんな土地柄なのだ。鍵をかけたからと安心せず、くれぐれも貴重品やカメラ、スマートフォンなどを車内に置きっ放しにしないように。

パーキングについて

　駐車場はPのマークで表示されている。無人の場合は、入口でカードを取り車を入れる。支払いは車を出す際に、出口で係員に支払う場合と、機械で支払いを済ませ、そのカードを出口の機械に挿入する場合とがある。料金は都市部で1時間€1.50～2程度。営業時間は通常9:00～24:00。24時間営業のところもある。また路上有料パーキング区域（ブルーゾーン）は、青ペンキで枠が引いてある。近くにチケット販売機があるので、駐車時間に応じてチケットを購入し、フロントウインドーの内側に置いておくこと。24時間いつでも駐車でき、料金は通常9:00～20:00の間は駐車場と同じくらい。それ以外の時間帯は無料となる。さらに土曜の14:00以降、日曜・祝日は終日無料となるところも多い。駐車違反にはレッカー移動もあるので注意しよう。

パーキングメーター

制限速度

高速道路　120km/h
一般道　　90km/h
市街地　　30km/h

シートベルト

車両のすべての乗員にシートベルト着用が義務づけられている。また身長が150cm以下の子供は、背もたれ付きのチャイルドシートの使用が推奨されている。

地方では牛横断注意の表示も

ガソリン

スペイン語でガソリンはガソリナ Gasolina、ガソリンスタンドはガソリネラ Gasolinera という。ガソリンはスーペル Super、エウロスーペル Eurosuper、スーペルプルス Superplus またはエクストラ Extra などの種類があるので、車を借りるときに何を給油するか確認しておくこと。

ガソリンスタンドはセルフが多い

高速道路

スペインには無料のアウトビア Autovía と、有料のアウトピスタ Autopista がある。アウトピスタは多くの場合各方向3車線で、アウトビアより設備が整っている。料金の支払い方法は、以下の2とおりある。
①最初にチケットを取り、日本同様に出口料金所で表示された料金を支払う
②一定区間ごとに料金所があり、そのつど支払う
また料金所には、以下の3とおりある。
①有人窓口 Manual
②無人窓口 Automática
クレジットカードか硬貨で支払う
③クレジットカード専用窓口 Solo Tarjeta

はみだし　小さな町や村、都市の旧市街は道幅が狭いので、レンタカーは小型車のほうが走りやすい。またこのような場所では一方通行の道が多いので、カーナビ搭載のほうがスムーズに運転できる。

通信・郵便事情

インターネット

情報収集をしたり、位置情報を確認したり、家族や友人と連絡を取ったりと、今や旅行には欠かせないインターネット。スペイン旅行中のスマートフォンやタブレットを使ってのネット接続には、下記の4つの手段がある。自分の旅スタイルを考慮しながら、納得の方法を選ぼう。

✈ 無料 Wi-Fi を利用する

たまにつながればいいという人向け。スペインでもインターネットは広く普及しており、ホテルではほぼ100%、Wi-Fi を無料で利用できる。チェックインの際に渡される宿泊カードに、ユーザー ID とパスワードが書かれていることが多い。または部屋番号などを入力すれば自動的につながるところもある。

ホテル以外にも、飲食店、空港、列車やバスの車内、美術館などの公共施設で、無料 Wi-Fi を使えるところも多い。カフェやファストフード店では、パスワードは店員に聞けば教えてもらえるし、レシートに印字されているケースも。

✈ 海外用モバイル Wi-Fi ルーターをレンタル

海外ですぐ使えるように設定されたモバイル用の小型 Wi-Fi ルーターで、通信速度も十分。料金は渡航先やサービス提供会社によって異なるが、1日あたり1500円程度でレンタルできる。ルーター1台で複数の端末につなげられるので、家族やグループ旅行などでシェアするとさらに割安になる。

✈ 携帯電話会社の海外パケット定額サービス

NTT ドコモの「海外パケ・ホーダイ」をはじめ、携帯電話会社（キャリア）が提供する、海外専用のパケット定額プラン。いつも使っているスマホのみで、利用したいときにネット接続ができる。出発前に各携帯キャリアのウェブサイトなどで料金や内容を確認し、海外用アプリをダウンロードしておこう。なお、NTT ドコモの「ahamo」プランなら、事前手続きや追加料金なしで、海外ローミングを20GB まで無料で利用できる。

✈ 海外で使用可能な SIM カードを購入する

現地滞在日数が長い人や、頻繁に海外へ行く人におすすめ。SIM フリーのスマホを持っていれば、現地キャリアに対応した SIM カードに差し替えて使うことができる。SIM ロックがかかっている場合は、出発前に解除しておこう。

プリペイドタイプの SIM カードは、現地の携帯電話会社の店舗で販売しており、スマホの設定が必要な場合も手助けしてくれる。また多少割高になるが、日本の Amazon などの EC サイトでも購入できる。

インターネットを使うには
「地球の歩き方ホームページ」では、海外旅行中のネット接続についての情報をまとめた特集ページを公開中。こちらもぜひ参考にしよう。
URL www.arukikata.co.jp/net/

Wi-Fi はスペイン語ではウィーフィーと発音する。Gratis は「無料」という意味

高額請求に注意!
日本で使っているスマホを海外で使用する場合、契約によってはデータ通信に高額の使用料がかかるので注意しよう。データローミングはオフにして、インターネットは Wi-Fi のみで使うこと。

スペインの携帯電話会社
大手キャリアは、Movistar、Vodafone、Orange など。プリペイドタイプの SIM カードは、28 日間有効で 50GB のものが €10 などと格安。購入の際にはパスポートの提示が必要。なお EU 圏内やイギリスで購入した SIM カードは、追加のローミング料金なしにスペインでも使用できる（その逆も可）。
● Movistar
URL www.movistar.es
● Vodafone
URL www.vodafone.es
● Orange
URL www.orange.es

町なかにある Orange（左）と Vodafone（右）の店舗

スペイン旅行に役立つアプリ

地図・ナビゲーション

Google Map
ルート検索に便利なだけでなく、現在位置もリアルタイムでわかるので、バスやタクシーを利用する際に安心感がある。

Maps.Me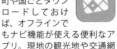
町や国ごとダウンロードしておけば、オフラインでもナビ機能が使える便利なアプリ。現地の観光地や交通網にも強い。

CityMapper
マドリードやバルセロナなど、欧米の主要都市の公共交通機関に対応したアプリ。路線図はオフラインでも見られる。

交通・ルート検索

Omio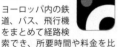
ヨーロッパ内の鉄道、バス、飛行機をまとめて経路検索でき、所要時間や料金を比較するのに便利。チケット購入も可。

Renfe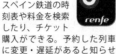
スペイン鉄道の時刻表や料金を検索したり、チケット購入ができる。予約した列車に変更・遅延があると知らせてくれる。

Cabify
スペインで人気のタクシーアプリ。ルート検索、予約、支払いはすべて事前にアプリで行うので、ぼられる心配もない。

天気予報

Eltiempo.es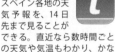
スペイン各地の天気予報を、14日先まで見ることができる。直近なら数時間ごとの天気や気温もわかり、かなり正確。

翻訳

Google 翻訳
文字の翻訳だけでなく、翻訳されたテキストを自動的に読み上げたり、カメラで読み取った文章を翻訳してくれる機能も。

レストラン予約

TheFork
人気レストランを簡単に予約できるアプリ。割引プロモーションなどもあり、上手に活用すればお得に食事を楽しめる。

INFORMATION

スペインでスマホ、ネットを使うには

　スマホ利用やインターネットアクセスをするための方法はいろいろあるが、一番手軽なのはホテルなどのネットサービス（有料または無料）、Wi-Fiスポット（インターネットアクセスポイント。無料）を活用することだろう。主要ホテルや町なかにWi-Fiスポットがあるので、宿泊ホテルでの利用可否やどこにWi-Fiスポットがあるかなどの情報を事前にネットなどで調べておくとよい。ただしWi-Fiスポットでは、通信速度が不安定だったり、繋がらない場合があったり、利用できる場所が限定されたりするというデメリットもある。そのほか契約している携帯電話会社の「パケット定額」を利用したり、現地キャリアに対応したSIMカードを使用したりと選択肢は豊富だが、ストレスなく安心してスマホやネットを使うなら、以下の方法も検討したい。

☆ 海外用モバイルWi-Fiルーターをレンタル

　スペインで利用できる「Wi-Fiルーター」をレンタルする方法がある。定額料金で利用できるもので、「グローバルWiFi（【URL】https://townwifi.com/）」など各社が提供している。Wi-Fiルーターとは、現地でもスマホやタブレット、PCなどでネットを利用するための機器のことをいい、事前に予約しておいて、空港などで受け取る。利用料金が安く、ルーター1台で複数の機器と接続できる（同行者とシェアできる）ほか、いつでもどこでも、移動しながらでも快適にネットを利用できるとして、利用者が増えている。

▼グローバルWiFi

　海外旅行先のスマホ接続、ネット利用の詳しい情報は「地球の歩き方」ホームページで確認してほしい。
【URL】http://www.arukikata.co.jp/net/

日本で使用しているスマートフォンを持参し、スペインで通話するためには、通信キャリア各社が提供している「海外パケット定額サービス」を利用するか、「LINE」「Messenger」「WhatsApp」といったアプリを Wi-Fi 環境で利用する方法がある。なお、日本国内におけるパケット通話料は、海外では適用されないので注意したい。なお公衆電話の設置台数は激減しており、見つけるのが難しいほどになっている。

スペイン国内通話

市外局番はないので、固定電話の場合は「9」か「8」、携帯電話は「6」か「7」で始まる 9 桁の番号をプッシュする。

スペインから日本へ電話をかける

直接相手につながるダイヤル直通通話をする場合は、まず「00」をダイヤルして発信音が変わったことを確認し、次に日本の国番号「81」、そして「市外局番と携帯電話の最初の 0 を除いた相手の電話番号」をダイヤルする。ホテルの部屋からかける場合は、まず外線番号（「0」か「9」が多い）をダイヤルし、上記の手順を続けるとかけられる。

国際電話識別番号 **00**	+	日本の国番号 **81**	+	市外局番と携帯電話の最初の **0** を除いた相手先の番号

日本語オペレーターに申し込むコレクトコール

日本の国際電話会社のオペレーターに直接申し込む。料金をクレジットカードで支払う方法も選べる。料金はかなり割高なので使い過ぎに注意しよう。以下はアクセス番号。
● KDDI　ジャパンダイレクト　☎ 900-99-0981
URL www.kddi.com/phone/international/with-operator

日本からスペインへ電話をかける

国際電話会社の識別番号、国際電話識別番号「010」、スペインの国番号「34」、相手の電話番号の順で。詳しくは→ P.8。

郵便局はコレオス Correos という。営業時間は月〜金曜 8:30 〜 14:30、15:30 〜 20:30。小さな局は 14:30 までのところもある。日曜・祝日は休み。切手は町なかのたばこ屋「エスタンコ Estanco」でも買える。「ポル・アビオン・ア・ハポン Por Avión a Japón」（航空便で日本へ）と伝えよう。住所と宛名は日本語でもいいが、必ず Japón（日本）と書くこと。通常は 1 週間くらいで届く。

スペインのポストは黄色

日本での国際電話の問い合わせ先
● NTT コミュニケーションズ
☎ 0120-003300（無料）
URL www.ntt.com
● ソフトバンク
☎ 0088-24-0018（無料）
URL www.softbank.jp
● au（携帯）
☎ 0057
☎ 157（au の携帯から無料）
URL www.au.com
● NTT ドコモ（携帯）
☎ 0120-800-000
☎ 151（NTT ドコモの携帯から無料）
URL www.docomo.ne.jp
● ソフトバンク（携帯）
☎ 0800-919-0157
☎ 157（ソフトバンクの携帯から無料）
URL www.softbank.jp

携帯電話を紛失した際のスペインからの連絡先
利用停止の手続きは以下の番号へ。全社 24 時間対応。
● au
（国際電話識別番号 00）
＋ 81 ＋ 3-6670-6944
　au の携帯から無料、一般電話からは有料
● NTT ドコモ
（国際電話識別番号 00）
＋ 81 ＋ 3 ＋ 6832-6600
　NTT ドコモの携帯から無料、一般電話からは有料
● ソフトバンク
（国際電話識別番号 00）
＋ 81 ＋ 92 ＋ 687-0025
　ソフトバンクの携帯から無料、一般電話からは有料

日本への郵便料金
URL www.correos.es
はがき ▶ €2.10
封書 ▶ 20g まで €2.10
EMS ▶ 250g まで €50.45
※ 2023 年 6 月現在の料金

ホテルの基礎知識

スペインの宿泊事情

宿泊施設に関しては、スペインではまず心配はいらない。どんな小さな村へ行ってもオスタルのひとつやふたつはあるし、都会だったら一流のホテルから格安のペンシオンまでよりどりみどりだ。宿の人たちはたいてい親切だし、気持ちのよい旅ができる。

歴史的建造物を改装したホテルもある

近年スペインを訪れる観光客が増えていることもあり、マドリードやバルセロナなどの大都市、週末の観光地、夏のリゾート地などは、予約なしだとホテルを見つけるのに苦労することもある。それでも探せばどこか空いているものだが、宿探しに時間を取られたくない人、ある程度よいホテルに泊まりたい人は、あらかじめ予約して行ったほうがいいだろう。また祭りの期間中、聖週間（イースター）、クリスマスから年末年始にかけても混むので、早めの予約が望ましい。

宿泊施設の種類

宿泊施設の入口には青地に白文字のプレートが掲げられ、その種類とランクがひとめでわかるようになっている。

▶ホテル Hotel ／ホテル・レシデンシア Hotel Residencia

「H」のマークで表示され、規模や設備に応じて1つ星から5つ星まで5段階に分けられる。星（実際は太陽のマーク）の数が多いほど高級。日本から旅行会社を通じて予約できるのは、通常3つ星以上のホテルだ。なお「HR」は「ホテル・レシデンシア」を表し、レストランのないホテルのこと。内容や料金はホテルと変わりはなく、レストランはなくても朝食だけは取れるところが多い。

▶ホテル・アパルタメント Hotel Apartamento

アパートメントホテルのこと。「HA」のマークで表示される。規模、設備、外見ともホテルと変わりないが、小さなキッチンやリビングスペースがある。長期滞在者や家族やグループでの旅行に便利。1泊から宿泊できるところが多い。

▶オスタル Hostal ／ペンシオン Pensión

それぞれ「H」「P」のマークで表示される。ホテルよりも経済的な宿で、家族経営のところも多い。オスタルは1つ星から3つ星まであり、3つ星となると2つ星ホテルと同等かそれ以上の設備をもつ。1つ星オスタルやペンシオンは、部屋に簡素なベッドと机が置いてあるだけで、シャワー・トイレは共同のところもある。朝食は付いていないことが多い。

料金について

通常はハイシーズン（夏）、ミドルシーズン（春・秋）、ローシーズン（冬）の順に安くなる。聖週間（イースター）、クリスマスと年末年始、祭りの期間中も割高になることが多い。なお、スペインではホテル料金に10%のIVA（付加価値税）が加算される（本書に掲載されている料金は税込み）。またバルセロナを含むカタルーニャ州では、宿泊者を対象に観光税が徴収される（→ P.238 はみだし情報）。

エクステリオールとインテリオール

スペインでは外側に面している部屋をエクステリオール Exterior、内側の部屋をインテリオール Interior と呼ぶ。エクステリオールは眺めはいいが、大通りや広場に面していると騒音が気になる場合もある。インテリオールは狭くて暗い部屋が多いが、静けさを優先する人にはおすすめだ。

ホテル

ホテル・レシデンシア

オスタル

ペンシオン

パラドール予約先
●パラドール公式サイト
URL paradores.es
●日本のパラドール総代理店
（株）イベロ・ジャパン
住 〒162-0832
東京都新宿区岩戸町17
文英堂ビル4F
☎ (03)6228-1734
URL www.ibero-japan.co.jp
来社での旅行相談は完全予約制なので、前日までに電話で連絡をすること。

パラドールのレストランではその地方の郷土料理が味わえる

プールもあるマルベーリャのユース

スペインユースホステル協会
URL reaj.com

ユースホステル会員証の発行窓口
●日本ユースホステル協会
URL www.jyh.or.jp
会員証は日本国内のユースホステル、全国の入会案内所で申し込める。1年間有効で成人パス（19歳以上）2500円、青年パス（中学生終了年齢〜19歳未満）1500円など。

ホステルワールド
世界中のプライベートホステルの予約ができる。
URL www.japanese.hostelworld.com

パラドール　Parador

　スペイン特有の国営ホテルがパラドール。古城、貴族や領主の館、あるいは由緒ある修道院を一流ホテルとして改装したもので、歴史的な重厚さと近代的設備の快適さが同時に味わえる、贅沢このうえない宿泊施設だ（一部、景勝地などに新しく建てられたパラドールもある）。全国98ヵ所にあり、4つ星パラドールでも料金は3つ星ホテル並みなので、ちょっといいホテルに泊まりたいというときにはパラドールをおすすめする。

　トレドやグラナダといった特に人気のあるパラドールは、数ヵ月前から予約でいっぱいになってしまうので、早めに手配しておくこと。同じパラドールに2泊以上すると割引料金になったり、ユース割引（18〜30歳）、シニア割引（55歳以上）、お得な料金で好きなパラドールに5泊できるクーポンなどさまざまな割引システムがあり、これらの情報はパラドールのホームページで調べられる。予約は、直接パラドールに電話するかメールを送ってもいいし、ウェブサイトでも可能。言葉に自信のない人は、日本のパラドール総代理店でも申し込める。なお、パラドールのレストランやバーは宿泊客でなくても利用できるので、食事などに立ち寄って雰囲気を味わうのもいいだろう。

人気が高いグラナダのパラドール

ユースホステル　Albergue Juvenil

　ユースホステル（YH）はスペイン語で**アルベルゲ・フベニル**。スペインには200軒以上のユースがあり、低料金で宿泊できて、設備もまずまず。何より、世界各国の若者たちと触れ合えるのがいい。ひと部屋4〜10人程度のドミトリー（相部屋）形式で、トイレとシャワーは共同というのが一般的。なかにはシングルやツインの個室を備えたところもある。夏の混み合う期間はすぐに満員になるので、早めに予約しておこう。なお、ユースホステルは10：00〜17：00頃まで閉館し、夜も門限があるところが多い。国際ユースホステル協会に加盟している施設に泊まるには原則ユースホステル会員証が必要だが、そのほかに会員証がなくても宿泊できるドミトリー形式の宿もある。こうしたプライベートホステルは、マドリードやバルセロナなど大都市を中心に増えており、宿代を節約したい若い旅行者に人気がある。

若者に人気のドミトリー形式の宿

日本で予約する

　旅行の日程と泊まりたいホテルが決まったら、日本から予約をしておこう。特に、人気の観光地やバカンスシーズン、祭りの期間中は早めの予約が必要。

　自分で予約する場合、ホテルの公式サイトからのインターネット予約、またはホテル予約サイトを利用する方法が最も便利。インターネットで予約すると、早期割引料金やキャンペーン料金などが適用されることもある。ただし、変更やキャンセルができないプランもあるので、条件をよく確認してから予約すること。支払いは、予約時または宿泊日の数日前にクレジットカード決済される場合と、ホテルに到着してからチェックインの際に支払う場合がある。

チェックインとチェックアウト

　チェックインは通常 14：00 以降だが、部屋が用意できていればそれ以前でも入室できることがある。入室が無理でも荷物は預かってくれるので、早く到着した場合はお願いしよう。

チェックインにはパスポートが必要

　チェックインの際には、宿泊者全員のパスポートを提示し、宿泊カードにサインする。クレジットカード決済が終わっていない場合は、チェックインの際に支払う。なお、到着が夜遅くなる場合はあらかじめ連絡しておこう。

　チェックアウトは通常 12：00 だが、そのあとも観光したい場合はスーツケースなど大きな荷物を預かってもらえる。

Airbnb やアパートメントを利用する

　世界中で利用者が増えている民泊仲介サイト、Airbnb（エアビーアンドビー）。空き部屋を貸したいホストと泊まる場所を探すゲストをつなぐオンラインサービスで、スペインでも若い人たちを中心に利用者が増えている。宿泊費を安く抑えられるのが一番のメリットだが、現地の暮らしに触れたいという人にとっても魅力的だ。ただし、時にはトラブルも起こりうる。よくある例は、ホストが急用で不在になり連絡がとれず鍵を渡してもらえなかったとか、実際に行ってみたら思っていた条件と違ったなど。利用の際にはホストと何度かやり取りして、不安のないようにしておくことも大切だ。

　また家族や友人同士 3 〜 4 人で滞在したい、という場合にはアパートメントを利用するのもいい。数人でシェアすれば割安になるし、キッチン付きなので自炊したい人や小さな子供連れで外食できない人にもおすすめだ。アパートメントはブッキングドットコムなどのホテル予約サイトでも見つけられる。

　Airbnb やアパートメントは、設備やサービスはホテルとは異なるし、何かトラブルが起きた際には自分で対処しなければならない。ある程度の語学力が必要で、旅慣れた人向きだ。

おもなホテル予約サイト
●ブッキングドットコム
URL www.booking.com
●エクスペディア
URL www.expedia.co.jp
●ホテルズドットコム
URL www.hotels.com
●ホテリスタ
URL hotelista.jp

スペインの朝食
ホテルの朝食は別料金のことが多い。ビュッフェ形式の場合、中級ホテルで€10〜15、高級ホテルで€15〜20。町なかのバルでオレンジジュース、パン、コーヒーの朝食セットを頼むと €5〜7 程度。

経済的な宿に泊まる場合の注意
都市部のオスタルやペンシオンは、オートロックの集合ビルに入っていることが多い。ドアの鍵を開けてもらうには、まず入口横にある入居者名のなかから目的のオスタル名などを探し、該当するボタンを押す。中からインターフォンで声がしたら「予約している○○です」などと、用件や名前を伝えればいい。すると中の人が施錠を解除してくれるブザー音が聞こえるので、すかさずドアを押して中に入る。チェックイン後は、部屋の鍵と一緒に玄関の鍵を渡してくれる。また、家族経営の宿で早朝にチェックアウトする場合は、まだ宿の人が寝ていることもある。そんなときは前日の夜に支払いを済ませておき、当日は宿の人を起こさないよう、部屋に鍵を残して出ていけばいい。

Airbnb
URL www.airbnb.jp

暮らすように滞在できるアパートメント

ショッピングの基礎知識

ショッピングする際のマナー

スペインでは店員さんにあいさつをするのが最低限のマナー。スーパーや量販店は別として、店に入る際には「オラ ¡Hola!（こんにちは）」とあいさつしよう。また高級ブランド店や小さなブティックでは、商品を見たいときは勝手に触らず、ひと言かけるか店員さんに取ってもらうように。もちろん商品が気に入らなかったら、断っても大丈夫。たとえ何も買わなかったとしても「グラシアス Gracias（ありがとう）」、または「アディオス Adiós（さようなら）」とあいさつをしてから店を出よう。

高級ブランド店ではあいさつを忘れずに

バーゲンシーズン

通常年2回、夏物は7月上旬～8月下旬、冬物は12月中旬～2月末に行うのが一般的だ。バーゲンはスペイン語で「レバッハス Rebajas」と呼ぶ。定価の2～5割引きになるので、この期間にスペインを旅行する人は見逃さないようにしよう。第1弾、第2弾と徐々に割引率を上げてバーゲンを行う店も多い。

クレジットカードでの支払い

大半の店でクレジットカードが使える。通用度が高いのはVISAとMastercard。それに次いでAMEX、Diners Club、JCBといったところだ。紛失や盗難に備えて別の種類のクレジットカードが2枚以上あると安心して買い物ができる。カード紛失の際の緊急連絡先はP.456側注を参照。高額な物を購入するときは、店によってはパスポートの提示を求められることもあるので、パスポートの原本を携帯しておこう。ICチップ入りのカードを使う場合は、PIN（暗証番号）の入力が必要になる。クレジットカードには利用限度額や利用可能残高があるので、出発前にカード発行金融機関に上記の不明点を問い合わせておくと安心だ。

営業時間
店舗によって異なるが、一般的な営業時間は月～土曜の10:00～20:00。シエスタ（昼休み）で14:00～17:00は閉まることもある。基本的に日曜と祝日は休みだが、マドリードでは休日でも多くの店がオープンしている。

免税の特典
加盟店でショッピングをして免税手続き（→ P.436）をすると、税額から手数料を引いた最大13%の金額が払い戻しされる。

洋服、靴のサイズ
日本とスペインはサイズ表示が異なる。試着してから買うようにしよう。

●洋服（女性）

スペイン	36	38	40	42	44
日本	7	9	11	13	15

●靴（女性）

スペイン	35	36	37	38
日本	22.3	23	23.6	24.3

●靴（男性）

スペイン	40	41	42	43
日本	25.6	26.3	27	27.6

カードの請求通貨に注意
クレジットカードでの支払い時に、決済通貨をユーロか日本円のどちらにするか選ぶ場合がある。日本円は不利な為替レートが設定されていることもあるので注意しよう。詳細は→ P.433 側注

コピー商品の購入は厳禁!
旅行先では、有名ブランドのロゴやデザイン、キャラクターなどを模倣した偽ブランド品や、ゲーム、音楽ソフトを違法に複製した「コピー商品」を、絶対に購入しないように。これらの品物を持って帰国すると、空港の税関で没収されるだけでなく、場合によっては損害賠償請求を受けることも。「知らなかった」では済まされないのだ。

TOPICS

デパート活用法

エル・コルテ・イングレス El Corte Inglés は、国内の主要都市に支店をもつスペイン最大のデパートチェーン（マドリード→ P.104、バルセロナ→ P.230）。スーパーマーケットのほか、店舗によっては「Gourmet Experience」という高級食材を集めたコーナーやフードコートもあり、おみやげ探しや食事に便利だ。また旅行者はサービスカウンターでパスポートを提示すると、購入金額の10%をポイントとして次の買い物に使える（食料品は除く）「10% リワードカード」を無料で作ってもらえるので、ぜひ活用しよう。

バルセロナのカタルーニャ広場店にはセルフサービスのレストランもある

旅のトラブルと安全対策

犯罪の多い場所

　新型コロナウィルス感染症が発生する前の2019年の統計によると、スペインにおける日本人の犯罪被害は合計577件で、そのうちバルセロナでの発生が62%（358件）、マドリードでの発生が15%（87件）となっている。また全体の約90%（482件）を占めるスリ・置き引きは、都市部に限らず、公共交通機関の車内や構内、観光地、ホテルのロビー、飲食店、路上などで多発している。（参考資料：外務省海外安全情報）

マドリード

　アトーチャ駅やチャマルティン駅付近、プエルタ・デル・ソルやスペイン広場、プラド美術館など観光スポット周辺、繁華街の路上、日本人の利用が多いホテル周辺など。

バルセロナ

　ゴシック地区を中心とする旧市街、ランブラス通りやカタルーニャ広場周辺、サグラダ・ファミリア聖堂などの主要観光スポットのほか、到着・出発時に利用する空港や鉄道駅で被害が多い。

おもな犯罪の手口と対策

▶スリ

　駅構内、地下鉄やバスの車内、観光地などで多く発生している。また、路上でぶつかる、話しかける、小銭を落とすなどして注意をそらしたうえで、バッグから財布を抜き取る手口も。

対策：貴重品は極力持ち歩かない。持ち歩く場合は1ヵ所にまとめず、分散させる。バッグはたすきがけか、人の多い場所では抱えるように持つ。人が接触してきたときは警戒する。

▶置き引き

　空港、駅、飲食店、ホテルのロビーなどで、話しかけたり小銭を落としたりするなど注意をそらしたうえで、足元や座席に置いたバッグなどを持ち去る。

対策：貴重品の入ったバッグは、テーブルや椅子、足元に放置しない。ビュッフェ形式の食事では貴重品は身に付ける。

▶ひったくり

　裏通りや物陰で待ち伏せ、バッグなどを奪い取る。バイクでの犯行もある。

対策：人通りの少ない場所や時間帯の外出は避ける。荷物は車道側に持たず、たすきがけにする。

▶ニセ警官

　警察官を名乗る男性が、警察手帳らしき物を提示したうえで「偽札容疑の取り締まりをしている」「麻薬の捜査をしている」などと呼び止め、バッグや財布の中身を調べるふりをしながら紙幣を抜き取る。

対策：最寄りの警察署へ行き、制服警官の立ち会いを求める。日本人旅行者が私服警官をニセ警官と思い込み、公務執行妨害の

緊急時の連絡先

警察・救急・消防　☎112

在外公館の連絡先

●在スペイン日本国大使館
Embajada del Japón
map P.62/A1
🏠Serrano 109
☎915 907 614（領事部直通）
URL www.es.emb-japan.go.jp

●在バルセロナ日本国総領事館
Consulado General del Japón
map P.187/B3
🏠Av. Diagonal, 640, 2° D
☎932 803 433
URL www.barcelona.es.emb-japan.go.jp

●在ラス・パルマス出張所
（カナリア諸島）
Consulado del Japón
🏠Triana 120, 3ª Izquierda
☎928 244 012

海外安全相談センター

治安状況、日本人の犯罪被害の実態、流行病に関する注意など、渡航先の最新の情報を入手できる。
●外務省海外安全ホームページ
URL www.anzen.mofa.go.jp
●外務省領事局領事サービスセンター（海外安全担当）
☎(03)3580-3311（内線2902）

渡航先で最新の安全情報を確認できる「たびレジ」に登録しよう

外務省提供の「たびレジ」は旅程や滞在先、連絡先を登録するだけで、渡航先の最新安全情報を無料で受け取ることのできる海外旅行登録システム。メール配信先には本人以外も登録できるので、同じ情報を家族などとも共有できる。またこの登録内容は、万一大規模な事件や事故、災害が発生した場合に滞在先の在外公館が行う安否確認や必要な支援に生かされる。安全対策として、出発前にぜひ登録しよう。
URL www.ezairyu.mofa.go.jp/index.html

警察はスペイン語でポリシア

455

SATE（安全サービス）
マドリード中心部にある警察署にオフィスを構え、犯罪の被害やけがなどを負った旅行者に対してさまざまなサポートを行っている。日本語を話すスタッフもいるので安心。
[map] P.56/A2 [住] Leganitos 19
☎902 102 112（24時間対応）
[開] 毎日 9:00～24:00
※現在工事中のため代わりにLas Huertas 76-78（[map] P.58/B1）のRetiro署でサービスを行っている。工事終了は2025年末の予定。

もしも盗難に遭ったら
すぐに警察署（コミサリア・デ・ポリシア Comisaría de Policía）へ行き、盗難届出証明書（デヌンシア・ポリシアル Denuncia Policial）を発行してもらう。パスポートの発給、保険の申請を行う場合に必要な書類だ。

パスポート発給の申請に必要なもの
①現地警察署の発行した盗難・紛失届出証明書
②写真2枚（縦45mm×横35mm）
③戸籍謄本1通（発行日から6ヵ月以内）
④旅行の日程などが確認できる書類（eチケットの控えや旅行会社が作成した日程表）
⑤手数料（10年旅券€114、5年旅券€79）
手続きをスムーズに進めるために、パスポートの顔写真があるページとeチケットの控えや日程表のコピーを取り、原本とは別の場所に保管しておこう。

帰国のための渡航書
パスポートの新規発給を待てずに日本へ帰国しなくてはならない場合の一時的な証明書。スペイン出国・日本入国ができるが、他の国への入出国はできない。

クレジットカード紛失の際の緊急連絡先
● AMEX
☎900-99-4447（無料）
● Diners Club
☎(81)3-6770-2796
（日本へコレクトコール）
● JCB
☎9009781-78（無料）
● Mastercard
☎900-822-756（無料）
● VISA
☎900-99-8947（無料）

容疑で拘束されるケースも起きているので、対応には注意が必要。なお警官は、パスポートなど身分証明書の提示は求めても、財布の提示を求めることはない。

▶クレジットカードのすり替え
空港内で、搭乗予定のフライトを逃した乗客を装い「代わりのチケットの手続きをするのにクレジットカードが必要だが、カードを持っていない。現金を渡すからあなたのカードで手続きをしてほしい」と声をかけてくる。自動券売機で何度も手続きをやり直している間に、デザインが似ている別のカードとすり替えられ、自分のものではないと気がついたときには、すでに身に覚えのない買い物に使用されている。
対策：見知らぬ人物の依頼に安易に応じない。断り切れない場合は、空港会社職員や空港警察に相談する。

▶パンク強盗
車をわざとパンクさせ、停車して確認・修理をしているすきに車内の物や車両自体を盗む。
対策：パンクを指摘されても直ちに停車せず、安全な場所まで移動する。車外に出る際は、必ずドアをロックする。

✈近づいてくる人には要注意
段ボールや新聞紙などを持った女性2、3人組がしつこく付きまといながら物乞いをしたり、花を売りつけたりして、気を取られている間にスリを行う。背中にケチャップなどを付け、通りがかりの親切な人を装って上着や荷物から財布を抜き取る。署名活動を装い、署名とともに身分証などの提示を求め、財布を出させたうえで現金を抜き取る。知り合った人にすすめられるままに飲んだジュースや食べ物に睡眠薬が入っていて、目が覚めたら身ぐるみはがされていた、など。

盗難・紛失の場合 トラブル別対処法

✈パスポート
まず現地の警察署に届けて、盗難・紛失届出証明書を発行してもらう。その後にマドリードの日本国大使館か、バルセロナの総領事館でパスポートの失効手続きを行い、新規旅券の発給か、帰国のための渡航書の発給を申請する。

✈現金
まず見つからないと思ったほうがいい。クレジットカードやデビットカードなどがあればATMでのキャッシングができる。しかしカードもなくして一切の手だてがない場合は、マドリードの日本国大使館かバルセロナの総領事館で相談にのってもらうしかない。

✈クレジット、デビット、海外専用プリペイドカード
悪用を防ぐために、一刻も早くカードを発行している金融機関に連絡して、無効にしてもらう。カード裏面の「発行会社名」、盗難・紛失時の電話連絡先を控えておこう。日本に帰ってから再発行手続きを取るが、どうしても旅行中にクレジットカードがないと困るという人は、緊急再発行できる場合もある。

[はみだし] 航空券は現在、各航空会社ともeチケットと呼ばれるシステムを導入しており、従来の紙の航空券と違って紛失、盗難を心配する必要がない。eチケットは万一紛失しても、無料で再発行が可能。

病気と健康管理

　旅行中、最も多い病気は下痢と風邪。1日ゆっくり休んで、すぐ回復する程度なら問題はない。旅の過労も原因のひとつになっているので、疲れたかなと思ったら無理せず休養を取ろう。

　休養を取っても回復する様子がなかったり、自分自身が体験したことのないような症状があったら、泊まっているホテルの人に相談しよう。最寄りの病院を教えてくれたり、場合によっては救急車を手配してくれる。

　海外旅行保険（→ P.425）に加入していれば、現地のアシスタントサービスが受けられる。連絡先は契約時に渡される小冊子に出ており、多くが24時間日本語対応だ。病院やクリニックの予約のほか、必要なら通訳の手配、現地にかけつける家族のサポートも行っている。スペインでは一般に医療費が高額なので、支払いの面からも海外旅行保険に必ず加入しておこう。保険会社によっては、キャッシュレス治療サービス（治療費は保険会社から医療機関に直接支払われるため、旅行者が現金で支払う必要がない）も受けられる。

スペインの薬局

風邪薬や胃薬などは医師の処方がなくても、薬局（ファルマシアFarmacia）で購入することができる。薬局の一般的な営業時間は、月〜金曜10:00〜13:30、16:30〜20:30、土曜10:00〜13:30。夜間や日曜、祝日でも、地区別に当番制の緊急薬局が営業している。

薬局は緑十字が目印

After コロナのスペイン旅行

　スペインでは、新型コロナの軽症・無症状の疑い例は、PCR検査や届け出が不要。陽性とわかった場合も含め、自主隔離は基本的に不要だが、マスク着用や疾病に弱い人（60歳以上、免疫不全者、妊婦など）との接触回避といった感染防止措置の徹底が推奨されている。

　旅行中に新型コロナに感染した疑いがあり、症状がひどい場合は、加入している海外旅行保険の現地アシスタントサービスに連絡し、紹介された病院やクリニックで受診しよう。簡易抗原検査キット（Autotest Rapid Antigen COVID-19）は町なかの薬局でも購入できる。

　万一感染して入院するような事態に備えて、新型コロナウイルス感染による現地での治療費用が補償される海外旅行保険を選びたい。

新型コロナ関連のスペイン語

coronavirus	コロナヴィルス	コロナウイルス
negativo	ネガティーボ	陰性
positivo	ポジティーボ	陽性
certificado	セルティフィカード	証明書
mascarilla	マスカリージャ	マスク
infección	インフェクシオン	感染
contacto estrecho	コンタクト・エストレチョ	濃厚接触
aislamiento	アイスラミエント	隔離

私はワクチン3回（2回）接種済みです
エストイ バクナード トレス （ドス）ベセス
Estoy vacunado tres (dos) veces.

私はワクチン接種を受けていません
ノ エ シード バクナード
No he sido vacunado.

PCR検査を受けたいのですが
キエロ アセール メ ウナ プルエバ デ ペーセーエレ
Quiero hacerme una prueba de PCR.

緊急時の
医療会話
P.463

旅の会話集

「スペインでは英語は通じない」とよくいわれる。確かに、昔に比べると英語を話せる人が増えているとはいえ、経済的な宿や庶民的なレストランなどではまず英語は通じないと考えていい。あいさつや簡単な文章くらいのスペイン語は覚えておこう。「オラ！」「グラシアス」のひと言で相手との関係がぐっとよくなることもある。

これだけは覚えておこう！

Buenos días. ブエノス ディアス	おはよう、こんにちは。昼食の前まで使われるあいさつ	Perdón. ペルドン	すみません
Buenas tardes. ブエナス タルデス	こんにちは、こんばんは。昼食のあとから使われるあいさつ	Lo siento. ロ シエント	ごめんなさい
Buenas noches. ブエナス ノーチェス	こんばんは、おやすみなさい	Sí. シ	はい
Hola. オラ	親しい者同士の間で交わされるあいさつ。1日中使える	No. ノ	いいえ
Adiós. アディオス	さようなら	Señor セニョール	男性に呼びかける際の言葉
Hasta luego. アスタ ルエゴ	またあとで	Señora セニョーラ	既婚女性に呼びかける際の言葉
Gracias. グラシアス	ありがとう	Señorita セニョリータ	未婚女性に呼びかける際の言葉
De nada. デ ナーダ	どういたしまして	¿Cuánto cuesta? クアント クエスタ	いくらですか？
No gracias. ノ グラシアス	いいえ、けっこうです	¿Dónde está? ドンデ エスタ	どこですか？
Por favor. ポル ファボール	お願いします	¿A qué hora? ア ケ オラ	何時ですか？

数 字

cero セロ	0	once オンセ	11	cuarenta クアレンタ	40
uno ウノ	1	doce ドセ	12	cincuenta シンクエンタ	50
dos ドス	2	trece トレセ	13	sesenta セセンタ	60
tres トレス	3	catorce カトルセ	14	setenta セテンタ	70
cuatro クアトロ	4	quince キンセ	15	ochenta オチェンタ	80
cinco シンコ	5	dieciséis ディエシセイス	16	noventa ノベンタ	90
seis セイス	6	diecisiete ディエシシエテ	17	cien シエン	100
siete シエテ	7	dieciocho ディエシオチョ	18	mil ミル	1,000
ocho オチョ	8	deicinueve ディエシヌエベ	19	diez mil ディエス ミル	10,000
nueve ヌエベ	9	veinte ベインテ	20	cien mil シエン ミル	100,000
diez ディエス	10	treinta トレインタ	30	millón ミジョン	1,000,000

旅の準備と技術

旅の会話集

基本会話

Mucho gusto. ムーチョ グスト	はじめまして	¿Habla Inglés? アブラ イングレス	英語を話せますか？
Soy de japón. ソイ デ ハポン	私は日本から来ました	No hablo español. ノ アブロ エスパニョール	私はスペイン語を話せません
Me llamo ○○ . メ ジャーモ	私の名前は○○です	No entiendo. ノ エンティエンド	わかりません
¿Cómo se llama? コモ セ ジャーマ	あなたの名前は何ですか？	¿Puede hablar más despacio? プエデ アブラール マス デスパシオ	もう少しゆっくり話してください
¿Cómo está? コモ エスタ	お元気ですか？	Escríbamelo aquí, por favor. エスクリーバメロ アキー ポル ファボール	ここに書いてください
Bien, gracias. ビエン グラシアス	元気です		

疑問詞

¿Cuánto? クアント	いくら？	¿Dónde? ドンデ	どこ？	¿Cuál? クアル	どれ？	¿Cuándo? クアンド	いつ？
¿Qué? ケ	何？	¿Quién? キエン	誰？	¿Cómo? コモ	どのように？	¿Por qué? ポル ケ	なぜ？

色

blanco ブランコ	白	azul アスール	青	marón マロン	茶	rosa ロサ	ピンク
negro ネグロ	黒	verde ベルデ	緑	morado モラード	紫	plateado プラテアード	銀
rojo ロッホ	赤	amarillo アマリージョ	黄	gris グリス	灰色	dorado ドラード	金

時間／曜日／月／季節

un segundo ウン セグンド	1秒	mañana マニャーナ	明日	marzo マルソ	3月
un minuto ウン ミヌート	1分	pasado mañana パサード マニャーナ	あさって	abril アブリル	4月
cinco minutos シンコ ミヌートス	5分	semana セマーナ	週	mayo マジョ	5月
media hora メディア オラ	30分	domingo ドミンゴ	日曜日	junio フニオ	6月
una hora ウナ オラ	1時間	lunes ルーネス	月曜日	julio フリオ	7月
dos horas ドス オラス	2時間	martes マルテス	火曜日	agosto アゴスト	8月
medio día メディオ ディア	半日	miércoles ミエルコレス	水曜日	septiembre セプティエンブレ	9月
un día ウン ディア	1日	jueves フエベス	木曜日	octubre オクトゥブレ	10月
mañana マニャーナ	朝	viernes ビエルネス	金曜日	noviembre ノビエンブレ	11月
día ディア	昼	sábado サバド	土曜日	diciembre ディシエンブレ	12月
tarde タルデ	夕方	día festivo ディア フェスティーボ	祝日	primavera プリマベーラ	春
noche ノーチェ	夜	mes メス	月	verano ベラーノ	夏
ayer アジェール	昨日	enero エネロ	1月	otoño オトーニョ	秋
hoy オイ	今日	febrero フェブレロ	2月	invierno インビエルノ	冬

観光案内所はどこですか？

¿Dónde está la oficina de turismo?
ドンデ　エスタ　ラ　オフィシーナ　デ　トゥリスモ

カテドラルへはこの道で合ってますか？

¿Esta calle va a Catedral?
エスタ　カジェ　バ　ア　カテドラル

駅への行き方を教えてください。

¿Cómo se va a la estación?
コモ　セ　バ　ア　ラ　エスタシオン

この住所へ行きたいのですが。

Quiero ir a esta dirección.
キエロ　イール　ア　エスタ　ディレクシオン

歩いてどれくらいかかりますか？

¿Cuánto tiempo se tarda andando?
クアント　ティエンポ　セ　タルダ　アンダンド

最寄りの地下鉄駅はどこですか？

¿Dónde está la estación de metro más cercana?
ドンデ　エスタ　ラ　エスタシオン　デ　メトロ　マス　セルカーナ

ここはどこですか？

¿Dónde estamos ahora?
ドンデ　エスタモス　アオラ

道に迷ってしまいました。

Estoy perdido.
エストイ　ペルディード

単語帳		
esquina エスキーナ	角
a la derecha ア　ラ　デレーチャ	右に
a la izquierda ア　ラ　イスキエルダ	左に
recto レクト	真っすぐ
cerca セルカ	近い
lejos レホス	遠い
este エステ	東
oeste オエステ	西
sur スル	南
norte ノルテ	北
parada de autobús パラーダ　デ　アウトブス	バス停
servicio セルビシオ	トイレ
entrada エントラーダ	入口
salida サリーダ	出口

切符はどこで買えますか？

¿Dónde puedo comprar el billete?
ドンデ　プエド　コンプラール　エル　ビジェーテ

トレドまでの片道切符を1枚ください。

Un billete de ida a Toledo, por favor.
ウン　ビジェーテ　デ　イーダ　ア　トレド　ポル　ファボール

次の電車は何時発ですか？

¿A qué hora sale el próximo tren?
ア　ケ　オラ　サレ　エル　プロキシモ　トレン

トレド行き列車は何番線ですか？

¿De qué andén sale el tren a Toledo?
デ　ケ　アンデン　サレ　エル　トレン　ア　トレド

これはトレド行きですか？

¿Éste va a Toledo?
エステ　バ　ア　トレド

この席は空いていますか？

¿Este asiento está libre?
エステ　アシエント　エスタ　リブレ

市内に着いたら教えてください。

Avíseme cuando llegue al centro, por favor.
アビセメ　クアンド　ジェゲ　アル　セントロ　ポル　ファボール

タクシーを呼んでください。

¿Podría pedirme un taxi, por favor?
ポドリア　ペディールメ　ウン　タクシ　ポル　ファボール

単語帳		
autobús アウトブス	バス
barco バルコ	船
avión アビオン	飛行機
taquilla タキージャ	チケット売り場
ida y vuelta イーダ　イ　ブエルタ	往復
tarifa タリーファ	運賃
horario オラリオ	時刻表
origen オリヘン	出発地
destino デスティノ	目的地
coche コチェ	車両
fumador フマドール	喫煙
no fumador ノ　フマドール	禁煙
salida サリーダ	出発
llegada ジェガーダ	到着

ホテル

今晩泊まれますか？

¿Tiene una habitación para esta noche?
ティエネ ウナ アビタシオン パラ エスタ ノーチェ

お風呂付きのツインをお願いします。

Una habitación doble con baño, por favor.
ウナ アビタシオン ドブレ コン バニョ ポル ファボール

シャワー共同のシングルをお願いします。

Una habitación individual sin ducha, por favor.
ウナ アビタシオン インディビドゥアル シン ドゥチャ ポル ファボール

1泊いくらですか？

¿Cuánto cuesta por una noche?
クアント クエスタ ポル ウナ ノーチェ

部屋を見せてください。

¿Podría ver la habitación?
ポドリア ベール ラ アビタシオン

お湯が出ません。

No sale agua caliente.
ノ サレ アグア カリエンテ

朝早く出発します。今会計してもらえますか？

Me iré por la mañana muy temprano. ¿Puedo pagar ahora?
メ イレ ポル ラ マニャーナ ムイ テンプラーノ プエド パガール アオラ

荷物を預かってもらえますか？

¿Puede guardar mi equipaje?
プエデ グアルダール ミ エキパッヘ

単語帳	reserva / レセルバ	予約
	completo / コンプレート	満室
	anticipo / アンティシポ	前金
	firma / フィルマ	サイン
	desayuno / デサユノ	朝食
	llave / ジャベ	鍵
	toalla / トアジャ	タオル
	aire acondicionado / アイレ アコンディシオナード	エアコン
	calefacción / カレファクシオン	暖房
	frigorífico / フリゴリフィコ	冷蔵庫
	televisión / テレビシオン	テレビ
	efectivo / エフェクティボ	現金
	tarjeta de crédito / タルヘタ デ クレディト	クレジットカード
	factura / ファクトゥーラ	領収書

レストラン

この近くでおすすめのレストランを教えてください。

¿Qué restaurante recomendaría cerca de aquí?
ケ レスタウランテ レコメンダリーア セルカ デ アキー

地元の人に人気の店を教えてください。

¿Qué restaurante es popular para la gente de aquí?
ケ レスタウランテ エス ポプラール パラ ラ ヘンテ デ アキー

今晩9時に予約したいのですが。

Me gustaría reservar una mesa para esta noche a las nueve.
メ グスタリーア レセルバール ウナ メサ パラ エスタ ノーチェ ア ラス ヌエベ

英語のメニューはありますか？

¿Tiene cartas en inglés?
ティエネ カルタス エン イングレス

店の自慢料理は何ですか？

¿Cual es la especialidad de la casa?
クアル エス ラ エスペシアリダ デ ラ カサ

この土地の名物料理はありますか？

¿Tiene algún plato típico de esta región?
ティエネ アルグン プラート ティピコ デ エスタ レヒオン

（メニューを指して）これをください。

Tomaré éste.
トマレ エステ

あれと同じ料理をください。

Pediré uno igual que ése.
ペディレ ウノ イグアル ケ エセ

お勘定をお願いします。

La cuenta, por favor.
ラ クエンタ ポル ファボール

とてもおいしかったです。

Estaba muy bueno.
エスタバ ムイ ブエノ

ショッピング

見ているだけです。

Sólo estoy mirando.
ソロ　エストイ　ミランド

それを見せてください。

Enséñeme ése, por favor.
エンセニェメ　エセ　ポル　ファボール

試着してみていいですか？

¿Puedo probármelo?
プエド　プロバールメロ

これはいくらですか？

¿Cuánto cuesta esto?
クアント　クエスタ　エスト

まけてもらえませんか？

¿Podría hacerme un descuento, por favor?
ポドリア　アセールメ　ウン　デスクエント　ポル　ファボール

これにします。

Me quedo con éste.
メ　ケド　コン　エステ

このクレジットカードは使えますか？

¿Aceptan esta tarjeta de crédito?
アセプタン　エスタ　タルヘタ　デ　クレディト

免税の手続きをお願いします。

¿Puede hacer el trámite de la devolución del IVA?
プエデ　アセール　エル　トラミテ　デ　ラ　デボルシオン　デル　イーバ

単語帳		
almacenes アルマセネス	デパート
supermercado スーペルメルカード	スーパー
mercado メルカード	市場
librería リブレリーア	本屋
farmacia ファルマシア	薬屋
panadería パナデリーア	パン屋
estanco エスタンコ	たばこ屋
kiosko キオスコ	キオスク
grande グランデ	大きい
pequeño ペケーニョ	小さい
largo ラルゴ	長い
corto コルト	短い
caro カーロ	高い
barato バラート	安い

トラブル

助けて！

¡Socorro!
ソコーロ

泥棒！

¡Ladrón!
ラドロン

警察を呼んでください。

Llame a una policía.
ジャメ　ア　ウナ　ポリシーア

パスポートをなくしました。

He perdido mi pasaporte.
エ　ペルディード　ミ　パサポルテ

財布（スマートフォン）を盗まれました。

Me han robado la cartera(el celular).
メ　アン　ロバド　ラ　カルテーラ（エル　セルラール）

列車にバッグを置き忘れました。

Me dejé el bolso en el tren.
メ　デヘ　エル　ボルソ　エン　エル　トレン

紛失証明書を発行してください。

¿Podría hacerme un informe de la pérdida, por favor?
ポドリア　アセールメ　ウン　インフォルメ　デ　ラ　ペルディダ　ポル　ファボール

昨日、ここにカメラを忘れました。

Ayer me dejé la cámara aquí.
アジェール　メ　デヘ　ラ　カマラ　アキー

もし見つかったらこのホテルに連絡してください。

Avíseme a este hotel, cuando lo encuentren, por favor.
アビセメ　ア　エステ　オテル　クアンド　ロ　エンクエントレン　ポル　ファボール

日本国大使館に連絡してください。

Llame a la Embajada del Japón, por favor.
ジャメ　ア　ラ　エンバハーダ　デル　ハポン　ポル　ファボール

いちばん近い薬局はどこですか？

¿Dónde está la farmacia más cercana?
ドンデ　エスタ　ラ　ファルマシア　マス　セルカーナ

けんたし　スマートフォン（スマホ）を含めて携帯電話はスペイン語でセルラール Celular と呼ぶ。スマホの正式名称はテレフォノ・インテリヘンテ Teléfono Inteligente。

緊急時の医療会話

ホテルで薬をもらう

具合がよくない。
ノ　メ　エンクエントロ　ビエン
No me encuentro bien.

下痢止めの薬はありますか？
ティエネ　アンティディアレイコス
¿Tiene antidiarréicos?

病院へ行く

近くに病院はありますか？
アイ　アルグン　オスピタル　セルカ
¿Hay algún hospital cerca?

日本人のお医者さんはいますか？
アイ　アルグン　メディコ　ハポネス
¿Hay algún médico japonés?

病院へ連れていってください。
メ　プエデ　ジェバール　アル　オスピタル
¿Me puede llevar al hospital?

病院での会話

診察の予約をしたい。
キ　エロ　ペディル　シタ
Quiero pedir cita.

メリアホテルからの紹介で来ました。
メ　エンビアン　デル　オテル　メリア
Me envían del hotel Meliá.

私の名前が呼ばれたら教えてください。
アビセメ　クアンド　メ　ジャーメン　ポル　ファボール
Avíseme cuando me llamen, por favor.

診察室にて

入院する必要がありますか？
ティエネン　ケ　イングレサールメ
¿Tienen que ingresarme?

次はいつ来ればいいですか？
クアンド　テンゴ　ケ　ベニール　ラ　プロキシマ　ベス
¿Cuándo tengo que venir la próxima vez?

通院する必要がありますか？
テンゴ　ケ　ベニール　レグラルメンテ
¿Tengo que venir regularmente?

ここにはあと2週間滞在する予定です。
ボイ　ア　エスタール　アキー　ドス　セマーナス　マス
Voy a estar aquí dos semanas más.

診察を終えて

診察代はいくらですか？
クアント　エス　ラ　コンスルタ
¿Cuánto es la consulta?

保険が使えますか？
プ　エ　ド　ウサール　ミ　セグーロ
¿Puedo usar mi seguro?

クレジットカードでの支払いができますか？
ア　セプタン　ウサール　タル　ヘタ　デ　クレディト
¿Aceptan usar tarjeta de crédito?

保険の書類にサインをしてください。
フィルメメ　エン　ラ　オハ　デル　セグーロ　ポル　ファボール
Fírmeme en la hoja del seguro, por favor.

※該当する症状があれば、チェックをしてお医者さんに見せよう

吐き気	náuseas
悪寒	escalofrío
食欲不振	inapetencia
めまい	vértigo
動悸	palpitaciones
熱	fiebre
脇の下で計った	por debajo de la axila
口中で計った	por vía oral
＿＿℃／℉	
下痢	diarrea
便秘	estreñimiento

水様便	deposiciones líquidas
軟便	deposiciones blandas
1日に　回	veces al día
ときどき	a veces
頻繁に	con frecuencia
絶え間なく	continuamente
風邪	resfriado
鼻詰まり	nariz congestionada
鼻水	moco líquido
くしゃみ	estornudo
咳	tos
痰	flemas
血痰	flemas con sangre

耳鳴り	zumbido de oído
難聴	dificultad para oír
耳だれ	otorrea
目やに	legañas
目の充血	ojos irritados
見えにくい	visión borrosa
ぜんそく	asma
じんましん	urticaria
アレルギー	alergia
湿疹	eccema
痔	hemorroides
生理日	día de la regla

※下記の単語を指さしてお医者さんに必要なことを伝えましょう

▶どんな状態のものを

生の	crudo
野生の	animal de caza
油っこい	aceitoso
冷たい	frío
腐った	podrido
よく火が通っていない	poco hecho
調理後時間がたった	comida pasada

▶けがをした

刺された・かまれた	picado/mordido
切った	cortado

転んだ	caído
打った	golpeado
ひねった	torcido
落ちた	caído
やけどした	quemado

▶痛み

ヒリヒリする	me escuece
刺すように	punzante
鋭く	agudo
ひどく	intenso

▶原因

蚊	mosquito
ハチ	avispa

アブ	tábano
毒虫	insecto venenoso
ネズミ	rata
猫	gato
野良犬	perro callejero

▶何をしているときに

道を歩いていた	caminando por la calle
車を運転していた	conduciendo el coche
レストランで食べていた	comiendo en el restaurante
ホテルで寝ていた	durmiendo en el hotel

メニューの手引き

名詞を複数にする場合、普通、語尾がアクセントのない母音（-é を含む）で終わる場合は -s を、アクセントのある母音（-é を除く）、または子音で終わる場合は -es を付ける。形容詞の女性形は、語尾が - o なら - a に変え、子音であれば無変化。-án、-ón、-or で終わる場合、語尾に - a を付けて女性形にする。
複数形が一般的な場合、見出し語は複数表示にしてあり、冠詞は省略してある。

A

abadejo［アバデッホ］タラ（の一種）
aceite［アセイテ］油、オイル
aceitunas［アセイトゥーナス］オリーブ（の実）
achicoria［アチコリア］アンディーブ、チコリ
ácido ／ agrio［アシド／アグリオ］すっぱい
agua［アグア］水
aguacate［アグアカテ］アボカド
agua mineral［アグア・ミネラル］ミネラルウオーター（なお、con gas は炭酸入り、sin gas は炭酸なし）
aguardiente［アグアルディエンテ］蒸留酒
ahumado［アウマド］燻製にした
ají［アヒ］トウガラシ
ajillo［アヒーリョ］ニンニクソース
ajo［アホ］ニンニク
a la brasa［ア・ラ・ブラサ］グリル焼き
a la Cubana［ア・ラ・クバーナ］キューバ風（卵、トマト入り）の
a la parrilla［ア・ラ・パリーリャ］網焼きした
a la plancha［ア・ラ・プランチャ］鉄板焼きの
a la Romana［ア・ラ・ロマーナ］フライにした
al asador［アル・アサドール］串焼きの
albahaca［アルバアカ］バジリコ
albaricoque［アルバリコケ］アプリコット、アンズ
albóndiga［アルボンディガ］肉だんご、ミートボール
alcachofa［アルカチョファ］アーティチョーク
alcaparra［アルカパラ］ケッパー
al fuego de leña［アル・フエゴ・デ・レーニャ］炭火焼きした
al gratín［アル・グラティン］グラタンにした
al horno［アル・オルノ］オーブンで焼いた
alioli［アリオリ］ニンニクソース
almejas［アルメッハス］アサリ
almendras［アルメンドラス］アーモンド
almuerzo［アルムエルソ］昼食
alubias［アルビアス］インゲン豆
alubias blancas［アルビアス・ブランカス］白インゲン
al vapor［アル・バポール］蒸した
amargo［アマルゴ］苦い
ánade［アナデ］マガモ
anchoas［アンチョアス］アンチョビー（カタクチイワシを塩漬けにしたあと、油漬けにしたもの）
andaluz［アンダルース］アンダルシア風の
anguila［アンギーラ］ウナギ
angulas［アングーラス］ウナギの稚魚
anís［アニス］アニス酒
aperitivo［アペリティーボ］食前酒
apio［アピオ］セロリ
aragón［アラゴン］アラゴン地方
arándanos［アランダノス］ブルーベリー、コケモモ
arenque［アレンケ］ニシン
aromático［アロマティコ］香りのよい／（複数形）香草
arroz［アロス］米
arroz con leche［アロス・コン・レーチェ］アロス・コン・レーチェ（米を砂糖を加えた牛乳で煮た独特なデザート）
asado［アサード］焼いた／焼肉、バーベキュー
asturiano［アストゥリアーノ］アストゥリア地方の

atún［アトゥン］マグロ
avellanas［アベリャーナス］ヘーゼルナッツ
aves［アベス］鳥類
azafrán［アサフラン］サフラン
azúcar［アスカル］砂糖

B

bacalao［バカラオ］タラ
bacalao seco［バカラオ・セコ］干しダラ
banana［バナーナ］バナナ
barbacoa［バルバコア］バーベキュー
batata［バタータ］サツマイモ
batido［バティード］かき混ぜた／ミルクセーキ
bebidas［ベビーダス］飲み物
becada［ベカーダ］ヤマシギ
bechamel［ベチャメル］ベシャメルソース、ホワイトソース
berenjena［ベレンヘーナ］ナス
berro［ベーロ］クレソン
besugo［ベスーゴ］タイ
bien hecho［ビエン・エーチョ］ウェルダン、よく焼けた
bistec［ビステク］ビーフステーキ
bizcocho［ビスコチョ］スポンジケーキ
bocadillo［ボカディーリョ］スペイン風サンドイッチ
bogavante［ボガバンテ］（食用）ザリガニ、ロブスター
bollo［ボーリョ］甘い菓子パン、カステラタイプのパン
bonito［ボニート］カツオ
boquerón［ボケロン］カタクチイワシ
brécol［ブレコル］ブロッコリー
brotes de soja［ブローテス・デ・ソッハ］モヤシ
bullabesa［ブリャベサ］ブイヤベース
buñuelo［ブニュエロ］ブニュエロ（小麦粉を溶いて揚げたお菓子）、ドーナツ
butifarra［ブティファラ］ブティファラ（カタルーニャ、バレンシア、バレアレス地方の腸詰めソーセージ）

C

caballa［カバーリャ］サバ
cabeza［カベッサ］頭
cabra［カブラ］雌ヤギ
cabrito［カブリート］子ヤギ
cacao［カカオ］ココア
café［カフェ］コーヒー（コーヒーの種類→ P.23）
café sólo［カフェ・ソロ］ブラックコーヒー
calabacín［カラバシン］ズッキーニ
calabaza［カラバサ］カボチャ
calamar［カラマル］イカ
caldereta［カルデレータ］肉のシチュー、魚の煮込み
caldo［カルド］ブイヨン、コンソメ
caliente［カリエンテ］温かい、熱い
callos［カリョス］カリョス（カスティーリャ料理で、牛や羊の内臓のぶつ切りの煮込み）
camarones［カマロネス］小エビ
canapé［カナペ］カナッペ
cangrejo［カングレッホ］カニ
caña［カーニャ］生ビール
caqui［カキ］柿
caracoles［カラコレス］カタツムリ

旅の準備と技術

メニューの手引き

carajillo［カラヒーリョ］カラヒーリョ（コーヒーにコニャックを入れたもの）
carne［カルネ］肉、肉類
carnero［カルネロ］マトン、羊肉
carpa［カルパ］コイ
carta［カルタ］メニュー、献立（表）
casero［カセーロ］自家製の
castaña［カスターニャ］栗
castellano［カステリャーノ］カスティーリャ地方の
catalán［カタラン］カタルーニャ地方の
cava［カバ］発泡ワイン
cazuela［カスエラ］浅い土鍋、煮込み料理
cebolla［セボーリャ］タマネギ
cena［セナ］夕食
cerdo［セルド］豚、豚肉
cereza［セレッサ］サクランボ
cerveza［セルベッサ］ビール
cigala［シガラ］シャコ、ヨーロッパアカザエビ
ciruela［シルエラ］プラム、セイヨウスモモ
clavo［クラボ］クローブ
cocido［コシード］煮た／コシード（マドリードの代表的料理で、普通 cocido madrileño コシード・マドリレーニョという。肉、腸詰め、豆、野菜等を煮込んだもの）
coco［ココ］ココナッツ
cochinillo［コチニーリョ］子豚
cochinillo asado［コチニーリョ・アサード］子豚の丸焼き
codorniz［コドルニス］ウズラ
col［コル］キャベツ
cola［コラ］しっぽ
col de Bruselas［コル・デ・ブルセラス］芽キャベツ
col de china［コル・デ・チーナ］白菜
coliflor［コリフロール］カリフラワー
comida［コミーダ］昼食、食事
con［コン］〜付きの、〜添え
condimentos［コンディメントス］調味料
conejo［コネッホ］ウサギ
congrio［コングリオ］アナゴ
copa［コパ］グラス、脚付きの杯
cordero［コルデーロ］子羊肉
cornero［コルネーロ］羊肉
costilla［コスティーリャ］あばら骨付きの肉
crema［クレーマ］クリーム
crema catalana［クレーマ・カタラナ］クレーマ・カタラナ（カタルーニャ地方のデザート。カスタードクリームの表面に砂糖を振って焼いたもの）
croqueta［クロケタ］コロッケ
crudo［クルード］生の
cuajada［クアハーダ］クアハーダ（凝固した牛乳のデザート）

CH champán［チャンパン］シャンパン
champiñón［チャンピニョン］マッシュルーム
chile［チレ］チリトウガラシ
chilindrón［チリンドロン］チリンドロン（タマネギ、ニンニク、トマトなどを炒め煮したソース）
chipirones［チピロネス］小イカ
chipirones en su tinta［チピロネス・エン・ス・ティンタ］イカの墨煮
chocolate［チョコラーテ］チョコレート、チョコレート飲料
chorizo［チョリソ］チョリソ（香辛料で味つけした豚肉の腸詰め）
choto［チョト］（離乳していない）子牛、子ヤギ
chuleta［チュレータ］骨付きあばら肉、チョップ

D de［デ］〜の
desayuno［デサユノ］朝食
descafeinado［デスカフェイナード］カフェインの入っていないコーヒー
digestivo［ディヘスティーボ］食後酒
dulce［ドゥルセ］甘い、甘口の／菓子、ケーキ

E embutido［エンブティード］腸詰め、ソーセージ
empanada［エンパナーダ］エンパナーダ（肉や野菜を詰めたパイ）
empanado［エンパナード］パン粉をつけた
emperador［エンペラドール］カジキマグロ
en［エン］〜の中に、〜で、
en barbacoa［エン・バルバコア］直火で焼いた
en escabeche［エン・エスカベッチェ］マリネにした
ensalada［エンサラーダ］サラダ
entrecot［エントレコッ］リブロース
entremeses［エントレメセス］オードブル、前菜
en vinagre［エン・ビナグレ］酢漬けにした
envuelto［エンブエルト］包まれた、包み焼きの
erizo de mar［エリソ・デ・マル］ウニ
escabechado［エスカベチャード］マリネにした
escalivada［エスカリバダ］エスカリバダ（カタルーニャ地方の代表的野菜料理で、ジャガイモ、トマト、ピーマンなどの野菜を丸焼きにした素朴なもの）
escalope［エスカロペ］薄くパン粉をまぶした子牛のカツ
espaguetis［エスパゲティス］スパゲティ
espaldilla［エスパルディーリャ］肩バラ肉
español［エスパニョール］スペイン風の
espárrago［エスパラゴ］アスパラガス
especias［エスペシアス］香辛料、スパイス
espinaca［エスピナーカ］ホウレンソウ
esqueixada［エスカイサーダ］エスカイサーダ（干しダラを塩抜きし、生のままサラダに入れた、カタルーニャ地方の料理）
estofado［エストファード］シチュー、煮込み

F fabada［ファバーダ］ファバーダ（アストリア地方の白インゲン豆の煮込み料理）
faisán［ファイサン］キジ
fiambres［フィアンブレス］冷たい料理、冷肉
fideos［フィデオス］ヌードル、細長い麺類
filete［フィレーテ］ヒレ肉、（肉、魚の骨なしの）切り身
flan［フラン］プリン
frambuesas［フランブエサス］キイチゴ
fresas［フレサス］イチゴ
frío［フリーオ］冷たい
frito［フリート］揚げた／揚げ物
fruta［フルータ］果物
fruta de tiempo［フルータ・デ・ティエンポ］季節の果物
frutos secos［フルートス・セコス］ドライフルーツ

G gallego［ガリェーゴ］ガリシア地方の
galleta［ガリェータ］クッキー
gallina［ガリィーナ］雌鳥
gambas［ガンバス］小形のエビ、芝エビ
garbanzos［ガルバンソス］ガルバンソ、ヒヨコ豆
gaseosa［ガセオサ］炭酸水
gazpacho［ガスパチョ］ガスパチョ（アンダルシアの料理で、トマト、ニンニク、タマネギ、キュウリなどのほか、パンやオリーブオイルも加えて作る、冷い野菜スープ）
gelatina［ヘラティナ］ゼラチン、煮こごり
ginebra［ヒネブラ］ジン

gordo［ゴルド］太い、厚みのある、脂肪の多い
granada［グラナダ］ザクロ
gratinado［グラティナド］グラタンにした
guarnición［グアルニコン］付け合わせ
guinda［ギンダ］クロサクランボ、マラスキーノチェリー
guisado［ギサード］煮込んだ
guisantes［ギサンテス］エンドウ豆

H habas［アバス］ソラ豆
harina［アリーナ］小麦粉、粉
helado［エラード］凍らせた／アイスクリーム
hervido［エルビード］ゆでた
hielo［イエロ］氷
hígado［イガド］肝臓、レバー
higo［イーゴ］イチジク
hojuela［オフエラ］クレープ、薄く延ばして焼いた生地
hongo［オンゴ］キノコ
horchata［オルチャータ］オルチャータ（カヤツリの地下茎を材料とする甘い夏の飲み物で、ミルク色をしている）
huevo［ウエボ］卵、卵料理
huevo escalfado［ウエボ・エスカルファド］ポーチドエッグ
huevo frito［ウエボ・フリート］目玉焼き
huevo hervido［ウエボ・エルビード］ゆで卵
huevo revuelto［ウエボ・レブエルト］スクランブルエッグ

J jalea［ハレア］ゼリー
jamón［ハモン］生ハム
jarra［ハラ］水差し、ジョッキ、ピッチャー
jerez［ヘレス］シェリー酒
judías［フディアス］インゲン豆
judías verdes［フディアス・ベルデス］サヤインゲン
jugo［フーゴ］ジュース
jurel［フレル］アジ

L lacón［ラコン］豚の肩肉、ショルダーハム
langosta［ランゴスタ］イセエビ
langostino［ランゴスティーノ］クルマエビ
leche［レーチェ］牛乳
lechuga［レチューガ］レタス
legumbres［レグンブレス］豆類
lengua［レングア］舌、タン
lenguado［レングアード］舌ビラメ
lentejas［レンテッハス］レンズ豆
licores［リコーレス］リキュール
liebre［リエブレ］野ウサギ
limón［リモン］レモン
limonada［リモナーダ］レモネード
lombarda［ロンバルダ］紫キャベツ
lomo［ロモ］（豚の）背肉、ロース
longaniza［ロンガニサ］ソーセージ、腸詰め
lubina［ルビーナ］スズキ
lucio［ルシオ］カマス

M macarrones［マカロネス］マカロニ
maduro［マドゥーロ］熟した
magdalena［マグダレーナ］マドレーヌ
maíz［マイス］トウモロコシ
mandarina［マンダリーナ］ミカン、マンダリン
mantequilla［マンテキーリャ］バター
manzana［マンサーナ］リンゴ
manzanilla［マンサニーリャ］マンサニーリャ（辛口のシェリー酒）、カミツレ茶

margarina［マルガリーナ］マーガリン
mariscos［マリスコス］魚介類、海産物
mayonesa［マヨネサ］マヨネーズ
medio asado［メディオ・アサード］ミディアムに焼いた
mejillones［メヒリョーネス］ムール貝
melocotón［メロコトン］桃
melón［メロン］メロン
menta［メンタ］ミント
menú［メヌー］定食
merengue［メレンゲ］メレンゲ
merienda［メリエンダ］おやつ、軽食、スナック
merluza［メルルーサ］メルルーサ（タラの一種）
mermelada［メルメラーダ］ジャム
mero［メロ］オヒョウ
mezclado［メスクラード］混ぜた
miel［ミエル］蜂蜜
migas［ミーガス］ミーガス（パンの切ったものを炒めた料理）
minestrone［ミネストロネ］ミネストローネ
mixto［ミスト］ミックスの、混ぜた
morcilla［モルシーリャ］モルシーリャ（豚の血に香辛料やタマネギと、ときに米なども加えた腸詰めで、特にブルゴス産のもの morcilla de Burgos は有名）
morcillo［モルシーリョ］（豚や牛の）すね肉
moscatel［モスカテル］マスカットブドウ、マスカットワイン
mostaza［モスタサ］マスタード
mosto［モスト］ブドウジュース、ブドウの果汁
muy hecho［ムイ・エーチョ］ウェルダンに焼いた

N nabo［ナボ］カブ
naranja［ナランハ］オレンジ
nata［ナタ］生クリーム
natillas［ナティーリャス］ナティーリャス（カスタードクリームのようなお菓子）
navajas［ナバッハス］マテ貝
níspero［ニスペロ］ビワ
nuez［ヌエス］クルミ

O oliva［オリーバ］オリーブ（の実）
olla［オリャ］深鍋、煮込み料理
olla podrida［オリャ・ポドリーダ］（腸詰め、肉類、豆類の）煮込み料理
oreja［オレッハ］耳
oreja marina［オレッハ・マリーナ］アワビ
ostra［オストラ］カキ
oveja［オベッハ］羊

P paloma［パロマ］ハト
pan［パン］パン
panceta［パンセータ］バラ肉
pan de centeno［パン・デ・センテノ］ライ麦パン
pan integral［パン・インテグラル］全粒粉のパン
pan tostado［パン・トスタード］トースト
papaya［パパヤ］パパイヤ
pasas［パサス］干しブドウ
pastel［パステル］ケーキ
pata［パタ］足、すね
patata［パタタ］ジャガイモ
patatas fritas［パタータス・フリータス］フライドポテト
paté［パテ］パテ
pato［パト］アヒル
pavo［パボ］七面鳥

pechuga［ペチューガ］鶏の胸肉

pepino［ペピーノ］キュウリ

pera［ペラ］洋梨

percebes［ペルセベス］カメノテ、エボシ貝

perdiz［ペルディス］シャコ、ウズラ

pescados［ペスカードス］魚類

pez espada［ペス・エスパダ］カジキマグロ

picado［ピカード］こま切れにした、刻んだ

picante［ピカンテ］辛い

pichón［ピチョン］子バト

pimentón［ピメントン］パプリカ

pimienta［ピミエンタ］コショウ

pimiento［ピミエント］ピーマン、トウガラシ

pinchos morunos［ピンチョス・モルーノス］シシカバブ（羊の肉の串焼き）

piña［ピーニャ］パイナップル

plátano［プラタノ］バナナ

plato［プラート］皿、料理

plato combinado［プラート・コンビナード］ひと皿に数種類の料理を盛ったもの

poco hecho［ポコ・エーチョ］レアに焼いた

pollito［ポリィート］ひな鳥

pollo［ポーリョ］鶏肉、若鶏

pomelo［ポメロ］グレープフルーツ

postre［ポストレ］デザート

potaje［ポタッヘ］ポタージュ

primer plato［プリメル・プラート］（前菜の次に出てくる）最初の料理

puchero［プチェロ］土鍋、（豆などの）煮込み料理

puerro［プエロ］ポロネギ

pulpito［プルピート］イイダコ

pulpo［プルポ］タコ

puré［プレ］ピューレ、裏漉し

Q quenelas［ケネラス］すり身

queso［ケソ］チーズ

queso de Burgos［ケソ・デ・ブルゴス］ブルゴス産の軟らかいチーズで、羊のミルクを原料としている

queso de Cabrales［ケソ・デ・カブラレス］カブラレス産のブルーチーズ

queso de crema［ケソ・デ・クレーマ］クリームチーズ

queso Gorgonzola［ケソ・ゴルゴンソーラ］ゴルゴンゾーラ（青かびのチーズ）

queso manchego［ケソ・マンチェゴ］ラ・マンチャ地方の硬いチーズで、羊のミルクを原料としている

quisquillas［キスキーリャス］小エビ

R rábano［ラバノ］ハツカダイコン、ラディッシュ

rabo［ラボ］しっぽ、尾

ración［ラシオン］（食べ物の）1人前、1人分

ragú［ラグー］ラグー（ジャガイモ、肉、ニンジンを入れたシチュー）

rana［ラナ］カエル

rape［ラペ］アンコウ

refresco［レフレスコ］ソフトドリンク、冷たい飲み物

relleno［レリェーノ］詰め物をした

riñones［リニョーネス］腎臓

rodaballo［ロダバーリョ］カレイ

ron［ロン］ラム酒

rosbif［ロスビフ］ローストビーフ

S sal［サル］塩

salchicha［サルチチャ］ソーセージ

salchichón［サルチチョン］サラミソーセージ

salmón［サルモン］鮭、サーモン

salpicón［サルピコン］サルピコン（ひき肉、卵、タマネギ、アンチョビなどを混ぜて詰めたパイ）

salsa［サルサ］ソース

salsa de soja［サルサ・デ・ソハ］醤油

salteado［サルテアード］ソテーした、炒めた

sandía［サンディーア］スイカ

sardina［サルディーナ］イワシ

seco［セコ］辛口の、乾燥した

segundo plato［セグンド・プラート］2番目の料理

sepia［セピア］コウイカ

sesos［セソス］脳みそ

seta［セタ］キノコ

sidra［シードラ］リンゴ酒

soja／soya［ソハ／ソヤ］大豆

solbete［ソルベーテ］シャーベット

solomillo［ソロミーリョ］ヒレ

sopa［ソパ］スープ

T tabasco［タバスコ］タバスコ

tajado［タハード］切り身にした

tarta［タルタ］ケーキ、パイ

té［テ］お茶

ternera［テルネーラ］子牛肉

tinta［ティンタ］（イカなどの）スミ

tomate［トマーテ］トマト

tónica［トニカ］炭酸甘味飲料

torta［トルタ］ケーキ、パイ

tortilla［トルティーリャ］オムレツ

tortilla de patata／tortilla española［トルティーリャ・デ・パタータ／トルティーリャ・エスパニョーラ］スペイン風オムレツ（一般的にはポテトが入っている）

tortilla francesa［トルティーリャ・フランセサ］フランス風オムレツ、プレーンオムレツ

tostada［トスターダ］トースト

trigo［トゥリーゴ］小麦

trucha［トゥルーチャ］マス

trufa［トゥルーファ］トリュフ

U uva［ウバ］ブドウ

V vaca［バカ］雌牛、牛肉

verduras［ベルドゥーラス］野菜

vieira［ビエイラ］ホタテ

vinagre［ビナグレ］酢、ビネガー

vino［ビノ］ワイン

vino blanco［ビノ・ブランコ］白ワイン

vino de casa［ビノ・デ・カサ］ハウスワイン

vino de mesa［ビノ・デ・メサ］テーブルワイン

vino espumoso［ビノ・エスプモソ］発泡ワイン

vino rosado［ビノ・ロサード］ロゼワイン

vino tinto［ビノ・ティント］赤ワイン

W whisky［ヴィスキー］ウイスキー

Y yema［イェーマ］（卵の）黄身

yerba［イェルバ］ハーブ

Z zanahoria［サナオリア］ニンジン

zarzuela［サルスエラ］サルスエラ（魚介類に香辛料を加えた、ごった煮）

zumo［スーモ］ジュース

スペインの歴史

紀元前のイベリア半島

イベリア半島における文明の兆しは古く、紀元前1万年以前にはアルタミラ洞窟の壁画などに見られるマドレーヌ文化がカンタブリア地方に栄えていた。紀元前2000年には、半島全域に精霊信仰的な巨石文化が興る。この文化は欧州各地に飛び火し、後に英国のストーンヘンジを造った人々もイベリア半島から移住したとされている。紀元前900年頃にケルト人が流入して先住民のイベロ人との混血がなされ、現在のスペイン人の原型となる。その後は、フェニキア人やギリシア人が各地に入植して地中海文化が栄えた。

カルタゴとローマの支配

紀元前7世紀には、北アフリカからカルタゴ人が移住してきた。カルタゴは地中海に発展した貿易大国だったが、紀元前3世紀になると新興国ローマと存亡をかけた対決が始まる。紀元前218年、名将ハンニバル麾下のカルタゴ軍は両国の境であるエブロ河を越えてローマに侵攻、18年に及ぶ第2次ポエニ戦争が勃発した。しかしカルタゴは敗北。以降、イベリア半島は700年にわたってローマの植民地となる。ローマは半島をヒスパニア州と呼び、これがスペイン国名「エスパーニャ」の語源となった。

ローマの支配下で都市は繁栄し、寺院、円形劇場、水道橋などが建設された。ローマ皇帝のトラヤヌス帝やハドリアヌス帝らは、こうした都市のひとつ、セビーリャ近郊のイタリカで誕生している。また、各地を結ぶ街道が整備され、半島のローマ化が進むとともに、先住民の言葉はラテン語に置き換えられた。

繁栄を謳歌したローマ帝国も、紀元5世紀には衰退する。それに乗じて西ゴートら北方ゲルマン諸民族がイベリア半島に侵入。419年には西ゴート王国が建国され、560年に西ゴートはトレドを都と定める。

アル・アンダルースの時代

711年、タンジェのイスラム軍がジブラルタル海峡を渡って侵入を開始した。イスラム軍は数年のうちにイベリア半島のほぼ全域を制圧する。中央アジアから北アフリカを支配し、ダマスカスを都とするウマイヤ朝イスラム帝国のカリフは、コルドバに太守をおき、半島をアル・アンダルースと呼びその版図に組み入れた。カリフの施政は同じ聖典の民であるキリスト教徒に寛大で、信仰は許され、発達したアラブの社会制度が持ち込まれたアル・アンダルースは経済的にも発展した。

ウマイヤ朝が750年に倒れ、アッバース朝が興ると、ウマイヤ家のアブド・アッラフマーンはコルドバに逃れてアル・アンダルースの支配権を掌握、後ウマイヤ朝を開いた。その後、第8代王アブド・アッラフマーン3世はイスラム教最高指導者の称号カリフを名乗る。ヨーロッパが貧困と停滞にあえいでいたこの時代、コルドバはアッバース朝さえも凌駕するほど豊かで洗練された国に成長した。

後ウマイヤ朝が内紛から1031年に崩壊し、アル・アンダルースが20余りのイスラム諸国に分裂すると、半島北部の弱小キリスト教国がレコンキスタを開始した。1035年には、カスティーリャ王国とアラゴン王国が成立。対してモロッコを領土とする強国ムラービト朝が軍事介入し、各地で激戦が繰り広げられた。やがてカスティーリャはレオンを併合し、またアラゴンはカタルーニャと連合し、それぞれ一大勢力を築く。13世紀に怒濤の勢いでレコンキスタを進めたカスティーリャ軍は1212年にハエン近郊での戦いに勝利し、1236年にコルドバに入城、1248年にはセビーリャを陥落させ、イベリア半島のイスラム勢力はグラナダ王国ただひとつとなった。

黄金期のスペイン帝国

1469年、カスティーリャのイサベル王女とアラゴンのフェルナンド王子が結婚して、イベリア半島は新しい時代を迎えた。両者が王位を継承し統一スペイン王国が誕生。両王は1492年にグラナダ王国を滅ぼしてレコンキスタを完遂し、ローマ教皇からカトリック両王の称号を与えられた。またこの年は、コロンブスが新大陸に到達して大航海時代の幕が開けるとともに、ユダヤ人追放令が下されスペインのカトリック純粋化が推進された。

カトリック両王の孫カルロス1世は、1519年、祖父であるハプスブルク家のマクシミリアン1世の死去により神聖ローマ帝国皇帝の地位を継承した。それによりスペイン王国はオーストリア、オランダ、ナポリ、ミラノ、新大陸を領有する、太陽の没することなき大帝国に成り上がった。新大陸では領土が拡大する一途で、入植者が開発した5000を超える銀鉱山からは莫大な銀が得られた。

しかしながら、たいした産業をもたないスペインにとって帝国の維持費用もまた莫大すぎるもので、ことにフランスやトルコとの戦費は国庫を圧迫した。新大陸の銀は借金支払いのために欧州各地に直送され

後ウマイヤ朝時代に栄えたコルドバのメスキータ。今もイスラム文化の影響が色濃く見られる

て国内に残らず、一方で産業の振興や社会基盤設備には関心が払われなかった。間もなく帝国は経済的に行き詰まり、破産宣言を繰り返した。

没落する帝国

17世紀のスペインは、栄光から一転して没落の一途をたどった。オランダが独立して工業地帯を失い、英仏との戦争は負け続け、新世界の領土を奪われ、ポルトガルも独立した。そして1700年、ハプスブルク家のカルロス2世が死去し、ブルボン家のフェリペ5世が国王に即位すると、ヨーロッパを二分したスペイン王位継承戦争が勃発。スペイン国内も二分され、12年もの攻防戦が続いた。結局、英国とフランスの協議で戦争は終結するが、フェリペ5世の領土はスペイン本国と新大陸の植民地に限定される。当時のヨーロッパ諸国やトルコ帝国ら列強の関心はヨーロッパ内での権益拡大にあり、さしたる産業のない新大陸は重要視されていなかった。

続く18世紀は、英仏に国力で完全に後れを取り、新大陸の領土も侵食されるばかりで、スペインはもはやヨーロッパの後進国であった。1759年に即位したカルロス3世はスペインの近代化を図るが、現実的には工業化ではなく農業振興の政策を採らざるを得なかった。

本国の混迷と植民地の独立

ヨーロッパを席巻するナポレオンは、1807年にポルトガル制圧を理由にピレネーを越えて軍を侵入させた。翌年にはスペイン国民を苦難から救うためと称して、兄のジョゼフ・ボナパルトをスペイン王位につける。ただちに対フランス独立戦争が開始されると、ナポレオン自身が乗り出してフランス軍は半島全域を制圧。対してポルトガル駐留の英軍が参戦し、仏軍を撃破。ナポレオンはスペイン支配を諦め軍を撤退させる。

スペインは再び自らの国王フェルナンド7世を頂いた。しかし、同時に絶対王制も復活したことから、国内各地で自由主義者の反乱が勃発。フェルナンド7世はルイ国王治世下のフランスに援軍を求めた。仏軍は再びスペインに進駐し、自由主義者が立てこもるカディスを制圧した。本国が混乱状態を続けるなか、ペルーやメキシコをはじめほとんどの植民地が独立を宣言。かろうじて残されたプエルトリコやフィリピンは1898年の米西戦争の敗北で米国に取りあげられ、海外領土はモロッコただひとつを残すのみとなる。

一方、混迷を続ける政局は労働運動の発生を促し、バルセロナには赤旗が掲げられた。1869年にはブルボン王朝はひとまず終焉し、1875年まで短命ながら共和政権が担うこととなる。

スペイン共和国から現在まで

1875年に王政復古がなされ、政治は小康状態を得た。しかし、積年の国内の矛盾はあちこちで吹き出し、無政府主義運動や社会主義運動が力をつけてきた。

第1次世界大戦が勃発すると、どの国とも同盟関係のないスペインは中立を宣言する。おかげで特需景気に沸き、産業が活気づいた。しかし、これが労働運動に拍車をかけ、ゼネストが頻発。戦争終結で特需が終わると社会不安は増大し、王政は危機に瀕した。再び共和制を求める声が広がり、1931年に国民の期待を込めたスペイン共和国が誕生する。労働者の共和国とうたわれた新国家だったが、実情は社会主義者と無政府主義者の政治的対立が絶えず、しばしば流血事件に発展した。

1936年、憂国の軍人グループが全国で決起した。マドリードとバルセロナでは驚くべきことに市民が武器を取ってこれを鎮圧。クーデターは失敗したかに見えた。対して、決起首謀者のひとりフランコ将軍はナチス・ドイツの援助を引き出して反乱軍の体制の立て直しに成功。スペインは内戦に突入した。初めのうち、反乱軍と共和国軍は膠着状態にあったが、内紛を繰り返す共和国政府は自ら戦力を弱体化させて敗退を続け、最終的に反乱軍は1939年に全土を掌握した。

反民主主義のフランコ独裁体制が整うと、間もなく第2次世界大戦が始まった。今度はヒトラーがフランコに側面援助を求めたが、フランコはのらりくらりとこれを拒否。局外中立を宣言する。大戦終結後はヨーロッパ最後の独裁国家として国連でスペイン排斥決議が採決されるがこれも乗り切り、自身が死去する1975年までその体制を存続させた。

フランコの死によって独裁制が終了すると、ブルボン家に王政復古がなされ、前国王フアン・カルロス1世が即位。新憲法が制定され、民主化が進められた。1986年のEC加盟以降は経済発展が急速に進み、また1992年に開催されたバルセロナ・オリンピックとセビーリャ万国博覧会を機に再び繁栄した。

2002年に欧州通貨統合が実現し、スペインもユーロを導入。建築バブルの影響もあり、物価が年々上昇していった。しかし世界金融危機の影響を受けて2008年以降は国内経済が悪化し、失業率も一時期は約25%まで上昇してしまう。2015年12月の総選挙では過半数を得た政党がなく、2016年6月に再選挙を実施。国民党のラホイ首相による政権が続いていたが、汚職問題が持ち上がって不信任案が可決。決議案に従って2018年6月、社会労働党のサンチェスが首相に就任した。

対日関係では2013年に交流400周年を迎え、日本の皇太子殿下（今上天皇）がスペインを訪問するなど各種文化交流が活性化している。

スペイン史年表

		スペイン		世界・日本	
	1万年前	マドレーヌ文化（アルタミラ洞窟壁画）	BC336	ギリシアのアレクサンドロス大王即位	
	BC10~6世紀	フェニキア人が植民市を建設	BC273	アショーカ王がインドを統一	
	BC6~2世紀	カルタゴ人が植民市を建設	BC272	ローマがイタリア半島統一	
	BC3~2世紀	ローマ人がイベリア半島侵入	BC246	秦の始皇帝即位	
	BC218	第2次ポエニ戦争（～BC201）	BC202	漢が成立	
ローマ	BC19	ローマのイベリア半島支配完成	BC23	ローマ帝国成立	
	409	西ゴート・スエヴィらゲルマン族侵入	350頃	大和朝廷成立	
	415	西ゴート王国が南仏を支配。419年に建国			
	555	東ローマ帝国がイベリア半島征服	476	西ローマ帝国滅亡	
西ゴート	560	トレドが西ゴート王国の都となる	593	聖徳太子の新政開始	
	585	西ゴート王国がスエヴィ王国を併合	629	玄奘三蔵がインド求法の旅に出発	
	711	イスラム教徒が侵入、西ゴート王国滅亡	661	ダマスカスを都にウマイヤ朝成立	飛鳥・奈良
イスラム期	717	コルドバがアル・アンダルースの都となる			
	756	アブド・アッラフマーン1世即位	732	フランク王国にモーロ人侵入、撃退される	
		コルドバに後ウマイヤ朝成立（西カリフ帝国）	750	バグダッドにアッバース朝成立（東カリフ帝国）	
	786	コルドバでメスキータ着工			
	821	ガリシア地方でサンティアゴの墓を発見	804	最澄・空海が唐に渡る	
	822	アブド・アッラフマーン2世	829	イングランド王国成立	
	852	ムハマンド1世			
	912	アブド・アッラフマーン3世	894	遣唐使を中止	
	929	アブデル・ラーマン3世がカリフを称す	939	平将門の乱	
	987	カタルーニャがフランク王国から独立運動	962	神聖ローマ帝国成立	
	1031	後ウマイヤ朝崩壊、イスラム諸国に分裂	1007	紫式部の源氏物語	平安
レコンキスタ期	1035	アラゴン王国とカスティーリャ王国が成立	1037	セルジュク・トルコ成立	
	1056	ベルベル人によるムラービト朝が侵入	1044	ビルマにパガン朝成立	
	1085	カスティーリャがトレドを征服			
	1086	カスティーリャ軍がムラービト軍に大敗	1096	第1回十字軍（～1099）	
	1094	エル・シッドがバレンシアを征服			
	1139	ポルトガルがカスティーリャから独立を宣言	1112	アンコールワット着工	
	1143	カスティーリャがポルトガル独立を承認	1185	壇ノ浦の戦い（平家滅亡）	
	1162	アラゴン・カタルーニャ連合王国成立	1185	鎌倉幕府成立	
	1218	サラマンカ大学開校	1206	チンギスハーンが蒙古を統一	
	1236	カスティーリャ軍がコルドバに入城	1238	蒙古軍がモスクワを占領	
	1238	グラナダ王国建国	1241	蒙古軍がドイツ騎士団を撃破	鎌倉
	1282	カタルーニャがシチリア島を獲得	1271	マルコ・ポーロが東方旅行に出発	
	1340	キリスト教諸国がジブラルタル制海権を獲得	1274	蒙古軍が博多侵攻（文永の役）	
	1342	カスティーリャがアルヘシラスを占領	1299	オスマン・トルコ帝国成立	
	1469	カスティーリャ王女とアラゴン王子結婚	1337	イングランドとフランス百年戦争始まる	
	1474	カスティーリャ女王イサベル（カトリック女王）	1467	応仁の乱（～1477）京都の大半が焼失	南北朝
	1479	アラゴン王フェルナンド2世（カトリック王）			
		スペイン王国成立			
スペイン王国	1492	コロンブス新大陸到達。ユダヤ人追放の勅令			
		グラナダ王国滅亡によりレコンキスタ終了	1498	バスコ・ダ・ガマがカリカット到着	室町
	1494	トルデシリャス条約、西・葡の世界分割			
	1504	フアナ1世（狂女王）	1511	ポルトガルがマラッカを占領	
	1508	黒人奴隷を西インド諸島に輸出			

旅の準備と技術

スペイン史年表

	スペイン		世界・日本	
ハプスブルク朝	1516	カルロス1世		
		（1519に神聖ローマ皇帝カルロス5世となる）	1526	インドにムガール帝国成立
	1519	マゼランの世界周航（～1522）	1529	トルコがウィーン包囲
	1521	コルテスがメキシコ征服	1538	スペイン・法王連合艦隊がトルコに敗北
	1533	ピサロがインカ帝国征服	1543	種子島にポルトガル人が漂着、鉄砲伝来
	1556	フェリペ2世	1554	英女王メリーがスペイン王子フェリペと結婚
	1561	スペイン王国マドリードに遷都	1556	ムガール帝国アクバル大帝即位
	1571	レパントの海戦でトルコ海軍を撃破	1573	信長が足利幕府を滅亡させる
	1580	ポルトガルを併合（～1640）	1581	オランダがスペインから独立
	1588	無敵艦隊が英国に敗れ制海権を失う	1582	天正遣欧少年使節団（～1590）、本能寺の変
	1598	フェリペ3世	1589	フランスでブルボン王朝成立
	1609	モリスコの追放令	1600	英国が東インド会社を設立。関ヶ原の戦い
	1637	フェリペ4世	1602	オランダが東インド会社を設立
	1665	カルロス2世	1639	江戸幕府が鎖国を完成
	1700	ハプスブルク家断絶	1644	明滅亡、満州人が清を建国
		スペイン王位継承戦争（西・仏 vs 墺・英・蘭・普）	1687	ニュートンが万有引力の法則を発見
ブルボン朝	1711	ブルボン朝フェリペ5世		
	1735	ナポリ・シチリアがスペイン領となる		
	1746	フェルナンド6世	1776	アメリカ合衆国独立
	1759	カルロス3世	1789	フランス革命勃発
	1767	イエズス会追放		
	1788	カルロス4世	1800	伊能忠敬が蝦夷地を測量
	1807	ナポレオン軍がスペインに侵入	1804	ナポレオンがフランス皇帝に即位
	1808	ナポレオンの兄ジョゼフが国王に即位		
		スペイン独立戦争（～1814）	1821	ペルー、メキシコなどがスペインから独立
	1814	フェルナンド7世	1825	幕府が外国船打ち払い令
	1823	仏軍がマドリード占領		
	1833	イサベル2世		
ブルボン朝	1869	普通選挙を実施し、共和政権となる	1857	インドで反英の大反乱（セポイの乱）
	1875	アルフォンソ12世	1868	明治維新
	1882	ガウディがサグラダ・ファミリア聖堂を手がける	1876	ベルが電話を発明
	1898	米西戦争。米州の植民地をすべて失う	1912	中華民国成立
	1902	アルフォンソ13世	1914	第1次世界大戦勃発
	1923	プリモ・デ・リベラの軍事政権（～1930）	1929	世界恐慌始まる
共和制	1931	スペイン共和国成立	1933	ヒトラーがドイツ首相に就任
	1936	スペイン内戦勃発	1939	第2次世界大戦勃発
	1937	ゲルニカ爆撃。共和政府バルセロナに移転	1941	太平洋戦争勃発
フランコ体制	1939	スペイン内戦終了、共和国消滅	1945	第2次世界大戦終結
	1947	フランコが終身国家主席となる	1949	NATO成立。中華人民共和国成立
	1955	国連に加盟	1967	EC発足
	1975	フアン・カルロス1世	1969	アポロ11号月面着陸
		フランコ死去、独裁終了、王政復古	1975	ベトナム戦争終了
現代	1986	EC加盟	1989	冷戦終了
	1992	バルセロナ・オリンピック	2003	イラク戦争
	2002	欧州通貨統合	2011	東日本大震災
	2014	フェリペ6世	2013	日本スペイン交流400周年

室町

安土・桃山

江戸

明治・大正・昭和・平成・令和

索　引

地球の歩き方 旅の図鑑シリーズ

見て読んで海外のことを学ぶことができ、旅気分を楽しめる新シリーズ。
1979年の創刊以来、長年蓄積してきた世界各国の情報と取材経験を生かし、
従来の「地球の歩き方」には載せきれなかった、
旅にぐっと深みが増すような雑学や豆知識が盛り込まれています。

W01
世界244の国と地域
¥1760

W07
世界のグルメ図鑑
¥1760

W02
世界の指導者図鑑
¥1650

W03
世界の魅力的な
奇岩と巨石139選
¥1760

W04
世界246の首都と
主要都市
¥1760

W05
世界のすごい島300
¥1760

W06
世界なんでも
ランキング
¥1760

W08
世界のすごい巨像
¥1760

W09
世界のすごい城と
宮殿333
¥1760

W11
世界の祝祭
¥1760

W10 世界197ヵ国のふしぎな聖地&パワースポット ¥1870	**W12** 世界のカレー図鑑 ¥1980
W13 世界遺産 絶景でめぐる自然遺産 完全版 ¥1980	**W15** 地球の果ての歩き方 ¥1980
W16 世界の中華料理図鑑 ¥1980	**W17** 世界の地元メシ図鑑 ¥1980
W18 世界遺産の歩き方 ¥1980	**W19** 世界の魅力的なビーチと湖 ¥1980
W20 世界のすごい駅 ¥1980	**W21** 世界のおみやげ図鑑 ¥1980
W22 いつか旅してみたい世界の美しい古都 ¥1980	**W23** 世界のすごいホテル ¥1980
W24 日本の凄い神木 ¥2200	**W25** 世界のお菓子図鑑 ¥1980
W26 世界の麺図鑑 ¥1980	**W27** 世界のお酒図鑑 ¥1980
W28 世界の魅力的な道 178 選 ¥1980	**W29** 世界の映画の舞台&ロケ地 ¥2090
W31 世界のすごい墓 ¥1980	**W30** すごい地球! ¥2200

※表示価格は定価（税込）です。改訂時に価格が変更になる場合があります。

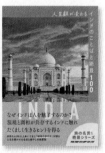

地球の歩き方 関連書籍のご案内

スペインとその周辺諸国をめぐるヨーロッパの旅を「地球の歩き方」が応援します!

※表示価格は定価(税込)です。改訂時に価格が変更になる場合があります。

地球の歩き方 シリーズ一覧

2023年7月現在

*地球の歩き方ガイドブックは、改訂時に価格が変わることがあります。 *表示価格は定価（税込）です。 *最新情報は、ホームページをご覧ください。www.arukikata.co.jp/guidebook/

地球の歩き方 ガイドブック

A ヨーロッパ

A01 ヨーロッパ	¥1870
A02 イギリス	¥1870
A03 ロンドン	¥1980
A04 湖水地方＆スコットランド	¥1870
A05 アイルランド	¥1980
A06 フランス	¥2420
A07 パリ＆近郊の町	¥1980
A08 南仏プロヴァンス コート・ダジュール＆モナコ	¥1760
A09 イタリア	¥1870
A10 ローマ	¥1760
A11 ミラノ ヴェネツィアと湖水地方	¥1870
A12 フィレンツェとトスカーナ	¥1870
A13 南イタリアとシチリア	¥1870
A14 ドイツ	¥1980
A15 南ドイツ フランクフルト ミュンヘン ロマンチック街道 古城街道	¥1760
A16 ベルリンと北ドイツ ハンブルク ドレスデン ライプツィヒ	¥1870
A17 ウィーンとオーストリア	¥2090
A18 スイス	¥2200
A19 オランダ ベルギー ルクセンブルク	¥1870
A20 スペイン	¥2420
A21 マドリードとアンダルシア	¥1760
A22 バルセロナ＆近郊の町 イビサ島／マヨルカ島	¥1760
A23 ポルトガル	¥1815
A24 ギリシアとエーゲ海の島々＆キプロス	¥1870
A25 中欧	¥1980
A26 チェコ ポーランド スロヴァキア	¥1870
A27 ハンガリー	¥1870
A28 ブルガリア ルーマニア	¥1980
A29 北欧 デンマーク ノルウェー スウェーデン フィンランド	¥1870
A30 バルトの国々 エストニア ラトヴィア リトアニア	¥1870
A31 ロシア ベラルーシ ウクライナ モルドヴァ コーカサスの国々	¥2090
A32 極東ロシア シベリア サハリン	¥1980
A34 クロアチア スロヴェニア	¥1760

B 南北アメリカ

B01 アメリカ	¥2090
B02 アメリカ西海岸	¥1870
B03 ロスアンゼルス	¥2090
B04 サンフランシスコとシリコンバレー	¥1870
B05 シアトル ポートランド	¥1870
B06 ニューヨーク マンハッタン＆ブルックリン	¥1980
B07 ボストン	¥1980
B08 ワシントンDC	¥2420
B09 ラスベガス セドナ＆グランドキャニオンと大西部	¥2090
B10 フロリダ	¥1870
B11 シカゴ	¥1870
B12 アメリカ南部	¥1980
B13 アメリカの国立公園	¥2090
B14 ダラス ヒューストン デンバー グランドサークル フェニックス サンタフェ	¥1980
B15 アラスカ	¥1980
B16 カナダ	¥1870
B17 カナダ西部 カナディアン・ロッキーとバンクーバー	¥2090
B18 カナダ東部 ナイアガラ・フォールズ メープル街道 プリンス・エドワード島 トロント オタワ モントリオール ケベック・シティ	¥2090
B19 メキシコ	¥1980
B20 中米	¥2090
B21 ブラジル ベネズエラ	¥2200
B22 アルゼンチン チリ パラグアイ ウルグアイ	¥2200
B23 ペルー ボリビア エクアドル コロンビア	¥2200
B24 キューバ バハマ ジャマイカ カリブの島々	¥2035
B25 アメリカ・ドライブ	¥1980

C 太平洋 / インド洋島々

C01 ハワイ1 オアフ島＆ホノルル	¥1980
C02 ハワイ島	¥2200
C03 サイパン ロタ＆テニアン	¥1540
C04 グアム	¥1980
C05 タヒチ イースター島	¥1870
C06 フィジー	¥1650
C07 ニューカレドニア	¥1650
C08 モルディブ	¥1870
C10 ニュージーランド	¥2200
C11 オーストラリア	¥2200
C12 ゴールドコースト＆ケアンズ	¥1870
C13 シドニー＆メルボルン	¥1760

D アジア

D01 中国	¥2090
D02 上海 杭州 蘇州	¥1870
D03 北京	¥1760
D04 大連 瀋陽 ハルビン 中国東北部の自然と文化	¥1980
D05 広州 アモイ 桂林 珠江デルタと華南地方	¥1980
D06 成都 重慶 九寨溝 麗江 四川 雲南	¥1980
D07 西安 敦煌 ウルムチ シルクロードと中国北西部	¥1980
D08 チベット	¥2090
D09 香港 マカオ 深セン	¥1870
D10 台湾	¥2090
D11 台北	¥1650
D13 台南 高雄 屏東＆南台湾の町	¥
D14 モンゴル	¥
D15 中央アジア サマルカンドとシルクロードの国々	¥
D16 東南アジア	¥
D17 タイ	¥
D18 バンコク	¥
D19 マレーシア ブルネイ	¥
D20 シンガポール	¥
D21 ベトナム	¥
D22 アンコール・ワットとカンボジア	¥
D23 ラオス	¥
D24 ミャンマー（ビルマ）	¥
D25 インドネシア	¥
D26 バリ島	¥
D27 フィリピン マニラ セブ ボラカイ ボホール エルニド	¥
D28 インド	¥
D29 ネパールとヒマラヤトレッキング	¥
D30 スリランカ	¥
D31 ブータン	¥
D33 マカオ	¥
D34 釜山 慶州	¥
D35 バングラデシュ	¥
D37 韓国	¥
D38 ソウル	¥

E 中近東 アフリカ

E01 ドバイとアラビア半島の国々	¥
E02 エジプト	¥
E03 イスタンブールとトルコの大地	¥
E04 ペトラ遺跡とヨルダン レバノン	¥
E05 イスラエル	¥
E06 イラン ペルシアの旅	¥
E07 モロッコ	¥
E08 チュニジア	¥
E09 東アフリカ ウガンダ エチオピア ケニア タンザニア ルワンダ	¥
E10 南アフリカ	¥
E11 リビア	¥
E12 マダガスカル	¥

J 国内版

J00 日本	¥
J01 東京 23区	¥
J02 東京 多摩地域	¥
J03 京都	¥
J04 沖縄	¥
J05 北海道	¥
J07 埼玉	¥
J08 千葉	¥
J09 札幌・小樽	¥

地球の歩き方 aruco

●海外

1 パリ	¥1320
2 ソウル	¥1650
3 台北	¥1650
4 トルコ	¥1430
5 インド	¥1540
6 ロンドン	¥1650
7 香港	¥1320
9 ニューヨーク	¥1320
10 ホーチミン ダナン ホイアン	¥1430
11 ホノルル	¥1320
12 バリ島	¥1320
13 上海	¥1320
14 モロッコ	¥1540
15 チェコ	¥1320
16 ベルギー	¥1430
17 ウィーン ブダペスト	¥1320
18 イタリア	¥1320
19 スリランカ	¥1540
20 クロアチア スロヴェニア	¥1430
21 スペイン	¥1320
22 シンガポール	¥1650
23 バンコク	¥1430
24 グアム	¥1320

25 オーストラリア	¥1430
26 フィンランド エストニア	¥1430
27 アンコール・ワット	¥1430
28 ドイツ	¥1430
29 ハノイ	¥1430
30 台湾	¥1320
31 カナダ	¥1320
33 サイパン テニアン ロタ	¥1320
34 セブ ボホール エルニド	¥1320
35 ロスアンゼルス	¥1320
36 フランス	¥1430
37 ポルトガル	¥1650
38 ダナン ホイアン フエ	¥1430

●国内

東京	¥1540
東京で楽しむフランス	¥1430
東京で楽しむ韓国	¥1430
東京で楽しむ台湾	¥1430
東京の手みやげ	¥1430
東京おやつさんぽ	¥1430
東京のパン屋さん	¥1430
東京で楽しむ北欧	¥1430
東京のカフェめぐり	¥1480
東京で楽しむハワイ	¥1480
nyaruco 東京ねこさんぽ	¥1480
東京で楽しむイタリア＆スペイン	¥1480
東京で楽しむアジアの国々	¥1480
東京ひとりさんぽ	¥1480
東京パワースポットさんぽ	¥1599
東京で楽しむ英国	¥1599

地球の歩き方 Plat

1 パリ	¥1320
2 ニューヨーク	¥1320
3 台北	¥1100
4 ロンドン	¥1320
6 ドイツ	¥1320
7 ホーチミン／ハノイ／ダナン／ホイアン	¥1320
8 スペイン	¥1320
10 シンガポール	¥1100
11 アイスランド	¥1540
14 マルタ	¥1540
15 フィンランド	¥1320
16 クアラルンプール／マラッカ	¥1100
17 ウラジオストク／ハバロフスク	¥1430
18 サンクトペテルブルク／モスクワ	¥1540
19 エジプト	¥1320
20 香港	¥1100
22 ブルネイ	¥1430

23 ウズベキスタン サマルカンド ブハラ ヒヴァ タシケント	¥
24 ドバイ	¥
25 サンフランシスコ	¥
26 パース／西オーストラリア	¥
27 ジョージア	¥
28 台南	¥

地球の歩き方 リゾートスタ

R02 ハワイ島	¥
R03 マウイ島	¥
R04 カウアイ島	¥
R05 こどもと行くハワイ	¥
R06 ハワイ ドライブ・マップ	¥
R07 ハワイ バスの旅	¥
R08 グアム	¥
R09 こどもと行くグアム	¥
R10 パラオ	¥
R12 プーケット サムイ島 ピピ島	¥
R13 ペナン ランカウイ クアラルンプール	¥
R14 バリ島	¥
R15 セブ＆ボラカイ ボホール シキホール	¥
R16 テーマパーク in オーランド	¥
R17 カンクン コスメル イスラ・ムヘーレス	¥
R20 ダナン ホイアン ホーチミン ハノイ	¥

あとがき

約3年ぶりの改訂となり、スペインの新たな魅力や情報を、たくさん加えてお届けすることができました。ご協力いただいた方々に、心から感謝いたします。読者の皆さまがスペインへと旅立つとき、本書がお役にたてることを願っています。¡Buen Viaje!（ブエン・ビアッヘ）よい旅を！

STAFF

制　作：清水裕里子	Producer：Yuriko Shimizu	
編　集：中田瑞穂	Editor：Mizuho Nakata	
調　査：さかぐちとおる	Researcher：Toru Sakaguchi	
写　真：有賀正博	Photographer：Masahiro Ariga	
デザイン：エメ龍夢	Designer：EME RYUMU	
地　図：平凡社地図出版	Maps：Heibonsha Chizu Shuppan	
辻野良晃	Yoshiaki Tsujino	
高棟博（ムネプロ）	Hiroshi Takamune（Mune Pro）	
みよこみよこ	Miyoko Miyoko	
校　正：槍楯社	Proofreading：Sojunsha	
表　紙：日出嶋昭男	Cover Design：Akio Hidejima	
協　力：中村美和 Miwa Nakamura、佐竹祐子 Yuko Satake、©iStock		

本書についてのご意見・ご感想はこちらまで
読者投稿 〒141-8425　東京都品川区西五反田2-11-8
　　　　　株式会社地球の歩き方
　　　　　地球の歩き方サービスデスク「スペイン編」投稿係
　　　　　https://www.arukikata.co.jp/guidebook/toukou.html
地球の歩き方ホームページ（海外・国内旅行の総合情報）
　　　　　https://www.arukikata.co.jp/
ガイドブック『地球の歩き方』公式サイト
　　　　　https://www.arukikata.co.jp/guidebook/

地球の歩き方 A20
スペイン 2024～2025年版

2023年 8月 1日　初版第1刷発行
2024年 7月10日　改訂第1版第3刷

Published by Arukikata. Co., Ltd.
2-11-8 Nishigotanda, Shinagawa-ku, Tokyo, 141-8425, Japan

著作編集　地球の歩き方編集室
発 行 人　新井 邦弘
編 集 人　宮田 崇
発 行 所　株式会社地球の歩き方
　　　　　〒141-8425　東京都品川区西五反田2-11-8
発 売 元　株式会社Gakken
　　　　　〒141-8416　東京都品川区西五反田2-11-8
印刷製本　TOPPAN株式会社

※本書は基本的に2023年3～6月の取材データに基づいて作られています。
発行後に料金、営業時間、定休日などが変更になる場合がありますのでご了承ください。
更新・訂正情報：https://www.arukikata.co.jp/travel-support/

●この本に関する各種お問い合わせ先
・本の内容については、下記サイトのお問い合わせフォームよりお願いします。
　URL ▶ https://www.arukikata.co.jp/guidebook/contact.html
・広告については、下記サイトのお問い合わせフォームよりお願いします。
　URL ▶ https://www.arukikata.co.jp/ad_contact/
・在庫については Tel ▶ 03-6431-1250（販売部）
・不良品（落丁、乱丁）については Tel ▶ 0570-000577
　学研業務センター 〒354-0045　埼玉県入間郡三芳町上富279-1
・上記以外のお問い合わせは Tel ▶ 0570-056-710（学研グループ総合案内）